RECHT WIRTSCHAFT STEUERN

Bau und Betrieb von Versammlungsstätten

Kommentar
zur Muster-Versammlungsstättenverordnung
(MVStättVO)

einschließlich der darauf beruhenden landesrechtlichen Verordnungen und Verwaltungsvorschriften

von

Rechtsanwalt Volker Löhr
Bonn

und

Ministerialrat a. D. Dipl.-Ing. (FH) Gerd Gröger
Potsdam

5., umfassend überarbeitete Auflage 2020

Fachmedien Recht und Wirtschaft | dfv Mediengruppe | Frankfurt am Main

Gender-Hinweis

In diesem Kommentar wird aus Gründen der besseren Lesbarkeit nur die männliche Form eines Begriffs verwendet. Selbstverständlich beziehen sich die jeweiligen Begriffe sowohl auf weibliche als auch auf männliche Personen.

Bibliografische Information der Deutschen Nationalbibliothek

Die Deutsche Nationalbibliothek verzeichnet diese Publikation in der Deutschen Nationalbibliografie; detaillierte bibliografische Daten sind im Internet über http://dnb.de abrufbar.

ISBN: 978-3-8005-1688-9

dfv Mediengruppe

www.ruw.de

Satzkonvertierung: Lichtsatz Michael Glaese GmbH, 69502 Hemsbach

Druck und Verarbeitung: Beltz Bad Langensalza GmbH, 99947 Bad Langensalza

Printed in Germany

Vorwort

Die Fachkommission Bauaufsicht der Bauministerkonferenz hat im Februar 2014 Änderungen der MVStättV 2005 beschlossen und zugleich deren Kurzbezeichnung MVStättV in MVStättVO geändert. Nach Abschluss des europarechtlich vorgeschriebenen EU-Notifizierungsverfahrens erfolgte im Juli 2014 die Bekanntmachung der geänderten Musterverordnung unter www.bauministerkonferenz.de im Internet. Seither wurde die MVStättVO in mehreren Ländern als landesrechtliche Versammlungsstättenverordnung eingeführt.

Mit dem Beschluss der Bauministerkonferenz vom 13. Mai 2016 wurden Vorschriften über die Verwendbarkeit von Bauprodukten in den §§ 16a bis 25 der MBO geändert und an die Vorgaben der europäischen Bauproduktenverordnung angepasst. Rechtsgrundlage für den Erlass der Technischen Baubestimmungen ist nun der § 85a MBO. Die zu beachtenden Technischen Baubestimmungen wurden nach der Notifizierung am 31. August 2017 mit der Muster-Verwaltungsvorschrift Technische Baubestimmungen – MVV TB – bauaufsichtlich eingeführt.

Mit Abschnitt A 2.2.2.4 der MVV TB wurde die MVStättVO mit dem Stand Juli 2014 als Technische Baubestimmung allgemein verbindlich eingeführt. **Damit ist die MVStättVO auch in den Ländern zu beachten, die keine landesrechtliche Versammlungsstättenverordnung besitzen**.

Der vorliegende Kommentar wendet sich an die mit der Umsetzung der Vorschriften betroffenen technischen und juristischen Fachbereiche in Unternehmen, an Architekten, Ingenieure und Planungsbüros, die Betreiber aller Arten von Versammlungsstätten, Veranstalter, Aussteller und Service-Firmen sowie an die Bauaufsichtsbehörden der Länder. Der Kommentar wurde deshalb so abgefasst und mit Beispielen angereichert, dass er auch für Nichtjuristen verständlich bleibt.

Entstanden ist der Kommentar in enger Zusammenarbeit zwischen den Autoren. Intensive Diskussionen mit einzelnen Bauaufsichtsbehörden und Vertretern der betroffenen Wirtschaftskreise haben den Prozess kontinuierlich begleitet. Auf Grund der wechselseitigen Bearbeitung der einzelnen Kommentarstellen haben die Autoren darauf verzichtet, die einzelnen Paragraphen und Kommentarstellen mit ihrem Namen zu zeichnen.

Im Oktober 2019 *Volker Löhr und Gerd Gröger*

Inhaltsverzeichnis

Teil 3
Besondere Bauvorschriften

Teil 4
Betriebsvorschriften

Teil 5
Zusätzliche Bauvorlagen

Teil 6
Bestehende Versammlungsstätten

Teil 7
Schlussvorschriften

Abkürzungsverzeichnis

ABl EG	Amtsblatt der Europäischen Gemeinschaft
AGBF	Arbeitsgemeinschaft der Berufsfeuerwehren
AKV	Aufgaben, Kompetenzen, Verantwortung
ArbStättV	Arbeitsstättenverordnung
ArbSchG	Arbeitsschutzgesetz
ARGEBAU	Arbeitsgemeinschaft der für das Bau-, Wohnungs- und Siedlungswesen zuständigen Minister und Senatoren der Länder = Bauministerkonferenz
ASR	Arbeitsstättenrichtlinie
BAM	Bundesanstalt für Materialforschung und -prüfung
BauGB	Baugesetzbuch
BauNVO	Baunutzungsverordnung
BauPG	Bauproduktengesetz
BauO NRW	Bauordnung des Landes Nordrhein-Westfalen
BauR	Baurecht (Zeitschrift)
BayBO	Bayerische Bauordnung
BayBS	Bereinigte Sammlung des bayerischen Landesrechts
BbgBO	Brandenburgische Bauordnung
BetrSichV	Betriebssicherheitsverordnung
BetrVO	Betriebsverordnung
BGBl.	Bundesgesetzblatt
BGR	Berufsgenossenschaftliche Regel
BGV	Berufsgenossenschaftliche Vorschriften
BGI	Berufsgenossenschaftliche Information
BImschG	Bundesimmissionsschutzgesetz
BImschV	Verordnung zum Bundesimmissionsschutzgesetz
BKG	Brand- und Katastrophenschutzgesetz
BMA	Brandmeldeanlage
BMZ	Brandmeldezentrale
BOS	Behörden und Organisationen mit Sicherheitsaufgaben
BRS	Baurechtssammlung
BrSchG	Brandschutzgesetz
BSO	Brandschutzordnung
BVerwG	Bundesverwaltungsgericht
DDR	Deutsche Demokratische Republik

DGUV	Deutsche Gesetzliche Unfallversicherung – Spitzenverband der Unfallversicherungsträger
DFB	Deutscher Fußball-Bund e. V.
DFL	Deutsche Fußball Liga GmbH
DIN	Deutsche Industrie-Norm
DIN EN	Deutsche europäisch harmonisierte Norm
DIBt	Deutsches Institut für Bautechnik
DVGW	Deutscher Verein des Gas- und Wasserfaches e. V.
DVNBauO	Allgemeine Durchführungsverordnung zur Niedersächsischen Bauordnung
EBO	Preußische Einheitsbauordnung
EN	Europäische Norm
EuGH	Europäischer Gerichtshof
FAT	Feuerwehr-Anzeigetableau
FBF	Feuerwehr-Bedienfeld
FIBS	Feuerwehr-, Informations- und Bediensystem
FK-Bauaufsicht	Fachkommission Bauaufsicht
FSD	Feuerwehr-Schlüsseldepot
GastBauVO	Muster-Gaststättenbauverordnung 1982
GastG	Gaststättengesetz
GBl	Gesetzblatt
GewO	Gewerbeordnung
GG	Grundgesetz
GVBl	Gesetz- und Verordnungsblatt
HBO	Hessische Bauordnung
KTW	Krankentransportwagen
LBO	Landesbauordnung
LE	Löschmitteleinheit
LStVG	Landesstraf- und Verordnungsgesetz
MAutSchR	Muster-Richtlinie über automatische Schiebetüren in Rettungswegen
MBauVorlV	Muster-Bauvorlagenverordnung
MBeVO	Muster-Beherbergungsstättenverordnung
MBO	Musterbauordnung
MFlBauR	Muster-Richtlinie für den Bau und Betrieb Fliegender Bauten
MGastBauVO	Muster-Gaststättenbauverordnung
MLAR	Muster-Leitungsanlagen-Richtlinie
MLüAR	Muster-Lüftungsanlagen-Richtlinie
MPrüfV	Muster-Prüfverordnung

MRA	Maschinelle Rauchabzugsanlage
MRFlFw	Muster-Richtlinien über Flächen für die Feuerwehr
MVStättV	Muster-Versammlungsstättenverordnung 2002/2005
MVStättVO	Muster-Versammlungsstättenverordnung 2014
MVV TB	Muster-Verwaltungsvorschrift Technische Baubestimmungen
NRA	Natürliche Rauchabzugsanlage
OKFF	Oberkante fertiger Fußboden
OWiG	Ordnungswidrigkeitengesetz
OVG NRW	Oberverwaltungsgericht des Landes Nordrhein-Westfalen
Pr.GS.	Preußisches Polizeiverwaltungsgesetz
PSA	Persönliche Schutzausrüstung gegen Absturz
RegBl.	Regierungsblatt
RGBl.	Reichsgesetzblatt
RTW	Rettungswagen
RWA	Rauch- und Wärmeabzugsanlage
SDL	Sicherheitsdienstleistung
TFaVO	Technische Fachkräfteverordnung
TRBS	Technischen Regeln für Betriebssicherheit
UHSt	Unfallhilfestelle
UVV	Unfallverhütungsvorschrift
VDE	Verband der Elektrotechnik, Elektronik und Informationstechnik e. V.
VDI	Verein Deutscher Ingenieure e. V.
VdS	Verband deutscher Sachversicherer
VfdB	Vereinigung zur Förderung des deutschen Brandschutzes
VOD	Veranstaltungsordnungsdienst
VStättVO 1978	Muster-Versammlungsstättenverordnung 1978
VwGO	Verwaltungsgerichtsordnung
VwVfG	Verwaltungsverfahrensgesetz
ZVEI	Zentralverband Elektrotechnik

Einführung

Entwicklung des Versammlungsstättenrechts

Die von der Bauministerkonferenz (ARGEBAU) beschlossene Muster-Versammlungsstättenverordnung – Fassung Mai 2005 (MVStättV 2005) diente bisher den Ländern als Muster für den Erlass weitgehend identischer landesrechtlicher Vorschriften über den Bau und Betrieb von Versammlungsstätten. Die MVStättV 2005 löste die Musterversammlungsstätten-Verordnung Fassung 1978 ab, die den Ländern als Grundlage der bislang für Versammlungsstätten geltenden landesrechtlichen baupolizeilichen Vorschriften diente. 1

Immer wieder schrecken uns Meldungen auf, dass bei einem Brand in einer Diskothek oder an einem anderen Veranstaltungsort zahlreiche Personen ums Leben gekommen sind. Regelmäßig decken die dem Brandgeschehen folgenden Untersuchungen auf, dass die baupolizeilichen Vorschriften sträflich verletzt wurden, insbesondere die Veranstaltung nicht genehmigt, die Rettungswege versperrt oder verstellt, die zulässige Besucherzahl weit überschritten war. Brandursache ist regelmäßig ein äußerst leichtfertiger Umgang mit offenem Feuer und leicht entzündlichen Stoffen. 2

Die Theaterverordnungen

Dass Brände in Gebäuden, in denen sich zahlreiche Personen aufhalten, besondere Probleme aufwerfen, ist beileibe nicht neu. Zahlreiche Theaterbrände, insbesondere aber der Brand des Wiener Burgtheaters im Jahr 1881, gaben allgemein Anlass, Sicherheitsvorschriften für Theater zu erarbeiten. So wurde vom Ministerium des Innern für das Königreich Sachsen die Verordnung vom 28. Dezember 1882, die Sicherung der Schauspielhäuser gegen Feuersgefahr betreffend, erlassen. 3

Diese Verordnung hatte mit einigen Änderungen und Ergänzungen länger als ein Vierteljahrhundert Bestand und wurde schließlich durch die „Verordnung, die Sicherung der Theater, Zirkusgebäude, öffentlichen Versammlungsräume und Warenhäuser gegen Feuersgefahr betreffend, vom 1. Juli 1909“ abgelöst. Dieser Verordnung ist eine Präambel vorangestellt, die an Aktualität nichts verloren hat; sie lautet: 4

„Es erscheint nötig, die Vorschriften der Verordnung vom 28.12.1882, die Sicherung der Schauspielhäuser gegen Feuersgefahr betreffend, den bisherigen Erfahrungen und dem heutigen Stande der Technik entsprechend abzuändern. Außerdem ist das Bedürfnis hervorgetreten, für einige andere Arten von geschlossenen Räumen, worin zeitweilig eine größere Menge von Menschen zusammenströmt, wegen der besonderen Gefahren, denen im Brandfalle die dort verkehrenden und beschäftigten Personen ausgesetzt sind, besondere Schutzvorschriften zu erlassen.“

5 Zahlreiche Theaterbrände veranlassten auch die preußischen Minister der öffentlichen Arbeiten und des Innern, das Muster einer Polizeiverordnung für Theater, öffentliche Versammlungsräume und Zirkusanlagen aufzustellen. Mit Runderlass vom 6. April 1909 (Zentralblatt der Bauverwaltung 1909, S. 225) wurde von ihnen das Muster zu einer Polizeiverordnung über die bauliche Anlage, die innere Einrichtung und den Betrieb von Theatern, öffentlichen Versammlungsräumen und Zirkusanlagen (Theaterverordnung) bekannt gegeben, das den Regierungspräsidenten und dem Polizeipräsidenten in Berlin als Grundlage für gleichlautende Polizeiverordnungen gedient hat.

6 Das Muster und die einzelnen Polizeiverordnungen in den preußischen Provinzen sind im Laufe der Zeit auf Grund einer Reihe von ergänzenden Erlassen, zuletzt 1935, geändert worden.

7 Soweit die Geltungsdauer der einzelnen Polizeiverordnungen im jeweiligen Regierungsbezirk Preußens nicht verlängert wurde, sind diese Polizeiverordnungen nach Ablauf der 30-jährigen Geltungsdauer auf Grund des § 34 des Polizeiverwaltungsgesetzes vom 1. Juli 1931 (Pr. GS. S. 77) außer Kraft getreten.

8 Danach wurde das Muster der fortgeschriebenen Polizeiverordnung als „Richtlinie für die Bauaufsicht“ angewandt. Rechtsgrundlage hierfür war § 30 Abs. 1 der Preußischen Einheitsbauordnung (EBO), wonach es der Baugenehmigungsbehörde vorbehalten blieb, für Gebäude von größerer Ausdehnung und Feuergefahr weitergehende baupolizeiliche Anforderungen zu stellen.

9 Auch im Königreich Bayern wurden frühzeitig besondere baupolizeiliche Vorschriften erlassen. So regelte § 48 der Bayerischen Bauordnung von 1901 die grundsätzlichen baulichen und betrieblichen Anforderungen an Theater. Zusätzlich galt die Entschließung vom 10. Mai 1897 (BayBS VI 1 S. 7) über die Bau- und Feuersicherheit der Theater und sonstigen größeren Versammlungslokale und die Verordnung über Feuerschutz bei theatralischen Vorführungen und bei Schaustellungen von Personen vom 29. August 1927 (BayBS I S. 344).

In München galten eigene baupolizeiliche Vorschriften und eine eigene Bauordnung. Bereits im Jahr 1879 hat die Stadt München baupolizeiliche Vorschriften über die Feuerpolizei in Theatern erlassen. Diese Vorschriften wurden mehrfach überarbeitet; zuletzt galt die ortspolizeiliche Vorschrift vom 2. Juli 1935 über die Feuerpolizei in Theatern und öffentlichen Versammlungsräumen. 10

Im Dritten Reich wurde in den Jahren 1934 und 1944 eine Theaterverordnung erarbeitet, die reichseinheitlich eingeführt werden sollte. Die reichseinheitliche Einführung fand jedoch nicht mehr statt. 11

Die Lichtspieltheaterverordnungen

Obwohl die nach dem Brand des Wiener Burgtheaters entstandenen Theaterverordnungen schon wesentliche Merkmale heutiger baupolizeilicher Regelungen enthalten, so konnten sie nur den damaligen Stand der Technik und die damals vorherrschenden Arten von Versammlungsstätten berücksichtigen. Die in der Folgezeit erforderlichen Anpassungen an neue Arten von Versammlungsstätten und technische Weiterentwicklungen erfolgten zum einen durch Änderung der Verordnungen, zum anderen durch spezielle Regelungen. 12

So befasste sich bis 1925 lediglich ein Paragraf der Preußischen Muster-Theaterverordnung mit speziellen Anforderungen bei Filmvorführungen in Versammlungsräumen. In § 70 „Kinematographische Vorführungen in Versammlungsräumen" wurde lediglich der Mindestabstand der ersten Sitzreihe zur Leinwand und die Breite der Gänge im Versammlungsraum sowie der Ausgänge aus dem Versammlungsraum mit einem Meter je 70 Personen geregelt. 13

Nach dem Ersten Weltkrieg entwickelte sich aus ersten Anfängen des Stummfilms die Filmindustrie. Der Kinofilm kam in Mode und es wurden vermehrt spezielle Lichtspieltheater errichtet. Das Material der damaligen Filme bestand aus Nitrozellulose und war leicht entflammbar. Ihre Verwendung war mit hoher Brandgefahr verbunden. Es erwies sich daher als erforderlich, für den Bau und Betrieb der aufkommenden Lichtspieltheater besondere baupolizeiliche Vorschriften zu schaffen. Nach dem Reichslichtspielgesetz vom 12. Mai 1920 (RGBl. I S. 953) in 14 der Fassung vom 23. Dezember 1922 (RGBl. I 1923 S. 26) waren die Länder für den Erlass baulicher und betrieblicher Vorschriften für Lichtspieltheater zuständig.

15 1925 erließ der Reichsminister des Innern Grundsätze für die Sicherheit bei Lichtspielvorführungen sowie das Muster einer Polizeiverordnung mit Vorschriften über die Anlage und Einrichtung von Lichtspieltheatern sowie für die Sicherheit bei Lichtspielvorführungen.

16 Nach dem Muster erließen die preußischen Regierungspräsidenten im Jahr 1926 Polizeiverordnungen für den Bau und Betrieb von Lichtspieltheatern – so für Berlin durch die Polizeiverordnung vom 16. August 1926, mit der auch § 70 der Theaterverordnung aufgehoben wurde. Vergleichbar gingen die anderen Länder vor. In Bayern wurde die Verordnung vom 20. April 1926 (GVBl. S. 299) über die Sicherheit bei Lichtspielvorführungen und in Württemberg die Verordnung vom 14. Juli 1928 (RegBl. S. 219) erlassen. Die preußische Musterverordnung von 1926 wurde 1937 durch ein neues Muster einer Lichtspielverordnung abgelöst, die in Preußen als Polizeiverordnung vom 18. März 1937 (Pr. GS. S. 41) für das gesamte Staatsgebiet umgesetzt wurde. Die anderen Länder erließen ähnliche Regelungen, so Bayern mit der Verordnung vom 11. März 1938 (BayBS 1 S. 363) und Baden mit der Verordnung vom 1. August 1938 (GVBl. S. 55).

17 In den preußischen Nachfolgeländern galt die Lichtspielverordnung vom 18. März 1937 weiter. Sie trat allgemein mit dem Ablauf ihrer dreißigjährigen Geltungsdauer gemäß § 34 Abs. 1 PVG außer Kraft, also am 17. März 1967, sofern die Länder nicht eine andere Regelung getroffen haben. In Bayern wurde die Geltungsdauer der Lichtspielverordnung vom 11. März 1938 in der Fassung vom 21. Januar 1959 (GVBl. S. 55) durch die Verordnung vom 19. November 1960 (GVBl. S. 274) verlängert.[1]

Der Sicherheitsfilm

18 Eine Wende hinsichtlich der Verringerung der Brandgefahren brachte die Entwicklung des „Sicherheitsfilms“, der den bisher verwendeten Nitrozellulosefilm ablöste. Nitrozellulose ist in Deutschland von etwa

---

1 Die Lichtspielverordnung wurde durch die Ermächtigung des Artikels 38 Absatz 1 Nummer 2 Landesstraf- und Verordnungsgesetz (LStVG) ersetzt, die den Innenminister ermächtigt, Vorschriften für Lichtspielvorführungen und Lichtspieltheater zu erlassen. Die Eingangsformel der VStättV (BY) bezieht sich auch auf diese Ermächtigung.

1890 bis in die 50er Jahre hinein als Trägermaterial für Filme und Fotos verwendet worden. Nitrofilme sind leicht brennbar, bei etwa 38 Grad Celsius sogar selbstentzündlich und explosiv. Daher kam es immer wieder zu oft verheerenden Kinobränden oder zu Feuersbrünsten in Filmlagern und Archiven. 1897 kam es in Paris während einer Filmvorführung anlässlich der Weltausstellung zur ersten großen Brandkatastrophe mit Nitrofilmen. In dem Inferno starben 140 Personen, unter anderem eine Schwester der Kaiserin Elisabeth von Österreich. Die erwiesene Gefährdung durch Nitrozellulose erforderte es, den Umgang mit diesem Stoff in Verordnungen und Gesetzen zu regeln.

Im Deutschen Reich wurde die Verwendung von Sicherheitsfilm in der Verordnung über den Sicherheitsfilm vom 30. Oktober 1939 (RGBl. I S. 2136) erstmals geregelt. Diese Verordnung und die dazu erlassenen Durchführungsverordnungen[2] galten in der Bundesrepublik Deutschland und in der Bundesrepublik Österreich als Nachfolgestaaten des Deutschen Reiches noch nach dem Zweiten Weltkrieg weiter. 19

Nach dem Zweiten Weltkrieg wurde in der Bundesrepublik Deutschland das Gesetz über Sicherheitskinefilm (Sicherheitsfilmgesetz) vom 11. Juni 1957 (BGBl. I S. 604) erlassen, das die Reichsverordnung von 1939 und die dazu ergangenen Durchführungsverordnungen aufhob. Das Gesetz wurde ausgefüllt durch die Verordnung über Sicherheitskinefilm (Sicherheitsfilmverordnung) vom 13. Dezember 1958 (BGBl. I S. 914). Nach dem Sicherheitsfilmgesetz dürfen Kinefilmnegative und -positive nur auf anerkanntem Sicherheitsfilm hergestellt, vorgeführt, bearbeitet und gelagert werden. 20

In Österreich sind die Reichsverordnung von 1939 und die dazu ergangenen Durchführungsverordnungen nach § 12 Abs. 4 des Bundesgesetzes vom 9. November 1966 über den gewerbsmäßigen Verkehr mit Laufbildfilmen (Sicherheitsfilmgesetz) außer Kraft getreten. In Österreich gelten weiterhin das Sicherheitsfilmgesetz vom 9. November 1966 (BGBl. Nummer 264/1966) sowie die Verordnung des Bundesministeriums für Handel, Gewerbe und Industrie vom 21. Dezember 1966 über die Voraussetzungen der Anerkennung als Sicherheitsfilm, das Prüfungsverfahren und die Kennzeichnung von Laufbildsicherheits- 21

---

2 Die Verordnung zur Durchführung der Verordnung über den Sicherheitsfilm vom 31.10.1939 (RGBl. I S. 2141), die Zweite Verordnung zur Durchführung der Verordnung über den Sicherheitsfilm vom 28.3.1940 (RGBl. I S. 569) und die Dritte Verordnung zur Durchführung der Verordnung über den Sicherheitsfilm vom 25.7.1942 (RGBl. I S. 478).

filmen (Sicherheitsfilmverordnung) (BGBl. Nummer 34/1967). Anlagen, in denen Laufbildfilme gewerbsmäßig verwendet, bearbeitet, behandelt, gelagert oder in den inländischen Verkehr gebracht werden, bedürfen danach einer gewerblichen Betriebsanlagen-Genehmigung.

22 Die Verwendung von Sicherheitsfilm ermöglichte es, die Anforderungen an den Bau und Betrieb von Lichtspieltheatern zu reduzieren. Für den Übergang arbeiteten die Länder 1957 „Vorläufige Richtlinien für den Bau und Betrieb von Bildwerferräumen bei Verwendung von Sicherheitsfilm und für Lichtspielvorführungen mit Sicherheitsfilm“ aus. Die vorläufigen Richtlinien dienten als Grundlage für Befreiungen oder Ausnahmen von den Vorschriften der Lichtspielverordnungen. Die baulichen und betrieblichen Anforderungen an Lichtspieltheater wurden in die Versammlungsstättenverordnung – VStättVO 1978 – integriert und waren seither Bestandteil der jeweiligen landesrechtlichen Regelungen.

23 Das Sicherheitsfilmgesetz und die Sicherheitsfilmverordnung wurden in der Bundesrepublik Deutschland durch Artikel 21 Nr. 20 und 21 des Gesetzes zu Vereinheitlichung und Flexibilisierung des Arbeitszeitrechts vom 6. Juni 1994 (BGBl. I S. 1170, 1183) ersatzlos aufgehoben.

24 Die landesrechtlichen Ausführungsvorschriften sind damit gegenstandslos. Mit der digitalen Kinotechnik, wird die bisher gebräuchliche mechanische und photochemische Speicherung und Verbreitung von Filmen auf Filmrollen durch digitale Speicherverfahren und digitale Wiedergabeverfahren ersetzt. Die nun bei der Vorführung von Filmen verwendete Technik macht spezielle Regelungen über die Verwendung von Sicherheitsfilmen entbehrlich.

25 Für die Verwendung und Lagerung von Filmen und Fotos auf dem Trägermaterial Nitrozellulose gilt das Sprengstoffgesetz in der Fassung der Bekanntmachung vom 10. September 2002 (BGBl. I S. 3518), das zuletzt durch Artikel 4 des Gesetzes vom 11. August 2009 (BGBl. I S. 2723) geändert worden ist. Nitrozellulose ist unter der Rahmenzusammensetzung 13 („Nitrofilm“) in der Stoffgruppe C der Bekanntmachung der explosionsgefährlichen Stoffe (Bundesanzeiger Nummer 233a vom 16. Dezember 1986) gemäß § 2 Abs. 6 Satz 2 des Sprengstoffgesetzes ausdrücklich aufgeführt und unterliegt damit gemäß § 1 Abs. 3 Nr. 3 SprengG den Bestimmungen dieses Gesetzes.

26 Alte Nitrozellulosefilme werden nur noch in speziellen Archiven – wie dem Bundes-Filmarchiv – gelagert und werden zur Verwendung und Vorführung auf neue Medienträger umkopiert.

Das Versammlungsstättenrecht in der Bundesrepublik

Nach dem Zweiten Weltkrieg und der Teilung Deutschlands ging die Entwicklung des Baupolizeirechts in der Bundesrepublik und in der Deutschen Demokratischen Republik getrennte Wege. 27

In der ehemaligen DDR galt bis zum Beitritt die „Deutsche Bauordnung“ von 1958. Für Versammlungsstätten galten die speziellen Vorschriften der Anordnung vom 1. Juli 1955 über die Einführung der Sonderbauordnung für Versammlungsräume und Theater (GBl. Sonderdruck Nummer 95). Die Deutsche Bauordnung wurde im Zuge des Beitritts durch die Bauordnung vom 20. Juli 1990 (GBl. I Nummer 50 S. 929) abgelöst, die sich an der Musterbauordnung orientierte und nach der Bildung der neuen Länder zunächst als Landesrecht weiter galt. Am 23. November 1990 wurden durch gemeinsamen Erlass aller neuen Länder die an den Muster-Sonderbauverordnungen der ARGEBAU orientierten Sonderbauvorschriften – darunter auch die Richtlinie über den Bau und Betrieb von Versammlungsstätten – als Verwaltungsvorschrift zur Bauordnung in Kraft gesetzt. Sowohl die Bauordnung als auch die Richtlinien sind inzwischen in allen neuen Ländern durch landesrechtliche Regelungen abgelöst worden. 28

Die Bauministerkonferenz (ARGEBAU) ist eine ständige Einrichtung, in der alle Bauminister der Länder und als Gast der Bundesbauminister die alle Länder gemeinsam berührenden Fragen beraten. Seit dem Beitritt 1990 sind in der ARGEBAU auch die Bauminister der neuen Länder vertreten. In der Fachkommission Bauaufsicht der Bauministerkonferenz sind ebenfalls alle Länder vertreten. Die Fachkommission Bauaufsicht erarbeitet mit ihren Projektgruppen die Musterbauordnung und die damit zusammenhängenden Muster-Rechtsvorschriften und Muster-Richtlinien. 29

Im Jahr 1951 beschloss der Normenausschuss Bauwesen des DIN e.V., die Bestimmungen für Theater, Lichtspieltheater, Versammlungsstätten und ähnliche bauliche Anlagen in einer Norm zusammenzufassen und erarbeitete in der Folgezeit den Normentwurf einer DIN 18600. Im Interesse einer einheitlichen gesetzlichen Regelung im Bundesgebiet stellte der 1960 von der ARGEBAU gebildete Arbeitskreis „Versammlungsstätten“ das Muster einer Versammlungsstättenverordnung auf. Hierbei wurden auch die Normenentwürfe der DIN 18600 – Versammlungsstätten – (Gelbdruck März 1961) ausgewertet, die der Fachnormenausschuss Bauwesen im Deutschen Normenausschuss bearbeitet hatte. 30

31 1969 verabschiedete die Fachkommission Bauaufsicht die Versammlungsstättenverordnung und empfahl den Ländern, sie einzuführen. Die Einführung als Landesverordnung folgte 1969 in Bayern, 1970 in Hessen und Nordrhein-Westfalen, 1971 in Schleswig-Holstein, 1972 in Rheinland-Pfalz, 1974 in Baden-Württemberg. Im Saarland sowie in den Ländern Bremen und Hamburg wurde die VStättVO zunächst als Richtlinie herangezogen.

32 Im Jahre 1975 und in den folgenden Jahren beschloss die Fachkommission Bauaufsicht mehrere Änderungen und Ergänzungen der Muster-Versammlungsstättenverordnung, die teilweise auf Anregungen der Hörfunk- und Fernsehanstalten zurückgingen. Die Änderungen waren zum Teil auch durch die Aufstellung des Musterentwurfs einer Gaststättenbauverordnung bedingt. Darüber hinaus wurden die Vorschriften über die erstmaligen und wiederkehrenden Prüfungen (§ 124 VStättVO 1978) den neuen Muster-Verordnungen für bauliche Anlagen besonderer Art oder Nutzung angepasst.

33 1978 verabschiedete die Fachkommission Bauaufsicht das Muster einer Verordnung zur Änderung der Versammlungsstättenverordnung – Fassung März 1978. Die Muster-Versammlungsstättenverordnung 1978 (VStättVO 1978) ist von den Ländern in der Folgezeit teilweise als Rechtsverordnung, teilweise als bauaufsichtliche Richtlinie in Kraft gesetzt worden. Auf Grund der neuen VStättVO 1978 haben die Länder ihre bestehenden Verordnungen in der Folgezeit angepasst und Niedersachsen 1979 eine neue Verordnung erlassen. Eine der VStättV 1972/1978 entsprechende Verordnung war bis zum 31.8.2018 nur noch in Rheinland-Pfalz in Kraft.[3]

34 In den neuen Ländern ist sie als „Richtlinie über den Bau und Betrieb von Versammlungsstätten (VStättR)“ als Anhang zu Nummer 52.11 der Verwaltungsvorschrift zur Bauordnung vom 20. Juli 1990 (VVBauO) in leicht geänderter Form am 23. November 1990 in Kraft gesetzt worden.

35 Diese VStättVO 1978 enthält Anforderungen an die baulichen Anlagen, Vorschriften für Betriebseinrichtungen sowie Betriebsvorschriften, also Vorschriften, wie mit den Anlagen umzugehen ist. Die VStättVO 1978 erfasst die gesamte Bandbreite des Typus Versammlungsstätte der damaligen Zeit, die sich von den heute errichteten Versammlungsstätten in der Größe und der Varietät stark unterscheiden. Damals, im Jahr

3 Landesverordnung über den Bau und Betrieb von Versammlungsstätten (Versammlungsstättenverordnung – VStättVO) vom 17.7.1972 (GVBl. S. 257, berichtigt GVBl. 1972 S. 371), zuletzt geändert durch Verordnung v. 13.7.1990 (GVBl. 1990 S. 248).

1978, waren es noch relativ kleine und meist auf eine Art von Veranstaltung spezialisierte Versammlungsstätten, heute existieren große Versammlungsstätten, die häufig für unterschiedlichste Arten von Veranstaltungen genutzt werden. Große Multifunktionshallen wie die Köln-Arena oder die Arena auf Schalke mit mehreren zehntausend Besucherplätzen werfen nicht nur ganz andere Organisationsfragen für den Betreiber auf, sondern auch andere Sicherheitsfragen als kleine Versammlungsstätten mit einer geringen Besucherzahl.

Unmittelbar nachdem die Muster-Versammlungsstättenverordnung 36
1978 beschlossen worden war, beauftragte die Fachkommission Bauaufsicht den Arbeitskreis „Versammlungsstätten", die Muster-Verordnung zusammen mit den anderen Sonderbauverordnungen (Gaststättenbauverordnung, Garagenverordnung und Geschäftshausverordnung) mit dem Ziel der Angleichung, Vereinfachung und Straffung zu überarbeiten.

Im Februar 1982 beschloss die Fachkommission, die Vorschriften über 37
Fliegende Bauten aus dem Musterentwurf auszugliedern und in die Richtlinien über den Bau und Betrieb Fliegender Bauten einzufügen. Die Vorschriften über Gaststätten mit mehr als 400 Besucherplätzen wurden aus der Muster-Versammlungsstättenverordnung herausgenommen und in die Muster-Gaststättenbauverordnung – Fassung Juni 1982 – integriert. Außerdem wurde das Muster einer Verordnung über technische Bühnen- und Studiofachkräfte (Verordnung über technische Fachkräfte – TFaVO) – Fassung August 1982 – verabschiedet.

Um die Überarbeitung der Muster-Versammlungsstättenverordnung zu 38
beschleunigen, bildete die Fachkommission Bauaufsicht Ende 1985 eine Projektgruppe, der zwei Vertreter oberster Bauaufsichtsbehörden sowie ein Vertreter der kommunalen Spitzenverbände angehörten. Es wurde ein Vertreter des Arbeitskreises „Vorbeugender Brandschutz" (AVB) der Arbeitsgemeinschaft der Berufsfeuerwehren (AGBF) an den Beratungen beteiligt.

Im Frühjahr 1986 beriet die Fachkommission Bauaufsicht über eine 39
„Leitlinie" für die Überarbeitung der Muster-Versammlungsstättenverordnung. Hierbei wurde der Vorschlag verworfen, die Vorschriften über Sportstätten aus dem Geltungsbereich herauszunehmen und eine eigene Richtlinie zu schaffen. Die Berücksichtigung der Regelungen für Sportstadien für Fußballspiele der Bundesliga entsprechend dem Erlass über die Sicherheit von Sportstadien für Fußballspiele der Bundesliga – Fas-

sung Januar 1986 – im Entwurf der Projektgruppe hat zu einem umfangreicheren Regelungswerk geführt.

40 Der von der Projektgruppe im September 1995 vorgelegte neue Entwurf wurde von der Fachkommission Bauaufsicht nicht beschlossen. Die Fachkommission Bauaufsicht hat vielmehr erneut den Auftrag zu einer nochmaligen Überarbeitung erteilt und dazu eine neue Projektgruppe eingesetzt. Auch diese neue Projektgruppe war bewusst klein gehalten und auf Vertreter der obersten Bauaufsichtsbehörden und für die Fragen des Brandschutzes auf Vertreter der Feuerwehren bzw. des Arbeitskreises 5 der Innenministerkonferenz beschränkt.

41 Auf der Grundlage des Entwurfs vom September 1995 wurde in mehreren Sitzungen ein Entwurf einer Muster-Versammlungsstättenverordnung – Fassung Juni 1999 – erarbeitet. Der Entwurf berücksichtigt u.a. die praktischen Lösungen, die der Projektgruppe bei der Vorstellung der Versammlungsstätte „Kölnarena“ durch die untere Bauaufsichtsbehörde der Stadt Köln vermittelt worden sind.

42 Die Beteiligung der Verbände in Form einer schriftlichen Anhörung auf bundesweiter Ebene zum Entwurf – Stand 28. August 1999 – erfolgte im 4. Quartal 1999; am 7. November 1999 fand ferner ein zusätzlicher mündlicher Anhörungstermin statt, an dem zahlreiche Verbände teilgenommen haben. Die eingegangenen ca. 70 Stellungnahmen wurden im ersten Halbjahr 2000 durch die Projektgruppe ausgewertet. Soweit die Vorschläge berücksichtigt werden konnten, sind sie in den Verordnungsentwurf eingearbeitet. Mit den Messeveranstaltern und dem Deutschen Fußballbund waren ergänzende Einzelgespräche erforderlich, deren Ergebnisse in den Entwurf eingeflossen sind.

43 Der auf Grund der Anregungen aus der Anhörung überarbeitete Entwurf – Stand 6. September 2000 – wurde den beteiligten Bundesverbänden, Körperschaften des öffentlichen Rechts und sonstigen Institutionen zur Kenntnis gegeben. Zu diesem Entwurf sind nochmals einige wenige Stellungnahmen eingegangen, deren Vorschläge von der Projektgruppe „MVStättV“ bei der Erarbeitung der Fassung des Entwurfs – Stand 24. Januar 2001 – mit beraten wurden. Der Entwurf – Stand 24. Juli 2001 – wurde der Fachkommission Bauaufsicht zur Beratung vorgelegt.

44 Die Fachkommission Bauaufsicht hat sich von der 231. Sitzung bis zur 234. Sitzung eingehend mit dem Entwurf befasst. Die Muster-Versammlungsstättenverordnung – Stand September 2001 – ist durch die Fachkommission Bauaufsicht in deren 234. Sitzung am 21. September

2001 einstimmig beschlossen worden. Der „Ausschuss für Bauwesen und Städtebau“ der ARGEBAU hat die Muster-Versammlungsstättenverordnung gebilligt und den Ländern zur Umsetzung in Landesrecht empfohlen.

Der Entwurf der MVStättV ist am 24. Dezember 2001 nach der Richtlinie 98/34/EG des Europäischen Parlaments und des Rates vom 22. Juni 1998 über ein Informationsverfahren auf dem Gebiet der Normen und technischen Vorschriften (ABl. EG Nummer L 204 S. 37), zuletzt geändert durch die Richtlinie 98/48/EG des Europäischen Parlaments und des Rates vom 20. Juli 1998 (ABl. EG Nummer L 217 S. 18), zur Notifizierung bei der EU-Kommission vorgelegt worden. Die Fachkommission Bauaufsicht ist den im Rahmen der Notifizierung gegebenen Hinweisen gefolgt und hat in den Entwurf Regelungen über die Gleichwertigkeit aufgenommen.[4] Nach Abschluss des Notifizierungsverfahrens haben mehrere Länder seit dem 25. Juni 2002 die Muster-Versammlungsstättenverordnung in ihr jeweiliges Landesrecht umgesetzt. **45**

Auf Grund eines Auftrages des Ausschusses für Bauwesen und Städtebau der ARGEBAU wurde die MVStättV 2002 im Jahr 2004 nochmals in einzelnen Regelungen überarbeitet und an die neue MBO – Fassung November 2002 – angepasst. Die Änderungen berücksichtigen auch die nach Mai 2002 eingegangenen Anregungen und Bedenken sowie die ersten Erfahrungen der Länder, die die MVStättV 2002 bereits in Landesrecht umgesetzt haben. **46**

Nach der abschließenden Beratung der Änderungen der MVStättV in der 253. Sitzung der Fachkommission Bauaufsicht am 28. Januar 2005 wurde die wegen der Änderungen neu erforderliche Notifizierung der MVStättV im Informationsverfahren nach der Richtlinie 98/34/EG am 4. Februar 2005 eingeleitet. Entsprechend den Bestimmungen der Richtlinie 98/34/EG konnten die Kommission und die Mitgliedstaaten ausführliche Stellungnahmen oder Bemerkungen zum übermittelten Vorschriftenentwurf abgeben. **47**

4 Die MVStättV geht nicht auf eine europäische Richtlinie oder Verordnung zurück. Sie ist in deutscher Eigeninitiative entstanden. Aus EU-wettbewerbsrechtlicher Sicht kann sich „Handlungsbedarf“ ergeben, wenn insbesondere für Aussteller und Gastveranstalter Wettbewerbsverzerrungen für den freien Waren-/Dienstleitungsverkehr bzw. Marktzutritt festgestellt werden. Dies ist beispielsweise bei der Auslegung der Vorschriften auf Behördenseite bzgl. Standgestaltung, Darbietung und ggf. eingeschränkter Aufplanung zu beachten.

48 Da zum notifizierten Vorschriftenentwurf keine ausführlichen Stellungnahmen gemäß der Richtlinie 98/34/EG eingegangen sind, ist das Verfahren zur Notifizierung der MVStättV nach drei Monaten abgeschlossen worden. Die eingegangenen Bemerkungen der Kommission zu Fragen der Gleichwertigkeit haben die Fachkommission Bauaufsicht zu entsprechenden Änderungen veranlasst, die in der 256. Sitzung am 23. und 24. Juni 2005 abschließend beraten wurden. Die Fachkommission Bauaufsicht hat die Muster-Versammlungsstättenverordnung – Fassung Juni 2005 – beschlossen und deren Umsetzung in Landesrecht empfohlen.

49 Wegen der 2009 erfolgten Änderung der Meisterverordnung[5] wurden in der 278. Sitzung der Fachkommission Bauaufsicht am 25. und 26. Februar 2010 Änderungen in § 39 Abs. 1 Nr. 1 und § 40 Abs. 3 MVStättV vorgenommen.

Die Entwicklung von 2010 bis 2014

50 Am 24. Juli 2010 kam es bei der „Love Parade" auf dem Geländes des ehemaligen Güterbahnhofs in Duisburg auf der Tunnelrampe im Eingangsbereich zu einer Massenpanik, bei der 21 Menschen zu Tode erdrückt oder getreten und über 500 Menschen verletzt wurden. Die Veranstaltung war von der Bauaufsichtsbehörde der Stadt Duisburg als Versammlungsstätte im Freien beurteilt und bauaufsichtlich genehmigt worden. Die Fachkommission Bauaufsicht hat dieses Ereignis zum Anlass genommen, die „Versammlungsstätten im Freien" als Sonderbau im Sinne des § 2 Absatz 4 Nummer 7 Buchstabe b) MBO neu zu definieren.

51 Auszug aus den Begründungen zur Änderung der MBO und der MVStättVO:

> *„Die bisherige Regelung bezüglich Versammlungsstätten im Freien mit Szenenflächen bedarf der Konkretisierung. Die Abgrenzung zwischen ‚Veranstaltungen im Freien' und ‚Versammlungsstätten im Freien' hat zu Schwierigkeiten geführt. Typische Versammlungsstätten im Freien sind sog. Freilichttheater, Anlagen für den Rennsport oder Reitbahnen sowie Sportstadien – also ortsfeste, auf Dauer an-*

5 Die Verordnung über die Prüfung zum anerkannten Abschluss „Geprüfter Meister für Veranstaltungstechnik/Geprüfte Meisterin für Veranstaltungstechnik" in den Fachrichtungen Bühne/Studio, Beleuchtung, Halle vom 26. Januar 1997 (BGBl. I S. 118) wurde durch Artikel 35 der Verordnung vom 25. August 2009 (BGBl. I S. 2960) geändert.

gelegte Anlagen mit tribünenartiger Anordnung der Besucherbereiche. Das Vorhandensein von Szenenflächen und Tribünen und deren Verkoppelung mit dem dauerhaften Nutzungszweck der Anlage sind Voraussetzungen, um unter die Regelung zu fallen; temporäre Veranstaltungen wie Musikfestivals auf Freiflächen werden nicht erfasst. Werden bei solchen Veranstaltungen Tribünen (und Bühnen) aufgestellt, handelt es sich um Fliegende Bauten; die Genehmigung Fliegender Bauten regelt § 76 MBO. Der Anwendungsbereich der Muster-Versammlungsstättenverordnung (MVStättV) wird entsprechend angepasst."

Nach der MBO und MVStättVO sind nur noch solche „Versammlungsstätten im Freien" Sonderbauten, auf denen Tribünen als bauliche Anlagen dauerhaft errichtet sind. Versammlungsstätten im Freien fallen nicht mehr in den Anwendungsbereich der Verordnungen, wenn dort Tribünen und Szenenflächen als Fliegende Bauten für Besucher lediglich vorübergehend aufgestellt werden. Dies gilt unabhängig von etwaigen Einfriedungen des Geländes oder sonstigen baulichen Anlagen auf dem Gelände. **52**

Diese Änderungen zielen darauf ab, die Bauaufsichtsbehörden von ihrer Zuständigkeit für die Genehmigung von Großveranstaltungen zu befreien. Diese Verantwortung sollen in Zukunft die Ordnungsbehörden übernehmen. **53**

Die entsprechende Änderung der MBO wurde von der Bauministerkonferenz bereits am 20./21. September 2012 in Saarbrücken beschlossen, sodass eine Anpassung der damaligen MVStättV 2005 an die Definition der MBO zwingend folgen musste. Der Anwendungsbereich einer Sonderbauverordnung darf nicht über die gesetzliche Definition des Sonderbaus in der Bauordnung hinausgehen. **54**

In der 298. Sitzung, am 13. und 14. Februar 2014 in Bremen wurde die entsprechende Änderung der MVStättVO durch die Fachkommission Bauaufsicht beschlossen. **55**

Mit grundsätzlichen Beschlüssen vom Februar 2014 hat die Fachkommission Bauaufsicht der Bauministerkonferenz unter anderem die Systematik der Vorschriften über die Rauchableitung in der Muster-Versammlungsstättenverordnung, der Muster-Verkaufsstättenverordnung und der Muster-Industriebau-Richtlinie angepasst. **56**

Mit der Änderung des Anwendungsbereichs der MVStättVO 2014 erfolgte die Anpassung des Anwendungsbereichs der Sonderbauverord- **57** nung über den Bau und Betrieb von Versammlungsstätten an die geänderte Legaldefinition der „Versammlungsstätten im Freien" in der MBO.

58 Die Muster-Versammlungsstättenverordnung, Stand Februar 2014, beinhaltet neben der redaktionellen Anpassung der Kurzbezeichnung MVStättV in „MVStättVO" innerhalb der folgenden Vorschriften materielle Änderungen:

§ 1 Anwendungsbereich,

§ 6 Führung der Rettungswege,

§ 7 Bemessung der Rettungswege,

§ 10 Bestuhlung, Gänge und Stufengänge,

§ 12 Toilettenräume,

§ 13 Barrierefreie Stellplätze,

§ 16 Rauchableitung,

§ 19 Feuerlöscheinrichtungen und -anlagen,

§ 20 Brandmelde- und Alarmierungsanlagen, Brandmelder- und Alarmzentrale, Brandfallsteuerung der Aufzüge,

§ 42 Brandschutzordnung, Räumungskonzept, Feuerwehrpläne,

§ 44 Zusätzliche Bauvorlagen, Bestuhlungs- und Rettungswegeplan,

§ 46 Anwendung der Vorschriften auf bestehende Versammlungsstätten.

59 Für die geänderte MVStättVO war erneut ein Notifizierungsverfahren nach der Richtlinie 98/34/EG des Europäischen Parlaments und des Rates vom 22. Juni 1998 über ein Informationsverfahren auf dem Gebiet der Normen und technischen Vorschriften und der Vorschriften für die Dienste der Informationsgesellschaft (ABl. L 204 vom 21. Juli 1998, S. 37), zuletzt geändert durch Artikel 26 Absatz 2 der Verordnung (EU) Nr. 1025/2012 des Europäischen Parlaments und des Rates vom 25. Oktober 2012 (ABl. L 316 vom 14. November 2012, S. 12) erforderlich. Das Notifizierungsverfahren wurde im Juli 2014 abgeschlossen.

Die Änderung der Musterbauordnung im Jahr 2016

60 Am 27. Februar 2013 hat die Europäische Kommission ein Vertragsverletzungsverfahren gegen die Bundesrepublik Deutschland eingereicht

(Rechtssache C-100/13). Der Europäische Gerichtshof sollte feststellen, dass die Bundesrepublik Deutschland durch zusätzliche Anforderungen in den Bauregellisten gegen ihre Verpflichtungen aus der Bauproduktenrichtlinie,[6] insbesondere aus deren Art. 4 Abs. 2 und Art. 6 Abs. 1, verstoßen hat.

Mit seinem Urteil vom 16. Oktober 2014 in der Rechtssache C-100/13[7] hat der Europäische Gerichtshof die von der Europäischen Kommission behauptete Vertragsverletzung bestätigt und der Bundesrepublik Deutschland die Verfahrenskosten auferlegt. **61**

Diese noch auf die Bauproduktenrichtlinie bezogene Entscheidung bedeutete, dass die Fachkommission Bauaufsicht die Regelungen der MBO über Bauprodukte ändern musste. Da die Bauproduktenrichtlinie durch die am 25. April 2011 in Kraft getretene Bauproduktenverordnung[8] ersetzt wurde, musste die MBO auch an die nun in allen Mitgliedstaaten unmittelbar geltende Bauproduktenverordnung angepasst werden. **62**

Als Konsequenz aus dem Urteil des EuGH wurde von der Fachkommission Bauaufsicht eine umfangreiche Anpassung der MBO erarbeitet. Nach einer öffentlichen Anhörung wurden die Änderungen am 13. Mai 2016 von der Bauministerkonferenz beschlossen. An die Stelle der Bauregellisten und der Liste der Technischen Baubestimmungen ist die normkonkretisierende Verwaltungsvorschrift „Technische Baubestimmungen" (VV TB) getreten. Die Muster-Verwaltungsvorschrift Technische Baubestimmungen (MVV TB)[9] ist gemäß der Richtlinie (EU) **63**

---

6 Richtlinie 89/106/EWG des Rates vom 21. Dezember 1988 zur Angleichung der Rechts- und Verwaltungsvorschriften der Mitgliedstaaten über Bauprodukte (ABl. 1989, L 40, S. 12) in der durch die Verordnung (EG) Nr. 1882/2003 des Europäischen Parlaments und des Rates vom 29. September 2003 (ABl. L 284, S. 1) geänderten Fassung.

7 Urteil des Gerichtshofs (Zehnte Kammer) vom 16. Oktober 2014. Europäische Kommission gegen Bundesrepublik Deutschland. Vertragsverletzung eines Mitgliedstaats – Freier Warenverkehr – Regelung eines Mitgliedstaats, nach der bestimmte Bauprodukte, die mit der Konformitätskennzeichnung „CE" versehen sind, zusätzlichen nationalen Normen entsprechen müssen – Bauregellisten. Rechtssache C-100/13). ECLI-Identifikator: ECLI:EU:C:2014:229.

8 Verordnung (EU) Nr. 305/2011 des Europäischen Parlaments und des Rates vom 9. März 2011 zur Festlegung harmonisierter Bedingungen für die Vermarktung von Bauprodukten und zur Aufhebung der Richtlinie 89/106/EWG des Rates (ABl. L 88 vom 4.4.2011, S. 5–43), http://data.europa.eu/eli/reg/2011/305/oj.

9 Muster-Verwaltungsvorschrift Technische Baubestimmungen – MVV TB, Ausgabe August 2017 mit Druckfehlerkorrektur vom 11. Dezember 2017, Fundstelle: www.dibt.de.

2015/1535 des Europäischen Parlaments und des Rates vom 9. September 2015 über ein Informationsverfahren auf dem Gebiet der technischen Vorschriften und der Vorschriften für die Dienste der Informationsgesellschaft (ABl. L 241 vom 17. September 2015, S. 1) notifiziert. Die Muster-Verwaltungsvorschrift Technische Baubestimmungen (MVV TB) wurde gemäß § 85a Absatz 5 MBO in den amtlichen Mitteilungen des Deutschen Instituts für Bautechnik – Ausgabe August 2017 bekannt gemacht.

Umsetzung der MVStättVO in Landesrecht

64 Die MVStättVO ist ein von der Fachkommission Bauaufsicht erarbeiteter Vorschlag, der von der Bauministerkonferenz beraten und beschlossen sowie den Ländern zur Umsetzung in Landesrecht empfohlen wurde.[10] Der Vorschlag richtet sich an alle Bundesländer mit der Zielsetzung, die Musterverordnung möglichst einheitlich, materiell-inhaltlich in Landesrecht bzw. in den Landesvollzug durch Einzelgenehmigungen und Einzelanordnungen zu übernehmen. Als Musterverordnung entfaltet sie keine unmittelbare Rechts- und Bindungswirkung[11] für Behörden, die am Bau Beteiligten, die Betreiber von Versammlungsstätten und Veranstalter.

65 Um Verbindlichkeit zu erlangen, bedarf die MVStättVO einer Umsetzung in Landesrecht. Die Übernahme der Regelungsinhalte der MVStättVO in Landesrecht bzw. in den behördlichen Vollzug steht in der verfassungsrechtlich garantierten Eigenverantwortung der Länder.[12]

66 Den Ländern stehen **unterschiedliche Umsetzungsmöglichkeiten** zur Verfügung wobei sie die Musterregelungen auch modifizieren können:

---

10 Die Erarbeitung von bauordnungsrechtlichen Mustervorschriften beruht auf der zwischen dem Bund und den Ländern am 21. Januar 1955 geschlossenen „Bad Dürkheimer Vereinbarung“.

11 Gesetze und Verordnungen sind mit ihrer Verkündung (im Gesetz- und Verordnungsblatt) für alle in den Geltungsbereich fallenden Adressaten unmittelbar verbindlich. Verwaltungsvorschriften verpflichten hingegen ausschließlich die Behörde per Einzelanordnung (Auflage im Genehmigungsbescheid oder nachträgliche Anordnung), gegenüber dem Bauherrn oder dem Betreiber der Versammlungsstätte tätig zu werden.

12 Konkurrierende Gesetzgebungskompetenz der Länder im Bauplanungs- und Ordnungsrecht gemäß Artikel 72 Abs. 1 in Verbindung mit Artikel 74 Abs. 1 Nr. 18 GG und Verwaltungsvollzugskompetenz gemäß Artikel 84 GG.

1. Übernahme in das Landesrecht in Form einer **Landesverordnung** der zuständigen obersten Bauaufsicht des jeweiligen Landes.[13]
2. Übernahme in eine verwaltungsintern wirkende **Richtlinie bzw. Verwaltungsvorschrift**[14] durch Erlass der obersten Bauaufsichtsbehörde zur Durchsetzung eines einheitlichen Verwaltungshandelns und der Bindung des Ermessens der Bauaufsichtsbehörden.
3. Übernahme in das Landesrecht als allgemein verbindliche Verwaltungsvorschrift in der besonderen Form einer Technischen Baubestimmung gemäß § 85a MBO. Die nach § 85a Absatz 5 Satz 1 MBO bekannt gemachten Technischen Baubestimmungen sind nach § 85a Absatz 1 Satz 2 MBO von jedermann zu beachten und gelten damit allgemein für alle am Bau Beteiligten, für die Prüfingenieure und Prüfsachverständigen sowie die Bauaufsichtsbehörden und die Gerichte.

Umsetzung als Rechtsverordnung

Mit der Umsetzung der MVStättVO gemäß Ziffer 1 in eine Landesverordnung (Verkündung und Veröffentlichung im Gesetz- und Verordnungsblatt) ist diese unmittelbar von allen Bauaufsichtsämtern des jeweiligen Landes und von den in den Anwendungsbereich fallenden natürlichen und juristischen Personen (Bauherr, Betreiber, Veranstalter) ab dem jeweils in der Landesverordnung geregelten Inkrafttreten zu beachten. Eine Verordnung hat Gesetzeskraft und ist allgemein verbindlich. 67

Enthält eine Sonderbauverordnung wie die MVStättVO eine abschließende Regelung zu einem bestimmten Regelungskomplex, können die in den Bauordnungen der Länder entsprechend § 51 MBO 2016 vorgesehenen so genannten „Erleichterungen“ nicht mehr in Anspruch genommen werden. 68

Soweit eine Sonderbauverordnung abweichende Regelungen von der Bauordnung enthält, gelten diese Regelungen abschließend und schließen die Anwendung des § 51 MBO auf den geregelten Sonderbau aus. 69

---

13 Vgl. § 84 Abs. 1 Nr. 1 und des § 85 Abs. 1, Abs. 2 Satz 1 Nr. 2 und Abs. 3 Musterbauordnung (MBO 2002).

14 Vgl. Hessen: Bekanntmachung der Muster-Versammlungsstättenverordnung der Fachkommission Bauaufsicht der ARGEBAU vom Juni 2005 (StAnz. Nummer 51 vom 20.12.2010 S. 2732). Zur neuen Rechtslage siehe Fn. 16.

Das bedeutet, dass die Bauaufsichtsbehörde keine höheren Anforderungen mehr stellen und keine Erleichterungen zulassen kann.

70 Soll von einer solchen besonderen Anforderung einer Sonderbauverordnung, wie der MVStättVO, abgewichen werden, ohne dass dies ausdrücklich in der Verordnung zugelassen ist, bedarf es der Zulassung einer „Abweichung" nach § 67 MBO bzw. nach der entsprechenden Regelung der Landesbauordnung. Die behördliche Entscheidung hat in jedem Fall ermessensfehlerfrei und schutzzielorientiert zu erfolgen. Da die Bauaufsichtsbehörde bei der Prüfung, ob eine „Abweichung" zugelassen werden kann, das „Schutzziel" der Norm, von der abgewichen werden soll, zu beachten hat, sind „Abweichungen" bei Sonderbauordnungen jedoch enge Grenzen gesetzt.

71 Im Fall der Umsetzung der MVStättVO durch Verordnung werden auch die Betriebsvorschriften allgemein zu beachtendes Recht mit der Folge, dass eine leichtfertige Nichtbeachtung von Betriebsvorschriften den Tatbestand einer Ordnungswidrigkeit nach § 47 MVStättVO in Verbindung mit § 84 Abs. 1 Nr. 1 MBO erfüllt.

Umsetzung als Verwaltungsvorschrift

72 Wird die MVStättVO als Verwaltungsvorschrift durch Bekanntmachungserlass im Verkündungs-, Amts- oder Ministerialblatt des jeweiligen Landes übernommen, ist sie zunächst nur für Bauaufsichtsbehörden des Landes bindend. Die Bauherren und Betreiber von Versammlungsstätten sowie Veranstalter und mittelbar in den Anwendungsbereich fallende Dritte (Standbauunternehmen, Aussteller, Servicepartner) sind nicht „unmittelbar" zur Anwendung verpflichtet.

73 Dennoch sollten die Vorschriften der MVStättVO im Zuge von Planungsvorhaben präventiv berücksichtigt werden, um im Nachhinein nicht „gezwungenermaßen" Planungsvorhaben korrigieren und Veranstaltungen neu konzipieren zu müssen. Gezwungenermaßen deshalb, weil die Bauaufsichtsbehörden im Rahmen ihrer Prüfungs- und Anordnungskompetenz die Inhalte der MVStättVO im Rahmen ihrer Ermessensentscheidung nach § 51 MBO per Einzelverwaltungsanordnung durchsetzen können.

74 Verwaltungsvorschriften der obersten Bauaufsichtsbehörden verpflichten die nachgeordneten Fachbehörden, die Bestimmungen dieser Regelungen bei ihren Ermessensentscheidungen zu beachten und bei der Be-

urteilung von Versammlungsstätten, die ihrem Anwendungsbereich unterfallen, zugrunde zu legen. Soweit einzelne Vorschriften der MVStättVO nicht in Bezug genommen werden, findet eine behördliche Ermessensbindung nicht statt.

Besondere Anforderungen, die sich im Einzelfall aus der MVStättVO ergeben, sind von den Behörden im Rahmen des Baugenehmigungsverfahrens nach § 51 MBO (Sonderbauten) gegenüber dem Antragsteller geltend zu machen und, sofern sie nicht vom Antragsteller in den Bauantrag und die Bauzeichnungen übernommen werden, durch Auflagen in der Baugenehmigung durchzusetzen. Das Land Thüringen hat darauf in seiner Bekanntmachungsverordnung zur Thüringischen Bauordnung ausdrücklich hingewiesen.[15] 75

Da im Fall der Umsetzung der MVStättVO als Richtlinie die Vorschriften der MVStättVO über die „Anwendung der Vorschriften auf bestehende Versammlungsstätten“ (vgl. § 46) als interne Verwaltungsvorschrift nicht unmittelbar gelten, können nachträgliche Anforderungen grundsätzlich nur im Einzelfall nach Maßgabe der einschlägigen Ermächtigungsgrundlagen der jeweiligen LBO gestellt werden (Anpassungsverlangen). Dabei ist Behörden regelmäßig ein Ermessensspielraum eingeräumt. 76

Im Ergebnis haben die Bauaufsichtsbehörden der Länder, die die MVStättVO nur als Verwaltungsvorschrift umsetzen, zwar formal deutlich größere Spielräume für ihre Ermessensentscheidung und können dies für erleichternde Abweichungen wie auch für höhere Anforderungen nutzen. Dies betrifft nicht nur den variablen veranstaltungsspezifischen Teil (Aufplanung, Gestaltung etc.), sondern gleichfalls genehmi- 77

15 Nummer 52.1.3 VollzBekThürBO vom 30. Juli 2018 (ThürStAnz Nr. 34 S. 1052–1087 lautet:
„Gibt es keine Sonderbauverordnungen, können noch nicht umgesetzte Muster-Verordnungen der Bauministerkonferenz (ARGEBAU) oder Sonderbaurichtlinien zur Orientierung herangezogen werden. Da diese Materialien keine Rechtssatzqualität haben, ist bei ihrer Anwendung auf folgendes zu achten:
Die Baugenehmigung ist zu erteilen (§ 70 Abs. 1), wenn der jeweilige Sonderbau den materiellen Anforderungen der ThürBO oder aufgrund der ThürBO entspricht. Werden Muster-Verordnungen oder Richtlinien der ARGEBAU herangezogen, müssen die darin enthaltenen Betriebs- und Prüfvorschriften nach Absatz 1 als Auflage in der Baugenehmigung angeordnet werden, um für den Bauherrn verbindlich zu sein. Sofern ein Verstoß gegen Betriebs- oder Prüfvorschriften als Ordnungswidrigkeit bezeichnet ist, müssen die Anordnungen (Auflagen) mit dem Hinweis auf § 86 Abs. 1 Nr. 2 versehen werden, dass ein Verstoß gegen die Anordnung eine Ordnungswidrigkeit darstellt, die mit einem Bußgeld geahndet werden kann.“

gungsrechtliche Anforderungen zur Bausubstanz von Versammlungsstätten. In der Verwaltungspraxis hat sich jedoch gezeigt, dass dieser Ermessensspielraum zu erheblicher Unsicherheit sowohl bei den Sachbearbeitern der Bauaufsichtsbehörden als auch bei den Betreibern führt und kaum für Erleichterungen ausgenutzt wird. Angesichts der besonderen Anforderungen an den vorbeugenden Brandschutz gerade bei Versammlungsstätten neigen die Bauaufsichtsbehörden dazu, die Anforderungen hochzuschrauben. Dies hat auch damit zu tun, dass der Mitarbeiter der Bauaufsichtsbehörde mit strafrechtlichen Konsequenzen zu rechnen hat, wenn auf Grund seiner Ermessensentscheidung Schäden entstanden sind.

78 Ein weiterer Unterschied im Fall der Umsetzung der MVStättVO als Verwaltungsvorschrift betrifft die **Ordnungswidrigkeiten**. Die in § 47 MVStättVO festgelegten 20 Ordnungswidrigkeitstatbestände können nicht unmittelbar angewandt werden, sondern nur dann, wenn die Beachtung einer Vorschrift ausdrücklich durch Auflage in der Baugenehmigung angeordnet ist und für den Fall der Nichtbeachtung der Vorschrift auf den Ordnungswidrigkeitentatbestand des § 84 Absatz 1 Nummer 2 MBO hingewiesen wird.

79 Im Fall der Umsetzung der MVStättVO durch Verwaltungsvorschrift greifen die in § 47 MVStättVO erfassten Tatbestände nicht, da § 84 Abs. 1 Nr. 1 MBO ein leichtfertiges Zuwiderhandeln gegen eine Verordnung voraussetzt. **Es bedarf zunächst einer ausdrücklichen schriftlichen und bußgeldbewehrten behördlichen Anordnung im Sinne des § 84 Abs. 1 Nr. 2 MBO 2012.** Erst wenn der Bauherr, Betreiber oder Veranstalter gegen diese Anordnung verstoßen hat, also trotz ausdrücklicher, behördlich angeordneter Untersagung eine Veränderung, z.B. an einem Ausstellerstand oder einer Aufplanung, nicht vorgenommen hat, stellt dies eine Ordnungswidrigkeit dar.

Umsetzung als Technische Baubestimmung

80 Die im August 2017 in den Amtlichen Mitteilungen des Deutschen Instituts für Bautechnik bekannt gemachte Muster-Verwaltungsvorschrift Technische Baubestimmungen und deren Übernahme als Verwaltungsvorschrift in Landesrecht ist rechtlich anders zu bewerten als eine „normale“ Verwaltungsvorschrift. Die MVV TB ist gemäß der Richtlinie (EU) 2015/1535 des Europäischen Parlaments und des Rates vom 9. September 2015 über ein Informationsverfahren auf dem Gebiet der technischen Vorschriften und der Vorschriften für die Dienste der Informationsgesellschaft (ABl. L 241 vom 17.9.2015, S. 1) notifiziert.

Wie die anderen von der Fachkommission Bauaufsicht erarbeiteten Mustervorschriften bedarf die Muster-Verwaltungsvorschrift Technische Baubestimmung in jedem Land einer öffentlichen Bekanntmachung durch Erlass der obersten Bauaufsichtsbehörde. **81**

Anders als die „normale“ Verwaltungsvorschrift, die nur die Verwaltung bindet, ist die Verwaltungsvorschrift Technische Baubestimmung von jedermann zu beachten, da dies durch § 85a Absatz 1 Satz 2 MBO, also durch Gesetz, so bestimmt ist. Die Technischen Baubestimmungen gelten also aus sich heraus und es bedarf somit keiner speziellen Auflage in der Baugenehmigung um Technische Baubestimmungen durchzusetzen. **82**

Die MVV TB konkretisiert die in der MBO verankerten Grundanforderungen an bauliche Anlagen, Bauprodukte und andere Anlagen und Einrichtungen. Sie umfasst Regeln zur Standsicherheit baulicher Anlagen sowie zum Brandschutz, zum Wärmeschutz, zum Schallschutz, zum Gesundheitsschutz, zum Umweltschutz und zu den Planungsgrundlagen. Die Technischen Baubestimmungen müssen von allen am Bau beteiligten Personen bei der Planung, Berechnung, Ausführung und baurechtlichen Überprüfung von baulichen Anlagen beachtet werden. Sie sollen sicherstellen, dass bauliche Anlagen so angeordnet, errichtet und instandgehalten werden, dass die öffentliche Sicherheit oder Ordnung, insbesondere Leben, Gesundheit und die natürlichen Lebensgrundlagen, zu keiner Zeit gefährdet werden. **83**

Hat ein Land die Verwaltungsvorschrift Technische Baubestimmungen durch Erlass der obersten Bauaufsichtsbehörde eingeführt, gelten die Bestimmungen der MVStättVO über die Planung, Bemessung und Ausführung von Versammlungsstätten unmittelbar als technische Baubestimmung. Dies ist unabhängig davon, ob das Land die Regelung der MVStättVO als landesrechtliche Verordnung, als Verwaltungsvorschrift oder gar nicht eingeführt hat. **84**

Die MVStättVO enthält neben den Vorschriften über die Planung, Bemessung und Ausführung von Versammlungsstätten auch andere Regelungen, die nicht Anforderungen an die bauliche Anlage betreffen. Dies sind insbesondere die Betriebsvorschriften in Teil 4 und die Ordnungswidrigkeiten in § 47 MVStättVO. Auf diese Regelungen der MVStättVO, die keine Technischen Bauvorschriften sind, wirkt sich § 85a Ab- **85** satz 1 Satz 2 MBO nicht aus. Hat das Land die MVStättVO zusätzlich zur Verwaltungsvorschrift Technische Baubestimmungen auch als gesonderte Verwaltungsvorschrift eingeführt[16] oder auch nicht eingeführt, kann die Beachtung der Betriebsvorschriften und der Ordnungswidrigkeiten nur durch Auflagen in der Baugenehmigung durchgesetzt werden.

Rechtsschutz

86 Dem in seinen Rechten durch die Verordnung „beschwerten" Antragsteller steht in den meisten Bundesländern[17] nach § 47 Abs. 1 Nr. 2 der Verwaltungsgerichtsordnung (VwGO) die Möglichkeit der Überprüfung der Gesetzmäßigkeit der Verordnung im Wege eines Normenkontrollverfahrens offen.

87 Soweit noch kein Verwaltungsakt in der Welt ist, kommt im Übrigen eine verwaltungsgerichtliche Feststellungsklage gemäß § 43 VwGO in Betracht. Bei der Fassung des Klageantrages ist allerdings zu beachten, dass die Feststellung der Nichtigkeit einer Rechtsnorm nicht zulässig ist, da es an einem (konkreten) „Rechtsverhältnis" im Sinne des § 43 VwGO fehlt. Die Klage muss vielmehr auf die Feststellung des Bestehens bzw. Nichtbestehens eines durch eine Rechtsnorm begründeten, aufgehobenen oder veränderten Rechtsverhältnisses gerichtet sein. So könnte beispielsweise ein Versammlungsstättenbetreiber die Feststellung beanspruchen, an bestimmte bauliche oder betriebliche Ge- oder Verbote der MVStättVO nicht mehr gebunden zu sein. Die Gesetzmäßigkeit der Verordnung wird vom Verwaltungsgericht dann inzidenter überprüft. Das für eine solche Feststellungsklage erforderliche rechtliche bzw. wirtschaftliche Interesse des Klägers wird sich regelmäßig

---

16 Hessen hat die Hessische Richtlinie über den Bau und Betrieb von Versammlungsstätten (Hessische Versammlungsstättenrichtlinie – H-VStättR) als Anlage 24 zur Hessischen Verwaltungsvorschrift Technische Baubestimmungen (H-VV TB) eingeführt, Einführungserlass vom 13. Juni 2018 (StAnz. S. 831) sowie Änderungserlass vom 18. September 2018 (StAnz. S. 1118) sowie Änderungserlass vom 22. November 2018 (StAnz. S. 1431).

17 Durch Landesgesetz (AG VwGO) haben die Normenkontrolle bisher eingeführt: Baden-Württemberg, Bayern, Brandenburg, Bremen, Hessen, Mecklenburg-Vorpommern, Niedersachsen, Nordrhein-Westfalen, Rheinland-Pfalz, Saarland, Sachsen, Sachsen-Anhalt, Schleswig Holstein und Thüringen. Demgegenüber besteht in Berlin und Hamburg die Möglichkeit der Normenkontrolle insoweit nicht.

aus den Artikeln 2, 14 GG bzw. dem ggf. erforderlichen Investitionsaufwand ergeben.

Gegen ein bauaufsichtliches Anpassungsverlangen gegenüber bestehenden Versammlungsstätten sind Widerspruch und Anfechtungsklage statthaft (vgl. §§ 68, 42 VwGO). Eine modifizierende Auflage läge vor, wenn eine Versammlungsstätte mit einem Bestuhlungsplan für 1000 Besucherplätze beantragt wird und eine Genehmigung für lediglich 500 Besucherplätze erteilt wird. Eine solche modifizierte Auflage in einer Baugenehmigung ist nicht selbständig angreifbar. Bezogen auf den beantragten VA bewirkt diese Auflage, dass insgesamt eine ablehnende Entscheidung vorliegt. Der verbleibende Entscheidungsrest ergibt für sich keinen Sinn mehr. Der isolierte Angriff auf die modifizierende Auflage nutzt dem Antragsteller nichts, er muss deshalb Verpflichtungsklage erheben. **88**

Gegen die Ablehnung einer beantragten Baugenehmigung für eine Versammlungsstätte ist nach erfolglos durchgeführtem Widerspruchsverfahren gem. § 68 VwGO die Verpflichtungsklage, gerichtet auf Erlass der begehrten Genehmigung, statthaft (§ 42 VwGO). Parallel zu diesen Rechtsbehelfen in der Hauptsache kommt jeweils die Beantragung einstweiligen Rechtsschutzes in Betracht (vgl. §§ 80 Abs. 5, 123 VwGO). **89**

Schutzziele

Ziel der MVStättVO ist es, durch Regelungen zum Bau und Betrieb von Versammlungsstätten einen möglichst optimalen **Schutz von Personen während ihres Aufenthaltes und eine rasche Evakuierung bei Eintritt von Schadensfällen** aus Versammlungsstätten zu gewährleisten. In der auf 48 Paragraphen reduzierten MVStättVO[18] wurde konsequent darauf geachtet, dass das für die Neuerrichtung und den Betrieb bestehender Versammlungsstätten erforderliche Sicherheitsniveau dem aktuellen Erkenntnisstand der Sicherheitstechnik angepasst wird. Auf Sonderregelungen für unterschiedliche Typen von Versammlungsstätten (gegenüber der früheren VStättVO 1978) wurde dabei weitgehend verzichtet. **90**

Rechtliche Grundlage für den Erlass entsprechender Sonderverordnungen auf Landesebene bilden die verschiedenen Bauordnungen der Län- **91**

18 Anmerkung: Die VStättVO – Fassung März 1978 – umfasste noch 131 Paragraphen.

der. Deren an § 85 MBO orientierte spezielle Ermächtigungsnormen konkretisieren die Vorschriften des § 3 (Allgemeine Anforderungen), § 50 (Barrierefreies Bauen) und § 51 (Sonderbauten) der MBO.

92 § 3 MBO ist 2016 neu gefasst worden:

> *„Bauliche Anlagen sind danach so anzuordnen, zu errichten, zu ändern und instand zu halten, dass die öffentliche Sicherheit oder Ordnung, insbesondere Leben, Gesundheit und die natürlichen Lebensgrundlagen, nicht gefährdet werden; dabei sind die Grundanforderungen an Bauwerke gemäß Anhang I der Verordnung (EU) Nr. 305/2011 zu berücksichtigen. Dies gilt auch für die Beseitigung von Anlagen und bei der Änderung ihrer Nutzung.“*

93 Die in Anhang 1 der Bauproduktenverordnung[19] genannten Grundanforderungen an Bauwerke sind:

1. Mechanische Festigkeit und Standsicherheit
2. Brandschutz
3. Hygiene, Gesundheit und Umweltschutz
4. Sicherheit und Barrierefreiheit bei der Nutzung
5. Schallschutz
6. Energieeinsparung und Wärmeschutz
7. Nachhaltige Nutzung der natürlichen Ressourcen

94 Diese Grundanforderungen an Bauwerke werden durch den 3. Teil „Bauliche Anlagen“ der MBO geregelt und durch die Technischen Baubestimmungen konkretisiert.

95 Können durch die besondere Art oder Nutzung baulicher Anlagen und Räume ihre Benutzer oder die Allgemeinheit gefährdet oder in unzumutbarer Weise belästigt werden, so können nach § 51 MBO im Einzelfall zur Verwirklichung der allgemeinen Anforderungen, also auch der Grundanforderungen an Bauwerke, weitergehende „besondere Anforderungen“ gestellt werden.

96 Mit der Umsetzung der MVStättVO auf Landesebene wird von der dem § 85 Absatz 1 Nummer 4 MBO entsprechenden Verordnungsermächtigung Gebrauch gemacht. Diese Regelung befugt die oberste Bauaufsichtsbehörde, besondere Anforderungen oder Erleichterungen im Sin-

---

19 Siehe dazu Fn. 8.

ne des § 51 MBO für Sonderbauten durch Verordnung zu erlassen. Die Anforderungen werden damit für alle im Anwendungsbereich definierten Versammlungsstätten (soweit sich keine Einschränkungen aus dem Bestandsschutz ergeben) verbindlich.

Ermächtigung zum Erlass von Rechtsverordnungen

Im Rang unter dem Gesetz stehende Rechtsverordnungen werden durch **97**
die Exekutive erlassen. Dies bedarf in jedem Fall einer speziellen Ermächtigung durch Gesetz, das Inhalt, Zweck und Ausmaß der Ermächtigung regelt.[20] Beim Erlass einer Rechtsverordnung für einen Sonderbau muss der Verordnungsgeber die Schwellenwerte in § 2 Absatz 4 MBO beachten. Im Fall des § 2 Absatz 4 Nummer 7 MBO darf der Verordnungsgeber nur für die dort legaldefinierten Versammlungsstätten Regelungen erlassen. Er muss dabei nicht alle legaldefinierten Versammlungsstätten erfassen, aber er darf keine Regelungen für Versammlungsstätten erlassen, die nicht in die gesetzliche Definition fallen.

§ 85 Absatz 1 Nummer 4 MBO ist das Musterbeispiel einer Verord- **98**
nungsermächtigung zum Erlass von Verordnungen für Sonderbauten gemäß § 2 Absatz 4 MBO und ermächtigt die oberste Bauaufsichtsbehörde dazu, besondere Anforderungen und Erleichterungen im Sinne des § 51 MBO allgemeinverbindlich gesetzlich zu regeln. Ferner ermächtigt § 85 Absatz 1 Nummer 5 MBO zu Regelungen über wiederkehrende Prüfungen und § 85 Absatz 1 Nummer 6 MBO zu Regelungen über die Anwesenheitspflicht fachkundiger Personen beim Betrieb technisch schwieriger baulicher Anlagen wie Bühnenbetriebe. Von diesen Ermächtigungen ist mit der MVStättVO Gebrauch gemacht worden.

20 Siehe Artikel 80 Absatz 1 Grundgesetz:
„(1) Durch Gesetz können die Bundesregierung, ein Bundesminister oder die Landesregierungen ermächtigt werden, Rechtsverordnungen zu erlassen. Dabei müssen Inhalt, Zweck und Ausmaß der erteilten Ermächtigung im Gesetze bestimmt werden. Die Rechtsgrundlage ist in der Verordnung anzugeben. Ist durch Gesetz vorgesehen, daß eine Ermächtigung weiter übertragen werden kann, so bedarf es zur Übertragung der Ermächtigung einer Rechtsverordnung.“
Siehe auch Artikel 64 Absatz 1 der Verfassung von Berlin:
„(1) Durch Gesetz kann der Senat oder ein Mitglied des Senats ermächtigt werden, Rechtsverordnungen zu erlassen. Inhalt, Zweck und Ausmaß der erteilten Ermächtigung müssen im Gesetz bestimmt werden. Die Rechtsgrundlage ist in der Rechtsverordnung anzugeben.“

99 Besteht für einen Sonderbautypus eine Sonderbauverordnung, dann handelt es sich um einen geregelten Sonderbau, auf den nur die Bauordnung und die Sonderbauverordnung anzuwenden sind. Mit dem Erlass der Sonderbauverordnung entfällt die Befugnis für die unteren Bauaufsichtsbehörden, eigene Ermessensentscheidungen nach § 51 MBO zu treffen.

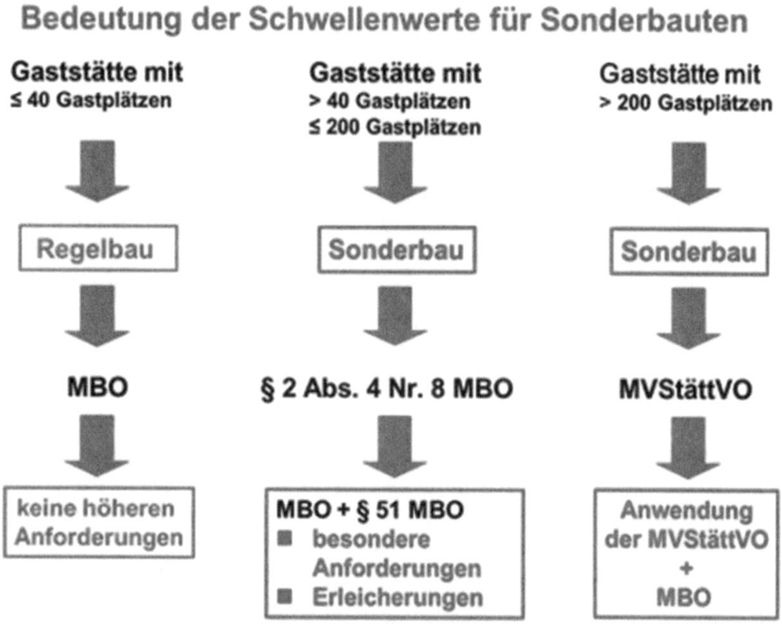

100 Besteht für einen Sonderbautypus keine Sonderbauverordnung, dann handelt es sich um einen nicht geregelten Sonderbau, auf den nur die Bauordnung anzuwenden ist und die Bauaufsichtsbehörden im Einzelfall befugt sind, eigene Ermessensentscheidungen nach § 51 MBO zu treffen, wobei sie für den Sonderbau erlassene ermessensleitende Vorschriften (Richtlinien) zu beachten haben.

Struktur der MVStättVO

Die MVStättVO gliedert sich in sieben Teile: 101

- Teil 1 (Allgemeine Vorschriften) bestimmt den Anwendungsbereich, definiert die Begriffsbestimmungen für alle Arten von Versammlungsstätten und regelt, welche Vorschriften der MBO nicht anzuwenden sind.
- Teil 2 (Allgemeine Bauvorschriften) gliedert sich in zwei Abschnitte, die ebenfalls für alle Arten von Versammlungsstätten gelten. Für Ausstellungshallen sind in Abschnitt 2 (§ 6 Bemessung der Rettungswege) darüber hinausgehende spezielle Anforderungen festgelegt. Das Rettungswegesystem ist unter Berücksichtigung aktueller sicherheitstechnischer Anforderung konzipiert worden und berücksichtigt auch die spezielle Betriebsform von Ausstellungen und Messen in Hallen. In Abschnitt 4 Technische Einrichtungen (§ 14 Sicherheitsstromversorgungsanlagen, elektrische Anlagen und Blitzschutzanlagen) sind zusätzlich spezielle Regelungen für den neuen Bautypus multifunktionaler Mehrzweckhallen aufgenommen. § 16 Rauchableitung ist neu gefasst.
- Teil 3 (Besondere Bauvorschriften) enthält zwei Gliederungsabschnitte, die besondere Bauvorschriften für Großbühnen und für Versammlungsstätten mit mehr als 5000 Besucherplätzen, insbesondere also für große Mehrzweckhallen und Sportstadien, enthalten.
- Teil 4 (Betriebsvorschriften) gliedert sich auf in vier weitere Abschnitte, in denen die Betriebsvorschriften zusammengefasst werden. Die vier Abschnitte beziehen sich auf die Freihaltung der Rettungswege, die Brandverhütung, den Betrieb und Unterhalt technischer Einrichtungen sowie auf die Verantwortung und Pflichten des Betreibers, Veranstalters und Beauftragten. Nach der Neuregelung in § 42 Absatz 3 MVStättVO ist für Versammlungsstätten mit mehr als 1000 Besucherplätzen ein Räumungskonzept erforderlich.
- Teil 5 (Zusätzliche Bauvorlagen) regelt die für Neubauvorhaben und bei Nutzungsänderungen bzw. Nutzungserweiterungen zusätzlich vorzulegenden Bauvorlagen und Pläne (Brandschutzkonzept, Rettungswegeverlauf, Bestuhlungspläne etc.).
- Teil 6 (Bestehende Versammlungsstätten) regelt die für bestehende Versammlungsstätten erforderlichen Anpassungen und legt damit den Bestandsschutz für bestehende Versammlungsstätten fest. Die Neuregelung des § 46 MVStättVO ist allerdings missglückt. Anders als die in § 46 Absatz 1 MVStättV bislang enthaltenen baulichen

Nachrüstungspflichten hat sich die Umsetzung der aktuell bezeichneten Betriebsvorschriften zwischenzeitlich nicht erledigt. Das Bundesverwaltungsgericht hat zu vergleichbaren Gesetzesvorhaben bereits mehrfach Stellung nehmen müssen und festgestellt, dass die neuen Vorschriften den Inhalt und damit auch die Reichweite des Schutzes bestehender baulicher Anlagen und deren Nutzung vor staatlichen Anpassungsverlangen selber ausdrücklich festlegen müssen.

- Nicht zuletzt aus diesem Grund wurde bereits im Jahr 2003, also ein Jahr nach Inkrafttreten der MVStättV 2002, durch die FK-Bauaufsicht in der 250. FK-Sitzung die Vorschrift des § 46 Absatz 2 neu gefasst und bis Februar 2014 unverändert beibehalten. Die Begründung hierzu lautete: „Die Änderung des Absatzes 2 dient der Klarstellung. Er benennt nunmehr auch einzelne ‚versteckte' Betriebsvorschriften außerhalb des Teils 4, die auch bei bestehenden Versammlungsstätten beachtet werden müssen."
- Teil 7 (Schlussvorschriften) legt die nach dieser Verordnung in Verbindung mit der MBO relevanten Ordnungswidrigkeiten fest und enthält Bestimmungen zum In- bzw. Außerkrafttreten der Verordnung.

Verhältnis der MVStättVO zur MBO und anderen Vorschriften

102 Die MVStättVO ist, wie andere Sonderbauordnungen auch, keine in sich abgeschlossene Regelung. Grundlage auch für den Bau von Versammlungsstätten ist zunächst die auf der MBO beruhende jeweilige Landesbauordnung, deren Bestimmungen durch die jeweilige Landes-Versammlungsstättenverordnung modifiziert und konkretisiert werden. Für Tatbestände, für die die MVStättVO keine speziellen – erleichternden oder erschwerenden – Regelungen enthält, gelten unverändert die Vorschriften der jeweiligen Landes-Bauordnung und gegebenenfalls anderer Sonderbauverordnungen.

Arbeitsschutzgesetz und Arbeitsstättenverordnung

103 Die MVStättVO verzichtet weitgehend auf Vorschiften für den Arbeitsschutz der in der Versammlungsstätte beschäftigten Personen. Der Arbeitsschutz ist im Arbeitsschutzgesetz[21] (ArbSchG) geregelt. Für die in

21 Arbeitsschutzgesetz vom 7. August 1996 (BGBl. I S. 1246), das zuletzt durch Artikel 427 der Verordnung vom 31. August 2015 (BGBl. I S. 1474) geändert worden ist.

einer Versammlungsstätte dauernd oder vorübergehend beschäftigten Menschen ist die Versammlungsstätte eine Arbeitsstätte im Sinne des Arbeitsschutzgesetzes. Nach § 3 ArbSchG ist der Arbeitgeber verpflichtet, die erforderlichen Maßnahmen des Arbeitsschutzes unter Berücksichtigung der Umstände zu treffen, die Sicherheit und Gesundheit der Beschäftigten bei der Arbeit beeinflussen. Er hat die Maßnahmen auf ihre Wirksamkeit zu überprüfen und erforderlichenfalls sich ändernden Gegebenheiten anzupassen.

Die Einzelheiten des Arbeitsschutzes sind in der auf Grund des § 18 **104**
ArbSchG erlassenen Arbeitsstättenverordnung[22] (ArbStättV) geregelt. § 3 ArbStättV verpflichtet den Arbeitgeber zu einer Gefährdungsbeurteilung der Arbeitsplätze und zu Maßnahmen zum Schutz der Beschäftigten. Welche Anforderungen und Maßnahmen in Betracht kommen, ergibt sich aus dem Anhang zur ArbStättV. Da der Anhang nicht nur betriebliche Maßnahmen enthält, sondern auch bauliche Anforderungen, sind diese bereits bei der Planung einer Versammlungsstätte zu beachten.

Beim Einrichten und Betreiben der Arbeitsstätten hat der Arbeitgeber **105**
die Maßnahmen nach § 3 Absatz 1 ArbStättV durchzuführen und dabei den Stand der Technik, Arbeitsmedizin und Hygiene, die ergonomischen Anforderungen sowie insbesondere die vom Bundesministerium für Arbeit und Soziales nach § 7 Absatz 4 ArbStättV bekannt gemachten Regeln und Erkenntnisse zu berücksichtigen. Wendet der Arbeitgeber diese Regeln nicht an, so muss er durch andere Maßnahmen die gleiche Sicherheit und den gleichen Schutz der Gesundheit der Beschäftigten erreichen

Die nach § 7 Absatz 4 ArbStättV bekannt gemachten Regeln und Er- **106**
kenntnissen sind die vom Ausschuss für Arbeitsstätten erarbeiteten „Technische Regeln für Arbeitsstätten“. Sie werden als ASR bezeichnet und sind nach der Nummerierung der Anforderungen des Anhangs der ArbStättV nummeriert.

Bisher wurden folgende für die Errichtung und den Betrieb von Ver- **107**
sammlungsstätten zu beachtenden Technischen Regeln für Arbeitsstätten bekannt gemacht:

---

22 Arbeitsstättenverordnung vom 12. August 2004 (BGBl. I S. 2179), die zuletzt durch Artikel 5 Absatz 1 der Verordnung vom 18. Oktober 2017 (BGBl. I S. 3584) geändert worden ist.

ASR A1.2	**Raumabmessungen und Bewegungsflächen**
ASR A1.3	Sicherheits- und Gesundheitsschutzkennzeichnung
ASR A1.5/1,2	Fußböden
ASR A1.6	Fenster, Oberlichter, lichtdurchlässige Wände
ASR A1.7	Türen und Tore
ASR A1.8	Verkehrswege
ASR A2.1	Schutz vor Absturz und herabfallenden Gegenständen, Betreten von Gefahrenbereichen
ASR A2.2	Maßnahmen gegen Brände
ASR A2.3	Fluchtwege und Notausgänge, Flucht- und Rettungsplan
ASR A3.4	Beleuchtung
ASR A3.4/7	Sicherheitsbeleuchtung, optische Sicherheitsleitsysteme
ASR A3.5	Raumtemperatur
ASR A3.6	Lüftung
ASR A3.7	Lärm
ASR A4.1	Sanitärräume
ASR A4.2	Pausen- und Bereitschaftsräume
ASR A4.3	Erste-Hilfe-Räume, Mittel und Einrichtungen zur Ersten Hilfe
ASR A4.4	Unterkünfte
ASR V3	Gefährdungsbeurteilung
ASR V3a.2	Barrierefreie Gestaltung von Arbeitsstätten

Unfallverhütungsvorschriften

108 Die MVStättVO verzichtet weitgehend auf arbeitsrechtliche Betriebs- und Schutzvorschriften, die ohnehin in den Unfallverhütungsvorschriften des DGUV (Spitzenverband der gewerblichen Berufsgenossenschaften und der Unfallversicherungsträger der öffentlichen Hand) geregelt sind. Aufgenommen sind dagegen die Betriebsvorschriften, die zugleich dem Schutz der Besucher bzw. Benutzer der Versammlungsstätten dienen und die Anforderungen des § 3 MBO konkretisieren.

Der DGUV als Spitzenverband der gewerblichen Berufsgenossenschaften und der Unfallversicherungsträger der öffentlichen Hand gibt die Unfallverhütungsvorschriften, die bisher unter der Bezeichnung BGV oder GUV bekannt gemacht wurden, nun unter der Bezeichnung DGUV Vorschrift heraus. Soweit in der folgenden Liste für eine DGUV Vorschrift zwei Nummern benannt sind, handelt es sich um die berufsgenossenschaftlichen Vorschriften (BGV) und bei der anderen Nummer um die Unfallverhütungsvorschriften des GUV (Gemeinde-Unfallversicherungsverband). Ferner werden zu den Unfallverhütungsvorschriften weitere Regeln, Informationen und Grundsätze herausgegeben. **109**

Da es sich bei den gesetzlichen Unfallversicherungen um Körperschaften des öffentlichen Rechts handelt, sind die Vorschriften zwingend zu beachten. Die Nichtbeachtung einzelner Vorschriften ist gegebenenfalls als Ordnungswidrigkeit mit einem Bußgeld bewehrt. **110**

Für Versammlungsstätten, Produktionen und Veranstaltungen sind insbesondere folgende Unfallverhütungsvorschriften zu beachten (neue Bezeichnung als DGUV Vorschrift): **111**

1. DGUV Vorschriften

DGUV Vorschrift	Titel	Ausgabe
1	Grundsätze der Prävention	2013-11
2	Betriebsärzte und Fachkräfte für Arbeitssicherheit	2012-01
3 oder 4	Elektrische Anlagen und Betriebsmittel	2015-07
15 oder 16	Elektromagnetische Felder	2002-01
17 oder 18	Veranstaltungs- und Produktionsstätten für szenische Darstellung	1998-04
19	Schausteller- und Zirkusunternehmen	1997
42	Zelte und Tragluftbauten	2010-01
54 oder 55	Winden, Hub- und Zuggeräte	2000-10

2. DGUV Regeln

112 Der DGUV hat zu den DGUV Vorschriften weitere Regeln herausgegeben, die die Unfallverhütungsvorschriften konkretisieren:

DGUV Regel	Titel	Ausgabe
100-001	Grundsätze der Prävention	2014-05
100-500	Betreiben von Arbeitsmitteln Kapitel 2.10 Betreiben von Hebebühnen	2008-04
112-198	Benutzung von persönlichen Schutzausrüstungen gegen Absturz	2011-03
113-008	Pyrotechnik, Nebel und andere szenische Effekte	2001-01

3. DGUV Informationen

113 Die gesetzliche Unfallversicherung hat die Informationen über für Versammlungsstätten relevante Vorschriften in der Berufsgenossenschaftlichen Information „BGI 810 Sicherheit bei Produktionen und Veranstaltungen – Leitfaden" zusammengefasst. Dazu haben die Berufsgenossenschaften und die kommunalen Unfallversicherungsträger insbesondere folgende Informationen herausgegeben:

DGUV Information	Titel	Ausgabe
203-036	Laser-Einrichtungen für Show- oder Projektionszwecke	2004-10
215-121	Gestaltung barrierefreier Tagungen, Seminare und sonstiger Veranstaltungen	2018-10
215-310	Sicherheit bei Veranstaltungen und Produktion – Leitfaden für Theater, Film, Hörfunk, Fernsehen, Konzerte, Shows, Events, Messen und Ausstellungen	2016-06
215-312	Sicherheit bei Veranstaltungen und Produktionen – Pyrotechnik, Nebel und andere szenische Effekte	2014-01
215-313	Lasten über Personen – Sicherheit bei Veranstaltungen und Produktionen von Fernsehen, Hörfunk, Film, Theater, Messen, Veranstaltungen	2017-03
215-314	Sicherheit bei Veranstaltungen und Produktionen – Scheinwerfer	2017-03

215-315	Sicherheit bei Veranstaltungen und Produktionen – Besondere szenische Effekte und Vorgänge	2015-02
215-316	Sicherheit bei Veranstaltungen und Produktionen – Brandschutz im Dekorationsbau	2013-03
215-320	Fliegen von Personen bei szenischen Darstellungen	2007-03
215-321	Bereitstellung und Benutzung von Versenkeinrichtungen	2005-04
215-322	Sicherheit in Schulaulen und Bürgerhäusern	
BGI 811	Arbeitssicherheit in Übertragungsfahrzeugen	2015-04
BGI 814	Kamerakrane	2004-03

4. DGUV Grundsätze

DGUV Grundsätze	**Titel**	**Ausgabe**
308-008	Ausbildung und Beauftragung der Bediener von Hubarbeitsbühnen	2004-10
312-906	Grundlagen zur Qualifizierung von Personen für die sachkundige Überprüfung und Beurteilung von persönlichen Absturzschutzausrüstungen	2017-12
315-390	Grundsätze für die Prüfung maschinentechnischer Einrichtungen in Bühnen und Studios	2009-04

Produktsicherheitsgesetz

Ziel der auf der Grundlage des Produktsicherheitsgesetzes erlassenen Betriebssicherheitsverordnung[23] ist es, die Sicherheit und den Schutz der Gesundheit von Beschäftigten bei der Verwendung von Arbeitsmitteln zu gewährleisten. Arbeitsmittel sind Werkzeuge, Geräte, Maschinen oder Anlagen, die für die Arbeit verwendet werden, sowie überwachungsbedürftige Anlagen. **114**

In Versammlungsstätten betrifft dies unter anderem die maschinentechnischen Einrichtungen, insbesondere die maschinentechnischen Einrichtungen der Bühnen und Szenenflächen. Zur Betriebssicherheit wurden die Technischen Regeln für Betriebssicherheit (TRBS) bekannt ge- **115**

23 Betriebssicherheitsverordnung vom 3. Februar 2015 (BGBl. I S. 49), die zuletzt durch Artikel 1 der Verordnung vom 30. April 2019 (BGBl. I S. 554) geändert worden ist.

macht. Sie werden vom Ausschuss für Betriebssicherheit ermittelt bzw. angepasst und vom Bundesministerium für Arbeit und Soziales im Gemeinsamen Ministerialblatt bekannt gegeben.

116 Die TRBS konkretisieren im Rahmen des Anwendungsbereichs die Anforderungen der Betriebssicherheitsverordnung. Bei Einhaltung der Technischen Regeln kann der Arbeitgeber insoweit davon ausgehen, dass die entsprechenden Anforderungen der Verordnung erfüllt sind. Wählt der Arbeitgeber eine andere Lösung, muss er damit mindestens die gleiche Sicherheit und den gleichen Gesundheitsschutz für die Beschäftigten erreichen.

TRBS 1111	Gefährdungsbeurteilung und sicherheitstechnische Bewertung
TRBS 1201	Prüfungen von Arbeitsmitteln und überwachungsbedürftigen Anlagen
TRBS 1203	Befähigte Personen – Allgemeine Anforderungen
TRBS 2111	Mechanische Gefährdungen – Allgemeine Anforderungen
TRBS 2121	Gefährdung von Personen durch Absturz – Allgemeine Anforderungen –

117 Für die maschinentechnischen Einrichtungen ist ferner die Maschinenverordnung[24] zu beachten.

Brandschutzgesetze der Länder

118 Die Brandschutzgesetze (Feuerwehrgesetze) der Länder enthalten ebenfalls Regelungen über den vorbeugenden Brandschutz bei Veranstaltungen. So regeln diese Gesetze fast übereinstimmend das Erfordernis von Brandsicherheitswachen bei Veranstaltungen. Sie sind insbesondere bei Veranstaltungen im Freien zu beachten, die nicht in den Anwendungsbereich der MVStättVO fallen.

119 Bei Versammlungsstätten, die in den Anwendungsbereich der MVStättVO fallen, sind die Regelungen der Brandschutzgesetze gegenüber den bauaufsichtlichen Vorschriften subsidiär, da die Spezialregelungen der Bauordnungen und der Sonderbauverordnungen Vorrang haben und den Erlass von Verwaltungsakten auf Grundlage der Brandschutzgesetze

---

24 Neunte Verordnung zum Produktsicherheitsgesetz (Maschinenverordnung) vom 12. Mai 1993 (BGBl. I S. 704), die zuletzt durch Artikel 19 des Gesetzes vom 8. November 2011 (BGBl. I S. 2178) geändert worden ist.

ausschließen. Zweck dieser Subsidiaritätsregelung ist es unter anderem, behördlichen Mehrfachzuständigkeiten vorzubeugen und damit sich widersprechende Verwaltungsakte zu ein und demselben Sachverhalt zu verhindern. Mit anderen Worten: Es geht darum, zu vermeiden, dass Entscheidungen der Brandschutzdienststelle im Widerspruch zu Entscheidungen der Bauaufsichtsbehörde stehen.

Gesetzestext

Musterverordnung über den Bau und Betrieb von Versammlungsstätten* (Muster-Versammlungsstättenverordnung – MVStättVO)

– Fassung Juni 2005 –
(zuletzt geändert durch Beschluss der Fachkommission Bauaufsicht vom Februar 2014)

Auf Grund des § 84 Abs. 1 Nr. 1 sowie des § 85 Abs. 1 und Abs. 3 der Musterbauordnung 2002** verordnet der für die Bauordnung zuständige Minister:

Inhaltsverzeichnis

* Notifiziert gemäß der Richtlinie 98/34/EG des Europäischen Parlaments und des Rates vom 22. Juni 1998 über ein Informationsverfahren auf dem Gebiet der Normen und technischen Vorschriften und der Vorschriften für die Dienste der Informationsgesellschaft (ABl. L 204 vom 21.7.1998, S. 37), zuletzt geändert durch Artikel 26 Absatz 2 der Verordnung (EU) Nr. 1025/2012 des Europäischen Parlaments und des Rates vom 25. Oktober 2012 (ABl. L 316 vom 14.11.2012, S. 12).

** Die MVStättVO 2014 bezieht sich auf die MBO – Stand September 2012, Anpassung nach Landesrecht.

Teil 1 Allgemeine Vorschriften

§ 1 Anwendungsbereich, Anzahl der Besucher

(1) [1]Die Vorschriften dieser Verordnung gelten für den Bau und Betrieb von

1. Versammlungsstätten mit Versammlungsräumen, die einzeln mehr als 200 Besucher fassen. [2]Sie gelten auch für Versammlungsstätten mit mehreren Versammlungsräumen, die insgesamt mehr als 200 Besucher fassen, wenn diese Versammlungsräume gemeinsame Rettungswege haben;
2. Versammlungsstätten im Freien mit Szenenflächen und Tribünen, die keine fliegenden Bauten sind und insgesamt mehr als 1000 Besucher fassen;
3. Sportstadien und Freisportanlagen mit Tribünen, die keine fliegenden Bauten sind, und die jeweils insgesamt mehr als 5000 Besucher fassen.

(2) [1]Soweit sich aus den Bauvorlagen nichts anderes ergibt, ist die Anzahl der Besucher im Sinne dieser Verordnung wie folgt zu ermitteln:

1. für Sitzplätze an Tischen:	ein Besucher je m^2 Grundfläche des Versammlungsraumes,
2. für Sitzplätze in Reihen:	zwei Besucher je m^2 Grundfläche des Versammlungsraumes,
3. für Stehplätze auf Stufenreihen:	zwei Besucher je laufendem Meter Stufenreihe,
4. bei Ausstellungsräumen:	ein Besucher je m^2 Grundfläche des Versammlungsraumes;

für sonstige Stehplätze sind mindestens zwei Besucher je m^2 Grundfläche anzusetzen. [2]Für Besucher nicht zugängliche Flächen werden in die Berechnung nicht einbezogen. [3]Für Versammlungsstätten im Freien, für Freisportanlagen und für Sportstadien gelten Satz 1 Nr. 1 bis 3, Halbsatz 2 und Satz 2 entsprechend.

(3) Die Vorschriften dieser Verordnung gelten nicht für

1. Räume, die dem Gottesdienst gewidmet sind,
2. Unterrichtsräume in allgemein- und berufsbildenden Schulen,
3. Ausstellungsräume in Museen,
4. Fliegende Bauten.

(4) [1]Soweit in dieser Verordnung nichts Abweichendes geregelt ist, sind auf tragende und aussteifende sowie auf raumabschließende Bauteile die Anforderungen der MBO an diese Bauteile in Gebäuden der Gebäudeklasse 5 anzuwenden. [2]Die Erleichterungen des § 30 Abs. 3 Satz 2, § 31 Abs. 4 Nr. 1 und 2, § 36 Abs. 1 Satz 2 Nr. 2, § 39 Abs. 1 Nr. 4, § 40 Abs. 1 Nr. 1 und 3 sowie des § 41 Abs. 5 Nr. 1 und 3 MBO sind nicht anzuwenden.

§ 2 Begriffe

(1) Versammlungsstätten sind bauliche Anlagen oder Teile baulicher Anlagen, die für die gleichzeitige Anwesenheit vieler Menschen bei Veranstaltungen, insbesondere erzieherischer, wirtschaftlicher, geselliger, kultureller, künstlerischer, politischer, sportlicher oder unterhaltender Art, bestimmt sind sowie Schank- und Speisewirtschaften.

(2) Erdgeschossige Versammlungsstätten sind Gebäude mit nur einem Geschoss ohne Ränge oder Emporen, dessen Fußboden an keiner Stelle mehr als 1 m unter der Geländeoberfläche liegt; dabei bleiben Geschosse außer Betracht, die ausschließlich der Unterbringung technischer Anlagen und Einrichtungen dienen.

(3) [1]Versammlungsräume sind Räume für Veranstaltungen oder für den Verzehr von Speisen und Getränken. [2]Hierzu gehören auch Aulen und Foyers, Vortrags- und Hörsäle sowie Studios.

(4) Szenenflächen sind Flächen für künstlerische und andere Darbietungen; für Darbietungen bestimmte Flächen unter 20 m^2 gelten nicht als Szenenflächen.

(5) In Versammlungsstätten mit einem Bühnenhaus ist

1. das Zuschauerhaus der Gebäudeteil, der die Versammlungsräume und die mit ihnen in baulichem Zusammenhang stehenden Räume umfasst,
2. das Bühnenhaus der Gebäudeteil, der die Bühnen und die mit ihnen in baulichem Zusammenhang stehenden Räume umfasst,
3. die Bühnenöffnung die Öffnung in der Trennwand zwischen der Hauptbühne und dem Versammlungsraum,
4. die Bühne der hinter der Bühnenöffnung liegende Raum mit Szenenflächen; zur Bühne zählen die Hauptbühne sowie die Hinter- und Seitenbühnen einschließlich der jeweils zugehörigen Ober- und Unterbühnen,
5. eine Großbühne eine Bühne
   a) mit einer Szenenfläche hinter der Bühnenöffnung von mehr als 200 m^2,
   b) mit einer Oberbühne mit einer lichten Höhe von mehr als 2,5 m über der Bühnenöffnung oder
   c) mit einer Unterbühne,
6. die Unterbühne der begehbare Teil des Bühnenraumes unter dem Bühnenboden, der zur Unterbringung einer Untermaschinerie geeignet ist,
7. die Oberbühne der Teil des Bühnenraumes über der Bühnenöffnung, der zur Unterbringung einer Obermaschinerie geeignet ist.

(6) Mehrzweckhallen sind überdachte Versammlungsstätten für verschiedene Veranstaltungsarten.

(7) Studios sind Produktionsstätten für Film, Fernsehen und Hörfunk und mit Besucherplätzen.

(8) Foyers sind Empfangs- und Pausenräume für Besucher.

(9) [1]Ausstattungen sind Bestandteile von Bühnen- oder Szenenbildern. [2]Hierzu gehören insbesondere Wand-, Fußboden- und Deckenelemente, Bildwände, Treppen und sonstige Bühnenbildteile.

(10) [1]Requisiten sind bewegliche Einrichtungsgegenstände von Bühnen- oder Szenenbildern. [2]Hierzu gehören insbesondere Möbel, Leuchten, Bilder und Geschirr.

(11) [1]Ausschmückungen sind vorübergehend eingebrachte Dekorationsgegenstände. [2]Zu den Ausschmückungen gehören insbesondere Drapierungen, Girlanden, Fahnen und künstlicher Pflanzenschmuck.

(12) Sportstadien sind Versammlungsstätten mit Tribünen für Besucher und mit nicht überdachten Sportflächen.

(13) Tribünen sind bauliche Anlagen mit ansteigenden Steh- oder Sitzplatzreihen (Stufenreihen) für Besucher.

(14) Innenbereich ist die von Tribünen umgebene Fläche für Darbietungen.

Teil 2 Allgemeine Bauvorschriften

Abschnitt 1: Bauteile und Baustoffe

§ 3 Bauteile

(1) [1]Tragende und aussteifende Bauteile, wie Wände, Pfeiler, Stützen und Decken, müssen feuerbeständig, in erdgeschossigen Versammlungsstätten feuerhemmend sein. [2]Satz 1 gilt nicht für erdgeschossige Versammlungsstätten mit automatischen Feuerlöschanlagen.

(2) Außenwände mehrgeschossiger Versammlungsstätten müssen aus nichtbrennbaren Baustoffen bestehen.

(3) [1]Trennwände sind erforderlich zum Abschluss von Versammlungsräumen und Bühnen. [2]Diese Trennwände müssen feuerbeständig, in erdgeschossigen Versammlungsstätten mindestens feuerhemmend sein. [3]In der Trennwand zwischen der Bühne und dem Versammlungsraum ist eine Bühnenöffnung zulässig.

(4) Werkstätten, Magazine und Lagerräume sowie Räume unter Tribünen und Podien müssen feuerbeständige Trennwände und Decken haben.

(5) [1]Der Fußboden von Szenenflächen muss fugendicht sein. [2]Betriebsbedingte Öffnungen sind zulässig. [3]Die Unterkonstruktion, mit Ausnahme der Lagerhölzer, muss aus nichtbrennbaren Baustoffen bestehen. [4]Räume unter dem Fußboden, die nicht zu einer Unterbühne gehören, müssen feuerbeständige Wände und Decken haben.

(6) Die Unterkonstruktion der Fußböden von Tribünen und Podien, die veränderbare Einbauten in Versammlungsräumen sind, muss aus nichtbrennbaren Baustoffen bestehen; dies gilt nicht für Podien mit insgesamt nicht mehr als 20 m^2 Fläche.

(7) Veränderbare Einbauten sind so auszubilden, dass sie in ihrer Standsicherheit nicht durch dynamische Schwingungen gefährdet werden können.

§ 4 Dächer

(1) [1]Tragwerke von Dächern, die den oberen Abschluss von Räumen der Versammlungsstätte bilden oder die von diesen Räumen nicht durch feuerbeständige Bauteile getrennt sind, müssen feuerhemmend sein. [2]Tragwerke von Dächern über Tribünen und Szenenflächen im Freien müssen mindestens feuerhemmend sein oder aus nichtbrennbaren Baustoffen bestehen. [3]Satz 1 gilt nicht für Versammlungsstätten mit automatischen Feuerlöschanlagen.

(2) [1]Bedachungen, ausgenommen Dachhaut und Dampfsperre, müssen bei Dächern, die den oberen Abschluss von Räumen der Versammlungsstätte bilden oder die von diesen Räumen nicht durch feuerbeständige Bauteile getrennt sind, aus nichtbrennbaren Baustoffen hergestellt werden. [2]Dies gilt nicht für Bedachungen über Versammlungsräumen mit nicht mehr als 1 000 m^2 Grundfläche.

(3) [1]Lichtdurchlässige Bedachungen über Versammlungsräumen müssen aus nichtbrennbaren Baustoffen bestehen. [2]Bei Versammlungsräumen mit automatischen Feuerlöschanlagen genügen schwerentflammbare Baustoffe, die nicht brennend abtropfen können.

§ 5 Dämmstoffe, Unterdecken, Bekleidungen und Bodenbeläge

(1) Dämmstoffe müssen aus nichtbrennbaren Baustoffen bestehen.

(2) [1]Bekleidungen an Wänden in Versammlungsräumen müssen aus mindestens schwerentflammbaren Baustoffen bestehen. [2]In Versammlungsräumen mit nicht mehr als 1 000 m^2 Grundfläche genügen geschlossene nicht hinterlüftete Holzbekleidungen.

(3) [1]Unterdecken und Bekleidungen an Decken in Versammlungsräumen müssen aus nichtbrennbaren Baustoffen bestehen. [2]In Versammlungsräumen mit nicht mehr als 1 000 m^2 Grundfläche genügen Bekleidungen aus mindestens schwerentflammbaren Baustoffen oder geschlossene nicht hinterlüftete Holzbekleidungen.

(4) In Foyers, durch die Rettungswege aus anderen Versammlungsräumen führen, in notwendigen Treppenräumen, Räumen zwischen notwendigen Treppen-

räumen und Ausgängen ins Freie sowie notwendigen Fluren müssen Unterdecken und Bekleidungen aus nichtbrennbaren Baustoffen bestehen.

(5) Unterdecken und Bekleidungen, die mindestens schwerentflammbar sein müssen, dürfen nicht brennend abtropfen.

(6) [1]Unterkonstruktionen, Halterungen und Befestigungen von Unterdecken und Bekleidungen nach den Absätzen 2 bis 4 müssen aus nichtbrennbaren Baustoffen bestehen; dies gilt nicht für Versammlungsräume mit nicht mehr als 100 m^2 Grundfläche. [2]In den Hohlräumen hinter Unterdecken und Bekleidungen aus brennbaren Baustoffen dürfen Kabel und Leitungen nur in Installationsschächten oder Installationskanälen aus nichtbrennbaren Baustoffen verlegt werden.

(7) [1]In notwendigen Treppenräumen, Räumen zwischen notwendigen Treppenräumen und Ausgängen ins Freie müssen Bodenbeläge nichtbrennbar sein. [2]In notwendigen Fluren sowie in Foyers, durch die Rettungswege aus anderen Versammlungsräumen führen, müssen Bodenbeläge mindestens schwerentflammbar sein.

Abschnitt 2: Rettungswege

§ 6 Führung der Rettungswege

(1) [1]Rettungswege müssen ins Freie zu öffentlichen Verkehrsflächen führen. [2]Zu den Rettungswegen von Versammlungsstätten gehören insbesondere die frei zu haltenden Gänge und Stufengänge, die Ausgänge aus Versammlungsräumen, die notwendigen Flure und notwendigen Treppen, die Ausgänge ins Freie, die als Rettungsweg dienenden Balkone, Dachterrassen und Außentreppen sowie die Rettungswege im Freien auf dem Grundstück.

(2) [1]Versammlungsstätten müssen in jedem Geschoss mit Aufenthaltsräumen mindestens zwei voneinander unabhängige bauliche Rettungswege haben; dies gilt für Tribünen entsprechend. [2]Die Führung beider Rettungswege innerhalb eines Geschosses durch einen gemeinsamen notwendigen Flur ist zulässig. [3]Rettungswege dürfen über Balkone, Dachterrassen und Außentreppen auf das Grundstück führen, wenn sie im Brandfall sicher begehbar sind.

(3) [1]Rettungswege dürfen über Gänge und Treppen durch Foyers oder Hallen zu Ausgängen ins Freie geführt werden, soweit mindestens ein weiterer von dem Foyer oder der Halle unabhängiger baulicher Rettungsweg vorhanden ist. [2]Foyers oder Hallen dürfen nicht als Raum zwischen notwendigen Treppenräumen und Ausgängen ins Freie im Sinn des § 35 Abs. 3 Satz 2 MBO dienen.

(4) Versammlungsstätten müssen für Geschosse mit jeweils mehr als 800 Besucherplätzen nur diesen Geschossen zugeordnete Rettungswege haben.

(5) [1]Versammlungsräume und sonstige Aufenthaltsräume, die für mehr als 100 Besucher bestimmt sind oder mehr als 100 m² Grundfläche haben, müssen jeweils mindestens zwei möglichst weit auseinander und entgegengesetzt liegende Ausgänge ins Freie oder zu Rettungswegen haben. [2]Die nach § 7 Abs. 4 Satz 1 ermittelte Breite ist möglichst gleichmäßig auf die Ausgänge zu verteilen; die Mindestbreiten nach § 7 Abs. 4 Satz 3 und 4 bleiben unberührt.

(6) Ausgänge und sonstige Rettungswege müssen durch Sicherheitszeichen dauerhaft und gut sichtbar gekennzeichnet sein.

§ 7 Bemessung der Rettungswege

(1) [1]Die Entfernung von jedem Besucherplatz bis zum nächsten Ausgang aus dem Versammlungsraum darf nicht länger als 30 m sein. [2]Bei mehr als 5 m lichter Höhe ist je 2,5 m zusätzlicher lichter Höhe über der für Besucher zugänglichen Ebene für diesen Bereich eine Verlängerung der Entfernung um 5 m zulässig. [3]Die Entfernung von 60 m bis zum nächsten Ausgang darf nicht überschritten werden. [4]Die Sätze 1 bis 3 gelten für Tribünen außerhalb von Versammlungsräumen sinngemäß.

(2) [1]Die Entfernung von jeder Stelle einer Bühne bis zum nächsten Ausgang darf nicht länger als 30 m sein. [2]Gänge zwischen den Wänden der Bühne und dem Rundhorizont oder den Dekorationen müssen eine lichte Breite von 1,20 m haben; in Großbühnen müssen diese Gänge vorhanden sein.

(3) Die Entfernung von jeder Stelle eines notwendigen Flures oder eines Foyers bis zum Ausgang ins Freie oder zu einem notwendigen Treppenraum darf nicht länger als 30 m sein.

(4) [1]Die Breite der Rettungswege ist nach der größtmöglichen Personenzahl zu bemessen. [2]Dabei muss die lichte Breite eines jeden Teiles von Rettungswegen für die darauf angewiesenen Personen mindestens betragen bei

1. Versammlungsstätten im Freien sowie Sportstadien — 1,20 m je 600 Personen,
2. anderen Versammlungsstätten — 1,20 m je 200 Personen;

Zwischenwerte sind zulässig. [3]Die lichte Mindestbreite eines jeden Teils von Rettungswegen muss 1,20 m betragen. [4]Bei Rettungswegen von Versammlungsräumen mit nicht mehr als 200 Besucherplätzen und bei Rettungswegen im Bühnenhaus genügt eine lichte Breite von 0,90 m. [5]Für Rettungswege von Arbeitsgalerien genügt eine Breite von 0,80 m.

(5) [1]Ausstellungshallen müssen durch Gänge so unterteilt sein, dass die Tiefe der zur Aufstellung von Ausstellungsständen bestimmten Grundflächen (Ausstellungsflächen) nicht mehr als 30 m beträgt. [2]Die Entfernung von jeder Stelle auf einer Ausstellungsfläche bis zu einem Gang darf nicht mehr als 20 m betra-

gen; sie wird auf die nach Absatz 1 bemessene Entfernung nicht angerechnet. [3]Die Gänge müssen auf möglichst geradem Weg zu entgegengesetzt liegenden Ausgängen führen. [4]Die lichte Breite der Gänge und der zugehörigen Ausgänge muss mindestens 3 m betragen.

(6) Die Entfernungen werden in der Lauflinie gemessen.

§ 8 Treppen

(1) Die Führung der jeweils anderen Geschossen zugeordneten notwendigen Treppen in einem gemeinsamen notwendigen Treppenraum (Schachteltreppen) ist zulässig.

(2) [1]Notwendige Treppen müssen feuerbeständig sein. [2]Für notwendige Treppen in notwendigen Treppenräumen oder als Außentreppen genügen nichtbrennbare Baustoffe. [3]Für notwendige Treppen von Tribünen und Podien als veränderbare Einbauten genügen Bauteile aus nichtbrennbaren Baustoffen und Stufen aus Holz. [4]Die Sätze 1 bis 3 gelten nicht für notwendige Treppen von Ausstellungsständen.

(3) Die lichte Breite notwendiger Treppen darf nicht mehr als 2,40 m betragen.

(4) [1]Notwendige Treppen und dem allgemeinen Besucherverkehr dienende Treppen müssen auf beiden Seiten feste und griffsichere Handläufe ohne freie Enden haben. [2]Die Handläufe sind über Treppenabsätze fortzuführen.

(5) Notwendige Treppen und dem allgemeinen Besucherverkehr dienende Treppen müssen geschlossene Trittstufen haben; dies gilt nicht für Außentreppen.

(6) Wendeltreppen sind als notwendige Treppen für Besucher unzulässig.

§ 9 Türen und Tore

(1) Türen und Tore in raumabschließenden Innenwänden, die feuerbeständig sein müssen, sowie in inneren Brandwänden, müssen mindestens feuerhemmend, rauchdicht und selbstschließend sein.

(2) Türen und Tore in raumabschließenden Innenwänden, die feuerhemmend sein müssen, müssen mindestens rauchdicht und selbstschließend sein.

(3) [1]Türen in Rettungswegen müssen in Fluchtrichtung aufschlagen und dürfen keine Schwellen haben. [2]Während des Aufenthaltes von Personen in der Versammlungsstätte, müssen die Türen der jeweiligen Rettungswege jederzeit von innen leicht und in voller Breite geöffnet werden können.

(4) [1]Schiebetüren sind im Zuge von Rettungswegen unzulässig, dies gilt nicht für automatische Schiebetüren, die die Rettungswege nicht beeinträchtigen.

[2]Pendeltüren müssen in Rettungswegen Vorrichtungen haben, die ein Durchpendeln der Türen verhindern.

(5) Türen, die selbstschließend sein müssen, dürfen offengehalten werden, wenn sie Einrichtungen haben, die bei Raucheinwirkung ein selbsttätiges Schließen der Türen bewirken; sie müssen auch von Hand geschlossen werden können.

(6) Mechanische Vorrichtungen zur Vereinzelung oder Zählung von Besuchern, wie Drehtüren oder -kreuze, sind in Rettungswegen unzulässig; dies gilt nicht für mechanische Vorrichtungen, die im Gefahrenfall von innen leicht und in voller Breite geöffnet werden können.

Abschnitt 3: Besucherplätze und Einrichtungen für Besucher

§ 10 Bestuhlung, Gänge und Stufengänge

(1) [1]In Reihen angeordnete Sitzplätze müssen unverrückbar befestigt sein; werden nur vorübergehend Stühle aufgestellt, so sind sie in den einzelnen Reihen fest miteinander zu verbinden. [2]Satz 1 gilt nicht für Gaststätten und Kantinen sowie für abgegrenzte Bereiche von Versammlungsräumen mit nicht mehr als 20 Sitzplätzen und ohne Stufen, wie Logen.

(2) Die Sitzplatzbereiche der Tribünen von Versammlungsstätten mit mehr als 5000 Besucherplätzen müssen unverrückbar befestigte Einzelsitze haben.

(3) [1]Sitzplätze müssen mindestens 0,50 m breit sein. [2]Zwischen den Sitzplatzreihen muss eine lichte Durchgangsbreite von mindestens 0,40 m vorhanden sein.

(4) [1]Sitzplätze müssen in Blöcken von höchstens 30 Sitzplatzreihen angeordnet sein. [2]Hinter und zwischen den Blöcken müssen Gänge mit einer Mindestbreite von 1,20 m vorhanden sein. [3]Die Gänge müssen auf möglichst kurzem Weg zum Ausgang führen.

(5) [1]Seitlich eines Ganges dürfen höchstens zehn Sitzplätze, bei Versammlungsstätten im Freien und Sportstadien höchstens 20 Sitzplätze angeordnet sein. [2]Zwischen zwei Seitengängen dürfen 20 Sitzplätze, bei Versammlungsstätten im Freien und Sportstadien höchstens 40 Sitzplätze angeordnet sein. [3]In Versammlungsräumen dürfen zwischen zwei Seitengängen höchstens 50 Sitzplätze angeordnet sein, wenn auf jeder Seite des Versammlungsraumes für jeweils vier Sitzreihen eine Tür mit einer lichten Breite von 1,20 m angeordnet ist.

(6) [1]Von jedem Tischplatz darf der Weg zu einem Gang nicht länger als 10 m sein. [2]Der Abstand von Tisch zu Tisch soll 1,50 m nicht unterschreiten.

(7) [1]In Versammlungsräumen mit Reihenbestuhlung müssen

1. von bis zu 5000 vorhandenen Besucherplätzen mindestens 1 v.H. und
2. von darüber hinaus vorhandenen Besucherplätzen mindestens 0,5 v.H.,

mindestens jedoch zwei Plätze als Flächen für Rollstuhlbenutzer freigehalten werden. [2]Die Plätze und die Wege zu ihnen sind durch Hinweisschilder gut sichtbar zu kennzeichnen. [3]Für Versammlungsstätten im Freien, Freisportanlagen und Sportstadien gelten Satz 1 und 2 entsprechend.

(8) [1]Stufen in Gängen (Stufengänge) müssen eine Steigung von mindestens 0,10 m und höchstens 0,19 m und einen Auftritt von mindestens 0,26 m haben. [2]Der Fußboden des Durchganges zwischen Sitzplatzreihen und der Fußboden von Stehplatzreihen muss mit dem anschließenden Auftritt des Stufenganges auf einer Höhe liegen. [3]Stufengänge in Mehrzweckhallen mit mehr als 5000 Besucherplätzen und in Sportstadien müssen sich durch farbliche Kennzeichnung von den umgebenden Flächen deutlich abheben.

§ 11 Abschrankungen und Schutzvorrichtungen

(1) [1]Flächen, die im Allgemeinen zum Begehen bestimmt sind und unmittelbar an tiefer liegende Flächen angrenzen, sind mit Abschrankungen zu umwehren, soweit sie nicht durch Stufengänge oder Rampen mit der tiefer liegenden Fläche verbunden sind. [2]Satz 1 ist nicht anzuwenden:

1. für die den Besuchern zugewandten Seiten von Bühnen und Szenenflächen,
2. vor Stufenreihen, wenn die Stufenreihe nicht mehr als 0,50 m über dem Fußboden der davor liegenden Stufenreihe oder des Versammlungsraumes liegt oder
3. vor Stufenreihen, wenn die Rückenlehnen der Sitzplätze der davor liegenden Stufenreihe den Fußboden der hinteren Stufenreihe um mindestens 0,65 m überragen.

(2) [1]Abschrankungen, wie Umwehrungen, Geländer, Wellenbrecher, Zäune, Absperrgitter oder Glaswände, müssen mindestens 1,10 m hoch sein. [2]Umwehrungen und Geländer von Flächen, auf denen mit der Anwesenheit von Kleinkindern zu rechnen ist, sind so zu gestalten, dass ein Überklettern erschwert wird; der Abstand von Umwehrungs- und Geländerteilen darf in einer Richtung nicht mehr als 0,12 m betragen.

(3) [1]Vor Sitzplatzreihen genügen Umwehrungen von 0,90 m Höhe; bei mindestens 0,20 m Brüstungsbreite der Umwehrung genügen 0,80 m; bei mindestens 0,50 m Brüstungsbreite genügen 0,70 m. [2]Liegt die Stufenreihe nicht mehr als 1 m über dem Fußboden der davor liegenden Stufenreihe oder des Versammlungsraumes, genügen vor Sitzplatzreihen 0,65 m.

(4) Abschrankungen in den für Besucher zugänglichen Bereichen müssen so bemessen sein, dass sie dem Druck einer Personengruppe standhalten.

(5) Die Fußböden und Stufen von Tribünen, Podien, Bühnen oder Szenenflächen dürfen keine Öffnungen haben, durch die Personen abstürzen können.

(6) [1]Spielfelder, Manegen, Fahrbahnen für den Rennsport und Reitbahnen müssen durch Abschrankungen, Netze oder andere Vorrichtungen so gesichert sein, dass Besucher durch die Darbietung oder den Betrieb des Spielfeldes, der Manege oder der Bahn nicht gefährdet werden. [2]Für Darbietungen und für den Betrieb technischer Einrichtungen im Luftraum über den Besucherplätzen gilt Satz 1 entsprechend.

(7) Werden Besucherplätze im Innenbereich von Fahrbahnen angeordnet, so muss der Innenbereich ohne Betreten der Fahrbahnen erreicht werden können.

§ 12 Toilettenräume

(1) [1]Versammlungsstätten müssen getrennte Toilettenräume für Damen und Herren haben. [2]Toiletten sollen in jedem Geschoss mit Besucherplätzen angeordnet werden. [3]Es sollen mindestens vorhanden sein für:

Besucherplätze	Damen	Herren	
	Toiletten	Toiletten	Urinalbecken
bis 100	3	1	2
über 100 je weitere 100	1,2	0,4	0,8
über 1 000 je weitere 100	0,9	0,3	0,6
über 20000 je weitere 100	0,6	0,2	0,4

[4]Die ermittelten Zahlen sind auf ganze Zahlen aufzurunden. [5]Soweit die Aufteilung der Toilettenräume nach Satz 2 nach der Art der Veranstaltung nicht zweckmäßig ist, kann für die Dauer der Veranstaltung eine andere Aufteilung erfolgen, wenn die Toilettenräume entsprechend gekennzeichnet werden. [6]Auf dem Gelände der Versammlungsstätte oder in der Nähe vorhandene Toiletten können angerechnet werden, wenn sie für die Besucher der Versammlungsstätte zugänglich sind.

(2) [1]Mindestens eine je 12 der nach Absatz 1 erforderlichen Toiletten muss barrierefrei sein. [2]Absatz 1 Satz 2 gilt entsprechend.

(3) Jeder Toilettenraum muss einen Vorraum mit Waschbecken haben.

§ 13 Barrierefreie Stellplätze

[1]Die Zahl der notwendigen barrierefreien Stellplätze für die Kraftfahrzeuge behinderter Personen muss mindestens der Hälfte der Zahl der nach § 10 Abs. 7 erforderlichen Besucherplätze entsprechen. [2]Auf diese Stellplätze ist dauerhaft und leicht erkennbar hinzuweisen.

Abschnitt 4: Technische Anlagen und Einrichtungen, besondere Räume

§ 14 Sicherheitsstromversorgungsanlagen, elektrische Anlagen und Blitzschutzanlagen

(1) Versammlungsstätten müssen eine Sicherheitsstromversorgungsanlage haben, die bei Ausfall der Stromversorgung den Betrieb der sicherheitstechnischen Anlagen und Einrichtungen übernimmt, insbesondere der

1. Sicherheitsbeleuchtung,
2. automatischen Feuerlöschanlagen und Druckerhöhungsanlagen für die Löschwasserversorgung,
3. Rauchabzugsanlagen,
4. Brandmeldeanlagen,
5. Alarmierungsanlagen.

(2) In Versammlungsstätten für verschiedene Veranstaltungsarten, wie Mehrzweckhallen, Theater und Studios, sind für die vorübergehende Verlegung beweglicher Kabel und Leitungen bauliche Vorkehrungen, wie Installationsschächte und -kanäle oder Abschottungen, zu treffen, die die Ausbreitung von Feuer und Rauch verhindern und die sichere Begehbarkeit, insbesondere der Rettungswege, gewährleisten.

(3) Elektrische Schaltanlagen dürfen für Besucher nicht zugänglich sein.

(4) Versammlungsstätten müssen Blitzschutzanlagen haben, die auch die sicherheitstechnischen Einrichtungen schützen (äußerer und innerer Blitzschutz).

§ 15 Sicherheitsbeleuchtung

(1) In Versammlungsstätten muss eine Sicherheitsbeleuchtung vorhanden sein, die so beschaffen ist, dass Arbeitsvorgänge auf Bühnen und Szenenflächen sicher abgeschlossen werden können und sich Besucher, Mitwirkende und Betriebsangehörige auch bei vollständigem Versagen der allgemeinen Beleuchtung bis zu öffentlichen Verkehrsflächen hin gut zurechtfinden können.

(2) Eine Sicherheitsbeleuchtung muss vorhanden sein

1. in notwendigen Treppenräumen, in Räumen zwischen notwendigen Treppenräumen und Ausgängen ins Freie und in notwendigen Fluren,
2. in Versammlungsräumen sowie in allen übrigen Räumen für Besucher (z.B. Foyers, Garderoben, Toiletten),
3. für Bühnen und Szenenflächen,
4. in den Räumen für Mitwirkende und Beschäftigte mit mehr als 20 m^2 Grundfläche, ausgenommen Büroräume,

5. in elektrischen Betriebsräumen, in Räumen für haustechnische Anlagen sowie in Scheinwerfer- und Bildwerferräumen,
6. in Versammlungsstätten im Freien und Sportstadien, die während der Dunkelheit benutzt werden,
7. für Sicherheitszeichen von Ausgängen und Rettungswegen,
8. für Stufenbeleuchtungen.

(3) [1]In betriebsmäßig verdunkelten Versammlungsräumen, auf Bühnen und Szenenflächen muss eine Sicherheitsbeleuchtung in Bereitschaftsschaltung vorhanden sein. [2]Die Ausgänge, Gänge und Stufen im Versammlungsraum müssen auch bei Verdunklung unabhängig von der übrigen Sicherheitsbeleuchtung erkennbar sein. [3]Bei Gängen in Versammlungsräumen mit auswechselbarer Bestuhlung sowie bei Sportstadien mit Sicherheitsbeleuchtung ist eine Stufenbeleuchtung nicht erforderlich.

§ 16 Rauchableitung

(1) Versammlungsräume und sonstige Aufenthaltsräume jeweils mehr als 50 m^2 Grundfläche sowie Magazine, Lagerräume und Szenenflächen mit jeweils mehr als 200 m^2 Grundfläche, Bühnen und notwendige Treppenräume müssen zur Unterstützung der Brandbekämpfung entraucht werden können.

(2) Die Anforderung des Absatzes 1 ist insbesondere erfüllt bei

1. Versammlungsräumen und sonstigen Aufenthaltsräumen bis 200 m^2 Grundfläche, wenn diese Räume Fenster nach § 47 Abs. 2 MBO (2012) haben,
2. Versammlungsräumen, sonstigen Aufenthaltsräumen, Magazinen und Lagerräumen mit nicht mehr als 1 000 m^2 Grundfläche, wenn diese Räume entweder an der obersten Stelle Öffnungen zur Rauchableitung mit einem freien Querschnitt von insgesamt 1 v. H. der Grundfläche oder im oberen Drittel der Außenwände angeordnete Öffnungen, Türen oder Fenster mit einem freien Querschnitt von insgesamt 2 v. H. der Grundfläche haben und Zuluftflächen in insgesamt gleicher Größe, jedoch mit nicht mehr als 12 m^2 freiem Querschnitt, vorhanden sind, die im unteren Raumdrittel angeordnet werden sollen,
3. Versammlungsräumen, sonstigen Aufenthaltsräumen, Magazinen und Lagerräumen mit mehr als 1 000 m^2 Grundfläche, wenn diese Räume Rauchabzugsanlagen haben, bei denen je höchstens 400 m^2 der Grundfläche mindestens ein Rauchabzugsgerät mit mindestens 1,5 m^2 aerodynamisch wirksamer Fläche im oberen Raumdrittel angeordnet wird, je höchstens 1 600 m^2 Grundfläche mindestens eine Auslösegruppe für die Rauchabzugsgeräte gebildet wird und Zuluftflächen im unteren Raumdrittel von insgesamt mindestens 12 m^2 freiem Querschnitt vorhanden sind,

4. Bühnen gemäß § 2 Abs. 5 sowie Szenenflächen, wenn an der obersten Stelle des Bühnenraumes oder des Raumes oberhalb der Szenenfläche Öffnungen zur Rauchableitung mit einem freien Querschnitt von insgesamt mindestens 5 v.H., bei den Szenenflächen von insgesamt mindestens 3 v.H. ihrer Grundfläche angeordnet werden. Zuluftflächen müssen in insgesamt gleicher Größe im unteren Raumdrittel der Bühnen oder der Räume mit Szenenflächen vorhanden sein; bei Bühnenräumen mit Schutzvorhang müssen die Zuluftflächen so angeordnet sein, dass sie auch bei geschlossenem Schutzvorhang im Bühnenbereich wirksam sind.

(3) [1]Die Anforderung des Absatzes 1 ist insbesondere auch erfüllt, wenn in den Fällen des Absatzes 2 Nrn. 1 bis 3 maschinelle Rauchabzugsanlagen vorhanden sind, bei denen je höchsten 400 m^2 der Grundfläche der Räume mindestens ein Rauchabzugsgerät oder eine Absaugstelle mit einem Luftvolumenstrom von 10000 m^3/h im oberen Raumdrittel angeordnet wird. [2]Bei Räumen mit mehr als 1600 m^2 Grundfläche genügt

1. zu dem Luftvolumenstrom von 40000 m^3/h für die Grundfläche von 1600 m^2 ein zusätzlicher Luftvolumenstrom von 5000 m^3/h je angefangene weitere 400 m^2 Grundfläche; der sich ergebende Gesamtvolumenstrom je Raum ist gleichmäßig auf die nach Satz 1 anzuordnenden Absaugstellen oder Rauchabzugsgeräte zu verteilen, oder
2. ein Luftvolumenstrom von mindestens 40000 m^3/h je Raum, wenn sichergestellt ist, dass dieser Luftvolumenstrom im Bereich der Brandstelle auf einer Grundfläche von höchstens 1600 m^2 von den nach Satz 1 anzuordnenden Absaugstellen oder Rauchabzugsgeräten gleichmäßig gefördert werden kann.

[3]Die Zuluftflächen müssen im unteren Raumdrittel in solcher Größe und so angeordnet werden, dass eine maximale Strömungsgeschwindigkeit von 3 m/s nicht überschritten wird. [4]Anstelle der Öffnungen zur Rauchableitung nach Absatz 2 Nr. 4 können maschinelle Rauchabzugsanlagen verwendet werden, wenn sie bezüglich des Schutzziels nach Absatzes 1 ausreichend bemessen sind.

(4) Die Anforderung des Absatzes 1 ist auch erfüllt bei Versammlungsräumen, sonstigen Aufenthaltsräumen, Magazinen und Lagerräumen nach Absatz 2 Nrn. 1 bis 3 mit Sprinkleranlagen, wenn in diesen Räumen vorhandene Lüftungsanlagen automatisch bei Auslösen der Brandmeldeanlage, soweit diese nach § 20 Absatz 1 erforderlich ist, im Übrigen bei Auslösen der Sprinkleranlage so betrieben werden, dass sie nur entlüften und die ermittelten Luftvolumenströme nach Absatz 3 Satz 1 und Satz 2 Nr. 1 einschließlich Zuluft erreicht werden, soweit es die Zweckbestimmung der Absperrvorrichtungen gegen Brandübertragung zulässt; in Leitungen zum Zweck der Entlüftung dürfen Absperrvorrichtungen nur thermische Auslöser haben.

(5) Die Anforderung des Absatzes 1 ist erfüllt bei

1. notwendigen Treppenräumen mit Fenstern gemäß § 35 Abs. 8 Satz 2 Nr. 1 MBO (2012), wenn diese Treppenräume an der obersten Stelle eine Öffnung zur Rauchableitung mit einem freien Querschnitt von mindestens 1,0 m^2 haben,
2. notwendigen Treppenräumen gemäß § 35 Abs. 8 Satz 2 Nr. 2 MBO (2012), wenn diese Treppenräume Rauchabzugsgeräte mit insgesamt mindestens 1,0 m^2 aerodynamisch wirksamer Fläche haben, die im oder unmittelbar unter dem oberen Treppenraumabschluss angeordnet werden.

(6) Anstelle von Öffnungen zur Rauchableitung nach Absatz 2 Nrn. 2 und 4 und Absatz 5 Nr. 1 sowie Rauchabzugsgeräten nach Absatz 5 Nr. 2 ist die Rauchableitung über Schächte mit strömungstechnisch äquivalenten Querschnitten zulässig, wenn die Wände der Schächte raumabschließend und so feuerwiderstandsfähig wie die durchdrungenen Bauteile, mindestens jedoch feuerhemmend sowie aus nichtbrennbaren Baustoffen sind.

(7) [1]Türen oder Fenster nach Absatz 2 Nr. 2, mit Abschlüssen versehene Öffnungen zur Rauchableitung nach Absatz 2 Nrn. 2 und 4 und Absatz 5 Nr. 1 und Rauchabzugsgeräte nach Absatz 5 Nr. 2 müssen Vorrichtungen zum Öffnen haben, die von jederzeit zugänglichen Stellen aus leicht von Hand bedient werden können; sie können auch an einer jederzeit zugänglichen Stelle zusammengeführt werden. [2]In notwendigen Treppenräumen müssen die Vorrichtungen von jedem Geschoss aus bedient werden können. [3]Geschlossene Öffnungen, die als Zuluftflächen dienen, müssen leicht geöffnet werden können.

(8) Rauchabzugsanlagen müssen automatisch auslösen und von Hand von einer jederzeit zugänglichen Stelle ausgelöst werden können.

(9) [1]Manuelle Bedienungs- und Auslösestellen nach Absatz 7 und 8 sind mit einem Hinweisschild mit der Bezeichnung „RAUCHABZUG“ und der Angabe des jeweiligen Raumes zu versehen. [2]An den Stellen muss die Betriebsstellung der jeweiligen Anlage sowie der Fenster, Türen, Abschlüsse und Rauchabzugsgeräte erkennbar sein.

(10) [1]Maschinelle Rauchabzugsanlagen sind für eine Betriebszeit von 30 Minuten bei einer Rauchgastemperatur von 600 °C auszulegen. [2]Die Auslegung kann mit einer Rauchgastemperatur von 300 °C erfolgen, wenn der Luftvolumenstrom des Raums mindestens 40000 m^3/h beträgt. [3]Die Zuluftzuführung muss durch automatische Ansteuerung und spätestens gleichzeitig mit Inbetriebnahme der Anlage erfolgen. [4]Maschinelle Lüftungsanlagen können als maschinelle Rauchabzugsanlagen betrieben werden, wenn sie die an diese gestellten Anforderungen erfüllen.

(11) Die Abschlüsse der Öffnungen zur Rauchableitung von Bühnen mit Schutzvorhang müssen bei einem Überdruck von 350 Pa selbsttätig öffnen; eine automatische Auslösung durch geeignete Temperaturmelder ist zulässig.

§ 17 Heizungsanlagen und Lüftungsanlagen

(1) [1]Heizungsanlagen in Versammlungsstätten müssen dauerhaft fest eingebaut sein. [2]Sie müssen so angeordnet sein, dass ausreichende Abstände zu Personen, brennbaren Bauprodukten und brennbarem Material eingehalten werden und keine Beeinträchtigung durch Abgase entstehen.

(2) Versammlungsräume und sonstige Aufenthaltsräume mit mehr als 200 m^2 Grundfläche müssen Lüftungsanlagen haben.

§ 18 Stände und Arbeitsgalerien für Licht-, Ton-, Bild- und Regieanlagen

(1) [1]Stände und Arbeitsgalerien für den Betrieb von Licht-, Ton-, Bild- und Regieanlagen, wie Schnürböden, Beleuchtungstürme oder Arbeitsbrücken, müssen aus nichtbrennbaren Baustoffen bestehen. [2]Der Abstand zwischen Arbeitsgalerien und Raumdecken muss mindestens 2 m betragen.

(2) [1]Von Arbeitsgalerien müssen mindestens zwei Rettungswege erreichbar sein. [2]Jede Arbeitsgalerie einer Hauptbühne muss auf beiden Seiten der Hauptbühne einen Ausgang zu Rettungswegen außerhalb des Bühnenraumes haben.

(3) Öffnungen in Arbeitsgalerien müssen so gesichert sein, dass Personen oder Gegenstände nicht herabfallen können.

§ 19 Feuerlöscheinrichtungen und -anlagen

(1) [1]Versammlungsräume, Bühnen, Foyers, Werkstätten, Magazine, Lagerräume und notwendige Flure sind mit geeigneten Feuerlöschern in ausreichender Zahl auszustatten. [2]Die Feuerlöscher sind gut sichtbar und leicht zugänglich anzubringen.

(2) In Versammlungsstätten mit Versammlungsräumen von insgesamt mehr als 1 000 m^2 Grundfläche müssen Wandhydranten für die Feuerwehr (Typ F) in ausreichender Zahl gut sichtbar und leicht zugänglich an geeigneten Stellen angebracht sein; im Einvernehmen mit der Brandschutzdienststelle kann auf Wandhydranten verzichtet oder können anstelle von Wandhydranten trockene Löschwasserleitungen zugelassen werden.

(3) Versammlungsstätten mit Versammlungsräumen von insgesamt mehr als 3 600 m^2 Grundfläche müssen eine automatische Feuerlöschanlage haben; dies gilt nicht für Versammlungsstätten, deren Versammlungsräume jeweils nicht mehr als 400 m^2 Grundfläche haben.

(4) Versammlungsräume, bei denen eine Fußbodenebene höher als 22 m über der Geländeoberfläche liegt, sind nur in Gebäuden mit automatischer Feuerlöschanlage zulässig.

(5) [1]Versammlungsräume in Kellergeschossen müssen eine automatische Feuerlöschanlage haben. [2]Dies gilt nicht für Versammlungsräume mit nicht mehr als 200 m^2, deren Fußboden an keiner Stelle mehr als 5 m unter der Geländeoberfläche liegt.

(6) In Versammlungsräumen müssen offene Küchen oder ähnliche Einrichtungen mit einer Grundfläche von mehr als 30 m^2 eine dafür geeignete automatische Feuerlöschanlage haben.

(7) Die Wirkung automatischer Feuerlöschanlagen darf durch überdeckte oder mehrgeschossige Ausstellungs- oder Dienstleistungsstände nicht beeinträchtigt werden.

(8) Automatische Feuerlöschanlagen müssen an eine Brandmelderzentrale angeschlossen sein.

§ 20 Brandmelde- und Alarmierungsanlagen, Brandmelder- und Alarmzentrale, Brandfallsteuerung der Aufzüge

(1) Versammlungsstätten mit Versammlungsräumen von insgesamt mehr als 1 000 m^2 Grundfläche müssen Brandmeldeanlagen mit automatischen und nichtautomatischen Brandmeldern haben.

(2) Versammlungsstätten mit Versammlungsräumen von insgesamt mehr als 1 000 m^2 Grundfläche müssen Alarmierungs- und Lautsprecheranlagen haben, mit denen im Gefahrenfall Besucher, Mitwirkende und Betriebsangehörige alarmiert und Anweisungen erteilt werden können.

(3) Versammlungsstätten mit Foyers oder Hallen, durch die Rettungswege aus anderen Versammlungsräumen führen, müssen Brandmeldeanlagen nach Absatz 1 und Alarmierungs- und Lautsprecheranlagen nach Absatz 2 haben.

(4) In Versammlungsstätten mit Versammlungsräumen von insgesamt mehr als 1 000 m^2 Grundfläche müssen zusätzlich zu den örtlichen Bedienungsvorrichtungen zentrale Bedienungsvorrichtungen für Rauchabzugs-, Feuerlösch-, Brandmelde-, Alarmierungs- und Lautsprecheranlagen in einem für die Feuerwehr leicht zugänglichen Raum (Brandmelder- und Alarmzentrale) zusammengefasst werden.

(5) [1]In Versammlungsstätten mit Versammlungsräumen von insgesamt mehr als 1 000 m^2 Grundfläche müssen die Aufzüge mit einer Brandfallsteuerung ausgestattet sein, die durch die automatische Brandmeldeanlage ausgelöst wird. [2]Die Brandfallsteuerung muss sicherstellen, dass die Aufzüge ein Geschoss mit Aus-

gang ins Freie oder das diesem nächstgelegene, nicht von der Brandmeldung betroffene Geschoss unmittelbar anfahren und dort mit geöffneten Türen außer Betrieb gehen.

(6) [1]Automatische Brandmeldeanlagen müssen durch technische Maßnahmen gegen Falschalarme gesichert sein. [2]Brandmeldungen müssen von der Brandmelderzentrale unmittelbar und automatisch zur Leitstelle der Feuerwehr weitergeleitet werden.

§ 21 Werkstätten, Magazine und Lagerräume

(1) Für feuergefährliche Arbeiten, wie Schweiß-, Löt- oder Klebearbeiten, müssen dafür geeignete Werkstätten vorhanden sein.

(2) Für das Aufbewahren von Dekorationen, Requisiten und anderem brennbaren Material müssen eigene Lagerräume (Magazine) vorhanden sein.

(3) Für die Sammlung von Abfällen und Wertstoffen müssen dafür geeignete Behälter im Freien oder besondere Lagerräume vorhanden sein.

(4) Werkstätten, Magazine und Lagerräume dürfen mit notwendigen Treppenräumen nicht in unmittelbarer Verbindung stehen.

Teil 3 Besondere Bauvorschriften

Abschnitt 1: Großbühnen

§ 22 Bühnenhaus

(1) In Versammlungsstätten mit Großbühnen sind alle für den Bühnenbetrieb notwendigen Räume und Einrichtungen in einem eigenen, von dem Zuschauerhaus getrennten Bühnenhaus unterzubringen.

(2) [1]Die Trennwand zwischen Bühnen- und Zuschauerhaus muss feuerbeständig und in der Bauart einer Brandwand hergestellt sein. [2]Türen in dieser Trennwand müssen feuerbeständig und selbstschließend sein.

§ 23 Schutzvorhang

(1) [1]Die Bühnenöffnung von Großbühnen muss gegen den Versammlungsraum durch einen Vorhang aus nichtbrennbarem Material dicht geschlossen werden können (Schutzvorhang). [2]Der Schutzvorhang muss durch sein Eigengewicht schließen können. [3]Die Schließzeit darf 30 Sekunden nicht überschreiten. [4]Der

Schutzvorhang muss einem Druck von 450 Pa nach beiden Richtungen standhalten. [5]Eine höchstens 1 m breite, zur Hauptbühne sich öffnende, selbsttätig schließende Tür im Schutzvorhang ist zulässig.

(2) [1]Der Schutzvorhang muss so angeordnet sein, dass er im geschlossenen Zustand an allen Seiten an feuerbeständige Bauteile anschließt. [2]Der Bühnenboden darf unter dem Schutzvorhang durchgeführt werden. [3]Das untere Profil dieses Schutzvorhangs muss ausreichend steif sein oder mit Stahldornen in entsprechende stahlbewehrte Aussparungen im Bühnenboden eingreifen.

(3) [1]Die Vorrichtung zum Schließen des Schutzvorhangs muss mindestens an zwei Stellen von Hand ausgelöst werden können. [2]Beim Schließen muss auf der Bühne ein Warnsignal zu hören sein.

§ 24 Feuerlösch- und Brandmeldeanlagen

(1) Großbühnen müssen eine automatische Sprühwasserlöschanlage haben, die auch den Schutzvorhang beaufschlagt.

(2) Die Sprühwasserlöschanlage muss zusätzlich mindestens von zwei Stellen aus von Hand in Betrieb gesetzt werden können.

(3) In Großbühnen müssen neben den Ausgängen zu den Rettungswegen in Höhe der Arbeitsgalerien und des Schnürbodens Wandhydranten vorhanden sein.

(4) Großbühnen und Räume mit besonderen Brandgefahren müssen eine Brandmeldeanlage mit automatischen und nichtautomatischen Brandmeldern haben.

(5) Die Auslösung eines Alarmes muss optisch und akustisch am Platz der Brandsicherheitswache erkennbar sein.

§ 25 Ausrüstungen am Platz der Brandsicherheitswache

(1) [1]Auf jeder Seite der Bühnenöffnung muss für die Brandsicherheitswache ein besonderer Platz mit einer Grundfläche von mindestens 1 m mal 1 m und einer Höhe von mindestens 2,20 m vorhanden sein. [2]Die Brandsicherheitswache muss die Fläche, die bespielt wird, überblicken und betreten können.

(2) [1]Am Platz der Brandsicherheitswache müssen die Vorrichtung zum Schließen des Schutzvorhangs und die Auslösevorrichtungen der Rauchabzugs- und Sprühwasserlöschanlagen der Bühne sowie ein nichtautomatischer Brandmelder leicht erreichbar angebracht und durch Hinweisschilder gekennzeichnet sein. [2]Die Auslösevorrichtungen müssen beleuchtet sein. [3]Diese Beleuchtung muss an die Sicherheitsstromversorgung angeschlossen sein. [4]Die Vorrichtungen sind gegen unbeabsichtigtes Auslösen zu sichern.

Abschnitt 2: Versammlungsstätten mit mehr als 5000 Besucherplätzen

§ 26 Räume für Lautsprecherzentrale, Polizei, Feuerwehr, Sanitäts- und Rettungsdienst

(1) [1]Mehrzweckhallen und Sportstadien müssen einen Raum für eine Lautsprecherzentrale haben, von dem aus die Besucherbereiche und der Innenbereich überblickt und Polizei, Feuerwehr und Rettungsdienste benachrichtigt werden können. [2]Die Lautsprecheranlage muss eine Vorrangschaltung für die Einsatzleitung der Polizei haben.

(2) [1]In Mehrzweckhallen und Sportstadien sind ausreichend große Räume für die Polizei und die Feuerwehr anzuordnen. [2]Der Raum für die Einsatzleitung der Polizei muss eine räumliche Verbindung mit der Lautsprecherzentrale haben und mit Anschlüssen für eine Videoanlage zur Überwachung der Besucherbereiche ausgestattet sein.

(3) Wird die Funkkommunikation der Einsatzkräfte von Polizei und Feuerwehr innerhalb der Versammlungsstätte durch die bauliche Anlage gestört, ist die Versammlungsstätte mit technischen Anlagen zur Unterstützung des Funkverkehrs auszustatten.

(4) In Mehrzweckhallen und Sportstadien muss mindestens ein ausreichend großer Raum für den Sanitäts- und Rettungsdienst vorhanden sein.

§ 27 Abschrankung und Blockbildung in Sportstadien mit mehr als 10000 Besucherplätzen

(1) [1]Die Besucherplätze müssen vom Innenbereich durch mindestens 2,20 m hohe Abschrankungen abgetrennt sein. [2]In diesen Abschrankungen sind den Stufengängen zugeordnete, mindestens 1,80 m breite Tore anzuordnen, die sich im Gefahrenfall leicht zum Innenbereich hin öffnen lassen. [3]Die Tore dürfen nur vom Innenbereich oder von zentralen Stellen aus zu öffnen sein und müssen in geöffnetem Zustand durch selbsteinrastende Feststeller gesichert werden. [4]Der Übergang in den Innenbereich muss niveaugleich sein.

(2) Stehplätze müssen in Blöcken für höchstens 2500 Besucher angeordnet werden, die durch mindestens 2,20 m hohe Abschrankungen mit eigenen Zugängen abgetrennt sind.

(3) Die Anforderungen nach den Absätzen 1 oder 2 gelten nicht, soweit in dem mit den für öffentliche Sicherheit oder Ordnung zuständigen Behörden, insbesondere der Polizei, der Feuerwehr und der Rettungsdienste, abgestimmten Sicherheitskonzept nachgewiesen wird, dass abweichende Abschrankungen oder Blockbildungen unbedenklich sind.

§ 28 Wellenbrecher

[1]Werden mehr als fünf Stufen von Stehplatzreihen hintereinander angeordnet, so ist vor der vordersten Stufe eine durchgehende Schranke von 1,10 m Höhe anzuordnen. [2]Nach jeweils fünf weiteren Stufen sind Schranken gleicher Höhe (Wellenbrecher) anzubringen, die einzeln mindestens 3 m und höchstens 5,50 m lang sind. [3]Die seitlichen Abstände zwischen den Wellenbrechern dürfen nicht mehr als 5 m betragen. [4]Die Abstände sind nach höchstens fünf Stehplatzreihen durch versetzt angeordnete Wellenbrecher zu überdecken, die auf beiden Seiten mindestens 0,25 m länger sein müssen als die seitlichen Abstände zwischen den Wellenbrechern. [5]Die Wellenbrecher sind im Bereich der Stufenvorderkante anzuordnen.

§ 29 Abschrankung von Stehplätzen vor Szenenflächen

(1) Werden vor Szenenflächen Stehplätze für Besucher angeordnet, so sind die Besucherplätze von der Szenenfläche durch eine Abschrankung so abzutrennen, dass zwischen der Szenenfläche und der Abschrankung ein Gang von mindestens 2 m Breite für den Ordnungsdienst und Rettungskräfte vorhanden ist.

(2) [1]Werden vor Szenenflächen mehr als 5000 Stehplätze für Besucher angeordnet, so sind durch mindestens zwei weitere Abschrankungen vor der Szenenfläche nur von den Seiten zugängliche Stehplatzbereiche zu bilden. [2]Die Abschrankungen müssen voneinander an den Seiten einen Abstand von jeweils mindestens 5 m und über die Breite der Szenenfläche einen Abstand von mindestens 10 m haben.

§ 30 Einfriedungen und Eingänge

(1) Stadionanlagen müssen eine mindestens 2,20 m hohe Einfriedung haben, die das Überklettern erschwert.

(2) [1]Vor den Eingängen sind Geländer so anzuordnen, dass Besucher nur einzeln und hintereinander Einlass finden. [2]Es sind Einrichtungen für Zugangskontrollen sowie für die Durchsuchung von Personen und Sachen vorzusehen. [3]Für die Einsatzkräfte von Polizei, Feuerwehr und Rettungsdiensten sind von den Besuchereingängen getrennte Eingänge anzuordnen.

(3) [1]Für Einsatz- und Rettungsfahrzeuge müssen besondere Zufahrten, Aufstell- und Bewegungsflächen vorhanden sein. [2]Von den Zufahrten und Aufstellflächen aus müssen die Eingänge der Versammlungsstätten unmittelbar erreichbar sein. [3]Für Einsatz- und Rettungsfahrzeuge muss eine Zufahrt zum Innenbereich vorhanden sein. [4]Die Zufahrten, Aufstell- und Bewegungsflächen müssen gekennzeichnet sein.

Teil 4 Betriebsvorschriften

Abschnitt 1: Rettungswege, Besucherplätze

§ 31 Rettungswege, Flächen für die Feuerwehr

(1) [1]Rettungswege auf dem Grundstück sowie Zufahrten, Aufstell- und Bewegungsflächen für Einsatzfahrzeuge von Polizei, Feuerwehr und Rettungsdiensten müssen ständig frei gehalten werden. [2]Darauf ist dauerhaft und gut sichtbar hinzuweisen.

(2) Rettungswege in der Versammlungsstätte müssen ständig frei gehalten werden.

(3) Während des Betriebes müssen alle Türen von Rettungswegen unverschlossen sein.

§ 32 Besucherplätze nach dem Bestuhlungs- und Rettungswegeplan

(1) Die Zahl der im Bestuhlungs- und Rettungswegeplan genehmigten Besucherplätze darf nicht überschritten und die genehmigte Anordnung der Besucherplätze darf nicht geändert werden.

(2) Eine Ausfertigung des für die jeweilige Nutzung genehmigten Planes ist in der Nähe des Haupteinganges eines jeden Versammlungsraumes gut sichtbar anzubringen.

(3) Ist nach der Art der Veranstaltung die Abschrankung der Stehflächen vor Szenenflächen erforderlich, sind Abschrankungen nach § 29 auch in Versammlungsstätten mit nicht mehr als 5000 Stehplätzen einzurichten.

Abschnitt 2: Brandverhütung

§ 33 Vorhänge, Sitze, Ausstattungen, Requisiten und Ausschmückungen

(1) Vorhänge von Bühnen und Szenenflächen müssen aus mindestens schwerentflammbarem Material bestehen.

(2) [1]Sitze von Versammlungsstätten mit mehr als 5000 Besucherplätzen müssen aus mindestens schwerentflammbarem Material bestehen. [2]Die Unterkonstruktion muss aus nichtbrennbarem Material bestehen.

(3) [1]Ausstattungen müssen aus mindestens schwerentflammbarem Material bestehen. [2]Bei Bühnen oder Szenenflächen mit automatischen Feuerlöschanlagen genügen Ausstattungen aus normalentflammbarem Material.

(4) Requisiten müssen aus mindestens normalentflammbarem Material bestehen.

(5) [1]Ausschmückungen müssen aus mindestens schwerentflammbarem Material bestehen. [2]Ausschmückungen in notwendigen Fluren und notwendigen Treppenräumen müssen aus nichtbrennbarem Material bestehen.

(6) [1]Ausschmückungen müssen unmittelbar an Wänden, Decken oder Ausstattungen angebracht werden. [2]Frei im Raum hängende Ausschmückungen sind zulässig, wenn sie einen Abstand von mindestens 2,50 m zum Fußboden haben. [3]Ausschmückungen aus natürlichem Pflanzenschmuck dürfen sich nur solange sie frisch sind in den Räumen befinden.

(7) Der Raum unter dem Schutzvorhang ist von Ausstattungen, Requisiten oder Ausschmückungen so freizuhalten, dass die Funktion des Schutzvorhangs nicht beeinträchtigt wird.

(8) Brennbares Material muss von Zündquellen, wie Scheinwerfern oder Heizstrahlern, so weit entfernt sein, dass das Material durch diese nicht entzündet werden kann.

§ 34 Aufbewahrung von Ausstattungen, Requisiten, Ausschmückungen und brennbarem Material

(1) Ausstattungen, Requisiten und Ausschmückungen dürfen nur außerhalb der Bühnen und der Szenenflächen aufbewahrt werden; dies gilt nicht für den Tagesbedarf.

(2) Auf den Bühnenerweiterungen dürfen Szenenaufbauten der laufenden Spielzeit bereitgestellt werden, wenn die Bühnenerweiterungen durch dichtschließende Abschlüsse aus nichtbrennbaren Baustoffen gegen die Hauptbühne abgetrennt sind.

(3) An den Zügen von Bühnen oder Szenenflächen dürfen nur Ausstattungsteile für einen Tagesbedarf hängen.

(4) Pyrotechnische Gegenstände, brennbare Flüssigkeiten und anderes brennbares Material, insbesondere Packmaterial, dürfen nur in den dafür vorgesehenen Magazinen aufbewahrt werden.

§ 35 Rauchen, Verwendung von offenem Feuer und pyrotechnischen Gegenständen

(1) [1]Auf Bühnen und Szenenflächen, in Werkstätten und Magazinen ist das Rauchen verboten. [2]Das Rauchverbot gilt nicht für Darsteller und Mitwirkende auf Bühnen- und Szenenflächen während der Proben und Veranstaltungen, soweit das Rauchen in der Art der Veranstaltungen begründet ist.

(2) [1]In Versammlungsräumen, auf Bühnen- und Szenenflächen und in Sportstadien ist das Verwenden von offenem Feuer, brennbaren Flüssigkeiten und Gasen, pyrotechnischen Gegenständen und anderen explosionsgefährlichen Stoffen verboten. [2]§ 17 Abs. 1 bleibt unberührt. [3]Das Verwendungsverbot gilt nicht, soweit das Verwenden von offenem Feuer, brennbaren Flüssigkeiten und Gasen sowie pyrotechnischen Gegenständen in der Art der Veranstaltung begründet ist und der Veranstalter die erforderlichen Brandschutzmaßnahmen im Einzelfall mit der Feuerwehr abgestimmt hat. [4]Die Verwendung pyrotechnischer Gegenstände muss durch eine nach Sprengstoffrecht geeignete Person überwacht werden.

(3) Die Verwendung von Kerzen und ähnlichen Lichtquellen als Tischdekoration sowie die Verwendung von offenem Feuer in dafür vorgesehenen Kücheneinrichtungen zur Zubereitung von Speisen ist zulässig.

(4) Auf die Verbote der Absatz 1 und 2 ist dauerhaft und gut sichtbar hinzuweisen.

Abschnitt 3: Betrieb technischer Einrichtungen

§ 36 Bedienung und Wartung der technischen Einrichtungen

(1) [1]Der Schutzvorhang muss täglich vor der ersten Vorstellung oder Probe durch Aufziehen und Herablassen auf seine Betriebsbereitschaft geprüft werden. [2]Der Schutzvorhang ist nach jeder Vorstellung herabzulassen und zu allen arbeitsfreien Zeiten geschlossen zu halten.

(2) Die Automatik der Sprühwasserlöschanlage kann während der Dauer der Anwesenheit der Verantwortlichen für Veranstaltungstechnik abgeschaltet werden.

(3) Die automatische Brandmeldeanlage kann abgeschaltet werden, soweit dies in der Art der Veranstaltung begründet ist und der Veranstalter die erforderlichen Brandschutzmaßnahmen im Einzelfall mit der Feuerwehr abgestimmt hat.

(4) Während des Aufenthaltes von Personen in Räumen, für die eine Sicherheitsbeleuchtung vorgeschrieben ist, muss diese in Betrieb sein, soweit die Räume nicht ausreichend durch Tageslicht erhellt sind.

§ 37 Laseranlagen

Auf den Betrieb von Laseranlagen in den für Besucher zugänglichen Bereichen sind die arbeitsschutzrechtlichen Vorschriften entsprechend anzuwenden.

Abschnitt 4: Verantwortliche Personen, besondere Betriebsvorschriften

§ 38 Pflichten der Betreiber, Veranstalter und Beauftragten

(1) Der Betreiber ist für die Sicherheit der Veranstaltung und die Einhaltung der Vorschriften verantwortlich.

(2) Während des Betriebes von Versammlungsstätten muss der Betreiber oder ein von ihm beauftragter Veranstaltungsleiter ständig anwesend sein.

(3) Der Betreiber muss die Zusammenarbeit von Ordnungsdienst, Brandsicherheitswache und Sanitätswache mit der Polizei, der Feuerwehr und dem Rettungsdienst gewährleisten.

(4) Der Betreiber ist zur Einstellung des Betriebes verpflichtet, wenn für die Sicherheit der Versammlungsstätte notwendige Anlagen, Einrichtungen oder Vorrichtungen nicht betriebsfähig sind oder wenn Betriebsvorschriften nicht eingehalten werden können.

(5) [1]Der Betreiber kann die Verpflichtungen nach den Absätzen 1 bis 4 durch schriftliche Vereinbarung auf den Veranstalter übertragen, wenn dieser oder dessen beauftragter Veranstaltungsleiter mit der Versammlungsstätte und deren Einrichtungen vertraut ist. [2]Die Verantwortung des Betreibers bleibt unberührt.

§ 39 Verantwortliche für Veranstaltungstechnik

(1) [1]Verantwortliche für Veranstaltungstechnik sind

1. die Geprüften Meister für Veranstaltungstechnik,
2. technische Fachkräfte mit bestandenem fachrichtungsspezifischen Teil der Prüfung nach § 3 Abs. 1 Nr. 2 in Verbindung mit den §§ 5, 6 oder 7 der Verordnung über die Prüfung zum anerkannten Abschluss „Geprüfter Meister für Veranstaltungstechnik/Geprüfte Meisterin für Veranstaltungstechnik" in den Fachrichtungen Bühne/Studio, Beleuchtung, Halle in der jeweiligen Fachrichtung,
3. Hochschulabsolventen mit berufsqualifizierendem Hochschulabschluss der Fachrichtung Theater- oder Veranstaltungstechnik mit mindestens einem Jahr Berufserfahrung im technischen Betrieb von Bühnen, Studios oder

Mehrzweckhallen in der jeweiligen Fachrichtung, denen die oberste Bauaufsichtsbehörde oder die von ihr bestimmte Stelle ein Befähigungszeugnis nach Anlage 1 ausgestellt hat,

4. technische Bühnen- und Studiofachkräfte, die das Befähigungszeugnis nach den bis zum In-Kraft-Treten dieser Verordnung geltenden Vorschriften* erworben haben oder die Tätigkeit als technische Bühnen- und Studiofachkraft ohne Befähigungszeugnis ausüben durften und in den letzten drei Jahren ausgeübt haben.

[2]Auf Antrag stellt die oberste Bauaufsichtsbehörde oder die von ihr bestimmte Stelle* auch den Personen nach Satz 1 Nr. 1 bis 4 ein Befähigungszeugnis nach Anlage 1 aus. [3]Die in einem anderen Land der Bundesrepublik Deutschland ausgestellten Befähigungszeugnisse werden anerkannt.

(2) Gleichwertige Ausbildungen, die in einem anderen Mitgliedstaat der Europäischen Union oder einem Vertragsstaat des Abkommens über den Europäischen Wirtschaftsraum erworben und durch einen Ausbildungsnachweis belegt werden, sind entsprechend den europäischen Richtlinien zur Anerkennung von Berufsqualifikationen den in Absatz 1 genannten Ausbildungen gleichgestellt.

§ 40 Aufgaben und Pflichten der Verantwortlichen für Veranstaltungstechnik, technische Probe

(1) Die Verantwortlichen für Veranstaltungstechnik müssen mit den bühnen-, studio- und beleuchtungstechnischen und sonstigen technischen Einrichtungen der Versammlungsstätte vertraut sein und deren Sicherheit und Funktionsfähigkeit, insbesondere hinsichtlich des Brandschutzes, während des Betriebs gewährleisten.

(2) Auf- oder Abbau bühnen-, studio- und beleuchtungstechnischer Einrichtungen von Großbühnen oder Szenenflächen mit mehr als 200 m^2 Grundfläche oder in Mehrzweckhallen mit mehr als 5000 Besucherplätzen, wesentliche Wartungs- und Instandsetzungsarbeiten an diesen Einrichtungen und technische Proben müssen von einem Verantwortlichen für Veranstaltungstechnik geleitet und beaufsichtigt werden.

(3) Bei Generalproben, Veranstaltungen, Sendungen oder Aufzeichnungen von Veranstaltungen auf Großbühnen oder Szenenflächen mit mehr als 200 m^2 Grundfläche oder in Mehrzweckhallen mit mehr als 5000 Besucherplätzen müssen mindestens ein für die bühnen- oder studiotechnischen Einrichtungen sowie ein für die beleuchtungstechnischen Einrichtungen Verantwortlicher für Veranstaltungstechnik anwesend sein.

---

* nach Landesrecht

(4) [1]Bei Szenenflächen mit mehr als 50 m^2 und nicht mehr als 200 m^2 Grundfläche oder in Mehrzweckhallen mit nicht mehr als 5000 Besucherplätzen müssen die Aufgaben nach den Absätzen 1 bis 3 zumindest von einer Fachkraft für Veranstaltungstechnik mit mindestens drei Jahren Berufserfahrung wahrgenommen werden. [2]Die Aufgaben können auch von erfahrenen Bühnenhandwerkern oder Beleuchtern wahrgenommen werden, die diese Aufgaben nach den bis zum In-Kraft-Treten dieser Verordnung geltenden Vorschriften* wahrnehmen durften und in den letzten drei Jahren ausgeübt haben.

(5) [1]Die Anwesenheit nach den Absatz 3 ist nicht erforderlich, wenn

1. die Sicherheit und Funktionsfähigkeit der bühnen-, studio- und beleuchtungstechnischen sowie der sonstigen technischen Einrichtungen der Versammlungsstätte vom Verantwortlichen für Veranstaltungstechnik überprüft wurden,
2. diese Einrichtungen während der Veranstaltung nicht bewegt oder sonst verändert werden,
3. von Art oder Ablauf der Veranstaltung keine Gefahren ausgehen können und
4. die Aufsicht durch eine Fachkraft für Veranstaltungstechnik geführt wird, die mit den technischen Einrichtungen vertraut ist.

[2]Im Fall des Absatzes 4 können die Aufgaben nach den Absätzen 1 bis 3 von einer aufsichtführenden Person wahrgenommen werden, wenn

1. von Auf- und Abbau sowie dem Betrieb der bühnen-, studio- und beleuchtungstechnischen Einrichtungen keine Gefahren ausgehen können,
2. von Art oder Ablauf der Veranstaltung keine Gefahren ausgehen können und
3. die Aufsicht führende Person mit den technischen Einrichtungen vertraut ist.

(6) [1]Bei Großbühnen sowie bei Szenenflächen mit mehr als 200 m^2 Grundfläche und bei Gastspielveranstaltungen mit eigenem Szenenaufbau in Versammlungsräumen muss vor der ersten Veranstaltung eine nichtöffentliche technische Probe mit vollem Szenenaufbau und voller Beleuchtung stattfinden. [2]Diese technische Probe ist der Bauaufsichtsbehörde mindestens 24 Stunden vorher anzuzeigen. [3]Beabsichtigte wesentliche Änderungen des Szenenaufbaues nach der technischen Probe sind der zuständigen Bauaufsichtsbehörde rechtzeitig anzuzeigen. [4]Die Bauaufsichtsbehörde kann auf die technische Probe verzichten, wenn dies nach der Art der Veranstaltung oder nach dem Umfang des Szenenaufbaues unbedenklich ist.

§ 41 Brandsicherheitswache, Sanitäts- und Rettungsdienst

(1) Bei Veranstaltungen mit erhöhten Brandgefahren hat der Betreiber eine Brandsicherheitswache einzurichten.

---

* nach Landesrecht

(2) [1]Bei jeder Veranstaltung auf Großbühnen sowie Szenenflächen mit mehr als 200 m^2 Grundfläche muss eine Brandsicherheitswache der Feuerwehr anwesend sein. [2]Den Anweisungen der Brandsicherheitswache ist zu folgen. [3]Eine Brandsicherheitswache der Feuerwehr ist nicht erforderlich, wenn die Brandschutzdienststelle dem Betreiber bestätigt, dass er über eine ausreichende Zahl ausgebildeter Kräfte verfügt, die die Aufgaben der Brandsicherheitswache wahrnehmen.

(3) Veranstaltungen mit voraussichtlich mehr als 5000 Besuchern sind der für den Sanitäts- und Rettungsdienst zuständigen Behörde rechtzeitig anzuzeigen.

§ 42 Brandschutzordnung, Räumungskonzept, Feuerwehrpläne

(1) [1]Der Betreiber oder ein von ihm Beauftragter hat im Einvernehmen mit der Brandschutzdienststelle eine Brandschutzordnung und gegebenenfalls ein Räumungskonzept aufzustellen. [2]Darin sind

1. die Erforderlichkeit und die Aufgaben eines Brandschutzbeauftragten und der Kräfte für den Brandschutz sowie
2. die Maßnahmen, die im Gefahrenfall für eine schnelle und geordnete Räumung der gesamten Versammlungsstätte oder einzelner Bereiche unter besonderer Berücksichtigung von Menschen mit Behinderungen erforderlich sind,

festzulegen. [3]Die Maßnahmen nach Satz 2 Nr. 2 sind bei Versammlungsstätten, die für mehr als 1000 Besucher bestimmt sind, gesondert in einem Räumungskonzept darzustellen, sofern diese Maßnahmen nicht bereits Bestandteil des Sicherheitskonzepts nach § 43 sind.

(2) [1]Das Betriebspersonal ist bei Beginn des Arbeitsverhältnisses und danach mindestens einmal jährlich zu unterweisen über

1. die Lage und die Bedienung der Feuerlöscheinrichtungen und -anlagen, Rauchabzugsanlagen, Brandmelde- und Alarmierungsanlagen und der Brandmelder- und Alarmzentrale,
2. die Brandschutzordnung, insbesondere über das Verhalten bei einem Brand oder sonstigen Gefahrenlage, gegebenenfalls in Verbindung mit dem Räumungskonzept und
3. die Betriebsvorschriften.

[2]Den Brandschutzdienststellen ist Gelegenheit zu geben, an der Unterweisung teilzunehmen. [3]Über die Unterweisung ist eine Niederschrift zu fertigen, die der Bauaufsichtsbehörde auf Verlangen vorzulegen ist.

(3) Im Einvernehmen mit der Brandschutzdienststelle sind Feuerwehrpläne anzufertigen und der örtlichen Feuerwehr zur Verfügung zu stellen.

§ 43 Sicherheitskonzept, Ordnungsdienst

(1) Erfordert es die Art der Veranstaltung, hat der Betreiber ein Sicherheitskonzept aufzustellen und einen Ordnungsdienst einzurichten.

(2) [1]Für Versammlungsstätten mit mehr als 5000 Besucherplätzen hat der Betreiber im Einvernehmen mit den für Sicherheit oder Ordnung zuständigen Behörden, insbesondere der Polizei, der Feuerwehr und der Rettungsdienste, ein Sicherheitskonzept aufzustellen. [2]Im Sicherheitskonzept sind die Mindestzahl der Kräfte des Ordnungsdienstes gestaffelt nach Besucherzahlen und Gefährdungsgraden sowie die betrieblichen Sicherheitsmaßnahmen und die allgemeinen und besonderen Sicherheitsdurchsagen festzulegen.

(3) Der nach dem Sicherheitskonzept erforderliche Ordnungsdienst muss unter der Leitung eines vom Betreiber oder Veranstalter bestellten Ordnungsdienstleiters stehen.

(4) [1]Der Ordnungsdienstleiter und die Ordnungsdienstkräfte sind für die betrieblichen Sicherheitsmaßnahmen verantwortlich. [2]Sie sind insbesondere für die Kontrolle an den Ein- und Ausgängen und den Zugängen zu den Besucherblöcken, die Beachtung der maximal zulässigen Besucherzahl und der Anordnung der Besucherplätze, die Beachtung der Verbote des § 35, die Sicherheitsdurchsagen sowie für die geordnete Evakuierung im Gefahrenfall verantwortlich.

Teil 5 Zusätzliche Bauvorlagen

§ 44 Zusätzliche Bauvorlagen, Bestuhlungs- und Rettungswegeplan

(1) [1]Mit den Bauvorlagen ist ein Brandschutzkonzept vorzulegen, in dem insbesondere die maximal zulässige Zahl der Besucher, die Anordnung und Bemessung der Rettungswege und die zur Erfüllung der brandschutztechnischen Anforderungen erforderlichen baulichen, technischen und betrieblichen Maßnahmen dargestellt sind. [2]Ist eine höhere Anzahl von Besuchern je m^2 Grundfläche des Versammlungsraumes als nach § 1 Abs. 2 Satz 1 vorgesehen, sind die schnelle und sichere Erreichbarkeit der Ausgänge ins Freie und die Möglichkeit zur Durchführung wirksamer Lösch- und Rettungsarbeiten gesondert darzustellen.

(2) Für die nach dieser Verordnung erforderlichen technischen Einrichtungen sind besondere Pläne, Beschreibungen und Nachweise vorzulegen.

(3) Mit den bautechnischen Nachweisen sind Standsicherheitsnachweise für dynamische Belastungen vorzulegen.

(4) Der Verlauf der Rettungswege im Freien, die Zufahrten und die Aufstell- und Bewegungsflächen für die Einsatz- und Rettungsfahrzeuge sind in einem besonderen Außenanlagenplan darzustellen.

(5) [1]Die Anordnung der Sitz- und Stehplätze, einschließlich der Plätze für Rollstuhlbenutzer, der Bühnen-, Szenen- oder Spielflächen sowie der Verlauf der Rettungswege sind in einem Bestuhlungs- und Rettungswegeplan im Maßstab von mindestens 1 : 200 darzustellen. [2]Sind verschiedene Anordnungen vorgesehen, so ist für jede ein besonderer Plan vorzulegen.

§ 45 Gastspielprüfbuch

(1) Für den eigenen, gleichbleibenden Szenenaufbau von wiederkehrenden Gastspielveranstaltungen kann auf schriftlichen Antrag ein Gastspielprüfbuch erteilt werden.

(2) [1]Das Gastspielprüfbuch muss dem Muster der Anlage 2 entsprechen. [2]Der Veranstalter ist durch das Gastspielprüfbuch von der Verpflichtung entbunden, an jedem Gastspielort die Sicherheit des Szenenaufbaues und der dazu gehörenden technischen Einrichtungen erneut nachzuweisen.

(3) [1]Das Gastspielprüfbuch wird von der obersten Bauaufsichtsbehörde oder der von ihr bestimmten Stelle* erteilt. [2]Die Geltungsdauer ist auf die Dauer der Tournee zu befristen und kann auf schriftlichen Antrag verlängert werden. [3]Vor der Erteilung ist eine technische Probe durchzuführen. [4]Die in einem anderen Land der Bundesrepublik Deutschland ausgestellten Gastspielprüfbücher werden anerkannt.

(4) [1]Das Gastspielprüfbuch ist der für den Gastspielort zuständigen Bauaufsichtsbehörde rechtzeitig vor der ersten Veranstaltung am Gastspielort vorzulegen. [2]Werden für die Gastspielveranstaltung Fliegende Bauten genutzt, ist das Gastspielprüfbuch mit der Anzeige der Aufstellung der Fliegenden Bauten vorzulegen. [3]Die Befugnisse nach § 58 MBO* bleiben unberührt.

Teil 6 Bestehende Versammlungsstätten

§ 46 Anwendung der Vorschriften auf bestehende Versammlungsstätten

(1) – aufgehoben –

---

* nach Landesrecht

(2) Auf die zum Zeitpunkt des In-Kraft-Tretens der Verordnung bestehenden Versammlungsstätten ist der betrieblich/organisatorische Brandschutz innerhalb von zwei Jahren § 42 Abs. 1 und 2 entsprechend anzupassen.

(3) [1]Die Bauaufsichtsbehörde hat Versammlungsstätten in Zeitabständen von höchstens drei Jahren zu prüfen. [2]Dabei ist auch die Einhaltung der Betriebsvorschriften zu überwachen und festzustellen, ob die vorgeschriebenen wiederkehrenden Prüfungen fristgerecht durchgeführt und etwaige Mängel beseitigt worden sind. [3]Den Ordnungsbehörden, der Gewerbeaufsicht und der Brandschutzdienststelle ist Gelegenheit zur Teilnahme an den Prüfungen zu geben.

Teil 7 Schlussvorschriften

§ 47 Ordnungswidrigkeiten

Ordnungswidrig nach § 84 Abs. 1 Nr. 1 MBO* handelt, wer vorsätzlich oder fahrlässig

1. entgegen § 31 Abs. 1 die Rettungswege auf dem Grundstück, die Zufahrten, Aufstell- und Bewegungsflächen nicht frei hält,
2. entgegen § 31 Abs. 2 die Rettungswege in der Versammlungsstätte nicht frei hält,
3. entgegen § 31 Abs. 3 Türen in Rettungswegen verschließt oder fest stellt,
4. entgegen § 32 Abs. 1 die Zahl der genehmigten Besucherplätze überschreitet oder die genehmigte Anordnung der Besucherplätze ändert,
5. entgegen § 32 Abs. 3 erforderliche Abschrankungen nicht einrichtet,
6. entgegen § 33 Abs. 1 bis 5 andere als die dort genannten Materialien verwendet oder entgegen § 33 Abs. 6 bis 8 anbringt,
7. entgegen § 34 Abs. 1 bis 3 Ausstattungen auf der Bühne aufbewahrt oder nicht von der Bühne entfernt,
8. entgegen § 34 Abs. 4 pyrotechnische Gegenstände, brennbare Flüssigkeiten oder anderes brennbares Material außerhalb der dafür vorgesehenen Magazine aufbewahrt,
9. entgegen § 35 Abs. 1 und 2 raucht oder offenes Feuer, brennbare Flüssigkeiten oder Gase, explosionsgefährliche Stoffe oder pyrotechnische Gegenstände verwendet,
10. entgegen § 36 Abs. 4 die Sicherheitsbeleuchtung nicht in Betrieb nimmt,
11. entgegen § 37 Laseranlagen in Betrieb nimmt,
12. als Betreiber, Veranstalter oder beauftragter Veranstaltungsleiter entgegen § 38 Abs. 2 während des Betriebes nicht anwesend ist,

---

* nach Landesrecht

13. als Betreiber, Veranstalter oder beauftragter Veranstaltungsleiter entgegen § 38 Abs. 4 den Betrieb der Versammlungsstätte nicht einstellt,
14. entgegen § 40 Abs. 2 bis 5 in Verbindung mit § 38 Abs. 1 als Betreiber, Veranstalter oder beauftragter Veranstaltungsleiter den Betrieb von Bühnen oder Szenenflächen zulässt, ohne dass die erforderlichen Verantwortlichen oder Fachkräfte für Veranstaltungstechnik, die erfahrenen Bühnenhandwerker oder Beleuchter oder die aufsichtführenden Personen anwesend sind,
15. entgegen § 40 Abs. 2 bis 5 als Verantwortlicher oder Fachkraft für Veranstaltungstechnik, als erfahrener Bühnenhandwerker oder Beleuchter oder als aufsichtführende Person die Versammlungsstätte während des Betriebes verlässt,
16. als Betreiber entgegen § 41 Abs. 1 und 2 nicht für die Durchführung der Brandsicherheitswache sorgt oder entgegen § 41 Abs. 3 die Veranstaltung nicht anzeigt,
17. als Betreiber oder Veranstalter die nach § 42 Abs. 2 vorgeschriebenen Unterweisungen unterlässt,
18. als Betreiber oder Veranstalter entgegen § 43 Abs. 1 bis 3 keinen Ordnungsdienst oder keinen Ordnungsdienstleiter bestellt,
19. als Ordnungsdienstleiter oder Ordnungsdienstkraft entgegen § 43 Abs. 3 oder 4 seinen Aufgaben nicht nachkommt,
20. als Betreiber einer der Anpassungspflichten nach § 46 Abs. 1 nicht oder nicht fristgerecht nachkommt.

§ 48 In-Kraft-Treten, Außer-Kraft-Treten

Diese Verordnung tritt am . . . in Kraft. Gleichzeitig treten außer Kraft:

1. die Versammlungsstättenverordnung vom . . .*,
2. die Technische Fachkräfteverordnung vom . . .*.

* nach Landesrecht

Anlage 1
(zu § 39 Absatz 1)

Frau/Herr

geboren am

in

gegenwärtige Anschrift

hat die Eignung als

Verantwortliche/-r für Veranstaltungstechnik

nach § 39 Absatz 1 der Muster-Versammlungsstätten-verordnung nachgewiesen

Befähigungszeugnis-Nummer

ausstellende Behörde

Ort, Datum

Unterschrift

Siegel

Foto

Unterschrift des Inhabers

Befähigungszeugnis als Verantwortliche/-r für Veranstaltungstechnik

Als Befähigungszeugnis kann auch ein Ausweis im Format 5,4 cm x 8,6 cm mit den erforderlichen Daten ausgestellt werden.

Anlage 2
(zu § 45 Absatz 2)

GASTSPIELPRÜFBUCH

nach 45 Absatz 2 der MVStättVO 2014

Gastspielveranstaltung	

Art der Veranstaltung	

Veranstalterin/Veranstalter	
Straße, Hausnummer	
PLZ, Ort	
Telefon	
Fax	
E-Mail	

das Gastspielprüfbuch gilt bis zum	

Auf der Grundlage der Angaben in diesem Gastspielprüfbuch, evtl. Auflagen und einer

nichtöffentlichen Probe am	
in der Veranstaltungsstätte	

ist der Nachweis der Sicherheit der Gastspielveranstaltung erbracht.

Dieses Gastspielprüfbuch ist in drei Ausfertigungen ausgestellt worden, davon verbleibt eine

Ausfertigung bei der ausstellenden Behörde

ausgestellt am	
durch	

- Seite 2 -

Name der Geschäftsführung/ Vertretung der Veranstalterin/ des Veranstalters:	

(Anschrift, falls diese nicht mit der des Veranstalters identisch ist.)

Straße, Hausnummer	
PLZ, Ort	
Telefon	
Fax	
E-Mail	

Dieses Gastspielprüfbuch hat fünf Seiten und folgende Anhänge:

☐ ☐ Seiten statische Berechnungen (Anhang 1)

☐ ☐ Seiten Angaben über das Brandverhalten der Materialien (Anhang 2)

☐ ☐ Seiten Angaben über die feuergefährlichen Handlungen (Anhang 3)

☐ ☐ Seiten Angaben über pyrotechnische Effekte (Anhang 4)

☐ ☐ Seiten Sonstige Angaben z. B. über Prüfzeugnisse, Baumuster (Anhang 5)

☐ ☐ Seiten ____________________

☐ ☐ Seiten ____________________

Veranstaltungsleitung gemäß § 38 Absatz 2 und 5 MVStättVO für die geplanten Gastspiele ist

Frau/Herr: ____________________

Verantwortliche Personen für Veranstaltungstechnik der Fachrichtung nach § 39 Absatz 1 MVStättVO sind:

1. **Bühne/Studio**

Frau/Herr:	
Befähigungszeugnis-Nr.:	
Ausstellungsdatum:	
ausstellende Behörde:	

2. **Halle**

Frau/Herr:	
Befähigungszeugnis-Nr.:	
Ausstellungsdatum:	
ausstellende Behörde:	

3. **Beleuchtung**

Frau/Herr:	
Befähigungszeugnis-Nr.:	
Ausstellungsdatum:	
ausstellende Behörde:	

4. **Fachkraft für Veranstaltungstechnik bei Szenenflächen mit nicht mehr als 200 m² Grundfläche** (§ 40 Absatz 4 MVStättVO)

Frau/Herr: ____________________

- Seite 3 -

1. Ausführliche Beschreibung der Veranstaltung

(Angaben zur Veranstaltungsart zu den vorgesehenen Gastspielen, zur Anzahl der Mitwirkenden, zu feuergefährlichen Handlungen, pyrotechnischen Effekten, anderen technischen Einrichtungen, z. B. Laser, zur Ausstattung, zum Ablauf der Veranstaltung und zu sonstigen Vorgängen, die Maßnahmen zur Gefahrenabwehr erforderlich machen)

2. Darstellung der Aufbauten, Ausstattungen, technischen Einrichtungen

(Die Aufbauten und Ausstattungen sind zu beschreiben, zeichnerisch ist der Bühnenaufbau mindestens durch einen Grundriss und möglichst durch einen Schnitt darzustellen. Werden Ausrüstungen in größerem Umfang gehangen, ist ein Hängeplan erforderlich, auf bewegliche Teile der Dekoration und zum Aufbau gehörende maschinen- und elektrotechnische Einrichtungen und die damit verbundenen Gefahren ist hinzuweisen. Es sind Angaben zu mitgeführten Bühnen/Szenenflächen, Zuschauertribünen und Bestuhlungen zu machen, sonstige Angaben.)

- Seite 4 -

1. Gefährdungsanalyse

a) Bei gefährlichen szenischen Vorgängen ist eine Gefährdungsanalyse durchzuführen. Gefährliche szenische Vorgänge sind z. B. offene Verwandlungen, maschinentechnische Bewegungen, künstlerische Tätigkeiten im oder über dem Zuschauerbereich

Beschreibung der gefährlichen szenischen Handlung:			
Unterwiesene Personen:			
Schutzmaßnahmen:			
Einweisung vor jeder Probe und Vorstellung erforderlich:		☐ ja	☐ nein

b) Vor dem Einsatz gefährlicher szenischer Einrichtungen ist eine Gefährdungsanalyse durchzuführen.

Gefährliche szenische Einrichtungen sind Geräte, Einrichtungen und Einbauten in kritischen Bereichen von Bühnen, Szenenflächen und Zuschauerbereichen, z. B. Unterbauen des Schutzvorhangs, Anordnung von Regieeinrichtungen, Vorführgeräten, Scheinwerfern, Kameras, Laseranlagen usw. im Zuschauerraum, Leitungsverbindungen zwischen Brandabschnitten.

Geräte, Einrichtungen und Einbauten:	
Unterbauen des Schutzvorhangs:	
Ortsveränderliche technische Einrichtungen im Zuschauerraum:	
Laseranlagen/Standort:	
Leitungsverbindungen:	
Sonstiges:	

- Seite 5 -

4. Auflagen

5. Rechtsbehelfsbelehrung

Gegen diesen Bescheid kann innerhalb eines Monats nach Bekanntgabe Widerspruch erhoben werden. Der Widerspruch ist schriftlich oder zur Niederschrift

bei

in

einzulegen.

Ort, Datum

Behörde

Unterschrift

Dienstsiegel

- Seite 6 -

Anhang 1

zum Gastspielprüfbuch

Titel der Gastspielveranstaltung

Standsicherheitsnachweis*)

(ggf. Hinweis auf beigefügte statische Berechnungen)

*) ggf. weitere Seiten anfügen

- Seite 7 -

Anhang 2

zum Gastspielprüfbuch

Titel der Gastspielveranstaltung

Baustoff- und Materialliste

In der Brandenburgischen Versammlungsstättenverordnung werden an die zur Verwendung kommenden Baustoffe und Materialien brandschutztechnische Anforderungen gestellt. Folgende Mindestanforderungen sind zu erfüllen:

Ort: Gegenstand	Szenenfläche ohne automatische Feuerlöschanlage	Szenenfläche mit automatischer Feuerlöschanlage	Großbühne	Zuschauerraum und Nebenräume	Foyers
Szenenpodien: Fußboden/Bodenbeläge	B 2	B 2	B 2	B 2	B 2
Szenenpodien: Unterkonstruktion	A 1	A 1	A 1	A 1	A 1
Vorhänge	B 1	B 1	B 1	–	–
Ausstattungen	B 1	B 2	B 2	–	–
Requisiten	B 2	B 2	B 2	–	–
Ausschmückungen	B 1	B 1	B 1	B 1	B 1

Erläuterungen:

Nach DIN 4102 Teil 1 gelten für Baustoffe folgende Bezeichnungen:

nichtbrennbare Baustoffe:	**A 1**
nichtbrennbare Baustoffe mit brennbaren Bestandteilen:	**A 2**
schwerentflammbare Baustoffe:	**B 1**
normalentflammbare Baustoffe:	**B 2**

Soweit die eingesetzten Materialien keine Baustoffe sind, werden die Bezeichnungen entsprechend den für Baustoffe geltenden Klassifizierungen verwendet.

Ort bezeichnet den Einsatzort des Baustoffes oder Materials:

B = Bühne
S = Szenenfläche
SmF = Szenenfläche mit automatischer Feuerlöschanlage
SoL = Szenenfläche ohne automatischer Feuerlöschanlage
Z = Zuschauerraum (bei Versammlungsstätten mit Bühnenhaus)
V = Versammlungsraum
F = Foyer

Für Baustoffe und Materialien sind die Verwendungsnachweise nach den §§ 20 bis 25 der Brandenburgischen Bauordnung zu führen. Für Textilien und Möbel können gleichwertige Klassifizierungen nach den dafür geltenden DIN-Normen nachgewiesen werden.

Ist das Material nach DIN 4102-1 geprüft und klassifiziert, so wird das Brandverhalten mit dem (allgemeinen bauaufsichtlichen) Prüfzeugnis nachgewiesen. Ansonsten ist das Material mit einem dafür durch allgemeines bauaufsichtliches Prüfzeugnis zugelassenen Feuerschutzmittel zu behandeln, durch das die Zuordnung zu einer angestrebten Baustoffklasse erreicht wird.

- Seite 8 -

(noch Anhang 2)

zum Gastspielprüfbuch

Titel der Gastspielveranstaltung

Zur Verwendung kommen folgende Baustoffe und Materialien[*)]

Baustoff oder Material				Feuerschutz		
lfd. Nr.	Beschreibung	Baustoffklasse A 1, A 2, B 1, B 2 – Klassifizierung nachgewiesen durch	Ort	Feuerschutzmittel – Nr. des allgemeinen bauaufsichtlichen Prüfzeugnisses	damit erreichte Baustoff-klasse	aufgebracht am

*) ggf. weitere Seiten anfügen

- Seite 9 -

Anhang 3

zum Gastspielprüfbuch

Titel der Gastspielveranstaltung

Angaben über feuergefährliche Handlungen

Dieser Anhang ist erforderlich, wenn auf der Bühne/Szenenfläche oder im Versammlungsraum szenisch bedingt geraucht oder offenes Feuer verwendet wird. Feuergefährliche Handlungen sind der zuständigen Behörde am Gastspielort anzuzeigen. Für feuergefährliche Handlungen, von denen eine besondere Gefahr wegen ihrer Art oder der Nähe des Abbrennortes zu Ausstattungen oder Personen ausgeht, ist eine Gefährdungsanalyse durchzuführen. Für die Einhaltung der sich daraus ergebenden Auflagen ist die Veranstalterin oder der Veranstalter verantwortlich.

Handlungen mit offenem Feuer[*)]

Zeitpunkt im Ablauf	Anzahl	Art (Zigarette, Kerze o. Ä.)	Szenischer Ablauf (Ablauf der Aktion)	Ort auf der Bühne/ Szenenfläche	Löschen/ Aschenablage	Nummer der Gefährdungs-analyse

Erläuterungen:

Der Zeitpunkt im Ablauf kann, je nach Veranstaltungstyp, in Akten, Szenen, Bildern, Programmpunkten oder Musikstücken oder in Minuten von einer Nullzeit ausgehend, angegeben werden. Unter Anzahl ist die Stückzahl der zu diesem Zeitpunkt entzündeten Effekte einzutragen. Art bezeichnet den Typ des Effektes (z. B. Zigarette, Kerze, Fackel, Brennpaste, Gas usw.). Ort auf der Bühne/Szenenfläche bezeichnet, in welchem Teilraum oder auf welcher Teilfläche die Aktion hauptsächlich stattfindet. Unter Löschen/Aschenablage sind die Vorrichtungen einzutragen, die für das sichere Löschen der feuergefährlichen Gegenstände oder für die Ablage der Asche vorgesehen sind.

*) ggf. weitere Seiten anfügen

- Seite 10 -

(noch Anhang 3)

zum Gastspielprüfbuch

Titel der Gastspielveranstaltung

Brandschutztechnische Gefährdungsanalyse*)

(Für feuergefährliche Handlungen, von denen eine besondere Gefahr wegen ihrer Art oder der Nähe des Abbrennortes zu Ausstattungen oder Personen ausgeht, ist eine Gefährdungsanalyse durchzuführen.)

Feuergefährliche Handlungen

Gefahren durch:

- ☐ Flammbildung
- ☐ Funkenflug
- ☐ Blendung
- ☐ Wärmestrahlung
- ☐ Abtropfen heißer Schlacke
- ☐ Druckwirkung
- ☐ Splittereinwirkung
- ☐ Staubablagerung
- ☐ Schallwirkung
- ☐ Gegenseitige Beeinflussung verschiedener Effekte
- ☐ Gesundheitsgefährdende Gase, Staube, Dämpfe, Rauch

Schutzmaßnahmen:		
	Abstände zu Personen:	
	Abstände zu Dekorationen:	
	Unterwiesene Personen:	
	Lösch- u. Feuerbekämpfungsmittel:	

Sonstige Maßnahmen:

*) ggf. weitere Seiten anfügen

- Seite 11 -

zum Gastspielprüfbuch	Titel der Gastspielveranstaltung

Angaben über die pyrotechnischen Effekte

Diese Anlage ist erforderlich, wenn auf der Bühne/Szenenfläche oder im Versammlungsraum szenisch bedingte pyrotechnische Effekte durchgeführt werden. Pyrotechnische Effekte sind der zuständigen Behörde anzuzeigen und bedürfen der Genehmigung. Für pyrotechnische Effekte, von denen eine besondere Gefahr wegen ihrer Art oder der Nähe des Abbrennortes zu Ausstattungen oder Personen ausgeht, ist eine Gefährdungsanalyse durchzuführen. Für die Einhaltung der sich daraus ergebenden Auflagen ist die Veranstalterin oder der Veranstalter verantwortlich.

Pyrotechnische Effekte der Klassen III, IV und T2 dürfen nur von verantwortlichen Personen im Sinne der §§ 19 und 21 SprengG durchgeführt werden. Pyrotechnische Gegenstände der Klassen I, II und T1 dürfen auch von Personen ohne Befähigungsschein verwendet werden, wenn sie von der Veranstalterin oder vom Veranstalter hierzu beauftragt sind.

Nach Sprengstoffrecht verantwortliche Personen:

Erlaubnisscheininhaber:

Name, Vorname:	
Erlaubnisschein-Nr.:	
Ausstellungsdatum:	
ausstellende Behörde:	

Befähigungsscheininhaber:

Name, Vorname:	
Befähigungsschein-Nr.:	
Ausstellungsdatum:	
ausstellende Behörde:	

Beauftragte Person: (nur Klasse I, II, T1)

Frau/Herr:	

- Seite 12 -

(noch Anhang 4)

zum Gastspielprüfbuch

Titel der Gastspielveranstaltung

Pyrotechnische Effekte[*)]

lfd. Nr.	Zeitpunkt im Ablauf	Anzahl	Art des Effektes	BAM-Nummer	Ort auf der Bühne/ Szenenfläche	Dauer des Effektes	Nummer der Gefährdungs-analyse

Erläuterungen:

Unter lfd. Nr. sind die vorgesehenen Effekte fortlaufend in der Reihenfolge des Abbrennens zu nummerieren. Der Zeitpunkt im Ablauf kann, je nach Veranstaltungstyp, in Akten, Szenen, Bildern, Programmpunkten oder Musikstücken oder in Minuten von einer Nullzeit ausgehend, angegeben werden. Unter Anzahl ist die Stückzahl der zu diesem Zeitpunkt gezündeten, identischen Effekte einzutragen. Art bezeichnet den Typ des Effektes (Bühnenblitz, Fontäne usw.). BAM-Nummer meint das Zulassungszeichen der Bundesanstalt für Materialprüfung. Bei Ort auf der Bühne/Szenenfläche ist anzugeben, wo die Effekte gezündet werden. Dauer des Effektes bezeichnet die Zeitspanne vom Zünden des Effektes bis zum endgültigen Verlöschen in Sekunden. Bei extrem kurzzeitigen Effekten, wie Blitzen oder Knallkörpern, ist eine „0" einzutragen.

*) ggf. weitere Seiten anfügen

- Seite 13 -

(noch Anhang 4)

zum Gastspielprüfbuch

Titel der Gastspielveranstaltung

Pyrotechnische Gefährdungsanalyse[*)]

(Vor dem Einsatz pyrotechnischer Effekte ist eine Gefährdungsanalyse durchzuführen.)

Pyrotechnische Effekte

Gefahren durch:

- ☐ Flammbildung
- ☐ Funkenflug
- ☐ Blendung
- ☐ Wärmestrahlung
- ☐ Abtropfen heißer Schlacke
- ☐ Druckwirkung
- ☐ Splittereinwirkung
- ☐ Staubablagerung
- ☐ Schallwirkung
- ☐ Gegenseitige Beeinflussung verschiedener Effekte
- ☐ Gesundheitsgefährdende Gase, Staube, Dämpfe, Rauch

Schutzmaßnahmen:		
	Abstände zu Personen:	
	Abstände zu Dekorationen:	
	Unterwiesene Personen:	
	Lösch- u. Feuerbekämpfungsmittel:	

Sonstige Maßnahmen:	

*) ggf. weitere Seiten anfügen

- Seite 14 -

(Anhang 5)
zum Gastspielprüfbuch

Titel der Gastspielveranstaltung

Sonstige Angaben

Für folgende Bauprodukte liegen Prüfzeugnisse vor:

Für folgende Fliegende Bauten liegen Ausführungsgenehmigungen vor:

Teil 1
Allgemeine Vorschriften

§ 1 Anwendungsbereich, Anzahl der Besucher

(1) [1]Die Vorschriften dieser Verordnung gelten für den Bau und Betrieb von

1. Versammlungsstätten mit Versammlungsräumen, die einzeln mehr als 200 Besucher fassen. [2]Sie gelten auch für Versammlungsstätten mit mehreren Versammlungsräumen, die insgesamt mehr als 200 Besucher fassen, wenn diese Versammlungsräume gemeinsame Rettungswege haben;
2. Versammlungsstätten im Freien mit Szenenflächen und Tribünen, die keine fliegenden Bauten sind und insgesamt mehr als 1000 Besucher fassen;
3. Sportstadien und Freisportanlagen mit Tribünen, die keine Fliegenden Bauten sind, und die jeweils insgesamt mehr als 5000 Besucher fassen.

(2) [1]Soweit sich aus den Bauvorlagen nichts anderes ergibt, ist die Anzahl der Besucher im Sinne dieser Verordnung wie folgt zu ermitteln:

1. für Sitzplätze an Tischen:	ein Besucher je m^2 Grundfläche des Versammlungsraumes,
2. für Sitzplätze in Reihen:	zwei Besucher je m^2 Grundfläche des Versammlungsraumes,
3. für Stehplätze auf Stufenreihen:	zwei Besucher je laufendem Meter Stufenreihe,
4. bei Ausstellungsräumen:	ein Besucher je m^2 Grundfläche des Versammlungsraumes;

für sonstige Stehplätze sind mindestens zwei Besucher je m^2 Grundfläche anzusetzen. [2]Für Besucher nicht zugängliche Flächen werden in die Berechnung nicht einbezogen. [3]Für Versammlungsstätten im Freien, für Freisportanlagen und für Sportstadien gelten Satz 1 Nummer 1 bis 3, Halbsatz 2 und Satz 2 entsprechend.

(3) Die Vorschriften dieser Verordnung gelten nicht für

1. Räume, die dem Gottesdienst gewidmet sind,
2. Unterrichtsräume in allgemein- und berufsbildenden Schulen,
3. Ausstellungsräume in Museen,
4. Fliegende Bauten.

(4) [1]Soweit in dieser Verordnung nichts Abweichendes geregelt ist, sind auf tragende und aussteifende sowie auf raumabschließende Bauteile die Anforderungen der MBO an diese Bauteile in Gebäuden der Gebäudeklasse 5 anzuwenden. [2]Die Erleichterungen des § 30 Absatz 3 Satz 2, § 31 Absatz 4 Nummer 1 und 2, § 36 Absatz 1 Satz 2 Nummer 2, § 39 Absatz 1 Nummer 4, § 40 Absatz 1 Nummer 1 und 3 sowie des § 41 Absatz 5 Nummer 1 und 3 MBO sind nicht anzuwenden.

Übersicht

1. Definition der Versammlungsstätten in der Musterbauordnung

1 Die Fachkommission Bauaufsicht hat im Jahr 2012 die gesetzliche Definition der „Versammlungsstätten im Freien“ in § 2 Absatz 4 Nummer 7 Buchstabe b) MBO 2002 geändert.

Die Musterbauordnung definiert die Versammlungsstätten wie folgt: 2

MBO 2002	MBO 2012
(4) Sonderbauten sind Anlagen und Räume besonderer Art oder Nutzung, die einen der nachfolgenden Tatbestände erfüllen: …	(4) Sonderbauten sind Anlagen und Räume besonderer Art oder Nutzung, die einen der nachfolgenden Tatbestände erfüllen: …
7. Versammlungsstätten a) mit Versammlungsräumen, die insgesamt mehr als 200 Besucher fassen, wenn diese Versammlungsräume gemeinsame Rettungswege haben,	7. Versammlungsstätten a) mit Versammlungsräumen, die insgesamt mehr als 200 Besucher fassen, wenn diese Versammlungsräume gemeinsame Rettungswege haben,
b) im Freien mit Szenenflächen und Freisportanlagen, deren Besucherbereich jeweils mehr als 1 000 Besucher fasst und ganz oder teilweise aus baulichen Anlagen besteht,	b) im Freien mit Szenenflächen sowie Freisportanlagen **jeweils mit Tribünen, die keine fliegenden Bauten sind und insgesamt mehr als 1 000 Besucher fassen,**

Diese neue gesetzliche Definition wurde von den Ländern Bayern, Berlin, Brandenburg, Bremen, Hamburg, Hessen, Mecklenburg-Vorpommern, Niedersachsen, Saarland, Sachsen, Sachsen-Anhalt und Thüringen als § 2 Absatz 4 Nummer 7 in die jeweilige die Bauordnung übernommen und regelt dort nun landesrechtlich verbindlich, welche Versammlungsstätten Sonderbauten sind, auf die die dem § 51 MBO entsprechende landesrechtliche Regelung anzuwenden ist. 3

Das Land Schleswig-Holstein hat mit dem Gesetz zur Änderung der Landesbauordnung vom 8. Juni 2016 (GVOBl Nr. 9-2016 S. 369) die Legaldefinition der Versammlungsstätten in den § 51 Absatz 2 Nummer 7 an die Legaldefinition der MBO angepasst. 4

Das Land Nordrhein-Westfalen hat mit der am 1. Januar 2019 in Kraft getretenen neuen Bauordnung die Sonderbauten in § 50 Absatz 2 Nummer 6 BauO NRW 2018 abschließend legaldefiniert, ist dabei von der Definition des § 2 Absatz 4 Nummer 7 MBO abgewichen und zählt Versammlungsstätten im Freien mit Szenenflächen auch ohne Tribünen zu den Sonderbauten. 5

Die Länder Baden-Württemberg und Rheinland-Pfalz sind der Systematik der MBO bisher nicht gefolgt und definieren den Begriff Sonderbauten nicht legal, sondern weiterhin als unbestimmten Rechtsbegriff, 6 unter den beispielhaft alle Versammlungsstätten fallen.[1] Allerdings hat das Land Rheinland-Pfalz in der Versammlungsstättenverordnung vom 13. März 2018 (GVBl. 2018, 29) die Definition des § 1 Absatz 1 MVStättVO für Versammlungsstätten im Freien übernommen.

2. Änderungen und Abweichungen auf Landesebene

7 Der Anwendungsbereich der **MVStättVO** ist in § 1 Absatz 1 Nummer 2 und 3 jedoch nicht mit der Definition des § 2 Absatz 4 Nummer 7 Buchstabe b) MBO identisch, sondern gliedert die Versammlungsstätten im Freien in solche mit Szenenflächen und Sportanlagen auf.

8 Die Länder Berlin, Brandenburg, Mecklenburg-Vorpommern, Nordrhein-Westfalen, Rheinland-Pfalz, Sachsen-Anhalt, Sachsen und Schleswig-Holstein haben den Anwendungsbereich der MVStättVO in ihre landesrechtliche Verordnung übernommen.

MVStättV 2002/2005	**MVStättVO 2014**
§ 1 Anwendungsbereich	§ 1 Anwendungsbereich
(1) [1]Die Vorschriften dieser Verordnung gelten für den Bau und Betrieb von	(1) [1]Die Vorschriften dieser Verordnung gelten für den Bau und Betrieb von
1. Versammlungsstätten mit Versammlungsräumen, die einzeln mehr als 200 Besucher fassen. [2]Sie gelten auch für Versammlungsstätten mit mehreren Versammlungsräumen, die insgesamt mehr als 200 Besucher fassen, wenn diese Versammlungsräume gemeinsame Rettungswege haben;	1. Versammlungsstätten mit Versammlungsräumen, die einzeln mehr als 200 Besucher fassen. [2]Sie gelten auch für Versammlungsstätten mit mehreren Versammlungsräumen, die insgesamt mehr als 200 Besucher fassen, wenn diese Versammlungsräume gemeinsame Rettungswege haben;
2. Versammlungsstätten im Freien mit Szenenflächen, deren Besucherbereich mehr als 1 000 Besucher fasst und ganz oder teilweise aus baulichen Anlagen besteht;	2. Versammlungsstätten im Freien mit Szenenflächen **und Tribünen, die keine Fliegenden Bauten sind** und **insgesamt** mehr als 1 000 Besucher fassen;
3. Sportstadien, die mehr als 5 000 Besucher fassen.	3. Sportstadien **und Freisportanlagen mit Tribünen, die keine Fliegenden Bauten sind, und** die **jeweils insgesamt** mehr als 5 000 Besucher fassen.

1 Baden-Württemberg in § 38 Absatz 2 Nummer 7 LBO. Rheinland-Pfalz in § 50 Absatz 2 Nummer 3 LBauO.

Die Länder Hamburg, Niedersachsen und Saarland haben den Anwendungsbereich bisher noch entsprechend § 1 Absatz 1 MVStättV 2005 geregelt und nicht an die MVStättVO angepasst. Da diese Länder jedoch in ihren Bauordnungen die Legaldefinition des § 2 Absatz 4 Nummer 7 Buchstabe b) MBO übernommen haben, geht diese gesetzliche Regelung der davon abweichenden Fassung des Anwendungsbereichs in § 1 Absatz 1 Nummer 2 der Landes-VStättV vor. 9

3. Anwendungsbereich

Wesentliches Merkmal aller Versammlungsstätten ist, dass sie für die gleichzeitige Anwesenheit vieler Menschen **bei Veranstaltungen** in baulichen Anlagen bestimmt sind. Bauliche Anlagen, die nicht für die Durchführung von Veranstaltungen bestimmt sind, unterliegen unabhängig von ihrer Größe hingegen nicht den Bestimmungen der MVStättVO.[2] 10

Es gibt kleine und große Versammlungsstätten. Der MVStättVO sind jedoch erst die Versammlungsstätten unterworfen, bei denen es nach der Größe, der Eigenart der baulichen Anlage und der jeweiligen Nutzung sowie der damit verbundenen Gefahren gerechtfertigt erscheint. Die Versammlungsstätten, für die die Verordnung gilt, sind daher typisierend abgestuft nach ihrer Eigenart und der Zahl der Besucher. 11

Anwendungsbereich nach der MVStättVO 2014

In § 1 Absatz 1 und Absatz 3 MVStättVO wird geregelt, ab welcher Größe Versammlungsstätten den Vorschriften der Verordnung unterliegen und welche Typen von Versammlungsstätten vom Anwendungsbereich der MVStättVO ausgenommen sind. 12

Ob eine bauliche Anlage in den Anwendungsbereich der MVStättVO fällt, bestimmt sich nach zwei Kriterien, die gleichzeitig erfüllt sein müssen: 13

- Es muss sich um eine Versammlungsstätte handeln.
- Es muss der Schwellenwert überschritten sein.

Der Anwendungsbereich nach **Absatz 1** der MVStättVO unterscheidet zwei Gruppen von Versammlungsstätten: die Versammlungsstätten in Gebäuden und die Versammlungsstätten im Freien. Bei den Versammlungs- 14

2 Vgl. hierzu mit weiteren Ausführungen Kommentierung zu § 2 Absatz 1.

stätten im Freien wird ferner zwischen den Freilichttheatern mit Szenenflächen, den Freisportanlagen und den Sportstadien unterschieden.

15 Da die Gefährdung durch Feuer und Rauch in Gebäuden wesentlich größer ist als im Freien, setzt die MVStättVO unter Berücksichtigung der unterschiedlichen Gefährdungsgrade der verschiedenen Arten von Versammlungsstätten verschiedene Besucherzahlen als Schwellenwert der Anwendung fest. Die Zahl der Besucher wird nach den Berechnungsformeln in Absatz 2 ermittelt.

Versammlungsstätten in Gebäuden	**Versammlungsstätten im Freien**	
	Versammlungsstätten im Freien mit Szenenflächen und ortsfesten Tribünen	**Freisportanlagen und Sportstadien mit ortsfesten Tribünen**
> 200 Besucher	> 1 000 Besucher	> 5 000 Besucher

3.1 Versammlungsstätten mit Versammlungsräumen

16 Versammlungsstätten mit Versammlungsräumen unterliegen der Anwendung der MVStättVO, wenn die einzelnen Versammlungsräume jeweils mehr als 200 Besucher fassen. Die Zahl der Besucher wird grundsätzlich nach der Bemessungsformel in § 1 Absatz 2 ermittelt. Der Antragsteller kann mit seinen Angaben im Bauantrag jedoch abweichende maximale Besucherzahlen festlegen und so bestimmen, ob sein Bauvorhaben in den Anwendungsbereich der MVStättVO fällt.

Beispiel:

Aus den Bauvorlagen für den Betrieb einer Gaststätte geht hervor, dass die für Besucher zugänglich Fläche mehr als 300 m^2 beträgt, die Bestuhlungspläne hingegen weisen lediglich eine maximale Besucherzahl von bis zu 200 Besucherplätzen aus. Die Genehmigungsbehörde hat auf Grundlage des Bauantrags und der eingereichten Bauvorlagen zu entscheiden. Im Beispielsfall scheidet damit eine Anwendung der MVStättVO für das Bauvorhaben aus.

17 Unter Berücksichtigung der sich durch Absatz 2 Satz 1 ergebenden Einschränkung „*soweit sich aus den Bauvorlagen nichts anders ergibt*“ gilt im Übrigen: Haben mehrere Versammlungsräume gemeinsame Rettungswege, so ist der Anwendungsbereich auch dann eröffnet, wenn die Kapazität der Versammlungsräume insgesamt 200 Besucher übersteigt. Der Schwellenwert von 200 Besuchern gilt unabhängig davon, ob es sich um eine Versammlungsstätte mit oder ohne Szenenfläche handelt.

Der Begriff „**Besucher**" entspricht im Wesentlichen dem Begriff „Zuschauer" oder „Zuhörer" und meint damit die an der Veranstaltung nur passiv beteiligten Personen. Personen, die über eine Eintrittskarte mit oder ohne Bezahlung Zutritt zur Veranstaltung haben, sind immer Besucher. **18**

Die an der Organisation und Durchführung der Veranstaltung beteiligten Personen, wie Veranstalter, Organisatoren, Darsteller, Orchestermitglieder, Ordnungsdienst, bühnentechnisches Personal, Service- und Küchenpersonal, zählen nicht zu den Besuchern. Zeitweise an Veranstaltungen aktiv beteiligte Besucher, sogenannte „mitwirkende Zuschauer", z.B. vorübergehend zur Mitwirkung an einem Zauberkunststück auf die Bühne geholte Zuschauer, sind nicht „Mitwirkende" an der Veranstaltung, sondern bleiben „Besucher." **19**

Aus der weiter gefassten Begriffsbestimmung des § 2 Absatz 1 sowie der Klarstellung in § 2 Absatz 3 folgt, dass auch Gaststätten mit mehr als 200 Besucherplätzen unter den Anwendungsbereich des Absatzes 1 Nummer 1 fallen. **20**

Die Regelung der VStättVO 1978, wonach Kinos bereits ab 100 Besucherplätzen in den Anwendungsbereich der MVStättVO fallen, ist bereits mit Einführung der MVStättV 2002 fallen gelassen worden, da von den heute verwendeten Vorführtechniken nicht mehr die Brandgefahren ausgehen, wie von alten Zelluloid- oder Nitrofilmen. Kinos fallen daher ebenfalls erst ab 200 Besuchern unter den Anwendungsbereich der MVStättVO. **21**

Die frühere schärfere Regelung des § 1 Absatz 1 Nummer 1 1. Alternative der VStättVO 1978, wonach Versammlungsstätten mit Kleinbühnen oder Szenenflächen der Verordnung bereits dann unterliegen, wenn sie mehr als 100 Besucher fassen, ist seit der MVStättV 2002 ebenfalls entfallen. Auf die Anwendung auf Versammlungsstätten mit Szenenflächen schon ab 100 Besuchern wurde verzichtet, weil Versammlungsstätten mit dieser Besucherzahl nur kleine Szenenflächen ohne besondere Bühnentechnik haben. Das von der Szenenfläche ausgehende Gefährdungspotenzial ist dementsprechend gering. Bereits eine Musikdarbietung eines Alleinunterhalters in einer Gaststätte würde ansonsten die Anwendung der MVStättVO auf Gaststätten mit mehr als 100 Besucherplätzen auslösen. **22**

Produktionsstätten für Hörfunk-, Fernseh- oder Filmproduktionen sowie Gaststätten fallen erst ab 200 Besucherplätzen unter Nummer 1, und zwar unabhängig davon, ob sie eine Bühne oder Szenenfläche haben. Zu beachten ist allerdings, dass Gebäude mit Räumen, die einzeln für **23**

Nutzung durch mehr als 100 Personen bestimmt sind, nach § 2 Absatz 4 Nummer 8 MBO Sonderbauten sind, auf die § 51 MBO anzuwenden ist. Die Angabe, man bleibe unter dem Schwellenwert von 200 Besuchern und falle damit nicht unter die MVStättVO, führt nur dazu, dass die Bauaufsichtsbehörde dann nach § 51 MBO im Ermessen entscheidet, ob besondere Anforderungen gestellt oder Erleichterungen zugelassen werden und sich dabei dennoch an der MVStättVO orientiert.

3.2 Versammlungsstätten im Freien nach MVStättVO 2014

24 Die MBO und die MVStättVO unterscheiden zwischen Versammlungsstätten im Freien mit Szenenflächen und Freisportanlagen. Oberbegriff ist die Versammlungsstätte im Freien. Der Begriff Freisportanlage ist ein Sammelbegriff für alle Sportanlagen im Freien. Dazu zählen z.B. Fußballplätze, Tennisplätze, Schwimmbäder, Autorennbahnen, Sportstadien oder Reitsportsanlagen. Freisportanlagen ohne Besucherplätze sind kein Sonderbau.

25 Für Versammlungsstätten im Freien, die den Schwellenwert von 1000 Besucherplätzen nicht überschreiten und daher nicht als Sonderbau in den Anwendungsbereich der MVStättVO fallen, gelten nur die materiellen Vorschriften über den sogenannten Regelbau nach der MBO.

26 Die Neufassung des Anwendungsbereichs der Verordnung auf Versammlungsstätten im Freien baut auf der geänderten gesetzlichen Definition des Sonderbaus der Versammlungsstätten im Freien durch die Änderung des § 2 Absatz 4 Nummer 7 Buchstabe b) MBO auf.

27 Die Definition der Versammlungsstätte im Freien nach der MBO und der Anwendungsbereich der MVStättVO sind nicht deckungsgleich.

§ 2 Absatz 4 MBO	§ 1 MVStättVO
(4) Sonderbauten sind Anlagen und Räume besonderer Art oder Nutzung, die einen der nachfolgenden Tatbestände erfüllen: 7. Versammlungsstätten a) mit Versammlungsräumen, die insgesamt mehr als 200 Besucher fassen, wenn diese Versammlungsräume gemeinsame Rettungswege haben,	(1) [1]Die Vorschriften dieser Verordnung gelten für den Bau und Betrieb von 1. Versammlungsstätten mit Versammlungsräumen, die einzeln mehr als 200 Besucher fassen. [2]Sie gelten auch für Versammlungsstätten mit mehreren Versammlungsräumen, die insgesamt mehr als 200 Besucher fassen, wenn diese Versammlungsräume gemeinsame Rettungswege haben;

b) im Freien mit Szenenflächen sowie Freisportanlagen jeweils mit Tribünen, die keine Fliegenden Bauten sind und insgesamt mehr als 1 000 Besucher fassen,	2. Versammlungsstätten im Freien mit Szenenflächen und Tribünen, die keine Fliegenden Bauten sind und insgesamt mehr als 1 000 Besucher fassen;
	3. Sportstadien und Freisportanlagen mit Tribünen, die keine Fliegenden Bauten sind, und die jeweils insgesamt mehr als 5 000 Besucher fassen.

Die Regelungen des § 1 Absatz 1 Nummern 2 und 3 sind sprachlich nicht eindeutig. So kann sich in § 1 Absatz 1 Nummer 2 der Nebensatz „die keine Fliegenden Bauten sind", sowohl auf das Substantiv „Tribünen" beziehen, an das dieser Nebensatz unmittelbar anschließt, als auch auf das Substantiv „Szenenflächen". Ein Vergleich mit § 2 Absatz 4 Nummer 7 Buchstabe b) MBO als auch mit § 1 Absatz 1 Nummer 3 macht deutlich, dass sich der Relativsatz „die keine Fliegenden Bauten sind" nur auf „Tribünen" bezieht. **28**

Soweit der Anwendungsbereich in § 1 Absatz 1 Nummer 2 und 3 von der im zweiten Halbsatz genannten Besucherzahl abhängt, ist dem Wortlaut nach nicht bestimmbar, ob sich diese Besucherzahl auf die Tribünen oder auf die Versammlungsstätte bezieht. Die gleiche sprachliche Unklarheit ergibt sich bereits aus § 2 Absatz 4 Nummer 7 MBO. Auch hier kann sich der Halbsatz „und insgesamt mehr als 1 000 Besucher fassen" sowohl auf das Substantiv „Tribünen" als auch auf die Substantive „Versammlungsstätten im Freien mit Szenenflächen" und „Freisportanlagen" beziehen. **29**

Die Neuregelungen des § 2 Absatz 4 Nummer 7 Buchstabe b) MBO sowie des Anwendungsbereichs in § 1 Absatz 1 Nummer 2 und 3 müssen vor dem Hintergrund des mehrdeutigen Wortlauts nach ihrer Entstehungsgeschichte und nach dem Sinn und Zweck der Regelung ausgelegt werden. **30**

Der Fachkommission Bauaufsicht ging es bei der Neuregelung nicht darum, den Anwendungsbereich von der Zahl der Besucherplätze auf Tribünen abhängig zu machen, sondern von der Gesamtzahl der Besucherplätze in der baulichen Anlage Versammlungsstätte. Dies wird aus der Rechtsentwicklung deutlich. Noch die MBO 1998 benannte in § 51 Absatz 2 Nummer 3 die „Versammlungsstätten", ohne einen Schwellenwert anzugeben. **31**

32 Der Schwellenwert für Versammlungsstätten im Freien ergab sich nur aus § 1 Nummer 1 und 2 VStättVO 1978. Danach hing der Anwendungsbereich jeweils von der Gesamtzahl der Besucher in der Versammlungsstätte ab.

33 Die VStättVO 1978[3] stellte bei Versammlungsstätten im Freien mit nicht überdachten Szenenflächen auf mehr als 1 000 Besucher und bei Versammlungsstätten mit nicht überdachten Sportflächen auf mehr als 5 000 Besucher ab.

34 Der Anwendungsbereich der MVStättVO ist vor dem Hintergrund des Anwendungsbereichs der MBO zu sehen, da der Anwendungsbereich einer Verordnung nicht weiter sein kann, als der des Gesetzes auf Grund dessen die Verordnung erlassen wurde.

35 § 1 Absatz 1 MBO definiert den Anwendungsbereich der Bauordnung wie seit jeher mit:

> ***§ 1 Absatz 1 MBO***
> *„(1) Dieses Gesetz gilt für bauliche Anlagen und Bauprodukte. Es gilt auch für Grundstücke sowie für andere Anlagen und Einrichtungen, an die in diesem Gesetz oder in Vorschriften aufgrund dieses Gesetzes Anforderungen gestellt werden …“*

Bereits § 2 Absatz 1 VStättVO 1978 geht davon aus, dass es sich bei Versammlungsstätten um bauliche Anlagen oder Teile baulicher Anlagen handelt. Auch die nachfolgenden MVStättV 2002/2005 und § 2 Absatz 1 MVStättVO stellen klar, dass es sich bei einer Versammlungsstätte dabei immer um eine bauliche Anlage oder Teile baulicher Anlagen handelt muss. Eine Versammlungsstätte im Freien liegt daher nur dann vor, wenn es sich dabei einschließlich des Besucherbereichs um eine bauliche Anlage handelt. Es ist also eine Gesamtbetrachtung der

---

3 § 1 Absatz 1 VStättVO 1978 lautet auszugsweise:
„§ 1 Geltungsbereich
(1) Die Vorschriften dieser Verordnung gelten für den Bau und Betrieb von:
1. …
2. Versammlungsstätten mit nicht überdachten Szenenflächen, wenn die Versammlungsstätte mehr als 1 000 Besucher fasst;
3. Versammlungsstätten mit nicht überdachten Sportflächen, wenn die Versammlungsstätte mehr als 5 000 Besucher fasst, Sportstätten für Rasenspiele jedoch nur, wenn mehr als 15 Stehstufen angeordnet sind;
4. …“

Versammlungsstätte als bauliche Anlage erforderlich. Dies ergibt sich ohne jeglichen Zweifel aus der Definition des § 2 Absatz 1:

> „*Versammlungsstätten sind* ***bauliche Anlagen oder Teile baulicher Anlagen****, ….*"

Auch die MBO 2002 ging bei der Definition der Sonderbauten in § 2 Absatz 4 MBO bei Versammlungsstätten im Freien für den Schwellenwert auf die Gesamtzahl von 1 000 Besuchern in der Versammlungsstätte im Freien sowie in Freisportanlagen aus. Desgleichen stellten die MVStättV 2002 wie auch die MVStättV 2005 für den Anwendungsbereich auf die Gesamtzahl von 1 000 Besuchern in der Versammlungsstätte im Freien und von 5 000 Besuchern in einem Stadion ab. **36**

Mit der Novelle der MBO wollte die Fachkommission Bauaufsicht nicht den Schwellenwert für den Sonderbau der Versammlungsstätte im Freien ändern, sondern nur neu regeln, welche Art von baulichen Anlagen für den Besucherbereich einer Versammlungsstätte im Freien für die Beurteilung als Sonderbau maßgeblich ist. **37**

Mit der Neuregelung des § 2 Absatz 4 Nummer 7 Buchstabe b) MBO und der Anpassung des § 1 Absatz 1 Nummer 2 MVStättVO verfolgte die Fachkommission Bauaufsicht das Ziel, Großveranstaltungen auf der grünen Wiese mit Fliegenden Bauten aus dem Anwendungsbereich der Bauordnung und dem Zuständigkeitsbereich der Bauaufsichtsbehörde herauszunehmen. Die Bauaufsichtsbehörden sollen sich nur noch mit ortsfest errichteten Versammlungsstätten im Freien und ortsfest errichteten Freisportanlagen befassen. Die Begründung zur Änderung der MBO und der MVStättVO macht dies deutlich: **38**

> „*Typische Versammlungsstätten im Freien sind sog. Freilichttheater, Anlagen für den Rennsport oder Reitbahnen sowie Sportstadien – also ortsfeste, auf Dauer angelegte Anlagen mit tribünenartiger Anordnung der Besucherbereiche. Das Vorhandensein von Szenenflächen und Tribünen und deren Verkoppelung mit dem dauerhaften Nutzungszweck der Anlage sind Voraussetzungen, um unter die Regelung zu fallen; temporäre Veranstaltungen wie Musikfestivals auf Freiflächen werden nicht erfasst. Werden bei solchen Veranstaltungen Tribünen (und Bühnen) aufgestellt, handelt es sich um Fliegende Bauten; die Genehmigung Fliegender Bauten regelt § 76.*"

Die Neuregelung verfehlt teilweise das erklärte Ziel, die unteren Bauaufsichtsbehörden von ihrer Zuständigkeit für die Genehmigung von Musikfestivals auf Freiflächen freizustellen. Die vorübergehende Er- **39** richtung von Szenenflächen und Tribünen auf einem Grundstück, dessen Einzäunung und die damit verbundene Nutzung des Grundstücks für eine Veranstaltung fällt auch in Zukunft in den Anwendungsbereich des Bauordnungs- und des Bauplanungsrechts. Je nach Art und Umfang der geplanten Maßnahme bleiben die Baugenehmigungsbehörden für die Erteilung baurechtlicher Genehmigungen auch neben der Abnahme Fliegender Bauten zuständig. Allerdings wird die Anwendbarkeit der Bestimmungen der MVStättVO durch das neu eingeführte Begriffsmerkmal der „Tribünen die keine fliegenden Bauten sind" ausgeschlossen. In rechtlicher Hinsicht findet (ungewollt) eine Abstufung vom „Sonderbau" (Versammlungsstätte) zum „Regelbau" statt.

40 Die MBO und die MVStättVO gehen mit der neu geschaffenen Definition der Versammlungsstätte im Freien davon aus, dass die Nutzung einer Fläche für eine temporäre Veranstaltung diese Fläche auch dann nicht zu einer baulichen Anlage macht, wenn auf der Fläche Fliegende Bauten errichtet werden.

41 Dies widerspricht in Teilen den Bestimmungen der MBO, durch welche auch die temporäre Nutzung von Flächen und Grundstücken dem Anwendungsbereich des Bauordnungsrechts unterstellt wird. Selbst die Errichtung Fliegender Bauten auf einem Grundstück erfüllt grundsätzlich den Tatbestand des § 59 Absatz 1 MBO und fällt in die Zuständigkeit der Bauaufsichtsbehörde. Dies ergibt sich auch daraus, dass die Aufstellung eines Fliegenden Baus nach § 76 Absatz 7 MBO der Bauaufsichtsbehörde des Aufstellungsortes anzuzeigen ist und diese nach § 76 Absatz 8 MBO die Aufstellung des Fliegenden Baus untersagen kann.

3.2.1 Versammlungsstätten im Freien mit Szenenflächen und Tribünen

42 Versammlungsstätten im Freien fallen nur dann in den Anwendungsbereich der MVStättVO, wenn sie zugleich

- Szenenflächen haben,
- Tribünen haben, die keine Fliegenden Bauten sind,
- mehr als 1 000 Besucherplätze haben.

43 Diese Tatbestände müssen kumulativ vorliegen. Damit werden grundsätzlich nur Versammlungsstätten im Freien mit ortsfest errichteten Tribünen erfasst. Nach der Vorstellung der Fachkommission Bauaufsicht sind dies in erster Linie die ortsfest errichteten Freilichttheater mit Tribünen, wie die römischen Amphitheater oder z. B. die Waldbühne in Berlin.

Zusätzlich können Sportstadien oder Freisportanlagen zu einer Versammlungsstätte im Freien gemäß § 1 Absatz 1 Nummer 2 werden, wenn sie außerhalb ihres eigentlichen Nutzungszwecks z.B. für die Durchführung von Musikveranstaltungen genutzt werden sollen. In diesem Fall ist der Anwendungsbereich der MVStättVO bereits ab einer Besucherzahl von mehr als 1 000 Besuchern gegeben. 44

Die Neuregelung der gesetzlichen Definition in § 2 Absatz 4 Nummer 7 Buchstabe b) MBO bedeutet also, dass nur Versammlungsstätten im Freien mit Szenenflächen und einem aus ortsfesten Tribünen bestehenden Besucherbereich ein Sonderbau sein können. Entsprechend besteht eine Freisportanlage aus der baulichen Anlage der Sportfläche und der damit verbundenen baulichen Anlage der ortsfesten Tribünen des Besucherbereichs. 45

Dies hat folgende rechtliche Konsequenz: 46

- Eine temporär oder ortsfest aufgestellte Szenenfläche auf der grünen Wiese für eine Konzertveranstaltung ist zwar eine bauliche Anlage, aber kein Sonderbau, sondern ein Regelbau. Die Bauaufsichtsbehörde kann weder für die Errichtung dieser Szenenfläche noch für den Besucherbereich auf der grünen Wiese die MVStättVO oder § 51 MBO anwenden, sondern nur die allgemeinen Anforderungen der MBO an Regelbauten.
- Eine ortsfest aufgestellte Szenenfläche im Freien mit einen ortsfest aufgestellten Besucherbereich mit fest installierter Reihenbestuhlung auf ebener Fläche für mehr als 1 000 Besucher ist zwar eine Versammlungsstätte, jedoch kein Sonderbau, sondern ein Regelbau.

Beispiel:

Eine Versammlungsstätte im Freien weist eine Szenenfläche auf und einen Besucherbereich mit 800 Besucherplätzen auf einer Tribüne. Weitere 400 Besucherplätze befinden sich in einem ebenerdigen Bereich mit Reihenbestuhlung zwischen der Szenenfläche und der Tribüne. In diesem Fall ist der gesamte Besucherbereich bauliche Anlage und für den Anwendungsbereich der MVStättVO ist die Gesamtzahl der 1 200 Besucherplätze zugrunde zu legen.

Beispiel:

Eine Konzertmuschel im Park eines Kurortes weist eine feste Reihenbestuhlung für 1 200 Besucher auf ebener Erde auf, aber keine ortsfeste Tribüne. Es handelt sich dann zwar um eine Versammlungsstätte im Freien. Sie fällt jedoch nicht unter die Definition des Sonderbaus nach § 2 Absatz 4 Nummer 7 Buchstabe a) MBO und auch nicht in den Anwendungsbereich nach § 1 Absatz 1 Nummer 2, sondern ist ein sogenannter Regelbau.

Anmerkung:

Das Land **Nordrhein-Westfalen** ist mit der am 1. Januar 2019 in Kraft getretenen neuen Bauordnung, die Sonderbauten in § 50 Absatz 2 Nummer 6 BauO NRW 2018 abschließend legaldefiniert, dabei von der Definition des § 2 Absatz 4 Nummer 7 MBO abgewichen und zählt Versammlungsstätten im Freien mit Szenenflächen auch ohne Tribünen zu den Sonderbauten:[4]

„6. Versammlungsstätten
a) …
b) im Freien mit Szenenflächen oder Freisportanlagen mit Tribünen, die keine Fliegenden Bauten sind, und insgesamt mehr als 1 000 Besucherinnen und Besucher fassen,“

Da sich „Tribünen, die keine Fliegenden Bauten sind“ nur auf die Freisportanlagen bezieht, bedeutet dies, dass alle Versammlungsstätten im Freien mit Szenenflächen unabhängig davon, ob der Besucherbereich Tribünen hat oder nicht, Sonderbauten sind, sobald der Besucherbereich mehr als 1 000 Besucher fasst.

Das Land Nordrhein-Westfahlen hat 2019 mit der Änderung der Sonderbauordnung den Anwendungsbereich der SBauVO in § 1 Nummer 2 SBauVO neu gefasst:

„2. Versammlungsstätten im Freien mit Szenenflächen und Tribünen, die keine fliegenden Bauten sind und deren Besucherbereich für mehr als 1 000 Besucherinnen und Besucher bestimmt ist, sowie solche Versammlungsstätten im Freien, die für mehr als 5 000 Besucherinnen und Besucher bestimmt sind, und …“

Das Land Nordrhein-Westfalen bezieht damit zwei unterschiedliche Arten von Sonderbauten in den Anwendungsbereich der SBauVO ein. Der erste Halbsatz der Regelung entspricht dem § 1 Nummer 2 MVStättVO. Der zweite Halbsatz erstreckt den Anwendungsbereich der SBauVO auf Versammlungsstätten im Freien mit mehr als 5 000 Besucherplätzen. Damit werden Veranstaltungen im Freien, z. B. Musikfestivals mit mehr als 5 000 Besucherplätzen, in den Anwendungsbereich einbezogen, wenn das Veranstaltungsgelände aus zumindest vorübergehend errichteten baulichen Anlagen besteht. Das ist dann der Fall, wenn das Veranstaltungsgelände oder der Besucherbereich eingefriedet ist.

4 Siehe dazu auch die Begründung zum Gesetz zur Modernisierung des Bauordnungsrechts in Nordrhein-Westfalen – Baurechtsmodernisierungsgesetz (BauModG NRW); 17. Wahlperiode Drucksache 17/2166.

Temporäre Veranstaltungen wie Musikfestivals auf nicht eingefriedeten Freiflächen oder Veranstaltungen auf frei zugänglichen Straßen und Plätzen, wie Straßenfeste, werden von der Regelung nicht erfasst.

3.2.2 Freisportanlagen und Sportstadien

Für die Beurteilung der Freisportanlagen als Sonderbau und die Anwendung der MVStättVO muss die Entstehungsgeschichte der Vorschrift betrachtet werden. **47**

Wie in den älteren Fassungen der Musterbauordnung fielen nach § 51 Absatz 2 MBO 1997 die Versammlungsstätten (Nummer 3) und die Sportstätten (Nummer 6) unabhängig von der Größe oder der Personenzahl unter den Begriff Sonderbauten. Während für Sportstätten keine speziellen Bauvorschriften bestanden, wurden Versammlungsstätten, die zugleich Sportstätten mit nicht überdachten Sportflächen waren, von § 1 Absatz 1 Nummer 3 VStättVO 1978 erfasst, sofern sie mehr als 5 000 Besucherplätze aufwiesen. **48**

Sportstätten für Rasenspiele fielen jedoch nur dann in den Anwendungsbereich der VStättVO 1978, wenn sie mehr als 5 000 Besucherplätze hatten und zugleich mehr als 15 Stehstufen aufwiesen. **49**

Das Sportstadion ist ein Unterbegriff des Begriffs Freisportanlage nach § 1 Absatz 1 Nummer 3. § 2 Absatz 12 definiert Sportstadien als Versammlungsstätten mit Tribünen für Besucher und mit nicht überdachten Sportflächen. Da der Sport somit im Freien ausgeübt wird, fällt auch der Begriff Sportstadion unter Freisportanlage. Bei den Tribünen von Sportstadien handelt es sich immer um ortsfeste bauliche Anlagen. **50**

Mit § 2 Absatz 4 MBO 2002 wurden die Sonderbauten erstmals nach Art und Nutzung legaldefiniert und Schwellenwerte für die Beurteilung als Sonderbau eingeführt. § 2 Absatz 4 Nummer 7 Buchstabe b) **MBO 2002** definierte erstmals die Freisportanlagen mit mehr als 1 000 Besucherplätzen als Sonderbau. **51**

Mit § 1 Absatz 1 Nummer 2 MVStättV 2002/2005 wurde entsprechend dieser gesetzlichen Definition der Anwendungsbereich geregelt. Zugleich wurde der Schwellenwert für Sportstadien, der nach der VStättVO 1978 bei 5 000 Besucherplätzen lag, wohl aus historischen Gründen beibehalten und in den § 1 Absatz 1 Nummer 3 MVStättV 2002/2005 übernommen. **52**

53 Während die **MBO** auf mehr als 1000 Besucherplätze für Freisportanlagen auf ortsfeste Tribünen abstellt, legt die MVStättVO einen Schwellenwert von 5000 Besucherplätzen sowohl für Sportstadien wie für Freisportanlagen fest.

54 Da der Begriff Sportstadion begrifflich ein Unterfall des Begriffs Freisportanlage ist, fragt sich, was mit dieser Unterscheidung für den Anwendungsbereich der MVStättVO bezweckt wird.

Beispiel:

Ein Tenniscourt, bei dem die Sportfläche auf allen vier Seiten mit ortsfesten Tribünen mit insgesamt 4000 Besucherplätzen umgeben ist, fällt nicht in den Anwendungsbereich nach § 1 Absatz 1 Nummer 3, weil das Stadion nicht mehr als 5000 Besucherplätze hat. Dies bedeutet, dass die MVStättVO nicht anzuwenden ist. Das Stadion ist dennoch ein Sonderbau, an den im Einzelfall nach § 51 MBO Anforderungen gestellt werden können.

3.3 Versammlungsstätten im Freien nach MVStättV 2005

55 Die Länder Baden-Württemberg, Hamburg, Niedersachsen und Saarland haben den Anwendungsbereich bisher noch entsprechend § 1 Absatz 1 MVStättV 2005 geregelt und nicht an die MVStättVO angepasst.

56 Da die Länder Hamburg und Saarland in ihren Bauordnungen die Legaldefinition des § 2 Absatz 4 Nummer 7 Buchstabe b) MBO übernommen haben, geht diese gesetzliche Regelung der davon abweichenden Fassung des Anwendungsbereichs in § 1 Absatz 1 Nummer 2 der Landes-VStättV vor. Dies hat zur Folge, dass auch in den Ländern Hamburg und Saarland nur Versammlungsstätten im Freien **mit ortsfesten Tribünen** in den Anwendungsbereich der Landes-VStättV fallen.

57 Die Formulierung des § 1 Absatz 1 Nummer 2 MBO 2005 verdeutlichte in Abgrenzung zu der früheren Regelung des § 1 Nummer 2 der VStättVO 1978, dass das **Vorhandensein baulicher Anlagen im Besucherbereich** wesentliches begriffliches Merkmal von Versammlungsstätten im Freien ist. Eine Ansammlung von mehr als 1000 Menschen auf einer Wiese, einem Platz oder einer Straße macht diese nicht zu einer Versammlungsstätte, auch dann nicht, wenn sie gemeinsam einem Straßenkünstler zusehen oder zuhören. Damit wurde klargestellt, dass die bloße Ansammlung von Menschen unter freiem Himmel nicht zur Anwendung der MVStättV 2005 führt.

58 Problematisch ist die vorübergehende Errichtung baulicher Anlagen auf einem bisher nicht baulich genutzten Gelände. Die Errichtung, Ände-

rung und Nutzungsänderung baulicher Anlagen bedarf nach § 59 MBO grundsätzlich einer Baugenehmigung. Darauf, ob die bauliche Anlage auf Dauer oder nur vorübergehend errichtet, geändert oder in der Nutzung geändert wird, kommt es grundsätzlich nicht an.

Die Ausnahmen von der Genehmigungspflicht sind abschließend in den 59
§§ 60 bis 62, 76 und 77 MBO geregelt. Für die Frage, ob das Vorhaben einer Versammlungsstätte im Freien, einer Baugenehmigung bedarf, kommt es auf die Bestimmungen der §§ 61 und 76 MBO an. Typische bei Versammlungsstätten im Freien in Betracht kommende Anlagen können nach § 61 Nummer 1 Buchstabe a), Nummer 13 Buchstabe c) und f) MBO verfahrensfrei sein. Für Szenenflächen und Tribünen, die als Fliegende Bauten errichtet werden, gelten die besonderen Regelungen des § 76 MBO.

Ist ein Besucherbereich durch eine Abschrankung abgegrenzt, so erfüllt 60
dies bereits das Merkmal der baulichen Anlage.[5] Eine Versammlungsstätte im Freien besteht teilweise aus baulichen Anlagen, wenn der Zugang oder Ausgang durch Öffnungen in fest oder vorübergehend errichteten baulichen Anlagen, wie Einfriedungen oder Abschrankungen, gesteuert wird.

Volksfeste[6] im Sinne des § 60b Gewerbeordnung (GewO) sowie Wo- 61
chenmärkte, Spezialmärkte und Jahrmärkte fallen als zeitlich begrenzte Veranstaltung nicht unter den Begriff des „Freilichttheaters". Für derartige Veranstaltungen sind die öffentlich-rechtlichen Vorschriften, insbesondere die §§ 69 und 69a GewO, einschlägig. Finden dagegen im Rahmen eines Volksfestes, z.B. auf einer Szenenfläche, Darbietungen vor mehr als 1000 Besuchern statt und ist dieser Besucherbereich eingezäunt, so fällt jeweils dieser Teil des Volksfestes unter den Anwendungsbereich der MVStättVO.

---

5 § 2 Absatz 1 MBO:
„(1) Bauliche Anlagen sind mit dem Erdboden verbundene, aus Bauprodukten hergestellte Anlagen; eine Verbindung mit dem Boden besteht auch dann, wenn die Anlage durch eigene Schwere auf dem Boden ruht oder auf ortsfesten Bahnen begrenzt beweglich ist oder wenn die Anlage nach ihrem Verwendungszweck dazu bestimmt ist, überwiegend ortsfest benutzt zu werden."

6 § 60b Absatz 1 GewO:
„(1) Ein Volksfest ist eine im Allgemeinen regelmäßig wiederkehrende, zeitlich begrenzte Veranstaltung, auf der eine Vielzahl von Anbietern unterhaltende Tätigkeiten im Sinne des § 55 Absatz 1 Nr. 2 ausübt und Waren feilbietet, die üblicherweise auf Veranstaltungen dieser Art angeboten werden."

62 Die auf Volksfesten zeitweise errichteten baulichen Anlagen unterliegen grundsätzlich den bauaufsichtlichen Vorschriften nach § 76 MBO über Fliegende Bauten. Von praktischer Bedeutung ist dies vor allem für die Rettungswege (§§ 6 und 7) und die Bestuhlung (§ 10) und für die Abschrankungen vor Bühnen und Szenenflächen (§ 29 und § 32 Absatz 2).

63 Großveranstaltungen auf öffentlichen Straßen oder öffentlichen oder privaten Grünflächen, die nicht eingezäunt sind und daher jederzeit und ungehindert über öffentliche Verkehrsflächen betreten oder verlassen werden können, fallen auch dann nicht unter den Anwendungsbereich der MVStättVO, wenn sie Szenenflächen oder Tribünen haben. In diesem Fall ist Bauordnungsrecht nur auf die baulichen Anlagen der Szenenflächen und Tribünen (z. B. Richtlinie über Fliegende Bauten) anzuwenden. Dies schließt nicht aus, dass sich die für Großveranstaltungen zuständigen Ordnungsbehörden an den Vorschriften der MVStättVO orientieren.

64 Derartige Auflagen könnten auch von der Straßenbaubehörde z. B. bei der straßenrechtlichen Sondernutzungsgenehmigung für eine Veranstaltung auf einer gewidmeten Straßenfläche gemacht werden.

3.4 Vorübergehende Nutzung baulicher Anlagen als Versammlungsstätte

65 Werden bauliche Anlagen, die für eine andere Nutzung genehmigt sind, im Einzelfall als Versammlungsstätte im Sinne des § 1 Absatz 1 Nummer 1 genutzt, sind die Bestimmungen der MVStättVO anzuwenden. Sonderbauten sind bauliche Anlagen besonderer Art und Nutzung.

66 Die Definition der Sonderbauten des § 2 Absatz 4 MBO[7] stellt hinsichtlich der Nutzung nicht auf deren Dauer ab. Auch eine vorübergehende

7 § 2 Absatz 4 MBO 2002:
„(4) Sonderbauten sind Anlagen und Räume besonderer Art oder Nutzung, die einen der nachfolgenden Tatbestände erfüllen:
…
6. Gebäude mit Räumen, die einzeln für die Nutzung durch mehr als 100 Personen bestimmt sind,
7. Versammlungsstätten
a) mit Versammlungsräumen, die insgesamt mehr als 200 Besucher fassen, wenn diese Versammlungsräume gemeinsame Rettungswege haben,
b) im Freien mit Szenenflächen und Freisportanlagen, deren Besucherbereich jeweils mehr als 1 000 Besucher fasst und ganz oder teilweise aus baulichen Anlagen besteht,

Nutzung einer baulichen Anlage als Versammlungsstätte stellt eine Sonderbaunutzung im Sinne des § 2 Absatz 4 Nummer 7 dar und berechtigt die Bauaufsichtsbehörde, im Einzelfall besondere Anforderungen nach § 51 MBO zu stellen.

Nach § 59 Absatz 1 MBO sind Nutzungsänderungen[8] bauaufsichtlich genehmigungspflichtig. Nach § 61 Absatz 2 Nummer 1 MBO sind Nutzungsänderungen lediglich dann verfahrensfrei,[9] bedürfen also keiner Baugenehmigung, wenn für die neue Nutzung keine anderen öffentlich-rechtlichen Anforderungen in Betracht kommen. Unter „neuer Nutzung" ist eine von der bauaufsichtlich genehmigten Nutzung abweichende Nutzung zu verstehen. **67**

Auch eine nur vorübergehende Nutzung einer Lagerhalle als Versammlungsstätte, z.B. an nur einem Tag, ist bauaufsichtlich genehmigungspflichtig. Die Genehmigungspflicht wird jedoch häufig von Betreibern oder Veranstaltern nicht beachtet. Dies beinhaltet ein hohes Risiko, insbesondere, wenn beim Betrieb der dann illegal genutzten Versammlungsstätte Menschen zu Schaden kommen. **68**

Der Verstoß gegen die Genehmigungspflicht stellt eine Ordnungswidrigkeit nach § 84 Absatz 1 Nummer 3 MBO dar und verwirklicht gegebenenfalls auch einen oder mehrere Tatbestände des § 47 MVStättVO. **69**

Anmerkung:

Die Länder **Bayern** und **Niedersachsen** haben besondere Verfahrensvorschriften für die vorübergehende Nutzung von ansonsten anders genutzten baulichen Anlagen als Versammlungsstätte erlassen. **Bayern** regelt in seinem § 47 VStättV (BY) eine Anzeigepflicht mit einem erleichterten Verfahren. **Niedersachsen** regelt in § 47 NVStättVO eine Genehmigungspflicht.[10]

---

8. Schank- und Speisegaststätten mit mehr als 40 Gastplätzen, Beherbergungsstätten mit mehr als 12 Betten und Spielhallen mit mehr als 150 m² Grundfläche,

…

18. Anlagen und Räume, die in den Nummern 1 bis 17 nicht aufgeführt und deren Art oder Nutzung mit vergleichbaren Gefahren verbunden sind."

8 § 59 Absatz 1 MBO:
„*(1) Die Errichtung, Änderung und Nutzungsänderung von Anlagen bedürfen der Baugenehmigung, so weit in den §§ 60 bis 62, 76 und 77 nichts anderes bestimmt ist.*"

9 § 61 Absatz 2 MBO:
„*(2) Verfahrensfrei ist die Änderung der Nutzung von Anlagen, wenn*
1. für die neue Nutzung keine anderen öffentlich-rechtlichen Anforderungen nach § 64 i.V.m. § 66 als für die bisherige Nutzung in Betracht kommen,
…"

10 Siehe dazu auch Kommentierung unter Nummer 3.3 zu § 46.

Das Land **Brandenburg** hat in § 1 Absatz 4 der BbgVStättV geregelt, dass auch bei einer vorübergehenden Nutzung als Versammlungsstätte die Bestimmungen der BbgVStättV anzuwenden sind.[11]

70 Die Bauaufsichtsbehörden haben nach § 58 Absatz 2 MBO „bei der Errichtung, Änderung, Nutzungsänderung und Beseitigung sowie bei der Nutzung und Instandhaltung von Anlagen darüber zu wachen, dass die öffentlich-rechtlichen Vorschriften eingehalten werden. Sie können in Wahrnehmung dieser Aufgaben die erforderlichen Maßnahmen treffen". Zu diesen Maßnahmen gehört auch die generelle Ermächtigung, im Einzelfall das Instrumentarium des § 51 MBO anzuwenden, wenn es sich um einen Sonderbau handelt. Die Anwendung der Ermächtigung des § 51 MBO hängt nicht davon ab, ob die Nutzung genehmigungsbedürftig ist oder ein Genehmigungsverfahren durchgeführt wird. Die Bauaufsichtsbehörde kann auch bei einer nur zeitweisen Nutzung als Versammlungsstätte die Vorlage eines Bestuhlungs- und Rettungswegeplans verlangen und Auflagen erteilen.

71 Von der vorübergehenden Nutzung abzugrenzen ist eine periodisch wiederkehrende Nutzung von für andere Nutzungen genehmigten baulichen Anlagen als Versammlungsstätte. In diesen Fall handelt es sich um eine genehmigungspflichtige Nutzungsänderung mit dem Ziel, alternativ zu der bisher genehmigten Nutzung, die bauliche Anlage auch als Versammlungsstätte zu nutzen, ohne dass die bisherige Nutzung aufgegeben wird.

Beispiel 1:

Nutzung einer Turnhalle als Versammlungsraum für Karnevalsveranstaltungen. Bei nur einmalig durchgeführten Veranstaltungen in ansonsten anders genutzten Räumen dulden die Bauaufsichtsbehörden diese vorübergehende Nutzung, wenn ihnen diese rechtzeitig unter Vorlage eines Bestuhlungs- und Rettungswegeplans und eines Sicherheitskonzeptes angezeigt wird und die Anordnungen und Auflagen der Bauaufsichtsbehörde beachtet werden.

---

11 Die Regelung des § 1 Absatz 4 BbgVStättV des Landes **Brandenburg**, dass die Bestimmungen der BbgVStättV entsprechend anzuwenden sind, wenn bauliche Anlagen, die für eine andere Nutzung bauaufsichtlich genehmigt sind, im Einzelfall als Versammlungsstätte genutzt werden, betrifft nur die einmalige Nutzung, nicht eine wiederholte Nutzung. Dies wird an dem Wort „Einzelfall" deutlich. Die Bauaufsichtsbehörde hat in einem solchen Einzelfall zu entscheiden, ob sie die Nutzung als Versammlungsstätte im Einzelfall unter Auflagen duldet oder auf der Durchführung eines Baugenehmigungsverfahrens besteht. Die wiederholte Nutzung als Versammlungsstätte ist auch im Land Brandenburg bauaufsichtlich genehmigungspflichtig.

Beispiel 2:

In einer Werkhalle eines Industriebetriebs soll anlässlich des Firmenjubiläums eine Veranstaltung durchgeführt werden. Es handelt sich um eine einmalige Veranstaltung. In diesem Fall kann die Bauaufsichtsbehörde die vorübergehende Nutzung dulden, wenn vom Veranstalter ein Bestuhlungs- und Rettungswegeplan und ein Sicherheitskonzept vorgelegt werden. Voraussetzung der Duldung der einmaligen Veranstaltung ist, dass keine Bedenken hinsichtlich des vorbeugenden Brandschutzes und der Sicherheit bestehen. Die Bauaufsichtsbehörde kann den Bestuhlungs- und Rettungswegeplan ggf. mit Auflagen genehmigen.

Beispiel 3:

Ein Veranstalter beabsichtigt, eine leerstehende Halle für drei Wochen als Versammlungsstätte zu nutzen. In diesem Fall ist ein Baugenehmigungsverfahren durchzuführen, in dem die Zulässigkeit der Nutzung als Versammlungsstätte geprüft wird.

Beispiel 4:

Ein Veranstalter beabsichtigt, jedes Wochenende in einer ansonsten leerstehenden Halle eine Techno-Party durchzuführen. In diesem Fall ist ein Baugenehmigungsverfahren durchzuführen, in dem die Zulässigkeit der Nutzung als Versammlungsstätte geprüft wird.

Beispiel 5:

Herr Maier lädt anlässlich seines runden Geburtstags zu einer Geburtstagsfeier in seine große Wohnung ein. Es kommen mehr als 200 Gäste. Es handelt sich bei dieser privaten Feier nicht um eine vorübergehende Nutzungsänderung der Wohnung. Die MVStättVO ist nicht anzuwenden.

Beispiel 6:

Herr Maier lädt im Internet zu einer „privaten Party“ in eine große Wohnung ein und erwartet mehr als 200 Gäste. Die Party findet jedes Mal in einer anderen Wohnung oder anderen Räumen statt. Eintritt wird nicht erhoben, jedoch muss jeder Gast einen „Unkostenbeitrag“ für die Getränke und die Musik zahlen. Es handelt sich bei dieser „privaten Party“ um eine vorübergehende Nutzungsänderung und eine gewerbliche Veranstaltung. Die Bezeichnung „private Party“ dient lediglich dazu, die tatsächliche Nutzung als Versammlungsstätte zu verschleiern. In diesem Fall ist ein Baugenehmigungsverfahren durchzuführen, in dem die Zulässigkeit der Nutzung als Versammlungsstätte geprüft wird.

4. Bedeutung der Bemessungsformel

72 Die in § 1 Absatz 2 enthaltene Bemessungsformel der Besucherzahlen ist primär von Bedeutung für die

- Prüfung, ob eine Versammlungsstätte unter den Anwendungsbereich der MVStättVO fällt (§ 1 Absatz 1),
- Führung der Rettungswege (§ 6 Absatz 4 und 5),
- Bemessung der für die einzelnen Versammlungsräume mindestens erforderlichen lichten Breite der Rettungswege in allen ihren Teilen (§ 7 Absatz 4),
- Bemessung der Anzahl der Besucherplätze für Rollstuhlfahrer (§ 10 Absatz 7),
- Ermittlung der erforderlichen Mindestanzahl an Toilettenräumen (§ 12),
- Anzahl der vorzuhaltenden Behindertenparkplätze (§ 13),
- Anwendbarkeit der speziellen Regelungen für Versammlungsstätten mit mehr als 5 000 Besucherplätzen (Teil 3, Abschnitt 2),
- Anzahl der zulässigen Besucherplätze (§ 44 Absatz 1).

73 Mit der Formulierung in § 1 Absatz 2 Satz 1 **„soweit sich aus den Bauvorlagen nichts anderes ergibt"**, bringt die Verordnung zum Ausdruck, dass die Bemessung vorrangig nach den Angaben des Bauherrn in den Bauvorlagen zu erfolgen hat.

74 Die Zahl der konkret auf Grund der Bauvorlagen für neue Versammlungsstätten zu genehmigenden Besucherplätze wird im Bestuhlungs- und Rettungswegeplan nach § 44 festgelegt.

75 Im Rahmen der Anhörung zur MVStättV 2002 wurde vorgeschlagen, der Bemessung vier Stehplätze je m^2 Grundfläche zugrunde zu legen. Die Fachkommission Bauaufsicht ist dem seinerzeit nicht gefolgt, weil eine generelle Bemessung mit vier Stehplätzen je m^2 zu einer Überfüllung der Versammlungsräume führen und Sicherheitsprobleme im Brandfall oder bei einer Evakuierung aus anderem Grund aufwerfen würde sowie zu Paniksituationen führen könnte. Zum Vergleich: Vier Personen je m^2 Fläche entsprechen der Kapazität einer voll besetzten Straßenbahn oder einer vollbesetzten Aufzugskabine.

Anmerkung:

Als einziges Land hatte **Hamburg** mit dem eingefügten § 1 Absatz 2 Satz 3 VStättVO (HH) eine von der Bemessungsformel des Satzes 1 abweichende Bemessung geregelt: „Von der Bemessungsformel kann eine Abweichung zugelassen werden, wenn durch Begrenzung der Personenzahl ausreichende

Rettungswegbreiten nach § 7 nachgewiesen werden." Für Sitzplätze in Reihen und für Stufenreihen ist diese Abweichungsmöglichkeit bedeutungslos. Mehr als zwei Personen nebeneinander haben auf einem laufenden Meter Stufenreihe ohnehin nicht Platz. Relevant ist die Regelung jedoch für die Bemessung von Stehplätzen in Versammlungsräumen.

5. Bemessung nach der Anzahl der Besucher

Die Anwendbarkeit der MVStättVO bestimmt sich gemäß § 1 Absatz 1 76
nach der Anzahl der „Besucher" bzw. der Besucherplätze für die in der Vorschrift genannten verschiedenen Gruppen von Versammlungsstätten. Als „Besucher" sind die an einer Veranstaltung passiv beteiligten Personen anzusehen (vgl. oben Rn. 15 ff.). Die in § 1 **Absatz 2** aufgestellte Besucher-Bemessungsformel, die zur Anwendung der Verordnung führt, sieht

- für Sitzplätze an Tischen: ein Besucher je m^2 Grundfläche des Versammlungsraumes,
- für Sitzplätze in Reihen und für Stehplätze: zwei Besucher je m^2 Grundfläche des Versammlungsraumes,
- für Stehplätze auf Stufenreihen: zwei Besucher je laufendem Meter Stufenreihe,
- bei Ausstellungsräumen: ein Besucher je m^2 Grundfläche des Versammlungsraumes

eine pauschale Bemessung nach der Grundfläche des Versammlungsraumes bzw. der Länge der Stufenreihen vor. Die Verschiebung der Bemessung nach Stehplätzen von § 1 Absatz 2 Satz 1 Nummer 2 MVStättVO 2005 in den § 1 Absatz 2 Satz 1 Halbsatz 2 MVStättVO ist nur redaktioneller Art und ändert nichts an der Bemessung nach Sitzplätzen.

Für Besucher nicht zugängliche Flächen werden nach Satz 2 in die Berechnung nicht einbezogen. Die Formulierung „nicht zugänglich" setzt nicht voraus, dass die Flächen so abgesperrt oder gekennzeichnet sind, dass sie von Besuchern nicht betreten werden können. Es reicht aus, wenn die Flächen nach ihrer Funktion keine Besucherplätze haben. Von Bedeutung ist dies beispielsweise in Gaststätten: In Gaststätten ist der Bereich des Tresens und hinter dem Tresen nicht für Besucher zugänglich. Auch Bühnen und Szenenflächen sind für Besucher nicht zugänglich und werden daher in die Berechnung nicht einbezogen. 77

78 **Die Bemessungsformel des § 1 Absatz 2 der MVStättVO ermöglicht damit eine Feststellung, ob eine Versammlungsstätte unter den in § 1 Absatz 1 definierten Anwendungsbereich der MVStättVO fällt.** Dies ist der Fall, wenn der für den jeweiligen Typ genannte Schwellenwert überschritten wird. Für alle Versammlungsräume mit Sitzplätzen und Stehplätzen werden pauschal 2 Besucher je m^2 Grundfläche unter Berücksichtigung der für Besucher unzugänglichen und damit nicht einzubeziehenden Flächen angesetzt.

79 Die Zahl der konkret auf Grund der Bauvorlagen für die betreffende Versammlungsstätte genehmigten Besucher ergibt sich aus dem Bestuhlungs- und Rettungswegeplan (§ 44) und darf nicht überschritten werden (§ 32). Betreiber von Mehrzweckhallen oder großen Sälen sollten sich verschiedene Bestuhlungsalternativen überlegen und bereits im Baugenehmigungsverfahren für die erstmalige Genehmigung der Versammlungsstätte entsprechende Varianten der Bestuhlungspläne zur Genehmigung einreichen. Nachträgliche Änderungen des Bestuhlungsplans sind nur unter Berücksichtigung der durch den baulichen Bestand vorgegebenen Rettungswege möglich.

80 Die Nummer 4 enthält als Spezialregelung eine besondere pauschale Bemessung für **Ausstellungsräume in Ausstellungs- und Messehallen**, aber auch in anderen Gebäuden, in denen einzelne Räume als Ausstellungsräume genutzt werden. Der Begriff „Ausstellungsraum" ist ein Oberbegriff und erfasst begrifflich alle Räume, die der Ausstellung von Gegenständen dienen, wie Ausstellungsräume von Museen oder Ausstellungshallen. Allerdings sind die Ausstellungsräume in Museen nach Absatz 3 Nummer 3 vom Anwendungsbereich der MVStättVO ausgenommen, so dass die Bemessungsregel nur auf Ausstellungs- und Messehallen anzuwenden ist.

81 Gegenüber der Regelung der Nummer 2 erfolgt eine Abminderung auf einen Besucher je m^2. Diese abweichende Bemessung hat ihren Grund darin, dass Ausstellungs- und Messehallen im Ausstellungsbetrieb überwiegend mit Ausstellungsständen auf Ausstellungsflächen[12] (Legaldefinition siehe § 7 Absatz 5 Satz 1) belegt werden, die einen erheblichen Teil der Fläche in Anspruch nehmen. Für Messe- und Ausstellungshallen wirkt sich diese Einschränkung zunächst positiv aus, da die Bemessungsformel neben der Bestimmung des Anwendungsbereichs für die Bemessung der mindestens vorzuhaltenden lichten Breite der Ret-

---

12 Vgl. Erläuterungen der Fachkommission Bauaufsicht zu § 1 Absatz 2 Satz 1 Nummer 4 MVStättV 2002. Fundstelle: www.bauministerkonferenz.de.

tungswege heranzuziehen ist und nicht die maximal zulässige Belegung der Versammlungsstätte eigenständig regelt.

82 Sollen Messe- oder Ausstellungshallen allerdings nicht ausschließlich für Messen und Ausstellungen, sondern auch für andere Veranstaltungen genutzt werden, so sind dafür die Bemessungsregeln der Nummer 1 bzw. Nummer 2 anzuwenden.[13] Da dies zu größeren erforderlichen Ausgangsbreiten der Rettungswege führt, ist es zweckmäßig, dies bereits bei der Planung neuer Hallen zu berücksichtigen. Sind die Rettungswege von Ausstellungshallen nur nach Nummer 4 zu bemessen, hätte dies bei anderen Veranstaltungen infolge der Anwendung des Absatzes 4 ansonsten die Folge, dass wegen der geringeren Bemessung der Rettungswege nur eine Teilfläche der Halle für die Veranstaltung genutzt werden könnte bzw. die Zulassung der Besucherzahl in der Nutzungsgenehmigung entsprechend begrenzt werden müsste.

83 Die Bemessungsformel bestimmt insoweit nicht nur den Anwendungsbereich der Verordnung. Sie ist in Verbindung mit § 7 (Bemessung der Rettungswege) zusätzlich von besonderer Bedeutung beim Neubau, bei wesentlichen baulichen Änderungen und baunutzungsrechtlichen Genehmigungsverfahren. **Die Bemessungsformel des Anwendungsbereichs stellt** allerdings **keine abschließende Grundlage für die maximal zulässige Belegung einer Versammlungsstätte dar.** Vielmehr wird eine typisierende Formel im Sinne einer standardisierten Berechnungsgrundlage für verschiedene Anwendungsbereiche festgelegt (s. o. Rn. 76).

84 **Die Berechnung** der maximal zulässigen Besucherzahlen für neu zu genehmigende Versammlungsstätten oder neue Nutzungsvarianten in bestehenden Versammlungsstätten **erfolgt entsprechend dem Schutzziel der Verordnung**

- auf Basis der tatsächlich vorhandenen bzw. in den Bauvorlagen geplanten Bemessung der lichten Breite der Rettungswege und zusätzlich
- auf Basis der den Besuchern zugänglichen Grundfläche der Versammlungsräume unter Beachtung der tatsächlich realisierbaren Besucherzahlen infolge sonstiger baulicher Anforderungen, wie beispielsweise die des § 10 (Bestuhlung, Gänge und Stufengänge) oder § 11 (Abschrankungen und Schutzvorrichtungen).

---

13 Dies gilt nicht für bestehende Messe- und Ausstellungshallen, soweit für die „andere Art der Nutzung" Bestandsschutz durch typisiert genehmigte Nutzungsvarianten besteht (vgl. hierzu die Kommentierung zu § 46).

85 Dies bedeutet, dass sich z. B. bei fester Bestuhlung in einer durch Bestuhlungsplan auf Dauer festgelegten Anordnung eine deutlich geringere zulässige Besucherzahl ergeben kann als auf Grund der Bemessungsformel. Diesem Fall wird mit der Neufassung des § 1 Absatz 2 Satz 1 MVStättVO entsprochen, ohne dass die Zulassung einer Abweichung erforderlich ist.

86 Entspricht die landesrechtliche Bemessungsformel noch der Fassung des MVStättV 2005 kann die Bauaufsichtsbehörde auf Antrag die Breite der Rettungswege entsprechend reduzieren und an die tatsächliche zulässige Besucherzahl anpassen (Zulassung einer Abweichung nach § 67 MBO).

87 **Sollen bestehende Gebäude als Versammlungsstätte genutzt werden, so ist die Besucherzahl auf die Kapazität der Rettungswege zu begrenzen, wenn zwar der Versammlungsraum von der Fläche her eine größere Besucherzahl zuließe, nicht jedoch die lichte Breite der Rettungswege.** Hingegen kann nicht gefordert werden, vorhandene oder geplante Rettungswege im Hinblick auf die pauschale Bemessungsformel zu verbreitern, wenn der Betreiber als Selbstverpflichtung die Anzahl der Besucher entsprechend begrenzt. In diesen Fällen ist die Behörde allerdings berechtigt, geeignete technische und organisatorische Maßnahmen zur Feststellung der Besucheranzahl während des Betriebs der Versammlungsstätte per Nebenbestimmung vorzuschreiben.

88 Es kommen zwei Fallgestaltungen in Betracht:

- Der Bauherr gibt eine höhere Zahl von Besucher je m^2 Fläche des Versammlungsraumes an als nach der Bemessungsformel berechnet: Hier muss die Bauaufsichtsbehörde darauf achten, dass insbesondere die Rettungswege nach §§ 6 und 7 ausreichend bemessen sind. Zusätzlich ist § 44 Absatz 1 Satz 2 anzuwenden, der für diesen Fall vorschreibt: *„Ist eine höhere Anzahl von Besuchern je m^2 Grundfläche des Versammlungsraumes als nach § 1 Absatz 2 Satz 1 vorgesehen, sind die schnelle und sichere Erreichbarkeit der Ausgänge ins Freie und die Möglichkeit zur Durchführung wirksamer Lösch- und Rettungsarbeiten gesondert darzustellen.“*
- Der Bauherr gibt eine geringere Zahl von Besucher je m^2 Fläche des Versammlungsraumes an als nach der Bemessungsformel berechnet und nach dem Betriebskonzept zu erwarten ist:
  Hier muss die Bauaufsichtsbehörde darauf achten, dass sich der Bauherr im Grenzbereich des Schwellenwerts von 200 Besuchern nicht der Anwendung der MVStättVO oder im Grenzbereich des Schwel-

lenwertes von 5000 Besuchern den besonderen Bauvorschriften der §§ 26 bis 30 entzieht. Bei begründeten Zweifeln muss durch Auflagen zur kontinuierlichen Erfassung der Personenzahlen im Genehmigungsbescheid sichergestellt werden, dass die Grenzwerte nicht überschritten werden.

Eine Begrenzung der Personenzahl kommt bei bestehenden Gebäuden, **89**
die als Versammlungsstätte umgenutzt werden sollen, insbesondere dann in Betracht, wenn in einem größeren Versammlungsraum keine ausreichend breiten Rettungswege zur Verfügung stehen.

6. Einschränkungen des Anwendungsbereichs, Ausnahmen

Absatz 3 schränkt den Anwendungsbereich der MVStättVO ein. Die **90**
nach Absatz 3 aus dem Anwendungsbereich der MVStättVO ausgenommenen Versammlungsstätten sind gleichwohl Sonderbauten. Dies hat zur Folge, dass für die dort benannten baulichen Anlagen die MBO einschließlich der §§ 50 und 51 MBO sowie die speziell erlassenen Vorschriften, z. B. die Muster-Schulbau-Richtlinie oder die Muster-Richtlinie für den Bau- und Betrieb Fliegender Bauten (MFlBauR), anzuwenden ist. Die Bauaufsichtsbehörde hat also im Rahmen des Baugenehmigungsverfahrens nach § 51 MBO über besondere Anforderungen oder Erleichterungen zu entscheiden.

Anmerkung:

Das Land **Rheinland-Pfalz** hat Schulen und Museen nicht aus dem den Geltungsbereich der VStättVO ausgenommen, jedoch in § 1 Absatz 1 Nummer 1 VStättVO geregelt, dass die Vorschriften der VStättVO in Schulen und Museen nur für Versammlungsräume gelten, die mehr als 200 Besucherinnen und Besucher fassen.

Das Land **Niedersachen** nimmt in § 1 Absatz 3 Nummer 3 NVStättVO **Seminarräume in Hochschulen** vom Anwendungsbereich der NVStättVO aus. Kumulative Voraussetzung der Regelung ist, dass kein Seminarraum mehr als 75 Besucherplätze und auch keinen gemeinsamen Rettungsweg mit anderen Versammlungsräumen hat. Die Regelung nimmt also nur die Seminarräume mit bis zu 75 Besucherplätzen aus dem Anwendungsbereich der NVStättVO aus, die eigene Rettungswege ins Freie haben. Seminarräume mit mehr als 200 Besucherplätzen fallen nicht unter diese Ausnahme. Obwohl sich die Regelung ihrem Wortlaut nach auf § 1 Absatz 1 NVStättVO insgesamt bezieht, handelt es sich um eine Ausnahme nur von § 1 Absatz 1 Buchstabe b) NVStättVO.

Im Land Niedersachsen fallen Gaststätten und Kantinen nach § 1 Absatz 3 Nummer 4 NVStättVO erst ab dem Schwellenwert von 400 Besucherplätzen in den Anwendungsbereich der NVStättVO. Auch wenn die NVStättVO auf Gaststätten mit weniger als 400 Besucherplätzen nicht anwendbar ist, sind diese Gaststätten mit mehr als 40 Plätzen für Gäste dennoch Sonderbauten, an die im Einzelfall gemäß § 51 Absatz 1 NBauO besondere Anforderungen gestellt werden können, z. B. zwei bauliche Rettungswege.

6.1 Räume, die dem Gottesdienst gewidmet sind

91 Wie schon nach § 1 Absatz 2 VStättVO 1978 fallen Räume, die für den Gottesdienst gewidmet sind, nach § 1 Absatz 3 **Nummer 1** nicht unter den Anwendungsbereich der Verordnung. Damit sind Kirchen, Synagogen, Moscheen und andere dem Gottesdienst förmlich gewidmete Räume von der MVStättVO ausgenommen.

92 Dies gilt jedoch nur für Veranstaltungen, die den Widmungszweck „Gottesdienst" nicht verlassen. Die Einbeziehung der nicht für den Gottesdienst gewidmeten Räume und Nutzungen in den Anwendungsbereich der MVStättVO ist mit den Bestimmungen des Artikel 137 Absatz 3 der Weimarer Verfassung vereinbar, auf den Artikel 140 des Grundgesetzes verweist. Artikel 137 Absatz 3 Satz 1 lautet:

> *„Jede Religionsgemeinschaft ordnet und verwaltet ihre Angelegenheiten selbstständig innerhalb der Schranken der für alle geltenden Gesetze."*

93 Der Verweis auf die für alle geltenden Gesetze bedeutet, dass die Kirchen und Religionsgemeinschaften ihre inneren Angelegenheiten selbst regeln dürfen, jedoch den allgemeinen Bestimmungen des Bauordnungsrechtes in gleicher Weise unterworfen sind wie jeder andere. Die Herausnahme der für den Gottesdienst gewidmeten Räume aus dem Anwendungsbereich der MVStättVO ist faktisch jedoch nur von geringer Bedeutung, da Kirchen, Synagogen und Moscheen in der Regel Sonderbauten im Sinne des § 2 Absatz 4 Nummer 6 MBO sind.

94 Dem Gottesdienst gewidmete Räume sind jedenfalls dann bauliche Anlagen besonderer Art und Nutzung im Sinne des § 2 Absatz 4 Nummer 18 MBO, wenn sie die Größe von Versammlungsräumen haben, also mehr als 200 Personen fassen.

Da in Hinblick auf den vorbeugenden Brandschutz und die Rettungswege die Situation der dem Gottesdienst gewidmeten Räume mit der von Versammlungsstätten vergleichbar ist, werden die Bauaufsichtsbehörden bei der Baugenehmigung für eine Kirche, Synagoge oder Moschee die MVStättVO zwar nicht unmittelbar anwenden, jedoch eine Ermessensentscheidung nach § 51 MBO treffen. 95

Nicht für den Gottesdienst gewidmete Versammlungsräume der Religionsgemeinschaften mit mehr als 200 Besucherplätzen fallen dagegen in den Anwendungsbereich der MVStättVO. 96

Veranstaltungen anderer Art in für den Gottesdienst gewidmeten Räumen

Werden in für den Gottesdienst bestimmten Räumen Veranstaltungen anderer Art durchgeführt, wie Konzerte, Lesungen oder Theateraufführungen, so wirft dies die Frage der **Anwendung der MVStättVO für die vorübergehende Nutzung** auf. 97

Die Fachkommission Bauaufsicht hat in ihrer 250. Sitzung folgenden auslegungsrelevanten Hinweis gegeben: 98

> „*Die Fachkommission vertritt die Auffassung, dass der Widmungszweck immer dann verlassen wird, wenn der kirchliche Raum dauerhaft oder wiederholt planvoll für kirchenfremde Zwecke benutzt wird und dadurch Belange des öffentlichen Baurechts in einer Weise berührt werden, die die Genehmigungsfrage neu aufwirft. Dies ist bei gelegentlichen Benutzungen von Kirchenräumen, z.B. für Kirchenkonzerte, nicht der Fall.*“

Fällt die Veranstaltung unter das Privileg des § 1 Absatz 3 Nummer 1, dann handelt es sich nicht um eine genehmigungspflichtige Nutzungsänderung. Dies ist dann der Fall, wenn die Veranstaltung einen religiös-geistlichen Bezug hat. Der religiös-geistliche Bezug ist weit zu fassen und schließt Konzerte mit Kirchenmusik, geistliche Oratorien, Konzerte eines Gospelchors oder einer christlichen Rockband ein. 99

Nicht religiöse Veranstaltungen wie Diskonächte, Techno-Partys, Konzerte ohne religiös-geistlichen Bezug oder Musical-Aufführungen fallen nicht unter das Privileg des § 1 Absatz 3 Nummer 1 und führen zur Anwendung der MVStättVO. Ein Indiz für eine genehmigungspflichtige Nutzungsänderung ist der Verkauf von Eintrittskarten oder ein externer Veranstalter. Es handelt sich dann um eine genehmigungspflichtige Nutzungsänderung im Sinne des § 59 Absatz 1 MBO. Da für die Nutzung 100 der für den Gottesdienst gewidmeten Räume die MVStättVO nicht anzuwenden ist, ist die Nutzungsänderung zum Zwecke einer nicht religiösen Veranstaltung nicht nach § 61 Absatz 2 Nummer 1 MBO verfahrensfrei. Kirchengemeinden, die in ihren Kirchen nichtreligiöse Veranstaltungen durchführen wollen, ist zu empfehlen, sich für diesen Nutzungszweck Bestuhlungspläne genehmigen zulassen.

6.2 Unterrichtsräume in allgemein- und berufsbildenden Schulen

101 Nur Unterrichtsräume für allgemein- und berufsbildende Schulen werden durch § 1 Absatz 3 **Nummer 2** aus dem Anwendungsbereich herausgenommen, da für diese die Muster-Schulbau-Richtlinie gilt. Für Aulen, Mehrzweckhallen, Pausenhallen von allgemeinbildenden Schulen ist die MVStättVO dagegen nur anzuwenden, wenn diese Räume unter den Anwendungsbereich des § 1 Absatz 1 fallen, also z.B. mehr als 200 Personen fassen. Universitäten mit ihren Hörsälen und sonstigen Versammlungsräumen fallen in den Anwendungsbereich der MVStättVO. Sporthallen von Schulen fallen nicht unter den Anwendungsbereich der MVStättVO, wenn dort nur Sport betrieben wird und nicht mehr als 200 Besucherplätze für Zuschauer vorhanden sind. Sporthallen, die zugleich als Mehrzweckhallen für andere Veranstaltungsarten, z.B. als Vortragssaal, Konzertsaal oder Gemeindesaal, dienen sollen, fallen dagegen unter den Anwendungsbereich der MVStättVO, auch wenn sie Teil der Schule sind.

6.3 Ausstellungsräume in Museen

102 Nach § 1 Absatz 3 **Nummer 3** sind in Museen lediglich die Ausstellungsräume aus dem Anwendungsbereich der MVStättVO ausgenommen. Im Übrigen ist die MVStättVO auf Museen anzuwenden, wenn das Museum über weitere Versammlungsräume im Sinne des § 2 Nummer 3 (z.B. Foyer, Vortragssäle, Cafeteria) verfügt, die zusammen in den Anwendungsbereich des § 1 Absatz 1 Nummer 1 fallen.

6.4 Fliegende Bauten

103 Der § 76 MBO[14] definiert Fliegende Bauten als bauliche Anlagen, die geeignet und bestimmt sind, an verschiedenen Orten wiederholt aufge-

---

14 § 76 Absatz 1 MBO:
„(1) Fliegende Bauten sind bauliche Anlagen, die geeignet und bestimmt sind, an verschiedenen Orten wiederholt aufgestellt und zerlegt zu werden. Baustelleneinrichtungen und Baugerüste sind keine Fliegenden Bauten.“

stellt und zerlegt zu werden. Diese Fliegenden Bauten werden in einem besonderen Genehmigungsverfahren zugelassen und erhalten nach § 76 Absatz 3 MBO eine befristete Ausführungsgenehmigung in Form eines Prüfbuchs. In dem Prüfbuch sind die Regelungen für die Aufstellung der Fliegenden Bauten sowie die dabei zu beachtenden Auflagen festgelegt.

§ 1 Absatz 3 **Nummer 4** nimmt die Fliegenden Bauten im Sinne des 104
§ 76 MBO, die Versammlungsstätten im Sinne von § 1 Absatz 1 Nummer 1 sind, aus dem Anwendungsbereich der MVStättVO aus. Dies betrifft nicht nur Tribünen, sondern auch Festzelte und Schau-, Belustigungs- oder Verkaufsgeschäfte, in deren Inneren sich mehr als 200 Besucher aufhalten können.

Die Herausnahme aus dem Anwendungsbereich der MVStättVO bedeu- 105
tet jedoch nicht, dass die Aufstellung eines Fliegenden Baus auf einer Veranstaltungsfläche oder auf einem Messegelände keinen bauaufsichtlichen Regelungen unterworfen wäre. Fliegende Bauten sind Sonderbauten nach § 2 Absatz 4 Nummer 17 MBO an die nach § 51 MBO besondere Anforderungen gestellt werden können.

Da Fliegende Bauten über die jeweiligen Landesgrenzen hinaus aufge- 106
stellt und betrieben werden, sind bundesweit einheitliche Vorschriften erforderlich. Die Regelungen der Länder beruhen auf der Muster-Bauordnung (MBO) und den weiteren Muster-Vorschriften, insbesondere der Muster-Richtlinie über den Bau und Betrieb Fliegender Bauten (M-FlBauR) und der Muster-Verwaltungsvorschrift über Ausführungsgenehmigungen Fliegende Bauten und deren Gebrauchsabnahmen (M-FlBauVwV).[15]

Die Regelungen der Länder sind im Wesentlichen gleich. Unterschiede 107
können sich jedoch einerseits aus der länderspezifischen Umsetzung der MBO und der jeweiligen Systematik der Vorschriften der Länder ergeben – also daraus, in welchen Vorschriften Regelungen zu Fliegenden Bauten enthalten sind und welchen Rechtscharakter diese Vorschriften damit haben. Andererseits können Abweichungen aus dem unterschiedlichen Stand der Umsetzung der Muster-Vorschriften resultieren.

15 Muster-Richtlinie über den Bau und Betrieb Fliegender Bauten (M-FlBauR) – Stand Juni 2010, und Muster-Verwaltungsvorschriften über Ausführungsgenehmigungen für Fliegende Bauten und deren Gebrauchsabnahmen (M-FlBauVwV) – Fassung Februar 2007, beide abrufbar unter: www.bauministerkonferenz.de.

108 Die Muster-Vorschriften für Fliegende Bauten, der Stand der Umsetzung dieser Muster-Vorschriften in den Ländern, und die vom Arbeitskreis „Fliegende Bauten“ erarbeiteten Musterentscheidungshilfen stehen auf der Seite der Bauministerkonferenz im Internet unter www.bauministerkonferenz.de zum Herunterladen zur Verfügung.[16]

109 Für Fliegende Bauten sind die Bestimmungen des § 76 MBO in Verbindung mit der Muster-Richtlinie für den Bau und Betrieb Fliegender Bauten (MFlBauR) – Fassung Juni 2010 – maßgebend. Diese ist an die Regelungen der MVStättVO angepasst. Dies betrifft insbesondere die Bestimmungen über

- Allgemeine Bauvorschriften (Nummer 2 MFlBauR), insbesondere Rettungswege nach Nummer 2.2,
- Besondere Bauvorschriften für Tribünen (Nummer 3 MFlBauR),
- Besondere Bauvorschriften für Zelte und vergleichbare Räume für mehr als 200 Besucher (Nummer 5 MFlBauR),
- Allgemeine Betriebsvorschriften (Nummer 6 MFlBauR).

110 Fliegende Bauten bedürfen einer Ausführungsgenehmigung, soweit § 76 MBO[17] keine Ausnahme regelt. Die Ausführungsgenehmigungen werden einschließlich der sich aus besonderen Anforderungen ergebenden Auflagen in ein Prüfbuch eingetragen, dem eine Ausfertigung der mit einem Genehmigungsvermerk zu versehenden Bauvorlagen beizufügen ist.[18]

111 2017 haben die obersten Bauaufsichtsbehörden gemäß § 85a MBO die **Muster-Verwaltungsvorschrift Technische Baubestimmungen (MVV TB)** eingeführt. Die MVV TB enthält im Abschnitt B 2.1 Sonderkon-

---

16 Auf der Website der Bauministerkonferenz sind auch die in den jeweiligen Ländern geltenden Vorschriften bekannt gemacht.

17 § 76 Absatz 2 MBO:
„(2) [1]Fliegende Bauten bedürfen, bevor sie erstmals aufgestellt und in Gebrauch genommen werden, einer Ausführungsgenehmigung. [2]Dies gilt nicht für
1. Fliegende Bauten mit einer Höhe bis zu 5 m, die nicht dazu bestimmt sind, von Besuchern betreten zu werden,
2. Fliegende Bauten mit einer Höhe bis zu 5 m, die für Kinder betrieben werden und eine Geschwindigkeit von höchstens 1 m/s haben,
3. Bühnen, die Fliegende Bauten sind, einschließlich Überdachungen und sonstigen Aufbauten mit einer Höhe bis zu 5 m, einer Grundfläche bis zu 100 m² und einer Fußbodenhöhe bis zu 1,50 m,
4. Zelte, die Fliegende Bauten sind, mit einer Grundfläche bis zu 75 m².“

18 Vgl. dazu auch die Erläuterungen zu § 45.

struktionen die für Fliegende Bauten als Technische Baubestimmungen anzuwendenden allgemein anerkannten Regeln der Technik.[19]

Zu den für Fliegende Bauten maßgeblichen Technischen Baubestimmungen DIN EN 13782 und DIN EN 13814 hat die Bauministerkonferenz Auslegungsfragen veröffentlicht.[20] 112

Tribünen, die Fliegende Bauten sind

Die mit einer Ausführungsgenehmigung als Fliegender Bau genehmigten Tribünen dürfen nach § 76 Absatz 7 MBO[21] nur aufgestellt werden, wenn der Bauaufsichtsbehörde die Aufstellung unter Vorlage des Prüfbuchs angezeigt wurde. In der Regel darf die Tribüne erst in Betrieb genommen werden, wenn die Bauaufsichtsbehörde eine Gebrauchsabnahme durchgeführt hat. Die Bauaufsichtsbehörde kann nach § 76 Absatz 8 MBO[22] die Aufstellung der Tribüne untersagen oder Auflagen machen, wenn dies nach den örtlichen Verhältnissen oder zur Abwehr von Gefahren erforderlich ist. 113

---

19 MVV TB, Fundstelle www.bauministerkonferenz.de > Mustervorschriften/Mustererlasse.
Auszug aus der MVV TB:

B 2.1	Sonderkonstruktionen	
B 2.1.1	Fliegende Bauten – Zelte	DIN EN 13782:2015-06 Anlage B 2.1/1
B 2.1.2	Fliegende Bauten und Anlagen für Veranstaltungsplätze und Vergnügungsparks	DIN EN 13814:2005-06 Anlage B 2.1/2

20 Fundstelle: www.bauministerkonferenz.de.

21 § 76 Abs. 7 MBO:
„*(7) [1]Fliegende Bauten, die nach Absatz 2 Satz 1 einer Ausführungsgenehmigung bedürfen, dürfen unbeschadet anderer Vorschriften nur in Gebrauch genommen werden, wenn ihre Aufstellung der Bauaufsichtsbehörde des Aufstellungsortes unter Vorlage des Prüfbuches angezeigt ist. [2]Die Bauaufsichtsbehörde kann die Inbetriebnahme dieser Fliegenden Bauten von einer Gebrauchsabnahme abhängig machen. [3]Das Ergebnis der Abnahme ist in das Prüfbuch einzutragen. [4]In der Ausführungsgenehmigung kann bestimmt werden, dass Anzeigen nach Satz 1 nicht erforderlich sind, wenn eine Gefährdung im Sinne des § 3 Abs. 1 nicht zu erwarten ist.*“

22 § 76 Absatz 8 MBO:
„*(8) [1]Die für die Erteilung der Gebrauchsabnahme zuständige Bauaufsichtsbehörde kann Auflagen machen oder die Aufstellung oder den Gebrauch Fliegender Bauten untersagen, soweit dies nach den örtlichen Verhältnissen oder zur Abwehr von Gefahren erforderlich ist, insbesondere weil die Betriebssicherheit oder Standsicherheit nicht oder nicht mehr gewährleistet ist oder weil von der Ausführungsgenehmigung abgewichen wird. [2]Wird die Aufstellung oder der Gebrauch untersagt, ist dies in das Prüfbuch einzutragen. [3]Die ausstellende Behörde ist zu benachrichtigen, das Prüfbuch ist einzuziehen und der ausstellenden Behörde zuzuleiten, wenn die Herstellung ordnungsgemäßer Zustände innerhalb angemessener Frist nicht zu erwarten ist.*“

114 Die Fachkommission Bauaufsicht betrachtet die für fliegende Bauten geltenden Regelungen des § 76 MBO ausweislich der Begründung zur Änderung des Anwendungsbereichs für ausreichend, um im bauordnungsrechtlichen Sinn für eine angemessene Sicherheit von Veranstaltungen im Freien zu sorgen.

115 Für Tribünen, die Fliegende Bauten sind, aber auch für alle anderen baulichen Anlagen, die Fliegende Bauten sind und im Freien oder in Versammlungsstätten im Freien befristet aufgebaut werden, sind mit der

- Muster-Richtlinie über den Bau und Betrieb Fliegender Bauten und den
- Muster-Verwaltungsvorschriften über Ausführungsgenehmigungen für Fliegende Bauten und deren Gebrauchsabnahmen (M-FlBauVwV) – Fassung Februar 2007

weitere Vorschriften zu beachten.

116 Werden Tribünen, die Fliegende Bauten sind und eine Ausführungsgenehmigung haben, für mehr als drei Monate ortsfest errichtet, dann ist dafür eine Baugenehmigung erforderlich. Versammlungsstätten im Freien mit mehr als 1000 Besucherplätzen, Szenenflächen und Tribünen, die Fliegende Bauten sind, fallen daher unter den Anwendungsbereich der MVStättVO, wenn die Tribünen zwar fliegende Bauten sind, jedoch für eine längere Zeit als drei Monate errichtet werden.

7. Besondere Brandschutzanforderungen an Bauteile

117 **Absatz 4 Satz 1** stellt klar, dass Versammlungsstätten hinsichtlich der Brandschutzanforderungen an die Bauteile wie Gebäude der **Gebäudeklasse 5** behandelt werden, soweit nicht in der MVStättVO für bestimmte einzelne Bauteile ausdrücklich andere Regelungen getroffen werden. Eine solche abweichende Regelung enthält zum Beispiel für erdgeschossige Versammlungsstätten die Vorschrift des § 3 Absatz 1. Die Einstufung in die Gebäudeklasse 5 hat zur Folge, dass die tragenden und aussteifenden Bauteile feuerbeständig[23] ausgeführt werden müssen, soweit nicht die MVStättVO selbst abweichende Regelungen trifft. Die

---

23 § 27 Absatz 1 Satz 2 MBO:
„(1) [1]Tragende und aussteifende Wände und Stützen müssen im Brandfall ausreichend lang standsicher sein. [2]Sie müssen
1. in Gebäuden der Gebäudeklasse 5 feuerbeständig, […] sein.“

Geschossdecken müssen ebenfalls die Anforderungen an die Decken von Gebäuden der Gebäudeklasse 5 erfüllen.[24]

Absatz 4 Satz 2 schließt bestimmte Erleichterungen, die die MBO für bestimmte Gebäudeklassen oder Nutzungseinheiten vorsieht, bei einer Nutzung als Versammlungsstätte aus. Wegen der besonderen Risiken in Versammlungsstätten liegt der MVStättVO – wie im Übrigen auch den anderen Sonderbauverordnungen – ein von der MBO abweichendes Brandschutzkonzept zugrunde. **118**

Diese Erleichterungen, deren Anwendung für Versammlungsstätten ausgeschlossen ist, betreffen Regelungen über: **119**

- Wände an Stelle von Brandwänden (§ 30 Absatz 3 Satz 2 MBO),
- Öffnungen in Decken (§ 31 Absatz 4 Nummer 1 und 2 MBO),
- notwendige Flure (§ 36 Absatz 1 Satz 2 Nummer 2 MBO),
- Aufzüge (§ 39 Absatz 1 Nummer 4 MBO),
- Leitungsanlagen, Installationsschächte und -kanäle (§ 40 Absatz 1 Nummer 1 und 3 MBO) sowie
- Lüftungsanlagen (§ 41 Absatz 5 Nummer 1 und 3 MBO).

---

24 § 31 Absatz 1 Satz 2 MBO:
„(1) [1]Decken müssen als tragende und raumabschließende Bauteile zwischen Geschossen im Brandfall ausreichend lang standsicher und widerstandsfähig gegen die Brandausbreitung sein. [2]Sie müssen
1. in Gebäuden der Gebäudeklasse 5 feuerbeständig, […] sein.“

§ 2 Begriffe

(1) Versammlungsstätten sind bauliche Anlagen oder Teile baulicher Anlagen, die für die gleichzeitige Anwesenheit vieler Menschen bei Veranstaltungen, insbesondere erzieherischer, wirtschaftlicher, geselliger, kultureller, künstlerischer, politischer, sportlicher oder unterhaltender Art, bestimmt sind sowie Schank- und Speisewirtschaften.

(2) Erdgeschossige Versammlungsstätten sind Gebäude mit nur einem Geschoss ohne Ränge oder Emporen, dessen Fußboden an keiner Stelle mehr als 1 m unter der Geländeoberfläche liegt; dabei bleiben Geschosse außer Betracht, die ausschließlich der Unterbringung technischer Anlagen und Einrichtungen dienen.

(3) [1]Versammlungsräume sind Räume für Veranstaltungen oder für den Verzehr von Speisen und Getränken. [2]Hierzu gehören auch Aulen und Foyers, Vortrags- und Hörsäle sowie Studios.

(4) Szenenflächen sind Flächen für künstlerische und andere Darbietungen; für Darbietungen bestimmte Flächen unter 20 m^2 gelten nicht als Szenenflächen.

(5) In Versammlungsstätten mit einem Bühnenhaus ist

1. das Zuschauerhaus der Gebäudeteil, der die Versammlungsräume und die mit ihnen in baulichem Zusammenhang stehenden Räume umfasst,
2. das Bühnenhaus der Gebäudeteil, der die Bühnen und die mit ihnen in baulichem Zusammenhang stehenden Räume umfasst,
3. die Bühnenöffnung die Öffnung in der Trennwand zwischen der Hauptbühne und dem Versammlungsraum,
4. die Bühne der hinter der Bühnenöffnung liegende Raum mit Szenenflächen; zur Bühne zählen die Hauptbühne sowie die Hinter- und Seitenbühnen einschließlich der jeweils zugehörigen Ober- und Unterbühnen,
5. eine Großbühne eine Bühne
   a) mit einer Szenenfläche hinter der Bühnenöffnung von mehr als 200 m^2,
   b) mit einer Oberbühne mit einer lichten Höhe von mehr als 2,5 m über der Bühnenöffnung oder
   c) mit einer Unterbühne,

6. die Unterbühne der begehbare Teil des Bühnenraumes unter dem Bühnenboden, der zur Unterbringung einer Untermaschinerie geeignet ist,
7. die Oberbühne der Teil des Bühnenraumes über der Bühnenöffnung, der zur Unterbringung einer Obermaschinerie geeignet ist.

(6) Mehrzweckhallen sind überdachte Versammlungsstätten für verschiedene Veranstaltungsarten.

(7) Studios sind Produktionsstätten für Film, Fernsehen und Hörfunk und mit Besucherplätzen.

(8) Foyers sind Empfangs- und Pausenräume für Besucher.

(9) [1]Ausstattungen sind Bestandteile von Bühnen- oder Szenenbildern. [2]Hierzu gehören insbesondere Wand-, Fußboden- und Deckenelemente, Bildwände, Treppen und sonstige Bühnenbildteile.

(10) [1]Requisiten sind bewegliche Einrichtungsgegenstände von Bühnen- oder Szenenbildern. [2]Hierzu gehören insbesondere Möbel, Leuchten, Bilder und Geschirr.

(11) [1]Ausschmückungen sind vorübergehend eingebrachte Dekorationsgegenstände. [2]Zu den Ausschmückungen gehören insbesondere Drapierungen, Girlanden, Fahnen und künstlicher Pflanzenschmuck.

(12) Sportstadien sind Versammlungsstätten mit Tribünen für Besucher und mit nicht überdachten Sportflächen.

(13) Tribünen sind bauliche Anlagen mit ansteigenden Steh- oder Sitzplatzreihen (Stufenreihen) für Besucher.

(14) Innenbereich ist die von Tribünen umgebene Fläche für Darbietungen.

Übersicht

1. Überblick

1 Zur Vermeidung von Auslegungsschwierigkeiten sind in diesem Paragraphen wichtige Begriffe definiert, die im Text der Verordnung mehrfach verwendet werden. Die Begriffe betreffen bauliche Anlagen, Teile von baulichen Anlagen sowie Anlagen und Einrichtungen, an die bestimmte Anforderungen gestellt werden.

2 Der überwiegende Teil der Begriffsbestimmungen bezieht sich auf Theater, Mehrzweckhallen und Studios. Besonders zu beachten ist, dass eine analoge Anwendung von Begriffen auf „ähnliche oder vergleichbare bauliche und sonstige Sachen“ nicht gewollt und rechtlich nur in engen Grenzen möglich ist. Beispielsweise werden an die in Absatz 9 genannten Ausstattungen besondere Brandschutzanforderungen in § 33 Absatz 3 gestellt.

3 Diese Anforderungen gelten jedoch nur, wenn es sich tatsächlich um eine Ausstattung – also um den Bestandteil eines Bühnen- oder Szenenbildes – handelt. Die Anwendung auf sonstige Einrichtungsgegenstände in der Versammlungsstätte verbietet sich hingegen nach Wortlaut und Zweck der Bestimmung.

2. Versammlungsstätten

4 Nach **Absatz 1** sind Versammlungsstätten bauliche Anlagen oder Teile baulicher Anlagen, die für die gleichzeitige Anwesenheit vieler Menschen bei Veranstaltungen, insbesondere erzieherischer, wirtschaftlicher, geselliger, kultureller, künstlerischer, politischer, sportlicher oder unterhaltender Art bestimmt sind sowie Schank- und Speisewirtschaften. Diese Definition der „Versammlungsstätte“ stellt klar, dass der Begriff durch drei wesentliche Merkmale geprägt wird:

- bauliche Anlage
- gleichzeitige Anwesenheit vieler Menschen in einer baulichen Anlage
- Teilnahme dieser Menschen an einer Veranstaltung.

5 Ferner ergibt sich aus der ausdrücklichen Definition des Absatzes 1, letzter Halbsatz, dass die Schank- und Speisewirtschaften mit mehr als 200 Besucherplätzen ebenfalls Versammlungsstätten sind und zwar unabhängig davon, ob in den Räumen der Schank- und Speisewirtschaft eine Veranstaltung stattfindet.

Der Begriff der baulichen Anlage entspricht dem des § 2 Absatz 1 MBO.[1] **Folgende bauliche Anlagen sind entsprechend ihrer veranstaltungsbezogenen Zweckbestimmung für Besucher regelmäßig als Versammlungsstätten anzusehen:** Ausstellungshalle, Aula, Diskothek, Eislaufstadion, Festsaal, Filmstudio, Freilichttheater, Gaststätte, Gastwirtschaft, Gemeindesaal, Hochschule, Hörsaal, Kabarett, Kino, Kongresshalle, Lichtspieltheater, Mehrzweckhalle, Messehalle, Motorsportbahn, Multiplexkino, Opernhaus, Pferderennbahn, Schaugeschäft, Schwimmstadion, Spielbank, Sportrennbahn, Sportstadion, Studio, Theater, Universität, Varieté, Vortragssaal, Waldbühne. **6**

Bierzelte, Messezelte, Spiegelzelte, Zirkusse, die als Fliegende Bauten[2] nicht der MVStättVO unterfallen, bedürfen als Fliegende Bauten einer Ausführungsgenehmigung nach § 76 Absatz 2 Satz 1 MBO. **7**

---

1 § 2 Absatz 1 MBO lautet:
„*§ 2 Begriffe*
(1) Bauliche Anlagen sind mit dem Erdboden verbundene, aus Bauprodukten hergestellte Anlagen; eine Verbindung mit dem Boden besteht auch dann, wenn die Anlage durch eigene Schwere auf dem Boden ruht oder auf ortsfesten Bahnen begrenzt beweglich ist oder wenn die Anlage nach ihrem Verwendungszweck dazu bestimmt ist, überwiegend ortsfest benutzt zu werden. Bauliche Anlagen sind auch
1. Aufschüttungen und Abgrabungen,
2. Lagerplätze, Abstellplätze und Ausstellungsplätze,
3. Sport- und Spielflächen,
4. Campingplätze, Wochenendplätze und Zeltplätze,
5. Freizeit- und Vergnügungsparks,
6. Stellplätze für Kraftfahrzeuge,
7. Gerüste,
8. Hilfseinrichtungen zur statischen Sicherung von Bauzuständen.
Anlagen sind bauliche Anlagen und sonstige Anlagen und Einrichtungen im Sinne des § 1 Abs. 1 Satz 2.“

2 § 76 Absatz 1 und 2 MBO lautet:
„*§ 76 Genehmigung Fliegender Bauten*
(1) Fliegende Bauten sind bauliche Anlagen, die geeignet und bestimmt sind, an verschiedenen Orten wiederholt aufgestellt und zerlegt zu werden. Baustelleneinrichtungen und Baugerüste sind keine Fliegenden Bauten.
(2) Fliegende Bauten bedürfen, bevor sie erstmals aufgestellt und in Gebrauch genommen werden, einer Ausführungsgenehmigung. Dies gilt nicht für
1. Fliegende Bauten mit einer Höhe bis zu 5 m, die nicht dazu bestimmt sind, von Besuchern betreten zu werden,
2. Fliegende Bauten mit einer Höhe bis zu 5 m, die für Kinder betrieben werden und eine Geschwindigkeit von höchstens 1 m/s haben,
3. Bühnen, die Fliegende Bauten sind, einschließlich Überdachungen und sonstigen Aufbauten mit einer Höhe bis zu 5 m, einer Grundfläche bis zu 100 m² und einer Fußbodenhöhe bis zu 1,50 m,

8 Bei diesen Fliegenden Bauten sind insbesondere die Nummern 1, 2, 5 und 6 der M-FlBauR zu beachten. Für Fliegende Bauten sind die mit der Muster-Verwaltungsvorschrift Technische Baubestimmungen[3] im Dezember 2017 unter der Nummer B 2.1 neu eingeführten Technischen Baubestimmungen für Sonderkonstruktionen zu beachten.

9 Werden Bierzelte, Messezelte, Spiegelzelte oder Zirkuszelte länger als drei Monate aufgestellt, dann gelten sie als ortsfest aufgestellt und unterliegen der Genehmigungspflicht nach § 59 Absatz 1MBO. Sie sind dann Versammlungsstätten und fallen unter die MVStättVO.

10 Der Begriff „Versammlungsstätte" ist nicht auf bestimmte Arten von Veranstaltungen beschränkt, sondern ist unabhängig davon, zu welchem konkreten Zweck sich diese Menschen versammeln. Das Wort „insbesondere" macht deutlich, dass die Aufzählung, welche Arten von Veranstaltungen typischerweise in einer Versammlungsstätte in Betracht kommen, nur beispielhaft und nicht abschließend ist.

11 Eine Versammlungsstätte liegt nur dann vor, wenn es Zweckbestimmung der baulichen Anlage ist, **„viele Menschen" bei Veranstaltungen** aufzunehmen. „Viele Menschen" ist ein unbestimmter Rechtsbegriff. Viele Menschen können 10, 20, 100 oder auch 10000 Menschen sein.

12 Ist eine bauliche Anlage nach Maßgabe der Berechnungsformel in § 1 dazu bestimmt, mehr als 200 Personen bei Veranstaltungen aufzunehmen, so ist sie eine Versammlungsstätte, die den Vorschriften der MVStättVO unterworfen ist.

13 Eine für Veranstaltungen mit 25 Besuchern dienende bauliche Anlage ist regelmäßig auch eine Versammlungsstätte. Sie unterliegt jedoch für sich genommen noch nicht dem Anwendungsbereich der MVStättVO, da dieser erst Versammlungsstätten mit mehr als 200 Besuchern erfasst.

14 Der bauaufsichtliche Begriff „**Veranstaltung**" entspricht dem allgemeinen Sprachgebrauch. Eine Veranstaltung ist ein organisiertes Ereignis

---

*4. erdgeschossige Zelte und betretbare Verkaufsstände, die Fliegende Bauten sind, jeweils mit einer Grundfläche bis zu 75 m², *

5. aufblasbare Spielgeräte mit einer Höhe des betretbaren Bereichs von bis zu 5 m oder mit überdachten Bereichen, bei denen die Entfernung zum Ausgang nicht mehr als 3 m, sofern ein Absinken der Überdachung konstruktiv verhindert wird, nicht mehr als 10 m, beträgt."

3 Siehe dazu Kommentierung zu § 1 Nummer 6.4.

mit einem bestimmten Zweck und einem begrenztem Zeitumfang, an dem eine Gruppe von Menschen teilnimmt, also ein Ereignis, das „veranstaltet“ wird. Veranstaltungen können insbesondere in drei wichtige Kategorien sein:

- Vermittlung von Emotionen (Belustigung, Vergnügen, Erbauung),
- der Verkaufsförderung,
- der Informationsvermittlung oder dem Informationsaustausch.

15 Unter den Begriff „Veranstaltung“ fallen alle Arten von Veranstaltungen. Die Aufzählung in Absatz 1 ist nur beispielhaft. Synonyme für den Begriff Veranstaltung sind die Begriffe „Vorführung“, „Aufführung“, „Darbietung“, „Show“, „Konzert“ oder der englische Begriff „Event“.

16 **Beispiele für Veranstaltungen sind:** Vorlesung, Seminar, Lesung, Verkaufsveranstaltung, Lichtbildervortrag, Filmvorführung, Jahrmarkt, Volksfest, Sportliche Vorführung (Schauturnen, Eisrevue), Sportlicher Wettkampf (Fußballspiele, Skirennen, Motorsportrennen, Neujahrsspringen), Filmvorführung, Revue- oder Varietévorstellung, Theatervorstellung, Opernaufführung, Konzert (Klassik, Rock- und Pop-Musik), Festival, Tanzunterhaltung (Bälle), Diskothekveranstaltung, Party, Fest, Bankett, Umzug, Ausstellung, Messe, Straßenfest, Karnevalsitzung, Tagung, Workshop, Symposion, Weihnachtsfeier, Empfang, Zirkus, Wanderausstellung, Demonstration, Kaffeefahrt.

17 Wesentliches Merkmal für eine Veranstaltung ist, dass der Betreiber oder Veranstalter einer Veranstaltung selbst oder mit seinem Personal aktiv Handlungen durchführt, die gleichzeitig von einer Vielzahl von Besuchern wahrgenommen oder als Dienstleistung angenommen werden. Der einzelne Besucher wird zwar in der Regel passiv an der Veranstaltung teilnehmen, es ist aber nicht ausgeschlossen, dass er sich aktiv mitbeteiligt (z. B. Tanzveranstaltung). Nicht erfasst sind dagegen Tätigkeiten, bei denen zwar viele Menschen anwesend seien können, es sich jedoch nicht um Veranstaltungen handelt.

18 So sind z.B. *Verkaufsstätten, Markthallen, Werkhallen, Flughäfen, Großraumbüros, Lesesäle, Fitnessstudios, Kindergärten, Spielplätze oder Sportanlagen* keine Versammlungsstätten im Sinne der Verordnung. Sollen solche baulichen Anlagen allerdings vorübergehend im Sinne der MVStättVO zur Durchführung von Veranstaltungen genutzt werden, unterliegen sie nur für diese Nutzungsfälle den Vorschriften der MVStättVO.

Beispiel 1:

Ein Freibad mit einem Schwimmbecken mit 50-Meter-Bahnen ist keine Versammlungsstätte. Befinden sich neben dem Schwimmbecken Tribünen mit Besucherplätzen, die keine fliegenden Bauten sind, so handelt es sich um eine „Versammlungsstätte im Freien" in der speziellen Form einer Freisportanlage. Um in den Anwendungsbereich der MVStättVO zu fallen, müssten sich auf den Tribünen mehr als 5 000 Besucherplätze befinden.

Beispiel 2:

Ein Hallenbad mit einem Schwimmbecken mit 50-Meter-Bahnen ist keine Versammlungsstätte. Befinden sich neben dem Schwimmbecken Tribünen mit Besucherplätzen, so handelt es sich um eine „Versammlungsstätte". Das Hallenbad fällt in den Anwendungsbereich der MVStättVO, wenn die Tribünen mehr als 200 Besucherplätze aufweisen. In diesem Fall ist es auch unerheblich, ob es sich um bauliche Tribünenanlagen handelt oder diese nur als vorübergehende Einbauten in der Halle aufgestellt werden.

Beispiel 3:

Ein „Wellness-Center" mit mehreren Schwimmbecken, Sauna, Fitnessräumen und Gaststättenbereichen fällt nur wegen der Gaststättennutzung und auch nur dann in den Anwendungsbereich der MVStättVO, wenn diese Flächen mehr als 200 Besucherplätze haben.

Gaststätten

19 Die MVStättVO behandelt Schank- und Speisewirtschaften als Versammlungsstätten. Die Regelung knüpft an die Definition des Gaststättengewerbes nach § 1 des Gaststättengesetzes[4] an (Fassung der Bekanntmachung vom 20. November 1998 (BGBl. I S. 3418), das zuletzt durch Artikel 14 des Gesetzes vom 10. März 2017 (BGBl. I S. 420) geändert worden ist). Die Vorschriften des § 2 Absatz 1 und 3 stellen dies klar.

---

4 § 1 GastG:
„§ 1 Gaststättengewerbe
(1) Ein Gaststättengewerbe im Sinne dieses Gesetzes betreibt, wer im stehenden Gewerbe
1. Getränke zum Verzehr an Ort und Stelle verabreicht (Schankwirtschaft) oder
2. zubereitete Speisen zum Verzehr an Ort und Stelle verabreicht (Speisewirtschaft), wenn der Betrieb jedermann oder bestimmten Personenkreisen zugänglich ist.
(2) Ein Gaststättengewerbe im Sinne dieses Gesetzes betreibt ferner, wer als selbständiger Gewerbetreibender im Reisegewerbe von einer für die Dauer der Veranstaltung ortsfesten Betriebsstätte aus Getränke oder zubereitete Speisen zum Verzehr an Ort und Stelle verabreicht, wenn der Betrieb jedermann oder bestimmten Personenkreisen zugänglich ist."

Nach § 2 Absatz 4 Nummer 8 MBO sind Schank- und Speisegaststätten mit mehr als 40 Gastplätzen in Gebäuden oder mehr als 1 000 Gastplätzen im Freien sogenannte Sonderbauten. 20

In Schank- und Speisewirtschaften ist der „Gast“ in der Regel nicht Besucher einer Veranstaltung und dennoch unterliegt die bauliche Anlage den Bestimmungen des Versammlungsstättenrechts. Die Einbeziehung der Gaststätten in den Anwendungsbereich der MVStättVO hat ihren Grund darin, dass die Gefährdungssituation und damit die Rettungswegproblematik in einer Gaststätte mit der in einer Versammlungsstätte durchaus vergleichbar ist. Gaststättenräume können auch für Veranstaltungen, insbesondere Feiern oder Tanzveranstaltungen, genutzt werden und in Versammlungsstätten befinden sich regelmäßig auch Gastronomiebereiche. 21

Die Bau- und Betriebsvorschriften der MVStättVO sind vor dem Hintergrund des besonderen Schutzbedürfnisses von Personen entwickelt worden, die an Veranstaltungen teilnehmen und damit speziellen veranstaltungstypischen Gefahren ausgesetzt sind. 22

Aus der gesetzlichen Definition der Gaststätten als Sonderbauten und dem Anwendungsbereich der Versammlungsstättenverordnung ergibt sich Folgendes: 23

- Gaststätten in Gebäuden mit bis zu 40 Gastplätzen sind Regelbauten, die nur unter die Anforderungen der MBO an Regelbauten fallen.
- Gaststätten in Gebäuden mit 41 bis 200 Gastplätzen sind Sonderbauten, an die die Bauaufsichtsbehörde nach § 51 MBO besondere Anforderungen stellen kann.
- Gaststätten in Gebäuden mit mehr als 200 Gastplätzen sind Sonderbauten, für die die Anforderungen der MVStättVO gelten.
- Gaststätten im Freien mit bis zu 1 000 Gastplätzen sind Regelbauten, die unter die MBO fallen.
- Gaststätten im Freien mit mehr als 1 000 Gastplätzen sind Sonderbauten, an die die Bauaufsichtsbehörde nach § 51 MBO besondere Anforderungen stellen kann. In den Anwendungsbereich der MVStättVO fallen sie nur, wenn sie Szenenflächen und ortsfeste Tribünen haben.

Messe- und Ausstellungshallen

Messe- und Ausstellungshallen werden in § 2 nicht gesondert definiert, allerdings werden Ausstellungshallen in der Vorschrift des § 7 Absatz 5 24 ausdrücklich genannt. Eine Messe- oder Ausstellungshalle umschließt einen Ausstellungsraum im Sinne des § 1 Absatz 2 Nummer 4.

25 Für die Definition können ergänzend die Vorschriften der Gewerbeordnung herangezogen werden, die in § 64 Messe und in § 65 Ausstellung diese Begriffe definiert.

26 Der Begriff „Halle" ist weder in der MBO noch in der MVStättVO definiert, sondern ergibt sich aus der Fachsprache der Architektur. Eine Halle ist ein großer und hoher Raum, der meist repräsentativen Zwecken dient. Eine Messehalle ist also eine Ausstellungshalle auf einem Messegelände oder auch außerhalb eines Messegeländes, die der Präsentation von Waren- oder Dienstleistungsangeboten in der speziellen Form einer Messe im Sinne des § 64 der Gewerbeordnung dient.

27 Eine Messe- oder Ausstellungshalle kann eine in sich abgeschlossene Versammlungsstätte oder der Teil einer Versammlungsstätte (z.B. eine Halle auf einem Messegelände) sein, in welcher als Veranstaltungsart „Messen" oder „Ausstellungen" durchgeführt werden. Mit anderen Worten: Messe- und Ausstellungshallen sind baulich geschlossene bzw. überdachte Versammlungsstätten (Versammlungsräume) im „Ausstellungsbetrieb". Aus § 7 Absatz 5 kann im Übrigen nicht abgeleitet werden, dass für Messe- und Ausstellungshallen allein solche Regelungen Anwendung finden, in denen die Ausstellungshalle ausdrücklich genannt wird. Der § 7 Absatz 5 ist eine Vorschrift, die für „sonstige Versammlungsstätten" keine Anwendung findet, hingegen speziell und damit zusätzlich den Typus der Messe- und Ausstellungshalle betrifft.

28 Hinsichtlich der Anwendung der MVStättVO auf vorübergehend aufgestellte **Messe- oder Ausstellungsstände** ist danach zu unterscheiden, ob diese im Freien oder in einer Ausstellungshalle aufgestellt werden.

29 **Im Freien** aufgestellte Messe- und Ausstellungsstände sind **bauliche Anlagen** mit der Folge, dass die für bauliche Anlagen geltenden Vorschriften grundsätzlich Anwendung finden. Nach § 61 Absatz 1 Nummer 13 Buchstabe e) MBO bedürfen allerdings bauliche Anlagen, die für höchstens drei Monate auf **genehmigtem Messe- und Ausstellungsgelände** errichtet werden, ausgenommen Fliegende Bauten, **keiner Baugenehmigung**. Für Messe- oder Ausstellungsstände die nach Art und Größe Fliegende Bauten sind, gelten die speziellen Bestimmungen des § 76 MBO.

30 **In einer Ausstellungshalle** aufgestellte Ausstellungsstände sind hingegen stets **Einrichtungen**. **Messe- und Ausstellungsstände**, die in Ver-

sammlungsstätten (Ausstellungshallen) vorübergehend aufgestellt werden, sind – unabhängig von der Größe der Standfläche und Geschosszahl – selbst weder Versammlungsstätte noch Versammlungsraum. In Ausstellungshallen aufgestellte Messestände sind weder bauliche Anlagen noch handelt es sich dabei um Fliegende Bauten.

Die Vorschrift des § 1 Absatz 2 Nummer 6 MBO bestimmt, dass die MBO und damit auch die auf Grundlage der MBO erlassene MVStätt-VO nicht auf Messestände in Messe- und Ausstellungsgebäuden Anwendung findet. In der Begründung zur Änderung der MBO heißt es hierzu: 31

> „*Anders als z.B. Messestände, die im Freien auf genehmigtem Messe- und Ausstellungsgelände errichtet werden und die nach § 61 Abs. 1 Nr. 12 Buchstabe e MBO unter bestimmten Voraussetzungen verfahrensfrei sind, sind Messestände, die in Gebäuden auf genehmigtem Messe- und Ausstellungsgelände errichtet werden, keine baulichen Anlagen, sondern Einrichtungsgegenstände. Mangels Qualifizierung als bauliche Anlage ist der Anwendungsbereich der MBO nach § 1 Abs. 1 Satz 1 MBO insoweit nicht eröffnet. Der ausdrückliche Ausschluss von Messeständen in Gebäuden aus dem Anwendungsbereich durch die Anfügung einer Nummer 6 an § 1 Abs. 2 MBO dient somit lediglich der Klarstellung. Auf Messestände in Gebäuden findet somit das Bauordnungsrecht keine Anwendung, sondern es gilt das allgemeine Sicherheitsrecht. Die Sicherheitsbehörden können sich im Rahmen der Amtshilfe zwar der Fachkenntnis der unteren Bauaufsichtsbehörden bedienen, im Außenverhältnis bleiben sie jedoch für die von ihnen getroffenen Entscheidungen verantwortlich.*“

Einrichtungen sind nur dann und nur insoweit bauaufsichtlichen Vorschriften unterworfen, als die MBO oder eine Rechtsverordnung auf Grund der MBO speziell an diese Einrichtungsgegenstände (vgl. § 3 Absatz 6 und 7) oder an die Flächen auf denen solche Einrichtungen aufgebaut werden sollen (vgl. § 7 Absatz 5) besondere Anforderungen stellt. 32

Eine Ausnahme gilt dann, wenn ein Messestand derart mit der ihn umgebenden Halle verbunden wird, dass er als Bestandteil des Gebäudes anzusehen ist (Bauteil). Dies ist regelmäßig der Fall, wenn die Errichtung des Standes mit Eingriffen in die Bausubstanz der Halle verbunden ist. Auch mehrgeschossige Messestände sind als veränderliche Einbauten in Versammlungsräumen (vgl. § 3 Absatz 6) anzusehen und können 33 daher nicht selbst Versammlungsräume im Sinne des § 1 Absatz 1 Nummer 1 und § 2 Absatz 3 sein.

34 Unabhängig vom jeweiligen Aufstellungsort (im Freien oder im Gebäude) sind Messestände so zu errichten und zu nutzen, dass sie Leben und Gesundheit der mit ihnen in Berührung kommenden Personen nicht gefährden. Sie müssen daher insbesondere standsicher sein und bei bestimmten Absturzhöhen Umwehrungen haben. Sie sind ferner so im Raum anzuordnen, dass sie die Rettungswege nicht versperren oder einengen und etwaige Brandschutzeinrichtungen nicht beeinträchtigen.

35 Neben Messe- und Ausstellungsständen sind **Tribünen und Podien** die am häufigsten vorkommenden **veränderbaren Einbauten** in Versammlungsstätten mit Versammlungsräumen nach § 1 Absatz 1 Nummer 1 MVStättVO. Die „veränderbaren Einbauten“ gehören nicht und werden auch nicht zu Bestandteilen des Gebäudes, sofern sie nicht ausnahmsweise über Wände oder den Hallenboden mit der Versammlungsstätte fest verbunden werden. Fehlt es an einer entsprechenden konstruktiven Verbindung sind vorübergehend aufgestellte Tribünen und Podien ebenfalls als eine „Einrichtung in der Versammlungsstätte“ anzusehen.

36 **Die Abgrenzung zwischen „Einrichtung“ und „baulicher Anlage“** unterstreicht auch der Arbeitskreis „Fliegende Bauten“ der Fachkommission „Bauaufsicht“. Die aktuelle Auslegungskommentierung der ARGEBAU zu Fliegenden Bauten (Stand Februar 2019)[5] enthält hierzu unter Nummer 5.6 die folgenden baurechtlichen Hinweise:

> „*Wird eine Tribüne oder Bühne temporär in einem Gebäude aufgestellt, so gilt sie nicht als bauliche Anlage und ist somit kein Fliegender Bau. Eine Gebrauchsabnahme ist daher nicht möglich. Die Aufstellung in einem Gebäude kann allerdings die genehmigte Flucht- und Rettungswegsituation im Gebäude verändern, die ggf. einer gesonderten Betrachtung durch die zuständige Bauaufsichtsbehörde bedarf. Ist ein Prüfbuch vorhanden, kann es zur Beurteilung der Standsicherheit und Tragfähigkeit herangezogen werden.*“

37 Solche Einrichtungen in der Versammlungsstätte sind allerdings nicht von sicherheits- und brandschutztechnischen Anforderungen in Gänze freigestellt. Vielmehr bestimmt zunächst die Vorschrift des § 3 Absatz 6, dass die Unterkonstruktion von Tribünen und Podien (> 20 m^2), die

5 Auslegungskommentierung der ARGEBAU zu Fliegenden Bauten, Fundstelle: www.bauministerkonferenz.de.

veränderbare Einbauten in der Versammlungsstätte sind, aus nichtbrennbaren Baustoffen bestehen müssen.

Die Vorschrift des § 3 Absatz 7 bestimmt darüber hinaus statische Anforderungen. Sie verlangt, dass veränderbare Einbauten in Versammlungsstätten in ihrer Standsicherheit durch dynamische Schwingungen nicht beeinträchtigt werden dürfen. 38

Diese Sonderregelungen für „veränderbare Einbauten" wurden nicht generell auf alle Arten von Versammlungsstätten ausgedehnt. Sie sind speziell für Versammlungsräume bestimmt. **Hintergrund für diese Regelungen ist der besondere Umstand, dass der Aufbau von Bühnen und Tribünen in Hallen, also in Veranstaltungsräumen, anders als der Aufbau im Freien, stets an die jeweilige Hallengröße individuell angepasst werden muss.** Die variierenden Hallengrößen würden andernfalls für jede Tourneeproduktion bedingen, dass sie eine nicht absehbare Anzahl von Aufbauvarianten mit entsprechend vielen Ausführungsgenehmigungen (Prüfbüchern) abdecken müssten. 39

Aufenthaltsraum

Der in der Verordnung mehrfach verwendete Begriff „Aufenthaltsraum" ist in der Verordnung nicht näher definiert, da er bereits in § 2 Absatz 5 MBO festgelegt ist. **Aufenthaltsräume** sind Räume, die zum nicht nur vorübergehenden Aufenthalt von Menschen bestimmt oder geeignet sind. Der Begriff „Aufenthaltsraum" wird als Sammelbegriff verwendet. 40

Zu den Aufenthaltsräumen zählen Versammlungsräume, einzelne Ebenen von Hallen, Foyers und Pausenräume für Besucher, Gasträume, Büros, Werkstätten, Bühnen sowie alle Arbeitsräume. Nicht zu den Aufenthaltsräumen zählen Räume, die nach ihrer Zweckbestimmung nur gelegentlich betreten werden, wie Lagerräume, Toiletten, Tiefgaragen sowie Räume, die ausschließlich der Unterbringung technischer Anlagen und Einrichtungen dienen. 41

Ein Dienstleistungs- oder Ausstellungsstand ist regelmäßig kein Aufenthaltsraum. Wird er in einem Versammlungsraum aufgestellt, ist er keine bauliche Anlage, sondern lediglich eine Einrichtung in einem Aufenthaltsraum. Anforderungen zur Rettungswegführung für Dienstleistungs- und Ausstellungsstände werden in § 6 nicht gestellt, jedoch ist § 7 Absatz 5 zu beachten. 42

3. Erdgeschossige Versammlungsstätten

43 **§ 2 Absatz 2** definiert den Begriff der „erdgeschossigen Versammlungsstätte" analog zur „erdgeschossigen Verkaufsstätte" nach § 2 Absatz 2 Muster-Verkaufsstättenverordnung. Da für erdgeschossige Versammlungsstätten unabhängig von der Höhe des Geschosses wesentliche Erleichterungen an die Feuerwiderstandsdauer der Bauteile und Baustoffe zugelassen werden, ist eine Definition des Begriffs erforderlich.

44 Das Gebäude darf nur eine Geschossebene in Höhe des Erdgeschosses haben. Der Fußboden darf mit der OKFF maximal 1 m unter der Geländeoberfläche oder geringfügig über der Geländeoberfläche liegen. Dies ermöglicht kurze Rettungswege ins Freie. Die Geschossebene muss nicht horizontal liegen, sondern kann z. B. im Zuschauerbereich zur Szenenfläche hin leicht geneigt sein.

45 Die Formulierung „erdgeschossig" ist auch dahingehend auszulegen, dass der Fußboden der erdgeschossigen Versammlungsstätte nicht so weit über der Geländeoberfläche liegen darf, dass er als eine zweite Geschossebene anzusehen ist. Einen Anhaltspunkt, wie weit der Fußboden über der Geländeoberfläche liegen darf, gibt die Definition des oberirdischen Geschosses nach § 2 Absatz 6 Satz 1 MBO.[6] Danach darf die Oberkante der Rohdecke eines Kellergeschosses unter dem Fußboden einer erdgeschossigen Versammlungsstätte maximal 1,40 über der Geländeoberfläche liegen.

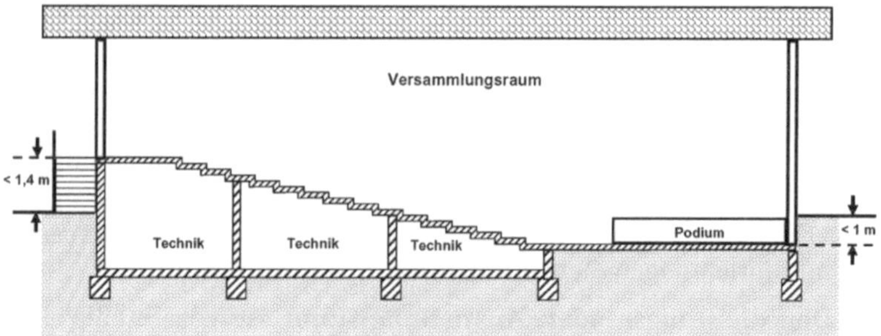

Erdgeschossige Versammlungsstätte

---

6 § 2 Absatz 6 Satz 1 MBO:
„(6) [1]Geschosse sind oberirdische Geschosse, wenn ihre Deckenoberkanten im Mittel mehr als 1,40 m über die Geländeoberfläche hinausragen; im Übrigen sind sie Kellergeschosse…"

Die Formulierung des 2. Halbsatzes „dabei bleiben Geschosse außer Betracht, die ausschließlich der Unterbringung technischer Anlagen und Einrichtungen dienen“ ist eng auszulegen. Dies bedeutet, dass sich über oder unter dem Erdgeschoss der Versammlungsstätte nur ein weiteres Geschoss zur Unterbringung technischer Anlagen und Einrichtungen, also ein Technikgeschoss, befinden darf. Liegt das Technikgeschoss unter dem Erdgeschoss der Versammlungsstätte, dann muss es ein Kellergeschoss sein. 46

Die Erleichterung des 2. Halbsatzes begünstigt alle Technikgeschosse. 47 Dazu gehören die Geschosse, die der Unterbringung haustechnischer Anlagen und Einrichtungen und von Feuerungsanlagen dienen sowie die Geschosse mit speziellen veranstaltungstechnischen Anlagen und Einrichtungen.

Aus der Formulierung „Geschosse, die ausschließlich der Unterbrin- 48 gung technischer Anlagen und Einrichtungen dienen“ ergibt sich auch, dass diese Geschosse keine Aufenthaltsräume haben dürfen. Werden den Besuchern zugängliche Foyers oder Garderoben oder nur den Mitarbeitern zugängliche Büros, Werkstätten, Magazine oder Lagerräume unterhalb oder oberhalb der Erdgeschossebene untergebracht, dann ist die Versammlungsstätte nicht mehr erdgeschossig.

Eine Ausnahme bilden lediglich die für Betriebspersonal oder für Besu- 49 cher zugänglichen Toilettenräume. Toilettenräume sind im Technikgeschoss zulässig, weil § 43 MBO die Sanitäranlagen zur „technischen Gebäudeausrüstung“ zählt. Da von Toilettenräumen keine Brandgefahren ausgehen, ist dies vertretbar.

Die Definition der „erdgeschossigen Versammlungsstätte“ kann auf je- 50 den erdgeschossigen Gebäudeteil (Brandabschnitt) gesondert angewendet werden, sofern dieser mit Brandwänden von den anderen Gebäudeteilen abgetrennt ist. Die Brandabschnittsbildung muss auch bei erdgeschossigen Versammlungsstätten durch Brandwände erfolgen, da die Erleichterung des § 30 Absatz 3 Satz 2 MBO durch § 1 Absatz 4 Satz 2 MVStättVO ausgeschlossen ist.

4. Versammlungsräume

Ergänzend zur Definition des Absatzes 1 stellt **§ 2 Absatz 3 Satz 1** klar, 51 dass die Räume einer Gaststätte, die dem Verzehr von Speisen- und Getränken dienen, Versammlungsräume sind. Da § 1 die Schank- und Speisewirtschaften als Versammlungsstätten definiert, handelt es sich bei den Räumen, in denen Getränke und Speisen verzehrt werden, auch um Versammlungsräume.

52 **Satz 2** dient der Klarstellung, dass auch die dort genannten Räume grundsätzlich Versammlungsräume sind. Versammlungsräume können in sich abgeschlossene Versammlungsstätten oder Teil einer Versammlungsstätte sein. Zu den Versammlungsräumen gehören auch Aulen und Foyers, Vortrags- und Hörsäle sowie Studios. Foyers in Versammlungsstätten sind immer Versammlungsräume, Foyers in anders genutzten Gebäuden sind dann Versammlungsräume, wenn sie für Veranstaltungen genutzt werden. Studios sind Produktionsstätten für Hörfunk-, Fernseh- oder Filmproduktionen, fallen jedoch nur dann unter den Begriff Versammlungsraum, wenn bei der Produktion Besucher anwesend sein können; dies ergibt sich aus der Definition des Absatzes 7. Film-, Fernseh- oder Hörfunkstudios ohne Besucherplätze fallen nicht in den Anwendungsbereich der MVStättVO.

53 Ausstellungsräume sind Versammlungsräume, in denen eine Veranstaltung in der besonderen Nutzungsart einer Ausstellung durchgeführt wird. Besitzen sie das Ausmaß einer Halle, werden sie gemäß § 7 Absatz 5 als Ausstellungshallen bezeichnet.

54 § 2 MBO enthält keine Definition des Begriffs „Raum“, sondern definiert nur die Begriffe „Gebäude“ und „Aufenthaltsraum“. Räume sind Teil eines Gebäudes. Ein Gebäude erfordert nur eine Überdeckung, also in der Regel ein Dach, nicht jedoch Außenwände.[7] So ist eine Tankstelle mit einem nur auf Stützen stehenden Dach ein Gebäude. Ein Raum als Teil eines Gebäudes setzt ebenfalls nur eine Überdeckung voraus. Ein Versammlungsraum liegt daher vor, wenn der Bereich der Besucherplätze überdeckt ist.

5. Szenenflächen

55 **Absatz 4** bestimmt den Begriff der Szenenfläche nach der **Funktion** und unterscheidet nicht nach der Lage der Szenenfläche vor oder hinter

---

7 § 2 Absatz 2 und 5 MBO:
„(2) Gebäude sind selbstständig benutzbare, überdeckte bauliche Anlagen, die von Menschen betreten werden können und geeignet oder bestimmt sind, dem Schutz von Menschen, Tieren oder Sachen zu dienen.
…
(5) Aufenthaltsräume sind Räume, die zum nicht nur vorübergehenden Aufenthalt von Menschen bestimmt oder geeignet sind.
…“

einer Bühnenöffnung. Szenenflächen sind der Größe nach nicht reguliert und bedürfen, auch wenn sie größer als 200 m^2 sind, nicht zwingend eines Bühnenhauses (Beispiel: Musikveranstaltung in einem Fußballstadion oder in einer Mehrzweckhalle). Insoweit weicht die bauordnungsrechtliche Begriffsbestimmung von der theatertechnischen Begriffsbestimmung der DIN 56 920-2 „Theatertechnik, Begriffe für Theatergebäude" ab. Der bauordnungsrechtliche Begriff „Szenenfläche" ist weitestgehend mit dem theatertechnischen Begriff „Gesamtspielfläche" identisch. Zur Szenenfläche eines Bühnenhauses gehören auch die Spielflächen der Bühnenerweiterungen, also der Seiten- oder Hinterbühnen, wenn sie für künstlerische und andere Darbietungen nach Absatz 4 nutzbar sind und genutzt werden.

Während § 2 Absatz 5 VStättVO 1978[8] noch zwischen Spielflächen, **56** Szenenflächen und Sportflächen unterschied, definiert die MVStättVO unabhängig von der Art der Darbietung einheitlich den Begriff „Szenenfläche". Der Begriff „Sportfläche" wird in § 2 Absatz 12 verwendet, jedoch nicht definiert, da er sich aus dem allgemeinen Sprachgebrauch ergibt und der früheren Definition des § 2 Absatz 5 VStättVO 1978 entspricht.

Der Begriff „Darbietung" entspricht dem allgemeinen Sprachgebrauch. **57** Begrifflich ist unter Darbietung jede Art von Aufführung oder Vorführung zu verstehen, wie künstlerische Darbietungen, Theateraufführungen oder Konzerte, Sportveranstaltungen, Filmvorführungen, Fernsehproduktionen, aber auch die Anpreisung von Waren (z.B. die Verkaufsaktionen bei sogenannten „Kaffeefahrten").

Die **Ausstellung von Waren auf Messe- und Ausstellungsständen** ist **58** hingegen keine „**andere Darbietung**" auf einer „**Szenenfläche**" im Sinne des § 2 Absatz 4, da die spezielle Regelung des § 7 Absatz 5 die Fläche zur Aufstellung von Ausstellungsständen als „Ausstellungsfläche" legaldefiniert.

Szenenflächen werden meistens erhöht auf Podien oder in Bühnen ange- **59** ordnet, damit die Darbietung auch aus größerer Entfernung wahrgenommen werden kann; dies ist jedoch nicht Voraussetzung. Flächen für Darbietungen, die nicht mehr als 20 m^2 Grundfläche belegen, gelten

8 § 2 Absatz 5 VStättVO 1978:
„Spielflächen sind Flächen einer Versammlungsstätte, die für das spielerische Geschehen bestimmt sind. Szenenflächen sind Spielflächen für schauspielerische oder für ähnliche künstlerische Darbietungen, Sportflächen sind Spielflächen für sportliche Übungen und Wettkämpfe."

nicht als Szenenflächen. Mit dieser Bagatellgrenze von 20 m^2 werden insbesondere Kleinkunst- oder Musikveranstaltungen im Gaststättenbereich privilegiert.[9]

60 Der Begriff „Podien" wird zwar in der MVStättVO mehrfach verwendet (§ 3 Absatz 4 und 6, § 8 Absatz 2, § 11 Absatz 5), ist jedoch nicht in § 2 definiert. Der Begriff bezeichnet den Unterbau für eine gegenüber dem Fußboden des Raumes erhöhte Fläche für Darbietungen. Bei der Fläche kann es sich um eine Szenenfläche handeln, um eine breitere und tiefere Stufe oder auch nur um die kleine Fläche für ein erhöht stehendes Rednerpult.

6. Theatergebäude

61 **Absatz 5** fasst die für traditionelle Theatergebäude mit Rahmenbühne bauaufsichtlich bedeutenden Definitionen zusammen. Die Begriffe „**Zuschauerhaus**" in Nummer 1, „**Bühnenhaus**" in Nummer 2 und „**Bühnenöffnung**" in Nummer 3 entsprechen den theatertechnischen Begriffen der DIN 56 920-2.

62 Weitere theatertechnische Begriffe werden in den Einzelblättern der DIN-Reihe 56 920 „Theatertechnik" definiert.[10]

63 Die Nummer 4 stellt klar, dass es sich bei einer Bühne im bauordnungsrechtlichen Sinn um einen Raum und nicht um eine Fläche handelt und dass die Ober- und die Unterbühne sowie alle Bühnenerweiterungen, wie Seiten- und Hinterbühnen, zu diesem Raum gehören. Der Begriff ist mit dem theatertechnischen Begriff identisch.

64 Die Nummern 5 bis 7 dienen der Definition der **Großbühne**. Die Definitionen sind klarstellend erforderlich, da die MVStättVO an Großbühnen besondere sicherheitstechnische Anforderungen stellt. Die Nummer 5 enthält den neu in der MVStättV 2002 definierten Begriff der „Großbühne".

---

9 Vgl. dazu auch § 3 Absatz 6 Halbsatz 2.

10 DIN 56 920-1:1970-07
Theatertechnik: Begriffe für Theater- und Bühnenarten;
DIN 56 920-2:1970-07
Theatertechnik: Begriffe für Theatergebäude;
DIN 56 920-3:2017-10
Theatertechnik: Begriffe für bühnentechnische Einrichtungen;
DIN 56 920-4:2013-01
Theatertechnik – Teil 4: Begriffe für beleuchtungstechnische Einrichtungen.

Hat die Bühne mehr als 200 m^2 Bühnenfläche oder eine Oberbühne mit mehr als 2,50 m lichter Höhe oder eine begehbare Unterbühne, dann handelt es sich um eine Großbühne. Nur für diese Großbühnen schreibt § 22 ein eigenes Bühnenhaus mit Schutzvorhang vor. **65**

Durch den Wegfall der in der VStättVO 1978 verwendeten Begriffe „Mittelbühne“ und „Kleinbühne“ wird der Bestandsschutz für diese Bühnen nicht berührt. Insbesondere bedeutet die Änderung der Rechtslage nicht, dass diejenigen „Mittelbühnen“, die künftig den Großbühnen zugerechnet werden, auf das Anforderungsniveau der Großbühnen nachgerüstet werden müssten. Nach § 2 Absatz 4 Satz 2 Nummer 2 VStättVO 1978 lag eine Mittelbühne vor, wenn die Grundfläche der Bühne 150 m^2, die der Bühnenerweiterungen 100 m^2 nicht überschritten hat und die Höhe der Bühne bis zur Decke oder bis zur Unterkante des Rollenbodens das Zweifache der Höhe der Bühnenöffnung nicht überschritt. **66**

Faktisch dürfte die Mehrzahl der im letzten oder vorletzten Jahrhundert entstandenen Theater und Opernhäuser bereits bisher unter den Begriff der „Vollbühne“ gefallen sein. Bei wesentlichen baulichen Änderungen an bestehenden Mittelbühnen, insbesondere bei Modernisierungen, ist jedoch zu beachten, ob die Bühne künftig als Großbühne einzustufen ist. **67**

Nummer 6 definiert den Begriff der Unterbühne und stellt klar, dass es sich dabei um den unter dem Bühnenboden liegenden begehbaren Teil des Bühnenraums handelt. Der Raum unter dem hölzernen Bühnenboden erfüllt nur dann den Begriff einer Unterbühne, wenn er in aufrechter Körperhaltung begehbar, also mindestens 2 m hoch, und zur Aufnahme einer Untermaschinerie, also der technischen Einrichtungen zur Bewegung der Hubpodien, Drehbühnen und Bühnenklappen, geeignet ist. Darauf, ob in dem Raum tatsächlich eine Untermaschinerie installiert ist, kommt es nicht an. Ist der Raum unter dem Bühnenboden nicht begehbar, so erfüllt er nicht den Begriff einer Unterbühne. So sind hydraulische Hubeinrichtungen in einem Konzertsaal, mit deren Hilfe einzelne Segmente der Szenenfläche in der Höhe verstellt werden können, dann nicht als Unterbühne zu bewerten, wenn der Raum unter diesen Segmenten zwar die Mechanik aufnimmt, jedoch nicht begehbar ist. **68**

Ist der Raum unter dem Bühnenboden durch eine Decke im Sinne des § 3 Absatz 1 vom Bühnenraum abgetrennt, so handelt es sich nicht um eine „Unterbühne“, sondern um einen Raum unter der Bühne. Der Raum zwischen dem Boden eines im Versammlungsraum aufgestellten **69**

Podiums und dem Boden des Versammlungsraums erfüllt nicht den Begriff einer Unterbühne.

70 Nummer 7 definiert die Oberbühne; das ist der über dem oberen Abschluss der Bühnenöffnung liegende begehbare Teilraum der Bühne, der z. B. der Aufnahme der Scheinwerferinstallation und des Schnürbodens dient. Darauf, dass diese Technik im Einzelfall tatsächlich installiert ist, kommt es nicht an.

71 Ist eine ehemalige Mittelbühne nach den vorstehenden Begriffsdefinitionen künftig als Großbühne einzustufen genießt sie in baulicher Hinsicht Bestandsschutz. **Die für Großbühnen geltenden Betriebsvorschriften (vgl. § 40 Absatz 2 und 3, § 41 Absatz 2) sind** in diesem Fall nach Maßgabe des § 46 Absatz 2 allerdings auch für sie **unmittelbar anzuwenden**, wenn die zuständigen Bauaufsichtsbehörden auf Antrag keine Befreiung erteilen.

7. Mehrzweckhallen

72 Der Begriff der Mehrzweckhalle nach **Absatz 6** stellt auf die objektive Eignung der Halle für unterschiedliche Veranstaltungsarten ab und macht deutlich, dass eine Halle immer eine Überdachung voraussetzt.

73 Auch eine Versammlungsstätte, deren Überdachung ganz oder teilweise geöffnet werden kann, erfüllt den Begriff der Mehrzweckhalle und nicht den Begriff einer Versammlungsstätte im Freien oder eines Sportstadions. Bei mehrfachen Nutzungsmöglichkeiten ist schon hinsichtlich der baulichen Anforderungen auf die Nutzung abzustellen, von der die größten Gefährdungen ausgehen können. Für die Planung von Mehrzweckhallen hat der DIN e. V. die Normenreihe DIN 18032, insbesondere die DIN 18032-1[11] erarbeitet, die für Sporthallen und Sporträume sowie für Mehrzwecknutzung gilt.

74 Ist eine Versammlungsstätte für verschiedene Veranstaltungsarten objektiv geeignet (nicht nur für verschiedene Veranstaltungen), so kann ihre Nutzung durch den Betreiber oder die Bauaufsichtsbehörde auf eine

11 Die Normenreihe DIN 18032 ist nicht als Technische Baubestimmung eingeführt:
DIN 18032-1:2014-11
Sporthallen – Hallen und Räume für Sport und Mehrzwecknutzung – Teil 1: Grundsätze für die Planung;
DIN 18032-6:2014-07
Sporthallen – Hallen und Räume für Sport und Mehrzwecknutzung – Teil 6: Bauliche Maßnahmen für Einbau und Verankerung von Sportgeräten.

bestimmte Veranstaltungsart beschränkt werden, z.B. als Turnhalle, Messehalle, Schwimmhalle etc. mit der Folge, dass sie dann nicht mehr den Anforderungen an Mehrzweckhallen unterliegt.

8. Studios

Der in **Absatz 7** definierte Begriff ist mit dem in § 2 Nummer 2 Unfall- 75
verhütungsvorschriften der DGUV Vorschrift 17[12] geregelten Begriff identisch. Der Begriff erfasst sämtliche Arten von Produktionsstätten dieser Medienindustrie. Im Sinne der MVStättVO relevant sind jedoch nur diejenigen Studios, in denen sich mehr als 200 Besucher befinden, was regelmäßig nur bei Fernsehproduktionen der Fall sein wird.

9. Foyers

Die MVStättVO definiert in **Absatz 8** das „Foyer" als wichtigen Gebäu- 76
deteil eines Theaters oder einer Mehrzweckhalle. Mit dem Begriff Foyer wurde ursprünglich der Vorraum, beziehungsweise der Empfangsraum oder die Wandelhalle vor dem Zuschauerraum eines Opernhauses oder Theaters bezeichnet. Der Begriff Foyer wird mittlerweile auch für die Bezeichnung von Empfangsräumen in anderen Gebäuden, wie Hotels, Sportanlagen, Mehrzweckhallen oder öffentlichen Verwaltungsgebäuden, genutzt. Seltener wird der Empfangsraum mit dem englischen Begriff „Lobby" bezeichnet. In den Empfangsräumen werden oft Getränke oder Speisen gereicht oder auch Veranstaltungen durchgeführt. Die Besucher halten sich dort vor dem Beginn und in den Pausen der Veranstaltung auf. Foyers sind Aufenthaltsräume im Sinne des § 2 Absatz 5 MBO.

Wegen der multifunktionalen Nutzung der Foyers bestimmt § 2 Ab- 77
satz 3 Satz 2, dass Foyers Versammlungsräume im Sinne des Absatzes 1 sind. Für die Führung und Bemessung der Rettungswege aus Foyers müssen daher die §§ 6 und 7 beachtet werden.

Foyers können auch mit den notwendigen Fluren und den notwendigen 78
Treppen aus anderen Geschossen ein Erschließungs- und Rettungswegsystem bilden. Werden Rettungswege aus anderen Versammlungsräu-

12 Die gewerblichen Berufsgenossenschaften und die Unfallversicherungsträger der öffentlichen Hand werden seit dem 1. Juni 2007 von einem gemeinsamen Spitzenverband, dem Spitzenverband „Deutsche Gesetzliche Unfallversicherung" (DGUV), vertreten. Die DGUV-Vorschriften ersetzen die bisherigen Vorschriften der gewerblichen Berufsgenossenschaften und der Unfallversicherungsträger der öffentlichen Hand.

men, z.B. einem angrenzenden Veranstaltungssaal, oder aus einem anderen Geschoss durch das Foyer geführt, sind die Regelungen des § 6 Absatz 3 und § 20 Absatz 3 zu beachten. Ferner müssen die Ausgänge aus dem Foyer dann nicht nach den Besucherplätzen nur des Foyers bemessen werden, sondern müssen auch die Zahl der Besucher auf den durch das Foyer geführten Rettungswegen aus anderen Versammlungsräumen berücksichtigen.

10. Ausstattungen, Requisiten, Ausschmückungen

79 Im Vergleich zur alten Fassung sind in den Begriffsbestimmungen der **Absätze 9 bis 11** ferner die Unterschiedsmerkmale für Requisiten, Ausstattungen und Ausschmückungen neu aufgenommen worden. Soweit die MVStättVO Begriffe nicht eigenständig definiert, werden die theatertechnischen Begriffe im Sinne der Begriffsbestimmungen der DIN 56920: 1979-07 Theatertechnik – Blatt 1 bis 3 – und der Unfallverhütungsvorschriften verwendet. Die Begriffe **„Requisiten" und „Ausstattungen" im Sinne der MVStättVO** sind bereits dem Wortlaut der Vorschrift nach **auf Bühnen oder Szenenflächen beschränkt**.

80 Die **bestimmungsgemäße Einrichtung eines Versammlungsraumes** (wie Möbel, Fenstervorhänge, Tischdecken, Sitzkissen) **fällt nicht unter die Begriffe „Requisiten" oder „Ausstattungen"**. Die MVStättVO stellt damit Anforderungen an diese nur auf Szenenflächen. Außerhalb von Szenenflächen bestehen Anforderungen an einzelne Einrichtungsgegenstände nur dann, wenn diese in der MVStättVO ausdrücklich benannt sind (so in § 33 Absatz 2).

81 Der Begriff „**Ausschmückungen**" umfasst auch Dekorationsgegenstände außerhalb der Bühnen oder Szenenflächen. Wie aus dem Wort „insbesondere" hervorgeht, ist die Aufzählung in **Absatz 11** Satz 2 nur beispielhaft.

82 Für die Verwendung von Ausstattungen, Requisiten und Ausschmückungen enthalten die §§ 33 und 34 Betriebsvorschriften mit materiellen Anforderungen an die Materialeigenschaften und den Umgang mit diesen Gegenständen.

11. Sportstadien

83 Die MVStättVO verwendet in **Absatz 12** nicht mehr den Begriff der Sportstätte der VStättVO, sondern den Begriff Sportstadion. Der Begriff

Sportstadion setzt voraus, dass es sich um eine Versammlungsstätte im Freien gemäß Absatz 1 Nummer 2 handelt, die aus einer nicht überdachten Sportfläche besteht, die teilweise oder vollständig von Tribünen (Absatz 13) umgeben ist. Ist die nicht überdachte Sportfläche überwiegend von Tribünen umgeben, dann handelt es sich bei der Sportfläche um einen Innenbereich im Sinne des Absatzes 14. Die Tribünen für Zuschauer können überdacht oder nicht überdacht sein, die Sportfläche darf dagegen nicht überdacht sein.

Sportstadien fallen in den Anwendungsbereich der MVStättVO, wenn sie mehr als 5000 Besucherplätze haben. Ist die Sportfläche einer Sportstätte lediglich von Besucherplätzen auf ebener Fläche ohne Tribünen umgeben, fällt diese nicht unter den Begriff Sportstadion. 84

Sind sowohl die Tribünen als auch die Spielfläche überdacht, handelt es sich begrifflich nicht um ein Sportstadion, sondern um eine Mehrzweckhalle nach § 2 Absatz 6. Moderne Stadionbauten bestehen nicht nur aus der Stadionschüssel, also der von Tribünen umgebenen, nicht überdachten Sportfläche. Die von Tribünen umgebene nicht überdachte Sportfläche ist ein Innenbereich im Sinne des Absatzes 14. Die Rettungswege aus dem Innenbereich und von den Besucherplätzen der Tribünen werden durch die Unterkonstruktion aus dem Stadion ins Freie geführt. 85

In der Regel nimmt die Unterkonstruktion der Tribünen nicht nur die Rettungswege auf, sondern besteht aus einem Gebäude mit unterschiedlich genutzten Räumen. Neben den für die Sportler vorgesehenen Räumen und den Sanitärräumen befinden sich in diesen Gebäuden auch Foyers, größere Gastronomiebereiche, geschlossene Lounges und andere Versammlungsräume für Besucher. 86

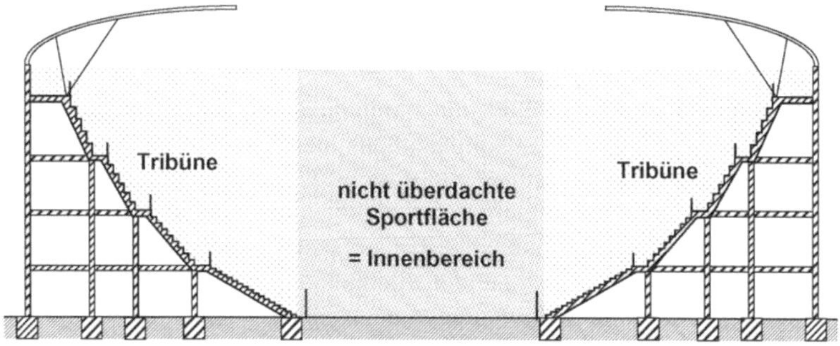

87 Hinsichtlich der Anforderungen der MVStättVO muss daher danach unterschieden werden, ob es sich um Anforderungen an das Stadion, also die Tribünen und den Innenbereich und deren Rettungswege, oder um Anforderungen an Versammlungsräume in der Unterkonstruktion des Stadions handelt. Die Anforderungen der MVStättVO an Versammlungsstätten gelten für alle Versammlungsstätten, also auch für Sportstadien.

88 Auf die **Tribünenbereiche und den Innenbereich von Sportstadien**, die hinsichtlich einer Brandausbreitung mit Versammlungsstätten im Freien vergleichbar sind, sind nicht alle Regelungen der MVStättVO anzuwenden, und zwar auch dann nicht, wenn die Tribünen überdacht sind. Wenn die **Sportfläche nicht überdacht** ist, wird auch der Bereich der überdachten Tribünen wie eine Versammlungsstätte im Freien behandelt. Dies ergibt sich z. B. aus der Wertung des § 7 Absatz 4 Satz 3, der Sportstadien und Versammlungsstätten im Freien hinsichtlich der Breite der Rettungswege gleich behandelt. In beiden Fällen kann eine Verrauchung der Rettungswege nicht eintreten, da etwaiger Rauch auch dann ungehindert abziehen kann, wenn die Tribünen überdacht sind. So sind auf den Tribünenbereich und den Innenbereich von Sportstadien die Vorschriften über die Rauchableitung nach § 16 Absatz 2 und 3, die Lüftung nach § 17 Absatz 2 oder über automatische Feuerlöschanlagen nach § 19 nicht anzuwenden.

89 Anders verhält es sich bei dem **unterhalb der Tribünen liegenden Gebäudeteil**. Bestehen in diesem Gebäudeteil z. B. Foyers, Gastronomiebereiche oder andere Versammlungsräume mit mehr als 200 Besucherplätzen, dann ist dieser Gebäudeteil Versammlungsstätte im Sinne des § 1 Absatz 1 Nummer 1 mit der Folge, dass alle für Versammlungsräume geltenden Anforderungen anzuwenden sind.

12. Tribünen

90 **Absatz 13** definiert Tribünen als bauliche Anlagen mit ansteigenden Steh- oder Sitzplatzreihen (Stufenreihen) für Besucher. Diese Begriffsbestimmung gilt für Versammlungsstätten im Freien unabhängig davon, ob es sich um dauerhaft errichtete Tribünenanlagen, z. B. in einer Arena, handelt oder ob die Tribüne wie ein Fliegender Bau dazu bestimmt ist, wiederholt im Freien zerlegt und aufgebaut zu werden. In beiden Fällen handelt es sich um bauliche Anlagen nach Maßgabe der MBO.

Für den Anwendungsbereich der MVStättVO zu beachten ist, dass der Aufbau einer Tribüne als Fliegender Bau nach Maßgabe der Neufassung von § 1 Absatz 1 Nummer 2 MVStättVO zusammen mit den weiteren in der Vorschrift genannten Kriterien nicht mehr ausreicht, den Anwendungsbereich der MVStättVO zu eröffnen. Gleiches gilt für Freisportanlagen, die nur dann in den Geltungsbereich der MVStättVO fallen, wenn sie Tribünen besitzen, die nicht nur vorübergehend als fliegende Bauten errichtet sind, und die Freisportanlagen insgesamt mehr als 5000 Besucherplätze aufweisen. **91**

Innerhalb eines Versammlungsraums, also z.B. in einer Mehrzweckhalle, ist zu unterscheiden, ob es sich bei der Tribüne um eine mit dem Gebäude über Wände oder den Boden konstruktiv verbundene Tribünenanlage handelt oder ob die Tribüne lediglich vorübergehend mobil aufgebaut wird. Für die mit dem Gebäude konstruktiv fest verbundene Tribünenanlage gelten uneingeschränkt alle baulichen und technischen Anforderungen der Teile I und II der MVStättVO. Für mobile Tribünenanlagen gilt dies hingegen nicht. Für mobile Tribünenanlagen bestehen in der MVStättVO gesonderte Bestimmungen. Die Vorschrift des § 3 Absatz 6 bestimmt insoweit: „Die Unterkonstruktion der Fußböden von Tribünen und Podien, die veränderbare Einbauten in Versammlungsräumen sind, muss aus nichtbrennbaren Baustoffen bestehen." **92**

Die Vorschrift des § 3 Absatz 7 verlangt, dass veränderbare Einbauten in Versammlungsstätten in ihrer Standsicherheit durch dynamische Schwingungen[13] nicht beeinträchtigt werden dürfen. **93**

Der Hintergrund für diese einschränkende Regelung besteht darin, dass Tribünen neben Podien und Ausstellungsständen die am häufigsten vorkommenden veränderbaren Einbauten in Versammlungsstätten mit Versammlungsräumen sind. Diese Sonderregelung für „vorübergehende Einbauten" ist speziell für Versammlungsräume bestimmt. **Hintergrund für diese Regelung ist der besondere Umstand, dass der Aufbau von Tribünen, Podien und Bühnen in Hallen, also in Veranstaltungsräumen, anders als der Aufbau im Freien, stets an die jeweilige Hallengröße individuell angepasst werden muss.** Wäre also eine mobile Tribünenanlage oder Szenenfläche, die in einer Halle aufgebaut werden soll, ein Fliegender Bau müssten unter Umständen unzählige Varianten von Ausführungsgenehmigungen (Prüfbüchern) beantragt und vorgehalten werden. **94**

---

13 Siehe dazu auch Kommentierung zu § 44 Absatz 3.

95 **Die Abgrenzung zwischen „veränderbaren Einbauten" und „baulicher Anlage"** unterstreicht seit dem Jahr 2012 auch der Arbeitskreis „Fliegende Bauten" der Fachkommission „Bauaufsicht". Die aktuelle Auslegungskommentierung der ARGEBAU zu Fliegenden Bauten (Stand Februar 2014) enthält hierzu die folgenden baurechtlichen Hinweise:

> „*Wird eine Tribüne oder Bühne temporär in einem Gebäude aufgestellt, so gilt sie nicht als bauliche Anlage und ist somit kein Fliegender Bau. Eine Gebrauchsabnahme ist daher nicht möglich. Die Aufstellung in einem Gebäude kann allerdings die genehmigte Flucht- und Rettungswegsituation im Gebäude verändern, die ggf. einer gesonderten Betrachtung durch die zuständige Bauaufsichtsbehörde bedarf. Ist ein Prüfbuch vorhanden, kann es zur Beurteilung der Standsicherheit und Tragfähigkeit herangezogen werden.*"[14]

96 Für Zuschauerbereiche liegt im Übrigen eine umfangreiche europäisch harmonisierte Normenreihe vor, die national in die Normenreihe DIN EN 13200 Zuschaueranlagen umgesetzt ist. Für ausfahrbare Tribünen gilt die DIN EN 13200-5, für die demontierbaren Tribünen gilt die DIN EN 13200-6:2006-10.[15]

97 Die Definition der Tribüne als bauliche Anlage hat nicht zur Folge, dass eine in einem Versammlungsraum aufgestellte demontierbare Tribüne als Fliegender Bau zu beurteilen ist und einer Ausführungsgenehmigung nach § 76 Abs. 2 MBO 2002 bedarf. Der Anwendungsbereich der

---

14 Fundstelle: www.bauministerkonferenz.de.

15 DIN EN 13200-1:2019-05
Zuschaueranlagen – Teil 1: Allgemeine Merkmale für Zuschauerplätze;
DIN EN 13200-2:2017-07
Zuschaueranlagen – Kriterien für die räumliche Anordnung von Versorgungsbereichen – Teil 2: Merkmale;
DIN EN 13200-3:2018-12
Zuschaueranlagen – Teil 3: Abschrankungen – Anforderungen;
DIN EN 13200-4:2006-12
Zuschaueranlagen – Teil 4: Sitze – Produktmerkmale;
DIN EN 13200-5:2006-10
Zuschaueranlagen – Teil 5: Ausfahrbare (ausziehbare) Tribünen;
DIN EN 13200-6:2013-03
Zuschaueranlagen – Teil 6: Demontierbare (provisorische) Tribünen;
DIN EN 13200-7:2014-06
Zuschaueranlagen – Teil 7: Eingangs- und Ausgangsanlagen und Wege;
DIN EN 13200-8:2017-07
Zuschaueranlagen – Teil 8: Sicherheitsmanagement.

M-FlBauR erstreckt sich nur auf Fliegende Bauten, die im Freien aufgestellt werden. Für eine Tribüne in einer Halle gelten somit die Anforderungen insbesondere des § 3 Absatz 6 und 7 MVStättVO und nicht die der M-FlBauR.

13. Innenbereich

Die Definition des Innenbereichs in **Absatz 14** ist sowohl für die Beurteilung der Rettungswege als auch für die baulichen Sicherheitsmaßnahmen bei Mehrzweckhallen, Arenen, Zirkussen oder Freilichttheatern, insbesondere jedoch hinsichtlich § 27 bei Sportstadien von Bedeutung. Werden im Innenbereich eines Sportstadions Bühnen aufgebaut und Besucherplätze angeordnet, so sind die §§ 29, 32 sowie die §§ 42 bis 44 zu beachten. Der Innenbereich darf nur dann als Zuschauerbereich genutzt werden, wenn dafür ein genehmigter Bestuhlungs- und Rettungswegeplan vorliegt. **98**

Teil 2
Allgemeine Bauvorschriften

Übersicht

1. Vorbemerkung

Der Teil 2 Allgemeine Bauvorschriften ist in vier Abschnitte unterteilt: 1

- Abschnitt 1 Bauteile und Baustoffe (§§ 3 bis 5),
- Abschnitt 2 Rettungswege (§§ 6 bis 9),
- Abschnitt 3 Besucherplätze und Einrichtungen für Besucher (§§ 10 bis 13)
- Abschnitt 4 Technische Einrichtungen (§§ 14 bis 21).

Die allgemeinen Bauvorschriften geben die Standards für den vorbeugenden baulichen Brandschutz (vgl. Abschnitte 1), für die Flucht- und Rettungswege (vgl. Abschnitte 2 und 3), sowie für die Berücksichtigung der Belange behinderter Menschen (vgl. Abschnitt 3) vor. Umfassende Anforderungen in sicherheitstechnischer Hinsicht enthält Abschnitt 4.[1] 2

2. Verhältnis der MVStättVO zur MBO

Soweit der Verordnungsgeber von der Ermächtigung des § 85 Absatz 1 Nummer 4 MBO Gebrauch gemacht und die Regelungen der MVStättVO als landesrechtliche Verordnung erlassen hat, sind deren materiellrechtliche Vorschriften abschließend und schränken somit das ansonsten auf Grund des § 51 MBO bei Sonderbauten gegebene Ermessen der Bauaufsichtsbehörde ein. Es verbleibt der Bauaufsichtsbehörde allenfalls die Zulassung von Abweichungen von der Sonderbauvorschrift in 3

1 Bayern hat dem Teil 2 Allgemeine Bauvorschriften seiner VStättV einen weiteren Abschnitt „Höhenlage“ hinzugefügt und damit in fünf Abschnitte aufgeteilt. Siehe dazu Kommentierung unter Nummer 9.

den Grenzen des § 67 Absatz 1 MBO.[2] Die Zulassung von Abweichungen ist grundsätzlich nur auf schriftlichen Antrag des Bauherrn möglich, in dem begründet wird, dass die Voraussetzungen für die Zulassung einer Abweichung vorliegen.

4 Soweit der Verordnungsgeber nicht von der Ermächtigung des § 85 Absatz 1 Nummer 4 MBO Gebrauch gemacht hat und die Regelungen der MVStättVO landesrechtlich nur als Richtlinie umgesetzt hat, handelt es sich um eine ermessensleitende Verwaltungsvorschrift. Die materiellrechtlichen Vorschriften der Richtlinie binden die Bauaufsichtsbehörde bei ihrer Ermessensentscheidung auf Grund des § 51 MBO. Aus sachlichen Gründen kann die Bauaufsichtsbehörde im Einzelfall jedoch eine von der Richtlinie abweichende Regelung treffen. Im Rahmen der Anwendung des § 51 MBO müssen von der MBO abweichende besondere Anforderungen in der Baugenehmigung ausdrücklich als Auflagen im Sinne des § 36 Absatz 2 Nummer 4 VwVfG[3] festgesetzt werden.

5 Da es sich bei § 51 MBO um eine eigenständige Ermessensregelung handelt, bedarf es bei der **Zulassung einer Erleichterung** formal nicht einer Abweichungsentscheidung nach § 67 Absatz 1 MBO.

6 Soweit die MVStättVO als Sonderbauvorschrift keine ergänzenden oder abweichenden Anforderungen an das Bauvorhaben stellt, bleibt es im Übrigen bei den allgemeinen Vorschriften der MBO. Dies betrifft alle Bauteile, die in der MVStättVO nicht ausdrücklich benannt sind, wie z. B. die Brandwände.

7 Im Hinblick auf die Anwendung der MBO ist jedoch § 1 Absatz 4 zu beachten, wonach auf tragende und aussteifende sowie auf raumabschließende Bauteile die Anforderungen der MBO an diese Bauteile in Gebäuden der Gebäudeklasse 5 anzuwenden sind, soweit in der MVStättVO

---

2 § 67 Absatz 1 MBO:
„*(1) Die Bauaufsichtsbehörde kann Abweichungen von Anforderungen dieses Gesetzes und aufgrund dieses Gesetzes erlassener Vorschriften zulassen, wenn sie unter Berücksichtigung des Zwecks der jeweiligen Anforderung und unter Würdigung der öffentlich-rechtlich geschützten nachbarlichen Belange mit den öffentlichen Belangen, insbesondere den Anforderungen des § 3 Abs. 1 vereinbar sind. § 3 Abs. 3 Satz 3 bleibt unberührt; …*“

3 § 36 Absatz 2 VwVfG:
„*(2) Unbeschadet des Absatzes 1 darf ein Verwaltungsakt nach pflichtgemäßem Ermessen erlassen werden mit*
…
4. einer Bestimmung, durch die dem Begünstigten ein Tun, Dulden oder Unterlassen vorgeschrieben wird (Auflage); …“

nichts Abweichendes geregelt ist. Ferner bestimmt § 1 Absatz 4, dass die Erleichterungen des § 30 Absatz 3 Satz 2, § 31 Absatz 4 Nummer 1 und 2, § 36 Absatz 1 Satz 2 Nummer 2, § 39 Absatz 1 Nummer 4, § 40 Absatz 1 Nummer 1 und 3 sowie des § 41 Absatz 5 Nummer 1 und 3 MBO nicht anzuwenden sind.

3. Vorbeugender Brandschutz

Für das Verständnis und die Auslegung der brandschutzrelevanten Vorschriften ist die grundsätzliche Konzeption des vorbeugenden Brandschutzes der MBO von Bedeutung. **8**

Gemäß § 14 MBO sind Bauliche Anlagen so anzuordnen, zu errichten, zu ändern und instandzuhalten, dass **9**

- der Entstehung eines Brandes vorgebeugt wird,
- der Ausbreitung von Feuer und Rauch (Brandausbreitung) vorgebeugt wird,
- bei einem Brand die Rettung von Menschen und Tieren möglich ist und
- wirksame Löscharbeiten möglich sind.

Der Begriff „Brandausbreitung" ist in § 14 MBO legaldefiniert und beinhaltet die Ausbreitung von Feuer und Rauch. **10**

Bauordnungsrechtlich wird zwischen dem vorbeugenden Brandschutz in der Zuständigkeit der Bauaufsichtsbehörde und dem abwehrenden Brandschutz in der Zuständigkeit der Feuerwehr unterschieden. Zum vorbeugenden Brandschutz gehören: **11**

- bauliche Brandschutz,
- anlagentechnische Brandschutz,
- betriebliche (organisatorische) Brandschutz.

Den in § 14 MBO genannten Schutzzielen dienen u.a. der konstruktive Brandschutz, die Verwendung von Baustoffen mit entsprechender Brandklasse (vgl. § 3 Absatz 1), die Bildung von Brand- und Rauchabschnitten, die sachgerechte Elektroinstallationen, die Verwendung von Alarmanlagen und automatischen Löschanlagen (vgl. § 19), die ausreichende Bemessung von Flucht- und Rettungswegen (vgl. §§ 6 ff.), die Rauchfreihaltung (§ 16), die Bereitstellung optimaler Brandmelde- und Einsatzstrukturen für die Feuerwehr (vgl. §§ 20, 26) und insbesondere auch die Betriebsvorschriften des Teils 4. **12**

13 Nach der Konzeption der MVStättVO gilt das **Primat der sicheren Räumung der Versammlungsstätte im Gefahrenfall**. Danach sind vorrangig insbesondere die Zuschauer- und Rettungswegebereiche rauch- und schadstoffarm und die Entfernungen der Besucherplätze zu den Entfluchtungsmöglichkeiten gering zu halten (vgl. §§ 6 ff.). Neben den Anforderungen an tragende Bauteile (§ 3 Absatz 1) ist in diesem Zusammenhang auch auf die Schutzanforderungen für Tribünen (§ 3 Absatz 6) und Sitzplätze (§ 33 Absatz 2) hinzuweisen.

4. Feuerwiderstandsdauer und Brandverhalten

14 Die allgemeinen Anforderungen des § 26 MBO an Bauteile zur Gewährleistung einer bestimmten Dauer der Feuerwiderstandsfähigkeit werden durch die Bezeichnungen „feuerhemmend“, „hochfeuerhemmend“ und „feuerbeständig“ ausgedrückt.

15 Zusätzlich werden die Bauteile nach dem Brandverhalten ihrer Baustoffe unterschieden in

- Bauteile aus nichtbrennbaren Baustoffen,
- Bauteile, deren tragende und aussteifende Teile aus nichtbrennbaren Baustoffen bestehen und die bei raumabschließenden Bauteilen zusätzlich eine in Bauteilebene durchgehende Schicht aus nichtbrennbaren Baustoffen haben,
- Bauteile, deren tragende und aussteifende Teile aus brennbaren Baustoffen bestehen und die allseitig eine brandschutztechnisch wirksame Bekleidung aus nichtbrennbaren Baustoffen (Brandschutzbekleidung) und Dämmstoffen haben,
- Bauteile aus brennbaren Baustoffen.

16 Bei Bauteilen oder Baustoffen kann der Nachweis durch Bezugnahme auf die Klassifizierung nach der Normenreihe DIN 4102 oder nach der europäischen harmonisierten Normenreihe DIN EN 13501 erfolgen. Soweit Bauteile oder Baustoffe verwendet werden, die nicht klassifiziert sind, muss das Brandverhalten im Einzelfall durch Prüfzeugnisse einer Materialprüfanstalt nachgewiesen werden. Die dabei anzuwendenden Prüfverfahren sind ebenfalls in den Normenreihen DIN 4102 bzw. DIN EN 13501 geregelt.

Die Anforderungen des § 26 MBO sind in den für Versammlungsstätten bedeutsamen Klassen der DIN 4102-2:1977-09, Abschnitt 8.8.2, Tabelle 2 geordnet. Die Feuerwiderstandklasse „hochfeuerhemmend" ist nach § 1 Absatz 4 Satz 1 bei Versammlungsstätten ausgeschlossen. 17

Bauaufsichtliche Anforderung nach MBO*	**Klassen nach DIN 4102-2**	**Kurzbezeichnung nach DIN 4102-2**
feuerhemmend	Feuerwiderstandsklasse F 30	F 30-B
feuerhemmend und aus nichtbrennbaren Baustoffen	Feuerwiderstandsklasse F 30 und aus nichtbrennbaren Baustoffen	F 30-A
feuerbeständig (tragende und aussteifende Bauteile nicht brennbar)	Feuerwiderstandsklasse F 90 und in den wesentlichen Teilen aus nichtbrennbaren Baustoffen	F 90-AB
feuerbeständig und aus nichtbrennbaren Baustoffen	Feuerwiderstandsklasse F 90 und aus nichtbrennbaren Baustoffen	F 90-A

* Die Feuerwiderstandklasse „hochfeuerhemmend" ist nach § 1 Absatz 4 Satz 1 bei Versammlungsstätten ausgeschlossen.

Die Grundlagendokumente zur EU-Bauproduktenverordnung konkretisieren die „wesentlichen Anforderungen an Bauwerke". Die Grundlagendokumente der Mitteilung der Kommission der Europäischen Gemeinschaften sind im Amtsblatt der Europäischen Gemeinschaft veröffentlicht.[4] 18

Das Grundlagendokument Nummer 2 „Brandschutz" unterscheidet bei den Feuerwiderstandsklassen nicht nur nach der Feuerwiderstandsdauer, sondern auch danach, ob das Bauteil eine tragende oder raumabschließende Funktion hat. 19

4 Mitteilung der Kommission über die Grundlagendokumente der Richtlinie des Rates 89/106/EWG, ABl. EG C 62 vom 28.2.1994, S. 1.

Bauaufsichtliche Anforderung nach MBO*	**Tragende Bauteile**		**Nichttragende Innenwände mit Raumabschluss**
	ohne Raumabschluss	**mit Raumabschluss**	
feuerhemmend	R 30	REI 30	EI 30
feuerbeständig	R 90	REI 90-A1	EI 90
Brandwand		REI 90-M	EI 90-M
Geschossdecken		REI 90-A1	
Wände notwendiger Treppenräume und deren Vorräume		REI-M 90-A1	
Wände der Fahrschächte von Aufzügen		REI-M 90-A1	
Wände der Fahrschächte von Feuerwehraufzügen und deren Vorräume		REI-M 90-A1	

* Die Feuerwiderstandklasse „hochfeuerhemmend" ist nach § 1 Absatz 4 Satz 1 bei Versammlungsstätten ausgeschlossen.

20 Die im Einzelfall für das Bauvorhaben einer Versammlungsstätte erforderliche Feuerwiderstandsdauer der Bauteile und das Brandverhalten der Baustoffe und im Fall der Versammlungsstätten auch der Materialien, an die die Anforderungen gestellt werden, sind im Brandschutzkonzept nach § 44 Absatz 1 darzulegen und in den bautechnischen Nachweisen im Einzelnen anzugeben.

21 Die Führung des Brandschutznachweises ist in § 11 Absatz 1 der Musterbauvorlagenverordnung (MBauVorlV)[5] speziell geregelt. Für Sonderbauten sind nach § 11 Absatz 2 MBauVorlV zusätzliche Angaben erforderlich.

5 Muster einer Verordnung über Bauvorlagen und bauaufsichtliche Anzeigen (Musterbauvorlagenverordnung) – MBauVorlV, Stand 02-2007, Fundstelle: www.bauminister konferenz.de.

Musterbauvorlagenverordnung:

§ 11 Brandschutznachweis

(1) Für den Nachweis des Brandschutzes sind im Lageplan, in den Bauzeichnungen und in der Baubeschreibung, soweit erforderlich, insbesondere anzugeben:

1. das Brandverhalten der Baustoffe (Baustoffklasse) und die Feuerwiderstandsfähigkeit der Bauteile (Feuerwiderstandsklasse) entsprechend den Benennungen nach § 26 MBO oder entsprechend den Klassifizierungen nach den Anlagen zur Bauregelliste A Teil 1,

2. die Bauteile, Einrichtungen und Vorkehrungen, an die Anforderungen hinsichtlich des Brandschutzes gestellt werden, wie Brandwände und Decken, Trennwände, Unterdecken, Installationsschächte und -kanäle, Lüftungsanlagen, Feuerschutzabschlüsse und Rauchschutztüren, Öffnungen zur Rauchableitung, einschließlich der Fenster nach § 35 Abs. 8 Satz 2 MBO,

3. die Nutzungseinheiten, die Brand- und Rauchabschnitte,

4. die aus Gründen des Brandschutzes erforderlichen Abstände innerhalb und außerhalb des Gebäudes,

5. der erste und zweite Rettungsweg nach § 33 MBO, insbesondere notwendige Treppenräume, Ausgänge, notwendige Flure, mit Rettungsgeräten der Feuerwehr erreichbare Stellen einschließlich der Fenster, die als Rettungswege nach § 33 Abs. 2 Satz 2 MBO dienen, unter Angabe der lichten Maße und Brüstungshöhen,

6. die Flächen für die Feuerwehr, Zu- und Durchgänge, Zu- und Durchfahrten, Bewegungsflächen und die Aufstellflächen für Hubrettungsfahrzeuge,

7. die Löschwasserversorgung.

(2) Bei Sonderbauten, Mittel- und Großgaragen müssen, soweit es für die Beurteilung erforderlich ist, zusätzlich Angaben gemacht werden insbesondere über:

1. brandschutzrelevante Einzelheiten der Nutzung, insbesondere auch die Anzahl und Art der die bauliche Anlage nutzenden Personen sowie Explosions- oder erhöhte Brandgefahren, Brandlasten, Gefahrstoffe und Risikoanalysen,

2. Rettungswegbreiten und -längen, Einzelheiten der Rettungswegführung und -ausbildung einschließlich Sicherheitsbeleuchtung und -kennzeichnung,

> *3. technische Anlagen und Einrichtungen zum Brandschutz, wie Branderkennung, Brandmeldung, Alarmierung, Brandbekämpfung, Rauchableitung, Rauchfreihaltung,*
>
> *4. die Sicherheitsstromversorgung,*
>
> *5. die Bemessung der Löschwasserversorgung, Einrichtungen zur Löschwasserentnahme sowie die Löschwasserrückhaltung,*
>
> *6. betriebliche und organisatorische Maßnahmen zur Brandverhütung, Brandbekämpfung und Rettung von Menschen und Tieren wie Feuerwehrplan, Brandschutzordnung, Werkfeuerwehr, Bestellung von Brandschutzbeauftragten und Selbsthilfekräften.*
>
> *Anzugeben ist auch, weshalb es der Einhaltung von Vorschriften wegen der besonderen Art oder Nutzung baulicher Anlagen oder Räume oder wegen besonderer Anforderungen nicht bedarf (§ 51 Satz 2 MBO). Der Brandschutznachweis kann auch gesondert in Form eines objektbezogenen Brandschutzkonzeptes dargestellt werden.*

5. Technische Baubestimmungen

22 Die in der MVStättVO teilweise verwendeten **unbestimmten Rechtsbegriffe** werden insbesondere durch die „Technischen Baubestimmungen" ausgefüllt und konkretisiert.

23 Mit seinem Urteil vom 16. Oktober 2014 in der Rechtssache C-100/13 hat der Europäische Gerichtshof entschieden, dass die Bundesrepublik Deutschland durch zusätzliche Anforderungen in den Bauregellisten gegen ihre Verpflichtungen aus der Bauproduktenrichtlinie, insbesondere aus deren Art. 4 Abs. 2 und Art. 6 Abs. 1, verstoßen hat.

24 Auf Grund dieser noch auf die Bauproduktenrichtlinie bezogenen Entscheidung hat die Fachkommission Bauaufsicht die Regelungen der MBO über Bauprodukte geändert. Dabei wurden die Vorschriften der MBO auch an die am 25. April 2011 in Kraft getretene EU-Bauproduktenverordnung[6] angepasst, die nun in allen Mitgliedstaaten der Europäischen Union unmittelbar geltendes Recht ist.[7]

---

6 Verordnung (EU) Nr. 305/2011 des Europäischen Parlaments und des Rates vom 9. März 2011 zur Festlegung harmonisierter Bedingungen für die Vermarktung von Bauprodukten und zur Aufhebung der Richtlinie 89/106/EWG des Rates, ABl. L 88 vom 4. April 2011, S. 5. (EU-Bauproduktenverordnung).

7 Siehe dazu oben Einleitung Rn. 80 ff.

§ 3 der MBO ist neu gefasst und verweist nun ausdrücklich auf die Grundanforderungen an Bauwerke gemäß Anhang I der Verordnung (EU) Nr. 305/2011, also der EU-Bauproduktenverordnung. 25

Die noch auf Grund des § 3 Absatz 3 MBO bekannt gemachte Muster-Liste der Technischen Baubestimmungen wurde 2017 durch die „Muster-Verwaltungsvorschrift Technische Baubestimmungen“ (MVV TB) ersetzt, die vom Deutschen Institut für Bautechnik im Auftrag der obersten Bauaufsichtsbehörden bekannt gemacht wurde.[8] Rechtsgrundlage dafür, die allgemeinen Anforderungen an bauliche Anlagen, Bauprodukte und andere Anlagen und Einrichtungen durch Technische Baubestimmungen zu konkretisieren, ist nunmehr § 85a Absatz 1 MBO. Diese Konkretisierung ist durch die Muster-Verwaltungsvorschrift erfolgt. Nach § 85a Absatz 1 Satz 2 MBO sind die Technischen Baubestimmungen zu beachten; sie sind also allgemeinverbindlich und binden sowohl die am Bau Beteiligten als auch die Bauaufsichtsbehörden. 26

§ 85a Absatz 2 MBO enthält einen umfangreichen Katalog, auf welche Anforderungen an Bauprodukte und Bauteile sich die Technischen Baubestimmungen beziehen und welche weiteren Regelungen getroffen werden können. Die obersten Bauaufsichtsbehörden haben von der Ermächtigung des § 85a MBO Gebrauch gemacht. Die Muster-Verwaltungsvorschrift Technische Baubestimmungen, die 330 Seiten umfasst, wurde erstmals im August 2017 durch das Deutsche Institut für Bautechnik (DIBt) bekannt gemacht. 27

Die obersten Bauaufsichtsbehörden haben in die MVV TB nur solche Inhalte als Technische Baubestimmungen aufgenommen, die zur Erfüllung der Anforderungen der MBO an bauliche Anlagen, Bauprodukte und andere Anlagen und Einrichtungen unerlässlich sind. 28

Die Bauaufsichtsbehörden können jedoch im Rahmen ihrer Entscheidungen zur Ausfüllung unbestimmter Rechtsbegriffe auch auf allgemein anerkannte Regeln der Technik zurückgreifen, die keine Technischen Baubestimmungen sind. 29

---

8 Die Bekanntmachung durch das DIBt erfolgt auf Grund des § 85a Absatz 5 MBO: *„(5) Das Deutsche Institut für Bautechnik macht nach Anhörung der beteiligten Kreise im Einvernehmen mit der obersten Bauaufsichtsbehörde zur Durchführung dieses Gesetzes und der auf Grund dieses Gesetzes erlassenen Rechtsverordnungen die Technischen Baubestimmungen nach Abs. 1 als Verwaltungsvorschrift bekannt. Die nach Satz 1 bekannt gemachte Verwaltungsvorschrift gilt als Verwaltungsvorschrift des Landes, soweit die oberste Bauaufsichtsbehörde keine abweichende Verwaltungsvorschrift erlässt.“*

30 Zur Ausstrahlungswirkung von allgemein anerkannten Regeln der Technik hat der Bundesgerichtshof bereits mehrfach in zivilrechtlichen Haftungsprozessen Stellung bezogen. Dies gilt insbesondere für die auf freiwillige Beachtung ausgerichteten Empfehlungen in DIN-Normen des Deutschen Instituts für Normung e. V. „*Diese spiegeln den Stand der für die betreffenden Kreise geltenden anerkannten Regeln der Technik wider und sind somit zur Bestimmung des nach der Verkehrsauffassung zur Sicherheit Gebotenen in besonderer Weise geeignet*“.[9]

31 Die nicht in der Liste der technischen Baubestimmungen aufgeführten technischen Regeln, insbesondere die „allgemein anerkannten Regeln der Technik“ sind nicht bauaufsichtlich eingeführt. Die Einhaltung dieser nicht bauaufsichtlich eingeführten allgemein anerkannten Regeln der Technik wird daher von den Bauaufsichtsbehörden nicht geprüft. Sie sind jedoch von den am Bau Beteiligten privatrechtlich zu beachten. Die allgemein anerkannten Regeln der Technik werden in der Regel nach der Verdingungsordnung für Bauleistungen (VOB) als Bestandteil in den Werkvertrag (§ 631 BGB) für die Errichtung oder Änderung eines Gebäudes aufgenommen und sind für den Umfang der geschuldeten Leistung und die Beurteilung der fachgerechten Herstellung des Gebäudes von Bedeutung.

32 Die allgemein anerkannten Regeln der Technik sind ferner im Fall einer Baugefährdung nach § 319 StGB von strafrechtlicher Bedeutung.[10]

---

9 Vgl. Senatsurteil vom 13.3.2001 – VI ZR 142/00, BGHZ 103, 338, 342; Senatsurteil vom 12.11.1996 – VI ZR 270/95, VersR 1997, 249, 250.

10 § 319 StGB:
„(1) Wer bei der Planung, Leitung oder Ausführung eines Baues oder des Abbruchs eines Bauwerks gegen die allgemein anerkannten Regeln der Technik verstößt und dadurch Leib oder Leben eines anderen Menschen gefährdet, wird mit Freiheitsstrafe bis zu fünf Jahren oder mit Geldstrafe bestraft.
(2) Ebenso wird bestraft, wer in Ausübung eines Berufs oder Gewerbes bei der Planung, Leitung oder Ausführung eines Vorhabens, technische Einrichtungen in ein Bauwerk einzubauen oder eingebaute Einrichtungen dieser Art zu ändern, gegen die allgemein anerkannten Regeln der Technik verstößt und dadurch Leib oder Leben eines anderen Menschen gefährdet.
(3) Wer die Gefahr fahrlässig verursacht, wird mit Freiheitsstrafe bis zu drei Jahren oder mit Geldstrafe bestraft.
(4) Wer in den Fällen der Absätze 1 und 2 fahrlässig handelt und die Gefahr fahrlässig verursacht, wird mit Freiheitsstrafe bis zu zwei Jahren oder mit Geldstrafe bestraft.“

6. Verwendbarkeitsnachweis

Die wesentlichen Anforderungen an Bauprodukte sind europarechtlich in der EU-Bauproduktenverordnung und den noch zur Bauproduktenrichtlinie bekannt gemachten Grundlagendokumenten (94/C62/01) vorgegeben und werden durch die nationalen Vorschriften des Bauproduktengesetzes und der Landesbauordnungen umgesetzt. **33**

Nach der EU-Bauproduktenverordnung müssen Bauwerke künftig folgende wesentlichen Basisanforderungen erfüllen: **34**

1. mechanische Festigkeit und Standsicherheit,
2. Brandschutz,
3. Hygiene, Gesundheit und Umweltschutz,
4. Nutzungssicherheit,
5. Lärmschutz,
6. Energieeinsparung und Wärmeschutz,
7. nachhaltige Nutzung der natürlichen Ressourcen.

Da eine europäische Bauproduktenverordnung unmittelbar geltendes Recht setzt, hat dies zur Folge, dass nach Inkrafttreten einer europäischen Bauproduktenverordnung die Bestimmungen des Bauproduktengesetzes und die bauordnungsrechtlichen Anforderungen der Länder angepasst werden müssen. Mit der Musterbauordnung (MBO) hat die Bauministerkonferenz diese Anpassung vorgenommen, soweit es die Gesetzgebungskompetenz der Länder betrifft. **35**

Die Bundesrepublik Deutschland hat zur Durchführung der EU-Bauproduktenverordnung das Bauproduktengesetz[11] (BauPG) erlassen, in dem die Zuständigkeiten des Deutschen Instituts für Bautechnik in Berlin als Technische Bewertungsstelle im Sinne von Artikel 29 Absatz 1 Unterabsatz 1 der EU-Bauproduktenverordnung sowie als notifizierende Behörde im Sinne von Artikel 40 Absatz 1 der EU-Bauproduktenverordnung geregelt sind. **36**

Die bundesrechtlichen Regelungen sind insbesondere für die Hersteller von Bauprodukten von Belang. In § 8 BauPG findet sich ein umfangreicher Bußgeldkatalog. **37**

11 Bauproduktengesetz vom 5. Dezember 2012 (BGBl. I S. 2449, 2450), das durch Artikel 119 der Verordnung vom 31. August 2015 (BGBl. I S. 1474) geändert worden ist.

38 Die Frage, welche **Bauprodukte**[12] bei der Errichtung eines Gebäudes verwendet werden dürfen, wird durch die europarechtlichen Bestimmungen der EU-Bauproduktenverordnung sowie die Regelungen der §§ 16a bis 25 MBO beantwortet, die inhaltsgleich in alle Landesbauordnungen übernommen wurden.

39 Der Begriff Bauprodukt ist in Art. 2 Nr. 1 EU-Bauproduktenverordnung definiert. Als Bauprodukt wird jedes Produkt bezeichnet, das hergestellt und in Verkehr gebracht wird, um dauerhaft in Bauwerke des Hoch- oder Tiefbaus oder Teile davon eingebaut zu werden, und dessen Leistung sich auf die Leistung des Bauwerks im Hinblick auf die Grundanforderungen an Bauwerke auswirkt. Als Bauprodukt gilt auch ein Bausatz (vgl. Art. 2 Nr. 2 EU-Bauproduktenverordnung). Die Definition des § 2 Absatz 10 MBO weicht insoweit von der Definition des Art. 2 Nr. 1 EU-Bauproduktenverordnung ab, als sie auch vorgefertigte transportable Fertigbauten als Bauprodukt definiert.

40 Die EU-Bauproduktenverordnung legt die Bedingungen für das Inverkehrbringen von Bauprodukten oder ihre Bereitstellung auf dem Markt durch die Aufstellung von harmonisierten Regeln über die Angabe der Leistung von Bauprodukten in Bezug auf ihre wesentlichen Merkmale sowie über die Verwendung der CE-Kennzeichnung für diese Produkte fest.

41 Da das Bauordnungsrecht in die Länderkompetenz fällt, bedarf es ergänzender landesrechtlicher Regelungen über die Anforderungen an Bauprodukte. Die Länder haben sich auf einheitliche Regelungen über die Verwendbarkeit von Bauprodukten und Bauarten sowie den Nachweis der Verwendbarkeit und die Verfahren für Bauprodukte verständigt, die nicht die CE-Kennzeichnung tragen. Die §§ 16a bis 25 MBO sind in allen Landesbauordnungen mit gleichem Regelungsgehalt übernommen.

42 Alle Bauprodukte und Bauarten müssen nach § 3 MBO die in Anhang 1 der EU-Bauproduktenverordnung definierten „Grundanforderungen an

---

12 Die Definition der Bauprodukte in § 2 Absatz 10 MBO ist an die Bauproduktenverordnung angepasst worden:
„(10) Bauprodukte sind
1. Produkte, Baustoffe, Bauteile und Anlagen sowie Bausätze gemäß Art. 2 Nr. 2 der Verordnung (EU) Nr. 305/2011, die hergestellt werden, um dauerhaft in bauliche Anlagen eingebaut zu werden,
2. aus Produkten, Baustoffen, Bauteilen sowie Bausätzen gemäß Art. 2 Nr. 2 der Verordnung (EU) Nr. 305/2011 vorgefertigte Anlagen, die hergestellt werden, um mit dem Erdboden verbunden zu werden
und deren Verwendung sich auf die Anforderungen nach § 3 Satz 1 auswirken kann.“

Bauwerke“ erfüllen. Die in der MVV TB bekannt gemachten Technischen Baubestimmungen konkretisieren diese Grundanforderungen an Bauwerke.

Die MVV TB sind in die Teile A, B C und D gegliedert: **43**

Teil A: Technische Baubestimmungen, die bei der Erfüllung der Grundanforderungen an Bauwerke zu beachten sind

Teil B: Technische Baubestimmungen für Bauteile und Sonderkonstruktionen, die zusätzlich zu den in Abschnitt A aufgeführten Technischen Baubestimmungen zu beachten sind

Teil C: Technische Baubestimmungen für Bauprodukte, die nicht die CE-Kennzeichnung tragen, und für Bauarten

Teil D: Bauprodukte, die keines Verwendbarkeitsnachweises bedürfen

Die am Bau Beteiligten sollten schon bei der Planung und der Ausschreibung von Bauvorhaben darauf achten, dass nur Bauprodukte verwendet werden, die nach den Regelungen der §§ 16a, 16 b und 17 MBO verwendet werden dürfen. **44**

7. Weitere Anforderungen an Bauteile und Bauprodukte

Weitere Anforderungen an Bauprodukte können sich aus den speziellen Regelungen des Arbeitsstättenrechts, des Arbeitsschutz- und -sicherheitsrechts, des Geräte- und Produktsicherheitsgesetzes und der durch Satzung erlassenen Unfallverhütungsvorschriften der gesetzlichen Unfallversicherungsträger ergeben. Zu beachten sind insbesondere **45**

- die Arbeitsstättenverordnung[13] und die dazu ergangenen Richtlinien,
- die **Verordnung über Sicherheit und Gesundheitsschutz bei der Bereitstellung von Arbeitsmitteln und deren Benutzung** bei der Arbeit, über Sicherheit beim Betrieb überwachungsbedürftiger Anlagen und über die Organisation des betrieblichen Arbeitsschutzes (Betriebssicherheitsverordnung)[14] sowie
- die von den Berufsgenossenschaften und Gemeindeunfallversicherungsverbänden zu ihren Satzungen herausgegebenen einschlägigen Richtlinien.

---

13 Arbeitsstättenverordnung vom 12. August 2004 (BGBl. I S. 2179), die zuletzt durch Artikel 5 Absatz 1 der Verordnung vom 18. Oktober 2017 (BGBl. I S. 3584) geändert worden ist.

14 Betriebssicherheitsverordnung vom 3. Februar 2015 (BGBl. I S. 49), die zuletzt durch Artikel 1 der Verordnung vom 30. April 2019 (BGBl. I S. 554) geändert worden ist.

8. Einschränkung des Bestandsschutzes

46 Grundsätzlich genießen rechtmäßig errichtete bauliche Anlagen Bestandsschutz, in den seitens der Bauaufsichtsbehörde nur bei Vorliegen eines Gefährdungstatbestandes eingegriffen werden darf. § 85 Absatz 1 Nummer 4 MBO ermächtigt jedoch dazu, bei Sonderbauten durch Rechtsverordnung den Bestandsschutz einschränkende Regelungen zu treffen.

47 § 46 Absatz 1 der MVStättV 2005 beinhaltete noch eine Reihe von baulichen und technischen Anpassungspflichten und schränkte damit den Bestandsschutz für bestehende Anlagen ein. Zu den „bestehenden Versammlungsstätten", die von § 46 Absatz 1 MVStättV 2005 erfasst wurden, zählten alle Versammlungsstätten mit mehr als 5000 Besucherplätzen, die zum Zeitpunkt des Inkrafttretens der jeweiligen Landesverordnung als solche bauaufsichtlich genehmigt waren sowie alle baulichen Anlagen, die mit dem Inkrafttreten der jeweiligen Landesverordnung neu in den erweiterten Anwendungsbereich aufgenommen wurden. § 46 Absatz 1 Nummer 1 bis 7 MVStättV 2005 enthielt eine Anpassungspflicht an die dort genannten Bauvorschriften. Diese Anforderungen waren **innerhalb von zwei Jahren** bzw. nach einer landesrechtlich abweichend geregelten Frist umzusetzen, ohne dass es einer bauaufsichtlichen Verfügung bedurfte.

48 Mit Hinweis auf den Ablauf der zweijährigen Anpassungsfrist wurde § 46 Absatz 1 MVStättVO gestrichen. In jedem Fall gilt es zu beachten, dass die Streichung von § 46 Absatz 1 MVStättV 2005 und der bisherigen Fassung von § 46 Absatz 2 MVStättV 2005 rechtlich nicht dazu führt, dass die bisherige Nachrüstungspflicht oder die Pflicht zur Umsetzung der Betriebsvorschrift für bestehende Anlagen und deren Betreiber entfiele.[15]

9. Abweichender Teil 2 in Bayern

49 **Bayern** hat dem Teil 2 Allgemeine Bauvorschriften seiner Versammlungsstättenverordnung einen weiteren Abschnitt „Höhenlage" hinzugefügt und damit in fünf Abschnitte aufgeteilt. § 3 Bauteile und § 4 Dä-

15 Vgl. Kommentierung zu § 46 MVStättVO.

cher der MVStättVO sind in der VStättV (BY) in einem § 4 Wände, Decken, Dächer zusammengefasst. Die Überschrift des Abschnitts 5 ist um die Wörter „besondere Räume" ergänzt:

- Abschnitt 1 Höhenlage (§ 3)
- Abschnitt 2 Bauteile und Baustoffe (§§ 3 bis 5),
- Abschnitt 3 Rettungswege (§§ 6 bis 9),
- Abschnitt 4 Besucherplätze und Einrichtungen für Besucher (§§ 10 bis 13),
- Abschnitt 5 Technische Einrichtungen, besondere Räume (§§ 14 bis 21).

Abschnitt 1 Höhenlage besteht nur aus dem § 3 VStättV (BY), der Versammlungsräume in Kellergeschossen betrifft. Diese Vorschrift übernimmt die frühere Regelung des § 9 Absatz 1 VStättV (BY) vom 17. Dezember 1990 (GVBl. 42) und folgt damit nicht der MVStättVO. Die Regelung lautet: **50**

§ 3

Versammlungsräume in Kellergeschossen

Versammlungsräume in Kellergeschossen sind unzulässig, wenn

1. *ihre Fußbodenoberfläche tiefer als 5 m unter der natürlichen oder festgelegten Geländeoberfläche liegt oder*
2. *sie mit Bühnen oder Szenenflächen von mehr als 100 m^2 verbunden sind.*

Die MVStättVO verzichtet auf eine Beschränkung der Zulässigkeit von Versammlungsstätten in Kellergeschossen und schreibt für Versammlungsräume in Kellergeschossen nach § 19 Absatz 6 Satz 1 MVStättVO automatische Feuerlöschanlagen vor. Lediglich bei Versammlungsräumen mit nicht mehr als 200 m^2 Grundfläche wird nach § 19 Absatz 6 Satz 2 MVStättVO auf eine automatische Feuerlöschanlage verzichtet, wenn der Fußboden nicht mehr als 5 m unter der Geländeoberfläche liegt. **51**

Bayern ist dem Konzept der MVStättVO nicht gefolgt, sondern hält die bisherige Regelung, die der Regelung des § 9 VStättVO 1978 entspricht, aus Gründen der Sicherheit weiterhin für erforderlich. Die Regelung in Nummer 1 wird damit begründet, dass die Flucht von Personen aus einem Kellergeschoss über eine Treppe nach oben eine größere körperliche Belastung ist, als eine Flucht aus einem Obergeschoss über eine Treppe nach unten. Die Beibehaltung der Regelung der Nummer 2 **52** soll die Brandbekämpfung erleichtern, da größere Bühnen auch größere Brandlasten aufweisen und die Brandbekämpfung in Kellergeschossen schwieriger ist. Wegen dieser Beschränkungen der Höhenlage kann, abweichend von der MVStättVO, auf eine automatische Feuerlöschanlage verzichtet werden.

53 Nach dem allgemeinen Sprachgebrauch sind Kellergeschosse Geschosse, die ganz oder teilweise unter der Geländeoberfläche liegen. Für die Anwendung des § 3 VStättV (BY) kommt es nicht auf den allgemeinen Sprachgebrauch, sondern auf die Definition des Kellergeschosses in Artikel 2 Absatz 7 BayBO an. Danach sind Kellergeschosse alle Geschosse, deren Deckenoberkante im Mittel nicht mehr als 1,40 m über die Geländeoberfläche hinausragt. Diese Definition des Kellergeschosses stellt, wie auch die des § 2 Absatz 6 MBO,[16] somit nicht auf die Höhenlage der Fußbodenoberfläche unter der Geländeoberfläche, sondern auf die Höhenlage der Geschossdecke über der Geländeoberfläche ab.

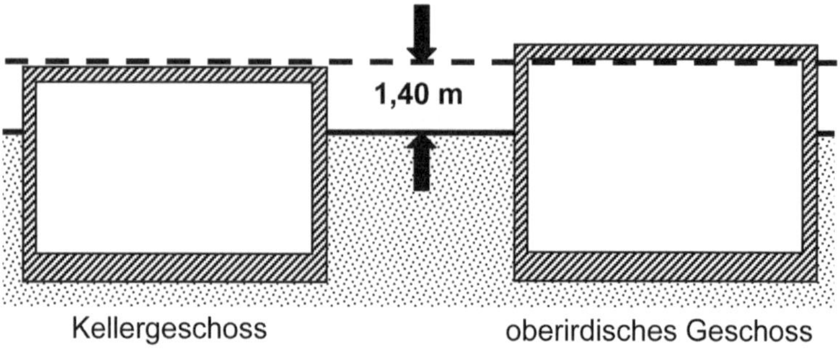

54 § 3 VStättV (BY) setzt zunächst voraus, dass ein Kellergeschoss vorliegt, also die Deckenoberkante im Mittel nicht höher als 1,40 m über der Geländeoberfläche liegt. Liegt die Deckenoberkante des Geschosses zum Beispiel 1,50 m über der Geländeoberfläche, dann handelt es sich nach der Definition des Artikels 2 Absatz 4 BayBO nicht um ein Kellergeschoss, sondern um ein oberirdisches Geschoss, auch wenn der Fußboden 7 m unter der Geländeoberfläche liegt.

55 Eine Anhebung der Geschossdecke des unterirdischen Geschosses auf mehr als 1,40 m über der Geländeoberfläche würde also dazu führen,

16 § 2 Absatz 6 Satz 1 MBO:
„(6) [1]Geschosse sind oberirdische Geschosse, wenn ihre Deckenoberkanten im Mittel mehr als 1,40 m über die Geländeoberfläche hinausragen; im Übrigen sind sie Kellergeschosse."

dass das Verbot des § 3 unterlaufen würde. Vom Zweck der Regelung her ist dies nicht gewollt. Es bedarf wohl einer Korrektur der Definition des Kellergeschosses in § 2 Absatz 6 MBO und der entsprechenden Regelungen der Landesbauordnungen.

Anmerkung:

Die MBO 1997 definierte in § 2 Absatz 4 den nur planungsrechtlich relevanten Begriff „Vollgeschoss" sowie in § 2 Absatz 6 den Begriff „oberirdisches Geschoss". Beiden Geschossbegriffen war gemeinsam, dass die Deckenoberkante im Mittel mehr als 1,40 Meter über die Geländeoberfläche hinausragen musste. Der Begriff „Kellergeschoss" war in der MBO 1997 nicht definiert, sondern ergab sich nur aus einem Umkehrschluss zum Begriff „oberirdisches Geschoss".

Mit der MBO wurde die Definition des Begriffs „Vollgeschoss" in § 2 gestrichen und in § 87 Absatz 2 eine Übergangsregelung mit einem Verweis auf die Definition des § 2 Absatz 4 MBO 1997 getroffen. § 2 Absatz 6 MBO wurde neu gefasst und in eine Definition des Begriffs „oberirdisches Geschoss" und „Kellergeschoss" abgeändert.

Nach dieser absurden Definition ist ein Geschoss, dessen Deckenoberkante mehr als 1,40 Meter über der Geländeoberfläche liegt, dessen Fußbodenoberkante jedoch 3 Meter unter der Geländeoberfläche liegt kein Kellergeschoss, sondern ein oberirdisches Geschoss, mit der Rechtsfolge, dass trotz der überwiegenden Lage des Geschosses unter der Geländeoberfläche nicht die Bauteilanforderung für Keller anzuwenden sind.

Für die Abgrenzung des Kellergeschosses vom oberirdischen Geschoss sollte indes nicht auf die Höhenlage der Deckenoberkante über dem Gelände, sondern unter Berücksichtigung der Raumhöhe auf die Lage der Fußbodenoberkante unter der Geländeoberfläche abgestellt werden.

Abschnitt 1
Bauteile und Baustoffe

§ 3 Bauteile

(1) [1]Tragende und aussteifende Bauteile, wie Wände, Pfeiler, Stützen und Decken, müssen feuerbeständig, in erdgeschossigen Versammlungsstätten feuerhemmend sein. [2]Satz 1 gilt nicht für erdgeschossige Versammlungsstätten mit automatischen Feuerlöschanlagen.

(2) Außenwände mehrgeschossiger Versammlungsstätten müssen aus nichtbrennbaren Baustoffen bestehen.

(3) [1]Trennwände sind erforderlich zum Abschluss von Versammlungsräumen und Bühnen. [2]Diese Trennwände müssen feuerbeständig, in erdgeschossigen Versammlungsstätten mindestens feuerhemmend sein. [3]In der Trennwand zwischen der Bühne und dem Versammlungsraum ist eine Bühnenöffnung zulässig.

(4) Werkstätten, Magazine und Lagerräume sowie Räume unter Tribünen und Podien müssen feuerbeständige Trennwände und Decken haben.

(5) [1]Der Fußboden von Szenenflächen muss fugendicht sein. [2]Betriebsbedingte Öffnungen sind zulässig. [3]Die Unterkonstruktion, mit Ausnahme der Lagerhölzer, muss aus nichtbrennbaren Baustoffen bestehen. [4]Räume unter dem Fußboden, die nicht zu einer Unterbühne gehören, müssen feuerbeständige Wände und Decken haben.

(6) Die Unterkonstruktion der Fußböden von Tribünen und Podien, die veränderbare Einbauten in Versammlungsräumen sind, muss aus nichtbrennbaren Baustoffen bestehen; dies gilt nicht für Podien mit insgesamt nicht mehr als 20 m^2 Fläche.

(7) Veränderbare Einbauten sind so auszubilden, dass sie in ihrer Standsicherheit nicht durch dynamische Schwingungen gefährdet werden können.

Übersicht

1. Überblick

Die Vorschrift des § 3 fasst die Anforderungen an die Bauteile, mit Ausnahme der in § 4 gesondert geregelten Dächer, unabhängig von der Größe und der Art der Versammlungsstätte zusammen. Diese Regelungen sind „lex specialis" gegenüber den in §§ 26 bis 32 MBO enthaltenen Anforderungen an Bauteile. Die Verwendbarkeit der Bauprodukte und Bauarten muss entsprechend den Bestimmungen der §§ 16a bis 25 MBO nachgewiesen werden. 1

2. Tragende und aussteifende Bauteile

Für die Anforderungen an tragende und aussteifende Bauteile ist die grundsätzliche Regelung des § 1 Absatz 4 zu beachten, der vorschreibt, dass auf tragende und aussteifende sowie auf raumabschließende Bauteile die Anforderungen der MBO für Gebäude der Gebäudeklasse 5 anzuwenden sind, soweit die MVStättVO nichts Abweichendes regelt. § 3 Absatz 1 Satz 2 ist eine solche abweichende Regelung für erdgeschossige Versammlungsstätten. 2

Für tragende und aussteifende Bauteile gelten somit die Anforderungen an Bauteile nach den §§ 26 bis 32 MBO in Gebäuden der Gebäudeklasse 5. Dies gilt insbesondere für die allgemeinen Anforderungen an das Brandverhalten von Baustoffen und Bauteilen nach § 26 MBO sowie für die weiteren in den §§ 27 bis 32 MBO genannten Schutzziele. Nach § 26 Absatz 2 Satz 1 MBO bezieht sich die Feuerwiderstandsfähigkeit bei tragenden und aussteifenden Bauteilen auf deren Standsicherheit im Brandfall und bei raumabschließenden Bauteilen auf deren Widerstand gegen die Brandausbreitung. Der Begriff „Brandaus- 3 breitung“ ist in § 14 MBO legaldefiniert und bedeutet „Ausbreitung von Feuer und Rauch“.[1]

4 Das Schutzziel des § 27 Absatz 1 Satz 1 MBO[2] gilt uneingeschränkt auch für Versammlungsstätten. Hinsichtlich der Anforderungen an die Feuerwiderstandsdauer weicht die MVStättVO jedoch von der Systematik der MBO ab, die sich an dem sogenannten „Regelbau“ als dem Wohn- und Geschäftshaus orientiert.

5 Bei den Anforderungen an die Feuerwiderstandsdauer, stellt die MVStättVO sowohl bei den tragenden und aussteifenden Bauteilen als auch bei den raumabschließenden Bauteilen nur auf die Klassifizierungen F 30 und F 90 ab. Damit schließt sie die Verwendung hochfeuerhemmender Bauteile F 60, wie sie die MBO für Gebäude der Gebäudeklasse 4 zulässt, als Regelbauweise für Versammlungsstätten aus.

6 Sollen in einer Versammlungsstätte an Stelle feuerbeständiger Bauteile im Einzelfall hochfeuerhemmende Bauteile verwendet werden, so bedarf dies einer Abweichungsentscheidung auf der Grundlage eines qualifizierten Brandschutzkonzeptes.

7 Während die MBO eine Feuerbeständigkeit tragender und aussteifender Bauteile erst für Gebäude der Gebäudeklasse 5 vorschreibt, schreibt Absatz 1 dies für alle Versammlungsstätten mit mehreren Geschossen vor; insoweit sind die Anforderungen wegen der vielen an der Veranstaltung beteiligten Personen aus Gründen des Schutzes dieser Personen verschärft. Die tragenden und aussteifenden Bauteile von Versammlungsstätten mit zwei und mehr Geschossen müssen also feuerbeständig sein. Dies entspricht auch der Regelung des § 1 Absatz 4 Satz 1.

8 Parallel zur DIN 4102-2 kann die Klassifizierung der Bauteile auch nach der DIN EN 13501-2:2016-12[3] erfolgen. Dabei ist zu berücksichtigen, dass die europäische Klassifizierung nach DIN EN 13501-2 das

---

1 § 14 MBO:
„Bauliche Anlagen sind so anzuordnen, zu errichten, zu ändern und instand zu halten, dass der Entstehung eines Brandes und der Ausbreitung von Feuer und Rauch (Brandausbreitung) vorgebeugt wird und bei einem Brand die Rettung von Menschen und Tieren sowie wirksame Löscharbeiten möglich sind.“

2 § 27 Absatz 1 Satz 1 MBO:
„(1) Tragende und aussteifende Wände und Stützen müssen im Brandfall ausreichend lang standsicher sein. …“

3 DIN EN 13501-2:2016-12
Klassifizierung von Bauprodukten und Bauarten zu ihrem Brandverhalten – Teil 2: Klassifizierung mit den Ergebnissen aus den Feuerwiderstandsprüfungen, mit Ausnahme von Lüftungsanlagen.

Brandverhalten der Baustoffe nicht berücksichtigt; das Brandverhalten der Baustoffe muss in diesem Fall zusätzlich nach DIN EN 13501-1[4] bestimmt werden.

Erleichterte Anforderungen an Bauteile, wie sie die MBO für alle Gebäude der Gebäudeklassen 1 bis 3 mit feuerhemmend und für Gebäudeklasse 4 mit hochfeuerhemmend zulässt, kommen nur für **erdgeschossige Versammlungsstätten** in Betracht (vgl. § 2 Absatz 2). **Erdgeschossige Versammlungsstätten** sind Gebäude mit nur einem Geschoss ohne Ränge oder Emporen, deren Fußboden an keiner Stelle mehr als 1 m unter der Geländeoberfläche liegt. 9

Die Anforderung **feuerhemmend** lässt sich bei den für Hallenbauten verwendeten Stahl- oder Aluminiumkonstruktionen in der Regel durch einen entsprechenden Schutzanstrich erfüllen. **Absatz 1 Satz 2** regelt eine weitere Erleichterung für erdgeschossige Versammlungsstätten, unter der Voraussetzung, dass diese mit einer automatischen Feuerlöschanlage ausgestattet sind. In diesem Fall können **tragende und aussteifende Bauteile ohne Feuerwiderstandsfähigkeit** und aus brennbaren Baustoffen verwendet werden. 10

Für Kellergeschosse von Gebäuden mit Versammlungsstätten enthält die MVStättVO keine von der MBO abweichende Regelung, so dass entsprechend § 1 Absatz 4 Satz 1 für tragende und aussteifende Wände und Stützen der § 27 Absatz 2 Nummer 1 MBO und für Decken § 31 Absatz 2 Nummer 2 MBO, also die Anforderungen nach Gebäudeklasse 5, anzuwenden ist. Danach müssen die tragenden und aussteifenden Bauteile der Kellergeschosse von Versammlungsstätten feuerbeständig sein. 11

Besteht ein Gebäude aus einem erdgeschossigen Gebäudeteil und einem mehrgeschossigen Gebäudeteil, z.B. aus einem erdgeschossigen Zuschauerhaus mit Foyer und dem Zuschauerraum, so kann für den erdgeschossigen Gebäudeteil Absatz 1 angewendet werden (feuerhemmende Bauausführung), wenn dieses durch eine Trennwand in der Bauart einer Brandwand vom anderen mehrgeschossigen Gebäudeteil (feuerbeständige Bauweise) getrennt ist und somit beide Gebäudeteile getrennte Brandabschnitte bilden. 12

---

4 DIN EN 13501-1:2019-05
Klassifizierung von Bauprodukten und Bauarten zu ihrem Brandverhalten – Teil 1: Klassifizierung mit den Ergebnissen aus den Prüfungen zum Brandverhalten von Bauprodukten.

13 Aus **Absatz 1** ergibt sich für die tragenden und aussteifenden Bauteile der Versammlungsstätten folgende Systematik:

Gebäudetyp	**Anforderung an die Feuerwiderstandsdauer der tragenden und aussteifenden Bauteile**	
	Klassifizierung nach DIN 4102-2	**Klassifizierung nach DIN EN 13501-2**
Erdgeschossige Versammlungsstätte mit automatischer Feuerlöschanlage	keine	keine
Erdgeschossige Versammlungsstätte ohne automatische Feuerlöschanlage	F 30-B	REI 30
Mehrgeschossige Versammlungsstätte	F 90-AB	REI 90-A1
Mehrgeschossige Gebäude mit Versammlungsstätte und anderen Nutzungen	F 90-AB	REI 90-A1
Kellergeschosse von Versammlungsstätten	F 90-AB	REI 90-A1

3. Raumabschließende Bauteile

14 Zur Bauproduktenrichtlinie 89/106/EWG hat die Europäische Kommission am 28. Februar 1994 im Amtsblatt der Europäischen Gemeinschaft Grundlagendokumente bekannt gemacht (94/C 62/01). Diese Grundlagendokumente gelten auch nach der Ablösung der Bauproduktenrichtlinie durch die Bauproduktenverordnung weiter. Im Grundlagendokument „Brandschutz" wird unter „Begriffe" auf Seite 72 der Raumabschluss definiert:

> „*Raumabschließende Wirkung*
> *Die Funktion eines Bauteils, den Durchtritt von Feuer und / oder Rauch durch die Weiterleitung von Flammen oder heißen Gasen (vgl. Raumabschluß) oder die Entzündung auf der dem Feuer abgewandten Seite (vgl. Wärmedämmung) während der maßgebenden Dauer der Brandbeanspruchung zu verhindern.*"

15 Nach der MBO müssen Trennwände (§ 29 Absatz 1 MBO), Brandwände (§ 30 Absatz 1 MBO) und Decken (§ 31 Absatz 1 MBO) raumab-

schließend und damit widerstandsfähig gegen die Brandausbreitung sein.

Trennwände zum Abschluss von Versammlungsräumen und Bühnen

16 Die **Absätze 3 und 4** regeln zusätzlich zu der grundsätzlichen Vorschrift des § 29 Absatz 2 MBO, in welchen weiteren Fällen Trennwände[5] erforderlich sind und welche Anforderungen diese Trennwände erfüllen müssen. Die Regelung entspricht der bisherigen Rechtslage und Baupraxis. Die ausdrückliche Regelung in § 3 Absatz 3 Satz 1 ist erforderlich, weil das Erfordernis von Trennwänden zwischen Bühnen und anderen Räumen von der Regelung des § 29 Absatz 2 Nummer 1 MBO nicht erfasst wird. Bei einer Versammlungsstätte handelt es sich in der Regel insgesamt um eine Nutzungseinheit. Absatz 4 ergänzt die Bestimmung des § 29 Absatz 2 Nummer 2 MBO.

17 Absatz 5 Satz 4 regelt für den speziellen Fall, dass sich unter einer Szenenfläche Räume befinden, die nicht zur Unterbühne gehören, dass diese Räume gegen die Unterbühne und die Szenenfläche durch feuerbeständige Wände und Decken abgeschlossen werden.

18 Trennwände sind in § 29 Absatz 1 MBO als raumabschließende Bauteile definiert. Bei raumabschließenden Bauteilen bezieht sich die Feuerwiderstandsfähigkeit nach § 26 Absatz 2 Satz 1 MBO auf deren Widerstandsfähigkeit gegen die Brandausbreitung, also die Ausbreitung von Feuer und Rauch (siehe auch § 14 MBO). Dies entspricht den europarechtlichen Regelungen.

Decken von Versammlungsräumen

19 Für Decken von Versammlungsräumen und Versammlungsstätten ergeben sich die generellen Anforderungen der Feuerbeständigkeit unmittelbar aus § 1 Absatz 4 i.V.m. mit § 31 Absatz 1 Satz 1 und Satz 2 Nummer 1 MBO.

---

5 § 29 Abs. 1 und 2 MBO:
„*(1) Trennwände nach Absatz 2 müssen als raumabschließende Bauteile von Räumen oder Nutzungseinheiten innerhalb von Geschossen ausreichend lang widerstandsfähig gegen die Brandausbreitung sein.*
(2) Trennwände sind erforderlich
1. zwischen Nutzungseinheiten sowie zwischen Nutzungseinheiten und anders genutzten Räumen, ausgenommen notwendigen Fluren,
2. zum Abschluss von Räumen mit Explosions- oder erhöhter Brandgefahr,
3. zwischen Aufenthaltsräumen und anders genutzten Räumen im Kellergeschoss."

20 Für erdgeschossige Versammlungsstätten enthält § 3 keine Anforderungen an die Decke. Da es sich nur bei einer erdgeschossigen Versammlungsstätte gemäß § 2 Absatz 2 um ein Geschoss handelt, ist eine Decke nicht erforderlich. Es sind jedoch die Anforderungen an das Dach nach § 4 zu beachten.

21 In welchen zusätzlichen Fällen feuerbeständige Decken erforderlich sind, regelt Absatz 4 und Absatz 5 Satz 4.

Anmerkung:

Das Land **Niedersachsen** hat die klarstellende Regelung des Absatzes 3 Satz 1 nicht übernommen, jedoch ergibt sich auch aus der Formulierung des § 3 Absatz 3 und 4 NVStättVO, dass die Umfassungswände von Versammlungsräumen und Bühnen als feuerbeständige, bei erdgeschossigen Versammlungsstätten als feuerhemmende Trennwände auszubilden sind:

„(4) Trennwände zwischen Versammlungsräumen und anders genutzten Räumen müssen feuerbeständig, in erdgeschossigen Versammlungsstätten mindestens feuerhemmend sein; dies gilt auch für Trennwände zu Bühnen, jedoch nicht für Trennwände zu notwendigen Fluren.
(5) Trennwände zwischen Räumen mit besonderen Brandgefahren, wie Werkstätten und Lagerräumen, sowie zwischen solchen Räumen und anders genutzten Räumen müssen feuerbeständig sein. Feuerbeständig müssen auch die Trennwände und Decken von Räumen unter Tribünen und Podien in Versammlungsräumen sein.“

Ferner hat das Land Niedersachsen als § 3 Absatz 9 NVStättVO eine dem § 1 Absatz 4 Satz 2 MVStättVO entsprechende Regelung aufgenommen, wonach bestimmte in der MBO vorgesehenen Erleichterungen ausgeschlossen sind:

„(9) § 8 Abs. 2 Satz 2 und § 10 Abs. 4 Satz 4 sowie § 23 Abs. 5, auch in Verbindung mit Abs. 6 bis 8, DVO-NBauO sind nicht anzuwenden.“

Das Land **Baden-Württemberg** hat dem § 3 Absatz 3 VStättVO (BW) eine dem § 29 Absatz 5 MBO entsprechende Regelung als Satz 4 angefügt:

„Im Übrigen sind Öffnungen in diesen Wänden nach Maßgabe von § 6 Absatz 4 LBOAVO zulässig.“

22 Die Vorschrift des **Absatzes 3** Satz 1 regelt das Erfordernis von Trennwänden bei Versammlungsräumen und Bühnen. Trennwände sind daher erforderlich zwischen Versammlungsräumen und zwischen Versammlungsräumen und anderen Räumen. Trennwände sind entsprechend auch erforderlich zwischen Bühnen sowie zwischen Bühnen und anderen Räumen. Diese raumabschließenden Trennwände müssen grundsätzlich der Anforderung an die Tragkonstruktion entsprechen, müssen also auch hinsichtlich ihrer Standsicherheit feuerbeständig sein; bei erdgeschossigen Versammlungsstätten sind sie mindestens feuerhemmend

auszubilden. Die Anforderung an die Standsicherheit der Trennwände ergibt sich aus § 29 Absatz 2 Satz 1 MBO.

Eine dem § 3 Absatz 1 Satz 2 entsprechende Erleichterung bei erdgeschossigen Versammlungsstätten mit automatischer Löschanlage kennt Absatz 3 nicht, da Trennwände – wie die Wände notwendiger Flure – eine raumabschließende Funktion haben und zur Vermeidung einer Brandausbreitung beitragen. 23

Absatz 3 Satz 3 formuliert die Zulässigkeit von **Bühnenöffnungen** und dient damit ebenfalls der Klarstellung. Die Regelung beinhaltet zugleich eine Erleichterung gegenüber § 29 Absatz 5 MBO.[6] 24

Für die Trennwand zwischen Zuschauerhaus und Bühnenhaus einer Großbühne ist § 22 Absatz 2 zu beachten, der eine feuerbeständige Trennwand in der Bauart einer Brandwand vorschreibt. 25

Die Anforderungen des Absatzes 3 beziehen sich nicht auf **mobile Raumteiler**, die häufig als mobile Trennwände bezeichnet werden. Mobile Trennwände dienen nicht der inneren Brandabschnittsbildung, sondern lediglich der vorübergehenden räumlichen Separierung. Es handelt sich dabei nicht um Bauteile, sondern vielmehr um als Raumteiler eingebrachte Einrichtungsgegenstände, die dem Regelungsbereich des § 3 Absatz 3 nicht unterfällt. Sie sind zu vergleichen mit einem Vorhang. 26

Trennwände im Sinne des Absatzes 3 sind hingegen solche in fester Bauweise nach § 27 MBO. Wird ein großer Versammlungsraum durch mobile Trennwände vorübergehend in mehrere kleine Versammlungsräume unterteilt, muss jeder so geschaffene Versammlungsraum für sich jedoch die Anforderungen an die Rettungswege erfüllen. 27

Wände notwendiger Flure

Auch die Wände notwendiger Flure müssen raumabschließend sein. In der MVStättVO sind keine speziellen Anforderungen an die **Wände notwendiger Flure** geregelt. Für die Wände notwendiger Flure gelten die Anforderungen des § 36 Absatz 3 und 4 MBO. Die Wände notwendiger Flure müssen als raumabschließende Bauteile feuerhemmend, in Kellergeschossen, deren tragende und aussteifende Bauteile feuerbe- 28

6 § 29 Absatz 5 MBO:
„(5) Öffnungen in Trennwänden nach Absatz 2 sind nur zulässig, wenn sie auf die für die Nutzung erforderliche Zahl und Größe beschränkt sind; sie müssen feuerhemmende, dicht- und selbstschließende Abschlüsse haben.“

ständig sein müssen, feuerbeständig sein. Notwendige Flure sind durch nichtabschließbare, rauchdichte und selbstschließende Abschlüsse in Rauchabschnitte mit nicht mehr als 30 m Länge zu unterteilen.

4. Brandwände

29 Die MVStättVO enthält keine Sonderregelung gegenüber der Regelung für Brandwände nach § 30 MBO. Eine generelle Vergrößerung der Abstände wäre angesichts der mit der MVStättVO verfolgten Schutzziele nicht vertretbar. Auch für Versammlungsstätten gilt damit die Bildung von Brandabschnitten durch Brandwände nach § 30 MBO unmittelbar.

30 Muss der Zuschauerraum aus betrieblichen Gründen eine größere Ausdehnung als 40 m haben, wie z. B. im Fall der „Köln-Arena" mit einem Fassungsvermögen von ca. 18 000 Besuchern, bedeutet dies, dass als Abweichung gemäß § 67 Absatz 1 MBO nutzungsbedingt größere Abstände der inneren Brandwände zugelassen werden.

31 Bei einem Versammlungsraum mit einem Durchmesser von mehr als 40 m verbietet sich schon aus betrieblichen Gründen die Anordnung von Brandwänden mitten im Versammlungsraum. In diesem Fall sind jedoch die Umfassungswände des Versammlungsraumes als Brandwände auszuführen, damit Brandabschnitte gebildet werden.

32 § 30 Absatz 8 MBO lässt in inneren Brandwänden nur Öffnungen zu, die auf die für die Nutzung erforderliche Zahl und Größe beschränkt und mit feuerbeständigen, dicht- und selbstschließenden Abschlüssen versehen sind. Aus § 9 Absatz 1 ergibt sich eine erhebliche Erleichterung für die Öffnungen in inneren Brandwänden. Zwar bleibt die Regelung unberührt, dass die Öffnungen die für die Nutzung erforderliche Zahl und Größe beschränkt sein müssen, jedoch genügen feuerhemmende, rauchdichte und selbstschließende Abschlüsse.

33 Bei einer als Brandwand ausgebildeten Umfassungswand des Zuschauerraumes, ist für die Türöffnungen zum notwendigen Flur oder Foyer die spezielle erleichternde Vorschrift des § 9 Absatz 1 anzuwenden und nicht die allgemeine Regelung des § 30 Absatz 8 Satz 2 MBO.

34 Für die Trennwand zwischen Bühnen und Zuschauerhaus schreibt § 22 Absatz 2 Satz 1 eine feuerbeständige Wand in der Bauart einer Brandwand und feuerbeständige selbstschließende Türen vor. Für den Abschluss der Bühnenöffnung in dieser Trennwand gilt § 23.

5. Wände von Fahrschächten und Wände notwendiger Treppenräume

Für die Wände von Treppenräumen enthält die MVStättVO keine speziellen Regelungen. Aus § 1 Absatz 4 Satz 1 ergibt sich jedoch, dass diese Wände den Anforderungen der MBO an diese Bauteile nach Gebäudeklasse 5 entsprechen müssen. Diese Wände müssen also wie die Brandwände sowohl als tragendes als auch als raumabschließendes Bauteil die Feuerwiderstandsklasse F 90-A bzw. REI 90 aufweisen und auch unter zusätzlicher mechanischer Beanspruchung feuerbeständig sein und aus nichtbrennbaren Baustoffen bestehen. 35

In Bezug auf Aufzüge regelt § 1 Abs. 4 nur, dass die Erleichterung des § 39 Absatz 1 Nummer 4 MBO nicht anzuwenden ist. Gemeint ist damit der Verzicht auf Fahrschächte nach § 39 Absatz 1 Satz 3 Nummer 4 MBO in den Gebäudeklassen 1 und 2. In den Fällen des § 39 Absatz 1 Satz 3 Nummer 1 bis 3 MBO sind somit auch in Versammlungsstätten Aufzüge ohne eigene Fahrschächte zulässig. 36

Werden Fahrschächte errichtet, so sind für die Fahrschächte die Anforderungen des § 39 Absatz 2 MBO zu beachten. Da mehrgeschossige Versammlungsstätten den Anforderungen der Gebäudeklasse 5 unterliegen, müssen die Wände von Fahrschächten nach § 39 Absatz 2 Satz 1 Nummer MBO feuerbeständig sein. 37

Auch in erdgeschossigen Versammlungsstätten kommen Aufzüge, z. B. für die Verbindung mit einem Technikgeschoss im Keller oder im Dachraum, in Betracht. Soweit § 3 Abs. 1 und 3 für die Bauteile erdgeschossiger Versammlungsstätten Erleichterungen zulässt, gelten diese Erleichterungen nicht nur für das Erdgeschoss, sondern auch für die Technikgeschosse. Für die Fahrschachtwände in erdgeschossigen Versammlungsstätten bedeutet dies, dass feuerhemmende Bauteile genügen. Im Fall einer erdgeschossigen Versammlungsstätte mit automatischer Feuerlöschanlage bestehen keine Anforderungen an die Feuerwiderstandsdauer der Fahrschachtwände. 38

6. Außenwände

Die Regelung des **Absatzes 2**, die Außenwände aus nichtbrennbaren Bauteilen vorschreibt, betrifft nur die Außenwände **mehrgeschossiger Versammlungsstätten**. § 28 MBO unterscheidet zwischen tragenden und nichttragenden Außenwänden. Das Verbot brennbarer Baustoffe 39 nach Absatz 2 betrifft alle Bauausführungen von Außenwänden mehrgeschossiger Versammlungsstätten von der Geländeoberfläche an und schließt die Anwendung des § 28 Absatz 2 und 3 MBO für mehrgeschossige Versammlungsstätten aus. Die Regelung ist damit schärfer als die des § 28 Absatz 1 MBO, die eine ausreichend lange Begrenzung der Brandausbreitung auf und in den Bauteilen der Außenwand vorschreibt. Zweck der Regelung des Absatzes 2 ist es, eine geschossübergreifende Brandausbreitung über die Bauteile der Fassade auszuschließen.

40 Bei der Beurteilung der Geschossigkeit kommt es auf die Zahl der oberirdischen Geschosse an, unabhängig davon, ob es sich dabei um Vollgeschosse handelt. Da es sich um eine Außenwandregelung handelt, zählen Kellergeschosse nicht mit.

41 Für die **Außenwände erdgeschossiger Versammlungsstätten** trifft die MVStättVO keine von der MBO abweichende Regelung. Nach § 28 Absatz 2 MBO dürfen nichttragende Außenwände und nichttragende Teile tragender Außenwände aus brennbaren Baustoffen bestehen, wenn sie als raumabschließende Bauteile feuerhemmend sind.

42 Für die erdgeschossige Versammlungsstätte **ohne automatische Feuerlöschanlage** bedeutet dies, dass für feuerhemmende Außenwände brennbare Baustoffe verwendet werden dürfen. Für die Außenwandbekleidungen ist § 28 Absatz 3 Satz 1 MBO zu beachten, der schwerentflammbare Baustoffe vorschreibt. Abweichend von § 28 Absatz 3 Satz 1 MBO müssen jedoch die Dämmstoffe nach § 5 Absatz 1 immer aus nichtbrennbaren Baustoffen bestehen.

43 Für erdgeschossige Versammlungsstätten mit automatischer Feuerlöschanlage ergibt sich weder aus § 28 MBO noch aus § 3 eine spezielle Regelung. Da automatische Feuerlöschanlagen die Brandausbreitung minimieren, können für die Außenwände brennbare Baustoffe, nicht jedoch brennbare oder schwerentflammbare Dämmstoffe (vgl. § 5), verwendet werden.

44 Die Vorschriften des § 28 Absatz 2 Satz 2 und Absatz 4 MBO bleiben im Übrigen unberührt.[7] Bei der Errichtung hinterlüfteter Außenwände

---

7 § 28 Absatz 2 und 4 MBO:
„*(2) Nichttragende Außenwände und nichttragende Teile tragender Außenwände müssen aus nichtbrennbaren Baustoffen bestehen; sie sind aus brennbaren Baustoffen zulässig, wenn sie als raumabschließende Bauteile feuerhemmend sind. Satz 1 gilt nicht für brennbare Fensterprofile und Fugendichtungen sowie brennbare Dämmstoffe in nichtbrennbaren geschlossenen Profilen der Außenwandkonstruktion.*
…

ist die Nummer B 2.2.1.1 der MVV TB zu beachten, die die DIN-Reihe 18516 als technische Baubestimmungen[8] einführt.

7. Glaswände

Nach § 16 Absatz 4 VStättVO 1978 mussten Glaswände so ausgebildet oder gesichert werden, dass sie bei Gedränge nicht eingedrückt werden können. Eine derartige Regelung ist in der MVStättVO nicht mehr enthalten. 45

Die erforderlichen Sicherheitsmaßnahmen ergeben sich aus § 37 Absatz 2 MBO[9] sowie aus § 11 Absatz 2 bis 4. Insbesondere die Regelung des § 11 Absatz 4, wonach Abschrankungen in den für Besucher zugänglichen Bereichen so bemessen sein müssen, dass sie dem Druck einer Personengruppe standhalten müssen, gilt auch für Glaswände, die die Funktion einer Abschrankung erfüllen. 46

Bei Glaswänden und Umwehrungen, die die Funktion einer Abschrankung erfüllen, sind die Technischen Baubestimmungen des Abschnitts A 1.2.7 Glaskonstruktionen[10] der MVV TB zu beachten. 47

---

(4) Bei Außenwandkonstruktionen mit geschossübergreifenden Hohl- oder Lufträumen wie Doppelfassaden und hinterlüfteten Außenwandbekleidungen sind gegen die Brandausbreitung besondere Vorkehrungen zu treffen."

8 Nummer B 2.2.1.1 der MVV TB regelt für hinterlüftete Außenwandbekleidungen die Anwendung der Technischen Baubestimmungen:
DIN 18516-1:2010-06
Außenwandbekleidungen, hinterlüftet – Teil 1: Anforderungen, Prüfgrundsätze;
DIN 18516-3:2013-09
Außenwandbekleidungen, hinterlüftet – Teil 3: Naturwerkstein – Anforderungen, Bemessung;
(Die überarbeitete DIN18516-3:2018-0 ist noch nicht als technische Baubestimmung eingeführt)
DIN 18516-5:2013-09
Außenwandbekleidungen, hinterlüftet – Teil 5: Betonwerkstein; Anforderungen, Bemessung.
Ferner sind die Anlagen B 2.2.1/1, B 2.2.1/2 und A 2.2.1.6 der MVV TB zu beachten.

9 § 37 Absatz 2 MBO:
„*(2) [1]Glastüren und andere Glasflächen, die bis zum Fußboden allgemein zugänglicher Verkehrsflächen herabreichen, sind so zu kennzeichnen, dass sie leicht erkannt werden können. [2]Weitere Schutzmaßnahmen sind für größere Glasflächen vorzusehen, wenn dies die Verkehrssicherheit erfordert.*"

10 Abschnitt A 1.2.7 Glaskonstruktionen der MVV TB verweist auf die Normenreihe DIN18008 Glas im Bauwesen.

8. Räume mit erhöhter Brandgefahr

48 § 29 Absatz 2 Nummer 2 i.V.m. Absatz 3 Satz 2 MBO schreibt für die Räume mit Explosions- oder erhöhter Brandgefahr feuerbeständige Trennwände vor. Für Decken über und unter Räumen mit Explosions- oder erhöhter Brandgefahr gilt nach § 31 Absatz 2 Satz 2 MBO das Gleiche.

49 **Absatz 4** ergänzt diese MBO-Regelung und stellt klar, dass Werkstätten, Magazine, Lagerräume sowie Räume unter Tribünen und Podien zu den Räumen mit erhöhter Brandgefahr gehören. Mit „Räume unter Tribünen und Podien" meint die MVStättVO den zwischen der Oberkante des Fußbodens des Versammlungsraums und der Unterkante des Fußbodens der Tribüne oder des Podiums gebildeten Hohlraum. Absatz 4 betrifft nur fest eingebaute Tribünen und Podien, nicht jedoch veränderbare Tribünen und Podien. Für die Räume unter Szenenflächen ergibt sich aus Absatz 5 Satz 4 die grundsätzlich gleiche Anforderung.

50 Die MVStättVO sieht keine Erleichterungen für erdgeschossige Versammlungsstätten vor, da die explosions- oder erhöhte Brandgefahr von der Nutzung der Räume und nicht von der Geschossigkeit abhängig ist. Zu den Räumen mit Explosions- oder erhöhter Brandgefahr gehören auch die elektrischen Betriebsräume in Gebäuden. Für die Aufstellung von

- Transformatoren und Schaltanlagen für Nennspannungen über 1 kV,
- ortsfesten Stromerzeugungsaggregaten für bauordnungsrechtlich vorgeschriebene sicherheitstechnische Anlagen und Einrichtungen und
- zentralen Batterieanlagen für bauordnungsrechtlich vorgeschriebene sicherheitstechnische Anlagen und Einrichtungen

hat die ARGEBAU das Muster einer Verordnung über den Bau von Betriebsräumen für elektrische Anlagen (EltBauVO)[11] erlassen, aus der sich weitere Anforderungen ergeben. Das Muster der EltBauVO ist mit Abschnitt A 2.2.1.10 der MVV TB als Technische Baubestimmung eingeführt.

---

11 Muster einer Verordnung über den Bau von Betriebsräumen für elektrische Anlagen (M-EltBauVO) 2009-012, in Nordrhein-Westfalen in Landesrecht umgesetzt durch §§ 143–148 SBauVO (Art. 1 der Verordnung vom 2. Dezember 2017 – GV.NRW 2017, S. 2).

Anmerkung:

Das Land **Niedersachsen** regelt hinsichtlich der Anforderungen an das Brandverhalten von Baustoffen und die Feuerwiderstandsdauer der Bauteile in der NBauO nur die Schutzziele. Die konkreten Anforderungen an bestimmte Bauteile und Baustoffe in Abhängigkeit von der Gebäudeklasse werden in der Allgemeinen Durchführungsverordnung zur Niedersächsischen Bauordnung (DVO-NBauO) vom 26. September 2012 (Nds. GVBl. 382) geregelt.

Der neue § 3 Absatz 8 NVStättVO bezieht sich auf die dort genannten Regelungen der DVO-NBauO und schließt deren Anwendung aus. Inhaltlich entspricht das dem § 1 Absatz 4 Satz 2 MVStättVO.

9. Fußboden von Szenenflächen

Absatz 5 Satz 1 beinhaltet eine generelle Regelung für alle Fußböden von Szenenflächen, gleich ob die Szenenfläche sich in einer Bühne befindet oder auf einem fest oder veränderlich eingebauten Podium. Für Theateraufführungen haben sich Fußböden aus Brettern[12] besonders bewährt. Dem wird die MVStättVO gerecht und stellt daher keine Anforderung an das Brandverhalten des Fußbodens einer Szenenfläche. Der Fußboden kann also ein Holzfußboden aus normalentflammbaren Baustoffen (B2) auf normalentflammbaren Lagerhölzern (B2) sein, so wie es seit jeher in Theaterbauten üblich ist. **51**

Die Anforderung eines fugendichten Fußbodens in Absatz 5 Satz 1 verhindert, dass sich in dem regelmäßig nicht zugänglichen Raum unter dem Fußboden der Szenenfläche Staub und Materialien ansammeln, die sich leicht entzünden lassen. Satz 2 ermöglicht Öffnungen zur Unterbühne, z. B. für Klappen oder Hubpodeste. **52**

Absatz 5 Satz 4 enthält für Räume unter Szenenflächen die gleichen Anforderungen wie Absatz 4 für Räume unter Podien. Der Regelungszweck des Absatzes 5 Satz 4 besteht insbesondere in der dort formulierten Ausnahme für die unter einer Szenenfläche liegende Unterbühne. Es sind also zwei Fallgestaltungen zu unterscheiden. Handelt es sich bei dem Raum unter der Szenenfläche nicht um eine Unterbühne, so müssen dessen Wände und die Decke eine Feuerwiderstandsdauer von 90 Minuten aufweisen. Handelt es sich bei dem Raum unter der **53**

12 Friedrich Schiller, aus dem Gedicht, An die Freunde, 1803:
„Sehn wir doch das Große aller Zeiten
Auf den Brettern, die die Welt bedeuten,
Sinnvoll still an uns vorübergehn.“

Szenenfläche um eine Unterbühne, so bestehen keine Anforderungen an die Feuerwiderstandsdauer der Decke, da es sich bei einer Unterbühne um einen Teil des Bühnenraums handelt.

10. Veränderbare Einbauten

54 **Absatz 6** betrifft ausschließlich Anforderungen an Tribünen und Podien.[13] Es handelt sich hierbei um die am häufigsten vorkommenden veränderbaren Einbauten in Versammlungsräumen, die nicht zu den tragenden Bauteilen des Gebäudes selbst gehören. Werden **Tribünen oder Podien**, die Fliegende Bauten sind und als solche eine Ausführungsgenehmigung (Prüfbuch) haben, vorübergehend in einem Versammlungsraum errichtet, werden sie dadurch ebenfalls zum „veränderbaren Einbau“ und müssen die Anforderungen des Absatz 6 erfüllen.[14] Die für eine mobile Tribüne oder ein Podium erteilte Ausführungsgenehmigung[15] berechtigt insoweit noch nicht zur Aufstellung in einem Versammlungsraum. Die Anforderung „nichtbrennbar“ richtet sich allerdings nur an die Unterkonstruktion der Fußböden, nicht an die Fußböden selbst. Der Fußboden kann ein normalentflammbarer Holzfußboden sein. Für kleinere Podien bis zu 20 m^2 greift die Erleichterung des 2. Halbsatzes.

55 **Die Abgrenzung zwischen „veränderbarem Einbau“ und „baulicher Anlage“** unterstreicht der Arbeitskreis „Fliegende Bauten“ der Fachkommission „Bauaufsicht“. Die aktuelle Auslegungskommentierung der ARGEBAU zu Fliegenden Bauten (Stand Januar 2019) enthält hierzu unter Nummer 5.6 die folgenden baurechtlichen Hinweise:

> „*Wird eine Tribüne oder Bühne temporär in einem Gebäude aufgestellt, so gilt sie nicht als bauliche Anlage und ist somit kein Fliegender Bau. Eine Gebrauchsabnahme ist daher nicht möglich. Die Aufstellung in einem Gebäude kann allerdings die genehmigte Flucht- und Rettungswegsituation im Gebäude verändern, die ggf. einer gesonderten Betrachtung durch die zuständige Bauaufsichtsbehörde bedarf. Ist ein Prüfbuch vorhanden, kann es zur Beurteilung der Standsicherheit und Tragfähigkeit herangezogen werden.*“[16]

13 Zum Begriff Podium siehe Kommentierung unter § 2 Rn. 60.
14 Siehe hierzu auch Kommentierung unter § 2 Rn. 98 und unter § 6 Rn. 9 ff.
15 § 76 Absatz 2 Satz 1 MBO und Kommentierung zu § 1 Rn. 113 ff.
16 Auslegung zu Fliegenden Bauten; Fundstelle: www.bauministerkonferenz.de.

56 Die technischen Anforderungen an veränderbare Tribünen sind in der europäisch harmonisierten Normenreihe DIN EN 13200[17] geregelt.

57 **Messestände**, wie Dienstleistungs- oder Ausstellungsstände, die als veränderbare Einbauten in Versammlungsräume eingebracht werden, sind von der Regelung nicht erfasst. Nach § 1 Absatz 2 Nummer 6 MBO fallen Messestände in Messe- und Ausstellungsgebäuden nicht in den Anwendungsbereich der MBO und damit auch zugleich nicht in den Anwendungsbereich der MVStättVO. An die Unterkonstruktion dieser Ausstellungsstände werden keine besonderen Brandschutzanforderungen gestellt.

58 Weitere brandschutztechnische Anforderungen an die Möblierung und Ausstattung von Versammlungsstätten ergeben sich aus den Betriebsvorschriften und unmittelbar aus der MBO, so z.B. für notwendige Treppenräume und notwendige Flure; die brandschutztechnischen Anforderungen an die Sitze und andere Einrichtungsgegenstände sind in der Betriebsvorschrift des § 33 geregelt.

11. Dynamische Belastungen

59 Die Regelung des **Absatzes 7** ist wegen der besonderen Beanspruchung begehbarer veränderbarer Einbauten durch dynamische Schwingungen erforderlich. Dies ist regelmäßig bei Tribünen und Podien gegeben und kann auch bei Dienstleistungs- und Messeständen in Betracht kommen. Absatz 7 ist eine generelle Regelung für alle Arten veränderbarer Einbauten.

60 Einrichtungen und Anlagen sind auf Grund des § 1 Absatz 1 MBO nur dann dem Bauordnungsrecht unterworfen, wenn in der MBO oder einer Verordnung auf Grund der MBO spezielle Anforderungen an die Einrichtungen und Anlagen gestellt werden. Da Tribünen, Podien oder Dienstleistungs- und Messestände außerhalb von Gebäuden bauliche Anlagen sind, im Gebäude jedoch nur dann von den Anforderungen an das Gebäude erfasst werden, wenn sie fester Bestandteil des Gebäudes

17 DIN EN 13200-1:2019-05
Zuschaueranlagen – Teil 1: Allgemeine Merkmale für Zuschauerplätze;
DIN EN 13200-3:2018-12
Zuschaueranlagen – Teil 3: Abschrankungen – Anforderungen;
DIN EN 13200-5:2006-10
Zuschaueranlagen – Teil 5: Ausfahrbare (ausziehbare) Tribünen;
DIN EN 13200-6:2019-07
Zuschaueranlagen – Teil 6: Demontierbare (provisorische) Tribünen.

sind, müssen sie in diesem Fall in die Anforderungen an die Standsicherheit einbezogen werden. Die Regelung stellt daher klar, dass die erhöhten Anforderungen aus dynamischer Belastung für alle Tribünen und Podien und andere veränderbare Einbauten auch dann gelten, wenn sie nicht fest eingebaut sind.

61 Messestände in Messe- und Ausstellungsgebäuden fallen nicht unter Absatz 7, da diese Messe- und Ausstellungsstände nach § 1 Abs. 2 MBO aus dem Anwendungsbereich der MBO und damit zugleich aus dem Anwendungsbereich der MVStättVO herausgenommen sind.

§ 4 Dächer

(1) [1]Tragwerke von Dächern, die den oberen Abschluss von Räumen der Versammlungsstätte bilden oder die von diesen Räumen nicht durch feuerbeständige Bauteile getrennt sind, müssen feuerhemmend sein. [2]Tragwerke von Dächern über Tribünen und Szenenflächen im Freien müssen mindestens feuerhemmend sein oder aus nichtbrennbaren Baustoffen bestehen. [3]Satz 1 gilt nicht für Versammlungsstätten mit automatischen Feuerlöschanlagen.

(2) [1]Bedachungen, ausgenommen Dachhaut und Dampfsperre, müssen bei Dächern, die den oberen Abschluss von Räumen der Versammlungsstätte bilden oder die von diesen Räumen nicht durch feuerbeständige Bauteile getrennt sind, aus nichtbrennbaren Baustoffen hergestellt werden. [2]Dies gilt nicht für Bedachungen über Versammlungsräumen mit nicht mehr als 1000 m² Grundfläche.

(3) [1]Lichtdurchlässige Bedachungen über Versammlungsräumen müssen aus nichtbrennbaren Baustoffen bestehen. [2]Bei Versammlungsräumen mit automatischen Feuerlöschanlagen genügen schwerentflammbare Baustoffe, die nicht brennend abtropfen können.

Übersicht

1. Überblick

1 § 4 regelt die für Versammlungsstätten erforderlichen **Besonderheiten der Dachkonstruktion**. Soweit § 4 keine Sonderregelung trifft, gilt für die Bedachung im Übrigen § 32 MBO. Dies betrifft insbesondere die sich aus § 32 Absatz 1, 5 und 6 MBO ergebenden Anforderungen.

2 Die Vorschrift des § 4 wurde in den Absätzen 1 und 2 mit der MVStättV 2005 gegenüber der MVStättV 2002 geändert. Die Änderung in Absatz 1 enthält eine Erleichterung. **Dachtragwerke** mussten bislang feuerbeständig und müssen nur noch **feuerhemmend** sein.

3 Im Hinblick auf die sicherheitstechnischen Maßnahmen des vorbeugenden Brandschutzes sowie das Rettungswegkonzept der MVStättV 2005 sah es die Fachkommission Bauaufsicht als ausreichend an, wenn die Dachtragwerke feuerhemmend ausgelegt sind. Damit sind übliche Holzkonstruktionen, z.B. Leimbinder oder Stahlkonstruktionen mit Schutzanstrich, erleichtert möglich.

2. Tragwerke von Dächern

4 § 32 MBO enthält die materiellen Anforderungen an Bedachungen, nicht jedoch an die Dachtragwerke. Unter Bedachung verstehen die bauaufsichtlichen Regelwerke den Aufbau der den Dachraum gegenüber der Außenluft abschließenden Dachscheibe mit ihren jeweiligen Schichten, also Bretterlage, Dampfsperre, Dämmung, Dachlatte, Dachziegel. Die oberste Schicht wird oft als Dachhaut bezeichnet.

5 Beim Dachtragwerk, also die Pfetten und Sparren, handelt es sich um tragende Bauteile im Sinne des § 4 bzw. des § 27 MBO. Allerdings ist die Regelung des § 4 Absatz 1 speziell sowohl gegenüber § 3 als auch gegenüber § 27 MBO.

6 Im Rahmen der Anpassung der MVStättV 2005 an die neue MBO 2002 wurde die Anforderung an die Feuerwiderstandsdauer des Dachtragwerks von Versammlungsstätten geregelt und generell auf feuerhemmend festgelegt. Die MVStättVO behält diese Regelung bei. Dies ist eine Erleichterung gegenüber § 3 Absatz 1 Satz 1 und gilt unabhängig davon, ob es sich um das Dach über einem Normalgeschoss oder um ein das Dachgeschoss umschließendes Dach handelt. Zugleich ist es auch eine Erleichterung gegenüber § 27 Absatz 1 Satz 2 Nummer 2 MBO, der für Gebäude der Gebäudeklasse 5 ein feuerbeständiges Dachtragwerk vorschreibt.

7 Die Erleichterung des § 27 Absatz 1 Satz 3 MBO für die tragenden Teile der Geschosse im Dachraum greift nicht bei Versammlungsstätten, da § 3 Absatz 1 und § 4 Absatz 1 die erhöhten Anforderungen an die tragenden und aussteifenden Bauteile speziell und abschließend regeln.

8 **Absatz 1** verzichtet auf die Feuerbeständigkeit des Dachtragwerks und stellt für das Dachtragwerk damit eine Erleichterung gegenüber der Anforderung des § 3 Absatz 1 dar. Wegen des Einsatzes der Feuerwehr war ein völliger Verzicht auf eine Feuerwiderstandsfähigkeit nur bei Versammlungsstätten mit automatischen Feuerlöschanlagen vertretbar. Satz 1 regelt die generellen Anforderungen an das Dachtragwerk von

Versammlungsstätten. Satz 2 beinhaltet eine spezielle Regelung für die Dächer über Tribünen und Szenenflächen im Freien. Da die Tragwerke von Dächern nicht raumabschließend sein müssen, bezieht sich die Anforderung „feuerhemmend“ auf die tragende Funktion, also die Standsicherheit für die Dauer von 30 Minuten.

Nach Satz 1 ist ein feuerhemmend ausgebildetes Dachtragwerk dann 9
nicht erforderlich, wenn das Dachtragwerk durch eine feuerbeständige Decke oder Unterdecke vom Versammlungsraum abgeschottet ist.[1] In diesem Fall bestehen keine Anforderungen an die Feuerwiderstandsdauer des Tragwerks. Die Anforderung „feuerbeständig“ bezieht sich dann auf die **raumabschließende Funktion** der Decke oder Unterdecke und hat den Zweck, ein nicht feuerhemmend ausgelegtes Dachtragwerk gegen Brandausbreitung von unten zu schützen. In der Praxis bedeutet dies, dass die Feuerwiderstandsdauer des Dachtragwerkes nicht nachgewiesen werden muss, wenn das Tragwerk durch eine raumabschließende feuerbeständige Unterdecke geschützt ist.

Für das Dachtragwerk der Dächer über Tribünen und Szenenflächen im 10
Freien lässt Satz 2 als Alternative nichtbrennbare Baustoffe zu. Ein solches Dachtragwerk kann also in Stahl errichtet werden und bedarf keines Schutzanstrichs mit einem feuerhemmenden, dämmschichtbildenden Baustoff.

3. Bedachungen

Die Regelung des § 32 Absatz 1 MBO, wonach Bedachungen gegen 11
eine Brandbeanspruchung von außen durch Flugfeuer und strahlende Wärme ausreichend lang widerstandsfähig sein müssen, gilt auch für Versammlungsstätten. Versammlungsstätten müssen immer eine harte Bedachung nach § 32 Absatz 1 MBO[2] haben.

1 Das Land **Sachsen** hat Absatz 1 Satz 1 SächsVStättVO abweichend formuliert: *„Tragwerke von Dächern, die den oberen Abschluss von Räumen der Versammlungsstätte bilden oder die von diesen Räumen nicht durch feuerbeständige Bauteile getrennt sind, müssen feuerbeständig sein; für Tragwerke von Dächern erdgeschossiger Versammlungsstätten genügen feuerhemmende Bauteile.“*

2 § 32 Absatz 1 MBO: *„(1) Bedachungen müssen gegen eine Brandbeanspruchung von außen durch Flugfeuer und strahlende Wärme ausreichend lang widerstandsfähig sein (harte Bedachung).“*

12 Die Zulässigkeit weicher Bedachungen, also von Bedachungen, die gegen eine Brandbeanspruchung von außen nicht widerstandsfähig sind, ist eng auf die in § 32 Absatz 2 und 3 MBO enumerativ angeführten Fälle beschränkt. Im Hinblick auf das Schutzziel der MVStättVO wäre die Zulassung einer weichen Bedachung als Abweichung nach § 67 Absatz 1 MBO auch nicht vertretbar.

13 Für Bedachungen sind die Technischen Baubestimmungen des Abschnitts A 2.1.9 Dächer der MVV TB zu beachten, soweit sich aus Absatz 2 und 3 keine höheren Anforderungen ergeben.

14 **Absatz 2** regelt abweichend von der MBO erhöhte Anforderungen an die Bedachung, wenn das Dach den oberen Raumabschluss bildet. Die Anforderung dient dem Schutz der Räume der Versammlungsstätte gegen eine Brandeinwirkung von außen.

15 Bildet das Dach den oberen Raumabschluss von Räumen der Versammlungsstätte, dann muss die Bedachung nach Satz 1 aus nichtbrennbaren Baustoffen bestehen. Ist das Dach durch eine feuerbeständige Decke oder Unterdecke vom Versammlungsraum getrennt, dann muss die harte Bedachung nach § 32 Absatz 1 MBO zusätzlich aus nichtbrennbaren Bauteilen bestehen.

16 Satz 2 beinhaltet eine Erleichterung für kleinere Versammlungsräume mit bis zu 1 000 m^2, sofern der einzelne Versammlungsraum über eine eigenständige Dachkonstruktion verfügt. Die Erleichterung des Satzes 2 ist eng auszulegen und greift nicht, wenn die Versammlungsstätte insgesamt Versammlungsräume mit mehr als 1 000 m^2 Grundfläche hat.

17 Bei Bedachungen ist die Brandbeanspruchung von außen, also von oben, von der Brandbeanspruchung von unten, als aus dem Rauminneren, zu unterscheiden. Bedachungen nach der Normenreihe DIN 18234 (Baulicher Brandschutz großflächiger Dächer – Brandbeanspruchung von unten) genügen dieser Anforderung in der Regel nicht, können jedoch im Einzelfall als Abweichung nach § 67 Absatz 1 MBO zugelassen werden.

18 Die Feuerwiderstandsdauer der Bauteile des Daches und das Brandverhalten der verwendeten Baustoffe sind im Brandschutzkonzept darzulegen und in den bautechnischen Nachweisen im Einzelnen anzugeben. Der Nachweis kann durch Bezugnahme auf die Klassifizierung nach der Normenreihe DIN 4102 oder nach der europäischen harmonisierten Normenreihe DIN EN 13501 erfolgen.

DIN 4102-4[3] benennt in Kapitel 11.4 („klassifizierte Sonderbauteile“) die gegen Flugfeuer und strahlende Wärme widerstandsfähigen Bedachungen, die ohne Prüfung die Anforderungen an „harte Bedachungen“ erfüllen, zum Beispiel Bedachungen aus Ziegeln, Metallblech oder Kiesschüttung. 19

Für die dort nicht aufgeführten geprüften Bedachungen ist im Einzelfall eine Prüfung gemäß DIN 4102-7[4] erforderlich. 20

Mit der DIN EN 13501-5[5] wird die „Klassifizierung mit den Ergebnissen aus Prüfungen von Bedachungen bei Beanspruchung durch Feuer von außen“ festgelegt. Die bauaufsichtliche Anforderung „Widerstandsfähig gegen Flugfeuer und strahlende Wärme“ („harte Bedachung“) entspricht der Klasse BROOF (t1), wobei (t1) für das erste Prüfverfahren nach DIN CEN/TS 1187[6] steht. 21

Soweit für das Dach Bauteile oder Baustoffe verwendet werden, die nicht klassifiziert sind, muss das Brandverhalten im Einzelfall durch Prüfzeugnisse einer Materialprüfanstalt im Zulassungsverfahren gegenüber dem DIBt nachgewiesen werden. Die dabei anzuwendenden Prüfverfahren sind ebenfalls in der DIN 4102-7 bzw. DIN EN 13501 geregelt. 22

Hinsichtlich des Brandverhaltens von Dächern hat die Kommission der Europäischen Union mehrere Entscheidungen zur Klassifizierung entsprechend dem in der Bauproduktenrichtlinie (89/106/EWG) und dem Grundlagendokument Nummer 2 Brandschutz[7] vorgegebenen Klassifizierungssystem getroffen. 23

---

3 DIN 4102-4:2016-05
Brandverhalten von Baustoffen und Bauteilen – Teil 4: Zusammenstellung und Anwendung klassifizierter Baustoffe, Bauteile und Sonderbauteile.

4 DIN 4102-7:2018-11
Brandverhalten von Baustoffen und Bauteilen – Teil 7: Bedachungen – Anforderungen und Prüfungen.

5 DIN EN 13501-5:2016-12
Klassifizierung von Bauprodukten und Bauarten zu ihrem Brandverhalten – Teil 5: Klassifizierung mit den Ergebnissen aus Prüfungen von Bedachungen bei Beanspruchung durch Feuer von außen.

6 DIN CEN/TS 1187; DIN SPEC 91187:2012-03
Prüfverfahren zur Beanspruchung von Bedachungen durch Feuer von außen (deutsche Fassung CEN/TS 1187:2012).

7 Mitteilung der Kommission über die Grundlagendokumente der Richtlinie des Rates 89/106/EWG, ABl. C 62 vom 28.2.1994, S. 1.

24 Das im Grundlagendokument Nummer 2 Brandschutz vorgegebene Klassifizierungssystem gilt unverändert auch nach der Bauproduktenverordnung vom 9. März 2011 weiter. Zum Brandverhalten von Dächern hat die Kommission weitere Entscheidungen[8] getroffen.

4. Lichtdurchlässige Bedachungen

25 **Absatz 3** regelt spezielle Anforderungen an **lichtdurchlässige Bedachungen**. Mit lichtdurchlässigen Bedachungen sind Bedachungen aus den Baustoffen Glas, Acrylglas oder Kunststoffen gemeint.

26 Zulässig sind nach § 32 Absatz 3 Nummer 2 MBO lichtdurchlässige Bedachungen aus nichtbrennbaren Baustoffen auch in Gebäuden der Gebäudeklasse 5. § 32 Absatz 3 Nummer 2 und 4 MBO lässt in harten Bedachungen lichtdurchlässige Teilflächen zu, wenn sie aus nichtbrennbaren Baustoffen bestehen. Dies betrifft insbesondere Dachflächenfenster, Oberlichte, Lichtkuppeln und Glasdächer. Diese Regelung für lichtdurchlässige Bedachungen aus nichtbrennbaren Baustoffen gilt auch für Gebäude der Gebäudeklasse 5.

27 Von der Anforderung nichtbrennbarer Baustoffe abweichend lässt § 32 Absatz 4 Nummer 1 MBO in harten Bedachungen lichtdurchlässige Teilflächen aus brennbaren Baustoffen zu, wenn eine Brandentstehung bei einer Brandbeanspruchung von außen durch Flugfeuer und strahlende Wärme nicht zu befürchten ist oder Vorkehrungen hiergegen getroffen werden.

28 Diese Zulässigkeit brennbarer Baustoffe wird für Versammlungsstätten jedoch durch **Absatz 3** Satz 1 eingeschränkt, der für lichtdurchlässige Bedachungen nichtbrennbare Baustoffe vorschreibt.[9] Für lichtdurchlässige Bedachungen, Dachflächenfenster Lichtkuppeln und Oberlichte ist ferner § 32 Absatz 5 MBO zu beachten.

---

8 Entscheidung der Kommission vom 4. September 2006 (2006/600/EG) zur Festlegung der Brandverhaltensklassen für bestimmte Bauprodukte (Sandwich-Elemente mit beidseitiger Metalldeckschicht für Dächer) bei einem Brand von außen, ABl. L 244 vom 7.9.2006, S. 24.

9 Baden-Württemberg hat § 4 Absatz 3 VStättVO (BW) abweichend formuliert:
„*(3) Baustoffe dürfen nicht brennend abtropfen. Lichtdurchlässige Dachflächen müssen*
1. schwerentflammbar sein bei Versammlungsstätten mit automatischen Feuerlöschanlagen,
2. nichtbrennbar sein bei Versammlungsstätten ohne automatische Feuerlöschanlagen. Lichtdurchlässige Dachflächen müssen bruchsicher sein.“

Die Erleichterung des Satzes 2 für die Bedachungen über Versammlungsräumen mit automatischer Feuerlöschanlage bezieht sich ausschließlich auf die in Satz 1 geregelte lichtdurchlässige Bedachung. Satz 2 lässt als Ausnahme lichtdurchlässige Bedachungen aus schwerentflammbaren Baustoffen zu, wenn diese nicht brennend abtropfen können und der Versammlungsraum eine automatische Feuerlöschanlage hat. Dies ist im Brandschutzkonzept nachzuweisen. Die Anforderung „schwerentflammbar" schließt eine weiche Bedachung aus. 29

Mit dieser Regelung sind in Versammlungsstätten alternativ zu Glasdächern großflächige Bedachungen z. B. aus lichtdurchlässigen Kunststoffen möglich, unter der Voraussetzung, dass die betreffenden Versammlungsräume mit automatischen Feuerlöschanlagen geschützt sind. 30

Für die Verwendung von Baustoffen aus Glas sind die Technischen Baubestimmungen des Abschnitts A 1.2.7 Glaskonstruktionen der MVV TB zu beachten, mit denen die Bemessungs- und Konstruktionsregeln für Glas im Bauwesen nach der Normenreihe DIN 18008[10] bauaufsichtlich eingeführt sind. 31

10 DIN 18008-1:2019-06
Glas im Bauwesen – Bemessungs- und Konstruktionsregeln – Teil 1: Begriffe und allgemeine Grundlagen;
DIN 18008-2:2019-06
Glas im Bauwesen – Bemessungs- und Konstruktionsregeln – Teil 2: Linienförmig gelagerte Verglasungen;
DIN 18008-3:2013-07
Glas im Bauwesen – Bemessungs- und Konstruktionsregeln – Teil 3: Punktförmig gelagerte Verglasungen;
DIN 18008-4:2013-07
Glas im Bauwesen – Bemessungs- und Konstruktionsregeln – Teil 4: Zusatzanforderungen an absturzsichernde Verglasungen;
DIN 18008-5:2013-07
Glas im Bauwesen – Bemessungs- und Konstruktionsregeln – Teil 5: Zusatzanforderungen an begehbare Verglasungen.

§ 5 Dämmstoffe, Unterdecken, Bekleidungen und Bodenbeläge

(1) Dämmstoffe müssen aus nichtbrennbaren Baustoffen bestehen.

(2) [1]Bekleidungen an Wänden in Versammlungsräumen müssen aus mindestens schwerentflammbaren Baustoffen bestehen. [2]In Versammlungsräumen mit nicht mehr als 1000 m² Grundfläche genügen geschlossene nicht hinterlüftete Holzbekleidungen.

(3) [1]Unterdecken und Bekleidungen an Decken in Versammlungsräumen müssen aus nichtbrennbaren Baustoffen bestehen. [2]In Versammlungsräumen mit nicht mehr als 1000 m² Grundfläche genügen Bekleidungen aus mindestens schwerentflammbaren Baustoffen oder geschlossene nicht hinterlüftete Holzbekleidungen.

(4) In Foyers, durch die Rettungswege aus anderen Versammlungsräumen führen, in notwendigen Treppenräumen, Räumen zwischen notwendigen Treppenräumen und Ausgängen ins Freie sowie notwendigen Fluren müssen Unterdecken und Bekleidungen aus nichtbrennbaren Baustoffen bestehen.

(5) Unterdecken und Bekleidungen, die mindestens schwerentflammbar sein müssen, dürfen nicht brennend abtropfen.

(6) [1]Unterkonstruktionen, Halterungen und Befestigungen von Unterdecken und Bekleidungen nach den Absätzen 2 bis 4 müssen aus nichtbrennbaren Baustoffen bestehen; dies gilt nicht für Versammlungsräume mit nicht mehr als 100 m² Grundfläche. [2]In den Hohlräumen hinter Unterdecken und Bekleidungen aus brennbaren Baustoffen dürfen Kabel und Leitungen nur in Installationsschächten oder Installationskanälen aus nichtbrennbaren Baustoffen verlegt werden.

(7) [1]In notwendigen Treppenräumen, Räumen zwischen notwendigen Treppenräumen und Ausgängen ins Freie müssen Bodenbeläge nichtbrennbar sein. [2]In notwendigen Fluren sowie in Foyers, durch die Rettungswege aus anderen Versammlungsräumen führen, müssen Bodenbeläge mindestens schwerentflammbar sein.

Übersicht

1. Überblick

1 Die Vorschrift des § 5 beinhaltet **Anforderungen an das Brandverhalten von Dämmstoffen, Bekleidungen, Unterdecken und Bodenbelägen** in der Versammlungsstätte.[1]

2 Die allgemeinen Regelungen der MBO betreffen nur Bekleidungen in notwendigen Treppenräumen (§ 35 Absatz 5 MBO) und notwendigen Fluren (§ 36 Absatz 6 MBO). In Versammlungsstätten sind die Anforderungen auch auf die Versammlungsräume und Aufenthaltsräume selber anzuwenden. Schutzzweck der Norm ist es, die Brandausbreitung, insbesondere die Verrauchung der Innenräume, zu verhindern.

3 Der verwendete Begriff „**Bekleidung**" ist **materialneutral** zu verstehen und beschreibt nur eine Bauart, in der die Oberfläche der Wand oder der Deckenunterseite mit anderen Materialien bekleidet wird. Beispiele für eine Bekleidung sind Fliesen, Holzvertäfelung und textile Wand- oder Deckenbespannungen. Der Wechsel der Terminologie erfolgte in der MBO 2002, weil eine Verkleidung nicht unmittelbar auf der Fläche angebracht sein muss, nach ihrem Wortsinn die Fläche jedoch vollständig verkleidet, und damit unkenntlich macht.

4 Eine Bekleidung muss jedoch nicht notwendigerweise über die gesamte Fläche erfolgen. Nach ihrem Wortsinn muss eine Bekleidung unmittelbar auf die Oberfläche der Wand oder der Deckenunterseite aufgebracht sein oder in dem geringen Abstand, der zur Befestigung zwingend erforderlich ist. Ist der Abstand zu einer Decke größer, dann handelt es sich nicht um eine Bekleidung, sondern um eine Unterdecke.

5 Nicht als Bekleidung zählen unmittelbar auf die Wand oder Decke aufgebrachte sehr dünne textile oder andere Beschichtungen (z.B. Farban-

1 Bayern hat in die Überschrift des Art. 5 VStättVO noch den Begriff „Sitze" aufgenommen und die Regelung des § 33 Absatz 2 MVStättVO als Absatz 8 angefügt.

striche oder Tapeten), die einen unmittelbaren Verbund mit der Oberfläche der Wand eingehen. Besondere Anforderungen an textile Wandbespannungen, wie sie noch in § 18 Absatz 3 und 5 VStättVO 1978 enthalten waren, entfallen, da nichtbrennbare Stoffe heute in entsprechender Qualität zur Verfügung stehen.

2. Brandverhalten von Baustoffen

6 § 26 Absatz 1 MBO unterscheidet die Baustoffe nach ihrem Brandverhalten in nichtbrennbare (A), schwerentflammbare (B1) und normalentflammbare (B2) Baustoffe[2] und schließt die Verwendung von leichtentflammbaren (B3) Baustoffen aus. Die Anforderungen erstrecken sich auch auf die hinter, über oder unter Bekleidungen geführten Leitungen.

7 Mit dem Brandschutzkonzept ist nachzuweisen, dass die verwendeten Baustoffe die durch § 5 vorgegebene Anforderung erfüllen. Die Allgemeinen Anforderungen an bauliche Anlagen aus Gründen des Brandschutzes gemäß Abschnitt A 2.1 der MVV TB[3] sind zu beachten.

3. Dämmstoffe

8 Nach **Absatz 1** dürfen ausschließlich Dämmstoffe aus nichtbrennbaren Baustoffen verwendet werden, da nur dadurch eine unbemerkte Brandweiterleitung hinter der Bekleidung wirksam ausgeschlossen werden kann (Konsequenz aus der Auswertung des Flughafenbrandes Düsseldorf). Die Regelung gilt für alle Verwendungen unabhängig vom Einbauort. Die nichtbrennbaren Dämmstoffe dürfen keinen Beitrag zum Brand leisten.

---

2 § 26 Absatz 1 MBO:
„*(1) [1]Baustoffe werden nach den Anforderungen an ihr Brandverhalten unterschieden in*
1. nichtbrennbare,
2. schwerentflammbare,
3. normalentflammbare.
[2]Baustoffe, die nicht mindestens normalentflammbar sind (leichtentflammbare Baustoffe) dürfen nicht verwendet werden; dies gilt nicht, wenn sie in Verbindung mit anderen Baustoffen nicht leichtentflammbar sind.“

3 Anhang 4 der MVV TB:
Bauaufsichtliche Anforderungen, Zuordnung der Klassen, Verwendung von Bauprodukten, Anwendung von Bauarten.

9 Der Anforderung „nichtbrennbar" entsprechen in der Regel nur die Dämmstoffe aus anorganischen Materialien mit einem Schmelzpunkt von mindestens 1 000 °C nach DIN 4102-17:1990-12.

10 Der Einsatz von Dämmstoffen aus organischen Materialien und insbesondere aus geschäumten Kunststoffen ist bei der Errichtung von Versammlungsstätten unzulässig, es sei denn, die Eigenschaft „nichtbrennbar" ist durch eine bauaufsichtliche Zulassung des DIBt nachgewiesen. Dies gilt für die im Innern des Gebäudes verwendeten Dämmstoffe und ebenso für die auf der Außenwand und auf dem Dach außerhalb des Gebäudes verwendeten Dämmstoffe.

11 Wenn das Schutzziel, die Vermeidung der Ausbreitung von Feuer und Rauch, nicht beeinträchtigt wird, kann die Bauaufsichtsbehörde im Einzelfall die Verwendung von schwerentflammbaren organischen Dämmstoffen an den Außenwänden und auf dem Dach als Abweichung nach § 67 MBO zulassen. Dies kann bei der Verwendung als Dämmstoff auf dem Dach oder auf der Fassade in Betracht kommen, wenn der Dämmstoff vollflächig mit nichtbrennbaren Baustoffen bekleidet ist, z.B. mit Dachziegeln oder Steinplatten, und ein Eintrag von Rauch in das Gebäude ausgeschlossen ist.

12 Dagegen wird die Verwendung schwerentflammbarer organischer Dämmstoffe, wie expandiertes Polystyrol, im Innern von Versammlungsstätten wegen der großen Rauchentwicklung im Brandfall und der Toxizität des Rauchs (siehe Flughafen Düsseldorf) nicht als Abweichung zugelassen werden können. Der Nachweis über das Brandverhalten der Dämmstoffe ist im Brandschutzkonzept und den bautechnischen Nachweisen anzugeben sowie im Zuge der Bauarbeiten durch die bauaufsichtliche Zulassung zu führen.

4. Wandbekleidungen

13 Die Anforderungen an Wandbekleidungen[4] sind in **Absatz 2** Satz 1 geregelt. Danach müssen Wandbekleidungen in Versammlungsräumen **schwerentflammbar** sein. Dies betrifft alle in § 2 Absatz 3 genannten Räume. An die Wandverkleidungen in anderen Räumen stellt die MVStättVO keine Anforderungen. Dies bedeutet, dass Wandbekleidun-

4 DIN EN 266:1992-03
Wandbekleidungen in Rollen; Festlegungen für Textilwandbekleidungen.

gen in Räumen, die weder Versammlungsraum noch Teil des Rettungsweges sind, aus normalentflammbaren Baustoffen bestehen dürfen.

14 Für die notwendigen Treppenräume gilt § 35 Absatz 5 Nummer 1 MBO und für die notwendigen Flure gilt § 36 Absatz 5 Nummer 1 MBO, die für Wandbekleidungen jeweils nichtbrennbare Baustoffe vorschreiben.

15 Für Versammlungsräume mit nicht mehr als 1 000 m² Grundfläche gelten erleichterte Anforderungen. Für Wandbekleidungen sind nach Absatz 2 Satz 2 geschlossene **nicht hinterlüftete Holzbekleidungen** (z. B. Nut- und Feder-Verbund) als Erleichterung zulässig. Diese Anforderung hat den Zweck, eine Kaminwirkung hinter oder über der Holzbekleidung wirksam zu unterbinden. Dies bedeutet in der Praxis, dass die jeweilige Bekleidung mit einer Halterung aus einem nichtbrennbaren Baustoff (siehe dazu Absatz 6 Satz 1) unmittelbar an der Wand angebracht sein muss und die Hohlräume zwischen der Bekleidung und der Wand so verfüllt werden, dass die Hinterlüftung unterbunden wird. Dies kann durch Verfüllung mit nichtbrennbaren Dämmstoffen geschehen oder mit Querlattung.

16 Diese Erleichterungen für Holzbekleidungen gelten jedoch nur für gewachsenes Holz, nicht für künstlich hergestellte Holzverbundwerkstoffe wie Spanplatten, OSB-Platten, Laminate oder vergleichbare Bauprodukte. Mit Holzverbundwerkstoffen kann die grundsätzliche Anforderung der Schwerentflammbarkeit nach Absatz 2 Satz 1 und Absatz 3 Satz 2 erfüllt werden, da ausreichend zugelassene Bauprodukte auf dem Markt sind.

5. Deckenbekleidungen

17 Während Absatz 2 für Wandbekleidungen schwerentflammbare Baustoffe zulässt, bestimmt **Absatz 3**, dass abgehängte **Unterdecken und Deckenbekleidungen** aus **nichtbrennbaren Baustoffen** bestehen müssen. Da der Hohlraum zwischen Unterdecke und Decke schwer zugänglich ist, in diesem Hohlraum in der Regel auch Lüftungsleitungen und Elektroleitungen mit erheblichen Brandlasten geführt werden und die in die abgehängten Decken eingebauten Beleuchtungsmittel, insbesondere Halogenstrahler, erhebliche Wärme abstrahlen, sind die Anforderungen an die Deckenbekleidungen nach Absatz 3 höher als die Anforderungen an die Wandbekleidungen nach Absatz 2.

18 Für Versammlungsräume mit nicht mehr als 1 000 m² Grundfläche gelten erleichterte Anforderungen in zwei Alternativen. Absatz 3 Satz 2 lässt in Versammlungsräumen mit nicht mehr als 1 000 m^2 Grundfläche zum einen Bekleidungen aus schwerentflammbaren Baustoffen zu und zum anderen nicht hinterlüftete Holzbekleidungen. Diese Erleichterungen gelten jedoch nicht für Unterdecken; für diese bleibt es bei der Anforderung „nichtbrennbare“ Baustoffe. Für die Vermeidung der Hinterlüftung bei den nicht hinterlüfteten Holzbekleidungen an Decken gelten die obigen Ausführungen zu den nicht hinterlüfteten Holzverkleidungen an Wänden entsprechend (Rn. 15 f.).

6. Bekleidungen in Rettungswegen

Die Regelungen der Absätze 2 und 3 gelten nicht für **Foyers, durch die Rettungswege führen** (siehe § 6 Absatz 3), da **Absatz 4** für diesen speziellen Fall für Unterdecken und Bekleidungen nichtbrennbare Baustoffe vorschreibt. Da Absatz 4 Satz 1 nicht zwischen Wand- und Deckenbekleidungen unterscheidet, gilt die Anforderung sowohl für die Wand- als auch für die Deckenbekleidungen. 19

Dies entspricht den Regelungen des § 35 Absatz 5 Nummer 1 und 2 MBO[5] für notwendige Treppen sowie des § 36 Absatz 6 Nummer 1 und 2 MBO[6] für notwendige Flure, die für Rettungswege ebenfalls Bekleidungen und Unterdecken aus nichtbrennbaren Baustoffen vorschreiben. 20

Foyers, durch die keine Rettungswege aus anderen Versammlungsräumen (siehe § 2 Absatz 3 Satz 2) führen, sind Aufenthaltsräume und nicht Bestandteil des Rettungswegsystem für andere Versammlungsräume mit der Folge, dass in diesem Fall die Absätze 2 und 3 gelten und nicht die höheren Anforderungen des Absatzes 4. 21

---

5 § 35 Absatz 5 MBO:
„(5) In notwendigen Treppenräumen und in Räumen nach Absatz 3 Satz 3 müssen
1. Bekleidungen, Putze, Dämmstoffe, Unterdecken und Einbauten aus nichtbrennbaren Baustoffen bestehen,
2. Wände und Decken aus brennbaren Baustoffen eine Bekleidung aus nichtbrennbaren Baustoffen in ausreichender Dicke haben,
3. Bodenbeläge, ausgenommen Gleitschutzprofile, aus mindestens schwerentflammbaren Baustoffen bestehen.“

6 § 36 Absatz 6 MBO:
„(6) In notwendigen Fluren sowie in offenen Gängen nach Absatz 5 müssen
1. Bekleidungen, Putze, Unterdecken und Dämmstoffe aus nichtbrennbaren Baustoffen bestehen,
2. Wände und Decken aus brennbaren Baustoffen eine Bekleidung aus nichtbrennbaren Baustoffen in ausreichender Dicke haben.“

7. Abtropfen

22 Für den Fall, dass Wand- oder Deckenbekleidungen aus brennbaren Baustoffen bestehen, also normalentflammbar oder schwerentflammbar sind, schreibt **Absatz 5** vor, dass diese nicht brennend abtropfen dürfen. Der Nachweis, dass der Baustoff nicht brennend abtropft, wird durch eine Prüfung nach DIN 4102-15:1990-05 geführt. Die Verwendbarkeit kann durch ein den Anforderungen des § 16a Satz 1 MBO entsprechendes CE-Kennzeichen oder einen Verwendbarkeitsnachweis gemäß § 17 MBO nachgewiesen werden. Verwendbarkeitsnachweise sind die allgemeine bauaufsichtliche Zulassung nach § 18 MBO, das allgemeine bauaufsichtliche Prüfzeugnis nach § 19 MBO oder die Zustimmung im Einzelfall nach § 20 MBO.

23 Soweit sich Absatz 5 auf schwerentflammbare Unterdecken bezieht, ist die Regelung nur relevant, wenn abweichend von Absatz 3 für einen Versammlungsraum mit nicht mehr als 1 000 m^2 Grundfläche analog zu einer schwerentflammbaren Bekleidung auch eine schwerentflammbare Unterdecke zugelassen wird.

8. Unterkonstruktionen, Halterungen und Befestigungen

24 Da die Unterkonstruktionen von Unterdecken und Bekleidungen nicht einsehbar sind, müssen sie nach **Absatz 6** Satz 1 zur Vermeidung der Brandausbreitung wie die Dämmstoffe nach Absatz 1 aus nichtbrennbaren Baustoffen bestehen.

25 Für Versammlungsräume mit nicht mehr als 100 m^2 Grundfläche gilt diese Anforderung nicht; zwar sind die Brandgefahren grundsätzlich die Gleichen wie bei größeren Räumen, jedoch sind die Ausgänge aus dem Raum auf kurzem Weg erreichbar. Diese Erleichterung greift insbesondere bei Gaststätten mit kleinen Gasträumen. Bei Versammlungsräumen mit nicht mehr als 100 m^2 Grundfläche darf die Holzbekleidung somit auf einer Holzlattung montiert werden. Auf Grund dieser Erleichterungen sind Wand- und Deckenvertäfelungen aus Holz, z.B. in den Gasträumen von Gaststätten oder in Konzertsälen, ohne Zulassung einer Abweichung gemäß § 67 MBO zulässig. Auch in diesem Fall muss jedoch eine Brandausbreitung dadurch unterdrückt werden, dass eine Hinterlüftung und damit Kaminwirkung unterbunden wird. Absatz 2 Satz 2 und Absatz 3 Satz 2 Halbsatz 2 sind auch in diesem Fall zu beachten.

9. Führung von Leitungen in Hohlräumen

Da die Führung von Leitungen in den Hohlräumen hinter Wandbekleidungen, über Deckenbekleidungen sowie über Unterdecken aus brennbaren Baustoffen brandschutztechnischer Vorkehrungen bedarf, stellt **Absatz 6** Satz 2 an die Leitungsführung in Versammlungsräumen spezielle Anforderungen. Kabel und Leitungen dürfen nur in Installationsschächten oder Installationskanälen aus nichtbrennbaren Baustoffen verlegt werden. **26**

Die Regelung des Satzes 2 bezieht sich nicht auf Satz 1, sondern allgemein auf alle Fallgestaltungen, in denen Bekleidungen oder Unterdekken aus normalentflammbaren oder schwerentflammbaren Baustoffen zulässig sind, also auf Absatz 2 und Absatz 3 Satz 2. **27**

Für die Führung von Leitungen durch raumabschließende Bauteile ist § 1 Absatz 4 Satz 1 zu beachten. Für die Führung von Leitungen der sicherheitstechnischen Gebäudeausrüstung sind die Bestimmungen über den Funktionserhalt[7] zu beachten. **28**

Grundlegende Anforderungen an Leitungsanlagen sind in der Muster-Leitungsanlagen-Richtlinie geregelt, die durch Abschnitt A 2.2.1.8[8] der MVV TB als Technische Baubestimmung eingeführt ist. **29**

10. Bodenbeläge

Nach den allgemeinen Regelungen des § 35 Absatz 5 Nummer 3 MBO müssen die Bodenbeläge in notwendigen Treppenräumen sowie in Räumen zwischen notwendigen Treppenräumen und Ausgängen ins Freie schwerentflammbar sein. An die Bodenbeläge in notwendigen Fluren stellt § 36 Absatz 6 MBO dagegen keine besondere Anforderung, so **30**

---

7 Siehe zum Funktionserhalt auch Anhang 4 Nummer 22 der MVV TB
DIN 4102-12:1998-11
Brandverhalten von Baustoffen und Bauteilen – Teil 12: Funktionserhalt von elektrischen Kabelanlagen; Anforderungen und Prüfungen.
DIN EN 50289-4-16:2007-12
Kommunikationskabel – Spezifikationen für Prüfverfahren – Teil 4-16: Umweltprüfverfahren – Funktionserhalt im Brandfall; deutsche Fassung prEN 50289-4-16:2007 Norm-Entwurf
VdS 2541:1996-12
Energieversorgungseinrichtungen für BMA, Anforderungen und Prüfmethoden

8 Muster-Richtlinie über brandschutztechnische Anforderungen an Leitungsanlagen (Musterleitungsanlagen-Richtlinie MLAR) Stand: 04-2016
Fundstelle: www.bauministerkonferenz.de.

dass dafür nach der MBO normalentflammbare Baustoffe genügen. Im Hinblick auf die große Zahl von Personen, die in Versammlungsstätten auf die Rettungswege angewiesen sind, minimiert, **Absatz 7** die Brandlasten in den Rettungswegen, indem die Anforderungen gegenüber der MBO heraufgesetzt werden.

31 Die Anforderungen an das Brandverhalten der Bodenbeläge in Rettungswegen sind in Absatz 7 unterschiedlich geregelt. Satz 1 bestimmt, dass die Bodenbeläge in notwendigen Treppenräumen sowie in Räumen zwischen notwendigen Treppenräumen und Ausgängen ins Freie nichtbrennbar sein müssen. Satz 2 schreibt für notwendige Flure schwerentflammbare Bodenbeläge vor.

32 Zusätzlich erfasst Satz 2 auch die Foyers, durch die Rettungswege aus anderen Versammlungsräumen führen, und für die, wie in den notwendigen Fluren, ebenfalls schwerentflammbare Bodenbeläge vorgeschrieben werden.

33 Die Bodenbeläge müssen über den gesamten Fußboden des jeweiligen Raums den Anforderungen des Absatzes 7 entsprechen. Da die Anforderung an das Brandverhalten der Minimierung der Brandlast und der Vermeidung der Brandausbreitung dient, ist es nicht zulässig, in einem Foyer nur den Teilbereich des Fußbodens, über den der Rettungsweg aus einem anderen Versammlungsraum geführt wird, mit einem Bodenbelag aus schwerentflammbaren Baustoffen zu belegen und den übrigen Fußboden nicht.

34 Für Bodenbeläge in den Versammlungsräumen (mit Ausnahme der Foyers, durch die Rettungswege aus anderen Versammlungsräumen führen) schreibt die MVStättVO keine Anforderungen an das Brandverhalten der Bodenbeläge vor. Dies gilt auch für Hallen, durch die Rettungswege aus anderen Versammlungsräumen führen einschließlich der Gänge nach § 7 Absatz 5.[9]

35 Ein notwendiger Flur ist nach dieser Vorschrift nicht gleichzusetzen mit einem Gang, wie er beispielsweise in § 7 Absatz 5 für Ausstellungshallen gefordert wird. Die z. B. zu Ausstellungszwecken in der Regel vorübergehend eingebrachten Teppichböden in Messehallen müssen daher nicht zwingend aus B1-Material bestehen.

---

9 Im Land **Sachsen** müssen die Bodenbeläge in allen Foyers schwerentflammbar sein, auch wenn keine Rettungswege aus anderen Räumen hindurchgeführt werden. Die Anforderungen an die Bodenbeläge in Rettungswegen im Übrigen entsprechen denen der MVStättVO.

Abschnitt 2
Rettungswege

§ 6 Führung der Rettungswege

(1) [1]Rettungswege müssen ins Freie zu öffentlichen Verkehrsflächen führen. [2]Zu den Rettungswegen von Versammlungsstätten gehören insbesondere die frei zu haltenden Gänge und Stufengänge, die Ausgänge aus Versammlungsräumen, die notwendigen Flure und notwendigen Treppen, die Ausgänge ins Freie, die als Rettungsweg dienenden Balkone, Dachterrassen und Außentreppen sowie die Rettungswege im Freien auf dem Grundstück.

(2) [1]Versammlungsstätten müssen in jedem Geschoss mit Aufenthaltsräumen mindestens zwei voneinander unabhängige bauliche Rettungswege haben; dies gilt für Tribünen entsprechend. [2]Die Führung beider Rettungswege innerhalb eines Geschosses durch einen gemeinsamen notwendigen Flur ist zulässig. [3]Rettungswege dürfen über Balkone, Dachterrassen und Außentreppen auf das Grundstück führen, wenn sie im Brandfall sicher begehbar sind.

(3) [1]Rettungswege dürfen über Gänge und Treppen durch Foyers oder Hallen zu Ausgängen ins Freie geführt werden, soweit mindestens ein weiterer von dem Foyer oder der Halle unabhängiger baulicher Rettungsweg vorhanden ist. [2]Foyers oder Hallen dürfen nicht als Raum zwischen notwendigen Treppenräumen und Ausgängen ins Freie im Sinn des § 35 Abs. 3 Satz 2 MBO dienen.

(4) Versammlungsstätten müssen für Geschosse mit jeweils mehr als 800 Besucherplätzen nur diesen Geschossen zugeordnete Rettungswege haben.

(5) [1]Versammlungsräume und sonstige Aufenthaltsräume, die für mehr als 100 Besucher bestimmt sind oder mehr als 100 m² Grundfläche haben, müssen jeweils mindestens zwei möglichst weit auseinander und entgegengesetzt liegende Ausgänge ins Freie oder zu Rettungswegen haben. [2]Die nach § 7 Abs. 4 Satz 1 ermittelte Breite ist möglichst gleichmäßig auf die Ausgänge zu verteilen; die Mindestbreiten nach § 7 Abs. 4 Satz 3 und 4 bleiben unberührt.

(6) Ausgänge und sonstige Rettungswege müssen durch Sicherheitszeichen dauerhaft und gut sichtbar gekennzeichnet sein.

Übersicht

1. Überblick

1 Die Regelung des § 6 legt fest, welche Bereiche in Versammlungsstätten zu den Rettungswegen zählen und wohin diese führen müssen: nämlich ins Freie zu öffentlichen Verkehrsflächen. Die Vorschrift baut auf dem Prinzip des § 33 Absatz 1 MBO auf, dass jeder Aufenthaltsraum mindestens zwei voneinander unabhängige Rettungswege haben muss. Anders als § 33 Absatz 2 und 3 MBO fordert § 6 zwingend bauliche Rettungswege und schließt somit Rettungswege über Rettungsgeräte der Feuerwehr aus. Ab 800 Besucherplätzen je Geschossebene, müssen dem jeweiligen Geschoss von den Rettungswegen anderer Geschosse getrennte Rettungswege zugeordnet sein.

2 Für bestehende Versammlungsstätten, in denen die Rettungswege und Ausgänge bisher nicht gekennzeichnet waren, enthielt die Vorschrift des § 46 Absatz 1 Nummer 1 MVStättV 2005 eine Nachrüstungspflicht, die innerhalb von zwei Jahre ab Inkrafttreten der MVStättV 2005 (in Landesrecht) umzusetzen war. In der aktuellen MVStättVO wurde diese Bestimmung mit Hinweis auf den Ablauf der Anpassungsfrist gestrichen. Im Hinblick darauf, dass sich die Pflicht zur Kennzeichnung der Rettungswege auch aus Nummer 7 der Technischen Regel für Arbeitsstätten „ASR A2.3 Fluchtwege und Notausgänge, Flucht- und Rettungsplan“ in Verbindung mit der ASR A1.3 „Sicherheits- und Gesundheitsschutzkennzeichnung“ ergibt,[1] ist die Streichung dieser Nachrüstungspflicht unbedenklich.

1 ASR A2.3 Fluchtwege und Notausgänge, Flucht- und Rettungsplan, Ausgabe: August 2007 (GMBl. 2007, S. 902; zuletzt geändert GMBl. 2014, S. 286).
ASR A1.3 Sicherheits- und Gesundheitsschutzkennzeichnung, Ausgabe: Februar 2013, (GMBl. 2013, S. 334; zuletzt geändert GMBl 2017, S. 398).

2. Definition der Rettungswege

Während die Vorschrift des § 33 Absatz 1 Satz 1 MBO nur verlangt, dass der erste und zweite Rettungsweg ins Freie führen müssen, bestimmt **Absatz 1** Satz 1 für Versammlungsstätten zwingend, dass alle Rettungswege aus der Versammlungsstätte stets ins Freie **auf öffentliche Verkehrsflächen** führen müssen und nicht in gefangenen Innenhöfen ohne Zugang zu öffentlichen Verkehrsflächen enden dürfen. Wegen der großen Zahl von Personen in Versammlungsstätten müssen die Rettungswege im Freien stets an einer öffentlichen Verkehrsfläche enden; ansonsten wäre nicht sichergestellt, dass alle Personen, die sich in der Versammlungsstätte aufgehalten haben, in einem sicheren Bereich sind. Der Rettungsweg beginnt damit im Versammlungsraum und endet im Freien an der öffentlichen Verkehrsfläche. Die Rettung über eine mit Rettungsgeräten der Feuerwehr erreichbare Stelle der Nutzungseinheit (Anleiterung) ist damit nicht zulässig. 3

Absatz 1 Satz 2 benennt klarstellend die wichtigsten Teile der Versammlungsstätte, die zum Rettungsweg zählen: 4

- freizuhaltende Gänge und Stufengänge,
- Ausgänge aus Versammlungsräumen,
- notwendige Flure und notwendige Treppen,
- Ausgänge ins Freie,
- Balkone, die als Rettungsweg dienen,
- Dachterrassen und Außentreppen,
- Rettungswege im Freien auf dem Grundstück.

Die Aufzählung ist nicht abschließend. So ergibt sich aus Absatz 3, dass Rettungswege auch durch Foyers oder Hallen geführt werden dürfen, die in Absatz 1 nicht genannt sind. Ferner enthält § 18 Absatz 2 eine besondere Regelung für Rettungswege von Arbeitsgalerien. Nicht in Satz 2 genannt sind ferner die Gänge in Ausstellungshallen nach § 7 Absatz 5 sowie die Räume zwischen notwendigen Treppenräumen und den Ausgängen ins Freie nach § 35 Absatz 3 Satz 3 MBO. 5

Bei Balkonen und Dachterrassen ist zu beachten, dass diejenigen Wege, die keine direkte Verbindung über notwendige Treppen auf das Grundstück haben und nur angeleitert werden können, kein zulässiger Rettungsweg für Versammlungsstätten sind. 6

Mit der Formulierung „insbesondere" wird deutlich gemacht, dass weitere Bereiche eines Gebäudes Rettungswege sein können und dann den Anforderungen an Rettungswege entsprechen müssen. Voraussetzung 7 ist allerdings, dass sie letztendlich ins Freie und zumindest von dort aus zu öffentlichen Verkehrsflächen führen.

8 Die Aufzählung in Satz 2 benennt die Teile der Versammlungsstätte, die zwingend zum Rettungsweg gehören mit der Folge, dass sie hinsichtlich ihrer Breite und der Länge der Bemessungsvorschrift des § 7 unterliegen.

3. Zwei bauliche Rettungswege

9 **Absatz 2** Satz 1 schreibt für Versammlungsstätten abweichend von § 33 Absatz 2 Satz 2 MBO zwingend mindestens **zwei bauliche Rettungswege** vor. Die Regelung, dass sowohl der erste als auch der zweite Rettungsweg ein baulicher Rettungsweg sein muss, schließt die Anwendung des § 33 Absatz 2 Satz 3 MBO aus, wonach ein zweiter Rettungsweg dann nicht erforderlich ist, wenn die Rettung über einen Sicherheitstreppenraum erfolgt. Sicherheitstreppenräume als Ersatz für einen zweiten Rettungsweg sind in Versammlungsstätten also unzulässig.

10 Satz 2 entspricht der Regelung des § 33 Absatz 1 Halbsatz 2 MBO und stellt klar, dass auch in Versammlungsstätten notwendige Flure innerhalb einer Geschossebene sowohl in Fluchtrichtung des ersten als auch in Fluchtrichtung des zweiten Rettungsweges benutzt werden dürfen. Satz 3 betrifft sowohl den ersten als auch den zweiten baulichen Rettungsweg mit der Folge, dass auch Außentreppen als notwendige Treppen zulässig sind.

11 Rettungswege über Balkone, Dachterrassen oder Außentreppen sind im Brandfall nur dann sicher begehbar, wenn ausgeschlossen ist, dass sie Feuer und Rauch ausgesetzt werden.

12 Dieses Schutzziel ergibt sich bereits aus § 35 Absatz 1 Satz 3 Nummer 3 MBO.[2] Diese Rettungswege dürfen also nicht unmittelbar vor Glasfassaden und parallel zu diesen geführt werden, da sie bei einem Brand im Raum hinter der Glasfassade Feuer und Rauch ausgesetzt sein können. Gegebenenfalls müssen sie durch feuerbeständige Bauteile gegen Brandausbreitung aus dem Gebäude geschützt werden.

---

2 § 33 Absatz 1 Satz 3 Nummer 3 MBO:
„*Notwendige Treppen sind ohne eigenen Treppenraum zulässig*
…
3. als Außentreppe, wenn ihre Nutzung ausreichend sicher ist und im Brandfall nicht gefährdet werden kann.“

Bei Außentreppen ist zu beachten, dass § 16 Absatz 1 MBO die Verkehrssicherheit von baulichen Anlagen vorschreibt. Für Außentreppen von Versammlungsstätten, insbesondere für Außentreppen, die auch dem allgemeinen Besucherverkehr und der Erschließung des Gebäudes dienen, kann daher ein Schutz gegen Witterungseinflüsse erforderlich sein. 13

Für **Tribünen**, die Bestandteil eines Gebäudes sind und über Emporen, Ränge oder eigene Geschoßebenen mit dem Gebäude verbunden werden, schreibt § 6 Absatz 2 Satz 1 ebenfalls zwei voneinander unabhängige bauliche Rettungswege vor. 14

Für vorübergehend in einer Versammlungsstätte aufgebaute Tribünen findet § 6 hingegen keine Anwendung. **Mobile Tribünen** gehören neben Podien und Messeständen zu den am häufigsten vorkommenden veränderbaren Einbauten in Versammlungsräumen. Sie gehören nicht zu den Bestandteilen des Gebäudes, sofern sie nicht ausnahmsweise über Wände oder den Hallenboden mit der Versammlungsstätte dauerhaft verbunden werden. 15

Fehlt es an einer solchen konstruktiven Verbindung sind vorübergehend aufgestellte Tribünen (ebenso wie Podien und Messestände) als Einrichtungen bzw. Mobiliar der Versammlungsstätte anzusehen. Bei Besucherplätzen auf einer auf Dauer oder vorübergehend in eine Halle eingebrachten Tribüne handelt es sich um Bestuhlung im Sinn des § 10. 16

Im Auslegungshinweis Nummer 5.6 des Arbeitskreises „Fliegende Bauten“ der Fachkommission Bauaufsicht heißt es hierzu:[3] 17

> „*Wird eine Tribüne oder Bühne temporär in einem Gebäude aufgestellt, so gilt sie nicht als bauliche Anlage und ist somit kein Fliegender Bau. Eine Gebrauchsabnahme ist daher nicht möglich. Die Aufstellung in einem Gebäude kann allerdings die genehmigte Flucht- und Rettungswegsituation im Gebäude verändern, die ggf. einer gesonderten Betrachtung durch die zuständige Bauaufsichtsbehörde bedarf. Ist ein Prüfbuch vorhanden, kann es zur Beurteilung der Standsicherheit und Tragfähigkeit herangezogen werden.*“

Beispiel:

In einer Ausstellungshalle soll als messebegleitendes Rahmenprogramm eine Modeschau oder eine Bücherlesung stattfinden. Hierfür werden mobile Tribünen für Zuschauer aufgestellt, die sich innerhalb der genehmigten

---

3 Auslegungshinweis Nummer 5.6 der ARGEBAU
Fundstelle: www.bauministerkonferenz.de.

30-m-Hallenrasterung für Ausstellungsstände nach § 7 Absatz 5 befinden. Eine Beeinträchtigung der 3 m breiten Gänge (Rettungswege aus der Halle) erfolgt in diesem Fall nicht. Das Einreichen neuer Pläne nach § 44 Absatz 5 Satz 2 ist nicht erforderlich. Der Betreiber hat indes sicherzustellen, dass die Anforderungen an „mobile" Tribünen nach § 3 Absatz 6 und 7 eingehalten werden. Die Anordnung der Sitzplätze sowie der Seiten- und Zwischengänge auf der Tribünen richtet sich in diesem Fall nach § 10 MVStättVO, der inhaltlich mit Ziffer 3 der Bauvorschriften für Tribünen nach der M-FlBauR übereinstimmt. Die mobile Tribünenanlage muss hinsichtlich der Anordnung von Sitzplätzen und Gängen insoweit der genehmigungsfähigen Bestuhlung eines Versammlungsraums nach § 10 entsprechen. Seitlich eines 1,2 m breiten Mittelgangs auf der Tribüne können insoweit beidseitig bis zu 10 Sitzplätze in bis zu 10 Reihen angeordnet werden.

4. Rettungswege durch Foyers und Hallen

18 Die Führung von Rettungswegen über Gänge und Treppen durch eine Halle oder ein Foyer zu Ausgängen ins Freie ist nach **Absatz 3** zulässig, wenn jeweils mindestens ein weiterer davon unabhängiger baulicher Rettungsweg zur Verfügung steht, der **nicht** durch die Halle bzw. das Foyer führt. Die noch in § 19 Absatz 4 MVStättV 2005 enthalte Regelung, dass bei **der Führung von Rettungswegen durch Foyers** diese nach § 19 Absatz 4 eine **automatische Feuerlöschanlage** besitzen müssen, ist in der MVStättVO entfallen. Werden durch Foyers oder Hallen Rettungswege aus anderen Versammlungsräumen geführt, müssen diese Foyers oder Hallen nach § 20 Absatz 3 mit Brandmeldeanlagen und Alarmierungs- und Lautsprecheranlagen ausgestattet sein.

19 Der neue Absatz 3 Satz 2 MVStättVO dient der Klarstellung. Er macht in Abgrenzung zu Satz 1 nunmehr auch textlich deutlich, **dass Rettungswege aus notwendigen Treppenräumen direkt oder über „Räume zwischen notwendigen Treppenräumen und Ausgängen ins Freie" zu führen sind und nicht über Foyers oder Hallen**. Damit der Sachverhalt auch ohne ergänzende Erläuterung verständlich ist, hat die FK-Bauaufsicht als Bezugsquelle die Vorschrift des § 35 Abs. 3 Satz 2 MBO[4] in den

---

4 § 35 Absatz 3 MBO:
„(3) [1]Jeder notwendige Treppenraum muss einen unmittelbaren Ausgang ins Freie haben. [2]Sofern der Ausgang eines notwendigen Treppenraumes nicht unmittelbar ins Freie führt, muss der Raum zwischen dem notwendigen Treppenraum und dem Ausgang ins Freie
1. mindestens so breit sein wie die dazugehörigen Treppenläufe,
2. Wände haben, die die Anforderungen an die Wände des Treppenraumes erfüllen,

Regelungstext aufgenommen. Diese Anforderung betrifft jedoch nur einen der beiden erforderlichen Rettungswege.

Absatz 3 ermöglicht abweichend von § 35 Absatz 1 Satz 1 MBO die offene Führung von Rettungswegen durch eine Halle oder ein Foyer. Es handelt sich um eine nicht auf die Größe der Nutzungseinheit beschränkte Variante zu § 35 Absatz 3 Satz 3 Nummer 2 MBO und damit um eine weitere Erleichterung. Sie schließt auch den Fall ein, dass der Rettungsweg aus einem notwendigen Flur oder einer in einer Halle frei geführten notwendigen Treppe in ein Foyer mündet und über dieses ins Freie führt. 20

Sind beispielsweise für einen im ersten Obergeschoss liegenden Versammlungsraum zwei bauliche Rettungswege erforderlich, dann müssen grundsätzlich beide Rettungswege unmittelbar ins Freie oder über notwendige Flure oder notwendige Treppenräume ins Freie geführt werden. Absatz 3 eröffnet die Alternative, einen der beiden Rettungswege aus dem Versammlungsraum durch ein Foyer oder eine Halle in Freie zu führen. Dies bedeutet, dass die Führung von Rettungswegen aus einem oder mehreren Geschossen – z. B. über offene Treppen – durch ein Foyer oder eine Halle nur dann zulässig ist, wenn jedes dieser Geschosse über mindestens einen vom Foyer oder der Halle unabhängigen weiteren baulichen Rettungsweg verfügt. Diese Art der Rettungswegführung ist vertretbar, weil davon ausgegangen werden kann, dass eine Verrauchung im Foyer und damit die Unbenutzbarkeit von Gängen oder Treppen, die sich offen in diesem Foyer befinden, in den Obergeschossen bemerkt wird und dann in jedem Geschoss immer noch mindestens ein weiterer, vom Brandereignis nicht betroffener (baulicher) Rettungsweg zur Verfügung steht. 21

Foyers und Hallen sind selbst Versammlungsräume und können größere Brandlasten aufweisen. Die Führung baulich ungeschützter Gänge und notwendiger Treppen durch eine Halle oder ein Foyer erfordert daher, dass eine Früherkennung von Feuer und Rauch möglich ist. Diese Foyers oder Hallen müssen daher nach § 20 Absatz 3 mit Brandmeldeanlagen und Alarmierungs- und Lautsprecheranlagen ausgestattet sein. 22

Die Anzahl der weiteren Rettungswege hängt von der Zahl der Besucherplätze der jeweiligen Geschosse ab; für die Kapazität der durch das Foyer führenden Rettungswege ist ein Nachweis nach § 7 Absatz 4 zu führen. Da nach § 6 Absatz 1 Satz 2 die Gänge und Stufengänge im Ver- 23

3. rauchdichte und selbstschließende Abschlüsse zu notwendigen Fluren haben und
4. ohne Öffnungen zu anderen Räumen, ausgenommen zu notwendigen Fluren, sein."

sammlungsraum sowie dessen Ausgänge Bestandteil des Rettungsweges sind, ist immer eine Gesamtbetrachtung des Verlaufs des Rettungsweges vom jeweiligen Versammlungsraum bis ins Freie erforderlich.

24 Eine solche durch ein Foyer oder eine Halle geführte Treppe muss im Übrigen die Anforderungen an eine notwendige Treppe erfüllen. Die Erleichterung des Absatzes 3, wird ferner durch die zwingende Vorschrift des Absatzes 4 eingeschränkt.

5. Rettungswege für Geschosse mit mehr als 800 Besucherplätzen

25 Für Geschosse mit jeweils mehr als 800 Besucherplätzen bestimmt **Absatz 4**, dass Versammlungsstätten nur diesen Geschossen zugeordnete Rettungswege haben müssen.

26 Zweck der Regelung ist die getrennte Führung der Personenströme aus verschiedenen Geschossen zu den Ausgängen ins Freie oder auf eine gemeinsame Ausgangsebene. Damit soll der beim Zusammentreffen von Besucherströmen aus verschiedenen Geschossen entstehende Stau auf einer gemeinsamen Treppe vermieden werden.

27 Da das Erfordernis einer Trennung der Besucherströme nicht von der Grundfläche oder Höhe der Bühne abhängig sein kann, stellt Absatz 4 auf die Anzahl der Besucherplätze im Geschoss ab.

28 Die getrennte Führung dieser Rettungswege aus verschiedenen Geschossen durch einen Raum (notwendiger Treppenraum oder ein Foyer nach Absatz 3), z. B. als Schachteltreppe nach § 8 Absatz 1, ist möglich. In der Ausgangsebene müssen die insgesamt erforderlichen Rettungswegbreiten ins Freie uneingeschränkt vorhanden sein. Eine Trennung der Personenströme in der Ausgangsebene, z. B. durch Abschrankungen, ist nicht erforderlich.

6. Rettungswege in Versammlungsräumen mit mehr als 100 Besuchern

29 Die Vorschrift des **§ 6 Absatz 5 MVStättV 2005** forderte zwei Ausgänge für Versammlungsräume und sonstige Aufenthaltsräume mit mehr als 100 m^2 Grundfläche. Sie wurde durch die aktuell geltende Fassung des **Absatzes 5 MVStättVO** wieder teilweise zurückgenommen und auf maximal 100 Personen begrenzt. Die Fachkommission Bauaufsicht begründet dies damit, dass ein Ausgang mit 0,90 m Breite für 200 Personen nicht ausreiche.

Die Anforderungen des § 6 sind beim Neubau und bei wesentlichen Änderungen von Versammlungsstätten zu beachten. Der Bestandschutz für die Rettungswegführung bestehender Versammlungsstätten wird nicht aufgehoben. Entscheidend ist die bisherige baurechtlich genehmigte Situation. Liegt für einen Versammlungsraum mit einer Größe von bis zu 100 m² ein baurechtlich genehmigter Bestuhlungsplan nach § 44 Absatz 5 vor, der eine maximale Besucherkapazität von mehr als 100 Besuchern vorsieht, besteht im Rahmen der genehmigten Nutzung entsprechender Bestandsschutz, selbst wenn dieser Raum nur einen baulichen Rettungsweg besitzt. 30

Hinsichtlich des Betriebs bestehender Versammlungsstätten ist zu beachten, dass die Änderung von Absatz 5 eine Reduzierung der Besucherzahl auf 100 Personen in Versammlungsräumen mit nur einem Ausgang aus dem Raum zur Folge haben kann. Enthalten die bauaufsichtlich genehmigten Pläne keine Angaben über die Zahl der Besucherplätze eines Versammlungsraums mit 100 m² Grundfläche und nur einem Ausgang, dann wird durch Absatz 5 die Zahl der Besucherplätze auf 100 Personen begrenzt. 31

Die Mindestbreite der Rettungswege für kleine Versammlungsräume nach § 7 Absatz 4 Satz 4 bleibt weiterhin unberührt. **Für Rettungswege von Versammlungsräumen mit mehr als 100 jedoch nicht mehr als 200 Besucherplätzen genügt damit eine lichte Breite von 2 × 0,90 m.** 32

Beispiel 1:

Ein mit Tischen ausgestatteter Seminarraum von 8 m × 10 m (80 m²) hat nach § 1 Absatz 2 Satz 1 Nummer 1 insgesamt 80 Besucherplätze. Als Ausgang aus dem Seminarraum genügt eine Türe mit einer lichten Breite von 0,90 m.

Wird der Seminarraum von 8 m × 10 m (80 m²) nicht mit Sitzplätzen an Tischen ausgestattet, sondern mit Stehplätzen, so hat nach § 1 Absatz 2 Satz 1 Nummer 1 insgesamt 160 Besucherplätze. Der Seminarraum hat zwar weniger als 100 m² Grundfläche jedoch mehr als 100 Besucherplätze und muss daher zwei möglichst entgegengesetzt liegende Ausgänge mit einer lichten Breite von jeweils 0,90 m aufweisen.

Beispiel 2:

Ein Hörsaal von 12 m × 12 m (144 m²) weist eine feste Bestuhlung von jeweils 16 Sitzplätzen auf 8 Stufenreihen auf, insgesamt also 128 Sitzplätze. Da die Sitzplätze nach den Bauvorlagen fest installiert sind, wird diese Zahl der Besucherplätze zugrunde gelegt. Da der Raum mehr als 100 m² Grundfläche hat, muss er zwei möglichst entgegengesetzt liegende Ausgänge aufweisen. Da der Hörsaal nur 128 Besucherplätze hat genügt als lichte Breite der beiden Ausgänge jeweils 0,90 m gemäß § 7 Absatz 4 Satz 4.

7. Anordnung der Rettungswege

33 Rettungswege aus Versammlungsräumen und sonstigen Aufenthaltsräumens sollten nach **Absatz 5 Satz 1** möglichst weit auseinander liegen. Zweck der Regelung ist es, die Fluchtwege aus dem Versammlungsraum so zu optimieren, dass sie möglichst in entgegengesetzte Richtung führen. Der neue **Absatz 5 Satz 2** verlangt, dass die nach Raumgröße und größtmöglicher Personenzahl gemäß § 7 Absatz 4 zu ermittelte Gesamtbreite der Rettungswege möglichst gleichmäßig auf die Ausgänge zu verteilen ist.

8. Sicherheitskennzeichnung

34 **Absatz 6** erfordert, dass Ausgänge und sonstige Rettungswege durch Sicherheitszeichen dauerhaft und gut sichtbar gekennzeichnet sein müssen. Die Regelung verfolgt das Schutzziel, dass auch die in der Regel nicht mit der Versammlungsstätte vertrauten Personen sich jederzeit nach der Lage der Rettungswege orientieren können. Die Besucher können sich auch an dem nach § 32 Absatz 2 ausgehängten Bestuhlungs- und Rettungswegeplan im Versammlungsraum informieren.

35 Als öffentlich zugängliche Gebäude sollten Versammlungsstätten bei der Führung der Rettungswege auch die Belange von Menschen mit sensorischen Beeinträchtigungen berücksichtigen. Die durch Abschnitt A 4.2.2 der MVV TB als Technische Baubestimmung eingeführte DIN 18040-1:2010-10 gibt in Abschnitt 4.4 entsprechende Hinweise.

36 Diese Regelung ist erforderlich, weil die Kennzeichnungspflicht nicht in der Musterbauordnung geregelt, aber eine Kennzeichnung der Rettungswege bei Versammlungsstätten grundsätzlich erforderlich ist. Absatz 6 verwendet den Begriff „Sicherheitszeichen." Dabei handelt es sich den Oberbegriff für Verbotszeichen, Warnzeichen, Gebotszeichen, Rettungszeichen oder Brandschutzzeichen im Sinne Technischen Regel für Arbeitsstätten „ASR-A1.3 Sicherheits- und Gesundheitsschutzkennzeichnung".[5]

---

5 ASR A1.3 Sicherheits- und Gesundheitsschutzkennzeichnung, Ausgabe: Februar 2013 (GMBl. 2013, S. 334, zuletzt geändert GMBl. 2017, S. 398).

Das europäische Komitee für Normung (CEN – Comité Européen de Normalisation) nahm im Juni 2012 die ISO 7010 als europäische Norm für Graphische Symbole – Sicherheitsfarben und Sicherheitszeichen – Registrierte Sicherheitszeichen an. Gestaltungsgrundlage für Form, Farbe sowie die Symbole war hierbei die ISO 3864. Deutschland hat diese europäische Norm als DIN EN ISO 7010:2012-10 Graphische Symbole – Sicherheitsfarben und Sicherheitszeichen eingeführt. Zur DIN EN ISO 7010 gibt es sieben Änderungen und Ergänzungen. Die Ausführung der Sicherheitskennzeichnung ergibt sich aus der Normenreihe DIN 4844,[6] die an die DIN EN ISO 7010 angepasst wurde. 37

Die Sicherheitszeichen müssen nach § 15 Absatz 2 Nummer 7 eine Sicherheitsbeleuchtung haben, die nach § 14 Absatz 1 Nummer 1 an eine Sicherheitsstromversorgung angeschlossen ist. Für Versammlungsstätten, in denen Rettungswege und Ausgänge bisher nicht gekennzeichnet waren, enthielt die Vorschrift des § 46 Absatz 1 Nummer 1 MVStättV 2005 eine Nachrüstungspflicht, die innerhalb von zwei Jahre ab Inkrafttreten der MVStättV 2005 (in Landesrecht) umzusetzen war. In der aktuellen MVStättVO wurde diese Bestimmung mit Hinweis auf den Ablauf der Anpassungsfrist gestrichen. Soweit die Nachrüstung bislang nicht erfolgt ist, besteht die Nachrüstungspflicht fort.[7] 38

Die Sicherheitsstromversorgung unterliegt der wiederkehrenden Prüfung der technischen Gebäudeausrüstung in einem Prüfrhythmus von drei Jahren, die durch § 2 Absatz 1 Nummer 7 der Muster-Prüfverordnung 2011[8] vorgeschrieben ist. 39

---

6 DIN 4844-1:2012-06
Graphische Symbole – Sicherheitsfarben und Sicherheitszeichen – Teil 1: Erkennungsweiten und farb- und photometrische Anforderungen.
DIN 4844-2:2012-12
Graphische Symbole – Sicherheitsfarben und Sicherheitszeichen – Teil 2: Registrierte Sicherheitszeichen.
DIN 4844-2/A1:2015-09.
Graphische Symbole – Sicherheitsfarben und Sicherheitszeichen – Teil 2: Registrierte Sicherheitszeichen; Änderung A1.

7 Vgl. Kommentierung zu § 46 Absatz 1. Trotz Löschung der Zwei-Jahres-Übergangsfrist in der aktuellen MVStättVO wirkt die Nachrüstungspflicht aus der MVStättV 2005 bis heute fort.

8 Muster-Verordnung über Prüfungen von technischen Anlagen nach Bauordnungsrecht – MPrüfVO – (Muster-Prüfverordnung) – Stand März 2011,
Fundstelle: www.bauministerkonferenz.de.

§ 7 Bemessung der Rettungswege

(1) [1]Die Entfernung von jedem Besucherplatz bis zum nächsten Ausgang aus dem Versammlungsraum darf nicht länger als 30 m sein. [2]Bei mehr als 5 m lichter Höhe ist je 2,5 m zusätzlicher lichter Höhe über der für Besucher zugänglichen Ebene für diesen Bereich eine Verlängerung der Entfernung um 5 m zulässig. [3]Die Entfernung von 60 m bis zum nächsten Ausgang darf nicht überschritten werden. [4]Die Sätze 1 bis 3 gelten für Tribünen außerhalb von Versammlungsräumen sinngemäß.

(2) [1]Die Entfernung von jeder Stelle einer Bühne bis zum nächsten Ausgang darf nicht länger als 30 m sein. [2]Gänge zwischen den Wänden der Bühne und dem Rundhorizont oder den Dekorationen müssen eine lichte Breite von 1,20 m haben; in Großbühnen müssen diese Gänge vorhanden sein.

(3) Die Entfernung von jeder Stelle eines notwendigen Flures oder eines Foyers bis zum Ausgang ins Freie oder zu einem notwendigen Treppenraum darf nicht länger als 30 m sein.

(4) [1]Die Breite der Rettungswege ist nach der größtmöglichen Personenzahl zu bemessen. [2]Dabei muss die lichte Breite eines jeden Teiles von Rettungswegen muss für die darauf angewiesenen Personen mindestens betragen bei

1. Versammlungsstätten im Freien sowie Sportstadien	1,20 m je 600 Personen,
2. anderen Versammlungsstätten	1,20 m je 200 Personen;

Zwischenwerte sind zulässig. [3]Die lichte Mindestbreite eines jeden Teils von Rettungswegen muss 1,20 m betragen. [4]Bei Rettungswegen von Versammlungsräumen mit nicht mehr als 200 Besucherplätzen und bei Rettungswegen im Bühnenhaus genügt eine lichte Breite von 0,90 m. [5]Für Rettungswege von Arbeitsgalerien genügt eine Breite von 0,80 m.

(5) [1]Ausstellungshallen müssen durch Gänge so unterteilt sein, dass die Tiefe der zur Aufstellung von Ausstellungsständen bestimmten Grundflächen (Ausstellungsflächen) nicht mehr als 30 m beträgt. [2]Die Entfernung von jeder Stelle auf einer Ausstellungsfläche bis zu einem Gang darf nicht mehr als 20 m betragen; sie wird auf die nach Absatz 1 bemessene Entfernung nicht angerechnet. [3]Die Gänge müssen auf möglichst geradem Weg zu entgegengesetzt lie-

genden Ausgängen führen. [4]Die lichte Breite der Gänge und der zugehörigen Ausgänge muss mindestens 3 m betragen.

(6) Die Entfernungen werden in der Lauflinie gemessen.

Übersicht

1. Überblick

Die Vorschriften des § 7 Absatz 1 bis 4 über die Bemessung der Rettungswege sind insgesamt auf alle Arten von Versammlungsstätten anzuwenden. Absatz 5 enthält besondere Regelungen für Ausstellungshallen. 1

Gemeinsames Schutzziel der Bestimmungen über die Rettungswege ist es, die Versammlungsstätte in einem Gefahrenfall möglichst schnell und so zu räumen, dass alle Personen in sichere Bereiche und insbesondere ins Freie gelangen. 2

Zu beachten ist, dass § 36 MBO als Grundanforderung für notwendige Flure und offene Gänge bestimmt, dass sie durch nichtabschließbare, rauchdichte und selbstschließende Abschlüsse in Rauchabschnitte zu unterteilen sind und die Länge der Rauchabschnitte nicht mehr als 30 m betragen soll. Für Aufenthaltsräume und Kellergeschosse bestimmt § 35 Absatz 2 Satz 1 MBO, dass von jeder Stelle eines Aufenthaltsraums oder Kellergeschosses mindestens ein Ausgang in einen notwen- 3 digen Treppenraum oder ins Freie in höchstens 35 m Entfernung erreichbar sein muss.

4 Für die Bemessung der Rettungsweglänge in Versammlungsstätten stellt § 7 insoweit eine spezielle gesetzliche Regelung dar, bei der die Rettungsweglängen in Versammlungsräumen und auf Tribünen und die Rettungsweglängen in notwendigen Fluren getrennt zu betrachten sind. Absatz 1 ist nur für Versammlungsräume und Tribünen anwendbar, nicht für sonstige Aufenthaltsräume. Für sonstige Aufenthaltsräume, wie Büros, Werkstätten oder Bühnen und für Kellergeschosse ist die Rettungsweglänge nach § 35 Absatz 2 Satz 1 MBO zu bestimmen und beträgt von jeder Stelle im Raum ins Freie oder zu einem notwendigen Treppenraum maximal 35 m.

5 Da Versammlungsstätten regelmäßig auch Arbeitsstätten im Sinne der Arbeitsstättenverordnung (ArbStättV) sind, gelten zusätzlich die Anforderungen an Flucht- und Rettungswege für die in der Arbeitsstätte beschäftigten Personen. Die grundsätzlichen Anforderungen sind in Punkt 2.3 des Anhangs zur ArbStättV und in der vom Bundesministerium für Arbeit und Soziales nach § 7 Absatz 4 ArbStättV bekannt gemachten technische Regel für Arbeitsstätten „ASR A2.3 Fluchtwege und Notausgänge, Flucht- und Rettungsplan" geregelt.[1]

6 Die Arbeitsschutzvorschriften verwenden den Begriff „Fluchtweg", also den Weg in Fluchtrichtung aus der Arbeitsstätte. Danach betragen die zulässigen Fluchtweglängen (nach der ASR A2.3) generell bis zu 35 m. Bei brandgefährdeten Räumen lässt Nummer 5 Absatz 2 Satz 1 ASR A2.3 Fluchtweglängen von 25 m zu, wenn der Raum keine automatischen Feuerlöscheinrichtung hat und 35 m für Räume mit automatischer Feuerlöscheinrichtung. Ferner regelt Nummer 5 Absatz 2 Satz 3 ASR A2.3 den Vorrang des Bauordnungsrechts hinsichtlich der Länge des Fluchtwegs, wenn der Fluchtweg zugleich als Rettungsweg für die Feuerwehr im Sinne des § 33 MBO dient. Die Regelungen des § 7 Absatz 1 bis 3 MVStättVO über die Rettungsweglängen haben daher Vorrang vor den Regelungen der Nummer 5 Absatz 2 Satz 1 ASR A2.3.

Bestandschutz

7 Die Anforderungen des § 7 sind beim Neubau und bei wesentlichen Änderungen von Versammlungsstätten zu beachten. Der Bestandschutz für

1 ASR A2.3 Fluchtwege und Notausgänge, Flucht- und Rettungsplan, Ausgabe: August 2007 (zuletzt geändert GMBl. 2017, S. 8).

genehmigte Versammlungsstätten einschließlich ihrer Rettungswege wird durch den geänderten § 7 grundsätzlich nicht berührt. Hinsichtlich des Betriebs von Versammlungsstätten ist allerdings zu beachten, dass die Änderung von Absatz 1 Satz 2 eine Reduzierung der Rettungsweglänge in einzelnen Fällen mit sich bringen kann, wenn infolge geänderter Aufplanung ein neuer Bestuhlungs- und Rettungswegeplan nach § 44 Absatz 5 MVStättVO erforderlich wird.[2]

2. Länge der Rettungswege

Die Bemessung der zulässigen Rettungsweglänge gilt für Versammlungsräume und für Tribünen außerhalb von Versammlungsräumen. Sie beträgt zwischen maximal 30 und 60 Metern bis zum nächsten Ausgang, in Abhängigkeit von der lichten Höhe über der für Besucher zugänglichen Ebene. **8**

Während § 7 Absatz 1 Satz 2 MVStättV 2005 auf die Höhe „über der zu entrauchenden Ebene" abstellte, verwendet die MVStättVO die Wörter „*über der für Besucher zugänglichen Ebene*". Dies erfolgte im Hinblick auf gleichlautende Formulierungen in den Vorschriften zur Rauchableitung nach § 16. Eine Änderung der Rechtsfolge ist damit nicht verbunden. Die Regelung ermöglicht – wie schon bisher – in großen und hohen Räumen eine Verlängerung der Rettungswege um bis zu 30 m. **9**

Mit der Regelung wird darüberhinaus redaktionell klargestellt, dass es innerhalb von Versammlungsräumen für die Bemessung der Rettungsweglänge nicht zwischen Besucherplätzen auf Tribünen und sonstigen Besucherplätzen im Versammlungsraum unterschieden wird. **10**

Für Tribünen außerhalb von Versammlungsräumen, also im Freien, in Freisportanlagen und in Sportstadien, gilt die maximal zulässige Entfernung von 60 Meter, soweit die Voraussetzungen von Absatz 1 Satz 2 vorliegen, also eine Höhe von mindestens 20 Metern bis zum Tribünendach von der für Besucher zugänglichen Ebene vorhanden ist oder die Tribünen nicht überdacht sind. Eine entsprechende Klarstellung enthält der neue Absatz 1 Satz 4. **11**

2 Siehe ergänzend hierzu Kommentierung zu § 46 MVStättVO.

2.1 Rettungsweglänge in Versammlungsräumen

12 **Absatz 1** Satz 1 bestimmt, dass die Entfernung von jedem Besucherplatz bis zum nächsten Ausgang aus dem Versammlungsraum **nicht länger als 30 m** sein darf. Der Begriff des Besucherplatzes in dieser Vorschrift ist weit auszulegen und umfasst daher nicht nur den Sitzplatz, sondern auch den Stehplatz und damit jede Fläche in einem Versammlungsraum, auf dem sich Besucher aufhalten können.

13 Mit Satz 2 legt der Verordnungsgeber eine **stufenweise Anpassung bzw. Verlängerung** der zu berechnenden Weglängen zum nächsten Ausgang aus dem Versammlungsraum fest. Danach ist bei mehr als 5 m lichter Höhe je 2,5 m zusätzlicher lichter Höhe über der für Besucher zugänglichen Ebene für diesen Bereich eine Verlängerung der Entfernung um 5 m zulässig.

14 Die maximale Rettungsweglänge in einem Versammlungsraum ist durch Satz 3 auf 60 m in der Lauflinie begrenzt; spätestens dann muss ein Ausgang aus dem Versammlungsraum zu einem notwendigen Flur, einem notwendigen Treppenraum, einem Foyer, einer anderen Halle oder ins Freie erreicht sein.

15 Diese Staffelung der Rettungsweglänge in Abhängigkeit von der Höhe des Versammlungsraumes besteht bereits seit Einführung der MVStättV 2002. Die jetzige Neuregelung des Satzes 2 stellt nicht mehr auf die lichte Höhe über der zu entrauchenden Ebene sondern auf die lichte Höhe über der für Besucher zugänglichen Ebene ab. Die Neufassung dient der Klarstellung. Damit werden innerhalb einer Halle alle Ebenen, einschließlich sämtlicher für Besucher begehbarer baulicher Bereiche, wie Balkone und Tribünen automatisch in den Anwendungsbereich einbezogen. Bei der Bemessung der Rettungsweglänge nicht berücksichtigt werden die den Besuchern nicht zugängliche Arbeitsgalerien im Versammlungsraum.

16 Der Bereich, für den die Verlängerung des Rettungswegs in Anspruch genommen wird, muss diese lichte Höhe über der gesamten begehbaren Fläche aufweisen. Für den oberen Rang einer Halle ist somit **die lichte Höhe** zwischen Fußboden (des oberen Rangs) und Hallendecke **auf dem gesamten Weg** vom Besucherplatz bis zum nächsten Ausgang maßgebend. Bei einer Hallenhöhe von beispielsweise 10 m über dem Fußboden des oberen Rangs, darf die maximale Rettungsweglänge also nicht mehr als 40 m betragen.

17 Die Verlängerung der Rettungswege in einem Versammlungsraum auf bis zu 60 m folgt dem Grundgedanken, dass Versammlungsräume, die eine

größere lichte Höhe über der für Besucher zugänglichen Ebene aufweisen, in einem Brandfall auf Grund des größeres Volumens mehr aufsteigenden heiße Rauchgase aufnehmen können. Unter Berücksichtigung der möglichen Rettungsweglängen und vorgeschriebenen Mindestbreiten der Rettungswege ist **für den Normalfall** davon auszugehen, dass sich in einem brandbedingten Räumungsfall – bei entsprechender Höhe des Versammlungsraums – keine Besucher mehr im Gefahrenbereich befinden. Die Maßnahmen zur Rauchableitung haben nicht den Zweck, raucharme Rettungswege für die Besucher[3] sicherzustellen. Werden die grundlegenden bauordnungsrechtlichen Anforderungen eingehalten, dienen die bauordnungsrechtlich geforderte Maßnahmen zur Rauchableitung – wie die nach § 16 vorgeschriebene Rauchableitung – der Unterstützung der Brandbekämpfung durch die Feuerwehr.

Für die Räumung großer Gebäude mit vielen Menschen sind aus Sicht des Bauordnungsrechts die Faktoren „Zeit“ und „Vermeidung von Staus“ von Bedeutung. Maßnahmen bei denen die rechtzeitige und sichere Funktion der Rauchabzugsanlagen Voraussetzung für die Benutzbarkeit der Rettungswege ist, können allenfalls im Einzelfall, zur Kompensation für eine Abweichung von bauordnungsrechtlichen Anforderungen in Betracht kommen.[4] 18

Lichte Höhe über der für Besucher zugänglichen Ebene mindestens	Lauflinie zum nächsten Ausgang höchstens
5,00 Meter	30 Meter
7,50 Meter	35 Meter
10,00 Meter	40 Meter
12,50 Meter	45 Meter
15,00 Meter	50 Meter
17,50 Meter	55 Meter
20,00 Meter	60 Meter

3 Projektgruppe Brandschutz der Fachkommission Bauaufsicht; Vorlage 15.7 zur 297. Sitzung der FK-Bauaufsicht am 25.11.2013. Begründung für die Änderung des § 16 MVStättV.

4 *G. Famers/J. Messerer* „Rettung von Personen“ und „wirksame Löscharbeiten“ – bauordnungs-rechtliche Schutzziele mit Blick auf die Entrauchung; Ein Grundsatzpapier der Fachkommission Bauaufsicht.
Fundstelle: www.bauministerkonferenz.de.

19 Satz 2 lässt mit dem Verhältnis von „2,50 m lichte Höhe zu 5 m Wegverlängerung“ eine abgestufte Verlängerung der Rettungswege zu und keine proportionale, stufenfreie Anpassung der Weglängen im Verhältnis zur tatsächlichen lichten Höhe. **Eine Interpolation oder Bildung von Mittelwerten ist ausgeschlossen**. In einer Halle mit einer lichten Höhe einer Halle von 7,40 m beträgt die Rettungsweglänge daher 30 m und nicht 35 m.

Anmerkung:

Das Land **Bayern** hat die Regelung des Absatzes 1 Satz 2 und 3 nicht in seine VStättVO übernommen, sondern die Rettungsweglänge auf maximal 30 m beschränkt. Dies wird damit begründet, dass nach § 16 VStättV (BY) eine Pauschalbemessung der Entrauchung und kein Nachweis einer „raucharmen Schicht“ wie in § 16 MVStättV geregelt wird. Allerdings kann im Einzelfall bei einer Bemessung der Rauchabzugsanlage nach § 16 Absatz 3 MVStättV eine Verlängerung der Rettungswege auf bis zu 60 m in Betracht kommen. In der Erläuterung zu § 7 Absatz 1 VStättV (BY) wird dazu ausgeführt:

„Soll auch diese Entfernung im Einzelfall noch überschritten werden, bedarf es hierfür der Gestattung einer entsprechenden Abweichung gemäß Art. 63 Abs. 1 Satz 1 BayBO, wobei keine Bedenken bestehen, eine Überschreitung der Rettungsweglänge im Raum bis zu der nach MVStättV zulässigen Größenordnung durch die Errichtung von Rauchabzugsanlagen nach den Vorgaben des § 16 Abs. 3 MVStättV zu kompensieren.“

Das Land **Rheinland-Pfalz** hat an § 7 Absatz 1 VStättVO (RP) als Satz 5 angefügt: „Satz 1 gilt für sonstige Aufenthaltsräume entsprechend.“ Damit gilt die Rettungsweglänge von maximal 30 m auch für Aufenthaltsräume, die keine Versammlungsräume sind.

2.2 Rettungsweglängen von Tribünen außerhalb von Versammlungsräumen

20 Absatz 1 Satz 4 bestimmt die „sinngemäße“ Anwendung der Bemessungsformel für Rettungsweglängen **für Tribünen außerhalb von Versammlungsräumen**. Dabei geht es um die Länge des Rettungsweges vom Besucherplatz bis zum Ausgang von der Tribüne, der ein Verlassen des Tribünenbereichs ermöglicht. Eine **stufenweise Verlängerung** der zu berechnenden Weglängen (30 m – 60 m) wird damit auch für Versammlungsstätten im Freien mit Tribünen, die keine fliegenden Bauten im Sinne von § 1 Absatz 1 Nr. 2 sind, und insbesondere für nach oben offene Tribünenanlagen von Fußballstadien, Freiportanlagen und Mehrzweckarenen im Sinne von § 1 Absatz 1 Nr. 3 gewährt.

Bei der Anwendung des **Absatzes 1 Satz 2 und 3** muss danach unterschieden werden, ob die Besucherplätze der Tribüne überdacht oder nicht überdacht sind. 21

- Haben die Besucherplätze der Tribüne kein Dach, so kann die maximale Rettungsweglänge von 60 m ausgeschöpft werden.
- Bei Tribünen mit überdachten Besucherplätzen kommt es für die maximal zulässige Rettungsweglänge von einem Besucherplatz auf die lichte Höhe zwischen der jeweiligen für Besucher zugänglichen Ebene der Tribüne und der Tribünenüberdachung an. Für die obersten Bestuhlungsreihen eines Stadions unterhalb der Tribünenüberdachung bedeutet dies, dass die maximale Wegelänge von 60 m dann zur Verfügung steht, wenn zwischen der obersten für Besucher zugänglichen Ebene und dem Tribünendach ein Luftraum von mindestens 20 m Höhe besteht.

2.3 Rettungsweglänge in Bühnen

Die Entfernung von jeder Stelle einer Bühne bis zum nächsten Ausgang 22
darf gemäß **Absatz 2** Satz 1 nicht länger als **30 m** sein. Die Regelung gilt für alle Bühnen einschließlich der Großbühnen. Die Regelung gilt für alle Ebenen in der Bühne, also die Szenenfläche einer Bühne, für die Oberbühne und die dortigen Arbeitsgalerien sowie für die Unterbühnen. Da es sich um eine spezielle Regelung handelt, kommt für Bühnen daher eine Verlängerung der Rettungswege nach Absatz 1 Satz 2 nicht in Betracht.

Nach Satz 2 müssen die Gänge zwischen den Wänden der Bühne und 23
dem Rundhorizont oder den Dekorationen eine lichte Breite von 1,20 m haben. Für Großbühnen sind diese Gänge hinter dem Rundhorizont oder der Dekoration zwingend vorgeschrieben. Die Breite entspricht der Mindestbreite der Rettungswege nach Absatz 4 und wurde gegenüber der ehemaligen Regelung des § 44 Absatz 5 VStättVO 1978 reduziert, der für die Gänge hinter Rundhorizonten noch eine Breite von 1,50 m[5] vorschrieb.

5 § 44 Absatz 5 Satz 1 VStättVO 1978:
„(5) Zwischen den Umfassungswänden der Bühne und dem Rundhorizont oder den Dekorationen muß ein Gang von mindestens 1,50 m Breite frei bleiben.“

2.4 Rettungsweglänge in Fluren und Foyers

24 In der MBO ist die maximale Länge von notwendigen Fluren nicht geregelt. **Absatz 3** begrenzt die Gesamtlänge der Rettungswege in notwendigen Fluren oder Foyers auf höchstens 30 m. Dies entspricht unverändert der früheren Vorschrift des § 22 Absatz 1 Satz 2 VStättVO 1978.[6] Absatz 3 ist speziell gegenüber Absatz 1. Dies bedeutet, dass für Foyers eine Verlängerung des Rettungswegs in Abhängigkeit von der lichten Höhe nicht in Betracht kommt.

25 Wegen der Gefahr der Verrauchung des notwendigen Flurs oder des Foyers begrenzt die Vorschrift die Rettungsweglänge vom Ausgang aus dem Versammlungsraum bis zum Ausgang ins Freie oder in einen notwendigen Treppenraum.

26 Da Foyers und notwendige Flure der gleichen Beschränkung unterworfen sind, ist die Vorschrift dahingehend auszulegen, dass die Begrenzung nur diejenigen Foyers betrifft, durch die Rettungswege aus anderen Versammlungsräumen führen. Es besteht auch kein sachlicher Grund, Foyers, durch die keine Rettungswege aus anderen Versammlungsräumen führen, anders als nach Absatz 1 zu behandeln.

27 Systematisch hätte die Beschränkung des Absatzes 3 im Hinblick auf § 6 Absatz 3 Satz 1 und 2 auch für Hallen gelten müssen, durch die Rettungswege aus anderen Versammlungsräumen führen. Der Verordnungsgeber hat die Regelung jedoch auf Foyers beschränkt, da sie ihrer Raumhöhe nach vielfach nur über die übliche Höhe eines Aufenthaltsraumes verfügen. Ein Rettungsweg aus einer Ausstellungshalle darf somit nach § 6 Absatz 3 durch eine benachbarte Halle geführt werden, ohne dass der Rettungsweg in dieser (zweiten) Halle auf maximal 30 m Länge begrenzt ist.

28 Führt ein Rettungsweg aus einem Versammlungsraum zunächst durch einen notwendigen Flur und dann durch ein Foyer, dann darf die Rettungsweglänge vom Ausgang aus dem Versammlungsraum bis zum Ausgang aus dem Foyer ins Freie oder in den notwendigen Treppenraum insgesamt nur 30 m betragen.

---

6 § 22 Absatz 1 Satz 2 VStättVO 1978:
„*Von jeder Stelle des Flures muß eine Treppe in höchstens 30 m Entfernung erreichbar sein.*“

2.5 Stichflure

Absatz 3 ist nicht auf Stichflure anzuwenden, die nur in einer Fluchtrichtung zu einem notwendigen Treppenraum führen und der einzige Rettungsweg sind. Dies widerspräche der Bestimmung des § 6 Absatz 2 Satz 1, wonach Versammlungsstätten in jedem Geschoss mit Aufenthaltsräumen mindestens zwei voneinander unabhängige bauliche Rettungswege haben müssen. 29

Die MVStättVO enthält keine Regelung für die Länge von Stichfluren, die der einzige bauliche Rettungsweg sind. Die Zulässigkeit von Stichfluren mit nur einer Fluchtrichtung ist in § 36 Absatz 3 Satz 4 MBO[7] ausdrücklich geregelt. Danach sind Stichflure von maximal 15 m Länge zulässig, wenn sie zu einem Sicherheitstreppenraum führen. Es handelt sich also um die Fallgestaltung des § 33 Absatz 2 Satz 3 MBO, wonach ein zweiter Rettungsweg nicht erforderlich ist, wenn die Rettung über einen sicher erreichbaren Treppenraum möglich ist, in den Feuer und Rauch nicht eindringen können (Sicherheitstreppenraum). Da § 6 Absatz 2 Satz 1 für Versammlungsstätten zwingend zwei bauliche Rettungswege vorschreibt, ist die Regelung des § 33 Absatz 2 Satz 3 MBO in Verbindung mit § 36 Absatz 3 Satz 4 MBO für Versammlungsstätten nicht anwendbar. 30

Stichflure als einziger Rettungsweg im Sinne des § 36 Absatz 3 Satz 4 MBO können somit nur im Einzelfall als Abweichung gemäß § 67 Absatz 1 MBO zugelassen werden. Bei dieser Entscheidung ist zwingend zu berücksichtigen wieviele Personen auf diesen einzigen Rettungsweg angewiesen sind. 31

Zulässig sind Stichflure, wenn beide Rettungswege über jeweils einen Stichflur zum notwendigen Treppenraum oder zum Ausgang ins Freie führen, damit also mindestens zwei bauliche Rettungswege vorhanden sind. In diesem Fall gilt auch für diese Stichflure die Begrenzung der Länge 30 m. 32

3. Breite der Rettungswege

Absatz 4 Satz 1 regelt, dass die Rettungswegbreiten immer nach der größtmöglichen Personenzahl der Versammlungsstätte, also der Besucher und der Beschäftigten, zu bemessen sind. Es handelt sich dabei um 33

---

7 § 36 Absatz 3 Satz 4 MBO:
„[4]Notwendige Flure mit nur einer Fluchtrichtung, die zu einem Sicherheitstreppenraum führen, dürfen nicht länger als 15 m sein.“

die Gesamtbreite aller Rettungswege zusammen, die dann auf die ersten und zweiten Rettungswege zu verteilen ist. Aus Absatz 4 Satz 4 Halbsatz 2 ergibt sich, dass dabei eine differenzierte raumbezogene Betrachtung erforderlich ist. Grundsätzlich ist danach zu unterscheiden, ob es sich um für Besucher zugängliche Räume oder Bereiche handelt oder um nur für die Beschäftigten zugängliche Bereiche. Für das Zuschauerhaus (§ 2 Absatz 5 Nummer 1) sind die Rettungswegbreiten nach Absatz 4 Satz 2 zu bemessen, für das Bühnenhaus (§ 2 Absatz 5 Nummer 2) gilt die pauschale Regelung des Absatzes 4 Satz 4 Halbsatz 2.

3.1 Bemessungsformel

34 Während es bei der Berechnung der Kapazität eines Versammlungsraums nach § 1 Absatz 2 auf die Anzahl der Besucher ankommt, verwendet Absatz 4 den Begriff „Personenzahl“. Bei der Festlegung der Breite der Rettungswege ist daher die Anzahl der insgesamt auf die jeweiligen Rettungswege angewiesenen Personen abzustellen und nicht allein auf die Anzahl der Besucher.

35 Die systematische Auslegung des § 7 Absatz 4 in Verbindung mit § 32 Absatz 1 und § 44 Absatz 1 ergibt, dass es bei der Bestimmung der Personenzahl zunächst auf die Zahl der im Versammlungsraum genehmigten Besucherplätze ankommt. Soweit Beschäftigte über eigene Rettungswege den Bühnenbereich verlassen können, sind sie nicht bei der Bemessung der Rettungswegbreiten des Versammlungsraums zu berücksichtigen. Bei einer Versammlungsstätte mit einem Zuschauerhaus und einem Bühnenhaus erfolgt damit eine getrennte Berechnung der Rettungswegbreiten.

36 Die in § 7 Absatz 4 Satz 2 MVStättV 2005 enthaltene Regelung, dass die lichte Breite eines jeden Teiles von Rettungswegen mindestens 1,20 m betragen muss, findet sich nunmehr redaktionell geändert in § 7 Absatz 4 Satz 3. Aus der Formulierung „**die lichte Mindestbreite eines jeden Teils von Rettungswegen muss 1,20 m betragen**“ ergibt sich zugleich auch unmittelbar das Verbot der Einengung der erforderlichen Rettungswegbreite. Die Rettungswegbreiten sind nicht das Rohbaumaß, sondern die tatsächlich zur Verfügung stehenden lichten Breiten. Das Freihalten der Rettungswegbreiten ist als Betriebsvorschrift in § 31 Absatz 2 geregelt.

37 **Absatz 7 Satz 2** legt eine auf diese Mindestbreite aufbauende Berechnungsformel fest, die die Anzahl der Personen zu der insgesamt vorzuhaltenden Breite ins Verhältnis setzt. Danach muss die **lichte Breite**

eines jeden Teiles von Rettungswegen für die darauf angewiesenen Personen mindestens Folgendes betragen:

bei Versammlungsstätten im Freien sowie Sportstadien	bei anderen Versammlungsstätten (geschlossener Versammlungsraum)
1,20 m je 600 Personen,	1,20 m je 200 Personen.

Für Versammlungsstätten, die sowohl aus Gebäuden mit Versammlungsräumen bestehen (z.B. Messe- und Ausstellungshallen oder Sportstadien) als auch über Freiflächen als Versammlungsstätte im Freien verfügen, gilt für die Bemessung der Rettungswege im Freien 1,20 m je 600 Personen, auch dann, wenn die Rettungswege aus den Gebäuden mit Versammlungsräumen über die Freifläche zu öffentlichen Verkehrsflächen geführt werden. **38**

Anmerkung:

Das Land **Niedersachsen** hat die Regelungen des § 7 Absatz 4 Satz 2 bis 4 MVStättV bei inhaltlich gleichem Regelungsgehalt in einem Satz zusammengefasst.

§ 6 Absatz 5 Satz 1 schreibt für Versammlungsräume und Aufenthaltsräume mit mehr als 100 Besucherplätzen oder mehr als 100 m² Grundfläche mindestens zwei Ausgänge vor, für die nach § 7 Absatz 4 Satz 4 jeweils eine lichte Breite von 0,90 m genügt. **39**

Erst bei mehr als 200 Besucherplätzen sind zwei Ausgänge von je 1,20 m lichter Breite erforderlich. Eine größere Gesamtbreite der Ausgänge kommt erst bei Versammlungsräumen mit mehr als 400 Besucherplätzen in Betracht. **40**

Daraus ergibt sich Folgendes: **41**

Versammlungsraum	Anzahl der Ausgänge	Mindestbreite eines Ausgangs	Gesamtbreite aller Ausgänge
bis 100 m² Grundfläche und bis 100 Besucherplätze	1	0,90 m	0,90 m
bis 100 m² Grundfläche und bis 200 Besucherplätze	2	0,90 m	1,80 m
mehr als 200 Besucherplätze bis 400 Besucherplätze	2	1,20 m	2,40 m

3.2 Zulässigkeit von Zwischenwerten

42 Die pauschale Regelung des bisherigen Satzes 4 MVStättV 2005, wonach Staffelungen der Rettungswegbreiten nur in Schritten von 0,60 m zulässig sind, wurde durch die Regelung des **Absatzes 4 Satz 2 Halbsatz 2** ersetzt, wonach **Zwischenwerte** zulässig sind. Mit Zwischenwerten ist eine lineare Interpolation gemeint.

43 Die Fachkommission Bauaufsicht begründet die Umstellung auf Zwischenwerte damit, dass

> *„die der Bemessung zugrunde liegende europäische Norm DIN EN 13200 diese Anforderung mittlerweile nicht mehr enthält und wissenschaftlich nicht nachgewiesen ist, dass sich kürzere Räumungszeiten ausschließlich bei einer modularen Steigerung der Rettungswegbreite ergeben.*"

44 Der wissenschaftliche Nachweis, dass linear ermittelte Zwischenwerte zu kürzeren Räumungszeiten führen, ist bislang allerdings ebenfalls nicht erbracht.

45 **Die Zulässigkeit von Zwischenwerten bedeutet, dass je Person folgende lichte Ausgangsbreite zur Verfügung stehen muss:**

Versammlungsstätten im Freien sowie Sportstadien	1,20 m : 600 = 0,002 m
andere Versammlungsstätten	1,20 m : 200 = 0,006 m
Versammlungsräume	1,20 m : 200 = 0,006 m

46 Dies führt faktisch zu einer weiteren Verringerung der Ausgangsbreiten gegenüber der früheren Rechtslage nach § 19 Absatz 2 VStättVO 1978. Nach § 19 Absatz 2 Satz 1 VStättVO 1978 musste die lichte Mindestbreite eines jeden Teils von Rettungswegen 1 m je 150 darauf angewiesenen Personen betragen und Zwischenwerte unter 50 cm waren nicht zulässig. Dies bedeutete eine Staffelung je 75 Personen.

47 Mit der der MVStättV 2005 zugrunde liegendem dem Modulsystem wurde die Ausgangsbreite bei gleichzeitiger Verbesserung der Durchlässigkeit der Ausgänge reduziert. Die Staffelung in 0,60 m Schritten bedeutet eine Staffelung je volle 100 Besucherplätze.

48 Die Einführung von linear zu interpolierenden Zwischenwerten mit der MVStättVO bedeutet faktisch, dass für die Ermittlung der Ausgangsbreiten nicht mehr auf jeweils volle 100 Personen aufzurunden ist.

Beispiel:

Bemessung der Gesamtausgangsbreiten für einen Versammlungsraum mit 870 Besucherplätzen		
VStättVO 1978 § 19 Absatz 2 Satz 1	**MVStättV 2005** § 7 Absatz 4 Satz 3 und 4	**MVStättVO** § 7 Absatz 4 Satz 2
870 Pers. × 1 m/150 Pers. = 5,8 m	870 Pers. × 1,2 m/200 Pers. = 5,22 m	870 Pers. × 1,2 m/200 Pers. = 5,22 m
wegen Staffelung in 0,50-m-Schritten aufgerundet auf **6,00 m**	wegen Staffelung in 0,60-m-Schritten aufgerundet auf **5,40 m**	nicht aufgerundet: **5,22 m**
5 Ausgänge mit je 1,20 m lichter Breite	**5 Ausgänge** mit je 1,20 m lichter Breite	**5 Ausgänge** mit je 1,20 m lichter Breite

49 Da nach Satz 3 die Mindestbreite von 1,20 m zu beachten ist, ist die lineare Interpolation praktisch ohne Bedeutung.

50 Die Einführung der Zulässigkeit von Zwischenwerten führt dazu, dass die jeweiligen Gänge und Stufengänge in Versammlungsräumen, die Ausgänge aus Versammlungsräumen und die notwendigen Flure von Versammlungsstätten jenseits der Mindestbreite von 1,20 m nicht der Staffelung von 1,80 und 2,40 m lichter Breite folgen müssen, sondern Zwischenmaße zulässig sind.

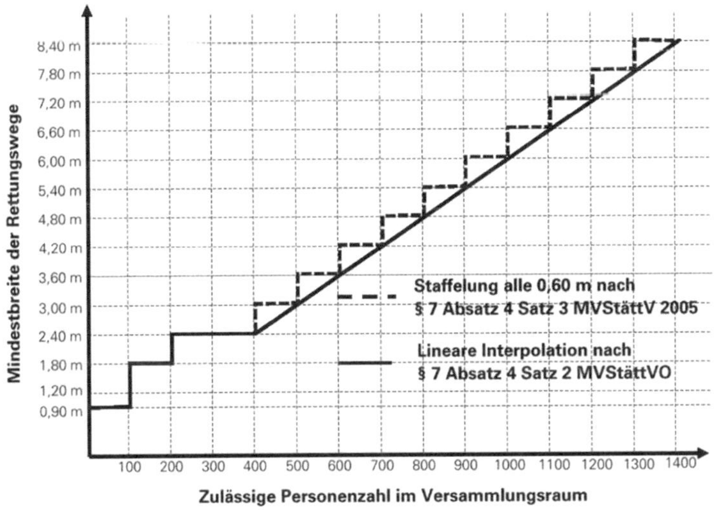

51 Für die Baupraxis bleibt abzuwarten, ob von der Möglichkeit zur Bildung von Zwischenwerten überhaupt Gebrauch gemacht wird, da die Hersteller entsprechender Türen in der Regel Standardtürmaße verwenden und Sonderanfertigungen für den Neubaubereich unwirtschaftlich sind.

52 Bei **Versammlungsstätten im Freien und Sportstadien** sind für 1200 Besucher zwei Gänge oder Stufengänge von jeweils 1,20 m lichter Breite erforderlich. Interpolierte Zwischenwerte wirken sich dadurch erst bei einer Besucherzahl von mehr als 1200 Besuchern aus. Da die Sitzplatzreihen in Versammlungsstätten im Freien und in Sportstadien nach § 10 Absatz 4 Satz 1 und Absatz 5 Satz 2 in Blöcken von maximal 1200 Besucherplätzen anzuordnen sind, ist für die Mindestbreite der Rettungswege auf den jeweiligen Block abzustellen. Die Interpolierung von Zwischenwerten ist somit allenfalls für die Ermittlung der Mindestausgangsbreiten in Stehplatzbereichen relevant.

3.3 Zweck der pauschalen Ermittlung der Rettungswegbreiten in 0,60 m-Schritten

53 Der pauschalen Bemessung der Rettungswegbreiten liegt eine abstrakte Betrachtungsweise zugrunde, aus der eine konkrete Berechnung der Räumungszeit nicht abgeleitet werden kann.

54 Der Mindestbreite von 1,20 m und der Staffelung Schritten von 0,60 m lag eine Modulbetrachtung zugrunde, die dem damaligen Entwurf der „DIN-EN 13200-1:1998-06 Zuschauertribünen Teil 1: Kriterien für die räumliche Anordnung von Zuschauerbereichen" entspricht. Die pauschale Bemessung nach Absatz 4 Satz 3 und 4 entspricht auch den wissenschaftlichen Untersuchungen und hydraulischen Modellen von *Predtetschenski* und *Milinski* und ist durch Versuche in der Praxis bestätigt worden. Das 0,60 m-Modul wurde gewählt, weil dies der durchschnittlichen Schulterbreite einer erwachsenen Person entspricht.

55 Diese Modulbetrachtung geht davon aus, dass 50 Personen theoretisch insgesamt eine Minute brauchen, um einen Raum durch eine 0,60 cm breite Türe zu verlassen, die Durchlasskapazität einer Türe von 1,20 m Breite beträgt damit 100 Personen in der Minute. In der Praxis verlängert sich die Zeit für die Räumung, wenn der Boden nicht eben ist, Stufen aufweist oder ein Stau entsteht, weil Personen drängen oder Hindernissen umgangen werden müssen oder weil einzelne Rettungswege wegen Beeinträchtigung durch Feuer und Rauch nicht genutzt werden können.

Zweck dieses pauschalen Ansatzes ist es, den Nachweis von Räumungszeiten im Einzelfall durch kostenaufwendige ingenieurmäßige Methoden entbehrlich zu machen. Es kommt bei Anwendung des Absatzes 4 deshalb nicht auf den Nachweis einer konkreten Räumungszeit an. **56**

In die Schlussfassung der DIN EN 13200-1:2004-05[8] wurden die noch im Entwurf geplanten Modul-Regelungen nicht als normative Regelungen aufgenommen. Ferner soll die Durchlasskapazität der Ausgänge von Zuschauerbereichen so sein, dass es allen Zuschauern möglich ist, in höchstens 8 Minuten für Bereiche im Freien und innerhalb höchstens 2 Minuten für Bereiche in Gebäuden einen Sicherheitsbereich, in dem eine Person nicht mehr von Feuer oder anderen Gefahren bedroht ist, zu erreichen. **57**

3.4 Erforderliche Gesamtbreite der Rettungswege

Die Bemessung der Rettungswegbreiten nach Absatz 4 Satz 3 und 4 ist eine raumbezogene Gesamtbetrachtung und führt im Ergebnis zu der von allen (ersten und zweiten) Rettungswegen insgesamt zu erbringenden Rettungswegbreiten. Die Bemessung der Breiten der Rettungswege erfolgt in mehreren Schritten. **58**

1. Schritt: Ermittlung der erforderlichen Gesamtbreiten der Ausgänge aus dem Versammlungsraum oder von der Tribüne

Dabei ist zunächst eine raumbezogene Betrachtung vorzunehmen, bei der die erforderliche Gesamtbreite der Ausgänge aus dem jeweiligen Versammlungsraum oder von der Tribüne ermittelt wird. Der Berechnung der erforderlichen Ausgangsbreiten eines Versammlungsraums ist dabei die maximale Anzahl der Besucherplätze in dem den Besuchern im Versammlungsraum zugänglichen Bereich zugrunde zu legen. **59**

Bei der Ermittlung der **Ausgangsbreiten nach der Bemessungsvorschrift des § 7 Absatz 4 MVStättV 2005 ist die jeweils zulässige Personenzahl in Schritten von 0,60 m auf volle hundert Personen aufzurunden.** **60**

8 Die Norm liegt überarbeitet vor. Sie ist nicht als Technische Baubestimmung eingeführt worden.
DIN EN 13200-1:2019-05 Zuschaueranlagen – Teil 1: Allgemeine Merkmale für Zuschauerplätze.

61 Bei der Ermittlung der **nach § 7 Absatz 4 Satz 1 MVStättVO** erforderlichen Ausgangsbreiten ist die jeweils zulässige Personenzahl maßgebend. Die lichte Mindestausgangsbreite wird nach folgender Formel ermittelt:

Art des Sonderbaus	**Mindestbreite der Rettungswege nach § 7 Abs. 4 Satz 2 MVStättVO**
Versammlungsstätten im Freien sowie Sportstadien	Zulässige Personenzahl × 0,002 m/Person
andere Versammlungsstätten	Zulässige Personenzahl × 0,006 m/Person

62 Das Ergebnis ist die erforderliche Gesamtbreite alle Ausgänge aus dem Versammlungsraum oder von der Tribüne. Für die den Besuchern nicht zugänglichen Flächen, wie Szenenflächen oder Bühnen, werden die erforderlichen Ausgangsbreiten nach § 7 Absatz 4 gesondert ermittelt. Für die Ausgänge aus abgeschrankten Stehplatzbereichen vor Szenenflächen nach § 29 Absatz 1 gilt dies entsprechend.

Personenzahl	**Rettungswegbreite in geschlossenen Versammlungsstätten**	**Rettungswegbreite in Versammlungsstätten im Freien und Sportstadien**	
		Nach MVStättV 2005	**Nach MVStättVO**
100	0,90 m *	2 × 1,20 m **	2 × 1,20 m
200	2 × 0,90 m *	2 × 1,20 m **	2 × 1,20 m
300	2 × 1,20 m	2 × 1,20 m	2 × 1,20 m
400	2 × 1,20 m	2 × 1,20 m	2 × 1,20 m
500	3,00 m	2 × 1,20 m	2 × 1,20 m
600	3,60 m	2 × 1,20 m	2 × 1,20 m
700	4,20 m	2 × 1,20 m	2 × 1,20 m
800	4,80 m	2 × 1,20 m	2 × 1,20 m
900	5,40 m	2 × 1,20 m	2 × 1,20 m
1 000	6,00 m	2 × 1,20 m	2 × 1,20 m
1 100	6,60 m	2 × 1,20 m	2 × 1,20 m
1 200	7,20 m	2 × 1,20 m	2 × 1,20 m

Personen-zahl	Rettungswegbreite in geschlossenen Versammlungs-stätten	Rettungswegbreite in Versammlungs-stätten im Freien und Sportstadien	
		Nach MVStättV 2005	Nach MVStättVO
1300	7,80 m	3,00 m	2,60 m
1400	8,40 m	3,00 m	2,80 m
1500	9,00 m	3,00 m	3,00 m
1600	9,60 m	3,60 m	3,20 m
1700	10,20 m	3,60 m	3,40 m
1800	10,80 m	3,60 m	3,60 m
1900	11,40 m	4,20 m	3,80 m
2000	12,00 m	4,20 m	4,00 m
2100	12,60 m	4,20 m	4,20 m

* Absatz 4 Satz 5 MVStättV 2005.
** Absatz 4 Satz 4 MVStättVO.

2. Schritt: Verteilung der Gesamtbreite der Rettungswege auf die Ausgänge, Gänge und Stufengänge

Im zweiten Schritt ist die für den Versammlungsraum oder die Tribüne erforderliche Gesamtbreite auf die Ausgänge zu verteilen, die als erster und zweiter Rettungsweg genutzt werden. Dabei ist im Versammlungsraum oder auf der Tribüne zu berücksichtigen: 63

- die Mindestbreite der Rettungswege nach § 7 Absatz 4 Satz 2,
- die Mindestbreite der Gänge nach § 10 Absatz 4 Satz 1,
- die Anordnung und Verteilung der Ausgänge nach § 6 Absatz 5,
- die Blockbildung bei Sitzplätzen nach § 10 Absatz 4 Satz 1 und Absatz 5 Satz 1 und 2,
- die Führung der Gänge und Stufengänge auf möglicht kurzem Weg zum Ausgang nach § 10 Absatz 4 Satz 3,
- das Verbot der Einengung der Rettungswegbreite nach § 7 Absatz 4 Satz 3.

3. Schritt: Zuordnung zu notwendigen Fluren und notwendigen Treppen

64 Führen mehrere Ausgänge aus einem Versammlungsraum oder aus mehreren Versammlungsräumen auf einen notwendigen Flur oder in ein Foyer, ist die Breite des notwendigen Flurs oder des Rettungswegs im Foyer nach der Gesamtbreite dieser Ausgänge zu bemessen. Dabei ist zu berücksichtigen:

- die Länge des Rettungswegs von höchstens 30 m im notwendigen Flur oder Foyer bis zu einem Ausgang ins Freie oder zu einem notwendigen Treppenraum nach § 7 Absatz 3,
- das Verbot der Einengung der Rettungswegbreite nach § 7 Absatz 4 Satz 3,
- die maximale Breite notwendiger Treppen nach § 8 Absatz 3,
- die Zuordnung eigener Rettungswege für Geschosse mit mehr als 800 Besucherplätzen nach § 6 Absatz 4.

65 Da die lichte Breite notwendiger Treppen nach § 8 Absatz 3 nicht breiter als 2,40 m sein darf, wird die Führung der Rettungswege aus einem nicht ebenerdig liegenden Geschoss wesentlich durch die Anordnung der notwendigen Treppen bestimmt.

Beispiel:

lichte Breite der notwendigen Treppe	notwendige Treppen für ein Geschoss mit 1 000 Besucherplätzen				
	Alternative 1	Alternative 2	Alternative 3	Alternative 4	Alternative 5
1,20 m	5	3	2		1
1,80 m			2	2	
2,40 m		1		1	2

3.5 Ausnahmen für kleine Versammlungsräume und Bühnenhäuser

66 In Absatz 4 Satz 4 sind Ausnahmen geregelt. Bei Ausgängen aus Versammlungsräumen mit nicht mehr als 200 Besucherplätzen genügt nach Satz 5 eine lichte Breite von 0,90 m. Die Erleichterung betrifft die Rettungswege im gesamten Verlauf, solange nicht mehr als 200 Personen auf die beiden erforderlichen Rettungswege (2 × 0,90 m) angewiesen sind. Führen die Ausgänge mehrerer Versammlungsräume mit nicht mehr als 200 Besucherplätzen auf einen gemeinsamen notwendigen Flur, dann gilt für diesen Flur die Erleichterung nicht, da mehr als 200 Besucher auf diesen notwendigen Flur angewiesen sind. Die Erleichterung für Versammlungsräume mit nicht mehr als 200 Besucherplätzen ist wegen der kurzen Entfernung bis zum Ausgang vertretbar.

Beispiel 1:

Ein Versammlungsraum mit nicht mehr als 100 m^2 Grundfläche und einer Begrenzung auf insgesamt 100 Besucherplätze. Nach Absatz 4 Satz 4 in Verbindung mit § 6 Absatz 5 Satz 1 genügt ein Ausgang mit 0,90 m lichter Breite.

Beispiel 2:

Ein Versammlungsraum mit 100 m^2 Grundfläche und Stehplätzen hat nach der Bemessungsformel des § 1 Absatz 2 Nummer 2 insgesamt 200 Besucherplätze. Nach Absatz 4 Satz 4 in Verbindung mit § 6 Absatz 5 Satz 1 sind zwei Ausgänge mit je 0,90 m lichter Breite erforderlich.

Beispiel 3:

Ein Versammlungsraum mit 150 m^2 Grundfläche und Sitzplätzen in Reihen oder Stehplätzen hat nach der Bemessungsformel des § 1 Absatz 2 Nummer 2 insgesamt 300 Besucherplätze. Nach Absatz 4 Satz 4 in Verbindung mit § 6 Absatz 5 Satz 1 sind zwei Ausgänge mit je 1,20 m lichter Breite erforderlich.

Beispiel 4:

Eine Bühne mit 250 m^2 Grundfläche hat nach der Bemessungsformel des § 1 Absatz 2 keine Besucherplätze. Nach Absatz 4 Satz 4 in Verbindung mit § 6 Absatz 5 Satz 1 sind zwei Ausgänge mit 0,90 m lichter Breite erforderlich, da eine Bühne ein sonstiger Aufenthaltsraum ist.

Die Formulierung „Rettungswege im Bühnenhaus“ betrifft alle Räume 67
im Bühnenhaus, also sowohl die Ausgänge aus Probenräumen, Büros und sonstigen Aufenthaltsräumen, wie Werkstätten, Bühnen sowie notwendige Flure, notwendige Treppenräume und Ausgänge ins Freie. Die MVStättV gibt für das Bühnenhaus pauschal eine Rettungswegbreite von 0,90 m vor und verzichtet auf eine Bemessung, weil das Bühnenhaus nicht für Besucher zugänglich ist und das Betriebspersonal infolge der Unterweisung nach § 42 Absatz 2 mit dem Rettungswegsystem des Bühnenhauses vertraut ist.

3.6 Ausnahme für Arbeitsgalerien

68 Für Arbeitgalerien regelt Absatz 4 Satz 5 als weitere Ausnahme, dass dafür eine lichte Breite von 0,80 m genügt. Weitere Anforderungen an die Rettungswege von Arbeitsgalerien sind in § 18 Absatz 2 geregelt. § 18 Absatz 2 unterscheidet zwei Fallgestaltungen. Nur für Arbeitsgalerien in Hauptbühnen sind jeweils auf beiden Seiten Ausgänge von der Arbeitsgalerie zu außerhalb des Bühnenraumes liegenden Rettungswegen erforderlich.

3.7 Anforderungen an Rettungswege nach arbeitsschutzrechtlichen Vorschriften

69 Versammlungsstätten sind für das dort beschäftigte Personal Arbeitsstätten. Für Arbeitsstätten gelten die Bestimmungen der Arbeitsstättenverordnung,[9] die in den Technischen Regeln für Arbeitsstätten – den ASR – konkretisiert werden.

70 Bei der Ermittlung der lichten Breite der Rettungswege ist auch die ASR A.2.3[10] zu beachten, die in Nummer 5 Absatz 3 die Mindestbreite von Fluchtwegen in Arbeitsstätten vorschreibt. Danach sind folgende Mindestbreiten der Fluchtwege einzuhalten:

	Anzahl der Personen (Einzugsgebiet)	**Lichte Breite (in m)**
1	bis 5	0,875
2	bis 20	1,00
3	bis 200	1,20
4	bis 300	1,80
5	bis 400	2,40

71 Die Regelung der ARS A2.3 folgt also weiterhin der Staffelung in 0,60 m Schritten.

9 Arbeitsstättenverordnung vom 12. August 2004 (BGBl. I S. 2179), die zuletzt durch Artikel 5 der Verordnung vom 18. Oktober 2017 (BGBl. I S. 3584) geändert worden ist.

10 ASR A2.3 Fluchtwege und Notausgänge, Flucht- und Rettungsplan (Ausgabe: August 2007 zuletzt geändert GMBl. 2017, S. 8).

3.8 Barrierefreiheit

Nach § 50 Absatz 2 MBO ist in Versammlungsstätten die Barrierefreiheit zu beachten, da sie zu den öffentlich zugänglichen Gebäuden gehören. Die Anforderungen ergeben sich aus 18040-1:2010-10.[11] Die DIN 18040-1 regelt die Anforderungen an die Barrierefreiheit der Teile des Gebäudes und der zugehörigen Außenanlagen, die für die Nutzung durch die Öffentlichkeit vorgesehen sind. Die Norm gilt für Neubauten. Sie sollte sinngemäß für die Planung von Umbauten oder Modernisierungen angewendet werden. 72

Da Versammlungsstätten für die dort beschäftigten Menschen zugleich Arbeitsstätten sind, sind die für die barrierefreie Gestaltung von Arbeitsstätten in der ASR V3a.2 erlassenen Technischen Regeln für Arbeitsstätten[12] zu beachten. 73

Die Umsetzung der UN-Behindertenrechtskonvention wird auf Bundes- und Landesebene durch die Behindertengleichstellungsgesetze und durch die Landesbauordnungen hinsichtlich der Anforderungen zur Barrierefreiheit umgesetzt. Für Versammlungsstätten besteht die Verpflichtung für alle Neubauten, (große) Umbauten und Erweiterungsbauten. Ausnahmen sind in einigen Bundesländern bei (großen) Um- und Erweiterungsbauten nach den Behindertengleichstellungsgesetzen zulässig, wenn die Anforderungen an die Barrierefreiheit nur mit einem unverhältnismäßigen Mehraufwand erfüllt werden können. Für bestehende Versammlungsstätten besteht bisher bundesweit grundsätzlich keine Nachrüstungspflicht. 74

4. Reduzierung der Besucherzahl

Lässt die Größe des Versammlungsraumes auf Grund der Berechnungsformel des § 1 Absatz 2 z.B. 1000 Besucher zu, so hat dies zur Folge, dass unter Anwendung des Absatzes 4 eine Ausgangsbreite von $5 \times 1{,}2$ m = 6 m erforderlich ist. Beschränkt der Bauherr die maximale Besucherzahl auf 600 Personen (z.B. auf Grund einer festen Bestuhlung 75

11 DIN 18040-1:2010-10 Barrierefreies Bauen – Planungsgrundlagen – Teil 1: Öffentlich zugängliche Gebäude.
Europäisch harmonisierter Normentwurf DIN EN 17210:2019-06
Barrierefreiheit und Nutzbarkeit der gebauten Umgebung – Funktionale Anforderungen.

12 ASR V3a.2 Barrierefreie Gestaltung von Arbeitsstätten, Ausgabe: August 2012 zuletzt geändert GMBl. 2018, S. 469.

oder des vorgesehenen betrieblichen Konzeptes), hat dies zur Folge, dass in diesem Fall eine Ausgangsbreite von nur 3 × 1,2 m = 3,6 m erforderlich wäre. **Diese geringe Ausgangsbreite und die daraus folgende Kapazitätsbeschränkung sind im Bestuhlungsplan darzustellen und werden durch entsprechende Nebenbestimmungen in der Baugenehmigung festgeschrieben. Die Kapazitätsbegrenzungen sind zwingend einzuhalten.**

76 **Sollen bestehende Gebäude als Versammlungsstätte genutzt werden, so ist die Besucherzahl auf die Kapazität der Rettungswege zu begrenzen, wenn zwar der Versammlungsraum von der Fläche her eine größere Besucherzahl zuließe, nicht jedoch die lichte Breite der Rettungswege.** In diesem Fall ist die maximal in der Halle zulässige Personenzahl nach den vorhandenen Ausgangsbreiten unter Anwendung der Formel des § 7 Absatz 4 Satz 3 und 4 zu berechnen und nicht nach der Grundfläche der Halle. **In diesen Fällen ist die Behörde allerdings berechtigt, geeignete technische und organisatorische Maßnahmen zur Feststellung der Besucheranzahl während des Betriebs der Versammlungsstätte per Nebenbestimmung vorzuschreiben.**

77 Bestehen berechtigte Zweifel an der Zuverlässigkeit des Betreibers im Hinblick auf die Einhaltung der genehmigten Besucherzahl, ist das einzig geeignete, ermessensfehlerfreie, weil verhältnismäßige Mittel die Erteilung einer **Auflage zur nachweisbaren Kontrolle der Besucherzahl** in der Versammlungsstätte.

78 Bei der Frage, wie viele Personen bei den vorhandenen Ausgangsbreiten insgesamt zugelassen werden können, muss die Bauaufsicht jedoch auch die baulichen Besonderheiten der Halle und ihre Rückwirkungen auf das Schutzziel des § 7 berücksichtigen. Wenn die Art der Veranstaltung oder Kompensationsmaßnahmen das Risiko der Gefährdung von Personen erkennbar niedrig hält, kann die Bauaufsichtsbehörde auf Antrag gegebenenfalls auch eine größere Personenzahl als Abweichung nach § 67 MBO[13] zugelassen. Für die Entscheidung ist eine Gefährdungsanalyse erforderlich.

---

13 § 67 Absatz MBO:
„*(1) Die Bauaufsichtsbehörde kann Abweichungen von Anforderungen dieses Gesetzes und aufgrund dieses Gesetzes erlassener Vorschriften zulassen, wenn sie unter Berücksichtigung des Zwecks der jeweiligen Anforderung und unter Würdigung der öffentlich-rechtlich geschützten nachbarlichen Belange mit den öffentlichen Belangen, insbesondere den Anforderungen des § 3 Absatz 1 vereinbar sind. § 3 Absatz 3 Satz 3 bleibt unberührt; [der Zulassung einer Abweichung bedarf es auch nicht, wenn bautechnische Nachweise durch einen Prüfsachverständigen bescheinigt werden].*“

5. Optimierung der Rettungswege

Abweichungen von den Bestimmungen über Rettungswege können nach § 67 MBO zugelassen werden, wenn nachgewiesen wird, dass die dem Abschnitt 2 „Rettungswege“ zugrunde liegenden Schutzziele auf andere Weise erreicht werden. 79

Mit den Ergebnissen von Simulationsprogrammen zur „Optimierung der Rettungswege“ wird daher oft versucht, die Bauaufsichtsbehörde davon zu überzeugen, dass eine Verlängerung der Wege, eine Verringerung der Breite von Rettungswegen oder eine höhere Personenzahl als Abweichung zugelassen werden kann. 80

Die Ergebnisse, die auf Grundlage von Simulationsprogrammen ermittelt werden, sind nur dann als Nachweis geeignet, wenn die den Programmen zugrunde liegenden Parameter, wie 81

- Personentypisierungen (Größe, Alter, Geschlecht, Laufgeschwindigkeit, Behinderungen, Ortskenntnis),
- Verhaltensweisen der Personen (ruhig, moderat, aggressiv),
- Art der Rettungswege (Treppen, Gänge, Stufengänge, Rampen, Flure),
- Führung der Rettungswege (gerade, abgeknickt, kurvig),
- Steigungsverhältnis der Rettungswege (eben, abwärts, aufwärts),
- Struktur der baulichen Anlage (Türbreiten, Rettungswegbreiten, Stützen im Verlauf des Rettungswegs).

nach allgemein anerkannten, objektiven Gesichtspunkten validiert sind und die bauordnungsrechtlichen Grundlagen beachtet werden. Allgemein anerkannte Regeln der Technik für Evakuierungsberechnungen bzw. Computersimulationsprogramme liegen jedoch nicht vor.

Evakuierungsberechnungen können nach dem Handrechenverfahren von *Predtetschenski* und *Milinski*[14] oder mit Computersimulationsprogrammen, wie ASERI, buildingExodus, PedGo oder Simulex, erfolgen. Verschiedene Untersuchungen und Vergleichberechnung haben gezeigt, dass die Simulationsprogramme für ein und dasselbe Szenario unter identischen Annahmen unterschiedliche Evakuierungszeitvorhersagen ermitteln. Die Ergebnisse der einzelnen Programme unterscheiden sich 82

14 *Predtetschenski, Wsewolod M.; Milinski, Anatoli I.*: Personenströme in Gebäuden – Berechnungsmethoden für die Projektierung. Staatsverlag der DDR, Berlin 1971.

zum Teil so erheblich, dass es sich wohl nicht um Zufallseffekte sondern sich um systematische Unterschiede der Computerprogramme handelt.

83 Bei der durch die Bauaufsicht zu treffenden Abweichungsentscheidung auf Grundlage der Ergebnisse von Simulationsprogrammen ist unter Einhaltung der Schutzziele der MVStättV auf die konkrete Gefährdungssituation für den Besucher abzustellen.

6. Sportstadien und Arenen

84 Die neuen bautechnischen und architektonischen Entwicklungen führen dazu, dass Sportstadien mit beweglichen Dächern vollständig überdacht und damit Mehrzweckhallen werden. Beispiele sind das in der Stadt Gelsenkirchen errichtete Sportstadion auf Schalke oder das Waldstadion in Frankfurt am Main (jetzt: Commerzbank-Arena). Daraus ergeben sich für die Anwendung des Absatzes 4 Satz 3 folgende Problemstellungen:

- soweit bei Veranstaltungen das Dach über dem Spielfeld komplett geöffnet ist und nur die Tribünen überdacht sind, führt dies zu Anwendung der Bemessungsregel der Nummer 1 (600 Personen je 1,20 m),
- soweit Veranstaltungen in der geschlossenen Halle stattfinden, führt dies zur Anwendung der Bemessungsregel der Nummer 2 (200 Personen je 1,20 m).

85 **Da zum Zeitpunkt der Erteilung der Baugenehmigung über die Breite der erforderlichen Rettungswege zu entscheiden ist, können diese in einem solchen Fall nur nach Nummer 2 bemessen werden.** Für die die Tribünen umgebenden geschlossenen Aufenthaltsräume ist stets Nummer 2 anzuwenden.

86 Die Tatsache, dass derartige Dächer im Brandfall aufgefahren werden können – was z. B. bei dem Sportstadion in Gelsenkirchen ca. 30 Minuten in Anspruch nimmt – rechtfertigt nicht, die geschlossene Halle hinsichtlich der Bemessung der Rettungswege als Versammlungsstätte im Freien zu behandeln. Eine Bemessung der Rettungswege von den Tribünen und dem Innenbereich nach Nummer 1 käme allenfalls dann in Betracht, wenn technisch und rechtlich gesichert wäre, dass die Versammlungsstätte nur bei voll geöffnetem Dach genutzt wird und das Dach nur noch die Tribünen überdeckt.

In Betracht kommt jedoch die Nutzung eines Teils der Besucherplätze bei geschlossenem Dach, wenn für die zu nutzenden Teilbereiche durch einen besonderen Bestuhlungsplan nachgewiesen wird, dass die zugehörigen Rettungswege nach Nummer 2 zu bemessen sind. So kann z.B. ein Sportstadion, dessen Rettungswege nach Nummer 1 zu bemessen sind, bei geschlossenem Dach mit einer Veranstaltung mit Besucherplätzen ausschließlich im Innenbereich belegt werden, wenn die für diesen Bereich erforderlichen Rettungswege der Anforderung der Nummer 2 entsprechen. 87

7. Ausstellungshallen

Absatz 5 legt spezielle Anforderungen für die Betreiber von Messe- und Ausstellungshallen fest. Für Ausstellungshallen sieht Absatz 5 ein besonderes Rettungswegkonzept vor, das eine partielle Erleichterung gegenüber Absatz 1 beinhaltet. Nach Satz 1 der Vorschrift müssen Ausstellungshallen durch Gänge so unterteilt sein, dass die Tiefe der zur Aufstellung von Ausstellungsständen bestimmten Grundflächen (Ausstellungsflächen) nicht mehr als 30 m beträgt. Die auf der maximal 30 m tiefen Ausstellungsfläche zulässige Rettungsweglänge von 20 m wird bei Ausstellungshallen, die den Anforderungen des Absatzes 5 entsprechen, nicht auf die Länge des Rettungsweges angerechnet. 88

Satz 1 definiert den Begriff der „Ausstellungsfläche“ als den Teil der Hallengrundfläche, auf dem die Ausstellungsstände aufgestellt werden dürfen. In Ausstellungshallen wird die Ausstellungsfläche durch die als Rettungswege dienenden Gänge begrenzt. Die Geschossebenen mehrgeschossiger Ausstellungsstände sind daher nicht Ausstellungsfläche im Sinne dieser Definition. Die Definition gilt nicht nur speziell für Messe- und Ausstellungshallen, sondern in gleicher Weise für Ausstellungen in Mehrzweckhallen. Satz 2 lässt 20 m zusätzliche und auf die Gänge anrechnungsfreie Rettungsweglänge auf der Ausstellungsfläche zu; die Entfernung ist auch in diesem Fall gemäß Absatz 6 in der Lauflinie zu messen. 89

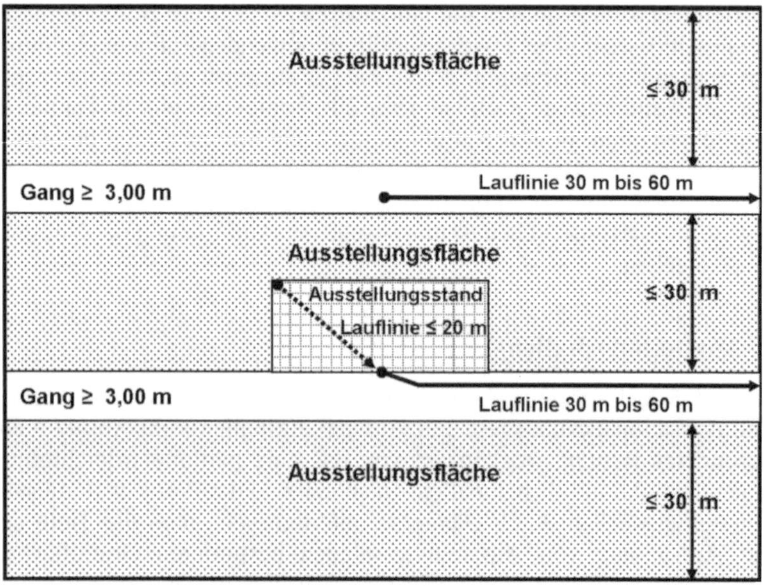

Gänge und Ausstellungsflächen in Messe- und Ausstellungshallen

90 Die Formulierung „Entfernung von jeder Stelle auf der Ausstellungsfläche" bezieht sich auf die Regelung des Absatzes 1, der als Entfernung vom „Besucherplatz zum nächsten Ausgang aus dem Versammlungsraum" maximal 30 m – gegebenenfalls in Abhängigkeit von der lichten Höhe der Halle bis maximal 60 m – zulässt. Für die Bemessung dieser Entfernung kommt es dabei nicht darauf an, ob sich der Besucherplatz auf dem Fußboden oder in einer Ebene über dem Fußboden befindet. Die Ausnahme des Satzes 2 bezieht sich auf die maximal anrechnungsfreie Rettungsweglänge der auf einer Ausstellungsfläche aufgestellten mehrgeschossigen Ausstellungsstände, die gemäß Absatz 6 ebenfalls in Lauflinie zu messen ist. Eine Bemessung der anrechnungsfreien Rettungsweglänge mehrgeschossiger Ausstellungsstände, die nur die Grundfläche der Ausstellungsfläche, also die untere Ebene des Ausstellungsstandes berücksichtigt und die tatsächliche Lauflänge außer Acht lässt, wäre mit den Schutzzielen der §§ 6 und 7 nicht vereinbar.

91 Wird beispielsweise bei mehrgeschossigen Ausstellungsständen die anrechnungsfreie Entfernung von 20 m bis zum Gang überschritten, dann geht dies zu Lasten der zulässigen Länge auf dem Gang. Bei mehrgeschossigen Ausstellungsständen empfiehlt es sich daher, die Rettungsweglängen dadurch zu optimieren, dass die Treppen nahe zu einem Gang und die mehrgeschossigen Ausstellungsstände so nahe wie möglich zu einem Ausgang aus dem Versammlungsraum angeordnet werden.

Satz 3 der Vorschrift bestimmt, dass die Gänge **auf möglichst geradem Weg** zu entgegengesetzt liegenden Ausgängen führen müssen. Insoweit wird die gestalterische Vielfalt der individuellen Hallenaufplanung zu Gunsten der Sicherheit der Personen eingeschränkt. Die lichte Breite der Gänge und der zugehörigen Ausgänge muss mindestens 3,00 m betragen. Die Regelung des § 7 Absatz 5 Satz 4 ist hinsichtlich der Breite der Gänge als Bewegungsflächen und zugleich als Rettungswege eine Sonderregelung gegenüber Absatz 1 und Absatz 4 der Vorschrift. Hinsichtlich der Ausgänge aus der Messehalle bleibt es bei der Regelung des Absatzes 4. Reichen die Ausgänge zu denen die Gänge führen, nicht aus, um die nach Absatz 4 erforderliche Rettungswegbreite aus der Ausstellungshalle sicherzustellen, sind zusätzliche Rettungswege quer zu den Gängen anzuordnen, die zu weiteren Ausgängen führen. 92

Der Verordnungsgeber hat allerdings darauf verzichtet, die Regelung des § 7 Absatz 5 in den Katalog der Vorschriften des § 46 Absatz 1 oder 2 MVStättV aufzunehmen. Die Umsetzung der Vorschrift für bereits bestehende Versammlungsstätten steht deshalb in der Eigenverantwortung des Betreibers gemäß § 38 Absatz 1 MVStättV. Der Betreiber hat im Rahmen der Hallenaufplanung unter Beachtung seiner vorhandenen Genehmigungen zum Bau und Betrieb der Ausstellungshalle zu bewerten, ob die Sicherheit der Besucher hinreichend gewährleistet ist. **Für die Aufplanung bestehender Hallen ist insoweit stets auf die vorhandene Genehmigungssituation abzustellen.** 93

8. Entfernungen in Lauflinie

Absatz 6 stellt klar, dass die Regelung auf alle nach § 7 zu bemessenden Entfernungen anzuwenden ist. Auch die Entfernungen nach den Absätzen 1 bis 3 und 5 sind nach Maßgabe des Absatzes 6 in Lauflinie zu bemessen. Zweck der Regelung ist es, die von jeder Stelle im „Raum“ tatsächlich zurückzulegenden Wegstrecke zum Ausgang aus den „Raum“ zu erfassen und zu begrenzen. 94

Bei Treppen wird die Lauflinie nicht in der horizontalen Projektion des Grundrisses gemessen, sondern unter Berücksichtigung der Steigung und im Verlauf der Treppenlauflinie nach DIN 18065. Bei Treppen ist 95 eine Bemessung der Lauflinie in der horizontalen Projektion nicht gerechtfertigt, weil der Rettungsweg tatsächlich länger ist. Da Treppen sowohl in der Laufrichtung aufwärts als auch abwärts zudem erheblich schwerer zu bewältigen sind als horizontale Rettungswege, kommt eine Reduktion der Rettungsweglänge auf die Maße der horizontalen Projektion nicht in Betracht.

§ 8 Treppen

(1) Die Führung der jeweils anderen Geschossen zugeordneten notwendigen Treppen in einem gemeinsamen notwendigen Treppenraum (Schachteltreppen) ist zulässig.

(2) [1]Notwendige Treppen müssen feuerbeständig sein. [2]Für notwendige Treppen in notwendigen Treppenräumen oder als Außentreppen genügen nichtbrennbare Baustoffe. [3]Für notwendige Treppen von Tribünen und Podien als veränderbare Einbauten genügen Bauteile aus nichtbrennbaren Baustoffen und Stufen aus Holz. [4]Die Sätze 1 bis 3 gelten nicht für notwendige Treppen von Ausstellungsständen.

(3) Die lichte Breite notwendiger Treppen darf nicht mehr als 2,40 m betragen.

(4) [1]Notwendige Treppen und dem allgemeinen Besucherverkehr dienende Treppen müssen auf beiden Seiten feste und griffsichere Handläufe ohne freie Enden haben. [2]Die Handläufe sind über Treppenabsätze fortzuführen.

(5) Notwendige Treppen und dem allgemeinen Besucherverkehr dienende Treppen müssen geschlossene Trittstufen haben; dies gilt nicht für Außentreppen.

(6) Wendeltreppen sind als notwendige Treppen für Besucher unzulässig.

Übersicht

1. Überblick

1 Für notwendige Treppen und Treppenräume gelten die bauordnungsrechtlichen Anforderung gemäß § 34 und 35 MBO für Gebäude der Gebäudeklasse 5, soweit § 8 keine abweichenden Festlegungen trifft. § 8 enthält ferner Anforderungen an die dem allgemeinen Besucherverkehr dienenden Treppen, die keine notwendigen Treppen sind.

2 Nach § 35 Absatz 1 Satz 1 MBO müssen notwendige Treppen zur Sicherstellung der Rettungswege aus den Geschossen ins Freie in einem eigenen, durchgehenden Treppenraum liegen, dem notwendigen Treppenraum. Notwendige Treppen ohne eigenen notwendigen Treppenraum sind in den in § 35 Absatz 1 Satz 3 Nummer 1 bis 3 MBO[1] genannten Fällen auch in Versammlungsstätten zulässig.

3 Diese Erleichterungen sind durch § 1 Absatz 4 nicht ausgeschlossen, da sich dessen Satz 1 nur auf die Anforderungen an Bauteile bezieht und Satz 2 weder die Anwendung bestimmter Regelungen des § 34 oder § 35 MBO generell ausschließt. Die Anwendbarkeit des § 35 Absatz 1 Satz 3 Nummer 1 bis 3 MBO wird auch dadurch bestätigt, dass § 1 Absatz 4 Satz 2 nur die Anwendbarkeit der mit § 35 Absatz 1 Satz 3 Nummer 1 MBO vergleichbaren Regelung des § 36 Absatz 1 Satz 2 Nummer 2 MBO für notwendige Flure in Gebäuden der Gebäudeklasse 1 und 2 für Versammlungsstätten ausdrücklich ausschließt. Wegen der Beschränkung der Größe auf höchstens 400 m^2 Grundfläche dürfte diese Fallgestaltung für Versammlungsstätten relativ selten sein, jedoch für Gaststätten in Betracht kommen.

Beispiel:

In einer Gaststätte können zwei Geschosse über eine frei im Raum geführte notwendige feuerbeständige Treppe verbunden werden, wenn die Gaststätte insgesamt nicht mehr als 200 m^2 hat und in jedem Geschoss ein anderer Rettungsweg erreicht werden kann.

4 Die MBO unterscheidet in § 35 Absatz 8 Satz 2 nicht mehr danach, ob der notwendige Treppenraum ein „außenliegender" oder „innenliegender" Treppenraum ist, sondern danach, ob der Treppenraum in jedem Geschoss Fenster hat, durch die er entraucht werden kann. Für Ver-

---

1 § 35 Absatz 1 MBO:
„*(1)* [1]*Jede notwendige Treppe muss zur Sicherstellung der Rettungswege aus den Geschossen ins Freie in einem eigenen, durchgehenden Treppenraum liegen (notwendiger Treppenraum).* [2]*Notwendige Treppenräume müssen so angeordnet und ausgebildet sein, dass die Nutzung der notwendigen Treppen im Brandfall ausreichend lang möglich ist.* [3]*Notwendige Treppen sind ohne eigenen Treppenraum zulässig*
1. in Gebäuden der Gebäudeklassen 1 und 2,
2. für die Verbindung von höchstens zwei Geschossen innerhalb derselben Nutzungseinheit von insgesamt nicht mehr als 200 m^2, wenn in jedem Geschoss ein anderer Rettungsweg erreicht werden kann,
3. als Außentreppe, wenn ihre Nutzung ausreichend sicher ist und im Brandfall nicht gefährdet werden kann."

sammlungsstätten gilt die spezielle Regelung des § 16 Absatz 5, die den § 35 Absatz 8 Satz 3 und 4 MBO modifiziert.

Treppen sind nach der als Technische Baubestimmung bauaufsichtlich eingeführten Norm DIN 18065:2015-03[2] zu bemessen. Die Steigung der Treppe muss zwischen 140 und 190 mm und der Auftritt zwischen 260 mm und 370 mm liegen. Das Steigungsverhältnis muss so gewählt werden, dass es der Schrittmaßregel „2 × Steigung + Auftritt = 590 mm bis 650 mm“ entspricht. Damit die Treppe sicher begehbar ist, muss das Steigungsverhältnis über die gesamte Treppenlauflinie gleichbleiben. Bei großen Geschosshöhen ist ferner zu beachten, dass nach höchstens 18 Stufen ein Zwischenpodest erforderlich ist. 5

Auch für Treppen sind die Bestimmungen des § 50 Absatz 2 MBO in Verbindung mit der als Technische Baubestimmung eingeführten Norm DIN 18040-1 zu beachten,[3] die die Anforderungen an die Barrierefreiheit der Teile des Gebäudes und der zugehörigen Außenanlagen regelt, die für die Nutzung durch die Öffentlichkeit vorgesehen sind. Anforderungen ergeben sich auch aus den Technischen Regeln für Arbeitsstätten – ASR V3a.2 Barrierefreie Gestaltung von Arbeitsstätten[4] sowie ASR A1.6 Verkehrswege.[5] 6

2. Schachteltreppen

Nach § 6 Absatz 4 sind für Geschosse mit mehr als 800 Besucherplätzen nur diesen Geschossen zugeordnete gesonderte Rettungswege erforderlich. Die Vorschrift des § 6 Absatz 4 hat den Zweck, die Personenströme über getrennte Rettungswege geschossweise so zu steuern, dass sich die Personenströme nicht überlagern. Bei nicht zu ebener Erde lie- 7

---

2 Als technische Baubestimmung eingeführt durch Abschnitt A 4.2.1 der MVV TB:
DIN 18065:2015-03
Gebäudetreppen – Begriffe, Messregeln, Hauptmaße.
Bei der Anwendung der DIN 18065 ist die Anlage 4.2/1 der MVV TB zu beachten.

3 Als technische Baubestimmung eingeführt durch Abschnitt A 4.2.2 der MVV TB:
DIN 18040-1:2010-10
Barrierefreies Bauen – Planungsgrundlagen – Teil 1: Öffentlich zugängliche Gebäude
Bei der Anwendung der DIN 18040-1 ist die Anlage 4.2/2 der MVV TB zu beachten.

4 ASR V3a.2 Barrierefreie Gestaltung von Arbeitsstätten (Ausgabe: August 2012, zuletzt geändert GMBl. 2018, S. 469).

5 ASR A1.8 Verkehrswege (Ausgabe: November 2012 zuletzt geändert GMBl. 2018, S. 473).

genden Geschossen führt dies zu einer größeren Anzahl von notwendigen Treppen in notwendigen Treppenräumen und damit zu einem größeren Platzbedarf für diese Treppenräume.

8 Absatz 1 lässt daher zu, mehrere Treppen aus jeweils verschiedenen Geschossen in einem notwendigen Treppenraum zu führen. Im Hinblick auf den möglichen Raucheintritt in einen notwendigen Treppenraum ist es unerheblich, ob in diesem Treppenraum eine oder mehrere notwendige Treppen geführt werden und welchen Geschossen sie zugeordnet sind. Auch für notwendige Treppen von Geschossen mit weniger als 800 Besucherplätzen sind Schachteltreppen zulässig.

9 Die gleichzeitige Führung des ersten und des zweiten Rettungsweges **aus einem Geschoss** in einem gemeinsamen notwendigen Treppenraum als Schachteltreppen ist **nicht zulässig**.

3. Brandverhalten

10 **Absatz 2** unterscheidet hinsichtlich des Brandverhaltens der notwendigen Treppen von Versammlungsstätten nach Bauteilen und Baustoffen. Zu beachten ist zunächst, dass § 1 Absatz 4 Satz 1 vorschreibt, dass für die tragenden, aussteifenden und raumabschließenden Bauteile die Anforderungen der MBO an die Gebäudeklasse 5 gelten. § 34 Absatz 4 Nummer 1 MBO[6] schreibt für die tragende Teile notwendiger Treppen vor, dass diese feuerhemmend sein und aus nichtbrennbaren Baustoffen bestehen müssen.

11 Absatz 2 Satz 1 modifiziert diese Regelung erschwerend und schreibt im Hinblick auf das Schutzziel der sicheren Rettungswege, dass notwendige Treppen feuerbeständig sein müssen. Dies betrifft alle notwendigen Treppen, die nicht in einem notwendigen Treppenraum geführt werden, insbesondere Treppen in Hallen oder Foyers nach § 6 Absatz 3

6 § 34 Absatz 4 MBO:
„*(4) Die tragenden Teile notwendiger Treppen müssen*
1. in Gebäuden der Gebäudeklasse 5 feuerhemmend und aus nichtbrennbaren Baustoffen,
2. in Gebäuden der Gebäudeklasse 4 aus nichtbrennbaren Baustoffen,
3. in Gebäuden der Gebäudeklasse 3 aus nichtbrennbaren Baustoffen oder feuerhemmend
sein. Tragende Teile von Außentreppen nach § 35 Abs. 1 Satz 3 Nr. 3 für Gebäude der Gebäudeklassen 3 bis 5 müssen aus nichtbrennbaren Baustoffen bestehen.“

oder notwendige Treppen zur internen Verbindung zweier Geschosse einer Nutzungseinheit mit nicht mehr als 200 m^2 Grundfläche nach § 35 Absatz 1 Satz 3 Nummer 2 MBO.

Satz 2 erleichtert die Regelung des Satzes 1 und lässt für notwendige Treppen in notwendigen Treppenräumen und als Außentreppen nichtbrennbare Baustoffe zu. Für die notwendige Treppe im notwendigen Treppenraum ist dies eine Erleichterung, da auf den Nachweis der Feuerwiderstandsdauer „feuerhemmend" verzichtet wird; für die Außentreppe entspricht die Anforderung dem § 34 Absatz 4 Satz 2 MBO. **12**

Die Sätze 3 und 4 regeln die Anforderungen an notwendige Treppen von veränderlichen Einbauten. Damit unterwirft die Vorschrift diese Treppen und Einbauten entsprechend § 1 Absatz 1 Satz 2 MBO dem Anwendungsbereich der MBO und behandelt die Ebenen dieser Einbauten prinzipiell wie Geschossebenen. Allerdings differenziert Absatz 2 nach der Art der veränderlichen Einbauten. **13**

Werden die Rettungswege von Tribünen und Podien über Treppen geführt, so muss deren Tragwerk nach Satz 3 aus nichtbrennbaren Baustoffen bestehen, allerdings dürfen als Erleichterung die Stufen aus Holz beschaffen sein. **14**

Absatz 2 Satz 4 stellt klar, dass an die Treppen von Ausstellungsständen keine Anforderungen hinsichtlich des Brandverhaltens gestellt werden. Da § 1 Absatz 2 Nummer 6 MBO die Messe- und Ausstellungsstände vom Anwendungsbereich der MBO insgesamt ausnimmt, ist die Regelung des Absatz 2 Satz 4 entbehrlich. **15**

4. Breite von Rettungswegen

Absatz 3 beschränkt die lichte Breite notwendiger Treppen auf 2,40 m. Zweck dieser Regelung ist es, die sichere Begehbarkeit der notwendigen Treppen im Fall einer Räumung zu gewährleisten, die Personenströme zu ordnen sowie auf mehrere Treppen zu lenken. **16**

Einläufige gerade Treppe

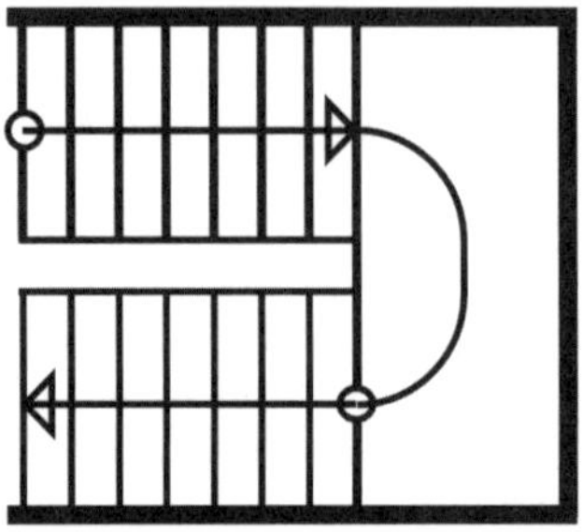

Zweiläufige zweimal abgewinkelte Treppe mit Zwischenpodest

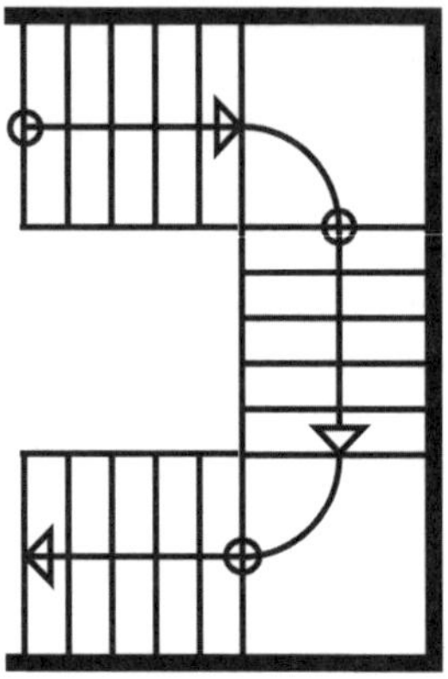

Dreiläufige zweimal abgewinkelte Treppe mit Zwischenpodest

17 Sind die Treppenläufe abgewinkelt, so verlängert sich bei größeren Treppenbreiten die Lauflänge für die außen gehenden Personen. Der tatsächlich von Benutzern einer Treppe gewählte Weg ist abhängig von der Breite der Treppe, der Lage des Handlaufes, der Aufwärts- oder Abwärtsbewegung, dem Alter und der Größe des Benutzers sowie von seinem körperlichen Zustand.

18 Der Begriff „lichte Breite" entspricht dem Begriff der „nutzbaren Treppenlaufbreite" DIN 18065:2015-03 Abschnitt 4.11 und wird waagrecht zwischen den Handlaufinnenkanten gemessen.

19 Treppen, die beispielweise eine Breite von 4,80 m ausweisen, sind dabei als zwei Treppen von jeweils 2,40 m anzusehen, wenn sie über einen mittigen Handlauf verfügen. Notwendige Treppen mit einer größeren Breite als 2,40 m sind jedoch nur für notwendige Treppen mit geradem Treppenlauf vertretbar, da sich bei abgewinkelten Treppenläufen die äußere Lauflinie erheblich verlängert.

5. Handläufe

Aus Gründen der Verkehrssicherheit und im Hinblick auf die barrierefreie Nutzbarkeit von Treppen stellt **Absatz 4** über den § 34 Absatz 6 MBO hinausgehende Anforderungen. Es sind auf beiden Seiten feste und griffsichere Handläufe ohne freie Enden vorzusehen, die über Treppenabsätze fortzuführen sind. 20

Sind Stufengänge in Versammlungsräumen und auf Tribünen sehr steil, dann können die Verkehrssicherungsanforderungen an Treppen in Betracht kommen. Statt Handläufen können Haltebügel erforderlich werden. 21

6. Trittstufen und Setzstufen

Absatz 5 beinhaltet eine weitere Regelung, die der sicheren Begehbarkeit notwendiger Treppen dient. Gerade bei Treppen, die große Personenströme aufnehmen müssen, muss gewährleistet sein, dass die Personen nicht auf Grund der Bauart der Treppe stürzen können. Absatz 5 verlangt insoweit, dass Treppen geschlossene **Trittstufen** benötigen. 22

Da Außentreppen als notwendige Treppen regelmäßig nur für zweite und weitere Rettungswege gebaut werden, üblicherweise jedoch nicht als erster Rettungsweg oder zur Erschließung des Gebäudes dienen, ist die Erleichterung in Absatz 5 angemessen. Setzstufen sind nicht vorgeschrieben, jedoch aus Gründen der Verkehrssicherheit zu empfehlen. 23

7. Wendeltreppen

Auch **Absatz 6** ist eine Vorschrift, die der sicheren Begehbarkeit der Treppen im Evakuierungsfall dient. Eine Wendeltreppe ist eine gewendelte Treppen (von Wendel = schraubenförmige Struktur), bei der die Wegführung einer Spirale entspricht, also einer Kurve, die sich mit konstanter Steigung um den Mantel eines Zylinders windet. Wird die Wendeltreppe durch eine zentrale Säule (oder Spindel) getragen, spricht man von einer Spindeltreppe. Die Spindeltreppe ist somit eine besonders enge und steile Form der Wendeltreppe. 24

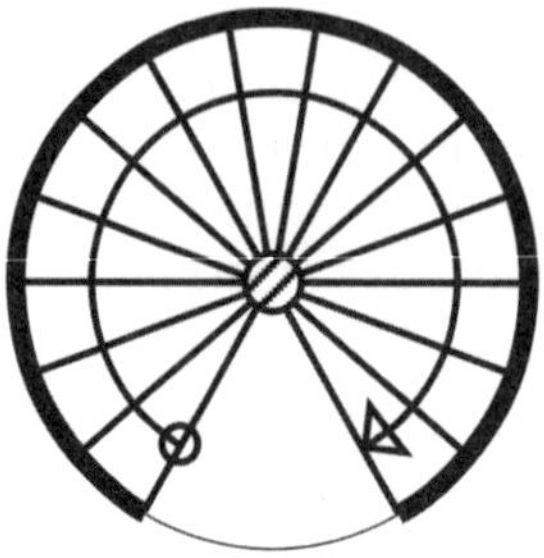

Spindeltreppe mit Treppenspindel

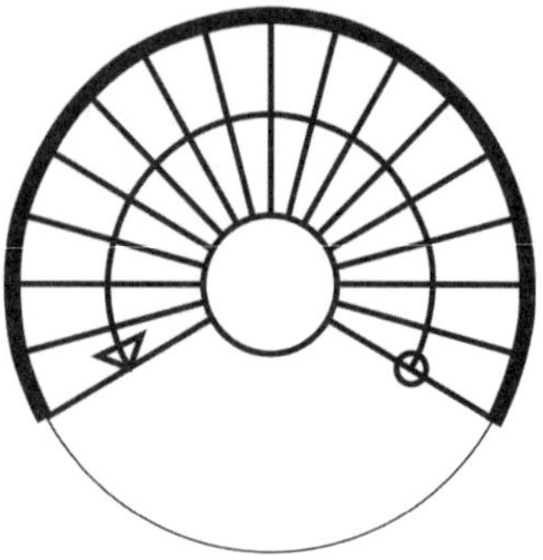

Wendeltreppe mit Treppenauge

25 Eng gewendelte Treppen sind von ihrer Geometrie her nicht als notwendige Treppen geeignet. Die Trittstufen sind an der Spindel bzw. am Treppenauge nur wenige Zentimeter tief und bieten dort keinen sicheren Auftritt. Erst bei mehr als 60 cm, von der Spindel bzw. vom Treppenauge gemessen, erreicht die Trittstufe einen ausreichenden Auftritt von ca. 260 mm. Bei etwa 1 m von der Spindel bzw. vom Treppenauge gemessen wird eine Auftrittstiefe von ca. 370 mm erreicht. Bei gewendelten Läufen sowie bei Wendel- und Spindeltreppen liegt die Lauflinie außermittig. Die innere Begrenzung des Gehbereiches liegt in der Mitte der nutzbaren Treppenlaufbreite. Der Gehbereich einer Spindeltreppe liegt daher etwa im Bereich von ca. 60 bis 80 cm von der Spindel gemessen. Auf einer eng gewendelten Treppe können daher nicht zwei Personen nebeneinander gehen. Jenseits von etwa 1 m Treppenbreite liegt die Auftrittstiefe über 370 mm und entspricht damit nicht mehr der Schrittmaßregel.

26 Gewendelte Treppen sind als Rettungsweg sind für eine größere Zahl von Personen nicht geeignet. Absatz 6 lässt daher Wendeltreppen nicht für die Rettungswege der Besucher zu, sondern nur für die Rettungswege des Betriebspersonals, beispielsweise als Rettungsweg von einer Arbeitsgalerie.

27 Im Einzelfall können gewendelte Treppen jedoch dann als Rettungsweg in Betracht kommen und als Abweichung nach § 67 MBO zugelassen werden, wenn nur wenige Personen darauf angewiesen sind und nur ein oder zwei Geschosse überwunden werden müssen.

28 Absatz 6 schließt Wendeltreppen nicht generell aus. Wendeltreppen sind für zwei Fallgestaltungen zulässig: zum einen als dem allgemeinen Besucherverkehr dienende Treppen, zum anderen als Erschließungstreppe und als notwendige Treppe in den für Besucher nicht zugänglichen Bereichen, z. B. im Bühnenhaus. Wendeltreppen, die dem allgemeinen Besucherverkehr dienen, können somit nicht auf die Rettungswegbreiten angerechnet werden.

Als Treppe für den allgemeinen Besucherverkehr kommen nur weit gewendelte Bogentreppen in Betracht, deren Trittstufe innen am Treppenauge einen Auftritt von mindestens 210 mm und außen einen Auftritt von höchstens 370 mm[7] haben und deren Steigungsverhältnis der Schrittmaßformel entspricht. 29

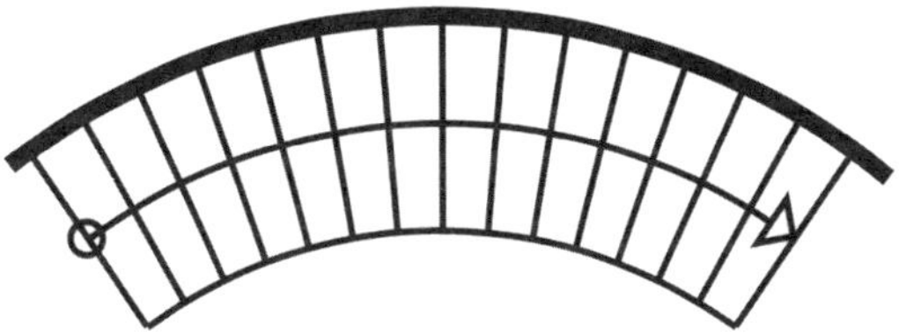

Bogentreppe

7 Maße gemäß DIN 18065 Tabelle 1a.

§ 9 Türen und Tore

(1) Türen und Tore in raumabschließenden Innenwänden, die feuerbeständig sein müssen, sowie in inneren Brandwänden, müssen mindestens feuerhemmend, rauchdicht und selbstschließend sein.

(2) Türen und Tore in raumabschließenden Innenwänden, die feuerhemmend sein müssen, müssen mindestens rauchdicht und selbstschließend sein.

(3) [1]Türen in Rettungswegen müssen in Fluchtrichtung aufschlagen und dürfen keine Schwellen haben. [2]Während des Aufenthaltes von Personen in der Versammlungsstätte, müssen die Türen der jeweiligen Rettungswege jederzeit von innen leicht und in voller Breite geöffnet werden können.

(4) [1]Schiebetüren sind im Zuge von Rettungswegen unzulässig, dies gilt nicht für automatische Schiebetüren, die die Rettungswege nicht beeinträchtigen. [2]Pendeltüren müssen in Rettungswegen Vorrichtungen haben, die ein Durchpendeln der Türen verhindern.

(5) Türen, die selbstschließend sein müssen, dürfen offengehalten werden, wenn sie Einrichtungen haben, die bei Raucheinwirkung ein selbsttätiges Schließen der Türen bewirken; sie müssen auch von Hand geschlossen werden können.

(6) Mechanische Vorrichtungen zur Vereinzelung oder Zählung von Besuchern, wie Drehtüren oder -kreuze, sind in Rettungswegen unzulässig; dies gilt nicht für mechanische Vorrichtungen, die im Gefahrenfall von innen leicht und in voller Breite geöffnet werden können.

Übersicht

1. Überblick

Die Vorschrift des § 9 fasst die Anforderungen an Türen und Tore im allgemeinen Teil der Bauvorschriften zusammen. Nach dem der MBO zugrunde liegenden Brandschutzkonzept müssen Abschlüsse von Öffnungen in raumabschließenden Wänden, also den Trennwänden nach § 29 MBO und den Brandwänden nach § 30 MBO die gleiche Feuerwiderstandsdauer aufweisen wie die raumabschließende Wand. Lediglich für Türen im Zuge von Rettungswegen sieht die MBO erleichterte Anforderungen vor, so für Türen in den Wänden von Treppenräumen im Fall des § 35 Absatz 6 MBO und für die Türen in den Wänden notwendiger Fluren nach § 36 Absatz 4 Satz 4 MBO. 1

Die Absätze 1 und 2 legen fest, wann Türen und Tore feuerhemmend, rauchdicht und selbstschließend sein müssen. Die Absätze 3 bis 5 stellen spezielle Anforderungen an die Funktion und Technik von Türen, insbesondere im Bereich der Rettungswege. Absatz 6 regelt, wann Drehtüren oder -kreuze in Rettungswegen zulässig sind. 2

2. Türen und Tore in raumabschließenden Innenwänden und inneren Brandwänden

Der Begriff „raumabschließend“ wird in § 26 Absatz 2 Satz 1 MBO indirekt als Feuerwiderstandsfähigkeit der Bauteile gegen die Brandausbreitung definiert. 3

Die Begriffsbestimmungen des Grundlagendokumentes Brandschutz[1] definieren die raumabschließende Wirkung wie folgt: 4

> *„Die Funktion eines Bauteils, den Durchtritt von Feuer und/oder Rauch durch die Weiterleitung von Flammen oder heißen Gasen (vgl. Raumabschluß) oder die Entzündung auf der dem Feuer abgewandten Seite (vgl. Wärmedämmung) während der maßgebenden Dauer der Brandbeanspruchung zu verhindern.“*

Raumabschließende Innenwände im Sinne des § 9 sind: 5

- Trennwände nach § 3 Absatz 3 und 4,
- Trennwände nach § 29 Absatz 2 MBO,
- Wände notwendiger Flure nach § 36 Absatz 4 MBO.

1 Das Grundlagendokument Brandschutz ist der zweite Teil der Mitteilung der Kommission über die Grundlagendokumente der Richtlinie des Rates 89/106/EWG vom 28.2.1994, ABl. 94/C 62/0.

6 Die Erleichterungen der Absätze 1 und 2 betreffen nur Türen und Tore und nicht andere Abschlüsse, wie Klappen. Für die vorübergehende Verlegung von Kabeln und Leitungen ist § 14 Absatz 2 zu beachten.

2.1 Feuerbeständige Trennwände

7 **Absatz 1** verlangt, dass Türen und Tore, die in feuerbeständige Trennwände eingebaut werden, mindestens feuerhemmend, rauchdicht und selbstschließend sein müssen. Es muss sich somit um Feuerschutztüren[2] der Klasse T-30 RS bzw. EI_2 30-CS_{200} handeln.

8 Gegenüber der Anforderung des § 29 Absatz 3 Satz 1 MBO sind die Anforderungen mit den Absätzen 1 und 2 also verringert.

9 Absatz 1 lässt jedoch die Bestimmung des § 29 Absatz 5 MBO unberührt, dass die Öffnungen auf die für die Nutzung erforderliche Zahl und Größe zu beschränken sind. Dieses Minimierungsgebot gilt auch für Versammlungsstätten. Für die Nutzung erforderlich sind die Türen und Tore, die für die Rettungswege und den ordnungsgemäßen Betrieb der Versammlungsstätte erforderlich sind.

10 Für die Türen in der Trennwand zwischen Zuschauer- und Bühnenhaus einer Großbühne ist die erhöhte Anforderung des § 22 Absatz 2 Satz 2 zu beachten. Diese Türen müssen feuerbeständig sein (T-90 RS bzw. EI_2 90-CS_{200}).

11 Feuerschutztüren müssen den einschlägigen DIN-Normen[3] entsprechen oder eine allgemeine bauaufsichtliche Zulassung haben.

---

2 Normenreihe DIN EN 15269 Erweiterter Anwendungsbereich von Prüfergebnissen zur Feuerwiderstandsfähigkeit und/oder Rauchdichtigkeit von Türen, Toren und Fenstern einschließlich ihrer Baubeschläge.

3 DIN EN 13501-1:2019-05
Klassifizierung von Bauprodukten und Bauarten zu ihrem Brandverhalten – Teil 1: Klassifizierung mit den Ergebnissen aus den Prüfungen zum Brandverhalten von Bauprodukten.
DIN EN 13501-2:1016-02
Klassifizierung von Bauprodukten und Bauarten zu ihrem Brandverhalten – Teil 2: Klassifizierung mit den Ergebnissen aus den Feuerwiderstandsprüfungen, mit Ausnahme von Lüftungsanlagen.
DIN 4102-18:1991-03
Brandverhalten von Baustoffen und Bauteilen; Feuerschutzabschlüsse; Nachweis der Eigenschaft „selbstschließend" (Dauerfunktionsprüfung).

2.2 Innere Brandwände

Nach **Absatz 1** müssen Türen und Tore, die in inneren Brandwänden eingebaut werden, mindestens feuerhemmend, rauchdicht und selbstschließend sein. Mit der Absenkung der Feuerwiderstandsdauer der Türen und Tore in inneren Brandwänden stellt dies eine Erleichterung gegenüber der Anforderung des § 30 Absatz 8 Satz 2 MBO[4] dar, der feuerbeständige Abschlüsse vorschreibt. Die Türen müssen die Klasse T-30 RS bzw. EI_2 30-CS_{200} aufweisen. 12

Gegenüber der Anforderung des § 30 Absatz 3 Satz 1 MBO sind die Anforderungen mit dem Absatz 1 also verringert.[5] Die Erleichterung gilt nur für Türen und Tore, nicht für andere Abschlüsse von Öffnungen in inneren Brandwänden. 13

Diese erleichterte Anforderung lässt jedoch die Bestimmung des § 30 Absatz 8 Satz 2 MBO unberührt, dass die Öffnungen auf die für die Nutzung erforderliche Zahl und Größe zu beschränken sind. Dieses Minimierungsgebot gilt auch für Versammlungsstätten. 14

Die Zuschauerräume von Mehrzweckhallen oder von Versammlungsstätten mit einem Bühnenhaus weisen oft einen Durchmesser von mehr als 40 m auf und die Ausgänge aus dem Zuschauerraum führen auf einen notwendigen Flur oder ins Foyer. In diesem Fall sind die Umfassungswände des Zuschauerraums als innere Brandwände auszubilden. Bei den nach § 7 zu bemessenden Ausgängen aus dem Zuschauerraum handelt es sich um die im Zuge der Rettungswege nach Zahl und Größe erforderlichen Öffnungen. In diesem Fall genügt es, wenn die Türen feuerhemmend, rauchdicht und selbstschließend sind. 15

2.3 Feuerhemmende Trennwände und Wände notwendiger Flure

Für Türen und Tore in feuerhemmenden Trennwänden sowie Türen in den Wänden notwendiger Flure regelt **Absatz 2**, dass diese rauchdicht und selbstschließend sein, also der Klasse RS bzw. CS_{200} entsprechen 16

4 § 30 Abs. 8 MBO:
„*(8) [1]Öffnungen in Brandwänden sind unzulässig. [2]Sie sind in inneren Brandwänden nur zulässig, wenn sie auf die für die Nutzung erforderliche Zahl und Größe beschränkt sind; die Öffnungen müssen feuerbeständige, dicht- und selbstschließende Abschlüsse haben.*"

5 Das Land **Bayern** lässt die Erleichterung für innere Brandwände nicht zu. Nach Art. 28 Absatz 8 Satz 2 BayBO sind daher in inneren Brandwänden feuerbeständige, dicht- und selbstschließende Abschlüsse erforderlich.

müssen.[6] Für Türen und Tore in notwendigen Fluren ist dies eine höhere Anforderung als nach § 36 Absatz 4 Satz 4 MBO, wonach Türen in den Wänden notwendiger Flure dicht schließen müssen.

3. Fahrschachttüren

17 § 9 enthält keine besonderen Regelungen für Fahrschachttüren, so dass die allgemeinen Anforderungen der MBO gelten. Für die Fahrschächte formuliert § 39 Absatz 1 MBO das Schutzziel, dass eigene Fahrschächte erforderlich sind, um eine Brandausbreitung in andere Geschosse ausreichend lang zu verhindern. Für Fahrschachttüren kommt eine Anforderung feuerbeständig, rauchdicht und selbstschließend nicht in Betracht, weil sie der mechanischen Funktion der Fahrschachttüre, die mit der Kabinentüre des Aufzugs geöffnet wird, nicht erfüllbar ist. § 39 Absatz 2 Satz 2 MBO[7] formuliert daher als ein besonderes Schutzziel für die Fahrschachttüren, dass auch diese so beschaffen sein müssen, dass die Brandausbreitung in andere Geschosse über den Fahrschacht ausreichend lang verhindert wird. Für die Anforderungen Fahrschachttüren sind unter anderem die DIN 18090:1997-01 und die DIN EN 81-58: 2003-12[8] zu beachten.

6 DIN 18095-1:1988-10
Türen; Rauchschutztüren; Begriffe und Anforderungen.
DIN EN 1634-1: 2018-04
Feuerwiderstandsprüfungen und Rauchschutzprüfungen für Türen, Tore, Abschlüsse, Fenster und Baubeschläge – Teil 1: Feuerwiderstandsprüfungen für Türen, Tore, Abschlüsse und Fenster.
DIN EN 1634-2:2009-05
Feuerwiderstandsprüfungen und Rauchschutzprüfungen für Türen, Tore, Abschlüsse, Fenster und Baubeschläge – Teil 2: Charakterisierungsprüfung zum Feuerwiderstand von Baubeschlägen.
DIN EN 1634-3:2005-01
Prüfungen zum Feuerwiderstand und zur Rauchdichte für Feuer- und Rauchschutzabschlüsse, Fenster und Beschläge – Teil 3: Prüfungen zur Rauchdichte für Rauchschutzabschlüsse.

7 § 39 Absatz 2 Satz 2 MBO:
„Fahrschachttüren und andere Öffnungen in Fahrschachtwänden mit erforderlicher Feuerwiderstandsfähigkeit sind so herzustellen, dass die Anforderungen nach Absatz 1 Satz 1 nicht beeinträchtigt werden.“

8 DIN 4102-5:1977-09
Brandverhalten von Baustoffen und Bauteilen; Feuerschutzabschlüsse, Abschlüsse in Fahrschachtwänden und gegen Feuer widerstandsfähige Verglasungen, Begriffe, Anforderungen und Prüfungen.
DIN 18090:1997-01

4. Türen in Rettungswegen

Die **Absätze 3 bis 5** entsprechen inhaltlich den Regelungen des § 24 Absatz 3 bis 5 VStättVO 1978 und des § 15 Absatz 3 bis 5 der Muster-Verkaufsstättenverordnung. Die Formulierung des **Absatzes 3** stellt klar, dass die Türen der Rettungswege während der Anwesenheit von Personen nur für die Bereiche funktionsfähig sein müssen, in denen sich die Personen tatsächlich aufhalten. Damit wird bei Versammlungsstätten mit mehreren Versammlungsräumen oder Gebäudeabschnitten ein abschnittsweiser Betrieb ermöglicht. **Es müssen nicht ständig alle Türen in allen Rettungswegen der Versammlungsstätte jederzeit geöffnet werden können, sondern nur die Türen der (mindestens beiden) Rettungswege, die dem jeweils betriebenen Versammlungsraum oder Gebäudeabschnitt zugeordnet sind.** 18

Zentrale Entriegelungen sind nur zulässig, wenn sie die individuelle Entriegelung nicht ausschließen, sondern überlagern. 19

Automatische Schiebetüren, die die Rettungswege nicht beeinträchtigen, sind in der Muster-Richtlinie über automatische Schiebetüren in Rettungswegen geregelt,[9] die mit Abschnitt C2.6.10 der MVV TB als Technische Baubestimmung eingeführt ist. 20

Elektrische Verriegelungssysteme, mit denen die Türen in Rettungswegen leicht zu öffnen sind, sind in der Muster-Richtlinie über elektrische 21

Aufzüge – Fahrschacht-Dreh- und -Falttüren für Fahrschächte mit Wänden der Feuerwiderstandsklasse F 90.
DIN 18091:1993-07
Aufzüge; Schacht-Schiebetüren für Fahrschächte mit Wänden der Feuerwiderstandsklasse F 90.
DIN EN 81-58:2018-05
Sicherheitsregeln für die Konstruktion und den Einbau von Aufzügen – Überprüfung und Prüfverfahren – Teil 58: Prüfung der Feuerwiderstandsfähigkeit von Fahrschachttüren.
VDI 3810 Blatt 6:2013-11
Betreiben und Instandhalten von Gebäuden und gebäudetechnischen Anlagen – Aufzüge.

9 Richtlinie über automatische Schiebetüren in Rettungswegen (MAutSchR) (Fassung Dezember 1997).
Fundstelle: www.bauministerkonferenz.de.

Verriegelungssysteme von Türen in Rettungswegen geregelt,[10] die mit Abschnitt C2.6.11 der MVV TB als Technische Baubestimmung eingeführt ist.

22 Die baulich-technischen Anforderungen, die an die Türen in Rettungswegen gestellt werden, ergeben sich gemäß § 3 Absatz 3 MBO aus den bekannt gemachten Technischen Baubestimmungen.

23 **Absatz 4** erlaubt automatische Schiebetüren in Rettungswegen, sofern die Rettungswege dadurch nicht beeinträchtigt werden. Türen, die selbstschließend sein müssen, dürfen nach **Absatz 5** nur dann offen gehalten werden, wenn sie Einrichtungen haben, die bei Raucheinwirkung ein selbsttätiges Schließen der Türen bewirken. Zusätzlich muss das Schließen von Hand jederzeit möglich sein.

5. Drehkreuze

24 **Absatz 6** berücksichtigt die Notwendigkeit von Eingangskontrollen. Drehtüren, Drehkreuze, insbesondere aber die neuen durch elektronische Kontrollsysteme gesteuerten Drehkreuze, erfordern eine Regelung, die sicherstellt, dass die Funktion der Rettungswege nicht beeinträchtigt wird. Da solche Vereinzelungsanlagen regelmäßig nicht über die nach § 7 Absatz 4 notwendige Mindestbreite von 1,20 Meter verfügen, stellt § 9 Absatz 6 insoweit eine Ausnahmevorschrift dar.

6. Arbeitsschutz

25 Aus der Arbeitstättenverordnung ergeben sich Anforderungen an Türen und Tore, die neben den bauaufsichtlichen Anforderungen der MVStättVO zu beachten sind.

26 Die arbeitsschutzrechtlichen Anforderungen des § 3 Absatz 1 und des § 4 Absatz 3 der Arbeitsstättenverordnung werden insbesondere in den Punkten 1.7 und 2.3 Absatz 2 des Anhanges der Arbeitsstättenverordnung konkretisiert. Diese Arbeitsstättenregel gilt für das Einrichten und Betreiben von Türen und Toren in Gebäuden und auf dem Betriebsgelände sowie in vergleichbaren betrieblichen Einrichtungen, die sich auf dem Gelände eines Betriebes oder einer Baustelle befinden und zu de-

10 Richtlinie über elektrische Verriegelungssysteme von Türen in Rettungswegen (M-EltVTR) (Fassung Dezember 1997).
Fundstelle: www.bauministerkonferenz.de.

nen Beschäftigte im Rahmen ihrer Arbeit Zugang haben. Punkt 1.7 des Anhangs zur Arbeitsstättenverordnung regelt die allgemeinen Anforderungen an Türen und Tore in Arbeitsstätten. Punkt 2.3 Absatz 2 des Anhangs zur Arbeitsstättenverordnung regelt die Anforderungen an Türen und Tore im Verlauf von Fluchtwegen.

Dazu hat das für den Arbeitsschutz zuständige Bundesministerium die Arbeitsstättenregel ASR A1.7 Türen und Tore[11] bekannt gemacht, die die Anforderungen der Arbeitsstättenverordnung an das Einrichten und Betreiben der Türen und Tore weiter konkretisiert. Hinsichtlich der brandschutztechnischen Anforderungen an die Türen verweist Nummer 5 ASR A1.7 auf das Baurecht und damit bei Versammlungsstätten auf die Anforderungen der MVStättVO. **27**

Für Türen in Fluchtwegen sind die Anforderungen der Nummer 9 ASR A1.7 zu beachten. **28**

11 Bekanntmachung der ASR A1.7 im Gemeinsamen Ministerialblatt (GMBl. Nr. 78 vom 3. Dezember 2009, S. 1619, zuletzt geändert GMBl. 2018, S. 472).

Abschnitt 3
Besucherplätze und Einrichtungen für Besucher

§ 10 Bestuhlung, Gänge und Stufengänge

(1) [1]In Reihen angeordnete Sitzplätze müssen unverrückbar befestigt sein; werden nur vorübergehend Stühle aufgestellt, so sind sie in den einzelnen Reihen fest miteinander zu verbinden. [2]Satz 1 gilt nicht für Gaststätten und Kantinen sowie für abgegrenzte Bereiche von Versammlungsräumen mit nicht mehr als 20 Sitzplätzen und ohne Stufen, wie Logen.

(2) Die Sitzplatzbereiche der Tribünen von Versammlungsstätten mit mehr als 5000 Besucherplätzen müssen unverrückbar befestigte Einzelsitze haben.

(3) [1]Sitzplätze müssen mindestens 0,50 m breit sein. [2]Zwischen den Sitzplatzreihen muss eine lichte Durchgangsbreite von mindestens 0,40 m vorhanden sein.

(4) [1]Sitzplätze müssen in Blöcken von höchstens 30 Sitzplatzreihen angeordnet sein. [2]Hinter und zwischen den Blöcken müssen Gänge mit einer Mindestbreite von 1,20 m vorhanden sein. [3]Die Gänge müssen auf möglichst kurzem Weg zum Ausgang führen.

(5) [1]Seitlich eines Ganges dürfen höchstens zehn Sitzplätze, bei Versammlungsstätten im Freien und Sportstadien höchstens 20 Sitzplätze angeordnet sein. [2]Zwischen zwei Seitengängen dürfen 20 Sitzplätze, bei Versammlungsstätten im Freien und Sportstadien höchstens 40 Sitzplätze angeordnet sein. [3]In Versammlungsräumen dürfen zwischen zwei Seitengängen höchstens 50 Sitzplätze angeordnet sein, wenn auf jeder Seite des Versammlungsraumes für jeweils vier Sitzreihen eine Tür mit einer lichten Breite von 1,20 m angeordnet ist.

(6) [1]Von jedem Tischplatz darf der Weg zu einem Gang nicht länger als 10 m sein. [2]Der Abstand von Tisch zu Tisch soll 1,50 m nicht unterschreiten.

(7) [1]In Versammlungsräumen mit Reihenbestuhlung müssen

1. von bis zu 5000 vorhandenen Besucherplätzen mindestens 1 v.H. und

2. von darüber hinaus vorhandenen Besucherplätzen mindestens 0,5 v. H.,

mindestens jedoch zwei Plätze als Flächen für Rollstuhlbenutzer freigehalten werden. [2]Die Plätze und die Wege zu ihnen sind durch Hinweisschilder gut sichtbar zu kennzeichnen. [3]Für Versammlungsstätten im Freien, Freisportanlagen und Sportstadien gelten Satz 1 und 2 entsprechend.

(8) [1]Stufen in Gängen (Stufengänge) müssen eine Steigung von mindestens 0,10 m und höchstens 0,19 m und einen Auftritt von mindestens 0,26 m haben. [2]Der Fußboden des Durchganges zwischen Sitzplatzreihen und der Fußboden von Stehplatzreihen muss mit dem anschließenden Auftritt des Stufenganges auf einer Höhe liegen. [3]Stufengänge in Mehrzweckhallen mit mehr als 5000 Besucherplätzen und in Sportstadien müssen sich durch farbliche Kennzeichnung von den umgebenden Flächen deutlich abheben.

Übersicht

1. Überblick

Die Regelung des **§ 10** ist eine zentrale Vorschrift der MVStättVO, die zusammen mit den Bestimmungen über die in den Versammlungsräumen freizuhaltenden internen Rettungswegen eine zügige Räumung der Versammlungsräume im Gefahrenfall sicherstellen soll. 1

§ 10 regelt primär die Anforderungen an die Aufplanung von Versammlungsstätten mit festen und vorübergehend eingebrachten Stühlen und Stuhlreihen. Er ist die zentrale Vorschrift für alle nach § 44 Absatz 5 zu genehmigenden Bestuhlungspläne für eine Versammlungsstätte. 2

3 § 10 ist im Kern eine Betriebsvorschrift. Dies ergibt sich aus dem inneren Zusammenhang mit den Betriebsvorschriften der §§ 31 Absatz 2 und 32 Absatz 1. Soweit Absatz 1 Satz 1 und Absatz 2 vorschreiben, dass diese Sitzplätze unverrückbar befestigt werden müssen, hat dies zugleich den Charakter einer Bauvorschrift, da diese Sitzplätze mit der Befestigung Teil der baulichen Ablage werden.

4 Die Verordnung legt mit den Regelungen nach § 10 nicht abschließend alle denkbaren Varianten von Bestuhlungen fest, bestimmt allerdings die erforderlichen Maße, Abstände, Gangbreiten und Blockbildungen. Neue Veranstaltungsformate, wie z. B. „Open-Space-Konferenzen" mit kreisförmigen Stuhlanordnungen werden nicht grundsätzlich ausgeschlossen und müssen die Grundvorgabe des § 10 berücksichtigen. Für den jeweils zu erstellenden Bestuhlungsplan kommt es nicht darauf an, dass sämtliche Tische und Stühle maßgerecht eingezeichnet werden, sondern darauf, dass die zu bestuhlenden Flächen und die dazwischen liegenden Gänge in ihren erforderlichen Abmessungen dargestellt werden.[1]

5 Die in § 10 Absatz 3 bis 6 enthaltenen Anforderungen über die Anordnung von Tischen und Stühlen finden für sämtliche in den Geltungsbereich der MVStättVO fallenden bestehenden Versammlungsstätten erst dann Anwendung, wenn ein neuer nach § 44 Absatz 5 Satz 2 erforderlicher „Bestuhlungsplan" zu genehmigen ist und sich keine abweichenden Aufplanungsanforderungen aus der vorhandenen Bausubstanz oder aus den zugrunde liegenden Baugenehmigungen ergeben.

6 Bereits bestehende „Rettungswege- und Bestuhlungspläne" die noch auf Grundlage der VStättVO 1978 oder der MVStättV 2002/2005 genehmigt wurden, genießen weiterhin Bestandsschutz.

2. Reihenbestuhlung

7 **Absatz 1 Satz 1** setzt eine Reihenbestuhlung voraus, also die Aufstellung von mehreren Stühlen nebeneinander in mehreren Reihen hintereinander. Bei der Formulierung „in Reihen angeordnete Sitzplätze" handelt es sich um einen unbestimmten Rechtsbegriff, der offenlässt, um wie viele Sitzplätze und wie viele Reihen es sich handeln muss. Aus Satz 2 ergibt sich, dass es sich um mindestens 20 in Reihen angeordnete Sitzplätze handeln muss.

8 Zweck der Regelung ist es, im Fall einer Räumung des Versammlungsraumes ein geordnetes Verlassen der Besucherplätze durch die Zwi-

1 Siehe hierzu ausführliche Kommentierung zu § 33 Nummer 3.

schenräume zwischen den Stuhlreihen zu ermöglichen, ohne dass dies durch ein Verschieben oder Umkippen der Stühle behindert wird.

Die Regelung gilt sowohl für eine Anordnung der Stuhlreihen auf einer ebenen Fläche als auch bei einer Anordnung auf Stufenreihen, wie auf Tribünen. Zu unterscheiden ist zwischen fester und variabler Bestuhlung. 9

Bei der **festen Reihenbestuhlung** müssen die Stühle unverrückbar befestigt sein. Dies bedeutet, dass die Stühle unter Beachtung der nach Absatz 3 erforderlichen Abstände fest mit dem Fußboden des Saales oder der Stufenreihe verschraubt sind. Typische Beispiele für eine feste Reihenbestuhlung sind die Theater und Kinos sowie die Sitzplatzbereiche von Sportstadien. 10

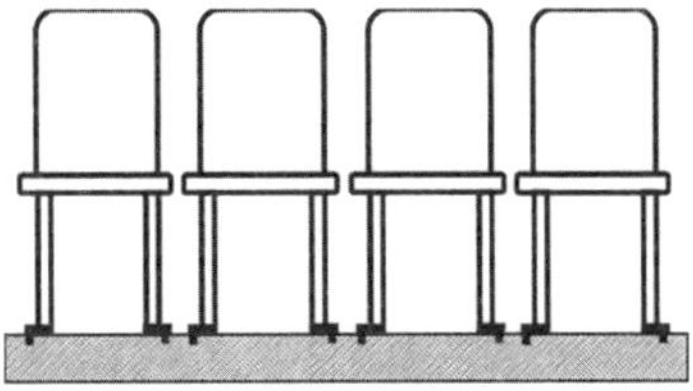

Feste Reihenbestuhlung

Für die Tribünen von Versammlungsstätten mit mehr als 5000 Besucherplätzen schreibt Absatz 3 eine feste Reihenbestuhlung in Form von Einzelsitzen vor, die nach § 33 Absatz 2 Satz 2 aus schwerentflammbarem Material bestehen müssen. 11

Bei der **variablen Reihenbestuhlung** müssen die Stühle nicht fest mit dem Fußboden des Saales verschraubt sein. Es genügt in diesem Fall, dass die Stühle in der Reihe fest miteinander durch Verbindungselemente verbunden sind. 12

Zweck der Verbindung ist, dass die Stühle nicht einzeln in der Stellung verändert oder umgeworfen werden können. Eine feste Verbindung von Sitzplatzreihe zu Sitzplatzreihe ist nicht vorgeschrieben. Die Anforderungen an die Festigkeit und die Prüfverfahren für die Verbindungselemente von Sitzmöbeln, die als Reihenbestuhlung zusammengefügt werden können, ergeben sich aus der DIN EN 14703:2007-07.[2] 13

---

2 DIN EN 14703:2007-07
Möbel-Verbindungselemente für Reihenbestuhlung für den Nicht-Wohnbereich – Festigkeitsanforderungen und Prüfverfahren.

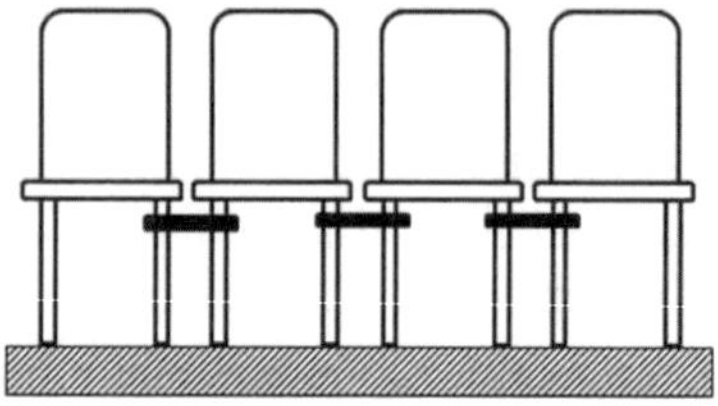

Variable Reihenbestuhlung

14 Die variable Reihenbestuhlung kommt in Versammlungsräumen in Betracht, in denen wegen verschiedener Veranstaltungsarten unterschiedliche Bestuhlungsvarianten benötigt werden. Typisches Beispiel sind Mehrzweckhallen. An die Festigkeit und Dauerhaftigkeit der einzelnen Stühle als Einrichtungsgegenstand stellt die MVStättVO keine Anforderungen.

15 **Absatz 1 Satz 2** regelt die Ausnahmen von der Verpflichtung, dass in Reihen aufgestellte Stühle unverrückbar zu befestigen oder fest miteinander zu verbinden sind. Die Ausnahmen gelten für Gaststätten und Kantinen sowie für abgegrenzte Bereiche von Versammlungsräumen mit nicht mehr als 20 Sitzplätzen und ohne Stufen, wie z. B. Logen.

3. Sitzplatzbereiche von Tribünen

16 Die Vorschrift des **Absatzes 2** enthält eine Standardanforderung an die Sitzplatzbereiche von Tribünen, die bei Versammlungsstätten mit Großveranstaltungen aus Sicherheitsgründen erforderlich ist. Danach sind die Sitzplatzbereiche der Tribünen von Versammlungsstätten mit mehr als 5 000 Besucherplätzen mit unverrückbaren Einzelsitzen auszurüsten. Maßgeblich für die Anwendung der Vorschrift ist die Gesamtzahl der Besucherplätze in der Versammlungsstätte, also die Gesamtzahl aller Sitz- und Stehplätze.

17 Dies betrifft insbesondere große Mehrzweckhallen mit Tribünen und Sportstadien, die nach § 1 Absatz 1 Nummer 3 ab 5 000 Besucherplätzen in den Anwendungsbereich der MVStättVO fallen.[3] Die Anforderung des Absatzes 2 betrifft nur die **Sitzplätze** auf Tribünen im Sinne des § 2 Absatz 13.

3 Siehe dazu auch Artikel 30 Absatz 3 des Regelwerks für Stadien und Sicherheit – Anforderungen an Fußballstadien in baulicher, infrastruktureller, organisatorischer und betrieblicher Hinsicht der Deutschen Fußball Liga. Fundstelle: www.dfl.de.

Beispiel:

Eine Mehrzweckhalle mit 6000 Besucherplätzen weist an den Längsseiten zwei Tribünen mit je 1000 Besucherplätzen und im Innenbereich variable Sitzplatzreihen und Stehplätze auf. Dann sind die Sitzplätze auf den Tribünen mit unverrückbaren Einzelsitzen auszustatten, die nach § 33 Absatz 2 schwerentflammbar sein müssen.

Beispiel:

Bei einem Sportstadion mit 4000 Sitzplätzen und 2000 Stehplätzen auf den Stufenreihen der Tribünen sind die Sitzplätze auf den Tribünen mit unverrückbaren Einzelsitzen auszustatten, die nach § 33 Absatz 2 schwerentflammbar sein müssen.

Beispiel:

Ein Freilufttheater hat 4800 Sitzplätze auf den Stufenreihen einer fest eingebauten Tribüne. An die Sitzplätze werden keine Anforderungen gestellt, da dieses Freilufttheater nicht in den Anwendungsbereich des Absatz 2 fällt.

Die Einzelsitze auf Tribünen mit mehr als 5000 Besucherplätzen müssen nach § 33 Absatz 2 mindestens aus schwerentflammbarem Material bestehen und die Unterkonstruktion ist in nicht brennbarem Material auszuführen. Dabei kommt es nur auf die Größe der Versammlungsstätte, nicht aber die Größe der Tribüne an, sodass im Ergebnis auch kleine Tribünen entsprechend dieser Anforderungen auszurüsten sind. 18

Innerhalb von zwei Jahren nach Umsetzung der MVStättV 2002/2005 in Landesrecht durch Landes-Versammlungsstättenverordnung waren entsprechend § 46 Absatz 1 MVStättV 2002/2005 mobile Sitzplätze auf Tribünen gegen unverrückbar befestigte Sitzplätze auszutauschen. Die Anpassungspflicht hinsichtlich der Sitzplätze erstreckte sich auch auf die Anforderungen zur Schwerentflammbarkeit aus **§ 33 Absatz 2** und wirkt bis heute fort. 19

Für alle bestehenden Versammlungsstätten müssten diese Nachrüstungspflichten inzwischen umgesetzt worden sein. In der überarbeiteten aktuellen Fassung der MVStättVO wurde die Nachrüstungspflicht wegen Zeitablaufs ersatzlos gestrichen. Die Streichung führt allerdings nicht zum Entfallen der Nachrüstungspflicht.[4] 20

4 Vgl. Kommentierung zu § 46 Absatz 1.

4. Breite der Sitze und Abstände der Sitzplatzreihen

21 Nach **Absatz 3** müssen Sitzplätze mindestens 0,50 m breit sein. Zwischen den Sitzplatzreihen muss eine lichte Durchgangsbreite von mindestens 0,40 m vorhanden sein.

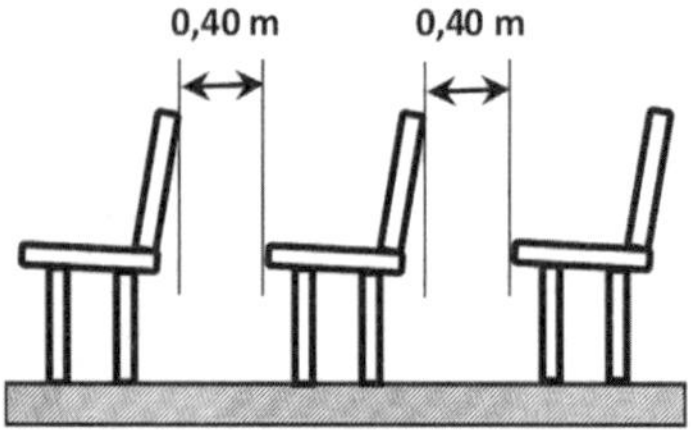

Abstand zwischen Stuhlreihen mit festen Sitzen

22 Zum Erreichen der lichten Durchgangsbreite von 0,40 m zwischen den Sitzplatzreihen können die Sitzflächen auch hochgeklappt werden. Nach Sinn und Zweck der Vorschrift kommen dabei allerdings nur selbsttätig hochklappende Sitzflächen in Betracht.

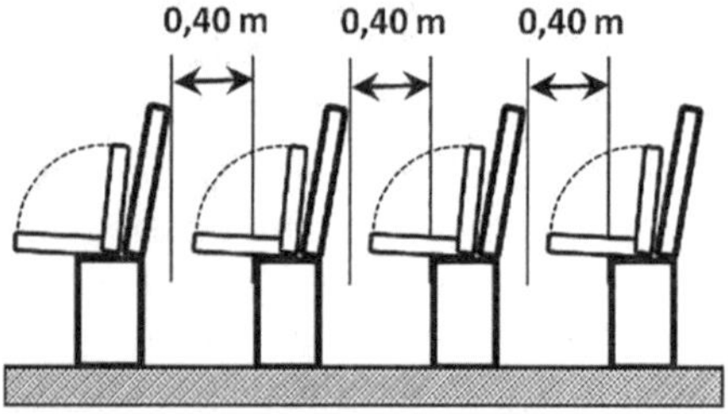

Abstand zwischen Stuhlreihen mit Klappsitzen

23 Der Abstand von 0,40 m zwischen den Stuhlreihen ist sehr knapp bemessen und gewährt wenig Beinfreiheit.

5. Anordnung der Sitzplatzreihen

24 Die **Absätze 4 und 5** regeln die Anordnung von Sitzplatzreihen. Die Vorschriften gelten sowohl für unverrückbar befestigte Reihenbestuhlung als auch für variable Reihenbestuhlung. Absatz 4 regelt die Anzahl der Sitzplätze, die ohne Unterbrechung durch einen Gang hintereinander angeordnet werden dürfen. Absatz 5 regelt, wieviele Sitzplätze nebeneinander in einer Reihe angeordnet werden dürfen.

5.1 Blockbildung

Die Anzahl der Sitzplatzreihen, die ohne Unterbrechung durch einen Gang hintereinander angeordnet werden dürfen, wird durch **Absatz 4** aus Sicherheitsgründen begrenzt. Sitzplätze müssen in Blöcken von höchstens 30 Sitzplatzreihen angeordnet sein, wobei hinter und zwischen den Blöcken Gänge mit einer Mindestbreite von 1,20 m angeordnet sein müssen. Zweck der Blockbildung ist es, für die Ordnungskräfte überschaubare Besucherbereiche zu bilden und zugleich das System der Rettungswege optimal, insbesondere übersichtlich zu gestalten. 25

Absatz 5 entspricht den Regelungen der DIN EN 13200-1.[5] Diese sieht für Versammlungsräume max. 20 Sitze zwischen zwei seitlichen Gängen und bei Versammlungsstätten im Freien und Sportstadien maximal 40 Sitze zwischen zwei seitlichen Gängen vor. Dies dient der schnelleren Evakuierung und unterstützt die höheren Sicherheitsanforderungen bei Großveranstaltungen. 26

Die Blockbildung steht im Zusammenhang mit den Regelungen der §§ 27 bis 30. Eine gute Zugänglichkeit der einzelnen Besucherplätze unterstützt auch neuzeitliche Veranstaltungskonzepte, die zulassen, dass Besucher während der Veranstaltung den Platz verlassen können. Die Regelung greift nicht in den Bestandsschutz ein. Der bloße Austausch von Stühlen unter Beibehaltung des genehmigten Bestuhlungsplanes berührt nicht den Bestandsschutz. 27

Für die Berechnung der notwendigen Breiten von Stufengängen ist Folgendes zu beachten: Aus § 7 Absatz 4 ergibt sich eine Mindestbreite der Stufengänge und Ausgänge von 1,20 m. Bezogen auf eine Blockbildung von je zehn Sitzen beiderseits eines 1,20 m breiten Stufenganges ist die Mindestbreite des Ganges von 1,20 m mit zehn zulässigen Reihen (2 × 10 × 10 = 200 Besucherplätze) bereits ausgeschöpft. 28

Soll die Höchstzahl von 30 Reihen ausgeschöpft werden, bedeutet dies bei einer Gesamtzahl von 600 Besucherplätzen im Block, dass der Stufengang und der Ausgang jeweils 3,60 m breit sein müssen, wenn die Laufrichtung des Ganges zu nur einem Ausgang führt. Befinden sich an beiden Enden des Ganges oder Stufenganges Ausgänge, dann werden 300 Besucher dem vorderen Ausgang zugeordnet und 300 Besucher dem rückwärtigen Ausgang. In diesem Fall beträgt die erforderliche Breite des Ganges und der Ausgänge jeweils 1,80 m. 29

5 DIN EN 13200-1:2019-05
Zuschaueranlagen – Teil 1: Allgemeine Merkmale für Zuschauerplätze.

30 Die Alternative, um größere Besucherströme sicher aus der Versammlungsstätte zu leiten, sind den einzelnen Geschossen zugeordnete notwendige Treppen und die Erschließung der Tribünen durch eine Vielzahl von Mundlöchern. Diese haben die Römer schon in der Antike genutzt.

31 Ein Beispiel für die Erschließung eines Stadions mit 50000 Besucherplätzen ist das im Jahr 79 nach Christus fertiggestellte Kolosseum in Rom. Das Kolosseum weist 80 Ausgänge auf und erschließt die Geschosse über diesen Geschossen zugeordnete Treppen. Durch das ausgeklügelte Erschließungssystem konnte das Kolosseum in 15 Minuten gefüllt und in nur fünf Minuten geräumt werden.

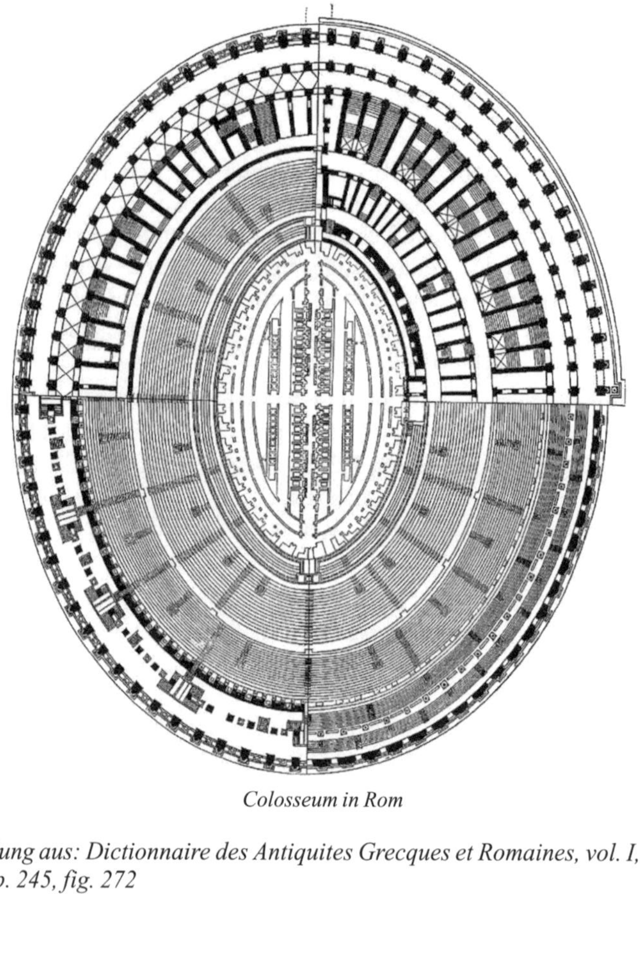

Colosseum in Rom

Abbildung aus: Dictionnaire des Antiquites Grecques et Romaines, vol. I, Paris 1877, p. 245, fig. 272

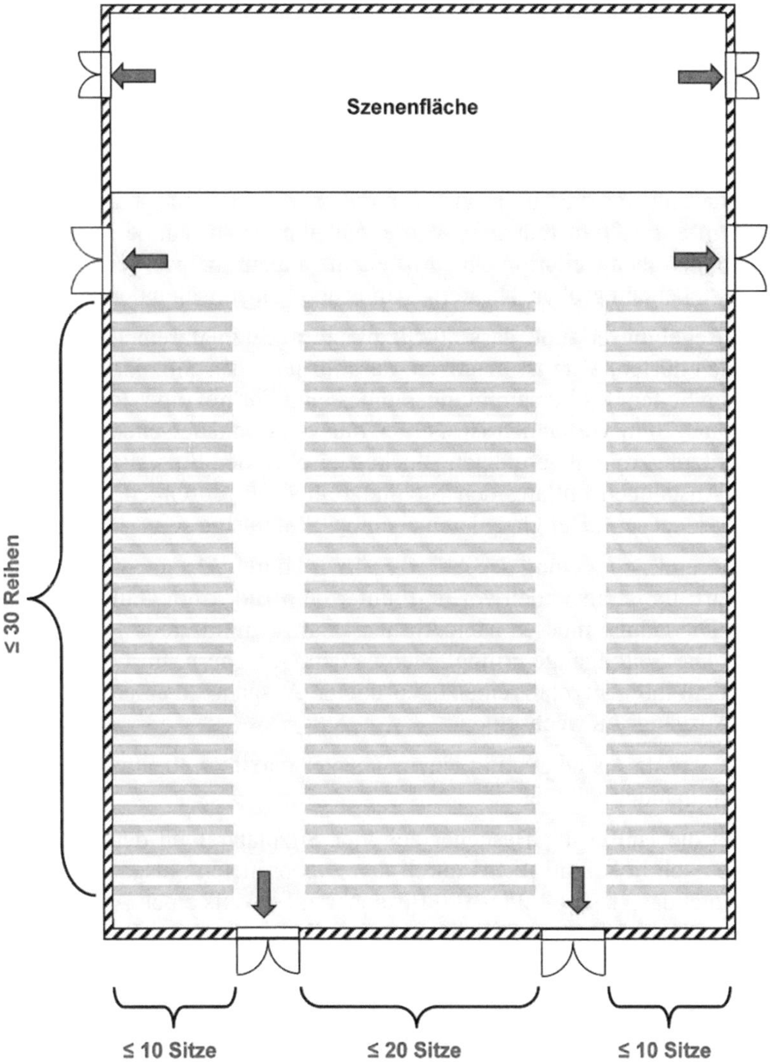

Beispiel: Veranstaltungssaal mit 1 200 Besucherplätzen

Erforderlich sind 4 Ausgänge mit jeweils 1,80 m lichter Breite. **32**

5.2 Sitzplatzreihen in Theatern und Kinos

33 Die Regelung des **Absatzes 5 Satz 3** ist eine spezielle Regelung, die auf den traditionellen Bautypus von Theatern, Kinos, Konzertsälen und Opernhäuser abgestimmt ist. Diese Sonderregelung mit 50 Sitzplätzen je Reihe entspricht der früheren Regelung des § 14 Absatz 3 VStättVO 1978. Gegenüber der Regelung der VStättVO 1978 ergibt sich eine Erleichterung, da die für je vier Sitzreihen erforderliche Türbreite von 1,50 m auf 1,20 m reduziert wurde. Mit dieser Ausnahme können die Sitzplatzreihen weiterhin ohne Mittelgang angeordnet werden, so wie es in bestehenden großen Theatern, Kinos und Konzertsälen der Fall ist.

34 Die Regelung erlaubt, dass 50 Sitzplätze je Sitzplatzreihe angeordnet werden dürfen. Voraussetzung ist, dass für jeweils 4 Sitzplatzreihen auf beiden Seiten des Versammlungsraumes eine Tür mit einer lichten Breite von 1,20 m vorhanden ist. Ferner muss auf beiden Seiten des durch die Sitzplatzreihen gebildeten Blocks zwischen den Sitzplatzreihen und den Ausgängen entlang den Sitzplatzreihen ein durchgehender Gang angeordnet sein. Der Gang kann auch ein Stufengang sein.

35 Die Grundsatzregelung des Absatzes 4 wird durch Absatz 5 Satz 2 nicht berührt. Es ist also auch vor und hinter dem Block ein Gang anzuordnen. Die Gänge müssen nach Absatz 4 Satz 2 mindestens 1,20 m breit sein. Die Seitengänge ermöglichen es den Besuchern, im Gefahrenfall von dem ihrer Sitzplatzreihe zugeordneten Ausgang zu einem der anderen Ausgänge zu wechseln.

36 Nach Absatz 4 sind auch in einem Theater maximal 30 Sitzplatzreihen hintereinander zulässig.

37 Wenn die Hälfte der Besucher aus vier Sitzplatzreihen den Raum jeweils nach links und rechts durch den zugeordneten Ausgang verlässt, bedeutet das, dass $4 \times 25 = 100$ Besucher auf jeweils einen Ausgang angewiesen sind. Das ermöglicht eine schnelle Räumung im Gefahrenfall.

38 Sollen mehr als 30 Sitzplatzreihen hintereinander angeordnet werden, bedarf dies der Zulassung einer Abweichung im Einzelfall nach § 67 Absatz 1 MBO.

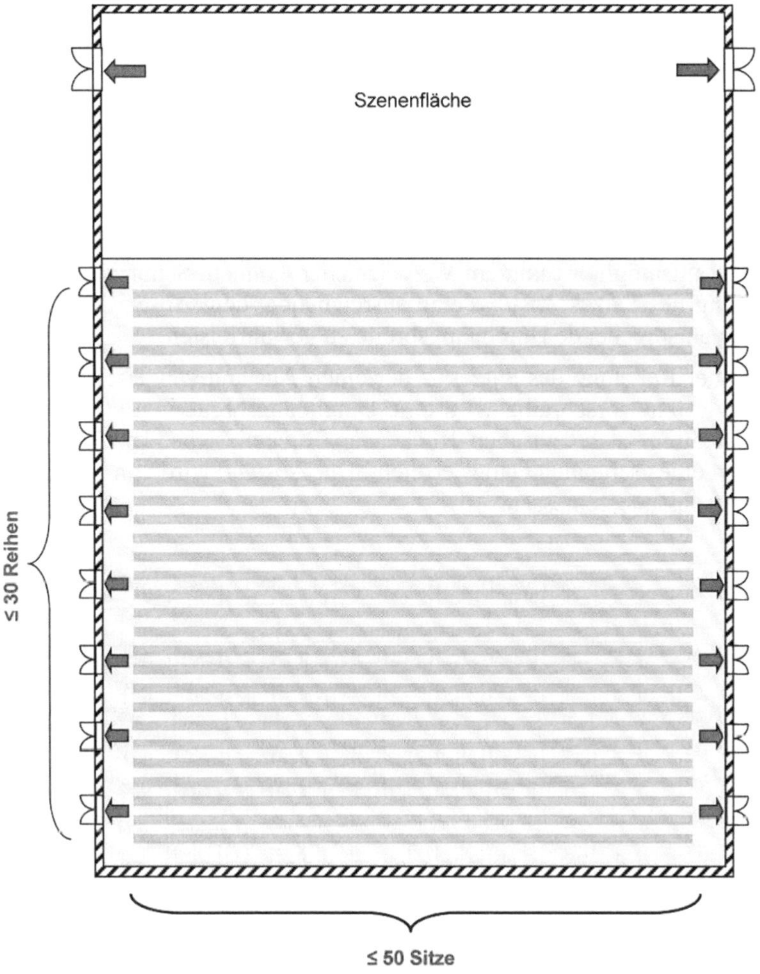

Konzertsaal mit 1 500 Besucherplätzen

Diese Sonderregelung ist nur anwendbar, wenn in einem Versammlungsraum zwischen den beiden an den Seitenwänden geführten Seitengängen die Sitze in einem Block angeordnet sind. **39**

6. Tischplätze

40 **Absatz 6** regelt die grundsätzliche Aufteilung der Flächen und die Anordnung der Rettungswege in Versammlungsräumen mit Tischplätzen und ist eine Betriebsvorschrift für alle Fälle wechselnder Bestuhlung, insbesondere auch bei nur vorübergehender Nutzung eines Saales oder einer Halle als Versammlungsraum mit Bestuhlung an Tischen.

41 Mit Satz 1 wird eine Weglänge von 10 m zugelassen. Schutzziel der Regelung ist, dass die Besucher den nächstgelegenen Gang ohne Hindernisse auf möglichst kurzem Weg erreichen können. Schutzziel der Regelung des Satzes 2 ist es, eine ausreichende, dem Absatz 3 Satz 2 in etwa entsprechende Durchgangsbreite zu gewährleisten.

42 Mit der Regelung des Satzes 2, der einen Abstand von Tisch zu Tisch von 1,50 m vorschreibt, wird eine Durchgangsbreite von etwa 0,40 m bis 0,50 m auch zwischen Rücken an Rücken stehenden Stühlen in Form eines schmalen Gangs erreicht. Der Abstand wird von Tischkante zu Tischkante gemessen.

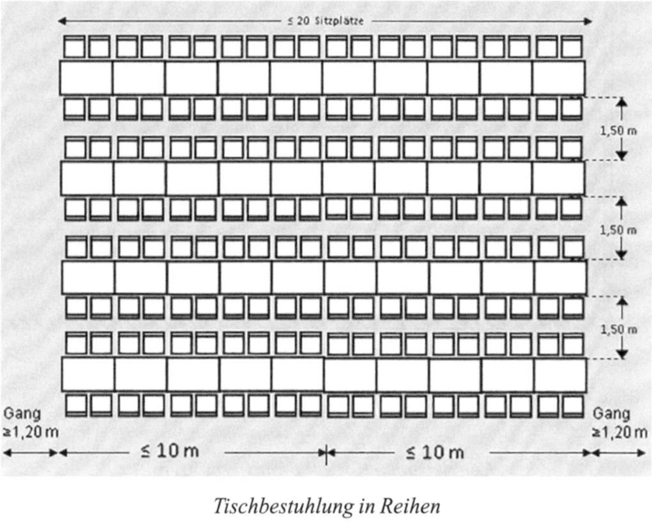

Tischbestuhlung in Reihen

43 Die Regelung des Satzes 2 ist als Sollvorschrift ausgestaltet. Wenn der Abstand von 1,50 m von Tisch zu Tisch aus objektiven Gründen nicht eingehalten werden kann oder nicht erforderlich ist, können die Tische auch mit geringerem Abstand zueinander aufgestellt werden.

Bei in Reihen aufgestellten Tischen muss nur der Abstand zur nächsten Tischreihe eingehalten werde, damit hinter den Sitzplätzen die ausreichende Durchgangsbreite vorhanden ist. Zwischen den Tischen einer Tischreihe ist kein Abstand erforderlich. **44**

Soweit auf Grund der örtlichen Verhältnisse der Abstand von 1,5 m bei Bankettbestuhlung nicht eingehalten werden kann, ermöglicht es die Fassung des Satzes 2 als Sollvorschrift, unter Beachtung des mit der Begrenzung der Rettungsweglänge verfolgten Schutzzieles, den Tischabstand geringfügig zu verringern. **45**

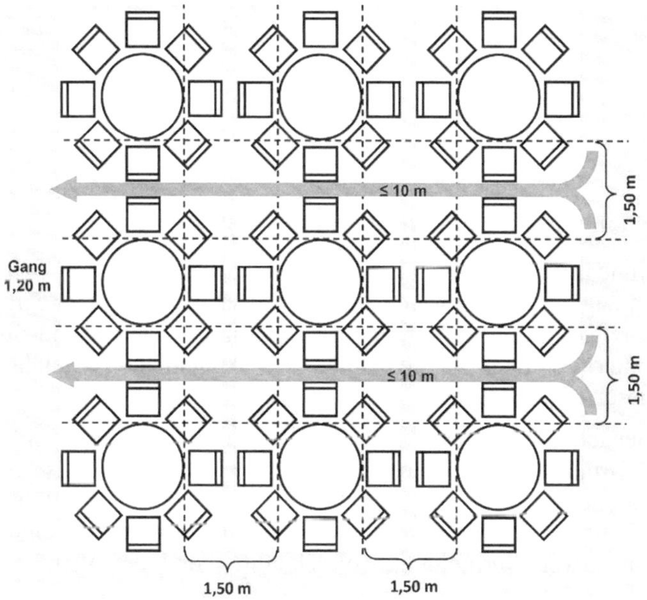

Bankettbestuhlung

Befinden sich die Sitzplätze bei Tischreihen nicht beiderseits der Tischreihe, sondern nur jeweils auf einer Seite, ermöglicht es die Sollvorschrift, den Abstand von Tischreihe zu Tischreihe so weit zu verringern, dass hinter den Sitzplätzen noch eine ausreichende Durchgangsbreite verbleibt. **46**

Bei einer solchen „parlamentarischen Bestuhlung", bei der sich jeweils eine Stuhlreihe hinter einer Tischreihe befindet, reicht regelmäßig ein **47**

Abstand von 0,80 m bis 1,00 m zwischen den Tischreihen aus, um die Durchgangsbreite von 0,40 m zu sichern.

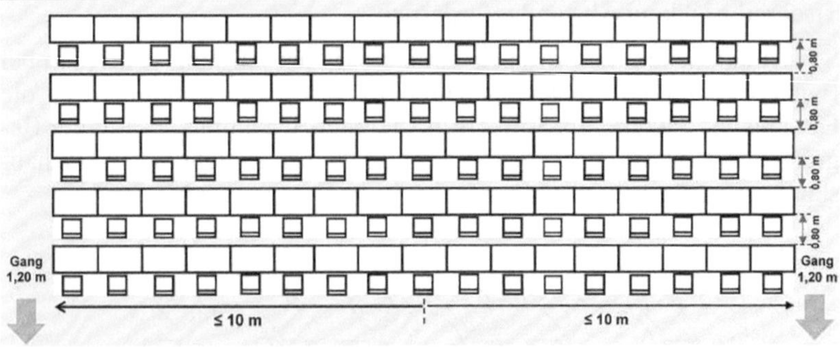

Parlamentarische Bestuhlung

7. Besucherplätze für die Benutzer von Rollstühlen

48 Die Grundanforderungen zum barrierefreien Bauen ergeben sich für öffentlich zugängliche Gebäude aus § 50 Absatz 2 MBO. Der Zugang zu kommerziellen Veranstaltungen in Versammlungsstätten und Sportstadien unterliegt dem Schutzbereich des Allgemeinen Gleichbehandlungsgesetzes (AGG).

49 Eine Benachteiligung von Menschen, die auf die Nutzung von Rollatoren aus Gründen einer Behinderung oder des Alters angewiesen sind, ist grundsätzlich unzulässig, sofern für die unterschiedliche Behandlung kein sachlicher Grund vorliegt. Ein solcher kann sich insbesondere aus der präventiven Vermeidung von Gefahren und der Verhütung von Schäden ergeben.

50 Die Vorschrift des **Absatzes 7** wurde gegenüber der bisherigen Fassung der MVStättV 2005 geändert und führt innerhalb von Versammlungsräumen zu einer Reduzierung der Anforderungen. Während die Regelung des § 10 Absatz 7 Satz 1 MVStättV 2005 für alle Versammlungsräume gilt, ist die Regelung des Absatzes 7 Satz 1 nur noch für Versammlungsräume mit Reihenbestuhlung anzuwenden. Zusätzlich ist nach Absatz 7 Satz 3 der Anwendungsbereich allerdings auf Sportstadien, Versammlungsstätten im Freien und Freisportanlagen erweitert worden.

Die Fachkommission Bauaufsicht hat die Änderung des Absatzes 7 wie folgt begründet: 51

„Die Regelung des Absatzes 7 ist erforderlich, um Versammlungsräume und damit auch Versammlungsstätten für Menschen mit Behinderung zugänglich und nutzbar zu machen. Die Anforderung an die erforderliche Anzahl von Plätzen für Rollstuhlbenutzer wird nicht mehr auf die Versammlungsstätte insgesamt bezogen, sondern auf deren Versammlungsräume, um die Benutzbarkeit jedes einzelnen Versammlungsraums für Menschen mit Behinderung zu ermöglichen. Für besonders große Versammlungsräume mit mehr als 5 000 Besucherplätzen ist die Anforderung dem erfahrungsgemäßen Bedarf entsprechend reduziert. Die bisherige Forderung nach Plätzen für eine Begleitperson ist nunmehr, wie auch die sonstigen technischen Einzelheiten, den als Technische Baubestimmung eingeführten Teilen der DIN 18040-1 zu entnehmen. Da die Anforderungen nach den Sätzen 1 und 2 sich nur an Versammlungsräume richten, werden sie in Satz 3 für Versammlungsstätten ohne geschlossene Räume für entsprechend anwendbar erklärt. Durch die Ergänzungen in Satz 1 wird klargestellt, dass es um Plätze für Rollstuhlbenutzer geht. Besucherplätze für Menschen mit Behinderung, die nicht auf den Rollstuhl angewiesen sind, können in der Regel ohne bauliche Vorkehrungen bereitgestellt werden (z.B. durch Anordnung der Sitzplätze für sehbehinderte, klein- und großwüchsige Menschen in der ersten Sitzreihe), so dass hierzu in der Verordnung nichts Besonderes geregelt werden muss.“

In allen Bundesländern, die die Vorschrift zur Bemessung der Rollstuhlplätze für Sportstadien in ihre landesspezifischen Verordnungen übernommen haben oder künftig noch übernehmen werden, gilt die Regelung für den Bau neuer Stadien sowie bei wesentlichen Änderungen im Bestand ab dem Zeitpunkt des Inkrafttretens der geänderten Verordnung (im jeweiligen Bundesland). 52

7.1 Versammlungsräume mit Reihenbestuhlung

Nach **Absatz 7 Satz 1** müssen in Versammlungsräumen mit Reihenbestuhlung ausreichend Plätze für die Besucher zur Verfügung stehen, die auf die Benutzung von Rollstühlen angewiesen sind. Die Anforderung an die erforderliche Anzahl von Plätzen für Rollstuhlbenutzer wird nur auf die Anzahl der Sitzplätze der Reihenbestuhlung im **Versammlungsraum** bezogen. Dies ist sachgerecht, weil den Benutzern von Rollstüh- 53 len in Versammlungsräumen mit Stehplätzen keine speziellen Plätze freigehalten werden müssen.

54 Für bis zu 5000 Besucherplätze in Reihenbestuhlung müssen mindestens 1% dieser Besucherplätze, mindestens jedoch zwei Plätze als Flächen für Rollstuhlbenutzer freigehalten werden. Für über 5000 Sitzplätze hinausgehende Besucherplätze in Reihenbestuhlung müssen weitere 0,5% dieser Besucherplätze als Flächen für Rollstuhlbenutzer freigehalten werden.

55 Die Regelung gilt sowohl für eine feste Reihenbestuhlung wie in einem Theater oder einem Stadion als auch für eine im Versammlungsraum nach § 10 Absatz 1 Satz 1 Halbsatz 2 vorübergehend nach einem Bestuhlungsplan aufgestellte Reihenbestuhlung.

56 Mit Abschnitt A 4.2.2 der MVV TB ist die DIN 18040-1:2010-10[6] öffentlich zugängliche Gebäude als Technische Baubestimmung eingeführt. Diese beinhaltet bautechnische Vorgaben, insbesondere in Bezug auf die Bemessung der Plätze für **Rollstuhlbenutzer** und **Begleitpersonen**, die Zuwegung, Rampen und Aufzüge sowie die Gestaltung der Sanitätsräume.

57 Beim DIN e.V. liegt ein Entwurf einer europäischen harmonisierten Norm DIN EN 17210:2019-06 „Barrierefreiheit und Nutzbarkeit der gebauten Umgebung – Funktionale Anforderungen" vor, der die Normenreihe DIN 18040 ersetzen soll. Es bleibt abzuwarten, ob diese europäische Norm als Technische Baubestimmung eingeführt wird.

58 Abschnitt 5.2.1 Feste Bestuhlung der DIN 18040-1 regelt, dass in Räumen mit Reihenbestuhlung Flächen freizuhalten sind, die von Rollstuhlnutzern und gegebenenfalls deren Begleitpersonen genutzt werden können. Die DIN 18040-1 regelt die Größe der Standflächen für die Rollstühle und die Bewegungsflächen für die Anfahrbarkeit der Standflächen. Die Sitzplätze für Begleitpersonen sollen neben den Plätzen für die Rollstuhlfahrer angeordnet werden. Ferner sollen die für Rollstuhlnutzer vorgesehenen Plätze eine angemessene Sicht auf die Bühne oder Szenenfläche aufweisen.

---

6 DIN 18040-1:2010-10
Barrierefreies Bauen – Planungsgrundlagen – Teil 1: Öffentlich zugängliche Gebäude.

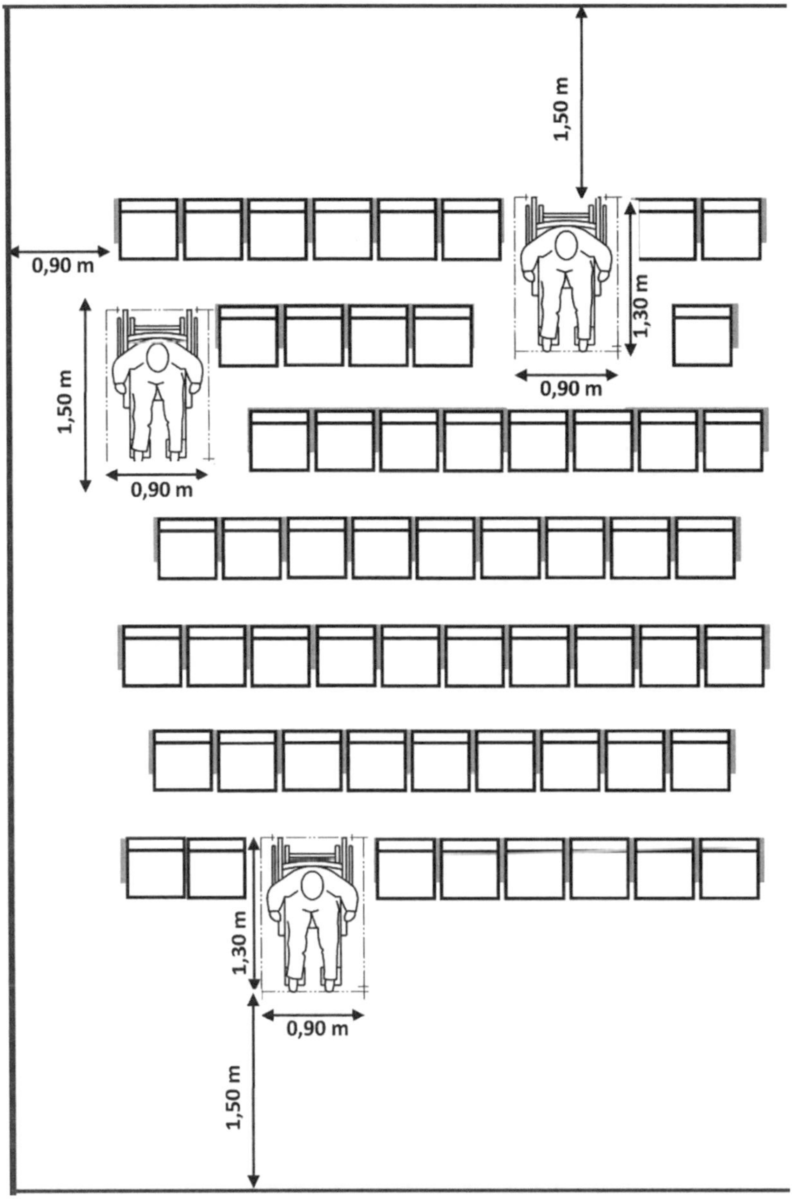

Plätze für Rollstuhlbenutzer und Bewegungsflächen

59 Die DIN EN 13200-1: Zuschaueranlagen[7] benennt weitere Anforderungen für Zuschauer mit Behinderungen. Die DIN-Reihe EN 13200 ist nicht als Technische Baubestimmung eingeführt.

60 **Satz 2** regelt die Kennzeichnungspflicht für die Zugänge zu den Plätzen für Rollstuhlbenutzer und für die Plätze. Die Ausführung der Rettungszeichen ergibt sich aus den allgemein anerkannten Regeln der Technik für Sicherheitszeichen, den Restnormen DIN 4844-1 und -2, die zunehmend durch die DIN EN ISO 7010 ersetzt werden. Die DIN 32975:2009-12 „Gestaltung visueller Informationen im öffentlichen Raum zur barrierefreien Nutzung" gibt Hinweise für die Gestaltung der Kennzeichnungen.[8]

7.2 Versammlungsstätten im Freien, Freisportanlagen und Sportstadien

61 **Absatz 7 Satz 3** bestimmt, dass die Regelungen der Sätze 1 und 2 über Flächen für Rollstuhlbenutzer auch für Versammlungsstätten im Freien, Freisportanlagen und Sportstadien entsprechend gelten. Das Wort „entsprechend" bedeutet, dass die Regelungen der Sätze 1 und 2 auch in Versammlungsstätten im Freien, Freisportanlagen und Sportstadien für eine Reihenbestuhlung anzuwenden sind. Für die Anlage der Plätze für Rollstuhlbenutzer hat die Deutsche Fußball Liga „DFL" Empfehlung zur Optimierung der Barrierefreiheit in den Stadien erstellt.[9]

---

7 DIN EN 13200-1:2019-05
Zuschaueranlagen – Teil 1: Allgemeine Merkmale für Zuschauerplätze.

8 DIN 32975:2009-12
Gestaltung visueller Informationen im öffentlichen Raum zur barrierefreien Nutzung
DIN 32975 Berichtigung 1:2012-07
Gestaltung visueller Informationen im öffentlichen Raum zur barrierefreien Nutzung, Berichtigung zu DIN 32975:2009-12

9 Empfehlung der DFL zur Optimierung der Barrierefreiheit in den Stadien „Barrierefrei im Stadion", Stand 15.11.2018.
Fundstelle: www.dfl.de.

Bundesland	Umsetzung § 10 Abs. 7 Satz 3 MVStättVO		
	auf Landesebene Versammlungsstätten im Freien, Freisportanlagen, Sportstadien	1 % Rollstuhlplätze bis 5 000 Besucherplätze ab 5 000 Besucherplätzen 0,5 %	0,5 % Rollstuhlplätze oberhalb 5 000 Besucherplätze
Bayern			
Baden-Württemberg			
Berlin			
Brandenburg	x	x	x
Bremen			
Hamburg			
Hessen	x	x	x
Mecklenburg-Vorpommern	x	x	x
Niedersachsen			
Nordrhein-Westfalen	x	x	1 % ab 5 000
Rheinland-Pfalz	x	x	x
Saarland			
Sachsen			
Sachsen-Anhalt	x	x	x
Schleswig-Holstein	x	x	x
Thüringen			

7.3 Bestandsschutz

Bereits bestehende, baurechtlich genehmigte Sportstadien werden von nachträglich eingeführten Vorschriften zur Bemessung der Rollstuhlplätze in Versammlungsstätten im Freien, Freisportanlagen und Sportstadien grundsätzlich nicht berührt. Eine bauliche Nachrüstungspflicht 62 im Hinblick auf die in Absatz 7 geforderte Anzahl von Rollstuhlplätzen besteht für bereits bestehende Stadien nicht.

63 Im Ergebnis führt dies dazu, dass Umbaumaßnahmen zur Schaffung entsprechender Rollstuhlplätze baurechtlich nicht verlangt werden (können), aber geeignete vorhandene Flächen, die bislang nicht entsprechend genutzt wurden, in die Betrachtung einzubeziehen sind. Es ist dabei zweckmäßig, die dabei vorzuhaltenden Plätze für Rollstuhlbenutzer an den realen Nachfragewerten auszurichten.[10]

8. Stufen und Stufengänge

64 Die Regelung des **Absatzes 8** ist erforderlich, da nur Stufengänge mit einer ununterbrochenen Folge von mindestens drei Treppenstufen zwischen zwei Ebenen von der DIN 18065 (Treppen) erfasst werden[11].

65 Da bei flach geneigten Besucherebenen Stufengänge mit nur jeweils einer oder zwei Stufen zwischen den Sitzplatzebenen möglich sind und Stufengänge immer Rettungswege sind, bedarf es einer speziellen Regelung. Die Bemessung ist an die Werte der DIN 18065 Tabelle 1 Zeile 4 Spalten 4 und 5 angepasst. Die farbige Kennzeichnung der Rettungswege in großen Versammlungsstätten > 5000 und Sportstadien dient der Erkennbarkeit und der Durchsetzung der Betriebsvorschrift des § 31 Absatz 2.

---

10 Das Land **Nordrhein-Westfalen** hat in § 45 Absatz 2 SBauO ausdrücklich geregelt, dass die Vorschriften des § 10 Absatz 1 und 7 als Betriebsvorschrift auch bei bestehenden Versammlungsstätten anzuwenden sind.

11 Das Land **Nordrhein-Westfalen** hat mit der Regelung des § 10 Absatz 9 SBauVO die Anwendung des § 10 Absatz 1 bis 8 auch auf Tribünen und Podien als veränderliche Einbauten geregelt. Die Anwendung des Absatzes 7 auf Tribünen und Podien als veränderliche Einbauten wirft jedoch besondere technische Probleme auf.

§ 11 Abschrankungen und Schutzvorrichtungen

(1) [1]Flächen, die im Allgemeinen zum Begehen bestimmt sind und unmittelbar an tiefer liegende Flächen angrenzen, sind mit Abschrankungen zu umwehren, soweit sie nicht durch Stufengänge oder Rampen mit der tiefer liegenden Fläche verbunden sind. [2]Satz 1 ist nicht anzuwenden:

1. für die den Besuchern zugewandten Seiten von Bühnen und Szenenflächen,
2. vor Stufenreihen, wenn die Stufenreihe nicht mehr als 0,50 m über dem Fußboden der davor liegenden Stufenreihe oder des Versammlungsraumes liegt oder
3. vor Stufenreihen, wenn die Rückenlehnen der Sitzplätze der davor liegenden Stufenreihe den Fußboden der hinteren Stufenreihe um mindestens 0,65 m überragen.

(2) [1]Abschrankungen, wie Umwehrungen, Geländer, Wellenbrecher, Zäune, Absperrgitter oder Glaswände, müssen mindestens 1,10 m hoch sein. [2]Umwehrungen und Geländer von Flächen, auf denen mit der Anwesenheit von Kleinkindern zu rechnen ist, sind so zu gestalten, dass ein Überklettern erschwert wird; der Abstand von Umwehrungs- und Geländerteilen darf in einer Richtung nicht mehr als 0,12 m betragen.

(3) [1]Vor Sitzplatzreihen genügen Umwehrungen von 0,90 m Höhe; bei mindestens 0,20 m Brüstungsbreite der Umwehrung genügen 0,80 m; bei mindestens 0,50 m Brüstungsbreite genügen 0,70 m. [2]Liegt die Stufenreihe nicht mehr als 1 m über dem Fußboden der davor liegenden Stufenreihe oder des Versammlungsraumes, genügen vor Sitzplatzreihen 0,65 m.

(4) Abschrankungen in den für Besucher zugänglichen Bereichen müssen so bemessen sein, dass sie dem Druck einer Personengruppe standhalten.

(5) Die Fußböden und Stufen von Tribünen, Podien, Bühnen oder Szenenflächen dürfen keine Öffnungen haben, durch die Personen abstürzen können.

(6) [1]Spielfelder, Manegen, Fahrbahnen für den Rennsport und Reitbahnen müssen durch Abschrankungen, Netze oder andere Vorrichtungen so gesichert sein, dass Besucher durch die Darbietung oder den Betrieb des Spielfeldes, der Manege oder der Bahn nicht

gefährdet werden. [2]Für Darbietungen und für den Betrieb technischer Einrichtungen im Luftraum über den Besucherplätzen gilt Satz 1 entsprechend.

(7) Werden Besucherplätze im Innenbereich von Fahrbahnen angeordnet, so muss der Innenbereich ohne Betreten der Fahrbahnen erreicht werden können.

Übersicht

1. Überblick

1 Die Vorschrift des § 11 enthält eine Zusammenfassung der Bestimmungen über die Umwehrung und ergänzt den § 38 Absatz 1 Nummer 1 MBO[1] über Umwehrungen.

2 Abschrankungen können die Funktion von Absturzsicherungen haben oder auch die Funktion von Absperrungen. Die Regelungen des § 11 dienen in erster Linie der **Absturzsicherung von Personen**. Die Regelungen über Abschrankungen nach den §§ 27 bis 29 sowie über Einfriedungen nach § 30 betreffen dagegen Absperrungen.

3 Nach § 38 Absatz 1 Nummer 2 MBO ist die Umwehrung von begehbaren Flächen mit mehr als 1 m Höhe über angrenzenden Flächen erforderlich. Abweichend von § 38 Absatz 4 und 5 MBO wird durch § 11 Absatz 2 die Höhe von Abschrankungen einheitlich auf 1,10 m festgelegt, soweit keine der in § 11 genannten Ausnahmen Platz greift.

4 Der Grundsatz der Verkehrssicherheit baulicher Anlagen wird durch § 16 Absatz 1 MBO vorgeschrieben. Verkehrsflächen und andere be-

1 § 38 Absatz 1 Nummer 1 MBO:
„*(1) In, an und auf baulichen Anlagen sind zu umwehren oder mit Brüstungen zu versehen:*
1. Flächen, die im Allgemeinen zum Begehen bestimmt sind und unmittelbar an mehr als 1 m tiefer liegende Flächen angrenzen; dies gilt nicht, wenn die Umwehrung dem Zweck der Flächen widerspricht.“

gehbare Flächen müssen ausreichend belichtet oder beleuchtet sein, ohne Stolper- oder Rutschgefahr sicher begehbar sein und müssen, soweit sie höher als benachbarte Flächen liegen, sicher umwehrt sein. § 38 MBO regelt die Einzelheiten der Umwehrung

§ 11 ist eine gegenüber § 38 MBO spezielle Regelung, gilt für alle Arten von Versammlungsstätten und betrifft die Verkehrssicherheit der begehbaren Flächen im Gebäude oder der Freifläche einer Versammlungsstätte. 5

Bei der Vorschrift des § 11 handelt es sich um eine Bauvorschrift, die bei der Errichtung und bei Änderungen der baulichen Anlagen anzuwenden ist. Da § 46 Absatz 1 keine Anpassungspflicht hinsichtlich § 11 enthält, ist insoweit der Bestandsschutz nicht berührt. 6

Auf vorübergehend in einen Versammlungsraum als Möblierung eingebrachte begehbare Einbauten, wie Messestände, Podien, Treppen oder Tribünen, ist § 11 nicht unmittelbar anzuwenden. Für Messestände stellt § 1 Absatz 2 Nummer 6 MBO klar, dass diese nicht in den Anwendungsbereich der MBO fallen. Unabhängig von der Regelung des § 1 Absatz 2 Nummer 6 MBO sind diese als Möblierung in einen Versammlungsraum eingebrachten begehbaren Einbauten keine baulichen Anlagen, die den Bauvorschriften der MVStättVO oder der MBO unterworfen sind. 7

Angesichts des in Absatz 1 zum Ausdruck kommenden Schutzziels einer Absturzsicherung kann die Regelung auch als Betriebsvorschrift anzusehen sein, die auch bei vorübergehend in Versammlungsräume eingebrachten begehbaren Einbauten anzuwenden ist. 8

Die Fachkommission Bauaufsicht hat, anders als für § 10 Absatz 1 MVStättV 2005, darauf verzichtet, den § 11 in den Katalog der unmittelbar anzuwendenden Vorschriften nach § 46 Absatz 2 MVStättV 2005 aufzunehmen und damit zum Ausdruck gebracht, dass sie den § 11 nicht als Betriebsvorschrift ansieht. Mit der Änderung des § 46 Absatz 2 MVStättV 2005 durch die MVStättVO ist die Klarstellung, welche Regelung außerhalb des Teils 4 als auch Betriebsvorschrift anzusehen ist, weggefallen.[2] Die für den Betrieb der Versammlungsstätte verantwortlichen Personen müssen daher im Einzelfall entscheiden, welche der im Teil 3 Bauvorschriften enthaltene Regelung zugleich als Betriebsvorschrift wirkt. 9

2 Siehe Kommentierung zu § 46.

10 Nach § 16 MBO müssen bauliche Anlagen verkehrssicher sein. Eine Verkehrssicherungspflicht ergibt sich auch aus den Unfallverhütungsvorschriften der DGUV Vorschrift 17[3] und den arbeitschutzrechtlichen Vorschriften, insbesondere der ASR A2.1.[4]

11 Der Betreiber einer Versammlungsstätte ist verpflichtet, Vorkehrungen gegen mögliche (Absturz-)Gefahren zu treffen, die durch eine gewöhnliche Benutzung eintreten könnten und vorhersehbar sind. Der Betreiber hat daher unter dem Gesichtspunkt der ihm obliegenden Verkehrssicherungspflichten stets zu bewerten, ob und welche Art von Umwehrungen erforderlich sind, wenn ein (Ab-)Sturzrisiko zum Beispiel bei vorübergehend eingebrachten Aufbauten für Personen besteht. Können Beschäftigte, Kunden oder Besucher von einer vorübergehend in eine Versammlungsstätte eingebrachten erhöhten begehbaren Einrichtung, wie einem mehrgeschossigen Messestand, einer Tribüne, einem Podium oder einer Treppe, auf eine tiefer gelegene Fläche abstürzen, empfiehlt es sich, die Vorschrift des § 11 entsprechend als Betriebsvorschrift heranzuziehen.

2. Abschrankungen

12 Die Vorschrift des § 11 ist keine abschließende Regelung über Abschrankungen. Weitere Regelungen finden sich in den §§ 27 bis 29.

13 Aus **Absatz 2 Satz 1** ergibt sich, was die MVStättVO unter dem Begriff Abschrankung versteht. Abschrankung ist der Oberbegriff für Umwehrungen, Geländer, Wellenbrecher, Zäune, Absperrgitter oder Glaswände. Die Aufzählung in Absatz 2 Satz 1 ist allerdings nicht abschließend. Abschrankungen sind auch Einfriedungen, Schranken, Gatter, Mauern oder Brüstungen.

14 Schutzzweck des **Absatzes 1** ist der Schutz von Personen gegen den Absturz, also der Schutz gegen das Herabfallen der Person auf eine tiefer

---

3 DGUV Vorschrift 17 Veranstaltungs- und Produktionsstätten für szenische Darstellung vom 1. April 1998, Stand Oktober 2016
„*§ 6 Absturzsicherung*
(1) An Arbeitsplätzen, Szenenflächen, Verkehrswegen und Zugängen, die an Gefahrbereiche grenzen oder gegenüber angrenzenden Flächen höher als 1 m liegen, müssen wirksame Einrichtungen gegen Abstürzen von Personen vorhanden sein.“

4 Siehe dazu die Abschnitte 4 und 5 der ASR A2.1 Schutz vor Absturz und herabfallenden Gegenständen, Betreten von Gefahrenbereichen (Ausgabe: November 2012 zuletzt geändert GMBl. 2018, S. 473).

gelegene Fläche. Die Vorschrift bestimmt, in welchen Bereichen Umwehrungen zwingend erforderlich sind. Die Verpflichtung zur Abschrankung besteht nur dort, wo Flächen im Allgemeinen zum Begehen bestimmt sind und unmittelbar an tiefer liegende Flächen angrenzen, es sei denn, sie sind durch Stufengänge oder Rampen mit der tiefer liegenden Fläche verbunden. Als weitere Ausnahmen sind zu beachten:

- die den Besuchern zugewandten Seiten von Bühnen und Szenenflächen,
- wenn die Stufenreihe nicht mehr als 0,50 m über dem Fußboden der davor liegenden Stufenreihe oder des Versammlungsraumes liegt oder
- vor Stufenreihen, wenn die Rückenlehnen der Sitzplätze der davor liegenden Stufenreihe den Fußboden der hinteren Stufenreihe um mindestens 0,65 m überragen.

Lediglich die Seiten, die aus Gründen der Nutzung offen bleiben müssen, sind nicht zu umwehren. Bei Szenenflächen ist dies die zum Zuschauer zugewandte Seite. Satz 2 Nummer 2 und 3 enthält Erleichterungen für die Umwehrungen, die unmittelbar vor Stufenreihen angeordnet sind. Dies betrifft insbesondere die Ränge in Theaterbauten oder Mehrzweckhallen, in denen eine Umwehrung von 1,10 m Höhe die Sicht auf die Szenenfläche beeinträchtigen würde. Eine weitere Erleichterung für diese Besucherplätze enthält Absatz 3. 15

Bereits § 38 Absatz 1 Nummer 1 MBO fordert eine Umwehrung, wenn eine im Allgemeinen zum Begehen bestimmte Fläche unmittelbar an mehr als 1 m tiefer liegende Flächen angrenzt. Die Höhe der Umwehrung ist nach § 38 Absatz 4 MBO gestaffelt. So muss die Höhe einer Umwehrung bei mehr als 12 m Absturzhöhe 1,10 m betragen, bis 12 m Absturzhöhe genügt eine Umwehrungshöhe von 0,90 m. Für Fensterbrüstungen lässt § 38 Absatz 3 MBO geringere Höhen zu. 16

Nach § 11 Absatz 1 VStättVO 1978 war eine Umwehrung für Flächen erforderlich, die mehr als 0,20 m über den umgebenden Flächen lagen. § 11 Absatz 1 MVStättVO schreibt nicht mehr vor, ab welcher Absturzhöhe eine Umwehrung erforderlich ist. Nach § 11 Absatz 1 MVStättVO kommt es nicht auf die Absturzhöhe an, so dass bei Versammlungsstätten auch bei einem geringeren Höhenunterschied als 1 m eine Umwehrung erforderlich ist. 17

18 Zwar legt Absatz 1 nunmehr kein bestimmtes Maß fest, jedoch sollte eine Umwehrung dann erfolgen, wenn der Höhenunterschied mehr als eine Trittstufenhöhe von ca. 0,20 m beträgt.[5]

19 Nach § 3a Absatz 1 Satz 2 Arbeitsstättenverordnung[6] ist der Arbeitgeber verpflichtet, die vom Bundesministerium für Arbeit und Soziales nach § 7 Absatz 4 ArbStättV bekannt gemachten Regeln und Erkenntnisse zu berücksichtigen. Die Anforderungen an Arbeitsstätten nach § 3 Absatz 1 ArbStättV sind im Anhang zur ArbStättV bekannt gemacht.

20 Die Nummer 2.1 Satz 1 des Anhangs[7] regelt den Schutz vor Absturz. Die Einzelheiten sind in der ASR A2.1 geregelt. Die ASR A2.1 geht in ihrer Nummer 4.1 Absatz 3 davon aus, dass eine Gefährdungsbeurteilung erforderlich ist, wenn Arbeitsplätze oder Verkehrsflächen mehr als 0,20 m über der angrenzenden Fläche liegen. Nach Nummer 4.1 Absatz 4 liegt bei einer Absturzhöhe von mehr als 1,00 m immer eine Gefährdung durch Absturz vor.

3. Höhe der Abschrankungen

21 **Absatz 2 Satz 1** setzt die Höhe der Umwehrungen in Versammlungsstätten einheitlich auf 1,10 m fest. Als landesrechtliche Verordnung geht diese Regelung der Nummer 5 Absatz 2 Satz 1 der ASR A2.1 vor, die in Arbeitsstätten eine Umwehrungshöhe von 1,00 m und ab einer Absturzhöhe von 12 m eine Umwehrungshöhe von 1,10 m vorschreibt.

---

5 Das Land **Niedersachsen** hat § 11 Absatz 1 Satz 1 NVStättVO abweichend formuliert: *„(1) Zum Begehen bestimmte Flächen und Treppen in Versammlungsstätten sowie Verkehrsflächen auf dem Baugrundstück müssen umwehrt sein, wenn sie mehr als 0,20 m tiefer liegenden Flächen benachbart sind und soweit sie nicht durch Stufengänge oder Rampen mit der tiefer liegenden Fläche verbunden sind….“*

6 Arbeitsstättenverordnung (ArbStättV) vom 12. August 2004 (BGBl. I S. 2179), zuletzt geändert durch Artikel 5 Absatz 1 der Verordnung vom 18. Oktober 2017 (BGBl. I S. 3584).

7 Nummer 2.1 Anhang zu ArbStättV: *„Arbeitsplätze und Verkehrswege, bei denen die Gefahr des Absturzes von Beschäftigten oder des Herabfallens von Gegenständen bestehen oder die an Gefahrenbereiche grenzen, müssen mit Einrichtungen versehen sein, die verhindern, dass Beschäftigte abstürzen oder durch herabfallende Gegenstände verletzt werden oder in die Gefahrenbereiche gelangen. Arbeitsplätze und Verkehrswege nach Satz 1 müssen gegen unbefugtes Betreten gesichert und gut sichtbar als Gefahrenbereich gekennzeichnet sein. Zum Schutz derjenigen, die diese Bereiche betreten müssen, sind geeignete Maßnahmen zu treffen.“*

Abweichend von Absatz 2 sind für Abschrankungen nach § 27 Absatz 1 und 2 sowie für Einfriedungen nach § 30 Absatz 1 jedoch Umwehrungen mit 2,20 m Höhe erforderlich.

Das Risiko eines Absturzes wird ausschließlich von der Höhe der Umwehrung (Kipppunkt) über der zu umwehrenden Fläche bestimmt und hängt nicht davon ab, in welcher Höhe über einer tiefer liegenden Fläche sich die umwehrte Fläche befindet. Die Erhöhung auf 1,10 m berücksichtigt die größere Körperhöhe des Menschen und insbesondere die Tatsache, dass sich hinter Umwehrungen von Versammlungsstätten in der Regel eine größere Zahl von Personen befindet. Die Höhe der umwehrten Fläche über einer tiefer liegenden Fläche mag für das weitere Schutzziel der Vermeidung eines konkreten Verletzungsrisikos erheblich sein, Letzteres ist aber nicht das vorrangige Ziel der Regelung. 22

Absatz 2 Satz 1 ist allgemein gefasst und gilt somit auch für Fensterbrüstungen von Versammlungsstätten. Hätte der Verordnungsgeber die Anwendbarkeit des Absatzes 2 Satz 1 auf Fensterbrüstungen ausschließen wollen, so hätte es der Regelung bedurft, dass § 38 Absatz 3 MBO unberührt bleibt. Es bestehen jedoch keine Bedenken, niedrigere Fensterbrüstungen zuzulassen, wenn auf Grund anderer technischer Einrichtungen oder der Tiefe der Brüstung keine Absturzgefahr besteht. Da § 11 Absatz 2 gegenüber § 38 Absatz 3 MBO speziell ist, bedarf es dazu der Zulassung einer Abweichung nach § 67 Absatz 1 MBO. 23

4. Leiterwirkung

Absatz 2 Satz 2 enthält zwei Regelungen. Die Bestimmung, dass Umwehrungen so zu gestalten sind, dass ein Überklettern erschwert wird, beinhaltet das **Verbot der Leiterwirkung**. Die Bestimmung, dass der Abstand von Umwehrungs- und Geländerteilen in einer Richtung nicht mehr als 0,12 m betragen darf, schützt davor, dass Personen zwischen den Umwehrungs- oder Geländerteilen hindurchrutschen und nach unten fallen können. 24

Ist die Fläche zwischen den tragenden Teilen einer Umwehrung nicht mit einer Platte gefüllt, sondern weist nur Verstrebungen auf, so besteht die Gefahr, dass Personen oder Gegenstände zwischen den Verstrebungen hindurchrutschen. Sind die Verstrebungen waagrecht angebracht, so entsteht eine Leiterwirkung, die das Übersteigen der Umwehrung er- 25 möglicht. Die MBO hat dies nicht allgemein regelt, deshalb wurde mit Absatz 2 Satz 2 eine spezielle Regelung aufgenommen.

26 Satz 2 gilt generell für alle Umwehrungen in Versammlungsstätten und insbesondere für die Geländer von Flächen, auf denen mit der Anwesenheit von Kleinkindern zu rechnen ist. Darauf, ob die Kleinkinder beaufsichtigt oder unbeaufsichtigt sind, kommt es nicht an. Mit diesem Hinweis auf die Kleinkinder soll der Zweck der Regelung deutlich gemacht werden. Der Begriff Kleinkind ist baurechtlich nicht definiert. Laut Duden ist ein Kleinkind ein Kind bis zum sechsten Lebensjahr. Die Vorschrift des Absatzes 2 geht als gesetzliche Bestimmung auch der mit Abschnitt A 4.2.3 der MVV TB als Technische Baubestimmung eingeführten DIN 18065:2015-03 Gebäudetreppen vor.

27 Da sich in Versammlungsstätten regelmäßig auch Kleinkinder bis zu 6 Jahren aufhalten können, ist eine Regelung erforderlich, die das Überklettern der Umwehrungen erschwert und das Durchfallen durch Lücken in der Umwehrung möglichst verhindert.[8]

5. Umwehrungen vor Sitzplatzreihen

28 Nach **Absatz 1 Satz 2 Nummer 3** ist eine Umwehrung vor Sitzplatzreihen nicht erforderlich, wenn die Rückenlehnen der Sitzplätze der davor liegenden Sitzplatzreihe den Fußboden der hinteren Stufenreihe um mindestens 0,65 m überragen. Ansonsten schreibt Absatz 2 eine Höhe der Umwehrung von 1,10 m vor.

---

8 Die Länder **Bayern, Hamburg und Niedersachsen** haben das Verbot der Leiterwirkung nicht in die jeweilige VStättVO übernommen.
Für das Land **Niedersachsen** ist das Verbot der Leiterwirkung aus § 4 Absatz 4 der Allgemeinen Durchführungsverordnung zur Niedersächsischen Bauordnung (DVNBauO) vom 26. September 2012 geregelt.
Das Land **Hamburg** gibt in seinem Bauprüfdienst 3/2013 „Anforderungen an Umwehrungen und Brüstungen (BPD Absturzsicherungen)“ unter Abschnitt 8.1 Hinweise, mit welchen baulichen Maßnahmen die Leiterwirkung vermieden werden kann.

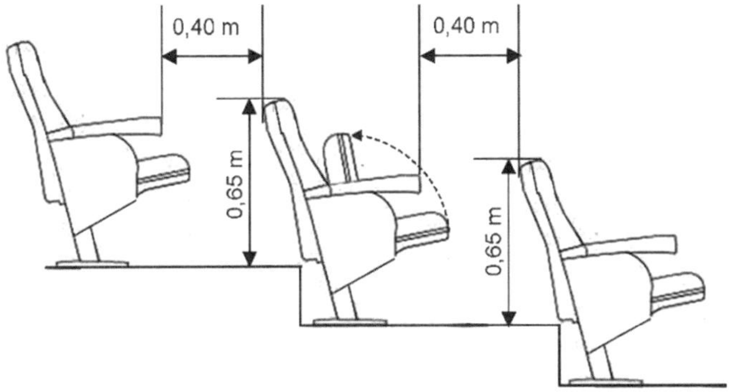

Beispiel: Rückenlehnen statt Umwehrung

Gegenüber Absatz 2 regelt **Absatz 3** in welchen Fällen geringere Umwehrungshöhen zulässig sind. Absatz 3 ist eine Ausnahmeregelung, die erforderlich ist, um die Sichtbeziehungen zwischen einem erhöht liegenden Besucherplatz, z. B. auf dem Rang, und der Szenenfläche zu ermöglichen. Abweichend von Absatz 2 Satz 1 sind vor Sitzplatzreihen grundsätzlich Umwehrungen von 0,90 m Höhe ausreichend. Satz 1 lässt es ferner zu, die Höhe einer Brüstung in Abhängigkeit von der Brüstungsbreite zu reduzieren. Die Regelung geht davon aus, dass der Kipppunkt einer Person bei einer breiteren Brüstung nicht durch die Oberkante der Brüstung, sondern durch deren Vorderkante bestimmt wird, bei breiteren Brüstungen also ein geringeres Absturzrisiko besteht. Mit dem Begriff „Brüstungsbreite" meint die Regelung die Bautiefe der Brüstung, also die Dicke des Bauteils. **29**

In Abhängigkeit von der Breite der Brüstung können die erforderlichen Höhenmaße der Umwehrung von 0,90 m auf bis zu 0,70 m reduziert werden. **30**

Zwischen den Werten 0,80 m Brüstungshöhe bei 0,20 m Brüstungsbreite und 0,70 m Brüstungshöhe bei 0,50 m Brüstungsbreite kann geradlinig interpoliert werden. **31**

6. Lastannahmen für Abschrankungen

Absatz 4 formuliert die Anforderung an den horizontalen Druck, dem eine Abschrankung standhalten muss, unter Verwendung des unbestimmten Rechtsbegriffs „Personengruppe", ohne die Zahl der Personen **32**

zu benennen. Dieser unbestimmte Rechtsbegriff lässt Platz für die Ausfüllung des Rechtsbegriffs durch Verwaltungsvorschrift oder durch DIN-Normung.

33 Der Abschnitt A 1.2.1 „Grundlagen der Tragwerksplanung und Einwirkungen auf Tragwerke“ der eingeführten Technischen Baubestimmungen nach der MVV TB legt für die Lastannahmen die Anwendung der Normenreihe DIN EN 1991 fest.

34 Die DIN EN 1991-1-1/NA:2012-12 ordnet die Lastannahmen nach Kategorien, wobei „Räume, Versammlungsräume und Flächen, die der Ansammlung von Personen dienen können“ unter die Kategorien C1 bis C5 fallen. Die Kategorien unterscheiden sich nach der spezielle Nutzung. Für Treppen und Treppenpodeste gelten die Kategorien T 1 bis T 3.

35 Für Versammlungsstätten sind nach der Tabelle 6.1DE der DIN EN 1991-1-1/NA:2010-12 folgende Kategorien von Bedeutung:

C1: Flächen mit Tischen, z.B. Kindertagesstätten, Kinderkrippen, Schulräume, Cafés, Restaurants, Speisesäle, Lesesäle, Empfangsräume, Lehrerzimmer.

C2: Flächen mit fester Bestuhlung, z.B. Flächen in Kirchen, Theatern oder Kinos, Kongresssäle, Hörsäle, Wartesäle.

C3: Frei begehbare Flächen, z.B. Museumsflächen, Ausstellungsflächen, Eingangsbereiche in öffentlichen Gebäuden und Hotels, nicht befahrbare Hofkellerdecken sowie zur Kategorie C1 bis C3 gehörige Flure.

C4: Sport- und Spielflächen, z.B. Tanzsäle, Sporthallen, Gymnastik- und Kraftsporträume, Bühnen.

C5: Flächen für große Menschenansammlungen, z.B. in Gebäuden wie Konzertsäle, Terrassen und Eingangsbereiche sowie Tribünen mit fester Bestuhlung.

C6: Flächen mit regelmäßiger Nutzung durch erhebliche Menschenansammlungen, Tribünen ohne feste Bestuhlung.

T1: Treppen und Treppenpodeste in Wohngebäuden, Bürogebäuden und von Arztpraxen ohne schweres Gerät.

T2: Alle Treppen und Treppenpodeste, die nicht in T1 oder T3 eingeordnet werden können.

T3: Zugänge und Treppen von Tribünen ohne feste Sitzplätze, die als Fluchtwege dienen.

Tabelle 6.12DE der Norm regelt „Horizontale Lasten auf Zwischenwänden und Absturzsicherungen“. Für Versammlungsstätten gelten folgende Lastannahmen: **36**

Belastete Fläche nach Kategorie	**Horizontale Nutzlast q_k kN/m**
T1	0,5
C1 bis C4, T2	1,0
C5, C6, T3	2,0

Aus der als allgemein anerkannte Regel der Technik eingeführten europäischen harmonisierten DIN EN 13200-3:2006-03 ergeben sich aus der Tabelle A 1 des normativen Anhangs A andere Lastannahmen für die bei Abschrankungen zu beachtenden horizontalen Lasten. **37**

Typ-Bezeichnung der Absperrung	**Typ-Beschreibung der Absperrung**	**Wert oder empfohlener Wertebereich für die Nutzlasten (kN/m Länge)**
E	hinter der letzten Sitzreihe befindliche Absperrungen für Sitzplatzbereiche, die die Zuschauer vor einem rückwärtigen Abstürzen schützen	1,0
D	an die letzte Sitzreihe angrenzende Absperrungen für Sitzplatzbereiche, die die Zuschauer vor einem seitlichen Abstürzen schützen	1,0
C	Absperrungen mit einem Abstand innerhalb von 530 mm vor den Sitzen	1,5
F	in Bewegungsrichtung der Zuschauer verlaufende Absperrungen für Treppen, Treppenabsätze und Rampen	2,0 bis 1,5
A	parallel zur Richtung der Zuschauerbewegung verlaufende Absperrungen für Gänge in Sitzplatzbereichen	2,0 bis 1,5

Typ-Bezeichnung der Absperrung	**Typ-Beschreibung der Absperrung**	**Wert oder empfohlener Wertebereich für die Nutzlasten (kN/m Länge)**
I	Absperrungen zum Außenbereich und Absperrungen für den Aktionsbereich; Interpolation zwischen den Werten ist zulässig	3,0 bis 2,0 bei einer Konstruktionshöhe von 1,1 m. 1,0 bei einer Konstruktionshöhe von 2,5 m.
B	in einem rechten Winkel zur Zuschauerbewegung angeordnete Absperrungen für Gänge in Sitzplatzbereichen	3,0 bis 2,0
G	im rechten Winkel zur Richtung der Zuschauerbewegung verlaufende Absperrungen für Treppen, Treppenabsätze und Rampen	3,0 bis 2,0
H	im rechten Winkel zur Zuschauerbewegung verlaufende Absperrungen für Gänge in Stehplatzbereichen	2,0 kN/m Länge
J	Wellenbrecher für Stehplatzbereiche	siehe Tabelle A.2
K	Absperrungen für Zuschauerränge	siehe Tabelle A.3

38 Für die im rechten Winkel zur Zuschauerbewegung verlaufenden Absperrungen gibt die europäische harmonisierte Norm DIN EN 13200-3 höhere horizontale Nutzlasten vor.

39 Für die in § 28 für die Stehplatzbereiche von Versammlungsstätten mit mehr als 5000 Besucherplätzen vorgeschriebenen Wellenbrecher gibt die Tabelle A 2 des normativen Anhangs der DIN EN 13200-03:2006-03 gestaffelte Werte für die horizontalen Nutzlasten vor, die vom Neigungswinkel des Zuschauerranges und vom Abstand der Wellenbrecher abhängen.

40 Für die Verwendung von Baustoffen aus Glas waren bisher die in der Muster-Liste der Technischen Baubestimmungen eingeführten Technischen Regeln TRLV, TRAV und TRPV zu beachten. Mit der Muster-Liste der Technischen Baubestimmungen – Fassung September 2013 wurden die Bemessungs- und Konstruktionsregeln für Glas im Bauwesen nach der Normenreihe DIN 18008 erstmals bauaufsichtlich eingeführt.

Die nun mit Abschnitt A 1.2.7.1 der MVV TB als Technische Baubestimmung eingeführte Normen-Reihe DIN 18008 über Glaskonstruktionen ersetzt die TRLV, TRAV und TRPV. Für absturzsichernde Verglasungen ist insbesondere die DIN 18008-4:2013-07[9] zu beachten. 41

Die Regelung des Absatzes 4 ist ihrem Wortlaut nach auf die Abschrankungen in den den Besuchern zugänglichen Bereichen beschränkt. In den nur den Beschäftigten der Versammlungsstätte zugänglichen Bereichen, wie der Bühne, reichen die arbeitsschutzrechtlichen Bestimmungen, insbesondere der ASR A2.1 aus. Die Nummer 5 Absatz 7 der ASR A2.1 regelt, dass Umwehrungen so beschaffen und angebracht sein müssen, dass an ihrer Oberkante eine Horizontallast H = 1 kN/m aufgenommen werden kann und regelt ferner zwei Fälle von Abweichungen von diesem Grundsatz. 42

7. Bodenöffnungen

Die Regelung des **Absatzes 5** entspricht der arbeitsschutzrechtlichen Regel der Nummer 5.2 der ASR A2.1, wonach Bodenöffnungen durch Umwehrungen oder Abdeckungen gesichert sein müssen, sowie den entsprechenden Unfallverhütungsvorschriften **DGUV Vorschrift 17 „Veranstaltungs- und Produktionsstätten für szenische Darstellungen“** und der gleichlautenden Bestimmung der **DGUV Vorschrift 18 „Veranstaltungs- und Produktionsstätten für szenische Darstellungen“**. Da die Unfallverhütungsvorschriften nur dem Schutz der Beschäftigten dienen, war eine ergänzende Regelung zum Schutz der Besucher in der Versammlungsstätte, insbesondere bezogen auf Tribünen und Podien, erforderlich. 43

8. Sport- und Spielfelder

Welche Schutzvorrichtungen nach **Absatz 6** erforderlich sind, lässt der Verordnungsgeber in der Verantwortung des Betreibers und erfordert 44

9 DIN 18008-2:2010-12
Glas im Bauwesen – Bemessungs- und Konstruktionsregeln – Teil 2: Linienförmig gelagerte Verglasungen
DIN 18008-3:2013-07
Glas im Bauwesen – Bemessungs- und Konstruktionsregeln – Teil 3: Punktförmig gelagerte Verglasungen
DIN 18008-4:2013-07
Glas im Bauwesen – Bemessungs- und Konstruktionsregeln – Teil 4: Zusatzanforderungen an absturzsichernde Verglasungen.

eine spezielle **Gefährdungsbeurteilung.** Jeder Einzelfall ist zu prüfen und hängt im Wesentlichen von der **Art der Gefährdung der Besucher ab**. So ist bei Fußballspielen in der Regel nur eine Sicherung des Bereichs hinter dem Tor in der Breite des Strafraumes erforderlich. Bei Eishockeyfeldern reicht dies entgegen der in vielen Stadien noch gängigen Praxis regelmäßig nicht aus. Von Gegenständen, die sich mit großer Geschwindigkeit bewegen, geht regelmäßig eine besondere Gefahr für Besucher aus, wenn sie außerhalb des Spielfelds aufschlagen.

45 Satz 2 stellt klar, dass Besucher durch schwebende Lasten nicht gefährdet werden dürfen. Auch hier sind insbesondere die Unfallverhütungsvorschriften DGUV Vorschrift 17 und 18 „Veranstaltungs- und Produktionsstätten für szenische Darstellungen" sowie der DGUV Information 215-313 „Lasten über Personen"[10] zur Auslegung heranzuziehen.

46 Für die durch Darbietungen oder schwebende Lasten über den Besucherplätzen entstehende Gefahrenlage ist § 11 Absatz 6 Satz 2 zu beachten. Danach müssen alle Vorrichtungen so gesichert sein, dass Besucher durch die Darbietung oder den Betrieb nicht gefährdet werden. Dies trifft z. B. zu, wenn Besucherplätze auf Bühnen angeordnet werden oder die Darbietung im Zuschauerraum stattfindet.

9. Fahrbahnen

47 In Sportstadien oder Mehrzweckhallen mit den Innenbereich umschließenden Rennbahnen (Beispiel: Sechs-Tage-Rennen) muss gewährleistet sein, dass Besucherplätze, die im Innenraum angeordnet werden, von den Besuchern ohne Gefährdung durch den Rennbetrieb erreicht werden können. **Absatz 7** hat daher die Folge, dass Besucherplätze im Innenbereich nur angeordnet werden können, wenn diese über Brücken oder Tunnel sicher erreichbar sind.

---

10 DGUV Information 215-313 „Lasten über Personen"
Sicherheit bei Veranstaltungen und Produktionen von Fernsehen, Hörfunk, Film, Theater, Messen, Veranstaltungen.
Fundstelle: www.dguv.de.

§ 12 Toilettenräume

(1) [1]Versammlungsstätten müssen getrennte Toilettenräume für Damen und Herren haben. [2]Toiletten sollen in jedem Geschoss mit Besucherplätzen angeordnet werden. [3]Es sollen mindestens vorhanden sein für:

Besucherplätze	**Damen**	**Herren**	
	Toiletten	**Toiletten**	**Urinalbecken**
bis 100	**3**	**1**	**2**
über 100 je weitere 100	**1,2**	**0,4**	**0,8**
über 1 000 je weitere 100	**0,9**	**0,3**	**0,6**
über 20 000 je weitere 100	**0,6**	**0,2**	**0,4**

[4]Die ermittelten Zahlen sind auf ganze Zahlen aufzurunden. [5]Soweit die Aufteilung der Toilettenräume nach Satz 2 nach der Art der Veranstaltung nicht zweckmäßig ist, kann für die Dauer der Veranstaltung eine andere Aufteilung erfolgen, wenn die Toilettenräume entsprechend gekennzeichnet werden. [6]Auf dem Gelände der Versammlungsstätte oder in der Nähe vorhandene Toiletten können angerechnet werden, wenn sie für die Besucher der Versammlungsstätte zugänglich sind.

(2) [1]Mindestens eine je 12 der nach Absatz 1 erforderlichen Toiletten muss barrierefrei sein. [2]Absatz 1 Satz 2 gilt entsprechend.

(3) Jeder Toilettenraum muss einen Vorraum mit Waschbecken haben.

Übersicht

1. Überblick

Bei der Vorschrift des § 12 handelt es sich um eine Bauvorschrift, die bei der Errichtung und bei wesentlichen Änderungen von Versammlungsstätten zu berücksichtigen sind. Eine Nachrüstung bestehender 1

Versammlungsstätten ist nicht vorgeschrieben. Die Vorschrift des § 12 MVStättVO ist gegenüber der MVStättV 2005 geändert. Die Änderungen betreffen folgende Regelung:

- Während nach der MVStättV 2005 Toiletten in jedem Geschoss anzuordnen sind, schreibt die MVStättVO in Absatz 1 Satz 2 Toiletten nur noch in Geschossen mit Besucherplätzen vor.
- Die Zahl der erforderlichen Toiletten wurde gegenüber der Regelung des § 12 Absatz 2 MVStättV 2005 für Damen herauf- und für Herren herabgesetzt. Neu in die Tabelle aufgenommen wurde als Zeile 1 die Bemessung der Zahl der Toiletten bis 100 Besucherplätze.
- Die Anzahl der nach Absatz 2 erforderlichen barrierefreien Toiletten ist nicht mehr von der Anzahl der Besucherplätze für die Benutzer von Rollstühlen abhängig, sondern von der Gesamtzahl der nach Absatz 1 Satz 3 erforderlichen Toiletten.

2. Anzahl der sanitären Ausstattungsgegenstände

2 Die Regelung des **Absatzes 1** orientiert sich an der Bestimmung des früheren § 22 Muster-GastBauVO 1982. Die Übernahme in die MVStättV 2002 erfolgte, weil gerade bei einem großen Personenkreis derartige Regelungen aus hygienischen Gründen erforderlich sind. Da die frühere grundsätzliche Anforderung des § 47 Absatz 2 Satz 6 MBO 1997[1] nicht in den § 43 MBO übernommen wurden, wurde es erforderlich, für den Sonderbau „Versammlungsstätte“ eine spezielle Regelung zu schaffen.

3 **Absatz 1 Satz 1** bestimmt, dass die Toiletten nach Geschlechtern zu trennen sind. Dies gilt nicht für die Toiletten für die Benutzer von Rollstühlen, da in diesem Fall Absatz 2 die spezielle Regelung ist. Spezielle Toiletten für diverse Geschlechter sind in § 12 nicht vorgesehen.

4 **Absatz 1 Satz 2** regelt als Sollvorschrift, dass Toiletten in jedem Geschoss mit Besucherplätzen angeordnet werden sollen. Die Ausgestaltung als Sollvorschrift ermöglicht es im Einzelfall, die Toiletten auch in Geschossen ohne Besucherplätzen anzuordnen. So können z.B. bei einer Gaststätte die Gasträume im Erdgeschoss liegen und die Toiletten im Keller. Die Sollvorschrift bedeutet jedoch, dass die Toiletten im Regelfall in den Geschossebenen mit Besucherplätzen anzuordnen sind.

1 § 47 Absatz 2 Satz 6 MBO 1997:
„Für Gebäude, die für einen größeren Personenkreis bestimmt sind, ist eine ausreichende Zahl von Toiletten herzustellen.“

Hat die Versammlungsstätte mehrere Geschosse mit Besucherplätzen, so kann dies dahingehend ausgelegt werden, dass jedem Geschoss die für das jeweilige Geschoss erforderlichen Toiletten zugeordnet sein sollen.

Absatz 1 Satz 3 regelt als Sollvorschrift, wie viele Toilettenbecken in den nach Geschlechtern getrennten Toilettenräumen vorhanden sein sollen. Sollvorschrift bedeutet, dass die Vorschrift beachtet werden muss, sofern nicht besondere Gründe für eine Abweichung vorliegen. So können bei Versammlungsstätten, in denen die Besucher während einer Veranstaltung jederzeit die Sanitärräume aufsuchen können, weniger Toiletten erforderlich sein. Bei Versammlungsstätten, in denen die Besucher Speisen und Getränke zu sich nehmen und mit erhöhtem Getränkekonsum zu rechnen ist, kann es erforderlich sein, eine größere Anzahl von Toilettenbecken vorzusehen als sich nach Absatz 1 Satz 3 ergibt. 5

Die Erfahrungen bei verschiedenen Großveranstaltungen haben in den letzten Jahren gezeigt, dass die in § 12 Absatz 1 Satz 3 festgesetzte Anzahl von Toiletten dann nicht ausreicht, wenn es sich um Veranstaltungen handelt, in denen die Toiletten nur in den Pausen aufgesucht werden. Insbesondere die Anzahl der Toiletten für weibliche Besucher ist im Vergleich zu der Anzahl der Toiletten für männliche Benutzer in § 12 Absatz 1 Satz 3 zu niedrig angesetzt. 6

Bei Veranstaltungen, bei denen die Toiletten jederzeit aufgesucht werden können, ist der praktische Bedarf geringer als § 12 Absatz 1 Satz 3 ihn festsetzt. 7

Mit der Änderung der Richtwerte der Tabelle des § 12 Absatz 1 Satz 3 hat die Fachkommission Bauaufsicht zwar darauf reagiert, sich dabei jedoch nicht an den Werten der 2011 als allgemein anerkannte Regel der Technik überarbeiteten Richtlinie VDI 6000 Blatt 3 orientiert, sondern eine eigene Entscheidung getroffen. 8

Die Wörter „in jedem Geschoss mit Besucherplätzen“ in Satz 2 kann dahingehend ausgelegt werden, dass die Zahl der für die Besucherplätze erforderlichen Toiletten geschossweise zu ermitteln ist. Dies würde bedeuten, dass in einer Versammlungsstätte in jedem Geschoss mit nicht mehr als 100 Besucherplätzen je Geschoss 3 Toiletten für Damen, 1 Toilette und 2 Urinalbecken für Herren vorhanden sein müssten. Verteilen sich die 200 Besucherplätze auf drei Geschosse, so wären danach insgesamt 9 Toiletten für Damen sowie 3 Toiletten und 6 Urinalbecken für Herren erforderlich. Eine solche Anwendung der Vorschrift ist we- 9 der sachgerecht noch gewollt, weil dies insbesondere bei kleinen mehrgeschossigen Versammlungsstätten zu einer deutlich höheren Zahl an Toiletten führen würde als bei eingeschossigen Versammlungsstätten mit der gleichen Besucherzahl. Bei einer ebenerdigen Versammlungsstätte mit 200 Besucherplätzen wären 5 Toiletten für Damen sowie 2 Toiletten und 3 Urinalbecken für Herren erforderlich.

10 Die Auslegung nach dem Zweck der Regelung ergibt, dass die Zahl der Toiletten immer nach der Gesamtzahl der Besucherplätze zu berechnen ist und die danach erforderlichen Toiletten auf die Geschosse zu verteilen sind. Dabei ist eine anteilige Verteilung entsprechend der Anzahl der Besucherplätze je Geschoss zweckmäßig.

11 Die Berechnung der Gesamtzahl der erforderlichen Toiletten ist wegen der in der Tabelle vorgesehenen Staffelung und Aufrundung kompliziert. Aus der Formulierung „*je weitere 100*“ ergibt sich, dass sich die Gesamtzahl aus der Summe der nach den einzelnen Zeilen für 100, 1000 und 20000 Besucher ermittelten Werte zusammensetzt.

Beispiel 1:

Versammlungsstätte mit 400 Besucherplätzen

Besucherplätze	**Damen**	**Herren**	
	Toiletten-becken	**Toiletten-becken**	**Urinal-becken**
100	3	1	2
weitere 300	3 × 1,2 = 3,6	3 × 0,4 = 1,2	3 × 0,8 = 2,4
Gesamtzahl (aufgerundet)	**7**	**3**	**5**

Beispiel 2:

Versammlungsstätte mit 9450 Besucherplätzen

Besucherplätze	**Damen**	**Herren**	
	Toiletten-becken	**Toiletten-becken**	**Urinal-becken**
100	3	1	2
weitere 900	9 × 1,2 = 10,8	9 × 0,4 = 3,6	9 × 0,8 = 7,2
weitere 8450	85 × 0,9 = 76,5	85 × 0,3 = 25,5	85 × 0,6 = 51
Gesamtzahl (aufgerundet)	**91**	**31**	**61**

Beispiel 3:

Versammlungsstätte mit 49 760 Besucherplätzen

Besucherplätze	**Damen**	**Herren**	
	Toiletten-becken	**Toiletten-becken**	**Urinal-becken**
100	3	1	2
weitere 900	9 × 1,2 = 10,8	9 × 0,4 = 3,6	9 × 0,8 = 7,2
weitere 19 000	190 × 0,9 = 171	190 × 0,3 = 57	190 × 0,6 = 114
weitere 29 760	**85 × 0,9 = 76,5** 298 × 0,6 = 178,8	**85 × 0,3 = 25,5** 298 × 0,2 = 59,6	**85 × 0,6 = 51** 298 × 0,4 = 119,2
Gesamtzahl (aufgerundet)	**364**	**122**	**243**

Absatz 1 Satz 5 zielt auf eine flexible Handhabung und ermöglicht es, für die Dauer einer Veranstaltung einen für ein bestimmtes Geschlecht vorgesehenen Toilettenraum für das andere Geschlecht zu nutzen. Dies kann z. B. bei den Herrensitzungen oder den Damensitzungen im Karneval geboten sein. 12

Auch **Absatz 1 Satz 6** zielt auf eine flexible Handhabung nach der Art der Veranstaltung, wie Messeveranstaltungen, vergleichbaren Großveranstaltungen und temporären Versammlungsstätten im Freien. Satz 6 lässt zu, auf dem Gelände der Versammlungsstätte oder in der Nähe vorhandene Toiletten anzurechnen, falls diese für die Besucher der Versammlungsstätte zugänglich sind. 13

Unter Satz 6 fällt auch der Fall, dass ein nicht als Versammlungsstätte genehmigtes Gebäude vorübergehend als Versammlungsstätte genutzt werden soll, die im Gebäude befindlichen Toiletten jedoch nicht für die zulässige Zahl von Besuchern ausreichen. In diesem Fall kann die Veranstaltung mit der Auflage verknüpft werden, Toilettenräume in einem benachbarten Gebäude, über das der Veranstalter verfügt, zugänglich zu machen oder behelfsmäßige Toiletten in ausreichender Zahl, z. B. Toilettenwagen, aufzustellen. 14

3. Bedeutung der Richtlinie VDI 6000 Blatt 3 für die Planung

Der Verein Deutscher Ingenieure hat als Planungsgrundlage für die Ausstattung von Versammlungsstätten und Versammlungsräumen mit 15

Sanitärräumen im Juni 2011 die VDI-Richtlinie 6000 Blatt 3[2] herausgegeben. Die VDI 6000 Blatt 3 stellt bei der Bedarfsermittlung auf die Anzahl der Besucher, die Nutzung des Gebäudes, die Veranstaltungsarten und die daraus resultierende Gleichzeitigkeit der Nutzung ab. Die Bedarfszahlen der VDI 6000 Blatt 3 für die Grundausstattung von Sanitärräumen unterscheiden sich danach, ob die Besucher von Veranstaltungen die Toiletten gleichzeitig aufsuchen können.

Niedrige Gleichzeitigkeit	**Mittlere Gleichzeitigkeit**	**Hohe Gleichzeitigkeit**
Veranstaltung ohne Pausenzeiten	Veranstaltung mit einer Pausenzeit oder mehreren Pausenzeiten	Veranstaltung mit wenigen Pausenzeiten, einer Pausenzeit oder mehreren Pausenzeiten
Die Besucher können jederzeit die Sanitärräume aufsuchen	Die Besucher sind bei der Nutzung der Sanitärräume nicht auf die Pausenzeiten angewiesen	Die Besucher sind bei der Nutzung der Sanitärräume auf die Pausenzeiten angewiesen
Beispiele: – Bälle – Veranstaltungen geselliger oder unterhaltender Art – Versammlungen	Beispiele: – Tagungen, Seminare – Filmvorführungen	Beispiele: – Theater- und Konzertveranstaltungen – Hörfunk- und Fernsehveranstaltungen – Sportveranstaltungen

16 Die Richtlinie VDI 6000 Blatt 3 geht davon aus, dass die Besuchergruppe zu jeweils 50 % aus Damen und Herren besteht und sieht für beide Geschlechter in der Summe grundsätzlich die gleiche Anzahl von sanitären Ausstattungsgegenständen vor.

17 Die Berechnung der Zahl der Toiletten nach der VDI 6000 Blatt 3 ist wesentlich einfacher als nach der Tabelle in § 12 Absatz 1 Satz 3 MVStättVO, da Zwischenwerte interpoliert werden können.

18 Auch die Unterscheidung nach der Gleichzeitigkeit der Nutzung ist sachgerecht. Schließlich ist in einem Seminargebäude, in dem man jederzeit den Seminarraum verlassen kann, nicht die gleiche Anzahl von Toiletten erforderlich wie in einem Opernhaus, in dem die Besucher den Zuschauerraum nur in den Pausen verlassen.

---

2 VDI 6000 Blatt 3: 2011-06 Ausstattung von und mit Sanitärräumen – Versammlungsstätten und Versammlungsräume.

Anzahl der Toiletten für 6000 Besucher				
	Damen WC	**Herren**		**Gesamt-zahl**
		Urinal	WC	
VDI 6000 Blatt 3: niedrige Gleichzeitigkeit	30	20	10	60
VDI 6000 Blatt 3: mittlere Gleichzeitigkeit	40	26	14	80
VDI 6000 Blatt 3: hohe Gleichzeitigkeit	60	40	20	120
§ 12 Absatz 1 Satz 3 MVStättV	***62***	***42***	***21***	***125***

Im Ergebnis übersteigen die nach der Tabelle § 12 Absatz 1 Satz 3 ermittelten Werte die Werte der VDI 6000 Blatt 3 für hohe Gleichzeitigkeit. 19

Anmerkung:

Da das Land **Sachsen** in § 12 Absatz 1 SächsVStättVO keine Bemessungsregel vorgibt, sondern nur eine ausreichende Zahl von Toiletten vorschreibt, sollten dort die Empfehlungen der Richtlinie VDI 6000 Blatt 3 berücksichtigt werden.

4. Berücksichtigung der Art der Veranstaltung

Sowohl die Fassung des Absatzes 1 Satz 3 als Sollvorschrift, als auch 20 die Regelungen der Sätze 5 und 6 zeigen, dass der Bauherr einer Versammlungsstätte die Art der Veranstaltungen berücksichtigen sollte, um unnötige Aufwendungen bei der Errichtung oder im Betrieb zu vermeiden. Da die Sanitärräume bei der Errichtung der Versammlungsstätte fest eingebaut werden, sind die Anzahl der Toiletten und die Anordnung der Toilettenräume bereits in der Planung festzusetzen. Bei Großveranstaltungen im Freien müssen gegebenenfalls mobile Toiletten eingerichtet werden.

Einen Anhalt für die nach der Art der Veranstaltung erforderliche An- 21 zahl von Toiletten gibt die Beurteilung der „Gleichzeitigkeit" nach der Richtlinie VDI 6000 Blatt 3. Sind danach weniger Toiletten erforderlich als nach § 12 Absatz 1 Satz 3 vorgeschrieben, kann durch die Bauaufsichtsbehörde eine Abweichung nach § 67 MBO zugelassen werden. Dazu bedarf es mit dem Bauantrag eines Antrags auf Zulassung einer Abweichung, in dem auch zu begründen ist, warum im Einzelfall die durch § 12 vorgeschriebene Anzahl nicht erforderlich ist.

22 Beispiele für eine solche geringe Gleichzeitigkeit sind Hochschulgebäude mit Seminarräumen und Hörsälen, bei denen man eine Vorlesung oder ein Seminar jederzeit zum Aufsuchen der Toilette verlassen kann. Für ein derartiges Gebäude sind die neuen Richtwerte des § 12 Absatz 1 Satz 3 MVStättVO entschieden zu hoch angesetzt, so dass es für die Zulassung einer geringeren Anzahl von Toiletten einer förmlichen Abweichungsentscheidung nach § 67 MBO bedarf.

23 Ein weiteres Beispiel für eine geringe Gleichzeitigkeit sind Messeveranstaltungen. Bei Messeveranstaltungen ist der Bedarf an Toiletten in aller Regel gleichmäßig über den Tag verteilt und die Besucher können jederzeit eine Toilette aufsuchen, ohne an Pausenzeiten gebunden zu sein. Darin besteht ein grundsätzlicher Unterschied zu einem Großteil anderer Veranstaltungstypen (Konzerte, Sport, Theater etc.), bei denen sich aus der Natur der Veranstaltung ein massenhafter Andrang insbesondere während etwaiger vorgegebener Pausenzeiten ergibt. Anders als im Gaststättenbereich steht bei Messeveranstaltungen auch nicht der Verzehr von Speisen und Getränken im Vordergrund.

24 Die Anzahl der „Besucherplätze“ im Sinne des Absatzes 1 dürfte für Ausstellungsräume, die ja an sich keine Besucherplätze haben, zweckmäßigerweise unter Zugrundelegung der Bemessungsformel in § 1 Absatz 2 Satz 1 Nummer 4 zu ermitteln sein.

25 Soweit bei Messe- und Ausstellungshallen Räume für den Verzehr von Speisen und Getränke betroffen sind, erscheint für diese die Anwendung des Absatzes 1 wegen der bestehenden Parallele zur Gaststätte geboten. Auch bei Mehrzweckhallen dürfte es in der Regel insgesamt an den Voraussetzungen für eine Abweichung von den Vorgaben des § 12 Absatz 1 fehlen.

5. Barrierefreie Toiletten

26 Die MVStättVO verwendet den unbestimmten Begriff „barrierefrei“ im Sinne der Definition des § 2 Absatz 9 MBO.[3] Die Definition entspricht, bezogen auf bauliche Anlagen, der Bestimmung des Begriffs „Barriere-

3 § 2 Absatz 9 MBO:
„(9) Barrierefrei sind bauliche Anlagen, soweit sie für Menschen mit Behinderung in der allgemein üblichen Weise, ohne besondere Erschwernis und grundsätzlich ohne fremde Hilfe zugänglich und nutzbar sind.“

freiheit“ nach § 4 Behindertengleichstellungsgesetz – BGG[4] und der gleichlautenden Definition der Gleichstellungsgesetze der Länder. Der unbestimmte Rechtsbegriff „barrierefrei“ wird ausgefüllt durch die Anwendung der als Technische Baubestimmung gemäß Abschnitt A 4.2.2 der MVV TB bauaufsichtlich eingeführten DIN 18040-1:2010-10.

Absatz 2 wurde neu gefasst. Die Regelung stellt nicht mehr auf die Zahl der Besucherplätze für die Benutzer von Rollstühlen ab, sondern macht die Zahl der barrierefreien Toiletten von der ermittelten Gesamtzahl der Toiletten abhängig. Die Anzahl der barrierefreien Toiletten kann daher – anders als nach der MVStättVO 2005 – auch für Sportstadien und Versammlungsstätten im Freien problemlos ermittelt werden. **27**

Die barrierefreien Toiletten sind nicht zusätzlich herzustellen, sondern als eine Teilmenge der insgesamt erforderlichen Toiletten. Ein Zwölftel der insgesamt erforderlichen Toiletten, mindestens jedoch eine Toilette, muss barrierefrei nach DIN 18040-1:2010-10 eingerichtet sein. **28**

Nach dem Wortlaut der Vorschrift ist für die Ermittlung der erforderlichen barrierefreien Toiletten auf die Summe der für Damen und Herren in der Versammlungsstätte erforderlichen Toiletten abzustellen. Strittig ist, ob bei dieser Berechnung die Zahl der erforderlichen Urinalbecken außer Betracht bleibt. Da die Urinalbecken der Herrentoiletten nur Toiletten ersetzen, sind diese bei der Ermittlung der Anzahl der erforderlichen barrierefreien Toiletten mitzurechnen. **29**

Die Richtlinie VDI 6000 Blatt 3 empfiehlt in Tabelle 2 auch Bedarfszahlen für barrierefreie WC-Kabinen. **30**

Die barrierefreien Toiletten werden zweckmäßig in eigenen Toilettenräumen errichtet, die sowohl von Damen als auch von Herren benutzt werden können. Eine geschlechterspezifische Zuordnung der barrierefreien Toilettenräume ist nicht erforderlich. **31**

---

4 Das Behindertengleichstellungsgesetz vom 27. April 2002 (BGBl. I S. 1467, 1468), das zuletzt durch Artikel 3 des Gesetzes vom 10. Juli 2018 (BGBl. I S. 1117) geändert worden ist, definiert die Barrierefreiheit in § 4:
„Barrierefrei sind bauliche und sonstige Anlagen, Verkehrsmittel, technische Gebrauchsgegenstände, Systeme der Informationsverarbeitung, akustische und visuelle Informationsquellen und Kommunikationseinrichtungen sowie andere gestaltete Lebensbereiche, wenn sie für Menschen mit Behinderungen in der allgemein üblichen Weise, ohne besondere Erschwernis und grundsätzlich ohne fremde Hilfe auffindbar, zugänglich und nutzbar sind. Hierbei ist die Nutzung behinderungsbedingt notwendiger Hilfsmittel zulässig.“

Barrierefreie Toiletten nach MVStättV 2005					
Besucherzahl	**200**	**1 000**	**2 000**	**20 000**	**80 000**
barrierefreie Toiletten	1	1	2	20	80

Barrierefreie Toiletten nach MVStättVO				
Besucherzahl	**100**	**1 000**	**20 000**	**80 000**
Bis 100 **Bis 1 000** **Bis 20 000** **über 20 000**	1 × 5 = **5**	1 × 5 = **5** 9 × 2,4 = **21,6**	1 × 5 = **5** 9 × 2,4 = **21,6** 190 × 1,8 = **342**	1 × 5 = **5,0** 9 × 2,4 = **21,6** 190 × 1,8 = **342** 600 × 1,2 = **720**
Gesamtzahl der Toiletten	**5**	**27**	**369**	**1 089**
barrierefreie Toiletten			**31**	**91**

6. Ausstattung der Toilettenräume

32 Nach Absatz 3 sind alle Toilettenräume mit einem Vorraum und dort angeordneten Waschbecken auszustatten. Dies ist aus hygienischen Gründen erforderlich, weil die Toilettenanlagen von Versammlungsstätten von einer Vielzahl von Personen genutzt werden. Beispiele für die Raumplanung der Sanitärräume sind in den Bildern 18 und 19 der Richtlinie VDI 6000 Blatt 3 dargestellt.

§ 13 Stellplätze für Behinderte

[1]Die Zahl der notwendigen barrierefreien Stellplätze für die Kraftfahrzeuge behinderter Personen muss mindestens der Hälfte der Zahl der nach § 10 Abs. 7 erforderlichen Besucherplätze entsprechen. [2]Auf diese Stellplätze ist dauerhaft und leicht erkennbar hinzuweisen.

Übersicht

1. Überblick

1 Bei der Vorschrift des § 13 handelt es sich um eine Bauvorschrift, die bei der Errichtung und bei Änderungen der baulichen Anlagen anzuwenden ist. Der Bestandsschutz ist nicht berührt.

2 Die Regelung stellt nicht nur auf „Schwerbehinderte“ oder „Benutzer von Rollstühlen“ ab, sondern ganz allgemein auf behinderte Personen im Sinne des § 50 Absatz 2 MBO und der Behindertengleichstellungsgesetze des Bundes und der Länder.

3 § 13 macht die Zahl der Stellplätze für Behinderte nicht von der Zahl der insgesamt notwendigen Stellplätze, sondern von der Zahl der Besucherplätze für die Benutzer von Rollstühlen abhängig.

2. Barrierefreiheit

4 Auf bauliche Anlagen bezogen entspricht die Definition des Begriffs „Barrierefreiheit“ § 4 Behindertengleichstellungsgesetz und der gleichlautenden Definition der Gleichstellungsgesetze der Länder. Der unbestimmte Rechtsbegriff „barrierefrei“ wird ausgefüllt durch die Anwendung der als Technische Baubestimmung gemäß Abschnitt A 4.2.2 der MVV TB bauaufsichtlich eingeführten DIN 18040-1:2010-10 Öffentlich zugängliche Gebäude.[1]

1 DIN 18040-1:2010-10
Öffentlich zugängliche Gebäude.

3. Zahl der barrierefreien Stellplätze

5 Die Zahl der notwendigen Stellplätze für die Kraftfahrzeuge behinderter Personen muss mindestens der Hälfte der Anzahl der nach § 10 Absatz 7 erforderlichen Besucherplätze entsprechen. Nach § 10 Absatz 7 MVStättV 2005 waren barrierefreie Besucherplätze ursprünglich nur für Versammlungsräume erforderlich, nicht jedoch bei Sportstadien und Versammlungsstätten im Freien. Dies hatte zur Folge, dass bis zur Einführung der MVStättVO 2014, § 13 nur für Versammlungsräume anwendbar war.

6 Durch die Ergänzung in § 10 Absatz 7 Satz 3 MVStättVO wird eine entsprechende Anwendung der Berechnung der Besucherplätze für die Rollstuhlbenutzer nach § 10 Absatz 7 Satz 1 und 2 auch in Sportstadien und Versammlungsstätten im Freien angeordnet.

7 Die Zahl der notwendigen Stellplätze für die Kraftfahrzeuge behinderter Personen ist damit durch die MVStättVO materiell-rechtlich vorgegeben. Auch wenn die allgemeinen Stellplatzanforderungen auf Grund der landesrechtlichen Stellplatz-Richtzahlen oder einer kommunalen Stellplatzbeschränkungssatzung reduziert sind oder ganz auf Stellplätze verzichtet wird, müssen die Kfz-Stellplätze für Behinderte errichtet werden, da die landesrechtliche Versammlungsstättenverordnung einer kommunalen Regelung vorgeht.

8 Die Anforderungen an die Ausstattung der Stellplätze für Behinderte ergeben sich aus der DIN 18040-1:2010-10. § 4 der Muster-Garagenverordnung[2] gibt eine Breite der Stellplätze für die Kraftfahrzeuge behinderter Personen von 3,50 m vor, damit neben dem Fahrzeug bei geöffneter Türe genügend Platz zum Umsteigen vom Fahrzeugsitz in den Rollstuhl bleibt. Nach Abschnitt 4.2.2 der DIN 18040-1:2010-10 müssen barrierefreie Stellplätze ebenfalls mindestens 3,50 m breit und mindestens 5 m lang sein.

9 Beim DIN e.V. liegt ein Entwurf einer europäischen harmonisierten Norm DIN EN 17210:2019-06 „Barrierefreiheit und Nutzbarkeit der gebauten Umgebung – Funktionale Anforderungen“ vor, der die Normenreihe DIN 18040 ersetzen soll. Es bleibt abzuwarten, ob diese europäische Norm als Technische Baubestimmung eingeführt wird.

---

2 Muster einer Verordnung über den Bau und Betrieb von Garagen (Muster-Garagenverordnung – M-GarVO), Fassung Mai 1993, zuletzt geändert durch Beschluss der Fachkommission Bauaufsicht vom 30.5.2008.

4. Kennzeichnungspflicht

Mit der Kennzeichnung der Stellplätze für Behinderte wird darauf hingewiesen, dass diese Stellplätze nur für deren Kraftfahrzeuge bestimmt sind und von nicht behinderten Personen nicht benutzt werden dürfen. Die DIN 32975:2009-12 „Gestaltung visueller Informationen im öffentlichen Raum zur barrierefreien Nutzung“[3] gibt Hinweise für die Gestaltung der Kennzeichnungen. 10

3 DIN 32975:2009-12
Gestaltung visueller Informationen im öffentlichen Raum zur barrierefreien Nutzung;
DIN 32975 Berichtigung 1:2012-07
Gestaltung visueller Informationen im öffentlichen Raum zur barrierefreien Nutzung, Berichtigung zu DIN 32975:2009-12.

Abschnitt 4
Technische Anlagen und Einrichtungen, besondere Räume

1 Rechtsgrundlage für eine Regelung der Anforderungen an Anlagen und Einrichtungen ist § 1 Absatz 1 Satz 2 MBO in Verbindung mit § 85 Absatz 1 Nummer 4 MBO. Die Überschrift des sechsten Abschnitts der MBO lautet „Technische Gebäudeausrüstung". Dies ist der Oberbegriff für die gesamte Haustechnik einschließlich der sicherheitstechnischen Gebäudeausrüstung.

2 Die in Abschnitt 4 der MVStättVO zusammengefassten Vorschriften befassen sich im Wesentlichen mit der auch in anderen Sonderbauten regelmäßig erforderlichen sicherheitstechnischen Gebäudeausrüstung. Dazu gehören insbesondere

- Sicherheitsbeleuchtung,
- Sicherheitsstromversorgung,
- Brandmelde- und Alarmierungsanlagen, Brandmelder und Alarmzentrale, Brandfallsteuerung der Aufzüge,
- Rauchableitung,
- Feuerlöschanlagen.

3 § 1 Absatz 1 Satz 2 MBO öffnet den Anwendungsbereich der Bauordnung für die Anlagen und Einrichtungen, an die in der MBO oder in Vorschriften auf Grund der MBO Anforderungen gestellt werden. Diese Regelung sowie die Verordnungsermächtigung haben alle Länder in ihre jeweilige Landesbauordnung übernommen. § 51 Satz 3 MBO regelt, auf welche Sachbereiche sich bei Sonderbauten besondere Anforderungen oder Erleichterungen erstrecken können. § 85 Absatz 1 Nummer 4 MBO verweist auf § 51 MBO und enthält damit die Ermächtigung zum Erlass einer Rechtsverordnung für Versammlungsstätten.

4 Aus den bauordnungsrechtlichen Vorschriften ergibt sich, welche technischen Anlagen und Einrichtungen bei Sonderbauten erforderlich sind, welche rechtlichen Anforderungen sie erfüllen müssen und in welchen Zeitabständen sie wiederkehrend geprüft werden müssen. Die bauordnungsrechtlichen Vorschriften regeln jedoch nicht die technische Konstruktion der technischen Gebäudeausrüstung und insbesondere der sicherheitstechnischen Anlagen.

5 Die technischen Details ergeben sich vielmehr aus den anerkannten Regeln der Technik und insbesondere aus den Technischen Baubestim-

mungen, die mit der Muster-Verwaltungsvorschrift Technische Baubestimmungen als allgemein verbindlich eingeführt und nach § 85a Absatz 1 Satz 2 MBO zu beachten sind.

Soweit für die technische Gebäudeausrüstung keine bauaufsichtlich eingeführten Technischen Baubestimmungen vorliegen, sind im Verhältnis zwischen den am Bau Beteiligten (siehe § 52 bis 56 MBO) die allgemein anerkannten Regeln der Technik von Bedeutung und zu beachten. **6**

Neben den die sicherheitstechnische Gebäudeausrüstung betreffenden Regelungen enthält der Abschnitt 4 ferner Bestimmungen über andere technische Gebäudeausrüstungen und besondere Einrichtungen und Räume: **7**

- elektrische Anlagen und Blitzschutzanlagen,
- Heizungs- und Lüftungsanlagen,
- Stände und Arbeitsgalerien
- Werkstätten, Magazine und Lagerräume.

Abschnitt 4 ist keine abschließende Regelung für die sicherheitstechnische Gebäudeausrüstung. Für Großbühnen sind zusätzlich die Bestimmungen der §§ 22 bis 25 zu beachten und für Versammlungsstätten mit mehr als 5 000 Besucherplätzen die Vorschriften der §§ 26 bis 30. **8**

Grundlage für die Entscheidung der Bauaufsichtsbehörde sind die nach § 66 Absatz 3 Satz 2 MBO zu prüfenden Brandschutznachweise, mit denen die Einhaltung der bauaufsichtlichen Anforderungen nachgewiesen wird. Die Brandschutznachweise müssen die Angaben nach § 11 Muster-Bauvorlagenverordnung[1] enthalten. Da Versammlungsstätten Sonderbauten sind, ist insbesondere § 11 Absatz 2 MBauVorlV zu beachten. Die Brandschutznachweise können nach § 11 Abs. 2 Satz 3 MBauVorlV in der Form eines objektbezogenen Brandschutzkonzeptes erstellt werden. Hinweise für den Aufbau eines Brandschutzkonzeptes gibt die vfdb-Richtlinie 01/01:2008-04 Brandschutzkonzept[2] sowie die Ergänzung vfdb 01/01-S1:2012-11 (01). **9**

In der Regel werden die Brandschutzkonzepte für Versammlungsstätten nicht von den Entwurfsverfassern, sondern von auf den vorbeugenden Brandschutz spezialisierten Fachplanern erstellt. **10**

---

1 Muster-Bauvorlagenverordnung (MBauVorlV), Fassung Februar 2007, Fundstelle: www.bauministerkonferenz.de.

2 Vgl. vfdb 01/01:2008-04 Brandschutzkonzept, Ergänzung durch vfdb 01/01-S1:2012-11 (01), Fundstelle: www.vfdb.de.

11 Die im objektbezogenen Brandschutzkonzept für eine Versammlungsstätte darzustellenden Maßnahmen des vorbeugenden

- baulichen,
- anlagentechnischen und
- organisatorischen Brandschutzes

müssen auf die Anforderungen des abwehrenden Brandschutzes durch die Feuerwehr abgestellt sein und bestimmen wesentlich auch die Konstruktion der Versammlungsstätte.

12 Aus der jeweiligen Landesbauordnung ergibt sich, ob über das Ergebnis einer Prüfung der Brandschutznachweise für eine Versammlungsstätte

- auf Grund einer behördlichen Prüfung durch die untere Bauaufsichtsbehörde oder anstelle der Bauaufsichtsbehörde durch einen Prüfingenieur für Brandschutz ein bauaufsichtliches Prüfzeugnis oder
- auf Grund einer privatrechtlichen Prüfung durch einen Prüfsachverständigen für Brandschutz eine Prüfbescheinigung

auszustellen ist.

13 Wer den Brandschutznachweis geprüft hat, der muss nach § 81 Absatz 2 Satz 1 Nummer 2 MBO auch die Bauausführung entsprechend dem Brandschutznachweis überwachen. Von der Prüfung der Brandschutznachweise und der Bauüberwachung zu unterscheiden ist die Prüfung der sicherheitstechnischen Gebäudeausrüstung bei Sonderbauten. Diese ist speziell in der Muster-Prüfverordnung[3] geregelt.

14 Die sicherheitstechnische Gebäudeausrüstung ist wiederkehrend durch für die jeweilige Fachrichtung speziell anerkannte Prüfsachverständige zu prüfen. Rechtsgrundlage dafür sind die auf der Muster-Prüfverordnung beruhenden Prüfverordnungen der Länder. Soweit in Ländern die MVStättVO nicht als landesrechtliche Verordnung eingeführt ist, sondern als ermessensleitende Regelung für die Entscheidung der Bauaufsichtsbehörde dient, müssen die Bauaufsichtsbehörden die erforderlichen sicherheitstechnischen Gebäudeausrüstungen und deren wiederkehrende Prüfung in der Baugenehmigung gemäß § 51 MBO anordnen.

15 § 2 Absatz 2 Muster-Prüfverordnung schreibt eine Prüfung der sicherheitstechnischen Gebäudeausrüstung vor der ersten Aufnahme der Nut-

---

3 Muster-Verordnung über Prüfungen von technischen Anlagen und Einrichtungen nach Bauordnungsrecht – MPrüfVO – (Muster-Prüfverordnung), Stand März 2011, Fundstelle: www.bauministerkonferenz.de.

zung der baulichen Anlage, nach wesentlichen Änderungen und wiederkehrend alle drei Jahre vor.

Die Prüfungen müssen nach den Grundsätzen für die Prüfung technischer Anlagen entsprechend der Muster-Prüfverordnung durch bauaufsichtlich anerkannte Prüfsachverständige (Muster-Prüfgrundsätze)[4] durchgeführt werden. **16**

Die Prüfsachverständigen haben bei ihrer Erstprüfung den zu dieser Zeit geltenden Stand der Technik zugrunde zu legen. Da die geprüfte sicherheitstechnische Gebäudeausrüstung als Bestandteil der baulichen Anlage Bestandsschutz genießt, hat der Prüfsachverständige bei der wiederkehrenden Prüfung ebenfalls den Stand der Technik zum Zeitpunkt der Erstprüfung zugrunde zu legen. Wird die sicherheitstechnische Gebäudeausrüstung wesentlich geändert, so hat der Prüfsachverständige für die Prüfung der wesentlichen Änderungen den Stand der Technik zu diesem Zeitpunkt zu beachten und bei der wiederkehrenden Prüfung nach drei Jahren ebenfalls. **17**

4 Grundsätze für die Prüfung technischer Anlagen entsprechend der Muster-Prüfverordnung durch bauaufsichtlich anerkannte Prüfsachverständige (Muster-Prüfgrundsätze), Stand 26.11.2010, Fundstelle: www.bauministerkonferenz.de.

§ 14 Sicherheitsstromversorgungsanlagen, elektrische Anlagen und Blitzschutzanlagen

(1) Versammlungsstätten müssen eine Sicherheitsstromversorgungsanlage haben, die bei Ausfall der Stromversorgung den Betrieb der sicherheitstechnischen Anlagen und Einrichtungen übernimmt, insbesondere der

1. Sicherheitsbeleuchtung,
2. automatischen Feuerlöschanlagen und Druckerhöhungsanlagen für die Löschwasserversorgung,
3. Rauchabzugsanlagen,
4. Brandmeldeanlagen,
5. Alarmierungsanlagen.

(2) In Versammlungsstätten für verschiedene Veranstaltungsarten, wie Mehrzweckhallen, Theater und Studios, sind für die vorübergehende Verlegung beweglicher Kabel und Leitungen bauliche Vorkehrungen, wie Installationsschächte und -kanäle oder Abschottungen, zu treffen, die die Ausbreitung von Feuer und Rauch verhindern und die sichere Begehbarkeit, insbesondere der Rettungswege, gewährleisten.

(3) Elektrische Schaltanlagen dürfen für Besucher nicht zugänglich sein.

(4) Versammlungsstätten müssen Blitzschutzanlagen haben, die auch die sicherheitstechnischen Einrichtungen schützen (äußerer und innerer Blitzschutz).

Übersicht

1. Überblick

1 § 14 ist eine Bauvorschrift, die bei der Errichtung und bei Änderungen der baulichen Anlagen anzuwenden ist. Der bauliche Bestandsschutz ist nicht berührt.

Aufzüge dürfen im Brandfall nicht benutzt werden, auch nicht von Benutzern von Rollstühlen. Für Versammlungsstätten ergibt sich daraus die Konsequenz, dass der Einbau eines Feuerwehraufzuges erforderlich ist, wenn Besucherplätze für Rollstuhlbenutzer in Geschossen angeordnet werden, die von Rollstuhlbenutzern nur mit einem Aufzug erreicht werden können. 2

2. Sicherheitsstromversorgungsanlage

Absatz 1 bezeichnet beispielhaft die sicherheitstechnischen Anlagen, für die der Anschluss an eine Sicherheitsstromversorgungsanlage gefordert wird: 3

- Sicherheitsbeleuchtung,
- automatische Feuerlöschanlagen und Druckerhöhungsanlagen für die Löschwasserversorgung,
- Rauchabzugsanlagen,
- Brandmeldeanlagen und
- Alarmierungsanlagen.

Die Aufzählung in Absatz 1 ist nicht abschließend. Soweit der Betrieb von nicht in Absatz 1 aufgelisteten sicherheitstechnischen Einrichtungen von einer Stromversorgung anhängt, ist auch für diese eine Sicherheitsstromversorgung erforderlich. Beispiele dafür sind: 4

- Feuerschutzabschlüsse und selbstschließende Türen (§ 9 Absatz 1 und 5),
- elektrisch betriebene Abschlüsse von Öffnungen zur Rauchableitung,
- Brandfallsteuerung der Aufzüge (§ 20 Absatz 4),
- Beleuchtung der Auslösevorrichtungen am Platz der Brandsicherheitswache (§ 25 Absatz 2 Satz 3),
- Co-, CO_2- und CH-Warnanlagen,
- Feuerwehraufzüge (DIN EN 81-72:2018-03[1]).

Von einer Aufnahme der Aufzüge mit Brandfallsteuerung sowie der Feuerschutzabschlüsse in die Regelung des Absatzes 1 wurde abgesehen, weil sich die Sicherheitsstromversorgung unmittelbar aus den dafür 5

1 DIN EN 81-72:2018-03
Sicherheitsregeln für die Konstruktion und den Einbau von Aufzügen – Besondere Anwendungen für Personen- und Lastenaufzüge – Teil 72: Feuerwehraufzüge.

geltenden Technischen Baubestimmungen, den allgemein anerkannten Regeln der Technik oder den jeweiligen Zulassungen ergibt.

6 Die Sicherheitsstromversorgungsanlage muss eine Versorgung der sicherheitstechnisch erforderlichen Anlagen und Einrichtungen bei Stromausfall, aus welcher Ursache auch immer, sicherstellen. Die Sicherheitsstromversorgungsanlage muss nicht nur bei Ausfall der allgemeinen Stromversorgung die Funktion der daran angeschlossenen sicherheitstechnischen und technischen Gebäudeausrüstung gewährleisten, sondern insbesondere auch im Brandfall. Die Technische Baubestimmung des Abschnitts A 2.1.21.11 der MVV TB ist zu beachten.

7 Im bauaufsichtlichen Sprachgebrauch wird nur die Stromversorgung der sicherheitstechnischen Gebäudeausrüstung mit Ersatzstrom bei Ausfall der allgemeinen Stromversorgung mit dem Begriff „Sicherheitsstromversorgung“ bezeichnet.

8 Für die Versorgung anderer wichtiger elektrisch betriebener Anlagen sind die Begriffe „Notstromversorgung“ oder „Ersatzstromversorgung“ üblich, nicht jedoch für Versammlungsstätten.

9 Die Anforderungen an die Sicherheitsstromversorgungsanlage betreffen das gesamte System, von der Stromquelle über das Leitungsnetz, die Schaltanlagen und Verteiler bis zum Verbraucher. Für den Funktionserhalt der elektrischen Leitungsanlagen im Brandfall ist die Nummer 5 der Muster-Leitungsanlagen-Richtlinie[2] sowie die DIN 4102-12[3] zu beachten.

10 Aus Absatz 1 ergibt sich nicht, welche Stromquelle für die Sicherheitsstromversorgung verwendet wird. Absatz 1 erfordert auch nicht, dass alle sicherheitstechnischen Einrichtungen an die gleiche Sicherheitsstromversorgungsanlage anzuschließen sind.

11 Welche Ersatzstromquelle verwendet wird, hängt von der Art und Größe der jeweiligen sicherheitstechnischen Einrichtung, der erforderlichen Umschaltzeit und der Mindestbetriebsdauer ab. Die Grundregeln für die Auswahl der Stromquelle für die elektrischen Anlagen für Sicher-

---

2 Muster-Richtlinie über brandschutztechnische Anforderungen an Leitungsanlagen (Muster-Leitungsanlagen-Richtlinie – MLAR), Stand: 4.5.2016, Fundstelle: www.bauministerkonferenz.de.

3 DIN 4102-12:1998-11
Brandverhalten von Baustoffen und Bauteilen – Teil 12: Funktionserhalt von elektrischen Kabelanlagen, Anforderungen und Prüfungen.

heitszwecke sind in der DIN VDE 0100-718:2014-04 in Verbindung mit der DIN VDE 0100-560:2013-10 enthalten.

Die Stromversorgung mit Ersatzstrom bei Ausfall der allgemeinen Stromversorgung erfolgt durch Batterien oder Stromerzeugungsaggregate oder ein besonders gesichertes Stromnetz. Je nach dem Verwendungszweck können Batterien als Zentralbatterien, Gruppenbatterien oder Einzelbatterien in Betracht kommen. 12

Erfolgt die Sicherheitsstromversorgung durch ortsfeste Stromerzeugungsaggregate oder zentrale Batterieanlagen, so sind diese in besonderen elektrischen Betriebsräumen unterzubringen, an welche die Muster-Verordnung über den Bau von Betriebsräumen für elektrische Anlagen (M-EltBauVO) zusätzliche Anforderungen stellt. 13

Bei den Stromerzeugungsaggregaten wird danach unterschieden, ob sie ohne Unterbrechung (0 c), mit einer kurzen Unterbrechung (≤ 0,5 s) oder einer mittleren Unterbrechung (≤ 0,15 s) reagieren. Für die technische Ausführung der Anlage sind die jeweiligen bauaufsichtlichen und sonstigen Zulassungen, die Muster-Leitungsanlagen-Richtlinie, die Muster-EltBauVO und das umfangreiche technische Regelwerk zu beachten. 14

Die Art der Stromquelle, die Umschaltzeit und die Betriebsdauer der Stromquelle für die Sicherheitsbeleuchtung ist im normativen Anhang A der seit Januar 2010 vorliegenden Vornorm für Sicherheitsbeleuchtungsanlagen, der DIN VDE V 0108-100 (VDE V 0108-100):2018-12,[4] geregelt, die die sich aus der DIN EN 50172:2005-01 ergebenden Anforderungen ergänzt. 15

Hinweise für die Art der Stromquelle, die Umschaltzeit und die Betriebsdauer der Stromquelle für 16

- Feuerlöschanlagen und Druckerhöhungsanlagen zur Löschwasserversorgung,
- Feuerwehraufzüge,
- Personenaufzüge mit Brandfallsteuerung,
- Co-, CO_2- und CH-Warnanlagen

4 DIN V VDE V 0108-100 (VDE V 0108-100):2018-12
Sicherheitsbeleuchtungsanlagen – Teil 100-1: Vorschläge für ergänzende Festlegungen zu EN 50172:2004.

ergeben sich aus der Tabelle A1 des normativen Anhangs A der DIN VDE 0100-718:2014-06.[5]

17 Für die Dauer des Funktionserhalts sind die bauaufsichtlichen Regelungen der Nummer 5.3 der Muster-Leitungsanlagenrichtlinie (MLAR) maßgebend. Nach Nummer 5.3.1 der MLAR ist für

- automatische Feuerlöschanlagen,
- maschinelle Rauchabzugsanlagen und
- Feuerwehraufzüge

ein Funktionserhalt von 90 Minuten erforderlich.

18 Nach Nummer 5.3.1 der MLAR ist für

- Sicherheitsbeleuchtungsanlagen,
- Personenaufzüge mit Brandfallsteuerung,
- Brandmeldeanlagen einschließlich der zugehörigen Übertragungsanlagen,
- Anlagen zur Alarmierung und Erteilung von Anweisungen und
- natürliche Rauchabzugsanlagen

ein Funktionserhalt von 30 Minuten erforderlich.

19 Für Ausstellungen, Shows und Ausstellungsstände in Ausstellungs-, Messe- und Mehrzweckhallen sowie auf dem Messegelände enthält die DIN VDE 0100-711:2003-11[6] besondere technische Regeln für das Errichten der zugehörigen Niederspannungsanlagen. Für die vorübergehende Errichtung von elektrischen Anlagen für Aufbauten, Vergnügungseinrichtungen und Buden auf Kirmesplätzen, Vergnügungsparks

---

5 DIN VDE 0100-718; VDE 0100-718:2014-06
Errichten von Niederspannungsanlagen – Teil 7-718: Anforderungen für Betriebsstätten, Räume und Anlagen besonderer Art – Öffentliche Einrichtungen und Arbeitsstätten;
DIN VDE 0100-718 Beiblatt 1; VDE 0100-718 Beiblatt 1:2016-06
Errichten von Niederspannungsanlagen – Teil 7-718: Anforderungen für Betriebsstätten, Räume und Anlagen besonderer Art – Öffentliche Einrichtungen und Arbeitsstätten; Beiblatt 1: Erläuterungen zur Anwendung der normativen Anforderungen aus DIN VDE 0100-718 (VDE 0100-718):2014-06.

6 DIN VDE 0100-711; VDE 0100-711:2003-11
Errichten von Niederspannungsanlagen – Anforderungen für Betriebsstätten, Räume und Anlagen besonderer Art – Teil 711: Ausstellungen, Shows und Stände (IEC 60364-7-711:1998, modifiziert); dazu liegt ein neuer Normentwurf vor:
DIN VDE 0100-711; VDE 0100-711:2017-07
Errichten von Niederspannungsanlagen – Teil 7-711: Anforderungen für Betriebsstätten, Räume und Anlagen besonderer Art – Ausstellungen, Shows und Stände (IEC 64/2145/CDV:2016).

und für Zirkusse sind ebenfalls besondere technische Regeln für die Errichtung der elektrischen Niederspannungsanlagen zu beachten. Die Anwendung der entsprechenden DIN VDE 0100-740:2007-10[7] kommt auch in Betracht, wenn die im Anwendungsbereich der Norm genannten Aufbauten, Vergnügungseinrichtungen und Buden vorübergehend auf dem Freigelände eines Messegeländes aufgestellt werden.

3. Installationsschächte und -kanäle

Die Regelung des **Absatzes 2** stellt klar, dass gemäß der Muster-Leitungsanlagen-Richtlinie entsprechende Installationsschächte und -kanäle sowie Abschottungen **auch für die vorübergehende Verlegung beweglicher Kabel und Leitungen** einzurichten sind. Die Regelung des Absatzes 2 ist als Betriebsvorschrift auch auf bestehende Versammlungsstätten unmittelbar anzuwenden. Die Vorhaltung dieser baulichen Vorkehrungen ermöglicht die flexible Nutzung bei wechselnden Veranstaltungen. So können z.B. Kabeldurchführungen durch Brandwände durch Brandschutzkissen abgeschottet werden. 20

Die Regelung ist auch hinsichtlich der vorübergehend in Versammlungsstätten eingebrachten elektrischen Anlagen anzuwenden. Werden in eine Versammlungsstätte, die keine baulichen Vorkehrungen für die vorübergehende Verlegung beweglicher Kabel und Leitungen gemäß § 14 Absatz 2 hat, derartige Kabel und Leitungen eingebracht, so ist gleichwohl das in Absatz 2 genannte Schutzziel zu beachten. 21

Bei bestehenden Versammlungsstätten und bei vorübergehend als Versammlungsstätte genutzten Räumen ist daher zu beachten, dass es nicht zulässig ist, Kabel vorübergehend durch Brand- oder Rauchschutztüren zu verlegen und dadurch deren Selbstschließung und deren Schutzfunktion zu beeinträchtigen. 22

Anmerkung:

Niedersachsen hat Absatz 2 sprachlich anders gefasst. Der Regelungsgehalt und das Schutzziel entsprechen jedoch der Musterregelung.

7 DIN VDE 0100-740; VDE 0100-740:2007-10
Errichten von Niederspannungsanlagen – Teil 7-740: Anforderungen für Betriebsstätten, Räume und Anlagen besonderer Art – Vorübergehend errichtete elektrische Anlagen für Aufbauten, Vergnügungseinrichtungen und Buden auf Kirmesplätzen, Vergnügungsparks und für Zirkusse (IEC 60364-7-740:2000, modifiziert).

4. Elektrische Schaltanlagen

23 **Absatz 3** bestimmt aus Sicherheitsgründen, dass elektrische Schaltanlagen nicht für Besucher zugänglich sein dürfen. Die Regelung des Absatzes 3 ist als Betriebsvorschrift auch auf bestehende Versammlungsstätten unmittelbar anzuwenden.[8] Allerdings birgt sie eine **Erleichterung** gegenüber der alten Rechtslage des § 105 Absatz 2 VStättVO 1978. Es besteht keine Pflicht, elektrische Schaltanlagen in einem gesonderten Raum mit besonderer Brandklasse unterzubringen.

24 Mobile elektrische Anlagen dürfen ebenso wie fest installierte elektrische Anlagen für Besucher nicht zugänglich sein.

25 Damit soll zum einen verhindert werden, dass Besucher durch Kontakt mit dem Strom zu Schaden kommen, zum andere soll verhindert werden, dass Besucher die elektrischen Anlagen manipulieren und so eine Gefährdung herbeiführen können.

26 Auf Grund der technischen Weiterentwicklung von Schaltanlagen können sie für eine Veranstaltung auch mobil in die Versammlungsstätte eingebracht werden. In den Anwendungsbereich der Vorschrift fallen auch vorübergehend in Versammlungsräumen aufgestellte Beleuchtungs- und Beschallungsanlagen, zum Beispiel aus Anlass von Tournee-Gastspielen.

27 Absatz 3 ist auf den Zweck ausgerichtet, zum einen den Schutz der Besucher bei im Versammlungsraum aufgestellten elektrischen Schaltanlagen zu gewährleisten und zum anderen eine Manipulation von Schaltanlagen, wie Verteiler, Dimmer und andere Sicherungs- und Steuerungseinrichtungen, durch unberechtigte Besucher auszuschließen. Dies ist durch den Veranstalter oder Betreiber sicherzustellen. Ein Seil oder Flatterband zur Absperrung der Schaltanlage genügt den Anforderungen in diesem Sinn nicht.

28 Ergänzend zu beachten sind die einschlägigen arbeitsschutzrechtlichen Vorschriften der ASR A3.4/3 Sicherheitsbeleuchtung, optische Sicherheitsleitsysteme und die Anforderungen des technischen Regelwerks zum Umgang mit elektrischen Schaltanlagen.[9]

29 Unabhängig von der Regelung des Absatzes 3 ist bei der Errichtung oder Änderung von Versammlungsstätten die Verordnung über den Bau

---

8 Vgl. Kommentierung zu § 46 Absatz 2.

9 DIN VDE 0105-100 VDE 0105-100:2009-10
Betrieb von elektrischen Anlagen – Teil 100: Allgemeine Festlegungen.

von Betriebsräumen für elektrische Anlage (EltBauVO)[10] zu beachten. Diese Verordnung regelt nicht die Steuerungstechnik, sondern verpflichtet dazu, besondere elektrische Betriebsräume einzurichten. Diese sind erforderlich für

- Transformatoren und Schaltanlagen für Nennspannungen über 1 kV,
- ortsfeste Stromerzeugungsaggregate für bauordnungsrechtlich vorgeschriebene sicherheitstechnische Anlagen und Einrichtungen und
- zentrale Batterieanlagen für bauordnungsrechtlich vorgeschriebene sicherheitstechnische Anlagen und Einrichtungen.

Für diese elektrischen Betriebsräume gelten nach den §§ 3 bis 7 M-EltBauVO besondere Anforderungen insbesondere an den vorbeugenden baulichen Brandschutz. **30**

Nach § 46 MBO sind bauliche Anlagen, bei denen nach Lage, Bauart oder Nutzung Blitzschlag leicht eintreten oder zu schweren Folgen führen kann, mit dauernd wirksamen Blitzschutzanlagen zu versehen. Nach **Absatz 4** MVStättVO sind Blitzschutzanlagen erforderlich, weil Versammlungsstätten zu den baulichen Anlagen gehören, bei denen nach Lage, Bauart oder Nutzung Blitzschlag leicht eintreten oder zu schweren Folgen führen kann. Die Blitzschutzanlage muss den äußeren und inneren Blitzschutz gewährleisten. **31**

Blitzschutzanlagen dienen zum Schutz der sicherheitstechnischen Einrichtungen und Anlagen im Inneren der Versammlungsstätte zur Sicherung der Personenrettung und der Unterstützung wirksamer Löscharbeiten. Sie dienen damit zugleich der Vorbeugung von Panik bei Massenveranstaltungen. Sie sollen gegen Auswirkungen des Blitzstromes und der Blitzspannung auf Installationen sowie elektrische und elektronische Teile der anderen Einrichtungen und Anlagen in der baulichen Anlage bei unmittelbarem oder mittelbarem Blitzeinschlag schützen. Dazu sind Maßnahmen gegen Überspannung (äußerer und innerer Blitzschutz) und gefährliche Funkenbildung zu treffen. **32**

Alle notwendigen Angaben des Blitzschutzes sind im Brandschutznachweis darzustellen. Bei der Konzeption der Blitzschutzanlagen[11] nach Absatz 4 sind die Abschnitte A 2.1.12 und A 2.1.21.15 der MVV TB zu **33**

---

10 Muster einer Verordnung über den Bau von Betriebsräumen für elektrische Anlagen (EltBauVO), Stand Januar 2009, Fundstelle: www.bauministerkonferenz.de.

11 Vgl. dazu auch die Richtlinien:
VdS 2006 1999-07 – Blitzschutz durch Blitzableiter, Merkblatt zur Schadenverhütung;
VdS 2010 2005-07 – Risikoorientierter Blitz- und Überspannungsschutz, Richtlinien zur Schadenverhütung;

beachten. In technischer Hinsicht enthält die MVV TB keine technischen Baubestimmungen für Blitzschutzanlagen. Blitzschutzanlagen sind gemäß § 17 Absatz 3 MBO in der Liste der Bauprodukte aufgeführt, die keines Verwendbarkeitsnachweises bedürfen.[12]

34 In diese Liste werden Bauprodukte aufgenommen, für die es allgemein anerkannte Regeln der Technik zwar gibt und an die die Bauordnung auch Anforderungen nach § 3 MBO stellt, aber dennoch auf Verwendbarkeitsnachweise verzichtet wird (ehemals „sonstige Bauprodukte"). Hierunter fallen insbesondere Bauprodukte, die durch andere Zertifizierungs- und Zulassungssysteme abgedeckt werden (z. B. DVGW und VDE).

35 In technischer Hinsicht sind die europäisch harmonisierten Normen der Normenreihen DIN EN 62305 bzw. VDE 0185-305[13] sowie die Normen der Normenreihe DIN EN 62561; VDE 0185-561-1[14] zu beachten.

5. Technisches Regelwerk für Niederspannungsanlagen

36 Die Bauprodukte für Elektroinstallationen wie Leitungen, Schalter, Steckdosen u. Ä. zur Allgemeinstromversorgung unter Normalbedingungen von baulichen Anlagen sind ebenfalls in die Liste der Bauprodukte aufgenommen, für die kein Verwendbarkeitsnachweis erforderlich ist. Eine Verwendbarkeit der Bauprodukte im Sinne des § 16b MBO muss damit materiell zwar vorliegen, jedoch ist diese nach Bauordnungsrecht nicht nachzuweisen. Hierunter fallen insbesondere Bauprodukte, die durch andere Zertifizierungs- und Zulassungssysteme abgedeckt werden (z. B. DVGW und VDE).

37 Der Verband der Elektrotechnik, Elektronik und Informationstechnik (VDE) gibt das VDE-Vorschriftenwerk heraus. Gleichzeitig sind diese Bestimmungen Bestandteil der DIN-Normen. Für elektrische Geräte

---

VdS 2031 1998-07 – Blitz- und Überspannungsschutz in elektrischen Anlagen, Richtlinien zur Schadenverhütung.

12 Siehe Abschnitt D 2.1 der MVV TB.

13 Siehe dazu die Normenreihe DIN EN 62305, z. B.:
DIN EN 62305-1; VDE 0185-305-1:2011-10
Blitzschutz – Teil 1: Allgemeine Grundsätze;
DIN EN 62305-1 Berichtigung 1; VDE 0185-305-1 Berichtigung 1:2012-03
Blitzschutz – Teil 1: Allgemeine Grundsätze.

14 Siehe dazu die Normenreihe DIN EN 62561, die in ihren wesentlichen Teilen mit Stand 2017 und 2018 vorliegt:
DIN EN 62561-1; VDE 0185-561-1:2017-12
Blitzschutzsystembauteile (LPSC) – Teil 1: Anforderungen an Verbindungsbauteile (IEC 62561-1:2017).

und Bauteile, die den VDE-Bestimmungen entsprechen, wird von der VDE-Prüfstelle ein VDE-Prüfzeichen vergeben.

Im Bereich der Elektrotechnik ist die Normenreihen DIN VDE 0100 zu beachten. Für Versammlungsstätten gelten insbesondere die 38

- DIN VDE 0100-711; VDE 0100-711:2003-11
  Errichten von Niederspannungsanlagen – Anforderungen für Betriebsstätten, Räume und Anlagen besonderer Art – Teil 711: Ausstellungen, Shows und Stände.
  Dazu liegt ein Normentwurf Stand 2017-07 vor.
- DIN VDE 0100-712; VDE 0100-712:2016-10
  Errichten von Niederspannungsanlagen – Teil 7-712: Anforderungen für Betriebsstätten, Räume und Anlagen besonderer Art – Solar-Photovoltaik (PV) Stromversorgungssysteme.
- DIN VDE 0100-718; VDE 0100-718:2014-06
  Errichten von Niederspannungsanlagen – Teil 7-718: Anforderungen für Betriebsstätten, Räume und Anlagen besonderer Art – Öffentliche Einrichtungen und Arbeitsstätten.
- DIN VDE 0100-740; VDE 0100-740:2007-10
  Errichten von Niederspannungsanlagen – Teil 7-740: Anforderungen für Betriebsstätten, Räume und Anlagen besonderer Art – Vorübergehend errichtete elektrische Anlagen für Aufbauten, Vergnügungseinrichtungen und Buden auf Kirmesplätzen, Vergnügungsparks und für Zirkusse.

Die DIN VDE 0100-718 (VDE 0100-718):2014-04 enthält zusätzlich 39
zu den anderen Teilen der Normenreihe DIN VDE 0100 besondere Anforderungen für Niederspannungsanlagen von Gebäuden für Menschenansammlungen. Hinsichtlich der Regelungen für Sicherheitszwecke ist die Norm DIN VDE 0100-718:2014-04 jedoch nicht abschließend. Sie gilt nicht für Einrichtungen für Sicherheitszwecke, für die eigene europäisch harmonisierte Normen eingeführt wurden. Dies betrifft zum Beispiel die Sicherheitsbeleuchtungsanlagen[15] und die Rauch- und Wärmeabzugsanlagen[16] für die Anforderungen an die Sicherheitsstromversorgung besonders geregelt sind.

15 DIN EN 50172 (VDE 0108-100):2005-01
Sicherheitsbeleuchtungsanlagen.

16 DIN EN 12101-10:2006-01
Rauch- und Wärmefreihaltung – Teil 10: Energieversorgung;
DIN EN 12101-10 Berichtigung 1: 2009-07
Rauch- und Wärmefreihaltung – Teil 10: Energieversorgung; Berichtigung zu DIN EN 12101-10:2006-01.

§ 15 Sicherheitsbeleuchtung

(1) In Versammlungsstätten muss eine Sicherheitsbeleuchtung vorhanden sein, die so beschaffen ist, dass Arbeitsvorgänge auf Bühnen und Szenenflächen sicher abgeschlossen werden können und sich Besucher, Mitwirkende und Betriebsangehörige auch bei vollständigem Versagen der allgemeinen Beleuchtung bis zu öffentlichen Verkehrsflächen hin gut zurechtfinden können.

(2) Eine Sicherheitsbeleuchtung muss vorhanden sein

1. in notwendigen Treppenräumen, in Räumen zwischen notwendigen Treppenräumen und Ausgängen ins Freie und in notwendigen Fluren,
2. in Versammlungsräumen sowie in allen übrigen Räumen für Besucher (z. B. Foyers, Garderoben, Toiletten),
3. für Bühnen und Szenenflächen,
4. in den Räumen für Mitwirkende und Beschäftigte mit mehr als 20 m^2 Grundfläche, ausgenommen Büroräume,
5. in elektrischen Betriebsräumen, in Räumen für haustechnische Anlagen sowie in Scheinwerfer- und Bildwerferräumen,
6. in Versammlungsstätten im Freien und Sportstadien, die während der Dunkelheit benutzt werden,
7. für Sicherheitszeichen von Ausgängen und Rettungswegen,
8. für Stufenbeleuchtungen.

(3) [1]In betriebsmäßig verdunkelten Versammlungsräumen, auf Bühnen und Szenenflächen muss eine Sicherheitsbeleuchtung in Bereitschaftsschaltung vorhanden sein. [2]Die Ausgänge, Gänge und Stufen im Versammlungsraum müssen auch bei Verdunklung unabhängig von der übrigen Sicherheitsbeleuchtung erkennbar sein. [3]Bei Gängen in Versammlungsräumen mit auswechselbarer Bestuhlung sowie bei Sportstadien mit Sicherheitsbeleuchtung ist eine Stufenbeleuchtung nicht erforderlich.

Übersicht

1. Überblick

Bei der Vorschrift des § 15 handelt es sich um eine Bauvorschrift, die 1
bei der Errichtung und bei Änderungen der baulichen Anlagen anzuwenden ist. Eine Anpassungspflicht für bestehende Versammlungsstätten ist nicht geregelt. Der Bestandsschutz ist nicht berührt. § 15 regelt das Schutzziel und die grundsätzlichen Anforderungen an eine Sicherheitsbeleuchtung und bestimmt die Bereiche, in denen eine Sicherheitsbeleuchtung vorhanden sein muss.

2. Schutzziele der Vorschrift

Für Fall des Ausfalls der allgemeinen Beleuchtung in Versammlungs- 2
stätten schreibt **Absatz 1** eine Sicherheitsbeleuchtung vor. Absatz 1 benennt zwei Schutzziele,

- den sicheren Abschluss der Arbeitsvorgänge auf Bühnen und Szenenflächen und
- die sichere Orientierung auf den Rettungswegen bis zu den öffentlichen Verkehrsflächen.

Das Schutzziel des sicheren Abschlusses der Arbeitsvorgänge auf Büh- 3
nen und Szenenflächen wurde im Hinblick auf die Aufgaben und Pflichten der Verantwortlichen für Veranstaltungstechnik nach § 40 ergänzend zu den arbeitsschutzrechtlichen Bestimmungen des Abschnitts 4.2 der ASR A3.4/7 aufgenommen. Bühnen und Szenenflächen sind in Abschnitt 4.2 der ASR A3.4/7[1] nicht ausdrücklich als Arbeitsbereiche mit besonderer Gefährdung genannt. Da auf Bühnen und Szenenflächen potenziell gefährliche Arbeitsabläufe und Situationen stattfinden, gelten

1 Technische Regeln für Arbeitsstätten – ASR A3.4/7 – Sicherheitsbeleuchtung, optische Sicherheitsleitsysteme, Ausgabe: Mai 2009, zuletzt geändert GMBl. 2017, S. 400.

besondere Anforderungen. Die Sicherheit des Bedienungspersonals und aller anwesenden Personen erfordert unter Umständen angemessene Abschaltmaßnahmen der beweglichen Einrichtungen der Ober- oder Untermaschinerie oder die Absicherung einer akrobatischen Vorführung auf dem Hochseil.

4 Das Schutzziel der sicheren Orientierung soll ein gefahrloses Verlassen der Versammlungsstätte bei Ausfall der allgemeinen Stromversorgung gewährleisten. Dies erfordert ausreichende Sehbedingungen und Orientierung auf Rettungswegen und in Gefahrenzonen. Ferner ermöglicht die Sicherheitsbeleuchtung auch ein leichtes Auffinden der Brandbekämpfungs- und Sicherheitseinrichtungen.

5 Die Sicherheitsbeleuchtung muss daher ein für das Erreichen der in Absatz 1 genannten Schutzziele erforderliches Mindestmaß an Beleuchtung gewährleisten. Eine spezielle Regelung der Beleuchtungsstärken ist in Absatz 1 nicht vorgegeben. Für die Ermittlung der Umschaltzeiten, der Beleuchtungsstärken und der Betriebsdauer sind die einschlägigen und speziellen Vorschriften zu beachten. Da Versammlungsstätten in allen Räumen und Bereichen zugleich Arbeitsstätten im Sinne des § 2 der Arbeitsstättenverordnung sind, sind die für Arbeitsstätten geltenden Vorschriften maßgebend.

6 Die Sicherheitsbeleuchtung muss nicht nur bei vollständigem Ausfall der allgemeinen Stromversorgung, sondern auch bei einem örtlichen Ausfall der allgemeinen Beleuchtung wirksam werden.

7 Für Sicherheitsbeleuchtungen ist die Technische Baubestimmung unter Abschnitt A 2.1.21.9 der MVV TB zu beachten.

3. Anwendungsbereich und Ausnahmen

8 **Absatz 2** legt abschließend fest, in welchen Räumen und Bereichen der Versammlungsstätte eine Sicherheitsbeleuchtung aus bauordnungsrechtlichen Gründen erforderlich ist.

9 Absatz 2 unterscheidet zwischen der Sicherheitsbeleuchtung der Rettungswege, bestehend aus der Rettungswegbeleuchtung, der Rettungszeichenbeleuchtung und der Stufenbeleuchtung sowie der Sicherheitsbeleuchtung der Räume und schreibt vor, wo eine Sicherheitsbeleuchtung vorhanden sein muss. Diese Unterscheidung entspricht der Struktur der europäischen harmonisierten Norm EN 1838, die in Deutschland

als DIN EN 1838:2013-10[2] umgesetzt ist und die Anforderungen an eine Sicherheitsbeleuchtung regelt.

Absatz 2 Nummer 7 verwendet den Begriff „Sicherheitszeichen“. Dabei handelt es sich um den Oberbegriff für Verbotszeichen, Warnzeichen, Gebotszeichen, Rettungszeichen oder Brandschutzzeichen im Sinne der Technischen Regel für Arbeitsstätten ASR A1.3 Sicherheits- und Gesundheitsschutzkennzeichnung. 10

Da sich Nummer 7 ausdrücklich auf die Sicherheitszeichen von Ausgängen und Rettungswegen nach § 6 Absatz 6 bezieht, schreibt Absatz 2 nur für diese Rettungszeichen eine Sicherheitsbeleuchtung vor. Da beleuchtete Rettungszeichen vorgeschrieben sind, sind selbstleuchtende Rettungszeichen an den Ausgängen und in den Rettungswegen nicht zulässig. Andere selbstleuchtende Rettungszeichen, z.B. das Rettungszeichen „Erste Hilfe“, selbstleuchtende Brandschutzzeichen oder andere selbstleuchtende Sicherheitszeichen, sind durch Absatz 2 nicht ausgeschlossen. 11

Bei der in Absatz 2 Nr. 8 und Absatz 3 Satz 2 und 3 genannten Stufenbeleuchtung handelt es sich um eine besondere Sicherheitsbeleuchtung für Stufengänge, bei der nur deren Stufen beleuchtet werden, damit diese bei abgedunkeltem Raum erkennbar sind. Als Ausnahmeregelung legt Absatz 3 Satz 3 fest, dass bei Gängen (gemeint sind Stufengänge) in Versammlungsräumen mit auswechselbarer Bestuhlung sowie bei Sportstadien mit Sicherheitsbeleuchtung eine Stufenbeleuchtung nicht erforderlich ist. 12

Neben den in Absatz 2 genannten Fällen schreibt § 25 Absatz 2 Satz 2 und 3 für die Beleuchtung der Auslösevorrichtungen am Platz der Brandsicherheitswache eine Sicherheitsbeleuchtung vor. 13

4. Bereitschaftsschaltung

Da eine Sicherheitsbeleuchtung in Dauerschaltung in abgedunkelten Versammlungsräumen, auf Bühnen und Szenenflächen die Vorführung stören kann, lässt **Absatz 3** Satz 1 zu, dass die Sicherheitsbeleuchtung in Bereitschaftsschaltung betrieben wird. Unabhängig von der Sicher- 14

2 DIN EN 1838:2013-10
Angewandte Lichttechnik – Notbeleuchtung;
DIN EN 1838 Beiblatt 1: 2018-11
Angewandte Lichttechnik – Notbeleuchtung; Beiblatt 1: Erläuterungen und Anwendungshinweise.

heitsbeleuchtung in Bereitschaftsschaltung müssen nach Satz 2 jedoch die Ausgänge, Gänge und Stufen im Versammlungsraum auch bei Verdunklung erkennbar sein. Dazu genügt es in der Regel, dass die Ausgänge mit beleuchteten Rettungszeichen gekennzeichnet und die Stufen der Stufengänge durch die Stufenbeleuchtung erkennbar sind.

5. Anforderungen an die Sicherheitsbeleuchtung

15 Die **Sicherheitsbeleuchtung für Rettungswege** besteht aus den hinterleuchteten Rettungszeichen, die die Ausgänge und die Führung der Rettungswege kennzeichnen sowie der ausreichenden Beleuchtung der Rettungswege, damit das Gebäude sicher verlassen werden kann. Beleuchtete Rettungszeichen müssen bei jedem Ausgang (Notausgang) angebracht sein sowie bei jeder Richtungsänderung und jeder Kreuzung von Rettungswegen.

16 Sicherheitsleuchten auf Rettungswegen müssen im Verlauf der Rettungswege insbesondere die Notausgänge, die Stufen der notwendigen Treppen, die Richtungsänderungen, Niveauänderungen und Kreuzungen der Rettungswege mit einer Beleuchtungsstärke von mindestens 1 lx auf dem Boden ausleuchten und dürfen nicht blenden.

Beispiele:

- Treppenräume, Räume zwischen notwendigen Treppenräumen und Ausgängen ins Freie, notwendige Flure nach Absatz 2 Nummer 1,
- Sicherheitszeichen nach Absatz 2 Nummer 7.

17 Die Sicherheitsbeleuchtung in größeren Räumen und Hallen, wie Versammlungsräumen und Foyers, die bei Ausfall der allgemeinen Beleuchtung eine ausreichende Beleuchtung zur Orientierung im Raum ermöglicht, dass der Ausgang aus dem Raum sicher erreicht werden kann. Es handelt sich also um eine stark minimierte Grundbeleuchtung z.B. in Räumen nach Absatz 2 Nummer 2, die auch in Bereitschaftsschaltung betrieben werden kann.

18 Die Sicherheitsbeleuchtung in diesen Räumen muss eine Beleuchtungsstärke von mindestens 0,5 lx auf dem Boden aufweisen. Die Beleuchtungsstärke der Sicherheitsbeleuchtung für die Beleuchtung von Arbeitsplätzen mit besonderer Gefährdung muss mindestens 15 lx betragen.

	Sicherheitsbeleuchtung für		
	Rettungswege	**Antipanik-Beleuchtung**	**Arbeitsplätze mit besonderer Gefährdung**
Beleuchtungs-Stärke, lx	$E_{min} > 1$	0,5	10 % des für die Aufgabe erforderlichen Wartungswertes > 15 lx
Gleichmäßigkeit	$E_{max} : E_{min} = 40 : 1$	$E_{max} : E_{min} = 40 : 1$	$E_{max} : E_{min} = 10 : 1$
Einschaltverzögerung, s	5	5	0,5
Farbwiedergabe	$R_a \geq 40$	$R_a \geq 40$	$R_a \geq 40$
Nennbetriebsdauer, h	1	1	solange eine Gefährdung besteht

Beispiele:

- Versammlungsräume sowie alle übrigen Räume für Besucher (z. B. Foyers, Garderoben, Toiletten) nach Absatz 2 Nummer 2,
- Räume für Mitwirkende und Beschäftigte mit mehr als 20 m² Grundfläche, ausgenommen Büroräume, nach Absatz 2 Nummer 4,
- in Versammlungsstätten im Freien und Sportstadien, die während der Dunkelheit benutzt werden, nach Absatz 2 Nummer 6.

Die **Sicherheitsbeleuchtung für die Beleuchtung von Arbeitsplätzen mit besonderer Gefährdung** soll der Sicherheit von Personen dienen, die sich in potenziell gefährlichen Arbeitsabläufen oder Situationen befinden und es ermöglichen, angemessene Abschaltmaßnahmen zur Sicherheit des Bedienungspersonals und anderer in den Räumlichkeiten befindlicher Personen zu treffen. 19

Beispiele:

- Bühnen und Szenenflächen nach Absatz 2 Nummer 3,
- elektrische Betriebsräume, Räume für haustechnische Anlagen sowie in Scheinwerfer- und Bildwerferräume nach Absatz 2 Nummer 5,
- Auslösevorrichtungen am Platz der Brandsicherheitswache nach § 25 Absatz 2 Satz 2,
- Arbeitsstätten nach Nummer 4.2 der ASR A3.4/7 Sicherheitsbeleuchtung, optische Sicherheitsleitsysteme.

6. Arbeitsschutzrechtliche Vorschriften

20 Da Versammlungsstätten zugleich auch Arbeitsstätten im Sinne des § 2 Arbeitsstättenverordnung – ArbStättV sind, gelten für Versammlungsstätten die arbeitsschutzrechtlichen Vorschriften.[3] Die Bundesregierung hat mit der ArbStättV von der Ermächtigung des § 18 des Arbeitsschutzgesetzes Gebrauch gemacht und besondere Vorschriften für Arbeitsstätten erlassen. § 3 Absatz 1 ArbStättV schreibt zur Beurteilung der Arbeitsbedingungen eine Gefährdungsbeurteilung der Arbeitsplätze vor. Entsprechend dem Ergebnis der Gefährdungsbeurteilung hat der Arbeitgeber Maßnahmen zum Schutz der Beschäftigten gemäß den Vorschriften der ArbStättV einschließlich ihres Anhangs festzulegen. Die grundsätzlichen Anforderungen an Arbeitsstätten sind im Anhang zur ArbStättV geregelt.

21 Nummer 2.3 Absatz 1 Satz 2 des Anhangs zur ArbStättV[4] schreibt für Arbeitsstätten eine Sicherheitsbeleuchtung für die Fluchtwege vor. Ferner schreibt Nummer 3.4 Absatz 7 des Anhangs zur ArbStättV[5] vor, dass Arbeitsstätten, in denen die Beschäftigten bei Ausfall der Allgemeinbeleuchtung Unfallgefahren ausgesetzt sind, eine ausreichende Sicherheitsbeleuchtung haben müssen.

---

3 Die **Unfallverhütungsvorschrift** der Berufsgenossenschaften BGR 216 – Optische Sicherheitsleitsysteme ist vom DGUV zurückgezogen, da die zu beachtenden Bestimmungen durch die Anforderungen in den Technischen Regeln für Arbeitsstätten „Sicherheitsbeleuchtung, optische Sicherheitsleitsysteme“, ASR A3.4/3 festgelegt sind.

4 Absatz 1 der Nummer 2.3 Fluchtwege und Notausgänge (Anhang zur ArbStättV):
„(1) Fluchtwege und Notausgänge müssen
a) sich in Anzahl, Anordnung und Abmessung nach der Nutzung, der Einrichtung und den Abmessungen der Arbeitsstätte sowie nach der höchstmöglichen Anzahl der dort anwesenden Personen richten,
b) auf möglichst kurzem Weg ins Freie oder, falls dies nicht möglich ist, in einen gesicherten Bereich führen,
c) in angemessener Form und dauerhaft gekennzeichnet sein.
Sie sind mit einer Sicherheitsbeleuchtung auszurüsten, wenn das gefahrlose Verlassen der Arbeitsstätte für die Beschäftigten, insbesondere bei Ausfall der allgemeinen Beleuchtung, nicht gewährleistet ist.“

5 Absatz 7 der Nummer 3.4 Beleuchtung und Sichtverbindung (Anhang zur ArbStättV):
„(7) Arbeitsstätten, in denen bei Ausfall der Allgemeinbeleuchtung die Sicherheit der Beschäftigten gefährdet werden kann, müssen eine ausreichende Sicherheitsbeleuchtung haben.“

Ergänzend zu den gesetzlichen Regelungen des Anhangs der ArbStättV gelten die vom Bundesministerium für Arbeit und Soziales nach § 7 Absatz 4 ArbStättV im Gemeinsamen Ministerialblatt bekannt gemachten Technischen Regeln für Arbeitsstätten, die ASR.[6] 22

Die Nummer 2.3 Absatz 1 Satz 2 des Anhangs zur ArbStättV wird ergänzt durch die ASR A2.3 – Fluchtwege und Notausgänge, Flucht- und Rettungsplan. Unter Nummer 8 schreibt die ASR A2.3 vor, dass Fluchtwege mit einer Sicherheitsbeleuchtung auszurüsten sind, wenn bei Ausfall der allgemeinen Beleuchtung das gefahrlose Verlassen der Arbeitsstätte nicht gewährleistet ist. Ferner gibt die Nummer 8 Hinweise, in welchen weiteren Fällen eine Sicherheitsbeleuchtung erforderlich sein kann. 23

Die Nummer 3.4 Absatz 7 des Anhangs zur ArbStättV wird ergänzt durch die ASR A3.4/7 – Sicherheitsbeleuchtung, optische Sicherheitsleitsysteme. Unter Nummer 3.1 der ASR A3.4/7 findet sich die Definition: „*Die Sicherheitsbeleuchtung ist eine Beleuchtung, die dem gefahrlosen Verlassen der Arbeitsstätte und der Verhütung von Unfällen dient, die durch Ausfall der künstlichen Allgemeinbeleuchtung entstehen können*." In Abschnitt 4 ist geregelt, welche Anforderungen eine Sicherheitsbeleuchtung aus Sicht des Arbeitsschutzes erfüllen muss. Nummer 4.3 schreibt für die Rettungswege eine Beleuchtungsstärke von mindestens 1 lx vor und für den Ausfall der Allgemeinbeleuchtung eine Beleuchtungsstärke von 15 lx. Ferner sind die Einschaltverzögerung, die Gleichmäßigkeit und der Farbindex der Sicherheitsbeleuchtung geregelt. 24

7. Begriffe der Norm DIN EN 1838:2013-10

Die DIN EN 1838:2013-10 regelt die technischen Standards für Notbeleuchtungen. Notbeleuchtung ist der Oberbegriff von Sicherheitsbeleuchtung und Ersatzbeleuchtung. Diese europäische harmonisierte Norm legt die Kennzeichnung von Rettungswegen und die Anforderungen der Beleuchtung an Rettungswege bei Störung der allgemeinen Stromversorgung sowie die Mindestanforderung einer solchen Sicherheitsbeleuchtung je nach Größe, Art und Nutzung der baulichen An- 25

6 Die Nummer der ASR bezieht sich auf die jeweilige Nummer des Anhangs zur ArbStättV.

lage fest. Bei der Sicherheitsbeleuchtung unterscheidet die DIN EN 1838:2013-10 zwischen:

- der Sicherheitsbeleuchtung für Rettungswege,
- der Antipanikbeleuchtung und
- der Sicherheitsbeleuchtung für Arbeitsplätze mit besonderer Gefährdung.

26 Ziel der **Sicherheitsbeleuchtung** für Rettungswege ist es, Personen das gefahrlose Verlassen eines Ortes zu ermöglichen, indem für ausreichende Sehbedingungen und Orientierung auf Rettungswegen und in besonderen Bereichen gesorgt wird, und dass Brandbekämpfungs- und Sicherheitseinrichtungen leicht aufgefunden und bedient werden können.

27 Ziel der **Antipanikbeleuchtung** ist, möglichst Paniksituationen zu vermeiden und Personen ein sicheres Erreichen der Rettungswege zu ermöglichen, indem für ausreichende Sehbedingungen und Orientierung gesorgt wird. Das Licht der Rettungsweg- und Antipanikbeleuchtung sollte nach unten auf die Bezugsebene gerichtet sein, aber auch Hindernisse bis zu 2 m über dieser Ebene beleuchten.

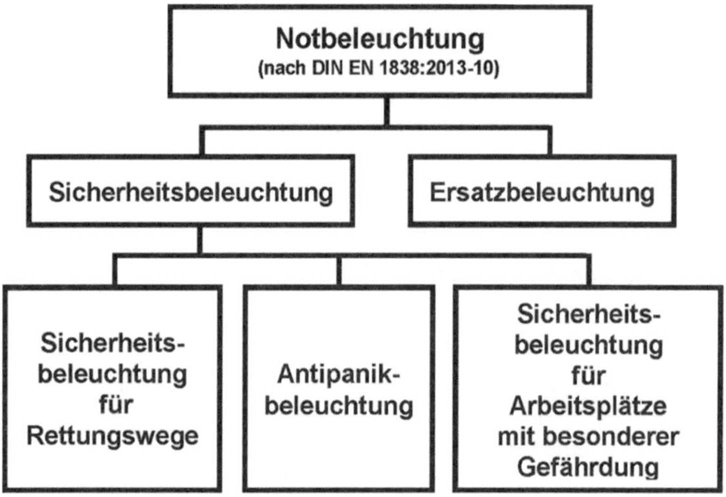

28 Ziel der **Sicherheitsbeleuchtung für Arbeitsplätze mit besonderer Gefährdung** ist, zur Sicherheit von Personen beizutragen, die sich in einem potenziell gefährlichen Arbeitsablauf oder einer potenziell gefährlichen Arbeitssituation befinden, um angemessene Abschaltmaß-

nahmen zur Sicherheit weiterer vor Ort befindlicher Personen zu ermöglichen.

Die Norm beschreibt im Teil Sicherheitsbeleuchtung die Anforderungen an die Positionierung von Leuchten und Rettungswegeleuchten. Dabei werden für Wege bis 2 m Breite entsprechende horizontale Beleuchtungsstärken entlang der Mittellinie und im Mittelbereich definiert. Ferner sind die Kriterien für die Gleichmäßigkeit der Beleuchtungsstärke, die Blendungsbegrenzung und das Minimum des Farbwiedergabe-Index einer Lampe angegeben. Die Nennbetriebsdauer muss mindestens 1 h betragen und innerhalb von 5 Sekunden 50% und nach 60 Sekunden 100% der geforderten Beleuchtungsstärke erreicht haben. 29

Zusätzlich beschreibt die Norm die Anforderungen an eine Antipanikbeleuchtung und die Anforderungen an eine Sicherheitsbeleuchtung für Arbeitsplätze mit besonderer Gefährdung. 30

8. Weitere Technische Regeln

Die „Notbeleuchtung" ist durch weitere Normen geregelt. Beispiele für relevante Normen sind: 31

- DIN VDE 0100-718 (VDE 0100-718):2014-06

  Sicherheitsbeleuchtungsanlagen

  Auszug aus dem Einführungsbeitrag des DIN e. V.:

  „Dieser Teil der Normen der Reihe DIN VDE 0100 (VDE 0100) enthält zusätzliche Anforderungen für elektrische Anlagen in öffentlichen Einrichtungen und an Arbeitsstätten; zum Beispiel in Versammlungsstätten, im Theater, Kinos, Sportstätten, Schulen. Zugänge sowie Flucht- und Rettungswege sind in den genannten Beispielen ebenfalls inbegriffen. Ergänzend zu den in diesem Teil gestellten Anforderungen sind die Anforderungen an Einrichtungen für Sicherheitszwecke in DIN VDE 0100-560 (VDE 0100-560) aufgenommen."

- DIN EN 50172 (VDE 0108-100):2005-01

  Sicherheitsbeleuchtungsanlagen

  Auszug aus dem Einführungsbeitrag des DIN e. V.:

  „In der Norm sind die Kennzeichnung von Rettungswegen und die Anforderungen der Beleuchtung an Rettungswege bei Störung der allgemeinen Stromversorgung sowie die Mindestanforderung einer solchen Sicherheitsbeleuchtung je nach Größe, Art und Nutzung der

baulichen Anlage festgelegt. Die Norm ist auf die Festlegung einer elektrischen Sicherheitsbeleuchtung an allen Arbeitsplätzen und für andere bauliche Anlagen für Menschenansammlungen anzuwenden."

Die DIN EN 50172 (VDE 0108-100) nimmt in Bezug auf Ausführung und Betrieb von Rettungszeichenleuchten zwei deutliche Klarstellungen vor:

1. Rettungszeichenleuchten müssen nun in allen unter den Anwendungsbereich fallenden baulichen Anlagen in Dauerschaltung betrieben werden.
2. Rettungszeichenleuchten müssen im Netzbetrieb den lichttechnischen Anforderungen der DIN 4844-1 entsprechen.

- DIN VDE V 0108-100; VDE V 0108-100:2018-12

  Sicherheitsbeleuchtungsanlagen

  Auszug aus dem Einführungsbeitrag des DIN e. V.:

  „*Diese Vornorm legt die Mindestanforderungen bei der Errichtung von elektrischen Sicherheitsbeleuchtungsanlagen an Arbeitsplätzen und baulichen Anlagen für Menschenansammlungen je nach Art und Nutzung fest und gibt Hinweise zum Betrieb. Mit dieser Vornorm werden die gegenüber EN 50172:2004 aus deutscher Sicht vorgesehenen Änderungen und Zusätze wiedergegeben. Dabei wurden die Ergebnisse, die sich in der Einspruchsberatung zu Entwurf DIN VDE 0108-100-1 (VDE 0108-100-1):2017-08 ergeben haben, eingearbeitet. Diese Vornorm lässt somit erkennen, wie die gültigen normativen Anforderungen der EN 50172:2004 entsprechend den festgestellten Wünschen der deutschen Öffentlichkeit geändert werden sollten.*"

§ 16 Rauchableitung

(1) Versammlungsräume und sonstige Aufenthaltsräume mit jeweils mehr als 50 m^2 Grundfläche sowie Magazine, Lagerräume und Szenenflächen mit jeweils mehr als 200 m^2 Grundfläche, Bühnen und notwendige Treppenräume müssen zur Unterstützung der Brandbekämpfung entraucht werden können.

(2) Die Anforderung des Absatzes 1 ist insbesondere erfüllt bei

1. Versammlungsräumen und sonstigen Aufenthaltsräumen bis 200 m^2 Grundfläche, wenn diese Räume Fenster nach § 47 Abs. 2 MBO (2012) haben,
2. Versammlungsräumen, sonstigen Aufenthaltsräumen, Magazinen und Lagerräumen mit nicht mehr als 1000 m^2 Grundfläche, wenn diese Räume entweder an der obersten Stelle Öffnungen zur Rauchableitung mit einem freien Querschnitt von insgesamt 1 v.H. der Grundfläche oder im oberen Drittel der Außenwände angeordnete Öffnungen, Türen oder Fenster mit einem freien Querschnitt von insgesamt 2 v.H. der Grundfläche haben und Zuluftflächen in insgesamt gleicher Größe, jedoch mit nicht mehr als 12 m^2 freiem Querschnitt, vorhanden sind, die im unteren Raumdrittel angeordnet werden sollen,
3. Versammlungsräumen, sonstigen Aufenthaltsräumen, Magazinen und Lagerräumen mit mehr als 1000 m^2 Grundfläche, wenn diese Räume Rauchabzugsanlagen haben, bei denen je höchstens 400 m^2 der Grundfläche mindestens ein Rauchabzugsgerät mit mindestens 1,5 m^2 aerodynamisch wirksamer Fläche im oberen Raumdrittel angeordnet wird, je höchstens 1600 m^2 Grundfläche mindestens eine Auslösegruppe für die Rauchabzugsgeräte gebildet wird und Zuluftflächen im unteren Raumdrittel von insgesamt mindestens 12 m^2 freiem Querschnitt vorhanden sind,
4. Bühnen gemäß § 2 Abs. 5 sowie Szenenflächen, wenn an der obersten Stelle des Bühnenraumes oder des Raumes oberhalb der Szenenfläche Öffnungen zur Rauchableitung mit einem freien Querschnitt von insgesamt mindestens 5 v.H., bei den Szenenflächen von insgesamt mindestens 3 v.H. ihrer Grundfläche angeordnet werden. Zuluftflächen müssen in insgesamt gleicher Größe im unteren Raumdrittel der Bühnen oder der Räume mit Szenenflächen vorhanden sein; bei Bühnenräumen mit Schutzvorhang müssen die Zuluftflächen so angeordnet sein, dass sie auch bei geschlossenem Schutzvorhang im Bühnenbereich wirksam sind.

(3) [1]Die Anforderung des Absatzes 1 ist insbesondere auch erfüllt, wenn in den Fällen des Absatzes 2 Nrn. 1 bis 3 maschinelle Rauchabzugsanlagen vorhanden sind, bei denen je höchsten 400 m^2 der Grundfläche der Räume mindestens ein Rauchabzugsgerät oder eine Absaugstelle mit einem Luftvolumenstrom von 10000 m^3/h im oberen Raumdrittel angeordnet wird. [2]Bei Räumen mit mehr als 1600 m^2 Grundfläche genügt

1. zu dem Luftvolumenstrom von 40000 m^3/h für die Grundfläche von 1600 m^2 ein zusätzlicher Luftvolumenstrom von 5000 m^3/h je angefangene weitere 400 m^2 Grundfläche; der sich ergebende Gesamtvolumenstrom je Raum ist gleichmäßig auf die nach Satz 1 anzuordnenden Absaugstellen oder Rauchabzugsgeräte zu verteilen, oder
2. ein Luftvolumenstrom von mindestens 40000 m^3/h je Raum, wenn sichergestellt ist, dass dieser Luftvolumenstrom im Bereich der Brandstelle auf einer Grundfläche von höchstens 1600 m^2 von den nach Satz 1 anzuordnenden Absaugstellen oder Rauchabzugsgeräten gleichmäßig gefördert werden kann.

[3]Die Zuluftflächen müssen im unteren Raumdrittel in solcher Größe und so angeordnet werden, dass eine maximale Strömungsgeschwindigkeit von 3 m/s nicht überschritten wird. [4]Anstelle der Öffnungen zur Rauchableitung nach Absatz 2 Nr. 4 können maschinelle Rauchabzugsanlagen verwendet werden, wenn sie bezüglich des Schutzziels nach Absatzes 1 ausreichend bemessen sind.

(4) Die Anforderung des Absatzes 1 ist auch erfüllt bei Versammlungsräumen, sonstigen Aufenthaltsräumen, Magazinen und Lagerräumen nach Absatz 2 Nrn. 1 bis 3 mit Sprinkleranlagen, wenn in diesen Räumen vorhandene Lüftungsanlagen automatisch bei Auslösen der Brandmeldeanlage, soweit diese nach § 20 Abs. 1 erforderlich ist, im Übrigen bei Auslösen der Sprinkleranlage so betrieben werden, dass sie nur entlüften und die ermittelten Luftvolumenströme nach Absatz 3 Satz 1 und Satz 2 Nr. 1 einschließlich Zuluft erreicht werden, soweit es die Zweckbestimmung der Absperrvorrichtungen gegen Brandübertragung zulässt; in Leitungen zum Zweck der Entlüftung dürfen Absperrvorrichtungen nur thermische Auslöser haben.

(5) Die Anforderung des Absatzes 1 ist erfüllt bei

1. notwendigen Treppenräumen mit Fenstern gemäß § 35 Abs. 8 Satz 2 Nr. 1 MBO (2012), wenn diese Treppenräume an der

obersten Stelle eine Öffnung zur Rauchableitung mit einem freien Querschnitt von mindestens 1,0 m² haben,

2. notwendigen Treppenräumen gemäß § 35 Abs. 8 Satz 2 Nr. 2 MBO (2012), wenn diese Treppenräume Rauchabzugsgeräte mit insgesamt mindestens 1,0 m² aerodynamisch wirksamer Fläche haben, die im oder unmittelbar unter dem oberen Treppenraumabschluss angeordnet werden.

(6) Anstelle von Öffnungen zur Rauchableitung nach Absatz 2 Nrn. 2 und 4 und Absatz 5 Nr. 1 sowie Rauchabzugsgeräten nach Absatz 5 Nr. 2 ist die Rauchableitung über Schächte mit strömungstechnisch äquivalenten Querschnitten zulässig, wenn die Wände der Schächte raumabschließend und so feuerwiderstandsfähig wie die durchdrungenen Bauteile, mindestens jedoch feuerhemmend sowie aus nichtbrennbaren Baustoffen sind.

(7) [1]Türen oder Fenster nach Absatz 2 Nr. 2, mit Abschlüssen versehene Öffnungen zur Rauchableitung nach Absatz 2 Nrn. 2 und 4 und Absatz 5 Nr. 1 und Rauchabzugsgeräte nach Absatz 5 Nr. 2 müssen Vorrichtungen zum Öffnen haben, die von jederzeit zugänglichen Stellen aus leicht von Hand bedient werden können; sie können auch an einer jederzeit zugänglichen Stelle zusammengeführt werden. [2]In notwendigen Treppenräumen müssen die Vorrichtungen von jedem Geschoss aus bedient werden können. [3]Geschlossene Öffnungen, die als Zuluftflächen dienen, müssen leicht geöffnet werden können.

(8) Rauchabzugsanlagen müssen automatisch auslösen und von Hand von einer jederzeit zugänglichen Stelle ausgelöst werden können.

(9) [1]Manuelle Bedienungs- und Auslösestellen nach Absatz 7 und 8 sind mit einem Hinweisschild mit der Bezeichnung „RAUCHABZUG“ und der Angabe des jeweiligen Raumes zu versehen. [2]An den Stellen muss die Betriebsstellung der jeweiligen Anlage sowie der Fenster, Türen, Abschlüsse und Rauchabzugsgeräte erkennbar sein.

(10) [1]Maschinelle Rauchabzugsanlagen sind für eine Betriebszeit von 30 Minuten bei einer Rauchgastemperatur von 600 °C auszulegen. [2]Die Auslegung kann mit einer Rauchgastemperatur von 300 °C erfolgen, wenn der Luftvolumenstrom des Raums mindestens 40 000 m³/h beträgt. [3]Die Zuluftzuführung muss durch automatische Ansteuerung und spätestens gleichzeitig mit Inbetriebnahme

der Anlage erfolgen. [4]Maschinelle Lüftungsanlagen können als maschinelle Rauchabzugsanlagen betrieben werden, wenn sie die an diese gestellten Anforderungen erfüllen.

(11) Die Abschlüsse der Rauchableitungsöffnungen von Bühnen mit Schutzvorhang müssen bei einem Überdruck von 350 Pa selbsttätig öffnen; eine automatische Auslösung durch geeignete Temperaturmelder ist zulässig.

Übersicht

1. Überblick

1 Bei der Vorschrift des § 16 handelt es sich um eine Bauvorschrift, die bei der Errichtung und bei Änderungen der baulichen Anlagen anzuwenden ist. Da eine Anpassungspflicht für bestehende Versammlungsstätten nicht geregelt ist, ist der Bestandsschutz hinsichtlich der Rauchableitung nicht berührt.

2 Die Neufassung des § 16 MVStättVO ist gegenüber der Regelung des § 16 MVStättV 2005 komplex und unübersichtlich gestaltet. Die Bemessungsvorschriften des § 16 Absatz 2 bis 6 unterscheiden sich nach Nutzung und Größe der Räume sowie der Methode der Rauchableitung.

Die Fachkommission Bauaufsicht hat bei der Neufassung des § 16 jedoch den Grundsatz beibehalten, dass sich die Bemessung der Rauchableitung unmittelbar aus dem bauordnungsrechtlichen Regelwerk – für Versammlungsstätten also der MBO und der MVStättVO – ergeben soll und eine Bemessung nach wissenschaftlichen Methoden nur im Ausnahmefall erforderlich ist.[1] **3**

- Absatz 1 regelt das Schutzziel und den Grundsatz der Entrauchung.
- Absatz 2 enthält die grundsätzlichen Bemessungsvorschriften
  - in Nummer 1 für Versammlungsräume und sonstige Aufenthaltsräume bis 200 m^2,
  - in Nummer 2 für Versammlungsräume, sonstige Aufenthaltsräume, Magazine und Lagerräume mit mehr als 200 m^2 Grundfläche,
  - in Nummer 3 für Versammlungsräume, sonstige Aufenthaltsräume, Magazine und Lagerräume mit mehr als 1 000 m^2 Grundfläche,
  - in Nummer 4 für Bühnen und Szenenflächen.
- Absatz 3 enthält Bemessungsvarianten als Alternativen zu den Regelungen des Absatzes 2.
- Absatz 4 enthält eine weitere Alternative zu den Regelungen des Absatzes 2 Nummern 1 bis 3.
- Absatz 5 regelt die Rauchableitung für notwendige Treppenräume.
- Absatz 6 regelt die Rauchableitung über Schächte.
- Absatz 7 regelt die Anordnung bzw. Lage der Öffnungs- oder Auslösevorrichtungen.
- Absatz 8 regelt die automatische Auslösung von Rauchabzugsanlagen.
- Absatz 9 regelt die Kennzeichnung der Bedienungsstellen.
- Absatz 10 regelt die Temperaturbeständigkeit maschineller Rauchabzugsanlagen.
- Absatz 11 regelt die Auslösung der Rauchabzugsanlage bei Bühnen mit Schutzvorhang.

---

1 Aus der Begründung zur Neufassung des § 16 MVStättVO:
„Dabei sollen die Regelungen zur Rauchableitung dem Planer für viele Anwendungsfälle verschiedene Lösungsmöglichkeiten zur Erfüllung des Schutzzieles bieten, ohne dass es umfangreicher Nachweise bedarf. Es können von den Planern auch andere Lösungen zur Erfüllung des Schutzzieles nachgewiesen werden, solange das in den Regelungen zur Rauchableitung dargestellte Sicherheitsniveau mindestens beibehalten wird. In solchen Fällen ist aber ein Nachweis darüber im Brandschutznachweis aufzunehmen.“

4 Mit der Neufassung des § 16 hat die Fachkommission die Anforderungen an die Rauchableitung neu strukturiert. Anlass der Neufassung war die seit der Bekanntmachung der MVStättV 2002 anhaltende Diskussion, ob die Rauchableitung für eine sichere Entfluchtung der Versammlungsstätte erforderlich ist, da § 16 Absatz 3 MVStättV 2002/2005 eine raucharme Schicht von mindestens 2,50 m Höhe über allen zu entrauchenden Ebenen forderte. Die DIN 18232-1:2002-02 führte in Abschnitt 4.1 Allgemeine Aufgabenstellung aus:

> „*Anlagen zur Ableitung von Rauch haben die Aufgabe, im Brandfall Rauch abzuleiten. Sie tragen je nach Art oder Nutzung des Gebäudes dazu bei, den Nutzern von Gebäuden zu ermöglichen, sich in Sicherheit zu bringen.*“

5 Dieses vom DIN e. V. proklamierte Schutzziel wurde von der Fachkommission Bauaufsicht nicht geteilt.

6 In der Beschlussvorlage[2] zur Änderung des § 16 hat die Fachkommission Bauaufsicht darauf hingewiesen:

> „*Die Gebäudenutzer haben den Brandraum/Gefahrenbereich bereits (planmäßig) auf den entsprechend dem Brandschutzkonzept, der Bauordnung oder ergänzender bauordnungsrechtlicher Vorschriften vorgeschriebenen Rettungswegen verlassen. Maßnahmen zur Rauchableitung in Bezug auf die Sicherung der Personenflucht bedarf es insoweit nicht, als dass die sonstigen baulichen Vorgaben (Ausgangsbreiten, Weglängen, Baustoff-/Bauteilvorgaben, Bildung von brandschutztechnisch getrennten baulichen Abschnitten usw.) nach Bauordnungsrecht eingehalten sind.*“

7 Demzufolge liegt der Schwerpunkt der Personenrettung auf sicheren Rettungswegen durch baulichen Brandschutz, der Bemessung und Führung der Rettungswege, dem Sicherheitskonzept und dem Ordnungsdienst (siehe § 43).

8 Bereits 2008 hat die Fachkommission Bauaufsicht in ihren „Grundsätzen zur Auslegung des § 14 MBO“ klargestellt, dass die MBO für die Personenrettung keine Maßnahmen zur Rauchableitung vorsieht.[3]

---

2 Beschlussvorlage zu TOP 15.7 der 297. Sitzung der FK-Bauaufsicht.

3 Grundsätze zur Auslegung des § 14 MBO der Fachkommission Bauaufsicht der Bauministerkonferenz (ARGEBAU), abgestimmt mit dem AK Grundsatzfragen und dem AK VB/G der AGBF. Beschluss der Fachkommission Bauaufsicht in der 271. Sitzung am 16./17.10.2008.

Grundsätze zur Auslegung des § 14 MBO

„Bei Sonderbauten mit ausschließlich baulichen Rettungswegen bedarf es für die Personenrettung in aller Regel nicht der Mitwirkung der Feuerwehr. Die Gebäude sind so zu planen, dass sich die Personen darin im Gefahrenfall selbst in Sicherheit bringen können. Soweit es sich um Gebäude handelt, die überwiegend von Personen genutzt werden, die sich nicht oder nur eingeschränkt selbst retten können (z.B. Personen mit Mobilitätseinschränkung, Kinder, alte Menschen oder Patienten), muss die Evakuierung (Räumung) als Teil der Personenrettung im Brandfall Gegenstand geeigneter betrieblicher/organisatorischer Maßnahmen sein (in aller Regel eingewiesenes Personal/Verbringen in einen sicheren Bereich).

...

Grundlagen der bauordnungsrechtlichen Anforderungen zur Rettung von Personen sind

- *die innere Abschottung von Gebäuden,*
- *die Führung, Bemessung und bauliche Ausbildung von Rettungswegen sowie*
- *betriebliche/organisatorische und ggf. anlagentechnische Maßnahmen einschließlich der Alarmierung.*

Sind diese grundlegenden bauordnungsrechtlichen Anforderungen eingehalten (= im Normalfall), ist eine Rauchableitung nur zur Unterstützung der Brandbekämpfung durch die Feuerwehr vorgesehen."

...

Anmerkung:

Allerdings sind einzelne Regelungen über eine zulässige Verlängerung der Rettungswege jeweils in Abhängigkeit zur Raumhöhe (M-IndBauR und M-VStättV) bzw. in Abhängigkeit zu vorhandenen Rauchabzugsanlagen (M-VStättV und M-VkV) in dieser Hinsicht missverständlich. Diese Regelungen werden zurzeit überprüft und in der textlichen Aussage klargestellt.

Für die Evakuierung (Räumung) großer Gebäude mit vielen Menschen sind aus Sicht des Bauordnungsrechts insbesondere die Faktoren „Zeit" und „Vermeidung von Staus" von Bedeutung. Beiden Faktoren wird bauordnungsrechtlich in erster Linie durch die Anordnung (Lage, Anzahl) und Breite der Ausgänge (und ggf. auch der Gänge im Raum) Rechnung getragen. Die Evakuierung (Räumung) großer Gebäude kann nicht nur auf Grund eines Brandes, sondern auch aus anderen Gründen (Terrordrohung/-anschlag, Amoklauf, Wassereinbruch, Teileinsturz etc.) erforderlich werden. Maßnahmen zur Rauchableitung können hierbei für eine schnelle Evakuierung keinen Beitrag leisten.

9 In der 271. Sitzung der Fachkommission Bauaufsicht wurde die Projektgruppe Brandschutz beauftragt, die Muster-Industriebaurichtlinie im Hinblick auf die beschlossenen Grundsätze zu überarbeiten und auch die Mustervorschriften der ARGEBAU zu überprüfen. 2014 hat die Fachkommission die erarbeiteten Änderungen der Regelungen über die Rauchableitung in der Muster-Industriebaurichtlinie, der Muster-Verkaufsstättenverordnung und der Muster-Versammlungsstättenverordnung in die öffentliche Anhörung gegeben. Unter Berücksichtigung der in der Anhörung abgegebenen Stellungnahmen hat die Fachkommission Bauaufsicht in ihrer 298. Sitzung im Februar 2014 die vorliegende Neufassung des § 16 MVStättVO beschlossen.

10 Inhaltlich entspricht die Regelung dem neu formulierten § 16 der Muster-Verkaufsstättenverordnung, die ebenfalls in der 298. Sitzung beschlossen wurde.

11 Wie die MBO hat auch die MVStättV 2005 auf eine ausdrückliche Regelung von Anforderungen an Öffnungen für die Zuluft verzichtet, weil eine wirksame Rauchableitung strömungsmechanisch eine ausreichende Zuluftzuführung erfordert.

12 Der unbestimmte Rechtsbegriff „Rauchableitung" wird durch die Regeln der Technik ausgefüllt. Aus diesem Grund enthalten § 35 Absatz 8, § 37 Absatz 4, § 39 Absatz 3, § 41 Absatz 4 und § 51 Satz 3 Nummer 3 MBO zwar Regelungen über die Rauchableitung oder Entlüftung, jedoch keine speziellen Anforderungen an die Regelung der Zuluft. Da von Teilen der Fachwelt jedoch auch ausdrückliche Regeln für die Zuluft gefordert wurden, hat die Fachkommission dem entsprochen und für einige Fallgestaltungen des § 16 MVStättVO ausdrückliche Bestimmungen für die Zuluft aufgenommen, jedoch zugleich unterschiedlich geregelt.

13 In dem Bemühen, den Planern von Versammlungsstätten mehrere Alternativen für die Bemessung der Rauchableitung vorzugeben, ist die Neufassung des § 16 MVStättVO äußerst komplex und unübersichtlich geraten. In redaktioneller Hinsicht weicht die Neufassung vom Sprachgebrauch der MVStättV 2005 mehrfach ab und ist sprachlich ungenau. Während die MVStättV 2005 durchgehend den Ausdruck „Prozent" verwendet, verwendet die Neufassung z. B. in Absatz 2 Nummer 2 und 4 den Ausdruck „v. H.". Während die MVStättV 2005 bei den auf die Größe der Grundfläche bezogenen Regelungen in allen Vorschriften durchgehend die Formulierung „mit nicht mehr als …" verwendet, benutzt die Neufassung z. B. in § 10 Absatz 7, § 12 Absatz 1 und § 16 Absatz 2 Nummer 1 die Formulierung „bis …".

Redaktionell unzutreffend ist das Wort „Zuluftflächen“ anstelle des Begriffs „Flächen der Zuluftöffnungen“. Die Fachkommission Bauaufsicht übernimmt damit die unzutreffende Bezeichnung „Zuluftflächen“ aus der Normenreihe DIN 18232, statt als Verordnungsgeber den Begriff rechtlich klar und unmissverständlich selbst zu definieren. Die Norm DIN 18232-2:2007-11[4] verwendet sowohl den Begriff „Zuluftflächen“ als auch den wohl eher zutreffenden Ausdruck „Flächen der Zuluftöffnungen“. Die DIN 18232-5:2012-11 verwendet sowohl den Begriff „Zuluftöffnungen“ als auch den Begriff „Zuluftnachströmöffnungen“. **14**

Ferner verwendet Absatz 4 abweichend von § 19 MVStättVO den Begriff „Sprinkleranlage“ anstelle des Begriffs „automatische Feuerlöschanlagen“ und beschränkt damit die Anwendung des Absatzes 4 auf diesen speziellen Typ einer automatischen Feuerlöschanlage. Die begrifflichen Unschärfen werfen Fragen der Rechtsförmlichkeit und Auslegungsfragen auf. **15**

2. Methoden und Systematik der Rauchableitung

Die Projektgruppe Brandschutz der Fachkommission Bauaufsicht hat sich bei der Erarbeitung des neuen § 16 an den physikalisch-strömungsmechanischen Modellen orientiert, die auch der Normenreihe DIN 18232 zugrunde liegen. Die DIN 18232-1[5] erläutert die Begriffe und beschreibt die Wirkungsweise der verschiedenen Arten von Rauchabzugsanlagen. Die Bemessungsregeln für natürliche Rauchabzugsanlagen (NRA) enthält die DIN 18232-2:2007-11.[6] Die Bemessungsregeln für maschinelle Rauchabzugsanlagen (MRA) enthält die DIN 18232-5:2012-11.[7] **16**

---

4 Unter Nummer 5.5 der DIN 18232-2:2007-11 wird beispielsweise ausgeführt:
„Die **Zuluftflächen** müssen unverzüglich (z.B. automatisch, durch Werkfeuerwehr, durch betriebliche oder organisatorische Vorkehrungen) nach Auslösung der NRA geöffnet werden können.
Die wirksame **Fläche der Zuluftöffnungen** muss mindestens das 1,5-fache der nach Tabelle 3 erforderlichen aerodynamisch wirksamen Öffnungsflächen aller NRA-Öffnungen der größten Rauchabschnittsfläche des Raumes betragen.“

5 DIN 18232-1:2002-02
Rauch- und Wärmefreihaltung – Teil 1: Begriffe, Aufgabenstellung.

6 DIN 18232-2:2007-11
Rauch- und Wärmefreihaltung – Teil 2: Natürliche Rauchabzugsanlagen (NRA); Bemessung, Anforderungen und Einbau.

7 DIN 18232-5:2012-11
Rauch- und Wärmefreihaltung – Teil 5: Maschinelle Rauchabzugsanlagen (MRA); Anforderungen, Bemessung.

17 Die Bemessung von Rauchabzugsanlagen kann grundsätzlich nach der Normenreihe DIN 18232 erfolgen. Da diese Normenreihe für gewerbliche Bauten mit hohen Brandlasten konzipiert ist, führt die Bemessung für Rauchabzugsanlagen in Versammlungsstätten zu überdimensionierten Rauchabzugsanlagen. Für die Bemessung der Rauchableitung in Versammlungsstätten hat die Projektgruppe Brandschutz der Fachkommission Bauaufsicht daher das Brandszenario eines Entstehungsbrandes mit einer Energiefreisetzung von 2 MW/h über einen Zeitraum von einer Stunde betrachtet.

18 In die Betrachtung einbezogen wurden die strömungsmechanischen Modelle, die mögliche Verschleppung des Rauchs in größeren Räumen sowie die Leistungsfähigkeit der Feuerwehren. Hinsichtlich der Bemessung der Rauchableitung verweist die Fachkommission Bauaufsicht in der Begründung zum geänderten § 16 MVStättVO auf die Gleichungen (AA.1) und (BB.6) in der DIN EN 1991-1-2:2012-12.[8]

19 Im Ergebnis ist die Projektgruppe Brandschutz zu dem Schluss gekommen, dass für eine Grundfläche von 1600 m^2 eine aerodynamisch wirksame Rauchabzugsfläche von 4 bis 5 m^2 ausreicht. Dies hat sie in den Vorschlag umgesetzt, je 400 m^2 Grundfläche ein Rauchabzugsgerät mit einer aerodynamisch wirksamen Fläche von 1,50 m^2 vorzusehen. Die Anordnung der Rauchabzugsgeräte auf Teilflächen von 400 m^2 ermöglicht den Verzicht auf Rauchschürzen. Um in größeren Räumen die Anordnung von Rauchschürzen zu vermeiden und dennoch einer Verschleppung des Rauchs innerhalb des Raums entgegenzuwirken, wird eine möglichst gleichmäßige Verteilung der Rauchabzugsgeräte in diesen Räumen und die Bildung von Auslösegruppen vorgeschrieben.

20 Die Fachkommission Bauaufsicht hat den Vorschlag der Projektgruppe Brandschutz in ihrer 298. Sitzung im Februar 2014 als § 16 MVStättVO beschlossen.

21 Zusätzlich zu den Regelungen des § 16 sind der Abschnitt A 2.1.21.2 sowie die Nummer 10 des Anhangs 4 der Technischen Baubestimmungen zu beachten, die mit der MVV TB bauaufsichtlich eingeführt sind.

---

8 Siehe Gleichung (AA.1) auf Seite 9 und Gleichung (BB.6) auf Seite 17 der DIN EN 1991-1-2:2010-12
Eurocode 1: Einwirkungen auf Tragwerke – Teil 1-2: Allgemeine Einwirkungen – Brandeinwirkungen auf Tragwerke.

3. Schutzziel der Rauchableitung

Mit der Formulierung des **Absatzes 1** „müssen **zur Unterstützung der Brandbekämpfung** entraucht werden können" ist nun das Schutzziel eindeutig benannt und klargestellt.[9] 22

Die Entrauchung der Versammlungsräume ist also in erster Linie erforderlich, um den **Einsatz der Feuerwehr** und **wirksame Löscharbeiten** zu ermöglichen. Im Brandfall muss gewährleistet sein, dass es der Feuerwehr möglich ist, noch im Gebäude verbliebene Personen (z. B. Verletzte) zu retten und eine wirksame Brandbekämpfung durchzuführen. 23

Eine Entrauchung ist danach erforderlich für 24

- Versammlungsräume und sonstige Aufenthaltsräume mit jeweils mehr als 50 m^2 Grundfläche,
- Magazine, Lagerräume und Szenenflächen mit jeweils mehr als 200 m^2 Grundfläche,
- Bühnen und notwendige Treppenräume unabhängig von der jeweiligen Grundfläche.

Ob die Entrauchung der Räume über Fenster und Türen, Öffnungen zur Rauchableitung, Rauchabzugsgeräte oder Schächte zulässig ist, regeln die Absätze 2 bis 6 in Abhängigkeit von der Nutzung und der Grundfläche der Räume. 25

4. Begriffe

Fenster

Die Anforderungen an Fenster von Aufenthaltsräumen sind in § 47 Absatz 2 MBO[10] geregelt. Nach § 47 Absatz 2 MBO müssen die Fenster von Aufenthaltsräumen ein Rohbaumaß der Fensteröffnungen von 1/8 der Grundfläche des Raumes haben. Die Fenster müssen zum Zweck der Belüftung des Aufenthaltsraumes geöffnet werden können. Die Öffnung der Fenster ermöglicht auch eine Rauchableitung. 26

---

9 Zur Klarstellung des Schutzziels siehe oben Rn. 2.

10 § 47 Absatz 2 MBO:
„*(2)* [1]*Aufenthaltsräume müssen ausreichend belüftet und mit Tageslicht belichtet werden können.* [2]*Sie müssen Fenster mit einem Rohbaumaß der Fensteröffnungen von mindestens 1/8 der Netto-Grundfläche des Raumes einschließlich der Netto-Grundfläche verglaster Vorbauten und Loggien haben.*"

Öffnungen zur Rauchableitung

27 § 16 verwendet in Absatz 2 Nummer 2 und 4, Absatz 5 Nummer 1 und Absatz 6 den Begriff „Öffnungen zur Rauchableitung". Der Begriff „Öffnungen zur Rauchableitung" oder „Rauchableitungsöffnungen" wird in bauaufsichtlichen Vorschriften verwendet, um diese Einrichtungen von den in der DIN-Reihe 18232 geregelten Rauchabzugsanlagen abzugrenzen. Die MVStättVO folgt der Systematik der MBO.

28 Öffnungen zur Rauchableitung sind zum Beispiel in § 35 Absatz 8 MBO für notwendige Treppenräume, in § 37 Absatz 4 MBO für Keller und in § 39 Absatz 3 MBO für die Fahrschächte von Aufzügen geregelt. Für diese Öffnungen zur Rauchableitung bzw. Rauchableitungsöffnungen wird in der MBO jeweils eine pauschale Bemessung vorgegeben.

29 Die Abschlüsse von Öffnungen zur Rauchableitung in notwendigen Treppenräumen sowie deren Vorrichtungen zum Öffnen sind unter Nummer D 2.2.3.9 der MVV TB in die Liste der Bauprodukte aufgenommen, die keines Verwendbarkeitsnachweises bedürfen. Für die Abschlüsse der Öffnungen zur Rauchableitung von Fahrschächten nach § 39 Absatz 3 MBO ist dies nicht ausdrücklich geregelt.

Rauchabzugsgeräte und Rauchabzugsanlagen

30 Mit den Begriffen „Rauchabzugsgeräte" und „Rauchabzugsanlagen" meint § 16 sowohl natürlich wirkende als auch maschinelle Rauchabzugsgeräte oder -anlagen. Rauchabzugsanlagen bestehen aus mehreren Rauchabzugsgeräten.

31 Für den Einbau der Rauchabzugsgeräte und Rauchabzugsanlagen sind die Technischen Baubestimmungen des Abschnitts A 2.2.21.2 sowie der Nummer 10 des Anhangs 4 der MVV TB zu beachten.

32 **Natürlich wirkende Rauchabzugsgeräte** müssen der DIN EN 12101-2:2017-08[11] entsprechen. Sie werden in der Norm sprachlich nicht korrekt als „Natürliche Rauchabzugsgeräte" bezeichnet. Natürlich wirkende Rauchabzugsgeräte führen den bei der Verbrennung entstehenden Rauch durch thermischen Auftrieb über Dach- oder Wandöffnungen ins Freie.

33 Bei **maschinellen Rauchabzugsgeräten** wird der Rauch durch Ventilatoren aus dem Raum abgesaugt und ins Freie geleitet. Bei großen Hallen

---

11 DIN EN 12101-2:2017-08
Rauch- und Wärmefreihaltung – Teil 2: Natürliche Rauch- und Wärmeabzugsgeräte; Hinweis: Die Technische Baubestimmung der Nummer 10.2 des Anhangs 4 zur MVV TB verweist noch auf die ältere Fassung DIN EN 12101-2:2003-09.

kann die Rauchableitung über mehrere maschinelle Rauchabzugsgeräte erfolgen oder über ein System von Entrauchungsleitungen oder Entrauchungskanäle mit mehreren Absaugstellen und einem zentralen Ventilator. Maschinelle Rauchabzugsgeräte müssen der DIN EN 12101-3:2015-12[12] entsprechen. Die erforderliche Widerstandsfähigkeit gegen die Rauchgastemperatur ist in § 16 Absatz 10 geregelt.

Maschinelle Lüftungsanlagen

Unter bestimmten Voraussetzungen lässt § 16 Absatz 4 die Rauchableitung durch maschinelle Lüftungsanlagen zu. Die maschinelle Lüftungsanlage muss den Anforderungen der DIN EN 16798-3:2017-11 sowie der DIN EN 12101-3:2015-12 entsprechen[13] und zugleich die Anforderungen der Muster-Lüftungsanlagen-Richtlinie[14] erfüllen. 34

Schächte

Feuerbeständige oder feuerhemmende Schächte sind erforderlich, wenn der Rauch nicht vom Versammlungsraum unmittelbar ins Freie abgeleitet werden kann, sondern die Ableitung des Rauchs wegen innen liegender Räume oder wegen mehrerer Geschosse durch Bauteile, Geschosse oder andere Räume ins Freie erfolgen muss. 35

Zuluftflächen

§ 16 verwendet durchgehend den Begriff „Zuluftflächen" und meint damit „Öffnungen für die Zuluft" bzw. „Zuluftöffnungen". Zu beachten ist, dass jede der für Räume mit nicht mehr als 1 000 m² Grundfläche alternativen Möglichkeiten zur Rauchableitung unterschiedliche Regelungen über die Größe der Öffnungen für die Zuluft hat. 36

In § 16 Absatz 2 Nummer 2 sowie in den Absätzen 3 bis 5 ist jeweils geregelt, dass die Öffnungen für die Zuluft im unteren Raumdrittel an- 37

---

12 DIN EN 12101-3:2015-12
Rauch- und Wärmefreihaltung – Teil 3: Bestimmungen für maschinelle Rauch- und Wärmeabzugsgeräte.

13 DIN EN 16798-3:2017-11
Energetische Bewertung von Gebäuden – Lüftung von Gebäuden – Teil 3: Lüftung von Nichtwohngebäuden – Leistungsanforderungen an Lüftungs- und Klimaanlagen und Raumkühlsysteme (Module M5-1, M5-4);
siehe dazu auch: DIN EN 15780:2012-01
Lüftung von Gebäuden – Luftleitungen – Sauberkeit von Lüftungsanlagen.

14 Muster-Richtlinie über brandschutztechnische Anforderungen an Lüftungsanlagen (Muster-Lüftungsanlagen-Richtlinie M-LüAR), Stand: 29.9.2005, zuletzt geändert durch Beschluss der Fachkommission Bauaufsicht vom 11.12.2015, Fundstelle: www.bauministerkonferenz.de.

zuordnen sind. Diese Bestimmung lässt die Anordnung der Öffnungen für die Zuluft sowohl im unteren Drittel der Umfassungswände des Raumes als auch im Fußboden zu. Bei der Anordnung der Öffnungen für die Zuluft in den Umfassungswänden sollte beachtet werden, dass diese möglichst bodennah angeordnet werden, also ein größtmöglicher Abstand zur Rauchschicht eingehalten wird.

38 Für eine wirksame Rauchableitung ist es erforderlich, dass die Zuluft mit Beginn der Rauchableitung zur Verfügung steht und in ausreichender Menge zugeführt wird. Ansonsten besteht die Gefahr eines Unterdrucks im Raum, bei dem sich nach außen öffnende Türen nur schwer öffnen lassen. Zur Vermeidung einer Verwirbelung der Rauchschicht sollte die Strömungsgeschwindigkeit der Zuluft möglichst gering sein und 3 m/s nicht überschreiten. Die DIN 18232-5 benennt, wie auch der § 16 Absatz 3 Satz 3, eine maximale Strömungsgeschwindigkeit von 3 m/s. Hinsichtlich der Größe, Form und Lage der Zuluftöffnungen gibt die Normenreihe DIN EN 12101 entsprechende Hinweise.

5. Bemessungsregeln für die Rauchableitung

39 Die Anforderungen des § 16 an die Rauchableitung unterscheiden sich nach der Nutzung und Größe der Räume sowie nach der Art der Rauchableitung. Die Entrauchung von Räumen kann prinzipiell durch Öffnen von Fenstern, Rauchableitungsöffnungen oder durch Betätigen von Rauchabzugsgeräten oder -anlagen erfolgen.

40 Um deutlich zu machen, dass die Bemessung nach den Regelungen des § 16 Absatz 2 bis 6 ausreicht, um die gesetzlichen Anforderungen an die Entrauchung von Versammlungsstätten zu erfüllen und dass die Bemessung nach ingenieurmäßigen Methoden nicht erforderlich ist, lautet der Einleitungssatz des **Absatzes 2**:

„Die Anforderung des Absatzes 1 ist insbesondere erfüllt bei…“.

41 Es reicht also aus, wenn in dem mit den Bauvorlagen zu erstellenden Brandschutznachweis oder dem nach § 11 Absatz 2 Satz 3 MBauVorlV[15] in Verbindung mit § 44 Absatz 1 Satz 1 zu erstellenden Brandschutzkonzept für jeden Raum, der entraucht werden muss, die Bemessung nach § 16 Absatz 2 bis 6 nachgewiesen wird.[16]

---

15 Siehe § 11 Absatz 2 MBauVorlV, www.bauministerkonferenz.de.

16 Die Bemessung nach den Regelungen des § 16 MVStättVO ersetzt also eine Bemessung der Rauchableitung nach DIN 18232-2:2007-11 für natürliche Rauchabzugsanlagen oder nach DIN 18232-5:2012-11 für maschinelle Rauchabzugsanlagen.

Rauchableitung in Versammlungsstätten					
	Fenster nach § 47 Abs. 2 MBO 2012	Öffnungen zur Rauchableitung an oberster Stelle des Raumes	Öffnungen zur Rauchableitung. Türen, Fenster im ersten Raumdrittel	Natürliche Rauchabzugsanlagen	Maschinelle Rauchabzugsanlagen
Magazine, Lagerräume ≤ 200 m²					
Versammlungsräume, Aufenthaltsräume ≤ 50 m	1/8 der Grundfläche				
Versammlungsräume, Aufenthaltsräume ≤ 200 m	1/8 der Grundfläche				
Versammlungsräume. Aufenthaltsraume, Magazine, Lagerräume $\leq 1\,000$ m		1% der Grundfläche	2% der Grundfläche		
Versammlungsräume, Aufenthaltsräume, Magazine, Lagerräume $> 1\,000$ m				1.5 m² je 400 m² Grundfläche	10 000 m³/h je 400 m² Grundfläche
Bühnen		5% der Grundfläche			
Szenenflächen		3% der Grundfläche			
Versammlungsräume, Aufenthaltsräume, Magazine, Lagerräume mit Sprinklerung					maschinelle Lüftungsanlage
Notwendige Treppenräume mit Fenstern		1 m²			
Innenliegende notwendige Treppenraume				1 m²	

5.1 Versammlungsräume und Aufenthaltsräume mit nicht mehr als 50 m² Grundfläche

Absatz 1 fordert eine Entrauchung von Versammlungsräumen und 42
sonstigen Aufenthaltsräumen erst bei einer Grundfläche von mehr als 50 m². Für Versammlungsräume und sonstige Aufenthaltsräume mit nicht mehr als 50 m² enthält auch **Absatz 2** keine spezielle Anforde-

rung. Dies bedeutet nicht, dass diese Räume nicht zu entrauchen sind, sondern nur, dass auf eine Regelung in der MVStättVO verzichtet wird.

43 Da Aufenthaltsräume nach § 47 Absatz 2 MBO ausreichend belüftet werden und Fenster haben müssen und diese Fenster faktisch auch zur Entrauchung geeignet sind, ist eine ausdrückliche Regelung in der MVStättVO nicht erforderlich. Können keine Fenster angeordnet werden oder sollen die Räume nach § 47 Absatz 3 MBO keine Fenster haben, dann muss die Anforderung der Be- und Entlüftung durch eine Lüftungsanlage erfüllt werden. Für Versammlungsräume oder sonstige Aufenthaltsräume mit nicht mehr als 50 m^2 Grundfläche, die in Kellergeschossen liegen, sind also Lüftungsanlagen erforderlich.

5.2 Magazine und Lagerräume mit nicht mehr als 200 m^2 Grundfläche

44 **Absatz 1** schreibt nur für Magazine und Lagerräume mit mehr als 200 m^2 Grundfläche vor, dass diese entraucht werden können. Daraus folgt im Umkehrschluss, dass für Magazine und Lagerräume bis einschließlich 200 m^2 Grundfläche eine Entrauchungsmöglichkeit nicht vorgeschrieben ist. Auch aus der MBO ergibt sich keine spezielle Pflicht zur Entrauchung von Magazinen und Lagerräumen, es sei denn, sie sind zugleich Aufenthaltsräume oder sie liegen im Kellergeschoss.

- Sind Magazine oder Lagerräume mit nicht mehr als 200 m^2 Grundfläche zugleich Aufenthaltsräume im Sinne des § 2 Absatz 5 MBO, dann müssen sie nach § 47 Absatz 2 MBO Fenster haben.
- Liegen Magazine oder Lagerräume im Kellergeschoss, dann muss das Kellergeschoss nach § 37 Absatz 4 MBO eine Öffnung ins Freie haben, um eine Rauchableitung zu ermöglichen.[17]

45 Angesichts der ausdrücklichen Aussage der Fachkommission Bauaufsicht, die Entrauchung diene nicht dem Personenschutz, sondern der Brandbekämpfung durch die Feuerwehr, ist nicht recht nachvollziehbar, weswegen für Versammlungsräume mit relativ geringer Brandlast be-

---

17 § 37 Absatz 4 MBO:
„*(4)* [1]*Jedes Kellergeschoss ohne Fenster muss mindestens eine Öffnung ins Freie haben, um eine Rauchableitung zu ermöglichen.* [2]*Gemeinsame Kellerlichtschächte für übereinanderliegende Kellergeschosse sind unzulässig.*“
Anmerkung: Eine Entrauchung der einzelnen Kellerräume schreibt die MBO nicht vor. Die MBO geht davon aus, dass die Rauchableitung über Kellerlichtschächte erfolgen kann und dies ausreichend ist.

reits ab 50 m^2 Grundfläche eine Entrauchung vorgeschrieben ist, für Magazine und Lagerräumen mit wesentlich höheren Brandlasten (siehe dazu § 21 Absatz 2) jedoch erst bei mehr als 200 m^2 Grundfläche.

5.3 Versammlungsräume und sonstige Aufenthaltsräume mit nicht mehr als 200 m^2 Grundfläche

Für kleinere Versammlungs- und Aufenthaltsräume bis 200 m^2 Grundfläche genügt nach **Absatz 2 Nummer 1** das Anforderungsniveau des § 47 Absatz 2 Satz 1 MBO. Im Brandschutzkonzept ist für jeden Versammlungsraum und jeden sonstigen Aufenthaltsraum der Versammlungsstätte nachzuweisen, dass das Rohbaumaß der Fenster des jeweiligen Raumes insgesamt mindestens ein Achtel der Grundfläche des Raumes beträgt. **46**

Eine Regelung über das Erfordernis von Öffnungen für die Zuluft ist in Absatz 2 Nummer 1 nicht aufgenommen. Wie die MBO geht auch diese Regelung davon aus, dass bei geöffneten Fenstern und Türen eine wirksame Entrauchung erfolgt. **47**

Die Regelung des Absatzes 2 Nummer 1 schließt Versammlungsräume und sonstige Aufenthaltsräume mit nicht mehr als 200 m^2 Grundfläche und ohne Fenster nicht aus, wie sie nach § 47 Absatz 3 MBO zulässig sind, z.B. wenn die Räume im Kellergeschoss liegen. Für diese Versammlungsräume oder Aufenthaltsräume ohne Fenster kann die Rauchableitung alternativ erfolgen, z.B. über Öffnungen zur Rauchableitung, natürlich wirkende oder maschinelle Rauchabzugsanlagen oder über Schächte. **48**

5.4 Versammlungsräume, sonstige Aufenthaltsräume, Magazine und Lagerräume mit nicht mehr als 1 000 m^2 Grundfläche

Absatz 2 Nummer 2 beinhaltet zwei pauschale Regelungen für die Bemessung der Rauchableitung von Versammlungs- oder Aufenthaltsräumen, Magazinen und Lagerräumen mit einer Grundfläche von mehr als 200 m^2 und nicht mehr als 1 000 m^2 und eine Regelung für die Bemessung der Zuluftöffnungen. **49**

Soweit die Vorschrift „Zuluftflächen" fordert, ist dies sprachlich und rechtsförmlich unzutreffend. Gemeint sind „Öffnungen für die Zuluft mit einem freien Querschnitt von…". **50**

51 **Alternative 1** (Nummer 2 Halbsatz 1):

- **Öffnungen zur Rauchableitung** an oberster Stelle des Raumes mit einem freien Querschnitt von 1 % der Grundfläche des Raumes und
- Öffnungen für die **Zuluft** im unteren Raumdrittel mit einem freien Querschnitt von ebenfalls 1 % der Grundfläche des Raumes, maximal jedoch 12 m^2.

52 **Alternative 2** (Nummer 2 Halbsatz 2):

- **Öffnungen zur Rauchableitung, Türen oder Fenster** im oberen Drittel der Außenwände des Raumes mit einem freien Querschnitt von 2 % der Grundfläche des Raumes und
- Öffnungen für die **Zuluft** im unteren Raumdrittel mit einem freien Querschnitt von ebenfalls 2 % der Grundfläche des Raumes, maximal jedoch 12 m^2.

53 Unter dem unbestimmten Rechtsbegriff „freier Querschnitt" in Absatz 2 Nummer 2 ist die für die Rauchableitung tatsächlich nutzbare Öffnungsfläche zu verstehen. So steht bei einem gekippten Fenster für den Rauchabzug nicht die gesamte Fensterfläche zur Verfügung, sondern nur der durch das Kippen freigegebene Spalt.

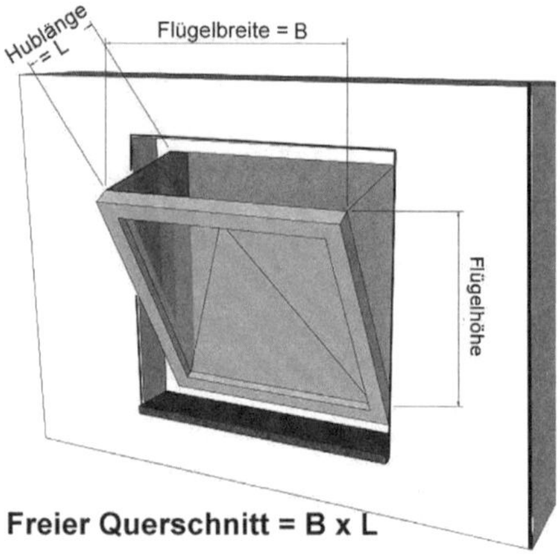

54 Ab einem Öffnungswinkel von 60° entspricht der freie Querschnitt der lichten Fensteröffnung. Die Bemessung erfolgt nach der zur Verfügung stehenden Öffnungsfläche ohne Berücksichtigung eines Durchflussbeiwertes. Ein spezifischer Nachweis der „aerodynamisch wirksamen Fläche" ist wegen des pauschalen prozentualen Ansatzes nicht erforderlich.

Für die Bedienung der Abschlüsse der Öffnungen zur Rauchableitung sowie der Türen und Fenster sind Vorrichtungen zum Öffnen erforderlich, die den Anforderungen des Absatzes 7 entsprechen und an jederzeit zugänglichen Stellen angebracht sein müssen. 55

Die Abschlüsse für die Zuluftöffnungen müssen leicht geöffnet werden können und sollten gleichzeitig mit den Abschlüssen der Öffnungen zur Rauchableitung geöffnet werden, damit die Abströmung des Rauchs durch die Öffnungen zur Rauchableitung in Gang kommt. 56

Wird die Bemessung der Rauchableitung nach einer der beiden in Absatz 2 Nummer 2 genannten Alternativen im Brandschutzkonzept nachgewiesen, so gelten damit die Anforderungen nach § 16 Absatz 1 erfüllt. 57

Solange die Regelung des § 16 nicht in das jeweilige Landesrecht übernommen wurde, kann die Bemessung als Abweichung von § 16 Absatz 2 MVStättV 2005 entsprechend § 67 MBO zugelassen werden. 58

Anstelle der in Absatz 2 Nummer 2 genannten Möglichkeiten kann die Rauchableitung auch nachgewiesen werden durch 59

- natürlich wirkende Rauchabzugsanlagen nach Absatz 2 Nummer 3, wie sie für Räume mit mehr als 1 000 m^2 ausreichen,[18]
- maschinelle Rauchabzugsanlagen nach Absatz 3 Satz 1, wie sie für Räume mit mehr als 1 000 m^2 ausreichen.[19]

Die in Absatz 3 Satz 2 Nummer 1 und 2 enthaltenen Bemessungsregelungen kommen für Räume unter 1 000 m^2 Grundfläche nicht in Betracht, da diese Erleichterungen nur für Räume mit mehr als 1 600 m^2 Grundfläche gelten. 60

5.5 Versammlungsräume, sonstige Aufenthaltsräume, Magazine und Lagerräume mit mehr als 1 000 m^2 Grundfläche

Absatz 2 Nummer 3 lässt für Versammlungsräume, sonstige Aufenthaltsräume, Magazine und Lagerräume mit mehr als 1 000 m^2 zu, dass die Rauchableitung über natürlich wirkende Rauchabzugsanlagen erfolgen kann. Dass die Regelung natürlich wirkende Rauchabzugsanlagen betrifft, ergibt sich aus dem Begriff „aerodynamisch wirksame Fläche". Alternativ ist eine Rauchableitung über maschinelle Rauchabzugsanlagen gemäß Absatz 3 Satz 1 oder 2 zulässig. 61

18 Siehe dazu die Kommentierung unter 5.6 Rn. 61 ff.
19 Siehe dazu die Kommentierung unter 5.6 Rn. 76 ff.

62 Erforderlich sind natürlich wirkende Rauchabzugsanlagen, wobei je höchstens 400 m^2 Grundfläche ein Rauchabzugsgerät mit 1,5 m^2 aerodynamisch wirksamer Fläche angeordnet sein muss. Hat der Raum mehr als 1 600 m^2 Grundfläche, muss die Rauchabzugsanlage in Auslösegruppen von je 1 600 m^2 geschaltet sein.

63 Für die **Zuluft** sind ferner Öffnungen im unteren Raumdrittel (gemeint ist: im unteren Drittel der Wände des Raumes) mit einem freien Querschnitt von mindestens 12 m^2 je 1 600 m^2 Grundfläche erforderlich.

64 Der Begriff „aerodynamisch wirksame Fläche" entspricht nicht der lichten Öffnungsfläche der Rauchabzugsanlage, sondern ist durch einen den Anstellwinkel des Öffnungsabschlusses und die Seitenwindverhältnisse berücksichtigenden Beiwert abgemindert.

65 Die aerodynamische Wirksamkeit der Rauchabzugsfläche wird unter Nummer 3.1 der DIN 18232-2:2001-11 als das Produkt aus geometrischer Öffnungsfläche Ag in m^2 des Rauschabzugsgerätes und dem Durchflussbeiwert cv mit Berücksichtigung des Seitenwindeinflusses definiert.

66 Die aerodynamische Wirksamkeit der Rauchabzugsfläche einer in Dächern oder Wänden eingebauten natürlich wirksamen Rauchabzugsanlage (NRA) ist nach den in DIN EN 12101-2:2017-08[20] beschriebenen Verfahren nachzuweisen.

67 Für den Einbau der NRA in Wände gibt die DIN 18232-2 in ihrem Anhang B die Durchflussbeiwerte in Abhängigkeit vom Öffnungswinkel an:

Öffnungsart	**Öffnungswinkel**	**Durchflussbeiwert**
Vollständig geöffnete Fläche		0,65
Jalousien	90°	0,65
Dreh- oder Kippflügel	≥ 60°	0,5
Dreh- oder Kippflügel	≥ 45°	0,4
Dreh- oder Kippflügel	≥ 30°	0,3

20 DIN EN 12101-2:2017-08
Rauch- und Wärmefreihaltung – Teil 2: Natürliche Rauch- und Wärmeabzugsgeräte.

Bei einem geforderten aerodynamischen Querschnitt von 1,5 m^2 ist bei einer vollständig zu öffnenden Fläche eine lichte Öffnungsfläche von 1,5 m^2/0,65 = 2,30 m^2 erforderlich. **68**

Das Wort „mindestens" in Nummer 3 bedeutet, dass auch eine größere Anzahl von natürlichen Rauchabzugsgeräten angeordnet werden kann oder Rauchabzugsgeräte eine größere aerodynamisch wirksame Fläche haben können. Zugleich bedeutet es, dass die Gesamtleistung der natürlichen Rauchabzugsanlage den in Nummer 3 angegebenen Mindestanforderungen entsprechen muss. **69**

Werden Rauchabzugsgeräte mit geringerer aerodynamisch wirksamer Fläche als 1,5 m^2 eingebaut, muss deren Gesamtzahl so erhöht werden, dass die insgesamt nach Nummer 3 erforderliche Gesamtleistung erreicht wird. **70**

Bei der Bemessung ist zu beachten, dass die Grundfläche des zu entrauchenden Raumes für die Berechnung der Zahl der erforderlichen natürlichen Rauchabzugsanlagen immer auf volle 400 m^2 aufzurunden ist. Eine Interpolation ist nicht zulässig. **71**

Beispiel:

Versammlungssaal mit 38 m × 72 m = 2 736 m^2 Grundfläche

Anzahl der Rauchabzugsstellen: 2 736 m^2 : 400 m^2 = 6,84 aufgerundet 7

oder aufgerundet: 2 800 m^2 : 400 m^2 = 7

Grundfläche des Raumes 38 m × 72 m	**Anzahl der Rauchabzugs-geräte/-stellen**	**Anzahl der Aus-lösegruppen**	**Aerodynamisch wirksame Fläche je Rauchabzugs-gerät**	**Aerodynamisch wirksame Ge-samtfläche**
2 736 m^2	7	2	1,50 m^2	10,50 m^2
2 736 m^2	8	2	1,32 m^2	10,56 m^2

Die Rauchabzugsgeräte müssen über die Grundfläche gleichmäßig verteilt werden, damit eine Verschleppung von Rauch nicht eintritt, wobei je 400 m^2 mindestens ein Rauchabzugsgerät oder eine Rauchabzugsstelle anzuordnen ist. **72**

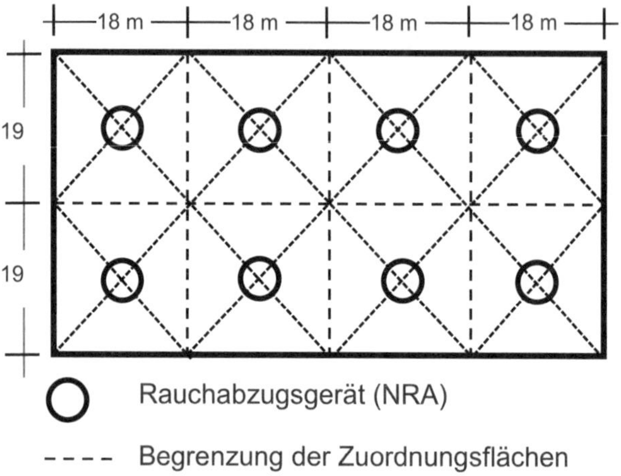

73 In der Begründung zu Absatz 2 Nummer 3 führt die Fachkommission Bauaufsicht zur Anwendung der DIN EN 12101-2:2003-09 aus:

„Für natürlich wirkende Rauchabzugsgeräte sind im Brandschutznachweis unter Berücksichtigung des vorgegebenen Brandmodells (siehe oben) und des Standortes des Gebäudes (hinsichtlich der Einwirkungen auf die Geräte durch Wind, Schnee, Umgebungstemperatur u. a.) mindestens die notwendigen Leistungsanforderungen und Klassen gemäß Abschnitt 7 der DIN EN 12101-2 festzulegen (ggf. auch mit Hinweis auf eine vorgesehene Lüftungsfunktion der Geräte). Durch die im Brandschutznachweis erforderlichen Angaben zur Anordnung der Geräte in Außenwand oder Dach ist keine Anpassung der notwendigen aerodynamisch wirksamen Öffnungsflächen erforderlich, da gemäß DIN EN 12101-2 die Bestimmung der vorhanden aerodynamisch wirksamen Öffnungsfläche A_a der Geräte in Abhängigkeit von der Einbaulage erfolgt.“

74 Für die natürliche Rauchabzugsanlage ist Absatz 8 zu beachten, der auch dafür eine automatische Auslösung und eine Auslösung von Hand vorschreibt, sowie Absatz 9, wonach die Auslösestellen zu kennzeichnen sind.

75 Aus der ergänzenden Vorschrift des **Absatzes 3 Satz 2** ergeben sich für Räume mit mehr als 1 600 m² Grundfläche zwei Erleichterungen für die Bemessung mechanischer Rauchabzugsanlagen in diesen großen Räumen.

5.6 Alternative maschinelle Rauchableitung

Absatz 3 Satz 1 lässt für die Fälle des Absatzes 2 Nummern 1 bis 3 anstelle einer natürlichen Rauchableitung eine maschinelle Rauchableitung zu. Die Bemessung ist gegenüber der Norm DIN EN 12101-3:2015-12 pauschaliert und vereinfacht. Eine Bemessung nach der Norm ist nicht erforderlich. Die Norm ist jedoch für den Einbau der Rauchabzugsgeräte und Anlagen zu beachten, da diese mit Abschnitt A 2.1.21.2 der MVV TB als Technische Baubestimmung eingeführt ist. 76

Die in Absatz 3 Satz 1 geregelten Alternativen sind anwendbar bei: 77

- Versammlungsräumen und sonstigen Aufenthaltsräumen bis 200 m^2 Grundfläche,
- Versammlungsräumen, sonstigen Aufenthaltsräumen, Magazinen und Lagerräumen mit nicht mehr als 1 000 m^2 Grundfläche,
- Versammlungsräumen, sonstigen Aufenthaltsräumen, Magazinen und Lagerräumen mit mehr als 1 000 m^2 Grundfläche.

Den Anforderungen des Absatzes 1 nach einer Rauchableitung wird auch durch **maschinelle Rauchabzugsanlagen** entsprochen, bei denen nach **Absatz 3 Satz 1** je 400 m^2 Grundfläche ein Rauchabzugsgerät oder eine Rauchabzugsstelle angeordnet sein muss. Verfügt die mechanische Rauchabzugsanlage über einen zentralen Ventilator, dann muss je 400 m^2 eine Rauchabzugsstelle angeordnet sein. Jedes mechanische Rauchabzugsgerät oder jede Rauchabzugsstelle muss einen Luftvolumenstrom von 10000 m^3/h leisten. Der für 400 m^2 Grundfläche zu leistende Luftvolumenstrom von 10000 m^3/h entspricht einem Luftvolumenstrom von 25 m^3/h je m^2 Grundfläche. Dies ist geringer als der noch in § 16 Absatz 2 MVStättV 2005 geforderte Luftvolumenstrom von 36 m^3/h je m^2 Grundfläche. 78

Ferner sind Öffnungen für die **Zuluft** im unteren Raumdrittel (im unteren Drittel der Wände des Raumes) erforderlich. Eine konkrete Größe der Öffnungen ist durch Absatz 3 Satz 3 nicht vorgegeben. Nach Absatz 3 Satz 3 müssen die Öffnungen für die Zuluft nach Größe und Lage so angeordnet werden, dass eine maximale Strömungsgeschwindigkeit von 3 m/s nicht überschritten wird. Dazu ist ein rechnerischer Nachweis erforderlich. Nach Absatz 10 Satz 3 muss die Zuluftzuführung zeitgleich mit der Inbetriebnahme der Rauchabzugsanlage ausgelöst werden. 79

Absatz 3 Satz 2 stellt für **Räume mit mehr als 1 600 m^2 Grundfläche** zwei weitere Alternativen der maschinellen Rauchableitung bereit. 80

Alternative 1:

81 Die Regelung des **Absatzes 3 Satz 2 Nummer 1** lässt für Räume mit mehr als 1600 m^2 Grundfläche zu, dass der Luftvolumenstrom, den die Rauchabzugsanlage je 400 m^2 Grundfläche zu leisten hat, für die über 1600 m^2 hinausgehende Fläche auf 5000 m^3/h je 400 m^2 reduziert wird.

82 Öffnungen für die **Zuluft** sind auch in diesem Fall im unteren Drittel der Umfassungswände des Raumes so anzuordnen, dass eine Strömungsgeschwindigkeit der Zuluft von 3 m/s nicht überschritten wird. Nach Absatz 10 Satz 3 muss die Zuluftzuführung zeitgleich mit der Inbetriebnahme der Rauchabzugsanlage ausgelöst werden.

83 Für Versammlungsräume und sonstige Aufenthaltsräume, Magazine und Lagerräume mit mehr als 1600 m^2 Grundfläche lässt Satz 2 Nummer 1 eine Reduzierung des Luftvolumenstrom zu. Für die über 1600 m^2 hinausgehende Fläche ist je 400 m^2 nur noch ein Luftvolumenstrom von 5000 m^3/h erforderlich. Für die Berechnung der Gesamtzahl der maschinellen Rauchabzugsanlagen ist die Grundfläche des Raumes auf volle 400 m^2 aufzurunden.

Grundfläche Raum [m^2]	**Anzahl der Geräte/ Stellen im Raum**	**Luftvolumenstrom gesamt [m^3/h]**	**Luftvolumenstrom je Gerät/Stelle [m^3/h]**
≤ 400	1	10000	10000
≤ 800	2	20000	10000
≤ 1200	3	30000	10000
≤ 1600	4	40000	10000
≤ 2000	5	45000	9000
≤ 2400	6	50000	8300
≤ 2800	7	55000	7800
≤ 3200	8	60000	7500
≤ 3600	9	65000	7300
≤ 4000	10	70000	7000
≤ 4400	11	75000	6850
≤ 4800	12	80000	6700

Beispiel: 84

Versammlungssaal mit 38 m × 72 m = 2736 m^2 Grundfläche

Grundfläche	Teilfläche	Berechnung	Luftvolumenstrom
2736 m^2	1600 m^2	4 × 10000 m^3/h	40000 m^3/h
	1200 m^2	3 × 5000 m^3/h	15000 m^3/h
Insgesamt erforderlicher Luftvolumenstrom auf alle Rauchabzugsgeräte oder Rauchabzugsstellen zu verteilen			55000 m^3/h

85 Der insgesamt erforderliche Luftvolumenstrom ist auf alle Rauchabzugsgeräte oder Rauchabzugsstellen gleichmäßig zu verteilen.

86 Für den Versammlungsraum mit 2736 m^2 Grundfläche bedeutet dies, dass bei acht Abzugsstellen oder Rauchabzugsgeräten jedes einen Luftvolumenstrom von 6.875 m^3/h leisten muss.

Alternative 2:

87 Die Regelung des **Absatzes 3 Satz 2 Nummer 2** ermöglicht es, den für die Rauchableitung erforderlichen Luftvolumenstrom der maschinellen Rauchabzugsanlage für Räume mit mehr als 1600 m^2 Grundfläche auf 40000 m^3/h zu begrenzen. Voraussetzung ist, dass ein Entstehungsbrand nach der Lage im Raum erkannt werden kann und die im Raum verteilten Rauchabzugsgeräte oder Rauchabzugsstellen im Bereich von 1600 m^2 um die Brandstelle so geschaltet werden, dass sie zusammen einen Luftvolumenstrom von 40000 m^3/h gleichmäßig fördern. Dies erfordert eine Detektion der konkreten Brandstelle im Raum, eine gleichmäßige Verteilung der Rauchabzugsgeräte oder Rauchabzugsstellen im Raum und eine Schaltung der um die jeweilige Brandstelle liegenden Rauchabzugsgeräte oder Rauchabzugsstellen auf Förderung dieses Luftvolumenstroms.

88 Die Öffnungen für die **Zuluft** sind auch in diesem Fall im unteren Drittel der Umfassungswände des Raumes so anzuordnen, dass eine Strömungsgeschwindigkeit der Zuluft von 3 m/s nicht überschritten wird. Dies ist im Brandschutzkonzept rechnerisch nachzuweisen. Nach Absatz 10 Satz 3 muss die Zuluftzuführung zeitgleich mit der Inbetriebnahme der Rauchabzugsanlage ausgelöst werden.

89 In Anbetracht der günstigeren Bemessung nach Absatz 3 Satz 1 MVStättVO kann in den Ländern, in denen noch eine dem § 16 MVStättV 2005 entsprechende Regelung gilt, die Bemessung nach Absatz 3 Satz 1 MVStättVO als Abweichung zugelassen werden.

90 Bei maschinellen Rauchabzugsanlagen sind neben den Vorschriften über die Bemessung auch die Regelungen der Absätze 8 bis 10 sowie die anerkannten Regeln der Technik[21] zu beachten.

5.7 Bühnen und Szenenflächen

91 **Absatz 2 Nummer 4** regelt die Rauchableitung aus Bühnen und über Szenenflächen mittels Öffnungen zur Rauchableitung. Die gesonderte Regelung für Bühnen und Szenenflächen ist erfolgt, weil sich dort in der Regel höhere Brandlasten befinden. Die Öffnungen für die Rauchableitung müssen sich an der höchsten Stelle der Bühne oder an der höchsten Stelle über der Szenenfläche befinden. Die freien Querschnitte der Öffnungen sind unterschiedlich geregelt.

- Bei der **Bühne** muss der freie Querschnitt der **Öffnungen zur Rauchableitung** mindestens 5% der Grundfläche des gesamten Bühnenraumes, also einschließlich Hinter- und Seitenbühnen betragen.

  Die **Öffnungen für die Zuluft** müssen ebenfalls einen freien Querschnitt von 5% der Grundfläche der Bühne des gesamten Bühnenraums haben und im unteren Raumdrittel der Bühne (gemeint ist damit: im unteren Drittel der Trennwände der Bühne gemäß § 3 Absatz 3) angeordnet sein. Bei Bühnenräumen mit Schutzvorhang müssen die Zuluftflächen so angeordnet sein, dass sie auch bei geschlossenem Schutzvorhang im Bühnenbereich wirksam sind.

  Der gegenüber der Regelung für Szenenflächen höhere Wert für die Bühne ist erforderlich, weil die Bühne in der Regel durch eine Trennwand mit Bühnenöffnung und durch einen Schutzvorhang vom Zuschauerraum getrennt ist. Die Trennwand mit Bühnenöffnung wirkt als Rauchschürze, und der Schutzvorhang riegelt den Zuschauerraum von der Bühne ab, sodass eine Entrauchung der Bühne über die Rauchableitung des Zuschauerraums nicht möglich ist.

---

21 Für maschinelle Lüftungsanlagen gelten insbesondere die Normen:
DIN EN 12101-2:2017-08
Rauch- und Wärmefreihaltung – Teil 2: Natürliche Rauch- und Wärmeabzugsgerät;
DIN EN 12101-3:2015-12
Rauch- und Wärmefreihaltung – Teil 3: Bestimmungen für maschinelle Rauch- und Wärmeabzugsgeräte;
DIN EN 12101-7:2011-08
Rauch- und Wärmefreihaltung – Teil 7: Entrauchungskanalstücke;
DIN EN 12101-8:2011-08
Rauch- und Wärmefreihaltung – Teil 8: Entrauchungsklappen.

- Bei der **Szenenfläche** muss der freie Querschnitt der **Öffnungen zur Rauchableitung** mindestens 3 % der Grundfläche der Szenenfläche betragen.

  Die **Öffnungen für die Zuluft** müssen ebenfalls einen freien Querschnitt von 3 % der Grundfläche der Szenenfläche haben und im unteren Raumdrittel (gemeint ist im unteren Drittel der Trennwände gemäß § 3 Absatz 3) des Versammlungsraums angeordnet sein.

  Die Abminderung gegenüber dem Wert für die Bühne ist gerechtfertigt, weil die Szenenfläche Teil des Versammlungsraumes ist und die für den Versammlungsraum nach Absatz 2 oder 3 vorgeschriebenen Rauchableitung mitwirkt.

Bühne ohne Schutzvorhang

Durch die Bezugnahme auf § 2 Absatz 5 gilt die Regelung des **Absatzes 2 Nummer 4** ausdrücklich für alle Versammlungsstätten mit Bühnenhaus, unabhängig davon, ob es sich um eine Großbühne handelt oder nicht. **92**

Dass bei Bühnen ohne Schutzvorhang faktisch ein Raumverbund zwischen Zuschauerraum und dem Bühnenraum besteht, wird in der Regelung des Absatzes 2 Nummer 3 nicht berücksichtigt. **93**

Für die an oberster Stelle des Bühnenraums erforderlichen Öffnungen zur Rauchableitung kommt eine Anrechnung der Öffnungen für die Rauchableitung des Zuschauerraums nicht in Betracht, da die obere Begrenzung der Bühnenöffnung als Rauchschürze wirkt. **94**

In der Begründung zu Absatz 2 Nummer 4 hat die Fachkommission Bauaufsicht jedoch ausgeführt, dass bei Bühnen ohne Schutzvorhang die Öffnungen für die Zuluft des Zuschauerraumes bei der Bemessung der Öffnungen für die **Zuluft** im Bühnenraum mit herangezogen werden können. Dies ergibt sich nicht ausdrücklich aus der Regelung des Absatzes 2 Nummer 4, ist jedoch sachgerecht, weil ein Raumverbund besteht. **95**

Beispiel:

Für eine Schulaula mit 20 m Breite und 30 m Länge sowie einer Guckkastenbühne von 12,50 m Breite und 8 m Tiefe bedeutet dies, dass die Bühne in der Bühnendecke Öffnungen zur Rauchableitung mit einem lichten Querschnitt von 5 % von 100 m^2 = 5 m^2 haben muss. Ferner muss sie in den Umfassungswänden der Bühne Zuluftöffnungen mit einem lichten Querschnitt von ebenfalls 8 m^2 haben. Zusätzlich muss der Theatersaal bzw. die Aula im Zuschauerraum gemäß § 16 Absatz 2 Nummer 1 insgesamt Öffnungen von 1 % der Grundfläche des Zuschauerraums, also mit einer lichten Fläche von weiteren 6 m^2 und entsprechende Zuluftöffnungen im Zuschauerraum aufweisen.

Insgesamt sind also Öffnungen zur Rauchableitung von 5 m^2 + 6 m^2 = 11 m^2 freiem Querschnitt und in den beiden Raumteilen Aula und Guckkastenbühne jeweils gleich große Zuluftflächen erforderlich. Da ein Raum von insgesamt 700 m^2 Grundfläche nur Rauchabzugsöffnungen mit 7 m^2 freiem Querschnitt haben muss, führt die Anwendung des Absatzes 2 Nummer 4 für die Guckkastenbühne zu deutlich höheren Anforderungen an die Rauchableitung.

Großbühnen

96 Bei **Großbühnen** ist für die Bemessung nach **Absatz 2 Nummer 4** der erforderlichen lichten Querschnitte der Rauchableitungsöffnungen die gesamte Bühnenfläche einschließlich Seiten-, Neben- und Hinterbühnen heranzuziehen. Dies ergibt sich aus § 2 Absatz 5 Nummer 4 Halbsatz 2, wonach „die Hauptbühne sowie die Hinter- und Seitenbühnen einschließlich der jeweils zugehörigen Ober- und Unterbühnen" zur Bühne zählen. Die Einbeziehung der Bühnenerweiterungen ist auch von der Sache her erforderlich, da zwischen Hauptbühne und Seiten-, Neben- und Hinterbühnen ein Raumverbund besteht und sich in diesem gesamten Bereich mit der dort gemäß § 34 Absatz 1 und 2 gelagerten Bühnenausstattungen, Requisiten und Ausschmückungen erhebliche Brandlasten befinden.

97 Die Regelung des **Absatzes 2 Nummer 4 Satz 2 letzter Halbsatz**, wonach die Zuluftöffnungen bei Bühnen mit Schutzvorhang so angeordnet sein müssen, dass sie auch bei geschlossenem Schutzvorhang im Bühnenbereich wirksam sind, entspricht der Aussage des ersten Satzteils, wonach die Zuluftöffnungen „im unteren Raumdrittel der Bühne" (gemeint ist im unteren Drittel der Trennwände) anzuordnen sind.

98 Da die Großbühne bei geschlossenem Schutzvorhang ein vom Zuschauerraum abgeschlossener Raum ist und somit kein Raumverbund mit dem Zuschauerraum besteht, versteht sich von selbst, dass die Zuluftöffnungen für die Bühne im unteren Drittel der Trennwände der Bühne, nicht jedoch im Schutzvorhang, anzuordnen sind. Eine Anordnung der Zuluftöffnungen im Schutzvorhang würde dessen Schutzfunktion (siehe dazu § 23) widersprechen.

Szenenflächen

In der Begründung zu § 16 Absatz 2 Nummer 4 MVStättVO führt die Fachkommission Bauaufsicht aus: „*Bei Szenenflächen können z. B. Teile der für den Raum erforderlichen Öffnungen zur Rauchableitung mit herangezogen werden, soweit die Bedienstellen nach Absatz 7 entsprechende Öffnungsvarianten vorsehen.*“ Dabei wird davon ausgegangen, dass die Rauchableitung im Versammlungsraum auch über Öffnungen zur Rauchableitung erfolgt, es sich also um einen Versammlungsraum mit nicht mehr als 1 000 m^2 Grundfläche gemäß Absatz 2 Nummer 2 handelt. **99**

Absatz 3 Satz 4 stellt für **Bühnen** und **Szenenflächen** anstelle der Öffnungen zur Rauchableitung eine Alternative mit **maschineller Rauchableitung** bereit. **100**

Die Vorschrift des Absatzes 3 Satz 4 lässt für Bühnen und Szenenflächen die Rauchableitung über maschinelle Rauchabzugsanlagen zu. Im Gegensatz zu den übrigen Regelungen der Absätze 2 bis 6 enthält die Vorschrift keine Bemessungsformel, sondern verweist auf das Schutzziel des Absatz 1, also den unbestimmten Rechtsbegriff „*müssen zur Unterstützung der Brandbekämpfung entraucht werden können*“. **101**

Dies erfordert eine Bemessung der maschinellen Rauchabzugsanlage nach DIN 18232-5:2012-11[22]. Im Beschlussvorschlag[23] zu § 16 Absatz 3 Satz 4 hat die Fachkommission Bauaufsicht ausgeführt: **102**

> „*Mit der Vorschrift des Satzes 4 wird der Einsatz einer maschinellen Rauchabzugsanlage auch bei Bühnen und Szenenflächen möglich; es bedarf hierfür jedoch einer entsprechenden Bemessung der Anlage unter Berücksichtigung des Schutzzieles und der Parameter des Satzes 3 und Absatzes 2 Nr. 4. Die hierfür notwendige Bemessung ist im Brandschutznachweis auszuweisen.*“

Mit den Parametern des Absatzes 3 Satz 3 sind die Vorgaben zur Zuluft hinsichtlich der Lage der Öffnungen und der Strömungsgeschwindigkeit gemeint. Die Aussage in der Begründung, es bedürfe einer Bemessung nach den Parametern auch des Absatzes 2 Nummer 4, ist dahingehend auszulegen, dass im Brandschutzkonzept nachzuweisen ist, dass die Leistung der maschinellen Rauchabzugsanlage der Leistung der **103**

---

22 DIN 18232-5:2012-11.
Rauch- und Wärmefreihaltung – Teil 5: Maschinelle Rauchabzugsanlagen (MRA); Anforderungen, Bemessung.

23 Vorlage 15.7 zur 297. Sitzung der FK-Bauaufsicht.

nach Absatz 2 Nummer 4 erforderlichen Rauchabzugsöffnungen entspricht und so das Schutzziel des Absatzes 1 erreicht wird.

6. Räume mit Sprinkleranlage

104 **Absatz 4** enthält eine Erleichterung für Räume mit einer Sprinkleranlage.

- **Rauchableitung über Lüftungsanlagen**, die entweder durch eine automatische Brandmeldeanlage oder durch eine Sprinkleranlage ausgelöst werden. Nach der Auslösung darf die Lüftungsanlage nur entlüften, wobei sie je 400 m^2 Grundfläche einen Luftvolumenstrom von 10 000 m^3/h erreichen muss. In Räumen mit mehr als 1 600 m^2 Grundfläche ist je weiteren 400 m^2 Grundfläche ein Luftvolumenstrom von 5 000 m^3/h ausreichend.
- Öffnungen für die **Zuluft** sind im unteren Drittel der Umfassungswände des Raumes anzuordnen und es darf eine Strömungsgeschwindigkeit der Zuluft von 3 m/s nicht überschritten werden.

105 Mit der Möglichkeit, maschinelle Lüftungsanlagen auch zur Rauchableitung nutzen zu können, werden Bauherren und Planer in die Lage versetzt, in gesprinklerten Räumen, die maschinell be- und entlüftet werden müssen, statt zweier verschiedener Abluftsysteme nur ein kombiniertes System einzubauen.

Zur Auslegung der Vorschrift des Absatzes 4

106 Die Vorschrift des Absatzes 4 ist wegen ihrer in einem Satz formulierten komplexen Regelung schwer verständlich und sprachlich unscharf. Soweit im ersten Satzteil ausdrücklich auf Absatz 2 Nummer 1 bis 3 verwiesen wird, ist dieser Verweis entbehrlich, da die Räume, für die die Regelung des Absatzes 4 gilt, ohnehin aufgezählt werden. Im Übrigen ist der Verweis auf Absatz 2 Nummer 1 unzutreffend, soweit er auch Magazine und Lagerräume betrifft.

107 Die Formulierung des Absatzes 4 „vorhandene Lüftungsanlagen“ wirft die Frage auf, ob diese Regelung nur in Bestandsgebäuden greift oder auch gilt, wenn die Lüftungsanlagen erst eingebaut werden sollen. Mit dem Wort „vorhandene“ sollte wohl nur ausgedrückt werden, dass die Regelung des Absatzes 4 nicht für Räume gilt, die keine maschinelle Lüftungsanlage haben. Absatz 4 ist eine Bauvorschrift für die Neuerrichtung und Änderung von Versammlungsstätten, insoweit ist das Wort „vorhandene“ irreführend.

- Aus der Anforderung, dass die Lüftungsanlage den nach Absatz 3 Satz 1 und Satz 2 Nummer 1 ermittelten Luftvolumenstrom leisten muss, ergibt sich indirekt, dass Absatz 4 **nur für maschinelle Lüftungsanlagen** gilt.
- Aus Absatz 4 ergibt sich nicht, ob die für die Rauchableitung genutzte maschinelle Lüftungsanlage auch die Anforderungen an maschinelle Rauchabzugsanlagen erfüllen muss, da das Konkurrenzverhältnis zu Absatz 10 Satz 4 nicht klargestellt wird. Lediglich aus der Begründung[24] zu § 16 ergibt sich, dass die Lüftungsanlage im Fall des Absatzes 4 nicht die Anforderungen an maschinelle Rauchabzugsanlagen erfüllen muss. Die Regelung des Absatzes 4 ist also speziell gegenüber Absatz 10 Satz 4. Somit gilt Absatz 4 für Räume mit Sprinkleranlage und Absatz 10 Satz 4 gilt für Räume ohne Sprinkleranlage.
- Nach Absatz 4 soll die Rauchableitung über eine maschinelle Lüftungsanlage zulässig sein, „soweit es die Zweckbestimmung der Absperrvorrichtungen gegen Brandübertragung zulässt". Damit sollen nicht die Lüftungsanlagen mit Brandschutzklappen aus dem Anwendungsbereich ausgeschlossen werden, sondern es soll ausgedrückt werden, dass die Lüftungsanlage zur Rauchableitung genutzt wird, solange die Brandschutzklappen offen sind. Das Wort „soweit" ist also als „solange" zu verstehen.
- Nach Absatz 4 ist die Rauchableitung der maschinellen Lüftungsanlage durch eine Brandmeldeanlage auszulösen, soweit diese nach § 20 Absatz 1 erforderlich ist. Daran knüpft sich die Frage, ob die Auslösung durch eine Brandmeldeanlage auch dann zulässig ist, wenn diese für die betreffende Versammlungsstätte zwar nach § 20 Absatz 1 nicht erforderlich, gleichwohl jedoch eingebaut ist. Dies ist für den Fall zu bejahen, dass diese freiwillig eingebaute Brandmeldeanlage der wiederkehrenden Prüfung unterliegt.

Konzept der Rauchableitung in Räumen mit Sprinkleranlage

Die Fachkommission Bauaufsicht ist bei der erleichternden Regelung für die Rauchableitung davon ausgegangen, dass bei einem Entstehungsbrand in Räumen mit Sprinkleranlage die Brandausbreitung durch die Auslösung der Sprinkleranlage begrenzt wird und damit auch die Rauchentwicklung vermindert wird. **108**

24 Muster-Versammlungsstättenverordnung – Begründung der Änderungen, Stand: Juli 2014, Fundstelle: www.bauministerkonferenz.de.

109 Unter diesen Voraussetzungen erscheint es möglich, maschinelle Lüftungsanlagen zur Rauchableitung zu nutzen. Da maschinelle Lüftungsanlagen nicht den hohen Temperaturen standhalten müssen wie maschinelle Rauchabzugsanlagen nach Absatz 10 Satz 1 oder 2, kann es zu einem Ausfall der Lüftungsanlage und damit zu einer Beendigung der Rauchableitung kommen. Falls die Lüftungsleitungen durch raumabschließende Bauteile führen und daher Brandschutzklappen haben müssen, kann es bei einer Auslösung der Brandschutzklappe ebenfalls zu einer Beendigung der Rauchableitung kommen.

110 Das Konzept des Absatzes 4 nimmt es hin, wie das der vergleichbaren Regelung des § 16 Absatz 4 Muster-Verkaufsstättenverordnung (MVkVO),[25] dass die Rauchableitung nur eine begrenzte Zeit erfolgt. Aus diesem Grund enthält Absatz 4 – insoweit anders als Absatz 10 – keine Vorgaben über die Dauer der Funktion oder die Widerstandsfähigkeit der maschinellen Lüftungsanlage gegen Temperatur.

Anwendungsbereich

111 Der Einsatz von maschinellen Lüftungsanlagen zur Rauchableitung ist in folgenden Räumen mit Sprinkleranlage möglich:

- Versammlungsräume und Aufenthaltsräume mit nicht mehr als 200 m² Grundfläche (Absatz 2 Nummer 1),
- Versammlungsräume, Aufenthaltsräume, Magazine und Lagerräume mit nicht mehr als 1 000 m² Grundfläche (Absatz 2 Nummer 2),
- Versammlungsräume, Aufenthaltsräume, Magazine und Lagerräume mit mehr als 1 000 m² Grundfläche (Absatz 2 Nummer 3).

112 Absatz 4 fordert, dass die nach Absatz 3 Satz 1 und Satz 2 Nummer 1 ermittelten Luftvolumenströme und die erforderliche Zuluft erreicht werden.

---

25 § 16 Absatz 4 MVkVO:
„(4) Die Anforderung des Absatzes 1 ist auch erfüllt bei Räumen nach Absatz 2 Nrn. 1 bis 3 in Verkaufsstätten mit Sprinkleranlagen, wenn in diesen Räumen vorhandene Lüftungsanlagen automatisch bei Auslösen der Brandmeldeanlage oder, soweit § 20 Abs. 2 Nr. 2 Halbsatz 2 Anwendung findet, der Sprinkleranlage so betrieben werden, dass sie nur entlüften und die ermittelten Luftvolumenströme nach Absatz 3 Satz 1 und Satz 2 Nr. 1 einschließlich Zuluft erreicht werden, soweit es die Zweckbestimmung der Absperrvorrichtungen gegen Brandübertragung zulässt; in Leitungen zum Zweck der Entlüftung dürfen Absperrvorrichtungen nur thermische Auslöser haben.“

Der für Räume mit nicht mehr als 1600 m^2 Grundfläche nach Absatz 3 Satz 1 oder für Räume mit mehr als 1600 m^2 Grundfläche nach Satz 2 Nummer 1 vorgegebene Luftvolumenstrom kann im Fall des Absatzes 4 nur mit maschinellen Lüftungsanlagen erreicht werden. Somit ist auch bei den Räumen mit nicht mehr als 200 m^2 oder nicht mehr als 1000 m^2 von einem erforderlichen Luftvolumenstrom von 10000 m^3/h je 400 m^2 Grundfläche auszugehen. 113

Für Räume mit mehr als 1600 m^2 Grundfläche kommt auch bei der Bemessung der mechanischen Lüftungsanlage die Erleichterung des Absatz 3 Satz 2 Nummer 1 mit 5000 m^3/h je 400 m^2 für die über 1600 m^2 hinausgehende Grundfläche in Betracht, nicht jedoch die Erleichterung des Absatzes 3 Satz 2 Nummer 2. 114

Auslösung der maschinellen Lüftungsanlage zur Rauchableitung

Wird die Lüftungsanlage in gesprinklerten Räumen zur Rauchableitung genutzt, dann muss sie durch die Brandmeldeanlage oder die Sprinkleranlage ausgelöst werden. Absatz 4 bestimmt eine Auslösung durch die Brandmeldeanlage, soweit eine solche nach § 20 Absatz 1 erforderlich ist, im Übrigen durch die Sprinkleranlage. In Räumen mit Brandmeldeanlage und Sprinkleranlage ist die Auslösung durch die Sprinkleranlage subsidiär. Die vorrangige Auslösung der Rauchableitung durch die Brandmeldeanlage kann dazu führen, dass durch die Ableitung der heißen Rauchgase die Auslösetemperatur der Sprinkleranlage nicht oder erst später erreicht wird. 115

Mit der Auslösung der Rauchableitung muss die maschinelle Lüftungsanlage automatisch so geschaltet werden, dass nur noch entlüftet wird. Zugleich müssen die Abschlüsse der nach Absatz 3 Satz 3 angeordneten Zuluftöffnungen ebenfalls automatisch geöffnet werden, damit die Zuluftzuführung gesichert ist. 116

Werden Lüftungsleitungen durch raumabschließende Trennwände oder Decken, also Bauteile geführt, an die Anforderungen hinsichtlich der Feuerwiderstandsdauer gestellt werden, müssen § 41 Absatz 2 Satz 2 MBO[26] und die Muster-Lüftungsanlagen-Richtlinie beachtet 117

26 § 41 Absatz 2 Satz 2 MBO:
„Lüftungsleitungen dürfen raumabschließende Bauteile, für die eine Feuerwiderstandsfähigkeit vorgeschrieben ist, nur überbrücken, wenn eine Brandausbreitung ausreichend lang nicht zu befürchten ist oder wenn Vorkehrungen hiergegen getroffen sind.“

werden.[27] Die Muster-Lüftungsanlagen-Richtlinie ist mit Abschnitt A 2.2.1.11 der MVV TB als Technische Baubestimmung eingeführt.

118 In der Regel müssen die Lüftungsleitungen im Bereich der Durchführung durch raumabschließende Bauteile durch Brandschutzklappen[28] geschlossen werden. Durch Schließen der Brandschutzklappen wird die geforderte Rauchableitung wirkungslos. Damit die Brandschutzklappen in den Leitungen, die auch der Rauchableitung dienen, möglichst lange offen bleiben, bestimmt Absatz 4, dass die Auslösung der Brandschutzklappen in den Leitungen nur durch thermische Auslöser in den Leitungen, z. B. Schmelzlot, erfolgen darf. Damit ist eine Auslösung der Brandschutzklappen durch eine Brandmeldeanlage oder durch die Sprinkleranlage ausgeschlossen, jedoch eine Auslösung der Brandschutzklappe bei Erreichen der Auslösetemperatur sichergestellt.

119 Das Problem der Durchführung durch raumabschließende Bauteile besteht dagegen nicht, wenn die Lüftungsleitungen keine raumabschließenden Bauteile durchdringen und die Abluft bzw. der Rauch aus dem Raum direkt ins Freie abgeleitet wird.

120 Der Aufbau, die Steuerung, die Funktion und Wirkung der maschinellen Lüftungsanlagen, die in gesprinklerten Räumen zugleich der Rauchableitung sowie der Zuluftzuführung dienen, ist im Brandschutzkonzept nachzuweisen. Für die Planung der Lüftungsanlagen gibt die VdS-Richtlinie 2298:2002-06 Lüftungsanlagen im Brandschutzkonzept[29] entsprechende Hinweise.

121 Für Lüftungsleitungen, an die Anforderungen an die Feuerwiderstandsdauer oder den Schallschutz gestellt werden, sind die Technischen Baubestimmungen nach den Abschnitten B 3.2.1.8 und B 3.2.1.18 sowie die des Abschnitts 7.1, 7.2 und 7.3 des Anhangs 4 der MVV TB zu beachten.

---

27 Muster-Lüftungsanlagen-Richtlinie M-LüAR, zuletzt geändert am 11.12.2015, Fundstelle: www.bauministerkonferenz.de.
DIN 4102-6:1977-09
Brandverhalten von Baustoffen und Bauteilen; Lüftungsleitungen, Begriffe, Anforderungen und Prüfungen;
DIN V 4102-21:2002-08
Brandverhalten von Baustoffen und Bauteilen – Teil 21: Beurteilung des Brandverhaltens von feuerwiderstandsfähigen Lüftungsleitungen.

28 DIN EN 15650:2010-09
Lüftung von Gebäuden – Brandschutzklappen.

29 VdS 2298:2002-06
Lüftungsanlagen im Brandschutzkonzept, Merkblatt für Planung, Ausführung und Betrieb, Fundstelle: www.vds.de.

Ausschluss anderer automatischer Feuerlöschanlagen

Die Fachkommission Bauaufsicht hat die Rauchableitung mittels maschineller Lüftungsanlagen ausdrücklich auf Räume mit Sprinkleranlage beschränkt. Der Grund für diese Beschränkung auf einen bestimmten Typus einer automatischen Feuerlöschanlage ist nicht nachvollziehbar, da es andere wirksame Verfahren zur automatischen Brandbekämpfung mittels Löschwasser gibt. Das Zusammenwirken von automatischen Wasserlöschanlagen mit Rauchabzugsanlagen wird in der VdS-Richtlinie 2815[30] ausführlich beschrieben. 122

Für Räume, die mit anderen automatischen Feuerlöschanlagen ausgestattet sind, die als Löschmittel Wasser verwenden, wie z.B. Sprühwasserlöschanlagen oder Sprühnebellöschanlagen, ist Absatz 4 also nicht anzuwenden. Soll in einem mit einer Sprühnebellöschanlage ausgestatten Raum die maschinelle Lüftungsanlage zur Rauchableitung genutzt werden, erfordert dies somit einen Antrag auf Zulassung einer Abweichung entsprechend § 67 MBO. 123

7. Notwendige Treppenräume

§ 35 Absatz 8 Satz 1 MBO schreibt vor: 124

> „*Notwendige Treppenräume müssen belüftet und zur Unterstützung wirksamer Löscharbeiten entraucht werden können.*“

Die notwendigen Treppenräume müssen nach § 35 Absatz 8 MBO entweder in jedem oberirdischen Geschoss unmittelbar ins Freie führende Fenster mit einem freien Querschnitt von mindestens 0,50 m^2 haben, die geöffnet werden können, oder an der obersten Stelle eine Öffnung zur Rauchableitung mit einem freien Querschnitt von 1 m^2 haben. 125

Für Gebäude der Gebäudeklasse 5 schreibt § 35 Absatz 8 Satz 3 vor, dass notwendige Treppenräume mit Fenstern zusätzlich an oberster Stelle eine Öffnung zur Rauchableitung mit einem freien Querschnitt von 1 m^2 haben müssen. 126

Da Versammlungsstätten nach § 1 Absatz 4 Satz 1 hinsichtlich der Anforderungen an die Feuerwiderstandsdauer der Bauteile wie Gebäude 127

30 VdS 2815:2018-05
Zusammenwirken von Wasserlöschanlagen und Rauch- und Wärmeabzugsanlagen (RWA), Merkblatt zum Brandschutz, Fundstelle: www.vds.de.

der Gebäudeklasse 5 behandelt werden, ist es konsequent, die Anforderung des § 35 Absatz 8 Satz 3 MBO in die MVStättVO zu übernehmen.

128 **Absatz 5 Nummer 1** schreibt daher vor, dass notwendige Treppenräume mit Fenstern zusätzlich an oberster Stelle eine Öffnung zur Rauchableitung mit einem freien Querschnitt von 1 m^2 haben müssen. Dies gilt unabhängig von der Höhe des Gebäudes. Für die Abschlüsse der Öffnungen zur Rauchableitung in Treppenräumen gibt es keine Technischen Baubestimmungen; sie sind unter Abschnitt D 2.2.3.9 der MVV TB in die Liste der Bauprodukte aufgenommen, für die kein Verwendungsnachweis erforderlich ist.

129 Für die Treppenräume ohne Fenster, insbesondere die innenliegenden Treppenräume, die nach § 35 Absatz 8 Satz 2 Nummer 2 MBO an oberster Stelle eine Öffnung zur Rauchableitung haben müssen, schreibt **Absatz 5 Nummer 2** vor, dass anstelle dieser Öffnung ein natürliches Rauchabzugsgerät mit einer aerodynamisch wirksamen Fläche von 1 m^2 erforderlich ist. Dies gilt ebenfalls unabhängig von der Höhe des Gebäudes. Das Rauchabzugsgerät muss der DIN EN 12101-2:2014-09 entsprechen. Für die Planung und den Einbau gibt die VdS-Richtlinie 2221[31] weitere Hinweise.

130 Sicherheitstreppenräume erfordern keine Entrauchung, da ein Sicherheitstreppenraum im Sinne des § 33 Absatz 2 Satz 3 MBO nur dann vorliegt, wenn dieser sicher erreichbar ist und Feuer und Rauch nicht eindringen kann.[32] Allerdings sind Sicherheitstreppenräume für Versammlungsstätten ausgeschlossen, da § 6 Absatz 2 immer zwei bauliche Rettungswege vorschreibt und damit speziell gegenüber § 33 Absatz 2 Satz 3 MBO ist.

131 Die Größe der Öffnungen für die Zuführung von Zuluft ist in Absatz 5 nicht geregelt, da es ausreicht, im Erdgeschoss des Treppenraums die Türen zum Ausgang ins Freie zu öffnen. Absatz 7 Satz 3 schreibt dazu vor, dass die Abschlüsse der Öffnungen für die Zuluft leicht geöffnet werden können.

132 Nach Absatz 7 Satz 2 müssen die Vorrichtungen zum Öffnen der Fenster, der Abschlüsse der Rauchableitungsöffnungen und der Rauchab-

---

31 VdS 2221 Ausgabe: 2007-06
Entrauchungsanlagen in Treppenräumen (EAT), Planung und Einbau.

32 Vgl. dazu auch die Bestimmungen der Muster-Hochhaus-Richtlinie der ARGEBAU über die Anforderungen an Sicherheitstreppenräume, Fundstelle: www.bauminister konferenz.de.

zugsgeräte notwendiger Treppenräume von jedem Geschoss aus leicht bedient werden können. Gebräuchlich sind mechanische oder elektrische Bedieneinrichtungen. Elektrische Bedieneinrichtungen müssen an eine Sicherheitsstromversorgungsanlage nach § 14 Absatz 1 angeschlossen sein.

8. Schächte zur Rauchableitung

Die **Schächte** nach **Absatz 6** müssen einen strömungstechnisch (gemeint ist strömungsmechanisch) äquivalenten Querschnitt aufweisen, der dem Querschnitt der Öffnungen zur Rauchableitung entspricht, anstelle derer sie zulässig sind. Schächte sind nur zulässig zur Rauchableitung für 133

- Versammlungsräume, sonstige Aufenthaltsräume, Magazine und Lagerräume mit nicht mehr als 1 000 m^2 Grundfläche (Absatz 2 Nummer 2),
- Bühnen und Szenenflächen (Absatz 2 Nummer 4),
- notwendige Treppenräume mit Fenstern (Absatz 5 Nummer 1),
- notwendige Treppenräume ohne Fenster (Absatz 5 Nummer 2).

Öffnungen für die Zuluft sind in Absatz 6 nicht ausdrücklich geregelt. 134
Die Vorschrift regelt nur den Ersatz der Öffnungen zur Rauchableitung durch Schächte. Im Fall des Einbaus von Schächten an Stelle von Öffnungen zur Rauchableitung oder von natürlichen Rauchabzugsanlagen ist auch der Querschnitt für die Zuluftöffnungen danach zu bestimmen, wie die Regelung für die Rauchableitung es vorschreibt, die durch den Schacht ersetzt wird.

Werden anstelle von Öffnungen zur Rauchableitung Schächte zur 135
Rauchableitung eingebaut, dann müssen die Wände der Schächte die gleiche Feuerwiderstandsdauer aufweisen wie die raumabschließenden Bauteile, die sie durchdringen. Muss die Entrauchungsleitung durch ein oder mehrere Geschosse über das Dach geführt werden, dann ist die Durchdringung von feuerbeständigen Geschossdecken erforderlich. Die Entrauchung muss dann also in einen Schacht mit feuerbeständigen Wänden geführt werden.

Der in Absatz 6 verwendete unbestimmte Rechtsbegriff „raumab- 136
schließend“ entspricht dem in der MBO, z.B. in den §§ 29 bis 31 verwendeten Begriff. Er ist in der MBO nicht definiert. Was unter dem Begriff „raumabschließend“ zu verstehen ist, ergibt sich aus dem zur Bauproduktenrichtlinie bzw. nun der Bauproduktenverordnung von der

EU-Kommission bekannt gemachten „Grundlagendokument Brandschutz“.[33]

137 **Absatz 6** fordert für die Schächte einen strömungsmechanisch äquivalenten Querschnitt zu den Öffnungen zur Rauchableitung, die ersetzt werden. Es ist daher zu beachten, ob die Öffnungen zur Rauchableitung jeweils einen freien Querschnitt von 1%, 2%, 3% oder 5% haben müssen.

138 Absatz 2 Nummer 2 sieht in Anhängigkeit von der Lage der Öffnung zur Rauchableitung in der Decke an oberster Stelle oder im oberen Drittel der Außenwand einen freien Querschnitt von 1% oder 2% der Grundfläche vor. Aus Absatz 6 geht nicht hervor, auf welcher dieser beiden Bemessungsgrundlagen der strömungsmechanisch äquivalente Querschnitt des Schachtes zu bemessen ist.

139 In der Begründung zu § 16 Absatz 6 hat die Fachkommission Bauaufsicht darauf hingewiesen, dass sie damit die Regelung des § 16 Absatz 5 MVStättV 2005 aufgreifen wollte. § 16 Absatz 5 Satz 1 MVStättV 2005 bestimmt, dass Rauschableitungsöffnungen an der höchsten Stelle des Raumes liegen sollen.

140 Die Regelung des § 16 Absatz 6 MVStättVO ist daher dahingehend auszulegen, dass bei Schächten, die an oberster Stelle des Raumes liegen, der Querschnitt der Schächte insgesamt strömungsmechanisch äquivalent zu einer Öffnungsfläche von 1% der Grundfläche des Raumes sein muss. Sollen die Rauchabzugsstellen der Schächte jedoch nicht an oberster Stelle des Raumes angeordnet werden, sondern im oberen Drittel der Außenwände, dann muss der lichte Querschnitt der Öffnungen sowie der Schächte strömungsmechanisch äquivalent zu einer Öffnungsfläche von 2% der Grundfläche des Raumes sein.

141 Der strömungsmechanisch äquivalente Querschnitt ist von der Länge und Form des Schachtes und dem Strömungswiderstand abhängig und nach ingenieurtechnischen Methoden zu ermitteln.

9. Vorrichtungen zum Öffnen

142 Vorrichtungen zum Öffnen der für die Rauchableitung erforderlichen Türen und Fenster sowie der Abschlüsse der Rauchableitungsöffnungen müssen nach **Absatz 7 Satz 1** von einer jederzeit zugänglichen Stelle

33 Zum Begriff „raumabschließend“ siehe Kommentierung zu § 3 Nummer 3 Raumabschließende Bauteile.

aus leicht von Hand bedient werden können. Für die in notwendigen Treppenräumen ohne Fenster nach Absatz 5 Nummer 2 vorgeschriebenen Rauchabzugsgeräte gilt das Gleiche.

In notwendigen Treppenräumen müssen die Vorrichtungen zum Öffnen der Fenster sowie des Abschlusses der Öffnung zur Rauchableitung oder des natürlich wirkenden Rauchabzugsgerätes nach Absatz 5 Satz 2 von jedem Geschoss aus bedient werden können. Dies bedeutet, dass in jedem Geschoss eine zentrale Bedieneinrichtung vorhanden sein muss. Da Satz 1 auf Absatz 5 Nummer 1 verweist, schließt diese Anforderung auch Bedienvorrichtungen für die Fenster in notwendigen Treppenräumen ein, was in hohen Gebäuden mit manuell zu bedienenden Öffnungseinrichtungen nur schwer umsetzbar sein dürfte. In diesem Fall ist es zweckmäßig, die Fenster oder die Abschlüsse der Rauchableitungsöffnungen durch einen elektromotorischen Antrieb zu öffnen, der durch einen Handmelder in jedem Geschoss des Treppenraums ausgelöst werden kann. **143**

Während nach § 16 Absatz 8 Satz 1 MVStättV 2005 die Bedienstelle im jeweiligen Raum sein muss, gibt dies Absatz 7 nicht mehr vor. Die Vorrichtungen für das Öffnen der Rauchabzugseinrichtungen können daher auch außerhalb des Raumes liegen. Es ist jedoch zweckmäßig, die Bedienvorrichtung im jeweiligen Raum so einzurichten, dass sie vom Fußboden aus leicht erreichbar ist. **144**

Für Großbühnen schreibt § 25 Absatz 2 die Lage der Auslösestellen für die Rauchabzugsanlagen am Platz der Sicherheitswache vor. Diese Vorschrift ist speziell gegenüber der Regelung des Absatzes 7 Satz 1. Für den Zuschauerraum bleibt es bei der Anforderung des Absatzes 7 Satz 1. **145**

Die einzelnen Fenster und die Abschlüsse der Öffnungen zur Rauchableitung müssen lediglich vom jeweiligen Fußboden aus geöffnet werden können. Eine zentrale Bedienungsvorrichtung für Fenster und Türen ist nicht erforderlich, ist jedoch nach Absatz 7 Satz 1 letzter Halbsatz nicht ausgeschlossen. **146**

Werden die Fenster oder die Abschlüsse der Rauchableitungsöffnungen durch einen elektromotorischen Antrieb geöffnet, der durch einen Handmelder ausgelöst wird, so ist dieses System nach § 14 Absatz 1 an eine Sicherheitsstromversorgung anzuschließen. Die Aufzählung in § 14 Absatz 1 ist nicht abschließend, vielmehr müssen sicherheitstechnische Anlagen und Einrichtungen, die mit Strom betrieben werden, über eine Sicherheitsstromversorgung verfügen. **147**

10. Auslösung der Rauchabzugsanlagen

148 **Absatz 8** schreibt vor, dass Rauchabzugsanlagen automatisch ausgelöst werden müssen und zusätzlich eine Auslösung von Hand von einer jederzeit zugänglichen Stelle aus möglich sein muss. Diese Regelung gilt sowohl für natürlich wirkende Rauchabzugsanlagen als auch für maschinelle Rauchabzugsanlagen.

149 Da die Absätze 1 und 2 die Rauchableitung raumbezogen regeln, ist Absatz 8 dahingehend auszulegen, dass auch die automatische Auslösung raumbezogen erfolgen muss.

150 Bei Räumen mit mehr als 1 000 m^2 Grundfläche nach Absatz 2 Nummer 3 und bei Bühnen und Szenenflächen nach Absatz 2 Nummer 4 erfolgt die Auslösung der Rauchabzugsanlagen über die Brandmeldeanlage, die für Versammlungsstätten mit Versammlungsräumen von insgesamt mehr als 1 000 m^2 Grundfläche nach § 20 Absatz 1 erforderlich ist. Dabei wird die Rauchabzugsanlage nur in dem Raum ausgelöst, in dem ein Brandmelder einen Brand detektiert hat.

151 Bei Versammlungsstätten mit Versammlungsräumen von insgesamt nicht mehr als 1 000 m^2 ist eine Brandmeldeanlage nach § 20 Absatz 1 nicht erforderlich. Werden Räume nach Absatz 2 Nummer 2 in diesen kleinen Versammlungsstätten mit Rauchabzugsanlagen anstelle von Öffnungen zur Rauchableitung ausgestattet, müssen diese automatisch durch Brandmelder in den jeweiligen Räumen ausgelöst werden.

152 Für die Auslösung der Rauchabzugsanlagen zu beachten sind auch die speziellen Regelungen des § 20 Absatz 4 und des § 25 Absatz 2. § 20 Absatz 4 schreibt vor, dass in Versammlungsstätten mit Versammlungsräumen von insgesamt mehr als 1 000 m^2 Grundfläche die Rauchabzugsanlagen zusätzlich in einem für die Feuerwehr leicht zugänglichen Raum (Brandmelder- und Alarmzentrale) ausgelöst werden können. Nach § 25 Absatz 2 Satz 1 muss an den beiden Plätzen der Brandsicherheitswache einer Großbühne eine Auslösevorrichtung für die Rauchabzugsanlage der Bühne angebracht sein.

153 Zu beachten ist die Vorschrift des § 36 Absatz 3 in Verbindung mit § 35 Absatz 2 Satz 3. Danach kann die automatische Brandmeldeanlage abgeschaltet werden, soweit dies in der Art der Veranstaltung begründet ist und der Veranstalter die erforderlichen Brandschutzmaßnahmen im Einzelfall mit der Feuerwehr abgestimmt hat. Ist die Brandmeldeanlage im Einzelfall abgeschaltet, z.B. weil in der Veranstaltung pyrotechnische Effekte oder offenes Feuer verwendet werden, hat dies zur Folge,

dass die automatische Auslösung der Rauchabzugsanlage ebenfalls ausgeschaltet ist. In diesem Fall ist vom Betreiber in Abstimmung mit der Feuerwehr sicherzustellen, dass die Auslösung von Hand durch eine neben der Auslösestelle ständig besetzte Brandsicherheitswache gewährleistet ist.

11. Kennzeichnung

Absatz 9 bestimmt, dass jede Bedienungs- und Auslösestelle mit einem Hinweisschild mit der Bezeichnung „RAUCHABZUG" und der Bezeichnung des jeweiligen Raumes gekennzeichnet sein muss. An der Bedienungs- oder Auslösevorrichtung muss die Betriebsstellung der jeweiligen Anlage, der Fenster, Türen, Abschlüsse und Rauchabzugsgeräte erkennbar sein. 154

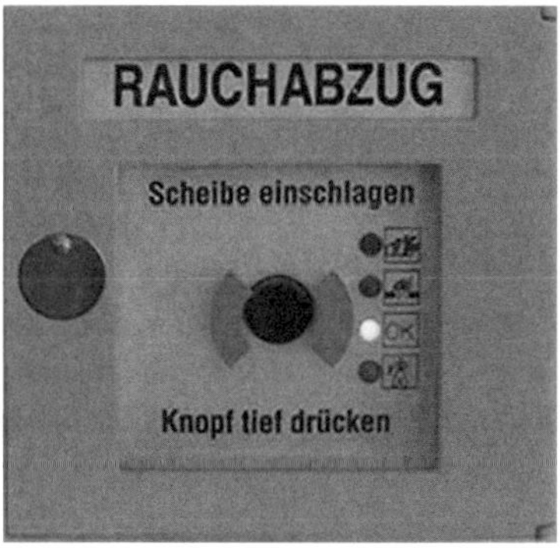

Die Farbgebung der Handmelder bzw. Handauslöser für die sicherheitstechnische Gebäudeausrüstung richtet sich nach der DIN 5381 – Kennfarben, in der signifikante Sicherheitsfarben festgelegt wurden. Diese DIN-Norm teilt sich in eine Vorzugsfarbenreihe und eine Nebenfarbenreihe auf. 155

Für die Handauslöser von natürlichen Rauchabzugsanlagen sind die Bauweise, Ausführung und Farbgebung in der VdS-Richtlinie 2592[34] 156

34 VdS 2592:2002-09
VdS-Richtlinien für natürliche Rauchabzugsanlagen – Elektrische Handansteuereinrichtungen – Anforderungen und Prüfmethoden, Fundstelle: www.vds.de.

festgelegt. Danach soll die Farbgebung von elektrischen Handauslösern für natürliche Rauchabzugsanlagen wie folgt aussehen:

Gehäuse und Frontplatte:	Tieforange nach RAL 2011
Sichtbares Bedienfeld:	Reinweiß nach RAL 9010
Beschriftungen:	Tiefschwarz nach RAL 9005
Taster:	Tiefschwarz nach RAL 9005 oder Rot nach RAL 3000 oder Tieforange nach RAL 2011.

157 Die VdS-Richtlinie 2592 ist nicht allgemein verbindlich. So empfiehlt der Landesfeuerwehrverband Bayern abweichend von der VdS-Richtlinie 2592 die Farbe Gelb[35] für die Handauslöser von Rauchabzugsanlagen und der Abschlüsse der Rauchableitungsöffnungen.

12. Anforderungen an maschinelle Rauchabzugsanlagen

158 Nach **Absatz 9** sind maschinelle Rauchabzugsanlagen für eine Betriebszeit von 30 Minuten bei einer Rauchgastemperatur von 600 °C auszulegen. Die Auslegung für eine Betriebszeit von 30 Minuten bei einer Rauchgastemperatur von 600 °C ist gegenüber der bisher geltenden Regelung verdoppelt. Nach § 16 Absatz 7 Satz 1 MVStättV 2005 war eine Rauchabzugsanlage für eine Rauchgastemperatur von mindestens 300 °C auszulegen.

159 Es genügt jedoch nach **Satz 2** eine Auslegung für eine Rauchgastemperatur von 300 °C, wenn die Rauchabzugsanlage einen Luftvolumenstrom im Raum von mindestens 40 000 m^3/h fördert. Ein solcher Luftvolumenstrom wird jedoch nach Absatz 3 Satz 2 erst in Räumen mit 1 600 m^2 Grundfläche erreicht. Die Abminderung auf eine Rauchgastemperatur von 300 °C kommt daher für Räume mit weniger als 1 600 m^2 Grundfläche nicht in Betracht.

160 **Satz 3** bestimmt, dass die Zuluftzuführung automatisch und spätestens mit der Inbetriebnahme der maschinellen Rauchabzugsanlage erfolgen muss. Dies bedeutet, dass auch die Abschlüsse der Öffnungen für die Zuluft automatisch durch die Brandmeldeanlage oder durch Auslösen der maschinellen Rauchabzugsanlage von Hand geöffnet werden müssen.

---

35 Fachinformation_Handausloesestellen_2013, Fundstelle: www.lfv-bayern.de/fileadmin/download/fachthemen/fb04.

Betrieb maschineller Lüftungsanlagen als Rauchabzugsanlagen

161 Bereits die Vorschrift des § 16 Absatz 7 Satz 2 MVStättV 2005 hat den Einsatz maschineller Lüftungsanlagen zur Rauchableitung unter der Maßgabe zugelassen, dass diese die Anforderungen an maschinelle Rauchabzugsanlagen erfüllen. Der Einsatz von maschinellen Lüftungsanlagen zur Rauchableitung kommt nicht nur nach Absatz 4 im Fall der Räume mit Sprinkleranlagen in Betracht, sondern auch in Räumen ohne Sprinkleranlage.

162 Nach § 17 Absatz 2 müssen Versammlungsräume und sonstige Aufenthaltsräume mit mehr als 200 m^2 Grundfläche Lüftungsanlagen haben. Nummer 3.6 des Anhangs zur Arbeitsstättenverordnung schreibt eine ausreichend gesundheitlich zuträgliche Atemluft in geschlossenen Arbeitsräumen vor.

163 **Absatz 10 Satz 4** regelt, dass maschinelle Lüftungsanlagen auch als maschinelle Rauchabzugsanlagen betrieben werden können, wenn sie die an Rauchabzugsanlagen gestellten Anforderungen erfüllen. Von der Sache her müsste Absatz 10 Satz 4 also eigentlich lauten: „Maschinelle Rauchabzugsanlagen können als Lüftungsanlagen genutzt werden.“

164 Dies bedeutet, dass neben den sich aus den allgemein anerkannten Regeln der Technik ergebenden Anforderungen die speziellen Anforderungen der Absätze 8, 9 und 10 erfüllt werden müssen. Die maschinelle Lüftungsanlage muss also durch eine Brandmeldeanlage automatisch ausgelöst werden und zusätzlich auch von Hand ausgelöst werden können (Absatz 8).

165 Die Konstruktion einer Lüftungsanlage, die zugleich Räume ohne Sprinkleranlage entrauchen soll, ist daher im Brandschutzkonzept im Einzelnen darzustellen. Dabei ist nachzuweisen, dass die einzelnen Komponenten der Lüftungsanlage die Anforderungen der Absätze 8, 9 und 10 erfüllen und die Bauprodukte über entsprechende Verwendungsnachweise verfügen.

166 Die maschinelle Lüftungsanlage muss wie eine maschinelle Rauchabzugsanlage für eine Betriebszeit von 30 Minuten bei einer Rauchgastemperatur von 600° C ausgelegt sein. Es genügt eine Auslegung für eine Rauchgastemperatur von 300° C, wenn die Lüftungsanlage einen Luftvolumenstrom im Raum von mindestens 40 000 m^3/h fördert.

13. Auslösung der Rauchableitung von Großbühnen

167 Für Großbühnen schreibt § 23 einen Schutzvorhang vor. Im Fall eines Brandes während einer Vorführung oder Probe wird der Schutzvorhang vom Platz der Brandsicherheitswache aus geschlossen. Absatz 11 entspricht im Wortlaut dem bisherigen § 16 Absatz 6 MVStättV 2005.

168 Da ein Brand in der Großbühne zu einem Überdruck in der Bühne führt, verlangt **Absatz 11**, dass die Abschlüsse der Rauchableitungsöffnungen von Bühnen mit Schutzvorhang bei einem Überdruck von 350 Pa selbsttätig öffnen, wobei eine automatische Auslösung durch geeignete Temperaturmelder zulässig ist. Die Regelung entspricht damit der des § 48 Absatz 5 VStättVO 1978, wobei die automatische Auslösung durch Temperaturmelder auf Grund der heutigen Steuer- und Regelungstechnik möglich wird.

169 Zusätzlich zur automatischen Auslösung nach Absatz 11 schreibt § 25 Absatz 2 Satz 1 für die Auslösung von Hand Auslösevorrichtungen an den beiden Plätzen der Brandsicherheitswache vor. Ferner muss sich in der Brandmelder- und Alarmzentrale für die Feuerwehr eine zentrale Bedieneinrichtung für die Auslösung befinden.

§ 17 Heizungsanlagen und Lüftungsanlagen

(1) [1]Heizungsanlagen in Versammlungsstätten müssen dauerhaft fest eingebaut sein. [2]Sie müssen so angeordnet sein, dass ausreichende Abstände zu Personen, brennbaren Bauprodukten und brennbarem Material eingehalten werden und keine Beeinträchtigung durch Abgase entstehen.

(2) Versammlungsräume und sonstige Aufenthaltsräume mit mehr als 200 m² Grundfläche müssen Lüftungsanlagen haben.

Übersicht

1. Überblick

In Verbindung mit der Betriebsvorschrift des § 33 Absatz 8 regelt **Absatz 1** die grundsätzlichen Anforderungen an Heizungsanlagen. Absatz 1 ist somit für Heizungsanlagen jeder Art die gegenüber § 35 Absatz 3 spezielle Regelung. Absatz 1 verwendet den Begriff „Heizungsanlage“ und nicht den in § 2 Absatz 8 MBO definierten Begriff „Feuerstätte“, weil die Anforderung des Absatzes 1 nicht nur für die Feuerstätte gilt, sondern für das Gesamtsystem der Wärmeverteilung und auch für andere Heizungsanlagen, die die Wärme nicht durch Verbrennung erzeugen, wie Elektroheizungen. 1

Bei der Vorschrift des § 17 handelt es sich um eine Bauvorschrift, die bei der Errichtung und bei Änderungen der baulichen Anlagen anzuwenden ist. Der Bestandsschutz für bestehende Versammlungsstätten ist nicht berührt. 2

2. Heizungsanlagen

In Versammlungsstätten sind wegen des Personenschutzes und wegen der Vermeidung von Brandgefahren für alle Heizungsanlagen unabhängig von der Art der Wärmeerzeugung ausreichende Sicherheitsvorkehrungen erforderlich. 3

4 **Absatz 1 Satz 1** schreibt vor, dass Heizungsanlagen dauerhaft fest eingebaut sein müssen. Dies entspricht der früheren Regelung der §§ 25, 41 und 53 VStättVO 1978, die „unverrückbar befestigte“ Feuerstätten forderte. Die frühere Beschränkung auf Zentralheizungen und elektrische Heizanlagen für Bühnen ist entfallen. Absatz 1 stellt nicht auf die Art der Wärmeerzeugung ab. Es sind somit auch Gasheizungen oder Elektroheizungen zulässig.

5 Mit der aus Gründen der Sicherheit erforderlichen Anforderung, dass die Heizungsanlage dauerhaft fest eingebaut sein muss, wird verhindert, dass Teile der Heizungsanlage versehentlich umgeworfen oder an eine andere Stelle gerückt werden. Dies betrifft z.B. die im Freien aufgestellten Gasheizpilze. Mobile Heizungen sind nicht dauerhaft fest eingebaut, wenn sie nicht unverrückbar befestigt sind. Die Anforderung „dauerhaft fest eingebaut“ bezieht sich nicht darauf, dass die Heizungsanlage für die Dauer der Existenz der Versammlungsstelle an einem Ort fest eingebaut sein muss. Die Heizungsanlage muss vielmehr während ihres Betriebs dauerhaft fest eingebaut sein.

6 Bewegliche Heizungsanlagen, wie Gasheizpilze, sind somit nur unter der Voraussetzung zulässig, dass sie während der Dauer ihres Betriebs unverrückbar befestigt sind, z.B. mit dem Fußboden verschraubt, und die nach Satz 2 erforderlichen Abstände einhalten.

7 **Absatz 1 Satz 2** benennt das Schutzziel, das bei der Anordnung der Heizungsanlagen zu beachten ist. Die Abstände sind erforderlich, um das allgemeine Schutzziel des Brandschutzes nach § 14 MBO zu erfüllen. Die Regelung korrespondiert mit § 33 Absatz 8, der für brennbares Material ausreichende Abstände von Zündquellen fordert.

2.1 Feuerungsverordnung

8 Die grundsätzlichen Anforderungen an Feuerungsanlagen sind in § 42 MBO[1] geregelt. Für Feuerstätten als Bestandteil der Heizungsanlagen

---

1 § 42 MBO 2012:
„§ 42 Feuerungsanlagen, sonstige Anlagen zur Wärmeerzeugung, Brennstoffversorgung
(1) Feuerstätten und Abgasanlagen (Feuerungsanlagen) müssen betriebssicher und brandsicher sein.
(2) Feuerstätten dürfen in Räumen nur aufgestellt werden, wenn nach der Art der Feuerstätte und nach Lage, Größe, baulicher Beschaffenheit und Nutzung der Räume Gefahren nicht entstehen.
(3) [1]Abgase von Feuerstätten sind durch Abgasleitungen, Schornsteine und Verbindungsstücke (Abgasanlagen) so abzuführen, dass keine Gefahren oder unzumutbaren Belästigungen entstehen. [2]Abgasanlagen sind in solcher Zahl und Lage und so herzustellen,

ist die Muster-Feuerungsverordnung[2] zu beachten. In den Ländern, in denen die Muster-Feuerungsverordnung nicht als Landesverordnung eingeführt ist, ist sie dennoch zu beachten, da sie mit Abschnitt A 2.2.1.12 der MVV TB als Technische Baubestimmung eingeführt wurde. Ferner sind die Abschnitte A 2.1.16, C 2.14 und C 2.15 sowie Abschnitt 8 des Anhangs 4 der MVV TB als Technische Baubestimmung zu beachten.

Die Muster-Feuerungsverordnung erfasst nur Feuerstätten im Sinne des 9
§ 2 Absatz 8 MBO 2012, also ortsfest benutzte Anlagen oder Einrichtungen, die dazu bestimmt sind, durch Verbrennung Wärme zu erzeugen. Dazu gehören auch ortsfeste gasbetriebene Heizstrahler (z. B. Hellstrahler). Heizungsanlagen, in denen keine Verbrennung stattfindet (z. B. elektrische Heizanlagen oder Strahler) sowie Brennstoffzellen werden von der Muster-Feuerungsverordnung nicht erfasst, unterfallen jedoch dem **Absatz 1**, da dieser nicht auf die Art der Wärmeerzeugung abstellt.

2.2 Technische Regeln

Die Installation von Heizungsanlagen ist in den allgemein anerkannten 10
Regeln der Technik des DIN[3] e. V. geregelt. Ferner ist z. B. für Gas-Hell-

---

dass die Feuerstätten des Gebäudes ordnungsgemäß angeschlossen werden können. [3]Sie müssen leicht gereinigt werden können.

(4) [1]Behälter und Rohrleitungen für brennbare Gase und Flüssigkeiten müssen betriebssicher und brandsicher sein. [2]Diese Behälter sowie feste Brennstoffe sind so aufzustellen oder zu lagern, dass keine Gefahren oder unzumutbaren Belästigungen entstehen.

(5) Für die Aufstellung von ortsfesten Verbrennungsmotoren, Blockheizkraftwerken, Brennstoffzellen und Verdichtern sowie die Ableitung ihrer Verbrennungsgase gelten die Absätze 1 bis 3 entsprechend.“

2 Muster-Feuerungsverordnung (MFeuV), Stand: September 2007, zuletzt geändert durch Beschluss der Fachkommission Bauaufsicht vom 27.9.2017, Fundstelle: www.bauministerkonferenz.de.

3 DIN 3372-4:1983-04
Gasverbrauchseinrichtungen; Heizstrahler mit Brennern ohne Gebläse, ortsveränderliche Heizstrahler für Raum- und Freiflächenheizung;
DIN EN 525:2009-11
Gasbefeuerte Warmlufterzeuger ohne Wärmetauscher mit erzwungener Konvektion zum Beheizen von Räumen für den nicht-häuslichen Gebrauch mit einer Nennwärmebelastung nicht über 300 kW;
DIN EN 1020:2010-05
Gasbefeuerte Warmlufterzeuger mit verstärkter Konvektion für den nicht-häuslichen Gebrauch mit einer Nennwärmebelastung nicht über 300 kW, mit Gebläse zur Beförderung der Verbrennungsluft und/oder der Abgase.

strahler das DVGW-Arbeitsblatt G 638-1[4] einschlägig. Für das Inverkehrbringen und die Inbetriebnahme von Gasgeräten ist die EU-Gasgeräte-Verordnung[5] zu beachten.

3. Lüftungsanlagen

11 **Absatz 2** regelt die Anforderungen an die Lüftung. Die Grundanforderung, dass man einen Aufenthaltsraum durch Fenster oder raumlufttechnische Anlagen belüftet kann, ergibt sich bereits aus § 47 Absatz 2 MBO. § 17 stellt jedoch klar, dass Aufenthaltsräume mit mehr als 200 m^2 Grundfläche eine Lüftungsanlage haben müssen. Eine Lüftungsanlage ist eine technische Einrichtung, um den Räumen Außenluft zuzuführen und „verbrauchte“ oder hieraus belastete Abluft abzuführen. Absatz 2 stellt auf eine maschinelle Lüftungsanlage ab. Kombinierte Zu- und Abluftanlagen werden zur Energieeinsparung oftmals mit einer Wärmerückgewinnung ausgestattet.

12 Soll bei Versammlungsräumen oder sonstigen Aufenthaltsräumen mit mehr als 200 m^2 im Einzelfall auf eine nach § 17 erforderliche Lüftungsanlage verzichtet werden, so ist darüber durch Zulassung einer Abweichung zu entscheiden. Wegen der durch § 47 MBO und § 17 verfolgten Schutzziele kommt bei größeren Räumen eine Abweichung nur in Betracht, wenn ein ausreichender Luftwechsel durch notwendige Fenster nachgewiesen wird.

13 Mit der MVV TB sind technische Baubestimmungen für Lüftungsanlagen eingeführt worden, die bei der Errichtung und dem Betrieb von Lüftungsanlagen zu beachten sind. Dies sind Abschnitt A 2.1.15 und die mit Abschnitt A 2.2.1.11 eingeführte Muster-Lüftungsanlagen-Richtlinie[6] sowie der Abschnitt 7 des Anhangs 4 der MVV TB.

14 Für Lüftungsleitungen, die raumabschließende Bauteile durchdringen, sind ferner die in den Technischen Baubestimmungen in Abschnitt B

---

4 G 638-1 Arbeitsblatt 11/2003
Heizungsanlagen mit Heizstrahlern ohne Gebläse (Hellstrahler) Planung – Installation – Betrieb und Instandsetzung.

5 Verordnung (EU) 2016/426 des Europäischen Parlaments und des Rates vom 9. März 2016 über Geräte zur Verbrennung gasförmiger Brennstoffe und zur Aufhebung der Richtlinie 2009/142/EG (ABl. L 81/99).

6 Muster-Richtlinie über brandschutztechnische Anforderungen an Lüftungsanlagen (Muster-Lüftungsanlagen-Richtlinie M-LüAR): 2005-09, zuletzt geändert am 11.12.2015.

3.2.1.8, B 3.2.1.9 und B 3.2.1.18 MVV TB genannten europäischen Harmonisierungsvorschriften[7] zu beachten.

3.1 Arbeitsschutz

Die grundsätzlichen Anforderungen des Arbeitsschutzes an die Lüftung von Arbeitsstätten ergeben sich aus § 3 ArbStättV in Verbindung mit Nummer 3.6 des Anhangs[8] zur ArbStättV. 15

Für die arbeitsschutzrechtlichen Anforderungen an eine ausreichende Belüftung sind die Technischen Regeln für Arbeitsstätten „ASR 3.6 Lüftung“[9] maßgebend. Auf der Grundlage des § 7 Abs. 4 der Arbeitsstättenverordnung gibt das Bundesministerium für Arbeit und Soziales neu ermittelte Regeln für Arbeitsstätten im Gemeinsamen Ministerialblatt bekannt. Diese ASR geben dem Stand der Technik, Arbeitsmedizin und Hygiene entsprechende Regeln und sonstige gesicherte arbeitswissenschaftliche Erkenntnisse für das Einrichten und Betreiben von Arbeitsstätten wieder. 16

---

7 Hinweis:
Das Kapitel B 3 der MVV TB bezieht sich unter anderem auf technische Gebäudeausrüstungen die anderen Harmonisierungsrechtsvorschriften (z. B. Maschinenrichtlinie, Niederspannungsrichtlinie, Druckgeräterichtlinie) unterliegen, aber hinsichtlich eines bestimmten Verwendungszwecks Grundanforderungen nach Artikel 3 Absatz 1 der BauPVO an bauliche Anlagen und ihre Teile nicht erfüllen.

8 Nummer 3.6 des Anhangs der Arbeitsstättenverordnung:
„3.6 Lüftung
(1) In umschlossenen Arbeitsräumen muss unter Berücksichtigung der Arbeitsverfahren, der körperlichen Beanspruchung und der Anzahl der Beschäftigten sowie der sonstigen anwesenden Personen ausreichend gesundheitlich zuträgliche Atemluft vorhanden sein.
(2) Ist für das Betreiben von Arbeitsstätten eine raumlufttechnische Anlage erforderlich, muss diese jederzeit funktionsfähig sein. Eine Störung muss durch eine selbsttätige Warneinrichtung angezeigt werden. Es müssen Vorkehrungen getroffen sein, durch die die Beschäftigten im Fall einer Störung gegen Gesundheitsgefahren geschützt sind.
(3) Werden Klimaanlagen oder mechanische Belüftungseinrichtungen verwendet, ist sicherzustellen, dass die Beschäftigten keinem störenden Luftzug ausgesetzt sind.
(4) Ablagerungen und Verunreinigungen in raumlufttechnischen Anlagen, die zu einer unmittelbaren Gesundheitsgefährdung durch die Raumluft führen können, müssen umgehend beseitigt werden.“

9 ASR 3.6 Lüftung, Ausgabe: Januar 2012, zuletzt geändert GMBl. 2018, S. 474.

3.2 Technische Regeln

17 Die bisher für Lüftungsanlagen geltenden nationalen anerkannten Regeln der Technik sind in den letzten Jahren überwiegend durch europäische harmonisierte Normen ersetzt worden. Die DIN EN 12792:2004-01[10] hat die frühere DIN 1946-1:1988-10 „Raumlufttechnik – Terminologie und graphische Symbole" ersetzt.

18 Die DIN EN 13779:2007-09 ist durch die DIN EN 16798-3:2017-11 ersetzt, die die Leistungsanforderungen an Lüftungs- und Klimaanlagen und Raumkühlsysteme regelt. Ferner sind auch die weiteren vom DIN e. V. herausgegebenen Normen über „Lüftung von Gebäuden" zu beachten.

19 Zu den in Versammlungsstätten besonders wichtigen Fragen der Hygiene der Raumluft gibt die VDI-Richtlinien-Reihe 6022[11] Hinweise.

20 Maßgebend für die Bemessung der Lüftungsanlage ist die maximale Leistungsfähigkeit der Lüftungsanlage bei Vollbetrieb der Versammlungsstätte. Die Lüftungsanlage kann, z. B. wenn sich nur wenige Personen im Versammlungsraum aufhalten, mit geringerer Leistung betrieben werden.

---

10 DIN EN 12792:2004-01
Lüftung von Gebäuden – Symbole, Terminologie und graphische Symbole;
DIN EN 12792 Berichtigung 1:2004-05
Berichtigungen zu DIN EN 12792:2004-01;
DIN EN 16798-3:2017-11
Energetische Bewertung von Gebäuden – Lüftung von Gebäuden – Teil 3: Lüftung von Nichtwohngebäuden – Leistungsanforderungen an Lüftungs- und Klimaanlagen und Raumkühlsysteme (Module M5-1, M5-4).

11 VDI 6022 Blatt 1:2011-07
Hygiene-Anforderungen an Raumlufttechnische Anlagen und Geräte;
VDI 6022 Blatt 1.1:2012-0
Raumlufttechnik, Raumluftqualität – Hygieneanforderungen an Raumlufttechnische Anlagen und Geräte – Prüfung von Raumlufttechnischen Anlagen (VDI-Lüftungsregeln);
VDI 6022 Blatt 1.2:2014-06
Raumlufttechnik, Raumluftqualität – Hygieneanforderungen an Raumlufttechnische Anlagen und Geräte – Hinweise zu erdverlegten Komponenten (VDI-Lüftungsregeln);
VDI 6022 Blatt 3:2011-07
Raumlufttechnik – Raumluftqualität – Beurteilung der Raumluftqualität.

§ 18 Stände und Arbeitsgalerien für Licht-, Ton-, Bild- und Regieanlagen

(1) [1]Stände und Arbeitsgalerien für den Betrieb von Licht-, Ton-, Bild- und Regieanlagen, wie Schnürböden, Beleuchtungstürme oder Arbeitsbrücken, müssen aus nichtbrennbaren Baustoffen bestehen. [2]Der Abstand zwischen Arbeitsgalerien und Raumdecken muss mindestens 2 m betragen.

(2) [1]Von Arbeitsgalerien müssen mindestens zwei Rettungswege erreichbar sein. [2]Jede Arbeitsgalerie einer Hauptbühne muss auf beiden Seiten der Hauptbühne einen Ausgang zu Rettungswegen außerhalb des Bühnenraumes haben.

(3) Öffnungen in Arbeitsgalerien müssen so gesichert sein, dass Personen oder Gegenstände nicht herabfallen können.

Übersicht

1. Überblick

1 Bei der Vorschrift des § 18 handelt es sich um eine Bauvorschrift, die bei der Errichtung und bei Änderungen der baulichen Anlagen anzuwenden ist. Der Bestandsschutz für bestehende Versammlungsstätten ist nicht berührt. Geregelt werden die Mindestanforderungen für Stände und Arbeitsgalerien in Versammlungsstätten.

2. Bauliche Anforderungen

2 **Absatz 1** bestimmt, dass Schnürböden, Beleuchtungstürme, Arbeitsbrücken und vergleichbare Stände oder Arbeitsgalerien, die dem Betrieb von Licht-, Ton-, Bild- und Regieanlagen dienen, aus **nichtbrennbaren Baustoffen** bestehen. Als Abstandsmaß zwischen Arbeitsgalerien und Raumdecken ist ein Mindestabstand von 2 m festgelegt.

3. Rettungswege von Arbeitsgalerien

3 Die Regelung des **Absatzes 2 Satz 1** betrifft die Stände und Arbeitsgalerien innerhalb von Versammlungsräumen, über Szenenflächen und im Zuschauerhaus einer Versammlungsstätte mit Bühnenhaus gemäß § 2 Absatz 5. In diesen Fällen genügt es, wenn von der Arbeitsgalerie die Rettungswege des Raumes erreichbar sind, in denen sich die Arbeitsgalerie befindet. Verfügt der Raum über zwei Rettungswege, so reicht als zusätzlicher Rettungsweg von einer Arbeitsgalerie eine Steigleiter zur Fußbodenebene des Raumes aus.

4 Für Steigleitern ist Nummer 1.11 des Anhangs zur Arbeitsstättenverordnung[1] zu beachten. Weitere Anforderungen aus arbeitsschutzrechtlicher Sicht enthält Nummer 4.6 der ASR A1.8 Verkehrswege.[2]

5 Ferner haben die Unfallversicherungsträger die DGUV Information 208-032 „Auswahl und Benutzung von Steigleitern" herausgegeben,[3] die Hinweise und Empfehlungen für die sicherheitsgerechte Gestaltung, Benutzung und Instandhaltung von ortsfesten Steigleitern einschließlich der Absturzsicherungen sowie Umsteige- und Ruhebühnen an baulichen Anlagen enthält.

6 **Satz 2** betrifft die Arbeitsgalerien in einer Hauptbühne, also einer Versammlungsstätte mit einem Bühnenhaus gemäß § 2 Absatz 5. Für diese Arbeitsgalerien der Hauptbühne gelten die strengeren Anforderungen des Satzes 2, wonach auf jeder Seite der Hauptbühne ein Ausgang zu einem Rettungsweg außerhalb des Bühnenraums erforderlich ist. Bühnenhäuser haben in der Regel oberhalb der Bühnenöffnung fest eingebaute Arbeitsgalerien, über die Arbeiten an der Obermaschinerie oder den Beleuchtungseinrichtungen vorgenommen werden können. In großen Bühnenhäusern sind Arbeitsgalerien in mehreren Ebenen angeordnet. Satz 2 schreibt vor, dass jede Arbeitsgalerie auf jeder Seite der Hauptbühne über einen Ausgang zu einem außerhalb des Bühnenrau-

---

1 Zu beachten ist Nummer 1.11 des Anhangs zur ArbStättV:
„*1.11 Steigleitern, Steigeisengänge*
Steigleitern und Steigeisengänge müssen sicher benutzbar sein. Dazu gehört, dass sie
a) nach Notwendigkeit über Schutzvorrichtungen gegen Absturz, vorzugsweise über Steigschutzeinrichtungen verfügen,
b) an ihren Austrittsstellen eine Haltevorrichtung haben,
c) nach Notwendigkeit in angemessenen Abständen mit Ruhebühnen ausgerüstet sind."

2 ASR A1.8 Verkehrswege, Ausgabe November 2012, zuletzt geändert GMBl. 2018, S. 473.

3 DGUV Information 208-032, Auswahl und Benutzung von Steigleitern, Ausgabe Oktober 2018.

mes liegenden Rettungsweg haben muss. Bei einem Bühnenhaus sind also beiderseits der Hauptbühne außerhalb des Bühnenraumes notwendige Treppen in notwendigen Treppenräumen oder als Außentreppen anzuordnen, wenn der Bühnenraum eine Arbeitsgalerie hat.

Für Arbeitsgalerien in den Seiten- oder Hinterbühnen gilt nicht die An- 7
forderung des Satzes 2, sondern die des Satzes 1. Es genügt, wenn diese Arbeitsgalerien einen unmittelbaren Zugang zur Arbeitsgalerie der Hauptbühne oder eine Steigleiter zum Fußboden des Bühnenhauses haben.

4. Absturzsicherungen

Absatz 3 regelt den Schutz der Besucher der Versammlungsstätte vor 8
herabfallenden Personen oder Gegenständen. Bauordnungsrechtlich erforderlich ist nicht nur eine Regelung, die die Beschäftigten in einem Bühnenhaus schützt, sondern eine Regelung, die die Gefährdung in den für die Besucher zugänglichen Bereichen abdeckt. Die Besucher der Versammlungsstätte müssen vor herabfallenden Personen und Gegenständen geschützt sein. Dies ist insbesondere erforderlich, wenn sich über den Besucherplätzen Arbeitsgalerien befinden, oder wenn es zum Konzept einer Veranstaltung gehört, Besucherplätze auf der Bühne einzurichten.

Die Vorschrift des Absatzes 3 soll auch die auf einem erhöhten Stand, 9
Arbeitsgalerie, Schnürboden, Beleuchtungstürmen oder Arbeitsbrücken arbeitenden Beschäftigten der Versammlungsstätte vor einem Absturz schützen. Ist im Einzelfall aus betrieblichen Gründen ein Geländer oder ein Schutznetz nicht möglich, müssen die auf der Arbeitsgalerie beschäftigten Personen durch eine persönliche Schutzausrüstung gegen Absturz gesichert werden.

Aus arbeitsschutzrechtlicher Sicht sind für Stände und Arbeitsgalerien 10
bereits die Anforderungen der Nummern 1.11 und 2.1 des Anhangs zur Arbeitsstättenverordnung zu beachten. Nummer 1.11[4] schreibt die sichere Benutzbarkeit von Steigleitern vor.

Nach Nummer 2.1 müssen zum Schutz vor Absturz und herabfallenden 11
Gegenständen sowie zum Betreten von Gefahrenbereichen besondere Schutzvorrichtungen vorhanden sein.

4 Siehe Fußnote 1 zu Nummer 3.

12 Diese Anforderungen der Nummer 2.1[5] des Anhangs der ArbStättV gegen den Absturz von Personen sind in Abschnitt 5 der ASR A2.1 „Schutz gegen Absturz und herabfallende Gegenstände, Betreten von Gefahrenbereichen“[6] konkretisiert.

13 Arbeitsgalerien müssen als Absturzsicherung mit Geländern umwehrt sein und zumindest Knieleisten und Fußleisten haben. Geeignete Maßnahmen gegen den Absturz sollten schon bauseits durch den Betreiber vorgesehen sein.

14 Für die Bühnen und Szenenflächen gelten ferner die gesetzlichen Unfallverhütungsvorschriften des DGUV. Die DGUV Vorschrift 18 enthält in § 6 die gesetzlichen Unfallverhütungsvorschriften für die Absturzsicherung und in § 7 die Vorschriften über den Schutz gegen herabfallende Gegenstände. Sind keine permanenten Absturzsicherungen wie Geländer vorhanden, dann sind die Personen durch persönliche Schutzausrüstungen gegen Absturz zu sichern. Dazu ist die DGUV Regel 112-198 Benutzung von persönlichen Schutzausrüstungen gegen Absturz zu beachten. Für die persönlichen Schutzausrüstungen gegen Absturz gibt es mehrere harmonisierte europäische Normen z.B. die DIN EN 353-1:2018-03.[7]

---

5 Nummer 2.1 des Anhangs zur ArbStättV lautet:
„2.1 Schutz vor Absturz und herabfallenden Gegenständen, Betreten von Gefahrenbereichen
(1) Arbeitsplätze und Verkehrswege, bei denen eine Absturzgefahr für Beschäftigte oder die Gefahr des Herabfallens von Gegenständen besteht, müssen mit Schutzvorrichtungen versehen sein, die verhindern, dass Beschäftigte abstürzen oder durch herabfallende Gegenstände verletzt werden können. Sind aufgrund der Eigenart des Arbeitsplatzes oder der durchzuführenden Arbeiten Schutzvorrichtungen gegen Absturz nicht geeignet, muss der Arbeitgeber die Sicherheit der Beschäftigten durch andere wirksame Maßnahmen gewährleisten. Eine Absturzgefahr besteht bei einer Absturzhöhe von mehr als 1 Meter.
(2) Arbeitsplätze und Verkehrswege, die an Gefahrenbereiche grenzen, müssen mit Schutzvorrichtungen versehen sein, die verhindern, dass Beschäftigte in die Gefahrenbereiche gelangen.
(3) Die Arbeitsplätze und Verkehrswege nach den Absätzen 1 und 2 müssen gegen unbefugtes Betreten gesichert und gut sichtbar als Gefahrenbereiche gekennzeichnet sein. Zum Schutz derjenigen, die diese Bereiche betreten müssen, sind geeignete Maßnahmen zu treffen.“

6 ASR A2.1 – Schutz vor Absturz und herabfallenden Gegenständen, Betreten von Gefahrenbereichen, Ausgabe: November 2012, zuletzt geändert GMBl 2018, S. 473.

7 DIN EN 353-1:2018-03
Persönliche Schutzausrüstung gegen Absturz – Mitlaufende Auffanggeräte einschließlich einer Führung – Teil 1: Mitlaufende Auffanggeräte einschließlich fester Führung.

§ 19 Feuerlöscheinrichtungen und -anlagen

(1) [1]Versammlungsräume, Bühnen, Foyers, Werkstätten, Magazine, Lagerräume und notwendige Flure sind mit geeigneten Feuerlöschern in ausreichender Zahl auszustatten. [2]Die Feuerlöscher sind gut sichtbar und leicht zugänglich anzubringen.

(2) In Versammlungsstätten mit Versammlungsräumen von insgesamt mehr als 1000 m² Grundfläche müssen Wandhydranten für die Feuerwehr (Typ F) in ausreichender Zahl gut sichtbar und leicht zugänglich an geeigneten Stellen angebracht sein; im Einvernehmen mit der Brandschutzdienststelle kann auf Wandhydranten verzichtet oder können anstelle von Wandhydranten trockene Löschwasserleitungen zugelassen werden.

(3) Versammlungsstätten mit Versammlungsräumen von insgesamt mehr als 3600 m² Grundfläche müssen eine automatische Feuerlöschanlage haben; dies gilt nicht für Versammlungsstätten, deren Versammlungsräume jeweils nicht mehr als 400 m² Grundfläche haben.

(4) Versammlungsräume, bei denen eine Fußbodenebene höher als 22 m über der Geländeoberfläche liegt, sind nur in Gebäuden mit automatischer Feuerlöschanlage zulässig.

(5) [1]Versammlungsräume in Kellergeschossen müssen eine automatische Feuerlöschanlage haben. [2]Dies gilt nicht für Versammlungsräume mit nicht mehr als 200 m², deren Fußboden an keiner Stelle mehr als 5 m unter der Geländeoberfläche liegt.

(6) In Versammlungsräumen müssen offene Küchen oder ähnliche Einrichtungen mit einer Grundfläche von mehr als 30 m² eine dafür geeignete automatische Feuerlöschanlage haben.

(7) Die Wirkung automatischer Feuerlöschanlagen darf durch überdeckte oder mehrgeschossige Ausstellungs- oder Dienstleistungsstände nicht beeinträchtigt werden.

(8) Automatische Feuerlöschanlagen müssen an eine Brandmelderzentrale angeschlossen sein.

Übersicht

1. Überblick

1 Bei der Vorschrift des § 19 handelt es sich mit Ausnahme der Absätze 1 und 7 um eine Bauvorschrift, die bei der Errichtung und bei Änderungen der baulichen Anlagen anzuwenden ist. Der Bestandsschutz wird durch die Absätze 2 bis 6 und 8 nicht berührt. Die Absätze 1 und 7 sind als Betriebsvorschriften auch bei bestehenden Versammlungsstätten zu beachten.

2 Die Regelung des **Absatzes 7** soll verhindern, dass die Wirkung automatischer Feuerlöschanlagen durch überdeckte oder mehrgeschossige Ausstellungs- oder Dienstleistungsstände beeinträchtigt wird.

3 Für Großbühnen sind ergänzend zu § 19 die besonderen Bauvorschriften der §§ 22 bis 25 zu beachten.

2. Vorbeugender Brandschutz und Brandbekämpfung

4 Ein Schwerpunkt der bauaufsichtlichen Beurteilung von Sonderbauten, wie den Versammlungsstätten, ist der vorbeugende Brandschutz, der durch die Brandschutznachweise belegt wird. Die Anforderungen an den vorbeugenden Brandschutz sind bei Sonderbauten in einem Brandschutzkonzept darzustellen. Das Brandschutzkonzept ist Bestandteil der zu prüfenden Bauvorlagen gemäß § 11 Absatz 2 der Muster-BauVorlV[1] und nach § 44 Absatz 1 mit dem Bauantrag der Bauaufsichtsbehörde

1 Muster einer Verordnung über Bauvorlagen und bauaufsichtliche Anzeigen (Musterbauvorlagenverordnung – MbauVorlV), Fassung Februar 2007, Fundstelle: www.bauministerkonferenz.de.

vorzulegen. Die Brandschutznachweise können nach § 11 Absatz 2 Satz 3 MBauVorlV in der Form eines objektbezogenen Brandschutzkonzeptes erstellt werden.

Hinweise für den Aufbau eines Brandschutzkonzeptes gibt die vfdb-Richtlinie 01/01 – Ausgabe April 2008.[2] Als Ergänzung zur vfdb-Richtlinie 01-01 (Brandschutzkonzept) ist „Anhang 3 – Beteiligung der Brandschutzdienststellen bei der Prüfung des Brandschutznachweises" erschienen. In der Regel werden die Brandschutzkonzepte für Sonderbauten nicht von den Entwurfverfassern, sondern von auf den vorbeugenden Brandschutz spezialisierten Fachplanern erstellt. 5

Nach § 66 Absatz 3 Satz 2 MBO müssen Brandschutznachweise für Sonderbauten geprüft sein. Die jeweilige Landesbauordnung regelt, ob über die Prüfung der Brandschutznachweise für eine Versammlungsstätte als Ergebnis einer 6

- behördlichen Prüfung durch die untere Bauaufsichtsbehörde oder einen Prüfingenieur für Brandschutz ein bauaufsichtliches Prüfzeugnis oder einer
- privatrechtlichen Prüfung durch einen Prüfsachverständigen für Brandschutz eine Prüfbescheinigung

auszustellen ist.

Die im objektbezogenen Brandschutzkonzept für eine Versammlungsstätte darzustellenden Maßnahmen des vorbeugenden 7

- baulichen,
- anlagentechnischen und
- organisatorischen

Brandschutzes müssen auf die Anforderungen des abwehrenden Brandschutzes abgestellt sein. Die Maßnahmen des vorbeugenden Brandschutzes bestimmen wesentlich auch die innere Struktur und die Konstruktion der Versammlungsstätte, die in den Bauvorlagen, insbesondere den Bauzeichnungen, darzustellen ist. Die Regelung des § 72 Absatz 6 Nummer 2 MBO 2012, wonach bei Sonderbauten die Bescheinigung des Prüfsachverständigen für Brandschutz nach § 66 Abs. 3 erst zum Baubeginn bei der Bauaufsichtsbehörde vorliegen muss, ist nicht sachgerecht. Nach § 72 Absatz 6 Nummer 3 MBO sollten die Brand-

2 Die vfdb-Richtlinie 01/01 Brandschutzkonzept wird von der Vereinigung zur Förderung des Deutschen Brandschutzes e. V. herausgegeben, Fundstelle: www.vfdb.de.

schutznachweise einschließlich der Brandschutzkonzepte daher vor Erteilung der Baugenehmigung geprüft sein.

8 Die nach dem geprüften Brandschutzkonzept erforderlichen betrieblich-organisatorischen Maßnahmen des Brandschutzes müssen im Einvernehmen mit der Brandschutzdienststelle in einer Brandschutzordnung nach § 42 Absatz 1 umgesetzt werden. Ferner sind im Einvernehmen mit der Brandschutzdienststelle die Feuerwehrpläne nach § 42 Absatz 3 zu erstellen.

9 Sowohl bei der Auswahl der tragbaren Feuerlöscher als auch bei der Entscheidung über die Installation von Feuerlöschanlagen ist zu klären, für welche Brandklasse welches Löschmittel verwendet werden soll und wie die Brandgefährdung zu beurteilen ist. Die Beurteilung der Brandklassen erfolgt nach DIN EN 2.[3]

10 Brände verschiedener Stoffe werden nach DIN EN 2 in Brandklassen eingeteilt:

Klasse A: Brände fester Stoffe, hauptsächlich organischer Natur, die normalerweise unter Glutbildung verbrennen (z. B. Holz, Papier, Stroh, Textilien, Kohle).
Klasse B: Brände von flüssigen oder flüssig werdenden Stoffen (z. B. Benzin, Öle, Fette, Lacke, Teer, Alkohol, Paraffin).
Klasse C: Brände von Gasen (z. B. Methan, Propan, Wasserstoff, Acetylen).
Klasse D: Brände von Metallen (insbesondere brennbare Leichtmetalle wie Magnesium und Aluminium, deren Legierungen sowie Natrium und Kalium).
Klasse F: Brände von Speiseölen/-fetten (pflanzliche oder tierische Öle und Fette) in Frittier- und Fettbackgeräten und anderen Kücheneinrichtungen und -geräten.

11 Die Maßnahmen gegen Brände, die Brandklassen und die Eignung von Feuerlöschern sind in Abschnitt 4 der ASR A2.2 dargestellt.[4]

---

3 DIN EN 2:2005-01
Brandklassen.
4 ASR A2.2 – Maßnahmen gegen Brände, Ausgabe Mai 2018, GMBl. 2018, S. 446.

3. Tragbare Feuerlöscher

Absatz 1 schreibt für Versammlungsräume, Bühnen, Foyers, Werkstätten, Magazine, Lagerräume und notwendige Flure die Ausstattung mit Feuerlöschern vor. Gemeint sind tragbare Feuerlöscher. **12**

Bei Absatz 1 handelt es sich inhaltlich um eine Betriebsvorschrift. Im Übrigen ergibt sich die Verpflichtung, in Arbeitsstätten eine ausreichende Zahl von Handfeuerlöschern bereit zu halten aus der arbeitsschutzrechtlichen Regelung der ASR A2.2. Die Technische Regel für Arbeitsstätten ASR A2.2 über „Maßnahmen gegen Brände" wurde überarbeitet und in einer neuen Fassung im Mai 2018 veröffentlicht. **13**

Tragbare Feuerlöscher sind Kleinlöschgeräte mit einem Gesamtgewicht von maximal 20 Kilogramm. Als Löschmittel werden nicht brennbare Gase, Löschpulver, Wasser oder wässrige Lösungen sowie Schaum verwendet. **14**

Tragbare Feuerlöscher sind Feuerlöscheinrichtungen, die durch in der Versammlungsstätte beschäftigte Personen, insbesondere durch die nach § 42 Absatz 1 einzuteilenden Kräfte des Brandschutzes, in Selbsthilfe zur Bekämpfung eines Klein- oder Entstehungsbrandes genutzt werden können. Weitere Feuerlöscheinrichtungen sind insbesondere die Löschdecken, Eimer oder Kübelspritzen, die in Selbsthilfe genutzt werden. Diese werden jedoch nicht in Absatz 1 vorgeschrieben. **15**

Die Bestimmung der Anzahl sowie der geeigneten Stellen für Feuerlöscher nach Absatz 1 ergibt sich aus der Beurteilung des konkreten Bauvorhabens durch die Brandschutzdienststelle und ist gegebenenfalls durch Auflagen im Baugenehmigungsverfahren sicherzustellen. Welcher Typ mit welchen Leistungsmerkmalen für welchen Zweck geeignet ist, hängt von der Nutzung der Räume, der Brandklasse nach DIN EN 2[5] und der Brandgefährdung und der Grundfläche ab. **16**

Tragbare Feuerlöscher müssen amtlich geprüft und zugelassen sein sowie das Zulassungskennzeichen tragen. Die technischen Anforderungen an tragbare Feuerlöscher sowie deren Leistungsmerkmale sind seit April 1991 in der Normenreihe DIN EN 3 geregelt. Weiterhin anwendbar ist noch die DIN 14406 Teil 4,[6] die die Instandhaltung regelt. **17**

5 DIN EN 2:2005-01
Brandklassen.

6 DIN 14406-4: 2009-09
Tragbare Feuerlöscher – Teil 4: Instandhaltung;
DIN 14406-4 Beiblatt 1:2011-02

18 Feuerlöscher müssen ständig gebrauchsfähig gehalten werden und wiederkehrend geprüft werden. Feuerlöscher sind als gut sichtbar angebracht anzusehen, wenn ihre Anbringungsstelle nach DIN 4066 gut sichtbar gekennzeichnet ist.

19 Auf den Feuerlöschern ist das Löschvermögen des Feuerlöschers für die unterschiedlichen Brandklassen in einer Zahlen-Buchstaben-Kombination angegeben. Einzelheiten dazu sind in der ASR A2.2 geregelt.

Brandklasse	Brennbarer Stoff	Löschmittel
	brennbarer fester Stoff	Wasser, wässrige Lösung, Schaum oder Pulver
	Brände von flüssigen oder flüssig werdenden Stoffen	Schaum, CO_2 oder Pulver
	Brände von Gasen	Pulver oder CO_2
	Brände von Metallen	Pulverlöscher D, trockener Sand oder auch trockener Zement
	Brände von Speiseölen/-fetten	Fettbrandlöscher, CO_2, Pulver, Löschdecke oder geeignete nicht brennbare Abdeckung

20 Zunächst sind abhängig von der Brandgefährdung und der Grundfläche die Löschmitteleinheiten (LE) zu ermitteln. Aus den erforderlichen LE kann dann die entsprechende Art, Anzahl und Größe der Feuerlöscher ermittelt werden.

- Geringe Brandgefährdung liegt vor, wenn Stoffe mit geringer Entzündbarkeit vorhanden sind und die örtlichen und betrieblichen Verhältnisse nur geringe Möglichkeiten für eine Brandentstehung bieten und wenn im Falle eines Brandes mit geringer Brandausbreitung zu rechnen ist.

Tragbare Feuerlöscher – Teil 4: Instandhaltung, Beiblatt 1: Informationen zur Anwendung.

- Mittlere Brandgefährdung liegt vor, wenn Stoffe mit hoher Entzündbarkeit vorhanden sind und die örtlichen und betrieblichen Verhältnisse für die Brandentstehung günstig sind, jedoch keine große Brandausbreitung in der Anfangsphase zu erwarten ist.
- Große Brandgefährdung liegt vor, wenn durch Stoffe mit hoher Entzündbarkeit und durch die örtlichen und betrieblichen Verhältnisse große Möglichkeiten für eine Brandentstehung gegeben sind und in der Anfangsphase mit großer Brandausbreitung zu rechnen ist oder eine Zuordnung in mittlere oder geringe Brandgefährdung nicht möglich ist.

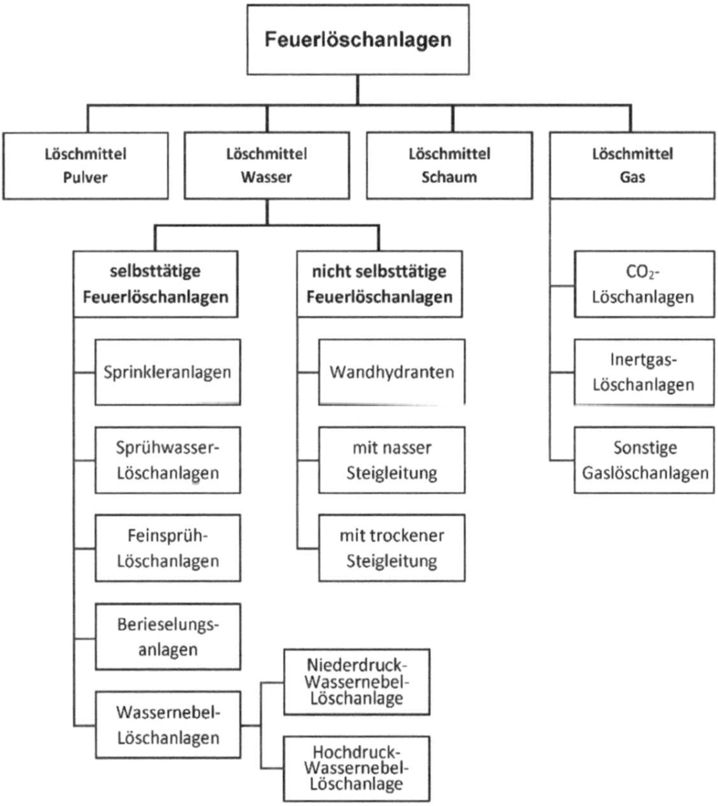

4. Feuerlöschanlagen

21 Die Feuerlöschanlagen werden nach der Art der Löschmittel unterschieden und danach, ob sie selbsttätig auslösen oder durch Personen in Betrieb gesetzt werden.

22 Die Absätze 2 bis 9 regeln, welche Arten von stationären, also fest eingebauten Feuerlöschanlagen in Versammlungsstätten erforderlich sind. Die Feuerlöschanlagen müssen für den jeweiligen Zweck geeignet sein. In Versammlungsstätten kommt in der Regel Wasser als Löschmittel in Betracht.

5. Wandhydranten

23 **Absatz 2** schreibt vor, dass in Versammlungsstätten mit Versammlungsräumen von insgesamt mehr als 1 000 m^2 Grundfläche Wandhydranten für die Feuerwehr (Typ F) in ausreichender Zahl gut sichtbar und leicht zugänglich an geeigneten Stellen angebracht sein müssen.

24 Stationäre Wandhydranten nach **Absatz 2** dienen dem abwehrenden Brandschutz und sind für die Brandbekämpfung durch die Feuerwehr erforderlich. Die für Versammlungsstätten vorgeschriebenen Wandhydranten dienen nicht der Selbsthilfe, sondern werden für den Einsatz durch die Feuerwehr vorgehalten. Wandhydranten Typ „S" dienen der Selbsthilfe und sind wegen der auf 12 bis 24 l/min reduzierten Wassermenge nicht zur Brandbekämpfung in Versammlungsstätten geeignet.

25 Erforderlich sind **Wandhydranten des Typs „F"**, also Wandhydranten, die von der Feuerwehr für die Löschwasserentnahme genutzt werden. Satz 1 stellt dies nun klar. Nach dem neu in den Absatz 2 eingefügten 2. Halbsatz können im Einvernehmen mit der Brandschutzdienststelle anstelle von Wandhydranten trockene Löschwasserleitungen zugelassen werden. Das „Einvernehmen mit der Brandschutzdienststelle" bindet die für die Baugenehmigung zuständige Bauaufsichtsbehörde an die Entscheidung der Brandschutzdienststelle. Rechtssystematisch wäre ein an sachliche Kriterien gebundener Zulässigkeitstatbestand ausreichend, da jedes Brandschutzkonzept ohnehin mit der Brandschutzdienststelle abgestimmt sein muss.

26 Ob Wandhydranten erforderlich sind, bestimmt sich nach der Summe der Grundflächen aller Versammlungsräume im Gebäude der Versammlungsstätte. In die Berechnung der relevanten Grundfläche sind alle Räume nach § 2 Absatz 3 mit einzubeziehen. Besteht die Versamm-

lungsstätte aus mehreren Gebäuden, so ist jedes Gebäude für sich zu beurteilen.

Wie viele Wandhydranten erforderlich sind und an welchen Stellen sie eingerichtet werden, ist in Abstimmung mit der Brandschutzdienststelle bereits im Brandschutzkonzept festzulegen. Wandhydranten müssen im Zuge des Feuerwehrzugangs angeordnet werden. **27**

Für die Planung und den Betrieb der Wandhydranten sind die Normenreihe DIN 14461-1,[7] die DIN 14462[8] sowie die europäisch harmonisierte Normenreihe DIN EN 671[9] zu beachten. **28**

Bei mehrgeschossigen Versammlungsstätten sind Wandhydranten in jedem Geschoss erforderlich. Die Wandhydranten sollten analog den Regelungen der Nummer 6.3 der Muster-Hochhaus-Richtlinie[10] (MHHR) jeweils an geeigneter Stelle in unmittelbarer Nähe zum notwendigen Treppenraum liegen. **29**

---

7 Siehe zum Beispiel:
DIN 14461-1:2016-10
Feuerlösch-Schlauchanschlusseinrichtungen – Teil 1: Wandhydrant mit formstabilem Schlauch.

8 DIN 14462:2012-09
Löschwassereinrichtungen – Planung, Einbau, Betrieb und Instandhaltung von Wandhydrantenanlagen sowie Anlagen mit Über- und Unterflurhydranten;
DIN 14462 Beiblatt 1:2012-09
Löschwassereinrichtungen – Planung, Einbau, Betrieb und Instandhaltung von Wandhydrantenanlagen sowie Anlagen mit Über- und Unterflurhydranten; Beiblatt 1: Druckregelarmaturen.

9 DIN EN 671-2:2012-07
Ortsfeste Löschanlagen – Wandhydranten – Teil 2: Wandhydranten mit Flachschlauch.

10 Nummer 6.3 MHHR lautet:
„*6.3.2 Steigleitungen, Wandhydranten*
6.3.2.1 Hochhäuser müssen in jedem Geschoss nasse Steigleitungen mit Wandhydranten für die Feuerwehr haben
1. in den Vorräumen der Feuerwehraufzüge,
2. in den Vorräumen der notwendigen Treppenräume,
3. bei notwendigen Treppenräumen ohne Vorräume an geeigneter Stelle.
6.3.2.2 Bei gleichzeitiger Löschwasserentnahme von 200 l/min an drei Entnahmestellen darf der Fließdruck an diesen Entnahmestellen nicht weniger als 0,45 MPa und nicht mehr als 0,80 MPa betragen.“

6. Automatische Feuerlöschanlagen

30 Automatische Feuerlöschanlagen in Versammlungsstätten müssen einen Vollschutz für das gesamte Gebäude in allen Geschossen bewirken. Welche Art von automatischer Feuerlöschanlage einzubauen ist, regelt § 19 nicht. Die automatische Feuerlöschanlage muss jedoch für die Brandbekämpfung im jeweiligen Raum geeignet sein. Welche Art von automatischer Feuerlöschanlage geeignet ist, hängt von der Brandklasse und der Brandlast ab – siehe dazu Absatz 5. In den meisten Fällen werden bisher Sprinkleranlagen eingebaut. In Betracht kommen auch Wassernebellöschanlagen oder Sprühwasserlöschanlagen. Für Großbühnen schreibt § 24 Absatz 1 eine automatische Sprühwasserlöschanlage vor.

31 Für die Planung automatischer Feuerlöschanlagen ist die Technische Baubestimmung in Abschnitt A 2.2.21.5 der MVV TB zu beachten.

32 Für die Planung, Installation und Instandhaltung ist die Normenreihe DIN EN 12259 sowie die DIN EN 12845 zu beachten.[11] Weitere Hinweise für die Planung geben die VdS-Richtlinien VdS 2091, VdS 2108 und VdS 2109.[12]

6.1 Versammlungsstätten mit mehr als 3600 m² Grundfläche

33 Versammlungsstätten mit Versammlungsräumen von insgesamt mehr als 3600 m² Grundfläche müssen gemäß **Absatz 3** eine automatische

11 Zum Beispiel:
DIN EN 12259-9:2019-08
Ortsfeste Brandbekämpfungsanlagen – Bauteile für Sprinkler- und Sprühwasseranlagen – Teil 9: Sprühwasseralarmventile und Zubehör;
DIN EN 12845:2016-04
Ortsfeste Brandbekämpfungsanlagen – Automatische Sprinkleranlagen – Planung, Installation und Instandhaltung;
Normentwurf DIN EN 14972-1:2018-12
Ortsfeste Brandbekämpfungsanlagen – Feinsprüh-Löschanlagen – Teil 1: Planung, Einbau, Inspektion und Wartung;
VdS 3188:2015-05
VdS-Richtlinien für Wassernebel-Systeme – Wassernebel-Sprinkleranlagen und Wassernebel-Löschanlagen (Hochdruck-Systeme) – Planung und Einbau.

12 VdS 2091:2018-09
Erhaltung der Betriebsbereitschaft von Wasserlöschanlagen – Sprinkleranlagen, Merkblatt;
VdS 2108:2018-01
VdS-Richtlinien für Schaum-Löschanlagen, Planung und Einbau;
VdS 2109:2018-01
VdS-Richtlinien für Sprühwasser-Löschanlagen, Planung und Einbau.

Feuerlöschanlage haben. Sofern die Versammlungsräume der Versammlungsstätte jeweils nicht mehr als 400 m^2 Grundfläche haben, ist eine automatische Feuerlöschanlage nicht erforderlich.

Zweck der Regelung des **Absatzes 3** ist es, einen Entstehungsbrand zu bekämpfen und damit eine schnelle Brandausbreitung zu verhindern und damit die Rauchentwicklung in geschlossenen Räumen zu begrenzen. 34

Für die Planung automatischer Feuerlöschanlagen ist die Technische Baubestimmung in Abschnitt A 2.2.21.5 der MVV TB zu beachten. 35

Für die Planung, Installation und Instandhaltung ist die Normenreihe DIN EN 12259 sowie die DIN EN 12845 zu beachten.[13] Weitere Hinweise für die Planung geben die VdS-Richtlinien VdS 2091, VdS 2108 und VdS 2109.[14] 36

Sind bei einem Sportstadion die Tribünen und auch die Spielflächen überdacht, z.B. mit einem Dach, das zeitweise geöffnet werden kann, handelt es sich um einen geschlossenen Versammlungsraum in der Art einer Mehrzweckhalle. Sportstadien, in denen nur die Tribünen überdacht sind, nicht jedoch die Spielflächen, fallen nicht unter Absatz 3. 37

Wie bei Absatz 2 sind in die Berechnung der Grundfläche alle Versammlungsräume im Sinne des § 2 Absatz 3 einzubeziehen. Verteilen sich die Versammlungsräume einer Versammlungsstätte auf mehrere 38

---

13 Zum Beispiel:
DIN EN 12259-9:2019-08
Ortsfeste Brandbekämpfungsanlagen – Bauteile für Sprinkler- und Sprühwasseranlagen – Teil 9: Sprühwasseralarmventile und Zubehör;
DIN EN 12845:2016-04
Ortsfeste Brandbekämpfungsanlagen – Automatische Sprinkleranlagen – Planung, Installation und Instandhaltung;
Normentwurf DIN EN 14972-1:2018-12
Ortsfeste Brandbekämpfungsanlagen – Feinsprüh-Löschanlagen – Teil 1: Planung, Einbau, Inspektion und Wartung;
VdS 3188:2015-05
VdS-Richtlinien für Wassernebel-Systeme – Wassernebel-Sprinkleranlagen und Wassernebel-Löschanlagen (Hochdruck-Systeme) – Planung und Einbau.

14 VdS 2091:2018-09
Erhaltung der Betriebsbereitschaft von Wasserlöschanlagen – Sprinkleranlagen, Merkblatt;
VdS 2108:2018-01
VdS-Richtlinien für Schaum-Löschanlagen, Planung und Einbau;
VdS 2109:2018-01
VdS-Richtlinien für Sprühwasser-Löschanlagen, Planung und Einbau.

Gebäude, ist die maßgebliche Grundfläche der Versammlungsräume für jedes Gebäude gesondert festzustellen.

39 Für Versammlungsstätten, deren Versammlungsräume zwar insgesamt mehr als 3 600 m^2 Grundfläche haben, in denen jedoch kein Versammlungsraum mehr als 400 m^2 Grundfläche hat, räumt der **2. Halbsatz** eine Erleichterung ein. Da die Rettungswege in diesen Räumen maximal ca. 20 m betragen, wird auf eine automatische Feuerlöschanlage verzichtet. Diese Erleichterung greift vor allem für Seminarräume in Hochschulen oder Tagungsstätten.

40 Aus der Systematik der Regelung ergibt sich, dass bei Versammlungsstätten mit mehr als 3 600 m^2 Grundfläche, die sowohl Versammlungsräume unter 400 m^2 Grundfläche als auch größere Versammlungsräume haben, die Erleichterung des 2. Halbsatzes nur greift, wenn sich die Räume unter 400 m^2 in einem von den größeren Versammlungsräumen getrennten Gebäudeabschnitt befinden und die Gebäudeabschnitte getrennte Rettungswege haben. Ist die Raumstruktur nach der Größe gemischt, muss das Gebäude insgesamt über eine automatische Feuerlöschanlage verfügen.

41 Die nach Absatz 3 zwingend erforderliche automatische Feuerlöschanlage ist nach den Regeln der Technik auszuführen und unterliegt, wie die anderen sicherheitstechnischen Einrichtungen in Versammlungsstätten, der wiederkehrenden Prüfung.

6.2 Foyers und Hallen

42 In § 19 MVStättVO wurde die Regelung des bisherigen § 19 Absatz 4 MVStättV 2005 gestrichen, wonach Foyers oder Hallen, durch die Rettungswege aus anderen Versammlungsräumen führen, eine automatische Feuerlöschanlage haben müssen. Statt dieser Regelung wurde für Versammlungsstätten mit Foyers oder Hallen, durch die Rettungswege aus anderen Versammlungsräumen führen, in den § 20 ein neuer Absatz 3 eingefügt. Ob Foyers oder Hallen eine automatische Feuerlöschanlage haben müssen, richtet sich also nach der allgemeinen Regelung des Absatzes 3.

43 In Ländern, deren landesrechtliche Versammlungsstättenverordnung noch der Regelung des § 19 Absatz 4 MVStättV 2005 entspricht, kann durch die Zulassung einer Abweichung nach § 67 MBO auf automatische Feuerlöschanlagen in Foyers oder Hallen verzichtet werden, wenn stattdessen die Anforderungen des § 20 Absatz 3 MVStättVO erfüllt

werden. In Versammlungsstätten mit Versammlungsräumen von mehr als 3600 m² Grundfläche stellt sich diese Frage nicht, weil ohnehin das gesamte Gebäude eine automatische Feuerlöschanlage haben muss.

6.3 Versammlungsräume in mehr als 22 m Höhe

Absatz 4 regelt, unter welchen Voraussetzungen Versammlungsräume oberhalb der Hochhausgrenze zulässig sind. Versammlungsräume, bei denen eine Fußbodenebene mehr als 22 m über der Geländeoberfläche liegt, sind nur in Gebäuden mit automatischer Feuerlöschanlage zulässig. **44**

Da die Rettungswege ausreichend im § 7 geregelt sind, wird in Absatz 5 die Zulässigkeit von Versammlungsräumen über 22 m Höhe nicht von der Anzahl der zu rettenden Personen abhängig gemacht. **45**

Angesichts der besonderen Gefahrenlage insbesondere von Versammlungsräumen in Hochhäusern und der Tatsache, dass das Rettungswegkonzept eine Evakuierung dieser Versammlungsräume über die notwendigen, auch durch nicht als Versammlungsstätte genutzte Geschosse führenden Treppen erfordert, ist eine automatische Feuerlöschanlage für das gesamte Hochhaus unabdingbar. **46**

6.4 Versammlungsräume im Keller

Die Regelung des **Absatzes 5** unterscheidet nach der Lage des Kellergeschosses unter der Geländeoberfläche und der Größe der Versammlungsräume. Die Regelung zieht die Konsequenz aus der Erfahrung mit Großbränden, insbesondere in Discotheken, und der Tatsache, dass die Brandbekämpfung in Kellerräumen besonders schwierig ist. **47**

Absatz 5 Satz 1 schreibt vor, dass Versammlungsräume in Kellergeschossen eine automatische Feuerlöschanlage haben müssen. Bei Einhaltung dieses Sicherheitsstandards ist künftig auch die Errichtung von Versammlungsräumen in Kellergeschossen[15] zulässig, deren Fußboden tiefer als 5 m unter der Geländeoberfläche liegt. Dabei wurde berücksichtigt, dass zwischenzeitlich technische Regeln für Kleinsprinkleranlagen (z.B. selbsttätige Löschhilfeanlagen nach VdS-Richtline 2092) entwickelt wurden, die den technischen Aufwand von Sprinkleranlagen für einzelne Räume minimieren. **48**

---

15 Der Begriff „Keller" ist in § 2 Absatz 6 MBO abweichend vom allgemeinen Sprachgebrauch geregelt. Vgl. dazu die Kommentierung unter Nummer 9 zu Teil 2 Allgemeine Bauvorschriften.

49 Satz 2 regelt als Ausnahme, dass für Versammlungsräume mit nicht mehr als 200 m^2, deren Fußboden an keiner Stelle mehr als 5 m unter der Geländeoberfläche liegt, automatische Feuerlöschanlagen nicht erforderlich sind. Dies ist vertretbar, da die Räume in der Größe begrenzt sind, durch Trennwände abgeschottet sind und eine begrenzte Tiefenlage von nicht mehr als 5 m haben. Die bisherige Regelung brachte insbesondere für Gaststätten im ersten Untergeschoss eine Erschwernis gegenüber der MGastBauV. Die Erleichterung begünstigt kleinere Versammlungsräume in Kellergeschossen.

50 Zu beachten ist, dass Aufenthaltsräume mit nicht mehr als 200 m^2 Grundfläche immer entraucht werden müssen, wenn sie im Keller liegen. Die Regelung des § 16 Absatz 1 in Verbindung mit Absatz 2 Nummer 1 ist missverständlich, weil sie den Eindruck erweckt, dass Versammlungsräume mit nicht mehr als 50 m^2 Grundfläche nicht entraucht werden müssen, und zwar auch dann nicht, wenn sie im Keller liegen.[16] Aufenthaltsräume müssen nach § 47 Absatz 2 Satz 1 MBO belüftet werden und nach § 47 Absatz 2 Satz 1 MBO Fenster haben, was auch eine Entrauchung ermöglicht. Ist die Belüftung über Fenster nicht möglich, z. B. weil die Aufenthaltsräume im Keller liegen, dann müssen sie über eine Lüftungsanlage be- und entlüftet werden.

6.5 Offene Küchen

51 **Absatz 6** bestimmt, dass offene Küchen und ähnliche Einrichtungen mit mehr als 30 m^2 Grundfläche durch automatische Feuerlöschanlagen zu schützen sind. Zweckmäßig sind Kleinlöschanlagen, die selbsttätig bei Erkennen eines Fritteusenbrandes auslösen. Nach Absatz 8 müssen automatische **Feuerlöschanlagen** an die Brandmeldeanlage angeschlossen werden. Für die nach Absatz 8 für offene Küchen erforderliche automatische Feuerlöschanlage gilt dies indes nur, wenn die Versammlungsstätte über eine Brandmeldeanlage verfügen muss.

52 Zweck der Regelung ist es, die von diesen Einrichtungen ausgehenden Brandgefahren zu minimieren; dies gilt auch, wenn diese Einrichtungen im Versammlungsraum vorübergehend aufgestellt werden. Geeignet sind speziell für Küchenbrände (z. B. einen Fritteusenbrand) entwickelte Kleinlöschanlagen. Kleinlöschanlagen sind geeignet, den technischen Aufwand deutlich zu verringern. Diese technischen Neuentwicklungen

16 Vgl. dazu die Kommentierung unter Nummer 6.1 zu § 16.

von Kleinlöschanlagen können jeweils berücksichtigt werden, sobald allgemein anerkannte Regeln der Technik dafür vorliegen.

In Küchen sind ferner die Anforderungen der berufsgenossenschaftlichen Unfallverhütungsvorschrift Nummer 3.3.1 DGUV Regel 110-003 „Branche Küchenbetriebe" zu beachten, die Einrichtungen zur Brandbekämpfung vorschreibt.[17] Nummer 3.3.1 der DGUV Regel 110-003 lautet: 53

> *„Für den Fall eines Speiseöl- oder Speisefettbrandes müssen Sie geeignete Feuerlöscheinrichtungen mit für Fettbrände geeignetem Löschmittel bereithalten (z. B. Löscher der Brandklasse „F"). Welche Art von Löscheinrichtung benötigt wird, hängt von der Füll menge der Frittiereinrichtungen ab, wobei nebeneinander liegende Becken zusammengezählt werden. Bei einer Füllmenge von bis zu 50 Litern ist mindestens ein geeigneter Feuerlöscher mit ausreichendem Löschvermögen bereitzuhalten, eine entsprechende Löschmittelreserve ist dabei vorzusehen. Bei größeren Füllmengen ist grundsätzlich eine geeignete ortsfeste Löscheinrichtung erforderlich. Für diese Löscheinrichtung muss ein Nachweis der Wirksamkeit vorliegen. Bis zu einer Fettmenge von 100 Litern kann unter Umständen auf eine ortsfeste Löscheinrichtung verzichtet werden, wenn ersatzweise geeignete Feuerlöscher mit dem entsprechenden Löschvermögen und einer zusätzlichen Löschmittelreserve bereitgehalten werden. Eine in der Handhabung der Feuerlöscher geübte, schriftlich benannte Person muss anwesend sein.*"

Wasser ist zur Bekämpfung eines Fettbrandes nicht geeignet. Auf Grund dieser Problematik sind zur Bekämpfung von Speiseöl- und Fettbränden hierfür geeignete und zugelassene Fettbrandlöscher zu verwenden.[18] Diese Feuerlöscher sind mit dem Hinweis versehen „Geeignet zum Löschen von brennendem Speiseöl oder -fett". Auf Grund der Zusammensetzung und hohen Reinheit des Löschmittels bestehen keine hygienischen Bedenken bei der Verwendung in Küchen. Durch den Löschvorgang entstehen kaum Verunreinigungen. Das Personal muss in die Benutzung des Feuerlöschers eingewiesen sein. Dies ist in der Brandschutzordnung nach § 42 Absatz 1 zu regeln. 54

17 DGUV-Regel 110-003:2019-04 „Arbeiten in Küchenbetrieben"; siehe auch Abschnitt 4.4.1 der DGUV-Regel 110-003 „Grundsätze der Prävention" sowie die ASR A2.2 „Maßnahmen gegen Brände".

18 VdS 2454
Gaslöschanlagen, Anforderungen und Prüfmethoden für Systeme.

6.6 Überdeckte Ausstellungs- oder Dienstleistungsstände

55 Nach **Absatz 7** darf die Wirkung automatischer Feuerlöschanlagen durch überdeckte oder mehrgeschossige Ausstellungs- oder Dienstleistungsstände nicht beeinträchtigt werden. Es handelt sich um eine Betriebsvorschrift. Die Regelung wurde im Hinblick auf die gängige Praxis, in Messehallen mehrgeschossige Ausstellungsstände aufzubauen, erforderlich. Da sich die Wirksamkeit der Feuerlöschanlagen der Halle durch eine eingezogene Zwischendecke auf den Bereich oberhalb der Zwischendecke beschränkt, müssen die Bereiche unterhalb der Zwischendecke gesondert geschützt werden.

56 Im Fall einer Beeinträchtigung ist eine Kompensation erforderlich und möglich. In Betracht kommt eine besondere automatische Feuerlöschanlage für den überdeckten Bereich.

57 In Betracht kommt auch, dass im Bereich unterhalb einer solchen Zwischendecke weitere Brandmelder angeordnet werden und besondere betrieblich-organisatorische Maßnahmen zur Bekämpfung eines Entstehungsbrandes getroffen werden, z.B. durch die Bereitstellung von Feuerlöschern für diesen Bereich und die Einweisung des Personals.

7. Anschluss an eine Brandmelderzentrale

58 **Absatz 8** bestimmt, dass automatische Feuerlöschanlagen an eine Brandmelderzentrale angeschlossen sein müssen. Brandmeldeanlagen sind nach § 20 Absatz 1 erst für Versammlungsstätten mit Versammlungsräumen von insgesamt mehr als 1 000 m^2 Grundfläche vorgeschrieben. Die Vorschrift des Absatzes 8 ist jedoch auch dann zu beachten, wenn in dem geprüften Brandschutzkonzept einer Versammlungsstätte mit nicht mehr als 1 000 m^2 eine Brandmeldeanlage vorgesehen ist.

§ 20 Brandmelde- und Alarmierungsanlagen, Brandmelder und Alarmzentrale, Brandfallsteuerung der Aufzüge

(1) Versammlungsstätten mit Versammlungsräumen von insgesamt mehr als 1 000 m^2 Grundfläche müssen Brandmeldeanlagen mit automatischen und nichtautomatischen Brandmeldern haben.

(2) Versammlungsstätten mit Versammlungsräumen von insgesamt mehr als 1 000 m^2 Grundfläche müssen Alarmierungs- und Lautsprecheranlagen haben, mit denen im Gefahrenfall Besucher, Mitwirkende und Betriebsangehörige alarmiert und Anweisungen erteilt werden können.

(3) Versammlungsstätten mit Foyers oder Hallen, durch die Rettungswege aus anderen Versammlungsräumen führen, müssen Brandmeldeanlagen nach Absatz 1 und Alarmierungs- und Lautsprecheranlagen nach Absatz 2 haben.

(4) In Versammlungsstätten mit Versammlungsräumen von insgesamt mehr als 1 000 m^2 Grundfläche müssen zusätzlich zu den örtlichen Bedienungsvorrichtungen zentrale Bedienungsvorrichtungen für Rauchabzugs-, Feuerlösch-, Brandmelde-, Alarmierungs- und Lautsprecheranlagen in einem für die Feuerwehr leicht zugänglichen Raum (Brandmelder- und Alarmzentrale) zusammengefasst werden.

(5) [1]In Versammlungsstätten mit Versammlungsräumen von insgesamt mehr als 1 000 m^2 Grundfläche müssen die Aufzüge mit einer Brandfallsteuerung ausgestattet sein, die durch die automatische Brandmeldeanlage ausgelöst wird. [2]Die Brandfallsteuerung muss sicherstellen, dass die Aufzüge ein Geschoss mit Ausgang ins Freie oder das diesem nächstgelegene, nicht von der Brandmeldung betroffene Geschoss unmittelbar anfahren und dort mit geöffneten Türen außer Betrieb gehen.

(6) [1]Automatische Brandmeldeanlagen müssen durch technische Maßnahmen gegen Falschalarme gesichert sein. [2]Brandmeldungen müssen von der Brandmelderzentrale unmittelbar und automatisch zur Leitstelle der Feuerwehr weitergeleitet werden.

Übersicht

1. Überblick

1 Bei der Vorschrift des § 20 handelt es sich um eine Bauvorschrift, die bei der Errichtung und bei Änderungen der baulichen Anlagen anzuwenden ist. Die Vorschrift des Absatzes 3 mindert seit 2014 die Anforderungen an Foyers und Hallen, durch die Rettungswege aus anderen Versammlungsräumen oder Aufenthaltsräumen führen, so wie dies nach § 2 Absatz 3 Satz 1 zulässig ist.

2 Für Großbühnen gilt zusätzlich die Bauvorschrift des § 24 Absatz 4 und 5. Für Versammlungsstätten mit mehr als 5000 Besucherplätzen sind zusätzlich die Vorschriften des § 26 Absatz 1 und 2 zu beachten.

2. Systematik der Regelung

3 Die Regelung des **§ 20** fordert Brandmeldeanlagen sowie Alarmierungs- und Lautsprecheranlagen erst für Versammlungsstätten, deren Versammlungsräume insgesamt mehr als 1000 m^2 Grundfläche haben. Für kleinere Versammlungsstätten sind diese Anlagen nicht erforderlich, solange diese Versammlungsstätten nicht unter Absatz 3 fallen.

4 Nach **Absatz 1** müssen bei einer Gesamtgröße aller Versammlungsräume der Versammlungsstätte von insgesamt mehr als 1000 m^2 Grundfläche Brandmeldeanlagen mit automatischen und nichtautomatischen Brandmeldern vorhanden sein. Unter automatischen Brandmeldern versteht Absatz 1 insbesondere Wärme-, Rauch- oder Flammenmelder, die einen Brand selbsttätig erkennen und das Signal selbsttätig an die Brandmelderzentrale weiterleiten, von wo aus der Alarm ausgelöst wird. Unter nichtautomatischen Brandmeldern versteht Absatz 1 die Handfeuermelder, die von Personen ausgelöst werden. In Versammlungsstätten müssen also beide Arten von Brandmeldern vorhanden sein.

Die Art der automatischen Brandmelder und ihre Anordnung muss im Brandschutzkonzept festgelegt werden, das mit der Brandschutzdienststelle abzustimmen ist. Wo die Handfeuermelder angebracht werden, ist ebenfalls im Brandschutzkonzept festzulegen. 5

Die Größe der Grundfläche ergibt sich aus der Summe der Grundflächen aller Versammlungsräume im Sinne des § 2 Absatz 3 im Gebäude. Besteht die Versammlungsstätte aus mehreren Gebäuden, so ist jedes Gebäude für sich zu beurteilen. 6

Absatz 2 schreibt vor, dass Versammlungsstätten mit Versammlungsräumen von insgesamt mehr als 1 000 m^2 Grundfläche mit Alarmierungs- und Lautsprecheranlagen auszustatten sind. Im Gefahrenfall muss es möglich sein, Besucher, Mitwirkende und Betriebsangehörige zu alarmieren und notwendige Anweisungen zur Räumung zu erteilen. 7

Der neu eingefügte **Absatz 3** durchbricht die bisherige Systematik des § 20, der das Erfordernis von Brandmelde- und Alarmierungsanlagen, Brandmelder- und Alarmzentralen und die Brandfallsteuerung der Aufzüge nur für Versammlungsstätten mit Versammlungsräumen mit mehr als 1 000 m^2 Grundfläche fordert. Werden durch Foyers oder Hallen, die ausweislich des § 2 Absatz 3 Satz 2 selbst Versammlungsräume sind, Rettungswege aus anderen Versammlungsräumen geführt, so ist dies nur zulässig, wenn das gesamte Gebäude der Versammlungsstätte mit Brandmeldeanlagen und Alarmierungs- und Lautsprecheranlagen ausgestattet ist. 8

Die Verweise des Absatzes 3 auf Absatz 1 und 2 erwecken den Eindruck, die Führung dieser Rettungswege durch Foyers oder Hallen sei nur in Versammlungsstätten zulässig, die Versammlungsräume mit insgesamt mehr als 1 000 m^2 Grundfläche haben. Eine solche enge Auslegung der Vorschrift ist falsch. Vielmehr ist die Regelung dahingehend zu verstehen, dass auch kleinere Versammlungsstätten, deren Versammlungsräume insgesamt weniger als 1 000 m^2 Grundfläche haben, mit Brandmeldeanlagen und Alarmierungs- und Lautsprecheranlagen auszustatten sind, wenn Rettungswege durch Foyers oder Hallen geführt werden. Die Verweise auf Absatz 1 und 2 sind also nur als Verweise auf die dort genannten Anforderungen an die sicherheitstechnische Gebäudeausrüstung zu verstehen. 9

Zentrale Bedienungsvorrichtungen müssen nach **Absatz 4** zusätzlich zu den örtlichen Bedienungsvorrichtungen für Rauchabzugs-, Feuerlösch-, Brandmelde-, Alarmierungs- und Lautsprecheranlagen in einem für die 10

Feuerwehr leicht zugänglichen Raum (Brandmelder- und Alarmzentrale) zusammengefasst werden. Auch diese Festlegung gilt in Versammlungsstätten mit Versammlungsräumen von insgesamt mehr als 1 000 m^2 Grundfläche.

11 Die Brandfallsteuerung von Aufzügen nach **Absatz 5** (bisher § 20 Absatz 4 MVStättV 2005) muss sicherstellen, dass die Aufzüge im Brandfall nicht in ein von der Brandausbreitung betroffenes Geschoss fahren. Auch diese Vorschrift gilt für die Versammlungsstätten, die Versammlungsräume mit insgesamt mehr als 1 000 m^2 Grundfläche haben. Aufzüge in Versammlungsstätten mit Versammlungsräumen für nicht mehr als 1 000 m^2 Grundfläche müssen zwar nicht mit einer Brandfallsteuerung ausgestattet sein, dürfen jedoch im Brandfall ebenfalls nicht benutzt werden.

12 Die Anforderung des **Absatzes 6** (bisher § 20 Absatz 5 MVStättV 2005) **Satz 1** ist erforderlich, um ein Ausrücken der Feuerwehr auf Grund von Fehlalarmen wirksam zu unterbinden. **Satz 2** bestimmt, dass die Brandmeldungen unmittelbar und automatisch zur Leitstelle der Feuerwehr weitergeleitet werden müssen. Nur bei sofortiger Weiterleitung an die Feuerwehr ist ein schneller Einsatz sichergestellt.

13 Es gibt Leitstellen, die von der Feuerwehr selbst betrieben werden, insbesondere in Großstädten. Es gibt auch Leitstellen, die von einem privaten Konzessionär betrieben werden. Der Anschluss der Brandmeldeanlagen an die Leitstelle der Feuerwehr ist jeweils in den Anschlussbedingungen für die Aufschaltung der Brandmeldeanlage geregelt.

14 Der Begriff „Leitstelle der Feuerwehr" bezeichnet als Oberbegriff die Dienststelle, von der aus die Einsätze der Feuerwehr veranlasst bzw. ausgelöst werden. Die Bezeichnung der Leitstelle der Feuerwehr ergibt sich aus dem jeweiligen Landesrecht.

15 Für die Aufschaltung der Brandmeldeanlage eines Objektes auf die Leitstelle der Feuerwehr haben die örtlich zuständigen Feuerwehren „Aufschaltbedingungen" herausgegeben, die von den Bauherren zu beachten sind. In diesen Aufschaltbedingungen ist festgelegt, welche Angaben der Bauherr in seinem Konzept der Brandmeldeanlage machen muss.

16 Zahlreiche Brandschutzdienststellen haben den Betrieb der Empfangsanlage für Brandmeldungen auf private Firmen als Konzessionäre übertragen und fordern in den Anschlussbedingungen, dass der Bauherr für den Anschluss der Brandmeldeanlage einen Vertrag mit dem Konzessionär abschließt. Von dem Konzessionär werden die eingehenden Brandmeldungen dann an die Leitstelle der Feuerwehr weitergeleitet.

Als Beispiel für diese Verfahrensweise können die Technischen Anschlussbedingungen für die Aufschaltung von Brandmeldeanlagen zur Regionalleitstelle Nord-West Brandenburg in Potsdam gelten. 17

„1. Allgemeines

Übertragungseinrichtungen (Hauptmelder), die an die Notrufmeldezentrale (Empfangsanlage) der „Regionalleitstelle Nord-West Brandenburg" in Potsdam auf besonderen Antrag angeschlossen werden, richtet ausschließlich der Konzessionär nach Zustimmung durch die Feuerwehr ein.

Die Aufschaltung ist grundsätzlich über eine gesicherte Verbindung durch den Konzessionär zu realisieren.

Die Einrichtung und der Anschluss der Hauptmelder an die Empfangsanlage erfolgt nach den jeweils gültigen Gebührensätzen des Konzessionärs.

Der Antrag zur Aufschaltung der Brandmeldeanlage ist rechtzeitig an die Feuerwehr Potsdam zu richten. Die zur Aufschaltung vorgesehene Brandmeldeanlage muss den anerkannten Regeln der Technik entsprechen und DIN-konform errichtet sein. Eine schriftliche Bestätigung darüber ist der Feuerwehr Potsdam spätestens bei der Abnahme der Anlage zu übergeben. In dieser Bestätigung sind die verwendeten Melder, insbesondere bei Verwendung von Ionisationsmeldern, anzugeben.

Über die vorgesehene Inbetriebnahme der neu errichteten Anlage ist die Feuerwehr Potsdam rechtzeitig (mindestens 10 Arbeitstage vorher) zu informieren. Seitens der Feuerwehr Potsdam wird entschieden, ob zum Termin der Abnahme ein Mitarbeiter anwesend sein wird."

3. Brandmeldeanlagen

Die Anforderung des **Absatzes 1** richtet sich auf die Schutzkategorie 1 Vollschutz gemäß DIN 14675. Auch bei einer Ausstattung der Versammlungsstätte mit automatischen Feuerlöschanlagen kann auf zwingend vorgeschriebene automatische Brandmeldeanlagen nicht verzichtet werden. Feuerlöschanlagen und Brandmeldeanlagen dienen verschiedenen Schutzzielen. Automatische Feuerlöschanlagen werden zu- 18 meist temperaturgesteuert und sprechen damit meist später an als Rauchmelder. In der Praxis wird die Druckleitung von Feuerlöschanlagen zur Vermeidung von Fehlauslösungen häufig trocken gehalten und erst auf Grund der Auslösung der Brandmeldeanlage mit Löschwasser beaufschlagt.

19 Für das Planen, Errichten und Betreiben von Brandmeldeanlagen gilt die Normenreihe DIN 14675 mit normativen Verweisungen insbesondere auf die Normenreihe DIN EN 54[1] sowie die DIN VDE 0833-1 und 2.

---

1 **Nationale deutsche Normen insbesondere:**
DIN 14661:2016-11
Feuerwehrwesen – Feuerwehr-Bedienfeld für Brandmeldeanlagen;
DIN 14662:2011-11
Feuerwehrwesen – Feuerwehr-Anzeigetableau für Brandmeldeanlagen;
DIN 14675-1:2018-04
Brandmeldeanlagen – Aufbau und Betrieb; zur DIN 14675-1 liegt ein Normentwurf mit dem Stand 2019-01 vor.
Europäisch harmonisierte Normen über Brandmeldeanlagen, insbesondere die Normenreihe DIN EN 54 mit allen Teilen, zum Beispiel:
DIN EN 54-1:2011-06
Brandmeldeanlagen – Teil 1: Einleitung, deutsche Fassung;
DIN EN 54-2:1997-12
Brandmeldeanlagen – Teil 2: Brandmelderzentralen, dazu liegt ein Normentwurf mit dem Stand 2016-03 vor.
VDE-Normen über Brandmeldeanlagen:
DIN VDE 0833-1:2014-10
Gefahrenmeldeanlagen für Brand, Einbruch und Überfall – Teil 1: Allgemeine Festlegungen;
DIN VDE 0833-2:2009-06
Gefahrenmeldeanlagen für Brand, Einbruch und Überfall – Teil 2: Brandmeldeanlagen;
DIN VDE 0833-2 Berichtigung 1:2010-05
Gefahrenmeldeanlagen für Brand, Einbruch und Überfall – Teil 2: Festlegungen für Brandmeldeanlagen, Berichtigung zu DIN VDE 0833-2;
DIN VDE 0833-4; VDE 0833-4:2014-10
Gefahrenmeldeanlagen für Brand, Einbruch und Überfall – Teil 4: Festlegungen für Anlagen zur Sprachalarmierung im Brandfall.
VDI-Regeln, zum Beispiel:
VDI 3819 Blatt 1:2016-10
Brandschutz für Gebäude – Grundlagen für die Gebäudetechnik – Begriffe, Gesetze, Verordnungen, technische Regeln;
VDI 6010 Blatt 2:2011-05
Sicherheitstechnische Einrichtungen – Ansteuerung von automatischen Brandschutzeinrichtungen.
VdS-Richtlinien, zum Beispiel:
VdS 2095:2010-05
Automatische Brandmeldeanlagen – Planung und Einbau;
VdS 2540: 2010-12

Für die Brandmeldeanlagen schreibt § 14 eine Sicherheitsstromversorgung vor. Sowohl für die Sicherheitsstromversorgung als auch für die Brandmeldeanlage einschließlich der Leitungen ist der Funktionserhalt gemäß Nummer 5.2 und 5.3 der Muster-Leitungsanlagen-Richtlinie sicherzustellen. Für Brandschutzanlagen schreibt Nummer 5.3.2 MLAR die Dauer des Funktionserhaltes mit 30 Minuten vor. 20

Sämtliche Räume der Versammlungsstätte, die Installationsschächte und -kanäle sowie die durch Unterdecken und Systemböden gebildeten Hohlräume in den Geschossen müssen nach den für den Vollschutz maßgeblichen technischen Regeln überwacht werden. Welche Melderart und welche Detektionsmethode im Einzelnen für die Überwachung des jeweiligen Raumes oder Hohlraumes geeignet ist, ist anhand der Nutzung der Räume und der Art der Brandlasten im Einzelfall zu entscheiden. 21

4. Alarmierungs- und Lautsprecheranlagen

Für Versammlungsstätten mit Versammlungsräumen, die insgesamt eine Fläche von 1 000 m^2 überschreiten, schreibt **Absatz 2** Alarmierungs- und Lautsprecheranlagen vor. Für den Zweck der Evakuierung des Gebäudes im Gefahrenfall kommt es im Wesentlichen auch auf eine Alarmierung der Besucher an. 22

Die Eingabeeinrichtungen wie Mikrofone, Tonbänder, Sprachspeicher (ggf. auch mehrsprachig) und Auslöseeinrichtungen sind zur Verhinderung des Missbrauchs an unter Aufsicht stehender Stelle im Bereich des Feuerwehrangriffsweges zu installieren. An unbeaufsichtigten Stellen ist die Anlage durch einen Verschluss mit Feuerwehrschließung vor dem Zugriff Unbefugter zu sichern. Dient die Anlage der Versorgung mehrerer Alarmbereiche, müssen die eingeschalteten Alarmbereiche an der Eingabeeinrichtung zu erkennen zu sein. 23

Die Eingabestelle ist mit einem Hinweisschild mit der Bezeichnung „Hausalarm“ zu versehen. In Versammlungsstätten mit mehr als 5 000 Besucherplätzen ist nach § 26 Absatz 1 eine Lautsprecherzentrale ein- 24

Brandmelderzentralen, Anforderungen und Prüfmethoden;
VdS 3509:2009-11
Merkblatt zum Brandschutz – Zusammenwirken von Brandmeldeanlagen (BMA) und Feuerlöschanlagen (FLA).
ZVEI-Empfehlungen:
ZVEI-Merkblatt Rauchwarnmelder und Brandmeldeanlage.

zurichten, die Verbindung zu dem nach § 26 Absatz 2 erforderlichen Raum der Einsatzleitung der Polizei hat.

25 Die Bedeutung akustischer und optischer Signale sowie der Durchsagen ist in der Brandschutzordnung nach § 42 festzulegen. Für bestimmte, vorhersehbare Fallgestaltungen, insbesondere für den Fall einer Evakuierung, bei Brand oder bei Panik sind Texte für standardisierte Lautsprecherdurchsagen ebenfalls in der Brandschutzordnung festzulegen. Ergänzende Hinweise über die Ausgestaltung „Elektroakustischer Alarmierungseinrichtungen" enthält das entsprechende Merkblatt[2] des Zentralverbands Elektrotechnik- und Elektroindustrie e. V. (ZVEI), das auch auf die anzuwendenden Normen verweist.

26 Das Betriebspersonal ist nach § 42 Absatz 2 mindestens einmal jährlich über die sicherheitstechnischen Einrichtungen und die Brandschutzordnung zu unterrichten.

27 Die Alarmierungs- und Lautsprecheranlagen sind an die Sicherheitsstromversorgung anzuschließen und unterliegen der wiederkehrenden Prüfung nach der MPrüfV. Nummer 5.3.2 der Muster-Leitungsanlagen-Richtlinie schreibt für Alarmierungs- und Lautsprecheranlagen einen Funktionserhalt von mindestens 30 Minuten vor.

28 Die Alarmierungs- und Lautsprecheranlagen sind nach den Technischen Regeln[3] zu planen und einzurichten.

---

2 ZVEI-Merkblatt 33004:2019-06
Elektroakustische Alarmierungseinrichtungen, Fundstelle: www.zvei.org.

3 DIN EN 54-16:2008-06
Brandmeldeanlagen – Teil 16: Sprachalarmzentralen;
DIN EN 54-24:2008-06
Brandmeldeanlagen – Teil 24: Komponenten für Sprachalarmierungssysteme – Lautsprecher;
DIN EN 50136-1; VDE 0830-5-1:2019-06
Alarmanlagen – Alarmübertragungsanlagen – Teil 1: Allgemeine Anforderungen an Alarmübertragungsanlagen;
DIN EN 50136-2; VDE 0830-5-2:2014-08.
Alarmanlagen – Alarmübertragungsanlagen und -einrichtungen – Teil 2: Anforderungen an Übertragungseinrichtungen (ÜE);
DIN EN 50136-3; VDE 0830-5-3:2014-08
Alarmanlagen – Alarmübertragungsanlagen und -einrichtungen – Teil 3: Anforderungen an Übertragungszentralen (ÜZ);
DIN VDE 0833-4, VDE 0833-4:2014-10
Gefahrenmeldeanlagen für Brand, Einbruch und Überfall – Teil 4: Festlegungen für Anlagen zur Sprachalarmierung im Brandfall.

5. Zentrale Bedienungsvorrichtungen

Die Brandmelderzentrale (BMZ) gemäß **Absatz 4** soll unmittelbar am Feuerwehrzugang liegen. In ihre sind das Feuerwehr-Bedienfeld (FBF),[4] das Feuerwehr-Anzeigetableau (FAT)[5] sowie die zentralen Bedieneinrichtungen der sicherheitstechnischen Gebäudeausrüstung zusammenzufassen. Bei großen Versammlungsstätten ist es zweckmäßig, die Brandmelderzentrale im Einvernehmen mit der Brandschutzdienststelle mit einem „Feuerwehr-Informations- und Bediensystem (FIBS) auszustatten, das aus dem Feuerwehr-Anzeigetableau, dem Feuerwehr-Bedienfeld, der Übertragungseinrichtung (ÜE) und den Feuerwehr-Laufkarten besteht. 29

Den Einsatzkräften der Feuerwehr ist im Alarmfall der gewaltfreie Zugang zur Brandmelderzentrale zu ermöglichen. Bei nicht ständig besetzten Objekten ist der Schlüssel in einem überwachten Feuerwehr-Schlüsseldepot (FSD) zu hinterlegen. Der Zugang zur Brandmelderzentrale ist mit Hinweisschildern mit der Aufschrift „BMZ“ zu kennzeichnen. 30

6. Brandfallsteuerung für Aufzüge

Die Brandfallsteuerung von Aufzügen nach **Absatz 5** muss sicherstellen, dass die Aufzüge im Brandfall nicht in ein von der Brandausbreitung betroffenes Geschoss fahren. Die Vorschrift gilt für die Versammlungsstätten, die Versammlungsräume mit insgesamt mehr als 1 000 m^2 Grundfläche haben. 31

Bei Auslösung der Brandmeldeanlage (BMA) müssen die Aufzüge so angesteuert werden, dass sie ohne Zwischenhalt in die Ebene mit einem direkten Ausgang ins Freie fahren und dort mit offenen Türen stehen bleiben. Hat ein Brandmelder in der Etage ausgelöst, die ins Freie führt, muss der Aufzug eine Etage darüber bzw. darunter anhalten. Die Fahrbereitschaft der Aufzüge wird erst dann wieder hergestellt, wenn die BMA am Feuerwehr-Bedienfeld durch die Feuerwehr zurückgestellt wird. 32

Die Anforderungen des Absatzes 5 werden mit einer dynamischen Brandfallsteuerung erfüllt. Die dynamische Brandfallsteuerung setzt 33

---

4 DIN 14661:2016-11
Feuerwehrwesen – Feuerwehr-Bedienfeld für Brandmeldeanlagen.

5 DIN 14662: 2016-11
Feuerwehrwesen – Feuerwehr-Anzeigetableau für Brandmeldeanlagen.

das Vorhandensein einer Brandmeldeanlage nach DIN 14 675 voraus. Mit dieser müssen mindestens alle Bereiche (Rauchabschnitte) vor den Aufzügen in jedem Geschoss mit automatischen Brandmeldern (Rauchmeldern) überwacht werden. Nur dann kann sichergestellt werden, dass beim Auslösen einer Brandmeldeeinrichtung in dem Gebäude der Aufzug nicht in einem verrauchten Geschoss stehen bleibt und seine Türen öffnet.

34 Für die Brandfallsteuerung der Aufzüge sind die Technischen Regeln DIN EN 81-73[6] und die VDI-Richtlinie 6017[7] zu beachten. Personenaufzüge mit Brandfallsteuerung müssen an eine Sicherheitsstromversorgungsanlage angeschlossen sein. Nach Nummer 5.3.2 Buchstabe b) der Muster-Leitungsanlagen-Richtlinie muss der Funktionserhalt für Personenaufzüge mit Brandfallsteuerung mindestens 30 Minuten betragen, sofern die Leitungsanlagen sich nicht sich innerhalb der Fahrschächte oder der Triebwerksräume befinden. Die Brandfallsteuerung und die Sicherheitsstromversorgung müssen wiederkehrend geprüft werden.

35 Die MVStättVO schreibt, wie auch die MBO, die Errichtung von Feuerwehraufzügen nicht vor. Hat eine Versammlungsstätte mehrere Geschosse mit Versammlungsräumen, die nach § 50 Absatz 2 MBO in den dem allgemeinen Besucher- und Benutzerverkehr dienenden Teilen barrierefrei sein müssen, so ist die Erschließung dieser Geschosse mit barrierefreien Aufzügen nach § 39 Absatz 5 MBO in Verbindung mit der Technischen Baubestimmung DIN 18040-1 erforderlich.

36 Sind die Geschosse einer Versammlungsstätte für die Benutzer von Rollstühlen über einen Personenaufzug zugänglich, dann muss mindestens ein Feuerwehraufzug eingebaut werden, damit die Rollstuhlfahrer im Falle eines Brandes durch die Feuerwehr aus dem Gebäude gerettet werden können. Die normalen Personenaufzüge dürfen im Brandfall nicht benutzt werden. Etwaige Benutzer von Rollstühlen und andere Menschen mit Behinderung, die sich in den Obergeschossen der Versammlungsstätte aufhalten, sind also darauf angewiesen, durch die Feuerwehr gerettet zu werden.

---

6 DIN EN 81-73:2016-03
Sicherheitsregeln für die Konstruktion und den Einbau von Aufzügen – Besondere Anwendungen für Personen- und Lastenaufzüge – Teil 73: Verhalten von Aufzügen im Brandfall; dazu liegt ein Normentwurf vor (DIN EN 81-73:2018-05).

7 VDI 6017:2008-11
Aufzüge – Steuerung für den Brandfall; dazu liegt ein Normentwurf vor (VDI 6017:2014-09).

Im Sicherheitskonzept nach § 43 oder im gesonderten Räumungskonzept nach § 42 Absatz 1, sind daher in unmittelbarer Verbindung mit den Vorräumen der Feuerwehraufzüge besondere gesicherte Wartebereiche für die Benutzer von Rollstühlen auszuweisen. In diese gesicherten Wartebereiche darf kein Feuer und Rauch eindringen. Die Wartebereiche sind als Rettungsweg für die Benutzer von Rollstühlen zu kennzeichnen. 37

Wird im Rahmen von Räumungs- oder Sicherheitskonzepten der gesicherte Wartebereich für Rollstuhlfahrer in den Vorraum eines Feuerwehraufzuges gelegt, so ist je Rollstuhl eine Grundfläche von 1,10 Meter Breite und 1,25 Meter Länge vorzusehen. Keiner der Stellplätze darf in die Bewegungsflächen der Türen des Feuerwehraufzugsvorraumes hineinragen. 38

Für Feuerwehraufzüge sind die eingeführten Technischen Baubestimmungen des Abschnitts A 2.1.13 Fahrschächte, Aufzüge und zusätzlich die des Abschnitts A 2.1.21.8 Feuerwehraufzüge der MVV TB zu beachten. Die technische Ausführung richtet sich nach der Aufzugsnorm DIN EN 81-20[8] sowie der für den Feuerwehraufzug zusätzlich geltenden DIN EN 81-72:2015-06.[9] 39

Weder die MVStättV noch die MBO regeln spezielle bauordnungsrechtliche Anforderungen an Feuerwehraufzüge. Für die Feuerwehraufzüge können neben den Technischen Baubestimmungen des Abschnitts A 2.1.21.8 der MVV TB die mit Abschnitt A 2.2.2.7 der MVV TB als Technische Baubestimmung eingeführten Regelungen der Muster-Hochhaus-Richtlinie[10] über die Anforderungen an Feuerwehraufzüge, Fahrschächte von Feuerwehraufzügen und deren Vorräume herangezogen werden. Feuerwehraufzüge müssen eine Sicherheitsstromversorgung haben. Für diese regelt Nummer 5.3.1 der Muster-Leistungsanlagen-Richtlinie (MLAR) einen Funktionserhalt von 90 Minuten. 40

---

8 DIN EN 81-20:2014-11
Sicherheitsregeln für die Konstruktion und den Einbau von Aufzügen – Aufzüge für den Personen- und Gütertransport – Teil 20: Personen- und Lastenaufzüge; dazu liegt ein Normentwurf mit dem Stand 2018-03 vor.

9 DIN EN 81-72
Sicherheitsregeln für die Konstruktion und den Einbau von Aufzügen – Besondere Anwendungen für Personen- und Lastenaufzüge – Teil 72: Feuerwehraufzüge; dazu liegt ein Normentwurf mit dem Stand 2018-03 vor.

10 Siehe dazu Abschnitt 6.1 Feuerwehraufzüge, Fahrschächte von Feuerwehraufzügen und deren Vorräume der Muster-Hochhaus-Richtlinie – MHHR:2012-02, Fundstelle: www.bauministerkonferenz.de.

7. Technische Maßnahmen gegen Falschalarme

41 Die Anforderung des **Absatzes 6** ist erforderlich, um ein Ausrücken der Feuerwehr auf Grund von Fehlalarmen wirksam zu unterbinden.

42 In Versammlungsstätten kommt wegen des besonderen Risikos nur die Betriebsart TM nach Abschnitt 6.4.2.2 der DIN VDE 0833-2 in Betracht, da nur diese einen unverzüglichen Einsatz der Feuerwehr sicherstellt.

43 Die bei der Betriebsart PM eintretenden Verzögerungen der Weiterleitung der Meldung sind bei einem Brand in einer Versammlungsstätte nicht hinnehmbar.

44 Die Maßnahmen zur Vermeidung von Falschalarmen werden in der DIN EN 0833 Teil 2 geregelt.[11]

---

11 DIN VDE 0833-2; VDE 0833-2:2017-10
Gefahrenmeldeanlagen für Brand, Einbruch und Überfall – Teil 2: Festlegungen für Brandmeldeanlagen; siehe dazu auch die Hinweise in vfdb 05/01:2007-01, Minimierung von Falschalarmen aus automatischen Brandmeldeanlagen, Fundstelle: www.vfdb.de.

§ 21 Werkstätten, Magazine und Lagerräume

(1) Für feuergefährliche Arbeiten, wie Schweiß-, Löt- oder Klebearbeiten, müssen dafür geeignete Werkstätten vorhanden sein.

(2) Für das Aufbewahren von Dekorationen, Requisiten und anderem brennbaren Material müssen eigene Lagerräume (Magazine) vorhanden sein.

(3) Für die Sammlung von Abfällen und Wertstoffen müssen dafür geeignete Behälter im Freien oder besondere Lagerräume vorhanden sein.

(4) Werkstätten, Magazine und Lagerräume dürfen mit notwendigen Treppenräumen nicht in unmittelbarer Verbindung stehen.

Übersicht

1. Überblick

Bei der Vorschrift des § 21 handelt es sich um eine Bauvorschrift, die bei der Errichtung und bei Änderungen der baulichen Anlagen anzuwenden ist. Der Bestandsschutz für bestehende Versammlungsstätten ist nicht berührt. 1

Die Anforderungen der Absätze 1 bis 4 sind unabdingbare bauliche Voraussetzung für die Betriebsvorschriften des § 34 und dienen ergänzend zu § 3 Absatz 4 dem vorbeugenden baulichen Brandschutz. 2

Die Absätze 1 bis 3 schreiben vor, welche Werkstätten und Lagerräume in einer Versammlungsstätte zwingend vorhanden sein müssen, stellen jedoch keine baulichen Anforderungen an die Feuerbeständigkeit der Trennwände und Decken dieser Werkstätten und Lagerräume. 3

2. Anforderung an den Raumabschluss von Werkstätten und Lagerräumen

4 Die Anforderungen an den Raumabschluss der Trennwände und Decken ergeben sich aus § 3 Absatz 4 in Verbindung mit den §§ 29 und 31 MBO. Decken müssen nach § 31 Absatz 1 Satz 1 MBO als tragende und raumabschließende Bauteile zwischen Geschossen im Brandfall ausreichend lang standsicher und widerstandsfähig gegen die Brandausbreitung sein.

5 § 31 Absatz 2 Nummer 2 MBO regelt, dass Decken unter und über Räumen mit Explosions- oder erhöhter Brandgefahr feuerbeständig sein müssen. Da Versammlungsstätten nach § 1 Absatz 4 Satz 1 die Anforderungen an die Gebäudeklasse 5 erfüllen müssen, müssen die Decken in Versammlungsstätten nach § 31 Absatz 1 Satz 2 MBO feuerbeständig sein.[1] Ferner schreibt § 29 Absatz 2 Nummer 2 i.V.m. Absatz 3 Satz 2 MBO für den Abschluss von Räumen mit Explosions- oder erhöhter Brandgefahr feuerbeständige Trennwände vor.

6 Da die MBO nicht definiert, was unter Explosions- oder erhöhter Brandgefahr zu verstehen ist, schreibt § 3 Absatz 4 für die Werkstätten, Magazine und Lagerräume klarstellend vor, dass diese Räume feuerbeständige Trennwände und Decken (REI 90 oder F-90-A) haben müssen. Diese Anforderung gilt auch für die Werkstätten in erdgeschossigen Versammlungsstätten.

7 Türen und Tore in diesen Trennwänden müssen feuerhemmend, rauchdicht und selbstschließend sein (§ 9 Absatz 1). Dies entspricht der Regelung des § 29 Absatz 5 MBO. Ob in den Decken der Werkstätten, Magazine und Lagerräume Öffnungen sein dürfen, ergibt sich nicht aus der MVStättVO, sondern aus § 31 Absatz 4 Nummer 3 MBO. Danach sind Öffnungen in Decken nur zulässig, wenn sie auf die für die Nutzung erforderliche Zahl und Größe beschränkt sind und Abschlüsse mit der Feuerwiderstandsfähigkeit der Decke haben.

8 Abschlüsse von etwaigen Öffnungen in den Decken unter oder über Werkstätten, Magazinen und Lagerräumen müssen daher feuerbeständig, rauchdicht und selbstschließend sein. Die Varianten des § 31 Absatz 4 Nummern 1 und 2 MBO treffen für Versammlungsstätten nicht zu und sind durch § 1 Absatz 4 Satz 2 ausdrücklich ausgeschlossen.

---

1 Für erdgeschossige Versammlungsstätten sind Ausnahmen in § 3 Absatz 1 MVStättVO geregelt.

3. Feuergefährliche Arbeiten

9 Die Regelung des **Absatzes 1** schreibt vor, dass für feuergefährliche Arbeiten Werkstätten vorzuhalten sind. Dies betrifft die Versammlungsstätten, in denen regelmäßig derartige Arbeiten anfallen. Ein typisches Beispiel dafür sind die Theaterwerkstätten, in denen die Bühnenbilder hergestellt werden. Die Aufzählung in Absatz 1 ist nicht abschießend.

10 Aus der Vorschrift des **Absatzes 1** lässt sich kein allgemeines Verbot für feuergefährliche Arbeiten in Versammlungsstätten außerhalb von dafür geeigneten Werkstätten ableiten. Es handelt bei Absatz 1 um eine bauliche, nicht aber um eine betriebliche Anforderung.

11 Erforderlich, aber auch ausreichend ist daher die entsprechende einzelfallbezogene Erlaubnis des Betreibers. In jedem Fall sind hierbei die arbeitssicherheitsrelevanten Verfahren (Erlaubnisscheine) zur Durchführung von Schweiß-, Feuer- und sonstigen Heißarbeiten anzuwenden.

4. Lagerräume für brennbare Materialien

12 Für das Aufbewahren von Dekorationen, Requisiten und anderem brennbaren Material müssen eigene Lagerräume (Magazine) vorhanden sein. Die Bestimmung des **Absatzes 2** bildet mit den weiteren Festlegungen in den Absätzen 3 und 4 und der Betriebsvorschrift des § 34 sowie mit § 3 Absatz 4 ein Gesamtkonzept der Sicherheitsmaßnahmen, die aus Gründen des vorbeugenden Brandschutzes mit den in den Absätzen 2 und 3 benannten Materialien erforderlich sind. § 3 Absatz 4 beinhaltet die Anforderungen an die diese Räume umschließenden Bauteile und § 34 regelt den Umgang mit diesen Materialien.

5. Abfallsammlung

13 Für die Sammlung von Abfällen und Wertstoffen müssen nach **Absatz 3** dafür geeignete Behälter im Freien oder besondere Lagerräume vorhanden sein. Bei der Sammlung von Abfällen und Wertstoffen in Behältern im Freien oder besonderen Lagerräumen ist zu beachten, dass § 9 Absatz 1 des Kreislaufwirtschaftsgesetzes[2] (KrWG) die getrennte Sammlung von Abfällen vorschreibt. Es ist daher zweckmäßig, die Abfälle

---

2 Kreislaufwirtschaftsgesetz vom 24. Februar 2012 (BGBl. I S. 212), das zuletzt durch Artikel 2 Absatz 9 des Gesetzes vom 20. Juli 2017 (BGBl. I S. 2808) geändert worden ist,

zur Verwertung von den Abfällen zur Beseitigung (§ 3 Satz 4 KrWG) getrennt zu sammeln und die Abfälle zur Verwertung nach der Art der zu verwertenden Stoffe zu trennen. Für Verpackungen ergibt sich die Verpflichtung zur getrennten Sammlung und Verwertung aus Abschnitt 3 des Verpackungsgesetzes.[3]

14 Diese Regelung des **Absatzes 3** trägt dem Umstand Rechnung, dass eine erhebliche Steigerung der Brandlasten durch die nicht sicherheitsgerechte Verwahrung von Abfällen und Wertstoffen erfolgt. Der Zusammenhang dieser Bauvorschrift mit den betrieblichen Vorschriften zum Brandschutz in § 34 ist zwingend zu beachten und sollte auch in den Verträgen mit Veranstaltern deutliche Erwähnung finden.

15 Ergänzend zum KrWG regelt die Gewerbeabfallverordnung[4] (GewAbfV) die Bewirtschaftung von gewerblichen Siedlungsabfällen (§ 3 GewAbfV) und von bestimmten Bau- und Abbruchabfällen[5] (§ 8 und 9 GewAbfV) dergestalt, dass diese nach Stoffströmen vorrangig am Entstehungsort getrennt zu sammeln und der Vorbereitung zur Wiederverwendung und dem Recycling zuzuführen sind. Hierbei wird insbesondere geregelt, dass Betriebe grundsätzlich dokumentieren müssen, wie sie den Abfall trennen – oder warum sie ihn nicht trennen. Das gilt grundsätzlich auch für Abfälle, die im Zuge der Durchführung von Veranstaltungen anfallen.

16 Von einer Trennung der Abfälle am Anfallort – also auf dem Gelände der Versammlungsstätte – kann gemäß § 3 Absatz 3 GewAbfV nur in engen Grenzen abgewichen werden. Erforderlich ist in einem solchen Fall der Nachweis, dass die Trennung technisch nicht möglich oder wirtschaftlich nicht zumutbar ist.

17 Zur getrennten Sammlung verpflichtet sind in erster Linie Veranstalter und deren beauftragte Dienstleister (Technik, Caterer etc.) oder im Rahmen einer Messe/Ausstellung das jeweilige Standbauunternehmen bzw. der Aussteller, der den Abfall durch seine Tätigkeit erzeugt hat. Auf Seiten der Betreiber empfiehlt es sich, diese öffentlich-rechtliche Verpflichtung zusätzlich z.B. durch Technische Richtlinien oder Sicherheitsbestimmungen vertraglich abzusichern und faktisch ggf. mit Bußgeldern durchzusetzen. Andernfalls läuft der Betreiber Gefahr, unter

3 Verpackungsgesetz vom 5. Juli 2017 (BGBl. I S. 2234).

4 Gewerbeabfallverordnung vom 18. April 2017 (BGBl. I S. 896), die durch Artikel 2 Absatz 3 des Gesetzes vom 5. Juli 2017 (BGBl. I S. 2234) geändert worden ist.

5 § 8 und 9 GewAbfV sind für den Standbau in den Ausstellungs- und Messehallen und auf dem Messegelände von Bedeutung.

dem Gesichtspunkt der tatsächlichen Sachherrschaft als „sekundärer Abfallbesitzer“ auch für zurückgelassene Standbaumaterialien, trenn- und entsorgungspflichtig zu werden.

Der Betreiber hat für alle eigenen und für die von Dritten eingebrachten Gewerbeabfälle die brandschutztechnischen Auswirkungen einer Sammlung und Sortierung von Gewerbeabfall im Gelände und in der Versammlungsstätte zu bewerten. Behälter zur Sammlung von gewerblichen Abfällen und Wertstoffen sind so aufzustellen, dass von ihnen keine Brandgefahren ausgehen. 18

Auf Basis der Vorschrift des § 3 Absatz 3 GewAbfV können behördlicherseits keine nachträglichen baulichen Änderungen an einer bereits bestehenden Versammlungsstätte und an bestehenden baulichen Lagerbereichen verlangt werden. Dem steht der Bestandsschutz aus Art. 14 GG entgegen.[6] 19

Sind also keine geeigneten Flächen oder Räume zur umfassenden Sortierung und Abfall-Bereitstellung vorhanden, können hierfür keine Umbau- oder Erweiterungsmaßnahmen innerhalb der bereits bestehenden Versammlungsstätte und auf deren Gelände gefordert werden. Darüber hinaus gilt es wirtschaftlich zu bewerten, welche zeitlichen und räumlichen Auswirkungen sich für das Kerngeschäft, also das Durchführen von Veranstaltungen ergeben, wenn am Ende einer Veranstaltung zunächst eine Abfallsortierung in der Halle oder auf Logistikflächen durchgeführt werden müsste. Betrachtet man die Buchungszeiträume z.B. in Messehallen mit zum Teil überlappenden Auf- und Abbauphasen und regelmäßiger Vollauslastung der Logistikflächen, wird man die wirtschaftliche Zumutbarkeit nach § 3 Absatz 3 GewAbfV regelmäßig verneinen müssen. 20

6. Verbindung mit notwendigen Treppenräumen

Nach § 34 Absatz 6 Satz 1 Nummer 1 MBO dürfen Werkstätten, Lager- und ähnliche Räume (z.B. Magazine) direkte Öffnungen zu notwendigen Treppenräumen haben, wenn diese Öffnungen mindestens feuerhemmende, rauchdichte und selbstschließende Abschlüsse haben. 21

Absatz 4 verbietet eine unmittelbare Verbindung notwendiger Treppenräume mit Werkstätten, Magazinen und Lagerräumen. Die Türen und Tore von Werkstätten, Magazinen und Lagerräumen dürfen also nicht 22

6 Vgl. hierzu auch die Kommentierung zum Bestandsschutz nach § 46.

unmittelbar in einen notwendigen Treppenraum öffnen, sondern müssen in Inneren des Gebäudes an einem notwendigen Flur liegen, der zum notwendigen Treppenraum oder ins Freie führt.

23 Diese Regelung ist erforderlich, um im Fall eines Brandes in einer Werkstätte, einem Magazin oder einem Lagerraum das Eindringen von Rauch in den notwendigen Treppenraum zu verhindern und die sichere Nutzung des notwendigen Treppenraums zu gewährleisten.

Teil 3
Besondere Bauvorschriften

Übersicht

1. Vorbemerkung

1 Wegen der spezifischen baulichen Eigenheiten von Großbühnen einerseits und der besonderen Gefährdungslage bei Massenveranstaltungen andererseits hat der Verordnungsgeber bereichsspezifische Regelungen getroffen.

2 Die „Besonderen Bauvorschriften" des 3. Teils der MVStättVO sind in zwei Abschnitte unterteilt:

- Abschnitt 1 Großbühnen (§§ 22 bis 25),
- Abschnitt 2 Versammlungsstätten mit mehr als 5 000 Besucherplätzen (§§ 26 bis 30).

3 Wird ein Vorhaben vom Anwendungsbereich dieser Vorschriften erfasst, sind diese bei der Planung und beim Bau der Versammlungsstätte zwingend zu berücksichtigen.

2. Großbühnen

4 Die Anwendbarkeit der Vorschriften für Großbühnen beurteilt sich danach, ob die zu beurteilende Bühne nach § 2 Absatz 5 Nummer 5 bis 7 auch im Rechtssinne als Großbühne zu klassifizieren ist. Versammlungsstätten mit einem Bühnenhaus verfügen dann über eine Großbühne, wenn die Bühne eine

- Szenenfläche hinter der Bühnenöffnung von mehr als 200 m^2 hat,
- Oberbühne mit einer lichten Höhe von mehr als 2,5 m über der Bühnenöffnung hat oder
- Unterbühne hat.

5 Eine Unterbühne ist nach § 2 Absatz 5 Nummer 6 der begehbare Teil des Bühnenraumes unter dem Bühnenboden, der zur Unterbringung einer Untermaschinerie geeignet ist. Die Oberbühne ist in § 2 Absatz 5

Nummer 7 als der Teil des Bühnenraumes über der Bühnenöffnung definiert, der zur Unterbringung einer Obermaschinerie geeignet ist.

3. Versammlungsstätten mit mehr als 5000 Besucherplätzen

6 Bei der Prüfung der Frage, ob eine geplante bzw. bestehende Versammlungsstätte vom Anwendungsbereich der §§ 26ff. erfasst wird, ist grundsätzlich in folgenden Schritten vorzugehen:

- besitzt die Versammlungsstätte mehr als 5000 Besucherplätze,
- knüpft die jeweilige Vorschrift an einen besonderen Typ von Versammlungsstätten an (Beispiel: „Mehrzweckhalle und Sportstadien" in § 26 Absatz 1)?

7 **Die Anzahl der Besucherplätze** bemisst sich konkret nach den für die Versammlungsstätte genehmigten Rettungswege- und Bestuhlungsplänen. Für Neubauvorhaben ist eine abstrakte Betrachtung auf Grundlage der Vorschrift des § 1 möglich, soweit der Betreiber nicht abweichend von den pauschalen Bemessungsformeln die Anzahl der vorgesehenen Besucherplätze im Rahmen seiner baurechtlichen Antragstellung auf unter 5000 begrenzt.

8 Nach der Legaldefinition gemäß § 2 Absatz 6 ist ein Vorhaben als **Mehrzweckhalle** zu qualifizieren, wenn es sich dabei um eine überdachte Versammlungsstätte für verschiedene Veranstaltungsarten handelt. Voraussetzung ist, dass das Vorhaben entsprechend den eingereichten Bauvorlagen **baulich dazu bestimmt** ist, verschiedenen Veranstaltungszwecken zu dienen. Wird beispielsweise für eine Halle neben der Aufplanung für Messe- und Ausstellungsveranstaltungen auch ein Bestuhlungsplan eingereicht, so ist Gegenstand des Genehmigungsverfahrens eine Mehrzweckhalle. Das Vorhaben muss dann u. a. den Vorschriften der §§ 26ff. entsprechen. Demgegenüber wird die bloß abstrakte Eignung einer Versammlungsstätte für mehrere Zwecke – unabhängig von einer entsprechenden Bestimmung durch den Vorhabenträger – für die Qualifizierung einer Halle als Mehrzweckhalle regelmäßig nicht ausreichen.

9 **Bestehende Versammlungsstätten**, die zum Beispiel als Messe- und Ausstellungshalle genehmigt sind, sind in der Regel keine Mehrzweckhallen im Sinne des § 2 Absatz 6, **auch wenn sie gelegentlich zu anderen Zwecken genutzt werden bzw. dazu geeignet sind**. Demgegenüber handelt es sich um eine Mehrzweckhalle, wenn typisierende Nutzungsgenehmigungen für mehrere verschiedene Veranstaltungsarten vorliegen.

Versammlungsstätte im Sinne der Bauvorschriften ist grundsätzlich die **selbständig nutzbare bauliche Anlage** und damit in aller Regel die einzelne Halle eines geplanten bzw. bestehenden Versammlungsstättengeländes. Zwei oder mehrere Hallen werden nicht schon dadurch zu einer Versammlungsstätte, dass sie baulich – etwa durch Gänge – miteinander verbunden sind (Hallenkomplex). Denn dies allein schließt eine **selbständige Nutzungsmöglichkeit für die einzelnen Hallen** nicht aus. Es handelt sich insoweit nicht um unselbstständige Räume eines Gebäudes (Versammlungsräume), sondern um mehrere Gebäude (Versammlungsstätten). **10**

Diese Eingrenzung ist zunächst von Bedeutung für die Bestimmung der Besucherplätze nach § 1 und die daran anknüpfenden baulichen und betrieblichen Maßnahmen: maßgeblich sind danach grundsätzlich die Besucherplätze der einzelnen Halle, auch wenn diese baulich mit einer anderen verbunden ist. Werden die einzelnen Hallen im Rahmen einer Veranstaltung gemeinsam betrieben, so bilden sie in diesem Fall insgesamt die Versammlungsstätte. **11**

Des Weiteren ist die **räumliche** und ggf. auch **zeitliche** Festlegung der **„Versammlungsstätte"** für die Ermittlung bzw. Abgrenzung des Mehrzweckhallenbegriffs und der sich daran anknüpfenden Vorschriften von besonderer Relevanz. Würde man die durch Gänge verbundenen Hallen einer Messe, losgelöst von einer konkret durchzuführenden Ausstellung, als **eine Versammlungsstätte „Messe"** ansehen, müsste man zwangsläufig alle Hallen wegen der in einzelnen Hallen regelmäßig stattfindenden unterschiedlichen Veranstaltungsarten als Mehrzweckhalle(n) klassifizieren. Dies ist vom Verordnungsgeber hingegen nicht gewollt, was in der Begriffsdefinition des § 2 Absatz 6 gleichfalls zum Ausdruck kommt: „**Mehrzweckhallen sind** überdachte **Versammlungsstätten** für verschiedene Veranstaltungsarten". **12**

Für die Beurteilung der Frage, ob eine Messehalle als Mehrzweckhalle anzusehen ist, muss insoweit stets auf die tatsächliche und die genehmigte Nutzung der einzelnen Halle abgestellt werden. Die Gesamtbetrachtung eines Messegeländes als Versammlungsstätte zur Ermittlung des Nutzungszwecks einzelner Hallen als „Mehrzweckhalle" verbietet sich indes. **13**

Anmerkung:

Im Hinblick auf die Betriebsvorschriften ist der Begriff der Versammlungsstätte demgegenüber eher funktionell, d.h. im Sinne einer betrieblichen Einheit (Nutzungseinheit) zu verstehen.

Abschnitt 1
Großbühnen

§ 22 Bühnenhaus

(1) In Versammlungsstätten mit Großbühnen sind alle für den Bühnenbetrieb notwendigen Räume und Einrichtungen in einem eigenen, von dem Zuschauerhaus getrennten Bühnenhaus unterzubringen.

(2) [1]Die Trennwand zwischen Bühnen- und Zuschauerhaus muss feuerbeständig und in der Bauart einer Brandwand hergestellt sein. [2]Türen in dieser Trennwand müssen feuerbeständig und selbstschließend sein.

Übersicht

1. Überblick

1 Bei der Vorschrift des § 22 handelt es sich um eine Bauvorschrift, die bei der Errichtung und bei Änderungen der baulichen Anlagen anzuwenden ist. Der Bestandsschutz nicht berührt.

2 Die Vorschriften über das Bühnenhaus und dessen Abtrennung vom Zuschauerhaus beruhen auf den Regelungen der §§ 44 und 45 VStättVO 1978. Zweck der baulichen Trennung von Bühnenhaus und Zuschauerhaus ist der Schutz der Zuschauer im Falle eines Brandes in der Bühne, die Bildung von Brandabschnitten und die Trennung der Rettungswege aus dem Zuschauerhaus und dem Bühnenhaus.

2. Bühnenhaus

3 **Absatz 1** entspricht der Regelung des früheren § 44 Absatz 1 VStättVO 1978, wonach in Versammlungsstätten mit Großbühnen alle für den Bühnenbetrieb notwendigen Räume und Einrichtungen in einem eigenen, von dem Zuschauerhaus getrennten Bühnenhaus unterzubringen sind.

4 Die bauliche Trennung des Bühnenhauses vom Zuschauerhaus hat auch betriebliche Gründe. Sie ermöglicht es, das Zuschauerhaus in den Zeiten, in denen keine Vorführungen auf der Bühne stattfinden, komplett zu schließen.

5 Für die Bauteile des Bühnenhauses gelten die speziellen Anforderungen des allgemeinen Teils, insbesondere der §§ 3 und 4 sowie im Übrigen die Anforderungen der MBO.

3. Trennwand

6 Die Trennwand muss nach **Absatz 1 Satz 1** feuerbeständig und in der Bauart einer Brandwand hergestellt sein. Die Trennwand muss daher die Anforderungen des § 30 Absatzes 1 und 3 Satz 1 MBO erfüllen. Die Trennwand muss damit auch unter zusätzlicher mechanischer Beanspruchung hinsichtlich ihrer Standsicherheit sowie hinsichtlich des Raumabschlusses feuerbeständig sein und aus nichtbrennbaren Baustoffen bestehen.

7 Die Trennwand muss das gesamte Bühnenhaus vom Zuschauerhaus in allen Geschossen baulich abtrennen, lediglich die Bühnenöffnung nach § 5 Absatz 5 Nummer 3 bleibt frei. Die Bühnenöffnung wird durch den nach § 23 vorgeschriebenen Schutzvorhang geschlossen.

8 Die Trennwand mit Schutzvorhang ersetzt die an sich zwischen Bühnenhaus und Zuschauerhaus erforderliche Brandwand, die aus betrieblichen Gründen eine Bühnenöffnung haben muss. Nach § 45 Absatz 2 VStättVO 1978 waren weitere Öffnungen in dieser Trennwand nur zulässig, wenn zwischen Zuschauerhaus und Bühnenhaus Sicherheitsschleusen vorhanden waren. Auf derartige Sicherheitsschleusen[1] wird in der MVStättVO verzichtet.

9 **Absatz 2 Satz 2** bestimmt, dass die Türen in der Trennwand zwischen Bühnen- und Zuschauerhaus feuerbeständig und selbstschließend sein müssen. Bei dieser Regelung handelt es sich um einen redaktionellen Fehler, da die Anforderung „rauchdicht“ fehlt. Gemeint und erforderlich sind Feuerschutztüren T-90 RS bzw. EI_2 90-CS_{200}. Da es sich um den Abschluss einer Öffnung in einer feuerbeständigen Trennwand in

1 Der bauordnungsrechtliche Begriff „Sicherheitsschleuse“ ist nur noch in § 12 Absatz 1 Nummer 1 Muster-Garagenverordnung M-GarVO geregelt, Fundstelle: www.bauministerkonferenz.de.

der Bauart einer Brandwand handelt, besteht für eine Erleichterung gegenüber dem § 30 Absatz 8 Satz 2 MBO kein Anlass. Für die Abschlüsse sonstiger Öffnungen gilt ebenfalls die Anforderung des § 30 Absatz 8 Satz 2 MBO.

§ 23 Schutzvorhang

(1) [1]Die Bühnenöffnung von Großbühnen muss gegen den Versammlungsraum durch einen Vorhang aus nichtbrennbarem Material dicht geschlossen werden können (Schutzvorhang). [2]Der Schutzvorhang muss durch sein Eigengewicht schließen können. [3]Die Schließzeit darf 30 Sekunden nicht überschreiten. [4]Der Schutzvorhang muss einem Druck von 450 Pa nach beiden Richtungen standhalten. [5]Eine höchstens 1 m breite, zur Hauptbühne sich öffnende, selbsttätig schließende Tür im Schutzvorhang ist zulässig.

(2) [1]Der Schutzvorhang muss so angeordnet sein, dass er im geschlossenen Zustand an allen Seiten an feuerbeständige Bauteile anschließt. [2]Der Bühnenboden darf unter dem Schutzvorhang durchgeführt werden. [3]Das untere Profil dieses Schutzvorhangs muss ausreichend steif sein oder mit Stahldornen in entsprechende stahlbewehrte Aussparungen im Bühnenboden eingreifen.

(3) [1]Die Vorrichtung zum Schließen des Schutzvorhangs muss mindestens an zwei Stellen von Hand ausgelöst werden können. [2]Beim Schließen muss auf der Bühne ein Warnsignal zu hören sein.

Übersicht

1. Überblick

1 Bei der Vorschrift des § 23 handelt es sich um eine Bauvorschrift, die bei der Errichtung und bei Änderungen der baulichen Anlagen anzuwenden ist. Der Bestandsschutz bestehender Theatergebäude ist nicht berührt.

2 Bühnen, die nach der früheren Regelung der VStättVO 1978 als Mittelbühnen bezeichnet wurden und nach der Klassifizierung des § 2 Absatz 4 Nummer 5 nun Großbühnen sind, haben Bestandsschutz.

3 Solange keine den Bestandsschutz berührende bauliche Änderung durchgeführt wird, muss kein Schutzvorhang nachträglich eingebaut werden. Auch bei einer wesentlichen Änderung, die nach einzelnen Landesbauordnungen[1] zu einer Nachrüstung führen kann, sind im Hinblick auf die mit einer Nachrüstung verbundenen Aufwendungen der bauliche Bestand und mögliche Kompensationen zu prüfen.

4 Die Regelungen des § 23 entsprechen weitgehend der Regelung des früheren § 55 VStättVO 1978 für Vollbühnen. Der „Eiserne Vorhang“ ist tradierte Praxis in großen Theaterbauten. Der erste Schutzvorhang aus Metall wurde bald nach dem Brand des Ringtheaters in Wien im Jahr 1881 vorgeschrieben, bei dem nach offiziellen Angaben 384 Menschen zu Tode gekommen sind. Beim Ringtheaterbrand ging das Feuer von der Bühne aus und griff schnell auf den baulich nicht von der Bühne getrennten Zuschauerraum über. Seit 1895 ist der „Eiserne Vorhang“ technischer Standard bei großen Theatern. Seit 2002 ist der Schutzvorhang für die Großbühnen nach § 2 Absatz 5 Nummer 5 vorgeschrieben.

5 Zweck des Schutzvorhangs ist es, im Brandfall die Bühnenöffnung sehr schnell zu schließen und so das Bühnenhaus vom Zuschauerhaus abzuschotten und eine Brandausbreitung zu verhindern.

6 Nach § 30 Absatz 2 Nummer 2 MBO sind zur Unterteilung ausgedehnter Gebäude in Brandabschnitte innere Brandwände in Abständen von höchstens 40 m erforderlich. Zuschauerhaus und Bühnenhaus werden durch die Trennwand mit Schutzvorhang in zwei Brandabschnitte getrennt. Die Trennwand mit Schutzvorhang ist also ein Brandwandersatz, da die Trennwand zwischen Bühnenhaus und Zuschauerhaus aus betrieblichen Gründen eine Bühnenöffnung haben muss.

7 Verschiedentlich wurde der Schutzvorhang als nicht mehr zeitgemäß in Frage gestellt, da der anlagentechnische und abwehrende Brandschutz sich in den eineinhalb Jahrhunderten des Eisernen Vorhanges enorm

---

1 Die MBO regelt keine Anpassungspflicht bei wesentlichen Änderungen. Nach § 58 MBO können Anpassungsverlangen der Bauaufsichtsbehörde nur auf § 58 Abs. 2 Satz 2 MBO gestützt werden. Die Mehrzahl der Landesbauordnungen regelt dagegen eine spezielle Anpassungspflicht, die der Regelung des Artikel 60 Absatz 6 BayBO entspricht. Artikel 60 Absatz 6 BayBO lautet: „Werden bestehende bauliche Anlagen wesentlich geändert, so kann angeordnet werden, dass auch die von der Änderung nicht berührten Teile dieser baulichen Anlagen mit diesem Gesetz oder den auf Grund dieses Gesetzes erlassenen Vorschriften in Einklang gebracht werden, wenn das aus Gründen des Art. 3 Abs. 1 Satz 1 erforderlich und dem Bauherrn wirtschaftlich zumutbar ist und diese Teile mit den Teilen, die geändert werden sollen in einem konstruktiven Zusammenhang stehen oder mit ihnen unmittelbar verbunden sind.“

weiterentwickelt hätten. Dem sind der Brand des Opernhauses in Frankfurt/Main 1987 und der Theaterbrand in Magdeburg 1990 entgegenzuhalten, bei denen durch den Schutzvorhang ein Übergreifen des Brandes auf die andere Seite des Schutzvorhangs verhindert wurde.

2. Abschluss der Bühnenöffnung durch einen Schutzvorhang

Absatz 1 Satz 1 bestimmt, dass die Bühnenöffnung einer Großbühne mit einem Schutzvorhang geschlossen werden kann. Der Schutzvorhang muss aus nichtbrennbaren Baustoffen bestehen und durch das eigene Gewicht innerhalb von maximal 30 Sekunden die Bühnenöffnung verschließen. Der Schließvorgang darf also nicht maschinell gesteuert werden und er darf auch nicht unterbrochen werden. **8**

Damit der Schließvorgang nicht beeinträchtigt wird, bestimmt § 33 Absatz 7, dass der Raum unter dem Schutzvorhang von Ausstattungen, Requisiten oder Ausschmückungen so freizuhalten ist, dass die Funktion des Schutzvorhangs nicht beeinträchtigt wird. Finden keine Vorstellungen statt, ist der Schutzvorhang geschlossen zu halten. Dies schreibt die Betriebsvorschrift des § 36 Absatz 1 Satz 2 vor. **9**

Da der Schutzvorhang außerhalb der Vorstellungszeiten wie eine Wand wirkt, es aber aus betrieblichen Gründen möglich sein muss, von der Bühne in den Zuschauerraum zu gelangen, ist es zulässig, im Schutzvorhang eine Türe anzubringen. Diese Türe darf maximal 1 m breit sein, muss sich zur Hauptbühne öffnen und muss selbstschließend sein. **10**

3. Widerstandsfähigkeit des Schutzvorhangs im Brandfall

Obwohl der Schutzvorhang der Bühnenöffnung Brandwandersatz ist, regelt § 23 weder eine Anforderung an die Feuerwiderstandsdauer noch an die Rauchdichtigkeit des Schutzvorhangs. Grund dafür ist, dass es für Bauteile in der Größe eines Schutzvorhangs keine Prüfvorrichtungen gibt. Um dennoch eine ausreichende Widerstandsfähigkeit als raumabschließendes Bauteil zu gewährleisten, schreibt Absatz 1 Satz 4 vor, dass der Schutzvorhang einem Druck von 450 Pascal standhalten muss. Diesem Druck müssen nicht nur der Schutzvorhang einschließlich der Türe, sondern auch seine seitlichen, oberen und unteren Führungsschienen, Befestigungen und Aufhängungen standhalten. **11**

Der nach **Absatz 1 Satz 4** geforderte Druck von 450 Pascal entspricht dem bisher geltenden Wert von 45 kg/m^2 bzw. 0,45 kN/m^2. Es handelt **12** sich dabei um die den Standsicherheitsnachweisen für den Schutzvorhang, seine Führungsschienen und seine Aufhängung zugrunde zu legende Lastannahme. Die Widerstandsfähigkeit des Schutzvorhangs, seiner Aufhängung und seiner Führungsschienen ist rechnerisch nachzuweisen.

13 Die Widerstandsfähigkeit gegen seitlichen Druck auf den Schutzvorhang ist erforderlich, damit der Schutzvorhang einem Überdruck zwischen Bühne und Zuschauerraum bzw. umgekehrt standhält.

14 Die von verschiedenen Herstellern angebotenen textilen, nichtbrennbaren Schutzvorhänge werden dieser Funktion nicht gerecht, es bestehen jedoch keine Bedenken, bei Bühnen, für die ein Schutzvorhang nicht zwingend vorgeschrieben ist, die Bühne vom Zuschauerraum durch einen textilen Schutzvorhang abzuschotten.

4. Anordnung des Schutzvorhangs

15 Nach **Absatz 2** hat ist der Schutzvorhang so anzuordnen, dass er im geschlossenen Zustand an allen Seiten an feuerbeständige Bauteile anschließt. Mit dieser Regelung wird verhindert, dass eine Lücke zwischen der Trennwand und dem Schutzvorhang entsteht, durch die sich der Brand auf die andere Seite des Schutzvorhangs ausbreiten kann. Die Durchführung des Bühnenbodens unter dem Schutzvorhang ist zulässig, allerdings muss das untere Profil des Schutzvorhangs ausreichend steif sein oder mit Stahldornen in entsprechende stahlbewehrte Aussparungen im Bühnenboden eingreifen.

5. Schließvorrichtungen des Schutzvorhangs

16 Die Vorschrift des **Absatzes 3** fordert, dass beim Schließen des Schutzvorhangs[2] auf der Bühne ein Warnsignal zu hören sein muss. Die Vorrichtung zum Schließen muss mindestens an zwei Stellen von Hand ausgelöst werden können. Die MVStättVO verzichtet bewusst auf eine automatische Auslösung des Schutzvorhangs durch eine Brandmeldeanlage. Der Schutzvorhang ist die meiste Zeit geschlossen und nur bei Proben und Vorstellungen geöffnet. Die Auslösung erfolgt am Platz der Brandsicherheitswache (§ 25 Absatz 2 Satz 1). Während einer Vorstellung ist die nach § 41 Absatz 2 Satz 1 erforderliche Brandsicherheitswache für die Auslösung des Schutzvorhangs verantwortlich.

---

2 Zum Schutzvorhang siehe auch die Masterarbeit von *A. Jäger*, Eiserner Vorhang in Versammlungsstätten, Technische Universität Kaiserslautern, 2013.

Nach der Unfallverhütungsvorschrift des § 10 Absatz 5 DGUV Vorschrift 17 muss der Schutzvorhang mit netzunabhängigen akustischen Signaleinrichtungen ausgerüstet sein, die die Schließbewegung in jedem Betriebszustand deutlich wahrnehmbar anzeigen.[3] 17

6. Wiederkehrende Prüfung des Schutzvorhangs

Die Muster-Verordnung über Prüfungen von technischen Anlagen nach Bauordnungsrecht (Muster-Prüfverordnung – MPrüfV) regelt die wiederkehrende Prüfung der sicherheitstechnischen Gebäudeausrüstung. Nach § 1 MPrüfV sind auch sicherheitstechnische Anlagen in Versammlungsstätten wiederkehrend zu prüfen. In § 2 MPrüfV ist geregelt, welche Anlagen erstmalig vor Inbetriebnahme und wiederkehrend zu prüfen sind. Der Schutzvorhang fällt nicht unter diese Prüfpflicht. 18

Die MVStättVO verzichtet auf eine wiederkehrende Prüfung, da der Schutzvorhang nach § 36 Absatz 1 Satz 1 täglich vor jeder Vorstellung durch Aufziehen und Herablassen auf seine Betriebsbereitschaft zu prüfen ist. Ferner regeln die Unfallverhütungsvorschriften ohnehin eine wiederkehrende Prüfung des Schutzvorhangs. 19

Nur das Land Berlin hat eine wiederkehrende Prüfung des Schutzvorhangs in § 2 Absatz 5 Satz 1 Nummer 2 BetrVO vorgeschrieben. Im Land Berlin muss die wiederkehrende Prüfung nach Satz 2 durch einen Sachkundigen erfolgen und alle drei Jahre stattfinden. 20

7. Unfallverhütungsvorschriften

§ 33 Absatz 1 DGUV Vorschrift 17 schreibt eine Prüfung der sicherheitstechnischen und maschinentechnischen Einrichtungen vor der ersten Inbetriebnahme und nach wesentlichen Änderungen vor. Der Schutzvorhang ist eine solche sicherheitstechnische und zugleich eine maschinentechnische Einrichtung. Nach § 34 Absatz 1 DGUV Vorschrift 17[4] muss der Schutzvorhang mindestens alle vier Jahre durch 21

---

3 DGUV Vorschrift 17, Veranstaltungs- und Produktionsstätten für szenische Darstellung, Fundstelle: www.dguv.de.

4 DGUV Vorschrift 17:
„§ 34 Wiederkehrende Prüfungen
(1) Der Unternehmer hat dafür zu sorgen, daß sicherheitstechnische und maschinentechnische Einrichtungen mindestens alle vier Jahre durch einen Sachverständigen im Umfang der Abnahmeprüfung geprüft werden.
(2) Der Unternehmer hat dafür zu sorgen, daß sicherheitstechnische und maschinen-

einen von der Berufsgenossenschaft ermächtigten Sachverständigen und nach Absatz 2 mindestens einmal jährlich durch einen Sachkundigen geprüft werden.

22 Wegen der Regelung durch die Unfallverhütungsvorschrift ist eine dem § 2 Absatz 5 Satz 1 Nummer 2 BetrVO des Landes Berlin entsprechende ausdrückliche Regelung durch die MVStättVO entbehrlich.

---

technische Einrichtungen mindestens einmal jährlich durch einen Sachkundigen geprüft werden.
…."

§ 24 Feuerlösch- und Brandmeldeanlagen

(1) Großbühnen müssen eine automatische Sprühwasserlöschanlage haben, die auch den Schutzvorhang beaufschlagt.

(2) Die Sprühwasserlöschanlage muss zusätzlich mindestens von zwei Stellen aus von Hand in Betrieb gesetzt werden können.

(3) In Großbühnen müssen neben den Ausgängen zu den Rettungswegen in Höhe der Arbeitsgalerien und des Schnürbodens Wandhydranten vorhanden sein.

(4) Großbühnen und Räume mit besonderen Brandgefahren müssen eine Brandmeldeanlage mit automatischen und nichtautomatischen Brandmeldern haben.

(5) Die Auslösung eines Alarmes muss optisch und akustisch am Platz der Brandsicherheitswache erkennbar sein.

Übersicht

1. Überblick

Bei der Vorschrift des § 24 handelt es sich um eine Bauvorschrift, die bei der Errichtung und bei Änderungen der baulichen Anlagen, anzuwenden ist. Der Bestandsschutz ist nicht berührt. Für Vollbühnen hat § 54 VStättVO 1978 eine „Regenanlage“ vorgeschrieben, die die gesamte Bühnenfläche abdecken musste und bei Bühnen mit einer Fläche von mehr als 350 m^2 in Untergruppen unterteilt werden durfte. Für den Schutzvorhang war nach § 55 Absatz 4 VStättVO 1978 eine Berieselungsanlage vorgeschrieben. Die früheren Bezeichnungen Regenanlage und Berieselungsanlage sind veraltete Bezeichnungen, die in der MVStättVO nicht mehr verwendet werden. Die in Großbühnen eingebauten Regenanlagen und Berieselungsanlagen haben Bestandsschutz, soweit sie nicht wesentlich geändert werden. 1

2. Sprühwasserlöschanlage

2 Der **Absatz 1** legt fest, dass Großbühnen eine automatische Sprühwasserlöschanlage haben müssen, die auch den Schutzvorhang beaufschlagt. Die Beaufschlagung des Schutzvorhangs hat den Zweck, im Falle eines Brandes eine Kühlung des Schutzvorhangs zu erreichen. Eine Sprinkleranlage an Stelle einer Sprühwasserlöschanlage reicht nicht aus, da sie wegen der Auslösung nur einzelner Sprinklerköpfe nur punktuell wirkt und nicht die Löschwasserleistung hat, um einen Entstehungsbrand auf der Szenenfläche der Bühne, der Bühnenerweiterungen und im Schnürbodenbereich wirksam zu bekämpfen. Die Sprühwasserlöschanlage wirkt dagegen in den Bereichen, für die sie ausgelöst wird, vollflächig.[1]

3 In einer Großbühne befinden sich nicht nur die Ausstattungen und Requisiten für die laufende Aufführung auf der aktuell bespielten Szenenfläche und im Bereich der Oberbühne, sondern es dürfen nach § 34 Absatz 2 auch Szenenaufbauten der laufenden Spielzeit auf den Hinter- und Seitenbühnen bereitgestellt werden. Auch wenn die Ausstattungen aus schwer entflammbarem Material sein müssen, so sind sie doch brennbar. Zusammen mit den Requisiten, die aus normal entflammbarem Material bestehen dürfen, führt dies zu erheblichen Brandlasten.

4 Die Sprühwasserlöschanlage muss so konzipiert sein, dass sie den ganzen Bereich der Bühne einschließlich der Bühnenerweiterungen und der Oberbühne und Unterbühne erfasst.

5 Die technischen Anforderungen der Sprühwasserlöschanlage, die Einzelheiten der Auslösung und die mögliche Schaltung in Gruppen ergeben sich aus den technischen Regeln.[2]

---

1 Zu den Feuerlöschanlagen siehe auch die Kommentierung unter Nummer 4 zu § 19.

2 DIN 14494:2012-09
Direktanschlussstationen für Sprinkleranlagen und Löschanlagen mit offenen Düsen – Anforderungen und Prüfung;
Vornorm: DIN CEN/TS 14816:2009-05
Ortsfeste Brandbekämpfungsanlagen – Sprühwasserlöschanlagen – Planung, Einbau und Wartung;
Normentwurf: DIN EN 12259-9
Ortsfeste Brandbekämpfungsanlagen – Bauteile für Sprinkler- und Sprühwasseranlagen – Teil 9: Sprühwasserventile und Zubehör;
VdS 2109:2012-06
Sprühwasser-Löschanlagen, Planung und Einbau.

Sprühwasser-Löschanlagen werden in der Regel nach VdS-Richtlinie 2109 und verschiedenen DIN-Normen zur Planung und Errichtung dimensioniert und ausgelegt. 6

Die Düsen von Sprühwasserlöschanlagen sind unverschlossen; im Brandfall wird aus allen Öffnungen gleichzeitig gesprüht. Das bedeutet eine schnelle und umfassende Brandbekämpfung, kann aber den Nachteil eines erheblichen Wasserschadens haben. Die automatische Auslösung von Sprühwasserlöschanlagen durch Fehlfunktion der Brandmeldeanlage hat in mehreren Fällen zu erheblichen Wasserschäden in Großbühnen geführt. 7

Mit Wassernebel-Löschanlagen,[3] die bei Auslösung einen feinen Wassernebel im Raum verteilen, lassen sich Wasserschäden vermeiden. Die vielen feinen Wassertropfen haben eine größere Oberfläche als die größeren Tropfen einer Sprühwasserlöschanlage. Diese Oberflächenvergrößerung führt zu einer raschen Verdampfung des Löschwassers und damit zur Kühlung der Umgebung und einer Sauerstoff-Verdrängung. Diese Löscheffekte bringen den Brand schnell und zuverlässig zum Erlöschen. Personen werden besonders geschützt, weil der Wassernebel die Hitzestrahlung absorbiert und Rauchgase bindet. Empfindliche Sachwerte werden geschützt, da mit deutlich weniger Wasser als bei herkömmlichen Sprühwasserlöschanlagen gelöscht wird. 8

Soll in einer Bühne eine Niederdruck-Wassernebel-Löschanlage oder eine Hochdruck-Wassernebel-Löschanlage eingebaut werden, so ist das im Brandschutzkonzept darzustellen. Dabei muss darauf geachtet werden, dass der Schutzvorhang wirksam gekühlt wird. Formal muss eine Abweichung nach § 67 Absatz 1 MBO beantragt werden, da § 24 Absatz 1 eine Sprühwasser-Löschanlage fordert. 9

3. Auslösestellen der Sprühwasserlöschanlage

Nach **Absatz 2** muss sie zusätzlich mindestens von zwei Stellen aus von Hand in Betrieb gesetzt werden können. Die mindestens zwei erforderlichen Auslösestellen müssen sich nach § 25 Absatz 2 an den beiden Plätzen der Brandsicherheitswache beiderseits der Bühnenöffnung befinden. 10

---

3 Für die Planung und den Einbau von Wassernebel-Löschanlagen gelten die Richtlinienwerke NFPA 750, CEN TS 14972, FM 5580. Zusätzlich werden auch Richtlinien wie VdS CEA 4001 und VdS 2109 herangezogen.

11 Ist die Sprühwasserlöschanlage auf Grund der Größe der Bühne in Gruppen für einzelne Bereiche aufgeteilt, so muss jede dieser Gruppen gezielt an diesen zwei Stellen ausgelöst werden können. Dazu ist es erforderlich, die Auslösevorrichtungen entsprechend zu kennzeichnen.

12 Während des Betriebs der Bühne kann die automatische Auslösung der Sprühwasserlöschanlage nach § 36 Absatz 2 außer Betrieb genommen werden, wenn ein Verantwortlicher für Veranstaltungstechnik anwesend ist. Die Anwesenheit eines Verantwortlichen für Veranstaltungstechnik ist mit § 40 Absatz 3 für Generalproben, Veranstaltungen, Sendungen oder Aufzeichnungen von Veranstaltungen auf Großbühnen vorgeschrieben. Die Ausschaltung der automatischen Auslösung ist möglich, da die Sprühwasserlöschanlage im Gefahrenfall manuell bedienen kann. Ist keine Brandsicherheitswache erforderlich, muss das Bühnenpersonal entsprechend eingewiesen werden.

4. Wandhydranten

13 Nach den Bestimmungen des **Absatzes 3** müssen Wandhydranten neben den Ausgängen zu den Rettungswegen in Höhe der Arbeitsgalerien und des Schnürbodens angebracht werden. Dies ist erforderlich, damit sie für die Feuerwehr leicht zugänglich sind. Absatz 3 regelt nicht, welcher Typ von Wandhydranten erforderlich ist. Da die Wandhydranten dem Einsatz der Feuerwehr dienen, müssen Wandhydranten vom Typ „F“ eingebaut werden, wie dies auch in § 19 Absatz 2 klarstellend geregelt ist. Aus Absatz 3 ergibt sich auch nicht, ob nasse Steigleitungen erforderlich oder trockene Steigleitungen zulässig sind. Dies ist entsprechend § 19 Absatz 2 Halbsatz 2 im Einvernehmen mit der Feuerwehr zu klären und im Brandschutzkonzept darzustellen.

5. Brandmeldeanlage

14 Nach **Absatz 4** ist für Großbühnen eine Brandmeldeanlage mit automatischen und nichtautomatischen Brandmeldern erforderlich. Die Auslösung muss automatisch durch die Brandmeldeanlage oder von Hand vom Platz der Brandsicherheitswache aus erfolgen. Bei Großbühnen müssen auch die Räume mit besonderen Brandgefahren mit automatischen Brandmeldern und Handmeldern an die Brandmeldeanlage angeschlossen sein. Dies sind insbesondere die in § 3 Absatz 4 beispielhaft genannten Werkstätten, Magazine und Lagerräume. § 21 ist zu beach-

ten. Die Regelung des Absatzes 4 ist speziell gegenüber der Regelung des § 20. Unter den in § 36 Absatz 3 genannten Voraussetzungen kann die Brandmeldeanlage der Großbühne während der Vorstellung abgeschaltet werden.

Absatz 5 schreibt vor, dass die Auslösung des Alarmes am Platz der Brandsicherheitswache optisch und akustisch erkennbar sein muss. Dies ist eine zusätzliche Anforderung zu § 19 Absatz 9 und § 20 Absatz 3, die die Aufschaltung auf die Brandmelder- und Alarmzentrale vorschreiben. Zweck der Regelung ist es, dass die Brandsicherheitswache das Auslösen eines Alarmes unmittelbar und ohne Verzögerung erkennen und die erforderlichen Maßnahmen sofort einleiten kann. **15**

§ 25 Ausrüstungen am Platz der Brandsicherheitswache

(1) [1]Auf jeder Seite der Bühnenöffnung muss für die Brandsicherheitswache ein besonderer Platz mit einer Grundfläche von mindestens 1 m mal 1 m und einer Höhe von mindestens 2,20 m vorhanden sein. [2]Die Brandsicherheitswache muss die Fläche, die bespielt wird, überblicken und betreten können.

(2) [1]Am Platz der Brandsicherheitswache müssen die Vorrichtung zum Schließen des Schutzvorhangs und die Auslösevorrichtungen der Rauchabzugs- und Sprühwasserlöschanlagen der Bühne sowie ein nichtautomatischer Brandmelder leicht erreichbar angebracht und durch Hinweisschilder gekennzeichnet sein. [2]Die Auslösevorrichtungen müssen beleuchtet sein. [3]Diese Beleuchtung muss an die Sicherheitsstromversorgung angeschlossen sein. [4]Die Vorrichtungen sind gegen unbeabsichtigtes Auslösen zu sichern.

Übersicht

1. Überblick

1 Bei der Vorschrift des § 25 handelt es sich um eine Bauvorschrift, die bei der Errichtung und bei Änderungen der baulichen Anlagen anzuwenden ist. Der Bestandsschutz für bestehende Versammlungsstätten ist nicht berührt. Ein Platz für eine Brandsicherheitswache ist weiterhin (vgl. §§ 44 Absatz 4 und 54 Absatz 7 VStättVO 1978) nur für Großbühnen vorgeschrieben.

2. Platz der Brandsicherheitswache

2 **Absatz 1** bestimmt, dass auf jeder Seite der Bühnenöffnung ein Platz für die Brandsicherheitswache vorhanden sein muss, und regelt die Mindestabmessungen dieses Platzes. Die Brandsicherheitswache wird in der Regel durch die Feuerwehr gestellt. Nach § 41 Absatz 2 Satz 3 ist unter den dort bestimmten Voraussetzungen der Betreiber zur Stellung der Brandsicherheitswache berechtigt.

Die Regelung des **Absatzes 1** bedeutet nicht, dass beide Plätze für die Brandsicherheitswache gleichzeitig zu besetzen sind. Es ist vielmehr nur eine Person als Brandsicherheitswache erforderlich, die sich je nach Vorgabe des Verantwortlichen für Veranstaltungstechnik am Platz der Brandsicherheitswache links oder rechts der Bühne aufzuhalten hat. 3

Der Grund für die beiderseitige Anordnung des Platzes liegt im bühnentechnischen Betrieb und soll dem Regisseur Freiheit bei der Gestaltung der Auftritte ermöglichen. Die Vorgaben hinsichtlich Mindestgröße, Höhe und Anordnung im Bühnenbereich sind im Übrigen eindeutig und müssen bei Neubauten und wesentlichen Änderungen bestehender Bühnen entsprechend umgesetzt werden. 4

Die Brandsicherheitswache muss das Geschehen auf der Bühne von ihrem Platz aus überblicken können, um im Gefahrenfall eingreifen zu können. Die Sicht darf nicht durch Ausstattungen verstellt werden. 5

3. Einrichtungen am Platz der Brandsicherheitswache

Nach **Absatz 2** zählen zu den erforderlichen, durch Hinweisschilder gekennzeichneten und leicht erreichbar angebrachten Ausrüstungen: 6

- Vorrichtung zum Schließen des Schutzvorhangs,
- die Auslösevorrichtungen der Rauchabzugsanlage,
- die Auslösevorrichtung der Sprühwasserlöschanlagen,
- ein nichtautomatischer Brandmelder.

Die Auslösevorrichtungen müssen gekennzeichnet und beleuchtet sein. Die Beleuchtung muss an die Sicherheitsstromversorgung angeschlossen sein und die Vorrichtungen sind gegen unbeabsichtigtes Auslösen zu sichern. Für die Kennzeichnung der Auslösevorrichtung der Rauchabzugsanlage oder der Abschlüsse der Öffnungen für die Rauchableitung von der Bühne ist § 16 Absatz 9 zu beachten. 7

Zusätzlich zu den nach Absatz 2 vorgeschriebenen Einrichtungen erfordert § 24 Absatz 5 eine optische und akustische Alarmierungseinrichtung am Platz der Brandsicherheitswache. Die optischen und akustische Alarmierungseinrichtung soll erreichen, dass die Brandsicherheitswache das Auslösen eines Alarmes unmittelbar und ohne Verzögerung erkennen und die erforderlichen Maßnahmen sofort einleiten kann. Ferner soll sie die auf der Bühne beschäftigten Personen warnen und alarmieren. 8

9 § 25 Absatz 2 Satz 1 berücksichtigt nicht die Änderung des § 16, der insoweit abweichend von § 16 Absatz 3 MVStättV 2005 in Absatz 2 Nummer 4 nicht nur Rauchabzugsanlagen, sondern seit 2014 auch Öffnungen zur Rauchableitung zulässt. Die Auslegung nach dem Zweck der Vorschrift ergibt, dass auch die Auslösestellen der Öffnungen zur Rauchableitung bei Großbühnen nach § 25 Absatz 2 Satz 1 am Platz der Brandsicherheitswache anzuordnen sind.

10 Die Vorschrift des § 25 Absatz 2 Satz 1 ist eine gegenüber der Regelung des mit der MVStättVO neu gefassten § 16 Absatz 7 Satz 1 spezielle Vorschrift für die Großbühne. Bei den beiden Plätzen der Brandsicherheitswache handelt es sich, bezogen auf die Großbühne im Bühnenhaus, um die jederzeit zugänglichen Stellen im Sinne des § 16 Absatz 7 Satz 1.

11 Auch bei Großbühnen ist zu beachten, dass nach § 20 Absatz 4 zusätzlich zu den örtlichen Bedienungsvorrichtungen zentrale Bedienungsvorrichtungen für Rauchabzugs-, Feuerlösch-, Brandmelde-, Alarmierungs- und Lautsprecheranlagen in der Brandmelder- und Alarmzentrale für die Feuerwehr zusammengefasst werden müssen.

Abschnitt 2
Versammlungsstätten mit mehr als 5 000 Besucherplätzen

§ 26 Räume für Lautsprecherzentrale, Polizei, Feuerwehr, Sanitäts- und Rettungsdienst

(1) [1]Mehrzweckhallen und Sportstadien müssen einen Raum für eine Lautsprecherzentrale haben, von dem aus die Besucherbereiche und der Innenbereich überblickt und Polizei, Feuerwehr und Rettungsdienste benachrichtigt werden können. [2]Die Lautsprecheranlage muss eine Vorrangschaltung für die Einsatzleitung der Polizei haben.

(2) [1]In Mehrzweckhallen und Sportstadien sind ausreichend große Räume für die Polizei und die Feuerwehr anzuordnen. [2]Der Raum für die Einsatzleitung der Polizei muss eine räumliche Verbindung mit der Lautsprecherzentrale haben und mit Anschlüssen für eine Videoanlage zur Überwachung der Besucherbereiche ausgestattet sein.

(3) Wird die Funkkommunikation der Einsatzkräfte von Polizei und Feuerwehr innerhalb der Versammlungsstätte durch die bauliche Anlage gestört, ist die Versammlungsstätte mit technischen Anlagen zur Unterstützung des Funkverkehrs auszustatten.

(4) In Mehrzweckhallen und Sportstadien muss mindestens ein ausreichend großer Raum für den Sanitäts- und Rettungsdienst vorhanden sein.

Übersicht

1. Überblick

Die Regelungen des § 26 beinhalten zusätzliche Anforderungen an große Versammlungsstätten mit mehr als 5 000 Besucherplätzen und ergänzen den § 20. Die Vorschrift gilt nur für Mehrzweckhallen und Sportsta- 1 dien, nicht jedoch für sonstige Versammlungsstätten im Freien mit mehr als 5000 Besucherplätzen, wie z.B. das Kalkbergstadion der Karl-May-Festspiele in Bad Segeberg mit mehr als 20000 Sitzplätzen.

2 Bei § 26 handelt es sich um eine Bauvorschrift, die bei der Errichtung und bei Änderungen der baulichen Anlagen anzuwenden ist. Allerdings regelte § 46 Absatz 1 Nr. 3 MVStättV 2002/2005 eine Anpassungspflicht für bestehende Versammlungsstätten. Der Bestandsschutz war hinsichtlich der Einrichtung der Lautsprecheranlage[1] und der Einsatzzentrale insoweit aufgehoben. Da § 46 Absatz 1 MVStättVO aufgehoben ist, ist die Anpassungspflicht formal weggefallen. Die bedeutet jedoch nicht, dass die Nachrüstungspflicht nun weggefallen ist. Die Fachkommission Bauaufsicht ist bei der Streichung des § 46 Absatz 1 davon ausgegangen,[2] dass zu diesem Zeitpunkt alle erforderlichen Nachrüstungen erfolgt sind. Absatz 3 besitzt den Charakter einer Betriebsvorschrift, wenn ohne Änderungen der baulichen Anlage die Anforderungen nach § Absatz 3 erfüllt werden können.

2. Lautsprecherzentrale

3 Nach **Absatz 1 Satz 1** müssen Mehrzweckhallen und Sportstadien **mit mehr als 5000 Besucherplätzen** einen Raum für eine Lautsprecherzentrale haben, von dem aus die Besucherbereiche und der Innenbereich überblickt und Polizei, Feuerwehr und Rettungsdienste benachrichtigt werden können.

4 § 20 regelt den Zweck von Alarmierungs- und Lautsprecheranlagen bei kleineren Versammlungsstätten. Für die Lautsprecherzentrale nach § 26 Absatz 1 gilt dies entsprechend. Alarmierungs- und Lautsprecheranlagen haben den Zweck, im Gefahrenfall Besucher, Mitwirkende und Betriebsangehörige zu alarmieren und ihnen Anweisungen für ihr Verhalten in bestimmten Situationen erteilen zu können. Die Forderung nach einer Lautsprecherzentrale schließt die Ausstattung mit einer Sprachalarmanlage im Sinne der DIN VDE 0833-4 (VDE 0833-4) ein.

---

1 DIN VDE 0833-4; VDE 0833-4:2014-10
Gefahrenmeldeanlagen für Brand, Einbruch und Überfall – Teil 4: Festlegungen für Anlagen zur Sprachalarmierung im Brandfall;
DIN EN 54-16:2008-06
Brandmeldeanlagen – Teil 16: Sprachalarmzentralen;
DIN EN 54-24:2008-06
Brandmeldeanlagen – Teil 24: Komponenten für Sprachalarmierungssysteme.

2 Vgl. dazu auch die Kommentierung zu § 46 Absatz 1.

Bei Versammlungsstätten mit mehr als 5000 Besucherplätzen kann es zweckmäßig sein, die Lautsprecheranlage so gestalten, dass einzelne Bereiche gezielt angesprochen werden können oder die gesamte Versammlungsstätte beschallt wird. Der Zweck der Durchsagen und Anweisungen kann nur erreicht werden, wenn sie auch bei ungünstigen Verhältnissen zu verstehen sind. 5

Die Erkenntnisse über Gefahrensituationen bei Großveranstaltungen zeigen, dass insbesondere einer schnellen Information der Besucher eine erhebliche Bedeutung zukommt. Die Lautsprecheranlage muss nach **Satz 2** eine Vorrangschaltung für die Polizei haben. Wenn die Polizei in einem Gefahrenfall die Einsatzleitung im Stadion übernimmt, muss ihren Anweisungen Folge geleistet werden. Andere Ansagen müssen daher unterdrückt werden können. Die erforderlichen Abläufe und Abstimmungen mit der Veranstaltungsleitung sind in dem nach § 43 Absatz 2 erforderlichen Sicherheitskonzept festzulegen. 6

Die notwendigen Durchsagen für die unterschiedlichen Fallgestaltungen sollten schriftlich als Standardtext vorbereitet sein. Für Fußballstadien gibt § 29 der von DFB herausgegebenen Richtlinien[3] zur Verbesserung der Sicherheit bei Bundesspielen entsprechende Hinweise. 7

Die Deutsche Fußball Liga hat die aus Sicht der DFL erforderlichen Regelungen in einem „Regelwerk für Stadien und Sicherheit“ zusammengefasst,[4] welches auch die zusätzlichen Anforderungen der UEFA bei UEFA-Wettbewerben berücksichtigt. Hinweise über die Fallgestaltungen, für die Texte für Durchsagen vorbereitet sein müssen, gibt auch Artikel 91 „Lautsprecherdurchsagen/Spielabbruch/Räumung“ dieses Regelwerks. 8

3. Räume für Polizei und Feuerwehr

Nach **Absatz 2 Satz 1** sind in Mehrzweckhallen und Sportstadien mit mehr als 5000 Besucherplätzen ausreichend große Räume für die Polizei und die Feuerwehr zur Verfügung zu stellen. Wie groß die Räume 9

---

3 Richtlinien zur Verbesserung der Sicherheit bei Bundesspielen, Stand 7.12.2018, Fundstelle: www.dfb.de.

4 Das „Regelwerk für Stadien und Sicherheit – Anforderungen an Fußballstadien in baulicher, infrastruktureller, organisatorischer und betrieblicher Hinsicht“ ist als Anhang VI zur Lizensierungsordnung der Deutschen Fußball Liga erschienen, Fundstelle: www.dfl.de.

sein müssen, ist nicht geregelt. Dies ist im Einzelfall im Sicherheitskonzept nach § 43 darzustellen.

10 Satz 2 fordert eine räumliche Verbindung der Lautsprecherzentrale mit dem Raum für die Einsatzleitung der Polizei. Die Lautsprecherzentrale und Einsatzleitung der Polizei sind somit grundsätzlich nebeneinander unterzubringen. Für den Raum für die Feuerwehr ist eine unmittelbare Verbindung nicht vorgeschrieben, jedoch ist eine Verbindung mit dem Raum für die Einsatzleitung der Polizei zweckmäßig, da im Fall eines Brandes ständige Abstimmungen zwischen der Einsatzleitung der Polizei und der Einsatzleitung der Feuerwehr erforderlich sind.

11 Die Räume für die Einsatzleitung der Polizei und für die Feuerwehr müssen, wie der Raum für die Lautsprecherzentrale, einen guten Überblick über die Besucherbereiche ermöglichen, um den Eintritt von gefährlichen Situationen so früh als möglich zu erkennen.

12 Die Lautsprecherzentrale und die Einsatzräume für Polizei, Feuerwehr und Rettungsdienste bilden insgesamt ein Einsatzzentrum für die Koordinierung der Einsätze im Gefahrenfall. Ergänzende Hinweise über die Ausgestaltung „Elektroakustischer Alarmierungseinrichtungen" enthält das entsprechende Merkblatt[5] des Zentralverbands Elektrotechnik- und Elektroindustrie e. V. (ZVEI), das auch auf die anzuwendenden Normen verweist.

4. Funkverbindungen in der Versammlungsstätte

13 Da bei komplexen und ausgedehnten Gebäudestrukturen, insbesondere in Massivbauweise, die Funkkommunikation der Einsatzkräfte von Feuerwehr und Polizei nicht immer sichergestellt ist, muss dies ggf. mit entsprechenden technischen Anlagen (Umsetzern) kompensiert werden. **Absatz 3** regelt dies.[6]

14 In jedem Fall ist eine Einzelfallbewertung in Abhängigkeit von der Bauweise und Gebäudestruktur erforderlich, z. B. bei Gelegenheit einer Brandschau durch die Feuerwehr. Die DIN 14663 regelt die technischen Anforderungen.[7]

5 ZVEI-Merkblatt 33004:2019-06
Elektroakustische Alarmierungseinrichtungen, Fundstelle: www.zvei.org.

6 Das Land Schleswig-Holstein fordert Gebäudefunkanlagen auch für den Funkverkehr der Rettungsdienste.

7 DIN 14663:2016-11
Feuerwehrwesen – Feuerwehr-Gebäudefunkbedienfeld.

Die Vorschrift des Absatzes 3 kann im Einzelfall zu einer baulichen Nachrüstung führen, die von der Bauaufsichtsbehörde angeordnet werden muss. 15

Rechtsgrundlage für eine solches Nachrüstungsverlangen kann eine dem Artikel 54 Absatz 4 BayBO[8] entsprechende gesetzliche Regelung sein. Voraussetzung für eine nachträgliche Anordnung ist, dass der Funkumsetzer zur Abwehr von erheblichen Gefahren für Leben und Gesundheit notwendig ist. 16

Da der Verweis auf Mehrzweckhallen und Sportstadien in Absatz 3 fehlt, erweckt dies den Eindruck, dass diese Anforderung für alle Versammlungsstätten mit mehr als 5000 Besucherplätzen umzusetzen ist und nicht nur in Mehrzweckhallen und Sportstadien dieser Größenordnung. Die Auslegung nach dem Zweck der Vorschrift ergibt, dass sie sich inhaltlich auf Absatz 2 bezieht, der Räume für Polizei und Feuerwehr nur für Mehrzweckhallen und Sportstadien vorschreibt. Andere Versammlungsstätten mit mehr als 5000 Besucherplätzen müssen also nicht mit Umsetzern nachgerüstet werden. 17

5. Räume für Sanitäts- und Rettungsdienst

In Mehrzweckhallen und Sportstadien muss mindestens ein ausreichend großer Raum für den Sanitäts- und Rettungsdienst vorhanden sein. Die Forderung des **Absatzes 4** korrespondiert mit den Regelungen des § 30 Absatz 3 Satz 3 und des § 41 Absatz 5 und soll eine angemessene medizinische Hilfeleistung bei Großveranstaltungen sicherstellen. Eine weitergehende Regelung über die Mindestgröße der Räume wird nicht getroffen, darüber ist im konkreten Einzelfall im Baugenehmigungsverfahren unter Beteiligung der betreffenden Behörden zu entscheiden. 18

8 Art. 54 Absatz 4 BayBO lautet:
„(4) Bei bestandsgeschützten baulichen Anlagen können Anforderungen gestellt werden, wenn das zur Abwehr von erheblichen Gefahren für Leben und Gesundheit notwendig ist."

§ 27 Abschrankung und Blockbildung in Sportstadien mit mehr als 10000 Besucherplätzen

(1) [1]Die Besucherplätze müssen vom Innenbereich durch mindestens 2,20 m hohe Abschrankungen abgetrennt sein. [2]In diesen Abschrankungen sind den Stufengängen zugeordnete, mindestens 1,80 m breite Tore anzuordnen, die sich im Gefahrenfall leicht zum Innenbereich hin öffnen lassen. [3]Die Tore dürfen nur vom Innenbereich oder von zentralen Stellen aus zu öffnen sein und müssen in geöffnetem Zustand durch selbsteinrastende Feststeller gesichert werden. [4]Der Übergang in den Innenbereich muss niveaugleich sein.

(2) Stehplätze müssen in Blöcken für höchstens 2500 Besucher angeordnet werden, die durch mindestens 2,20 m hohe Abschrankungen mit eigenen Zugängen abgetrennt sind.

(3) Die Anforderungen nach den Absätzen 1 oder 2 gelten nicht, soweit in dem mit den für öffentliche Sicherheit oder Ordnung zuständigen Behörden, insbesondere der Polizei, der Feuerwehr und der Rettungsdienste, abgestimmten Sicherheitskonzept nachgewiesen wird, dass abweichende Abschrankungen oder Blockbildungen unbedenklich sind.

Übersicht

1. Überblick

1 Bei der Vorschrift des § 27 handelt es sich um eine Bauvorschrift, die bei der Errichtung und bei Änderungen der baulichen Anlagen anzuwenden ist. Die Regelung gilt nur für Sportstadien, die mehr als 10000 Besucherplätze haben. Dabei kommt es auf die Gesamtzahl der Stehplätze und Sitzplätze an.

2 Für Sportstadien mit mehr als 10000 Besucherplätzen, die vor Inkrafttreten MVStättVO auf Landesebene gebaut wurden, besteht eine noch

stets fortwirkende Anpassungspflicht hinsichtlich der Anforderungen nach Absatz 1.[1]

Inhaltlich regelt der § 27 die Abschrankung der Besucherbereiche von Sportstadien zum Innenbereich, die Blockbildung für Besucherplätze und mögliche Alternativen in Abhängigkeit von einem spezifischen Sicherheitskonzept. 3

2. Abschrankungen und Tore zum Innenbereich

Der **Absatz 1 Satz 1** verlangt die Trennung der Besucherplätze vom In- 4
nenbereich durch mindestens 2,20 m hohe Abschrankungen. Nach **Satz 2** müssen im Verlauf der Stufengänge in diesen Abschrankungen mindestens 1,80 m breite Tore angeordnet sein, die sich zum Innenbereich öffnen. Satz 3 schreibt vor, dass sich diese Tore nur vom Innenbereich aus öffnen lassen oder von zentralen Stellen aus, z. B. der Lautsprecherzentrale gemäß § 26 Absatz 1.

§ 7 der „Richtlinien zur Verbesserung der Sicherheit bei Bundesspie- 5
len" des Deutschen Fußballbundes,[2] Stand 7.12.2018, bezeichnet diese Tore in den Abschrankungen als „Rettungstore" und erweckt damit den Eindruck, es handele sich dabei um einen Rettungsweg für die Besucher des Stadions. Auch die Deutsche Fußball Liga bezeichnet die Tore in den Abschrankungen zum Innenbereich des Stadions in Artikel 14 des „Regelwerks für Stadien und Sicherheit"[3] als Rettungstore.

Die nach Absatz 1 geforderten Tore dienen grundsätzlich nicht als Ret- 6
tungswege für den Tribünenbereich. Die Tore können auch nicht über Panikverschlüsse von den Besuchern selbst geöffnet werden.

Die Tore dienen vielmehr dazu, den Einsatzkräften der Polizei, der Feu- 7
erwehr oder des Rettungsdienstes den Zugang zu einem Block zu ermöglichen. In absoluten Ausnahmefällen – z. B. bei Gefahr für Leib und Leben der Besucher – dürfen diese Tore auf Weisung der Veranstaltungsleitung oder der Polizei im Gefahrenfall vom Innenraum aus oder zentral geöffnet werden. Die technischen Anforderungen gemäß Ab-

1 Siehe hierzu im Einzelnen die Kommentierung zu § 46 Absatz 1.

2 Richtlinien zur Verbesserung der Sicherheit bei Bundesspielen, Stand 7.12.2018, Fundstelle: www.dfb.de.

3 Regelwerk für Stadien und Sicherheit – Anforderungen an Fußballstadien in baulicher, infrastruktureller, organisatorischer und betrieblicher Hinsicht, Stand 16.5.2019, Anhang VI zur Lizensierungsordnung, Fundstelle: www.dfl.de.

satz 1 dienen zur Sicherstellung der Funktion dieser Tore. Die Entlastungstore sind auch nicht auf die nach § 7 Absatz 4 erforderlichen Ausgangsbreiten der Rettungswege anzurechnen.

8 Die Stiftung Warentest hatte auf der Pressekonferenz am 10. Januar 2006, in Vorgriff auf die Veröffentlichung von Testergebnissen in test-Heft 02/06, auf die aus Sicht der Stiftung mangelnde Sicherheit in den WM-Stadien hingewiesen. Diese Kritik hat seinerzeit ein großes Presseecho verursacht und im politischen Raum eine Diskussion über dic Stadionsicherheit, insbesondere über die Bewältigung von „Panik"-Situationen in Großstadien, erzwungen.

9 Vor diesem Hintergrund hat sich die Fachkommission Bauaufsicht der Bauministerkonferenz intensiv mit der Vorschrift des § 27 auseinandergesetzt und in der 259. Sitzung der Fachkommission Bauaufsicht am 25./26.1.2006 in Nürnberg folgenden einstimmigen Beschluss getroffen:

> *„Das Bauordnungsrecht trägt mit der Muster-Versammlungsstättenverordnung, die den nationalen Sicherheitsstandard für Versammlungsstätten beschreibt, den wesentlichen Anteil der bei einem Stadion zu beachtenden bauaufsichtlichen Sicherheitsaspekte; die den im Übrigen nicht definierten Fall einer „Massenpanik" jedoch nicht ins Zentrum der Betrachtungen stellt.*
>
> *Im Bauordnungsrecht werden grundsätzlich Mindestanforderungen festgeschrieben, die im Gefahrenfall dafür Sorge tragen, dass Personen sich selbst, auf möglichst kurzem Wege, in Sicherheit bringen können. Dazu dienen die beiden baulichen Rettungswege, die die Muster-Versammlungsstättenverordnung für Versammlungsstätten vorschreibt.*
>
> *Die Rettungswege müssen immer ins Freie zu öffentlichen Verkehrsflächen führen. Der sichere Ort ist das Freie außerhalb der baulichen Anlage. Eine Selbstrettung in das Innere von baulichen Anlagen widerspricht den Schutzzielen, da nicht sichergestellt ist, dass das Innere der baulichen Anlagen frei von Gefährdungen ist.*
>
> *Die Rettungswege sind dabei so bemessen, dass die baulichen Randbedingungen eine Massenpanik nicht fördern oder auslösen. In Sitzplatzreihen besteht z.B. im Unterschied zu Stehplatzbereichen ein geringeres Risiko für eine sich über die Platzreihen hinweg ausbreitende Panik, weil ein unkontrolliertes Auseinanderströmen der Menschen auf Grund der Rückenlehnen nur begrenzt möglich ist. Eine Dimensionierung von Rettungswegen, die auch im Fall einer Massenpanik ausschließt, dass Personen zu Schaden kommen, ist nicht möglich, da nicht berechenbar.*

Neben den Versammlungsstättenverordnungen der Länder greifen aber auch Sicherheitsaspekte außerhalb des Bauordnungsrechts, die bei der Projektierung dieser Vorhaben eine wichtige Rolle spielen. So stellt die FIFA beispielsweise Anforderungen mit dem Ziel, dass die sich im Stadion-Innenbereich (Spielfeld) aufhaltenden Personen vor Hooligan-Angriffen, die zu den permanent schwebenden Gefahren in Fußballstadien gehören, geschützt werden. Z.B. wird im Berliner Olympiastadion dieses Ziel erreicht, in dem ein Graben den Tribünenbereich vom Stadion-Innenbereich baulich abtrennt.

Wenn in Gefahrensituationen oder auch beim Verlassen des Stadions eine Vielzahl von Menschen in Richtung Ausgang strömt, ist der Zugang von Sicherheitskräften zum Tribünenbereich gegen den Menschenstrom schwer. Wenn keine gesonderten Zugänge für Sicherheitskräfte vorhanden sind, kann es erforderlich sein, vom Innenbereich her auf die Tribünen zu gelangen, um dort z.B. Verletzte zu bergen. Dazu dienen die nur vom Innenraum zu öffnenden Tore. Im Olympiastadion in Berlin stehen für diesen Zweck mobile Brücken zur Verfügung, die im Bedarfsfall aufgebaut werden können und mit deren Hilfe die Sicherheitskräfte über den Graben hinweg den Tribünenbereich vom Spielfeld aus erreichen können. In den 70 Jahren, die das Olympiastadion betrieben wird, sind keine unter den Begriff „Massenpanik" fallende Situationen aufgetreten.

Soweit Stiftung Warentest auf Erkenntnisse des jungen Wissenschaftszweigs der „Panikforschung" aufsetzt, scheint der Stiftung Warentest nicht bewusst zu sein, dass unter dem Wissenschaftszweig „Panikforschung" wohl die Erforschung der Ursachen, der Vermeidung von Panik, insbesondere Massenpanik sowie der Steuerung von Paniksituationen befasst. „Panikforschung" dürfte damit eher der Psychologie zuzuordnen sein, denn verkehrstechnisch orientierten Durchflussmodellen.

Soweit die Stiftung Warentest im Panikfall unabhängig von Art und Ursache der Panik und unabhängig von der Nutzbarkeit der baulichen Rettungswege eine Entleerung des Tribünenbereichs unmittelbar ins Stadioninnere einfordert, entsteht ein Sicherheitskonflikt, bei dem das permanent im Raum stehende Gefahrenszenario eines Hooliganangriffs der Ausnahmesituation einer Massenpanik gegenüber steht.

Evakuierungsmaßnahmen in den Stadion-Innenbereich stehen grundsätzlich dem Bauordnungsrecht entgegen und sind nur in Ausnahmesituationen, auf Grund einer bewussten Entscheidung der Ordnungskräfte, einzuleiten.

Seit Jahren werden Fluchtsituationen auch rechnerisch mit hydraulischen Computer-Programmen simuliert. In der ehemaligen DDR bekannt und angewandt ist die Berechnungsmethode nach Predtetschenski/Milinski, die auch zur Berechnung der Personenströme auf Bahnhöfen vom Eisenbahn-

bundesamt angewandt wird und auch der modularen Rettungswegberechnung der Muster- Versammlungsstättenverordnung zu Grunde lag. Auch neuere computerunterstützte Verfahren sind auf dem Markt (z.B. ASERI). Aber auch diese Verfahren sind nicht in der Lage, Paniksituationen zu simulieren. Im Gegenteil: In der Vergangenheit sind diese Berechnungsmethoden von Bauherren herangezogen worden, um Befreiungen von den Regelungen der Versammlungsstättenverordnungen zu begründen, denn diese Berechnungen ergaben durchweg längere Rettungswege, als es die bauordnungsrechtlichen Vorschriften zulassen.

Auch wenn seit dem Terroranschlag vom 11. September 2001 sicherheitstechnisch ein besonders sensiblerer Umgang mit nationalen und internationalen Großveranstaltungen notwendig ist, bleibt die Gewissheit, dass mit baulichen Maßnahmen solchen Gefahren nur begrenzt begegnet werden kann. Vielmehr sind es der Betrieb des Stadions, die Kontrolle der Besucher und die Unterweisung der Ordnungskräfte, die bei einer aufkommenden Panik helfen, Gefahrensituationen unter Kontrolle zu halten.

Die bauordnungsrechtlichen Sicherheitsstandards der Muster-Versammlungsstättenverordnung in Verbindung mit den Erfahrungen und Sicherheitsanforderungen der FIFA stellen ein hohes Sicherheitsniveau dar. Die aktuelle Diskussion sollte kein Anlass geben, gesetzliche Sicherheitsstandards zu verschärfen.

Beschlussvorschlag:

1. *Die Fachkommission Bauaufsicht nimmt den Bericht des Obmanns der Projektgruppe MVStättV zur Kenntnis.*
2. *Die Fachkommission Bauaufsicht hält am Sicherheitskonzept der Muster-Versammlungsstättenverordnung fest.*"

3. Blockbildung für Stehplätze

10 In **Absatz 2** werden Maßnahmen zur Trennung von Personengruppen gefordert. Stehplätze müssen in Blöcken für höchstens 2500 Besucher angeordnet werden, die durch mindestens 2,20 m hohe Abschrankungen mit eigenen Zugängen abgetrennt sind.

11 Erfahrungsgemäß bilden gewaltgeneigte Besucher Gruppen, die sich vorwiegend in den Stehplatzbereichen aufhalten. Durch gezielten Kartenverkauf wird versucht, die Fans der Gast- und der Heimmannschaft in möglichst weit voneinander entfernt liegenden Tribünenbereichen, in der Regel in beiden Kurvenbereichen, unterzubringen. Durch diese Anordnung der geforderten Abtrennungen ist das „Wandern" dieser Besuchergruppen – und damit die Gefahr der Konfrontation – kontrollierbar. Diese Maßnahme hat sich als wirksames Mittel gegen Ausschreitungen bewährt und eine erhebliche Reduzierung der eingesetzten Polizeikräfte ermöglicht. Zur wirksamen Kontrolle gegen eine Überfüllung von Tribünenbereichen ist eine Unterteilung in Blöcke von höchstens 2500 Plätzen erforderlich. Diese Kontrolle erfordert darüber hinaus eine entsprechende Ausbildung der Blockzugänge. Auch diese Regelung einer Blockbildung in Stehplatzbereichen entspricht den Standards des Nationalen Konzepts „Sport und Sicherheit" und dem Stadionhandbuch des DFB und der DFL. Wegen der Trennung durch Abschrankungen muss jeder Block in Abhängigkeit von der Zahl der Stehplätze im Block mindestens zwei getrennte bauliche Rettungswege nach § 6 Absatz 2 Satz 1 aufweisen.

Absatz 2 schreibt keine Kennzeichnung der Blöcke und ihrer Zugänge 12 vor. Verbandsrechtlich zu beachtende Kennzeichnungspflichten und weitere Anforderungen an die Blockbildung ergeben sich für Fußballstadien aus § 9 der Richtlinien zur Verbesserung der Sicherheit bei Bundesspielen des Deutschen Fußballbundes sowie aus Artikel 31 des Regelwerks für Stadien und Sicherheit des DFL.

4. Alternative Maßnahmen auf Grund von Sicherheitskonzepten

Nach Maßgabe des **Absatzes 3** gelten die Anforderungen des Absat- 13 zes 1 zu Abschrankungen zwischen Zuschauerbereich und Innenbereich, zu der Anordnung von Toren innerhalb der Abschrankungen sowie des Absatzes 2 zu den Abschrankungen zwischen den Zuschauerblöcken im Stehplatzbereich nicht, wenn die Sicherheit durch andere geeignete Maßnahmen gewährleistet ist. Die Formulierung des Absatzes 3 ist bewusst nicht als Abweichungsmöglichkeit oder Ausnahmeregelung formuliert, sondern als ein eigenständiger Tatbestand.

Es handelt sich bei dem in Absatz 3 genannten Sicherheitskonzept auch 14 nicht um ein besonderes Sicherheitskonzept, das von dem nach § 43 erforderlichen Sicherheitskonzept abweicht, sondern um den Teil des Sicherheitskonzeptes nach § 43, der sich speziell mit der Frage der Erforderlichkeit von Abschrankungen zum Innenbereich befasst. Da es sich bei den Abschrankungen um bauliche Maßnahmen handelt, muss das Sicherheitskonzept belegen, dass die abweichende Lösung bei allen Arten von Veranstaltungen sicherheitsrechtlich unbedenklich ist.

15 **Absatz 3 bestimmt** zu Absatz 1 und 2 **einen gleichwertigen Fall, der inhaltlich weder durch die Bauaufsicht zu prüfen noch zu genehmigen ist.** Die Maßnahmen müssen in dem auf Grund einer Gefährdungsanalyse erarbeiteten Sicherheitskonzept durch die für die Sicherheit oder Ordnung verantwortlichen Behörden, insbesondere der Polizei, festgelegt und **der Bauaufsichtsbehörde gegenüber lediglich nachgewiesen** werden.[4]

16 Es besteht insoweit keine Mitwirkungs- und Entscheidungskompetenz auf Seiten der Bauaufsicht. Die Federführung für die Entscheidung, ob alternative Maßnahmen in Betracht kommen, liegt bei den für die öffentliche Sicherheit und Ordnung zuständigen Behörden.

17 Das Sicherheitskonzept ist mit dem erforderlichen Zustimmungsvermerk der Polizei und Feuerwehr mit dem Bauantrag oder einem Antrag auf Änderung des Bestuhlungsplans bei der Bauaufsicht einzureichen. Auf diese Weise erfolgt der Nachweis gemäß Absatz 3. Ein Abweichungsantrag nach § 67 Absatz 1 MBO ist nicht erforderlich, wenn die Tatbestandsmerkmale des Absatzes 3 erfüllt sind.

5. Technische Anforderungen an Abschrankungen

18 Für die in Absatz 1 und 2 geforderten Abschrankungen gilt die Anforderung des **§ 11 Absatz 4**. Danach müssen die Abschrankungen so bemessen sein, dass sie dem Druck einer Personengruppe standhalten. Für die Bemessung der Abschrankungen sind die Lastannahmen der DIN EN 1991-1-1/NA:2010-12, insbesondere die Tabelle 6.12DE zu beachten.

19 Die Höhe der Abschrankungen zum Innenbereich nach Absatz 1 und zur Blockbildung im Stehplatzbereich nach Absatz 2 ist mit 2,20 m speziell geregelt und geht der Regelung des § 11 Absatz 2 insoweit vor. Die Höhe von 2,20 m soll ein Überklettern der Abschrankung erschweren.

---

4 Vgl. insoweit Kommentierung zu § 43 MVStättVO; siehe dazu auch die Anlagen 1 und 2 der Entschließung des Rates vom 6. Dezember 2001, ABl. EG 2002 C 22, S. 1.

§ 28 Wellenbrecher

[1]Werden mehr als fünf Stufen von Stehplatzreihen hintereinander angeordnet, so ist vor der vordersten Stufe eine durchgehende Schranke von 1,10 m Höhe anzuordnen. [2]Nach jeweils fünf weiteren Stufen sind Schranken gleicher Höhe (Wellenbrecher) anzubringen, die einzeln mindestens 3 m und höchstens 5,50 m lang sind. [3]Die seitlichen Abstände zwischen den Wellenbrechern dürfen nicht mehr als 5 m betragen. [4]Die Abstände sind nach höchstens fünf Stehplatzreihen durch versetzt angeordnete Wellenbrecher zu überdecken, die auf beiden Seiten mindestens 0,25 m länger sein müssen als die seitlichen Abstände zwischen den Wellenbrechern. [5]Die Wellenbrecher sind im Bereich der Stufenvorderkante anzuordnen.

Übersicht

1. Überblick

1 Bei der Vorschrift des § 28 handelt es sich um eine Bauvorschrift, die bei der Errichtung und bei Änderungen der baulichen Anlagen anzuwenden ist. Für Versammlungsstätten, die vor Inkrafttreten MVStättVO auf Landesebene gebaut wurden, besteht eine noch stets fortwirkende Anpassungspflicht hinsichtlich der Anforderungen nach Absatz 1.[1]

2. Zweck der Wellenbrecher

2 Die Wellenbrecher dienen der Druckentlastung in den Stehplatzbereichen von **Stadien und Mehrzweckhallen**. Sie brechen den Druck von nach vorne drängenden Personengruppen und beugen damit dem Entstehen von Paniksituationen vor.

3 Wellenbrecher sind Abschrankungen und müssen daher nach § 11 Absatz 4 so bemessen sein, dass sie dem Druck einer Personengruppe standhalten.[2]

---

1 Siehe hierzu im Einzelnen die Kommentierung zu § 46 Absatz 1.

2 Vgl. dazu auch die Kommentierung zu § 11.

4 Für die Bemessung von Abschrankungen sind die DIN EN 1991-1-1/NA:2010-12 und insbesondere die in der Tabelle 6.12DE vorgegebenen Werte der horizontalen Lasten zu beachten.[3]

5 Für die Wellenbrecher in Zuschauerbereichen von Tribünen gibt die Tabelle A 2 des normativen Anhangs der DIN EN 13200-03:2006-03 gestaffelte Werte der anzusetzenden horizontalen Nutzlasten vor, die vom Neigungswinkel des Zuschauerranges und vom Abstand der Wellenbrecher abhängen.

3. Anordnung der Wellenbrecher

6 Werden Stehplatzreihen hintereinander angeordnet, so ist beginnend mit der vordersten Reihe alle weitere 5 Reihen eine Schranke bzw. ein Wellenbrecher von 1,10 m Höhe anzuordnen. Mit Ausnahme der vordersten Schranke müssen alle nachfolgenden Wellenbrecher mindestens 3 m und höchstens 5,50 m lang sein, wobei die seitlichen Abstände zwischen den Wellenbrechern nicht mehr als 5 m betragen dürfen und sich in der Folge nach Maßgabe von Satz 4 überlappen müssen.

7 Die Vorschrift berücksichtigt die Erkenntnisse und Erfahrungen des Deutschen Fußball-Bundes über die Anordnung und Beschaffenheit von Wellenbrechern in Stehplatzbereichen und hat sich bereits in den Stadionanlagen bewährt, die den Richtlinien des Deutschen Fußball-Bundes entsprechend umgebaut wurden.

---

3 Zu den Lastannahmen in horizontaler Richtung siehe Tabelle 6.1DE und Tabelle 6.12DE der DIN EN 1991-1-1/NA:2010-12.

§ 29 Abschrankung von Stehplätzen vor Szenenflächen

(1) Werden vor Szenenflächen Stehplätze für Besucher angeordnet, so sind die Besucherplätze von der Szenenfläche durch eine Abschrankung so abzutrennen, dass zwischen der Szenenfläche und der Abschrankung ein Gang von mindestens 2 m Breite für den Ordnungsdienst und Rettungskräfte vorhanden ist.

(2) [1]Werden vor Szenenflächen mehr als 5000 Stehplätze für Besucher angeordnet, so sind durch mindestens zwei weitere Abschrankungen vor der Szenenfläche nur von den Seiten zugängliche Stehplatzbereiche zu bilden. [2]Die Abschrankungen müssen voneinander an den Seiten einen Abstand von jeweils mindestens 5 m und über die Breite der Szenenfläche einen Abstand von mindestens 10 m haben.

Übersicht

1. Überblick

Die Vorschrift des § 29 enthält betriebsbezogene Pflichten, die auch für bereits bestehende Versammlungsstätten unmittelbar Anwendung findet. § 29 gilt für alle Arten von Versammlungsstätten mit mehr als 5000 Besucherplätzen, die in den Anwendungsbereich der MVStättVO fallen, insbesondere für Mehrzweckhallen, Sportstadien und andere Versammlungsstätten im Freien. 1

2. Gang vor Szenenflächen

Der **Absatz 1** fordert in Versammlungsstätten mit mehr als 5000 Besucherplätzen für den Fall, dass sich vor den Szenenflächen Stehplätze befinden, vor den Szenenflächen einen mindestens 2 m breiten Gang, der nur für den Ordnungsdienst und Rettungskräfte zugänglich ist. 2

Auf die Anzahl der Stehplätze vor der Szenenfläche kommt es für die Anwendung des Absatzes 1 nicht an. Werden vor der Szenenfläche Sitzplätze in Reihen angeordnet, dann ist die Regelung nicht anwendbar. 3

4 Die Regelung betrifft vor allem Veranstaltungen in großen Freilichttheatern, aber auch in den Innenbereichen von Sportstadien oder großen Mehrzweckhallen.

5 Bei Veranstaltungen im Freien greift die Regelung nur, wenn es sich um eine Versammlungsstätte im Freien im Sinne § 1 Absatz 1 Nummer 2 oder 3 handelt.

6 Mit der Abschrankung wird ein Bereich zwischen Szenenfläche und den Besuchern geschaffen, der für Besucher nicht zugänglich ist und einen Ansturm auf die Szenenfläche verhindert. Insbesondere bei POP-Konzerten oder dem Auftritt von bekannten Künstlern versuchen viele Innenraumbesucher in den unmittelbaren Bühnenvorfeldbereich zu gelangen. Die Ordnungskräfte sind im Allgemeinen nicht in der Lage, diese Bereiche ohne bühnentechnische Sicherungen, allein durch erhöhten Personaleinsatz abzusichern. Daher ist es üblich – viele Veranstalter fordern dies sogar in ihren Bühnenanweisungen –, diese Bereiche durch mobile Abschrankungen zu sichern.

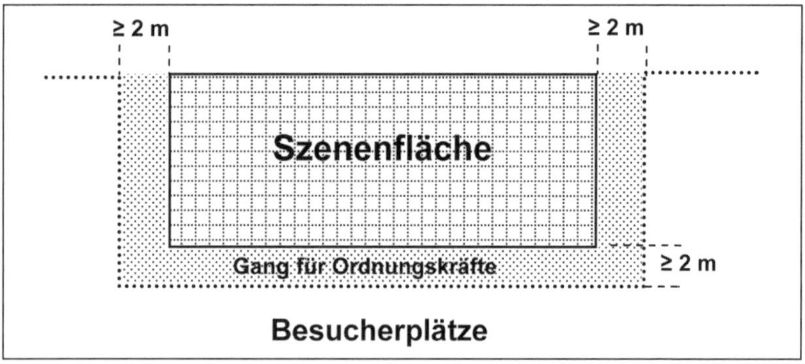

Beispiel der Abschrankung des Gangs für Ordnungskräfte

7 Die Anforderung dient der Steuerung der Besucherströme im unmittelbaren Bereich vor der Bühne oder Szenenfläche und soll damit Panikverhalten bei Massenveranstaltungen entgegenwirken. Sie erleichtern den Ordnungsdiensten und den zuständigen Behörden die Durchsetzung von entsprechenden Maßnahmen.

3. Abschrankungen bei mehr als 5000 Stehplätzen

8 Die nach **Absatz 2** erforderliche Anordnung von mehreren Abschrankungen hintereinander ist für Großveranstaltungen mit vielen Personen vor-

geschrieben. Die Regelung betrifft insbesondere Mehrzweckhallen und Sportstadien, in deren Innenbereich mehr als 5 000 Stehplätze möglich sind, aber auch Versammlungsstätten im Freien mit mehr als 5 000 Stehplätzen.

Absatz 2 schreibt zumindest zwei gesondert abgeschrankte Besucherbereiche vor. Die dafür nach Satz 2 vorgeschriebenen Mindestabmessungen sind zwingend einzuhalten. Die Tiefe von 10 m über die gesamte Breite der Szenenfläche dient der Bildung von ausreichend tiefen Besucherbereichen in Form von hintereinander gestaffelten Blöcken. Der Mindestabstand der Abschrankungen von 5 m an den Seiten der Stehplatzbereiche bestimmt die Ausgangsbreite aus den Blöcken. 9

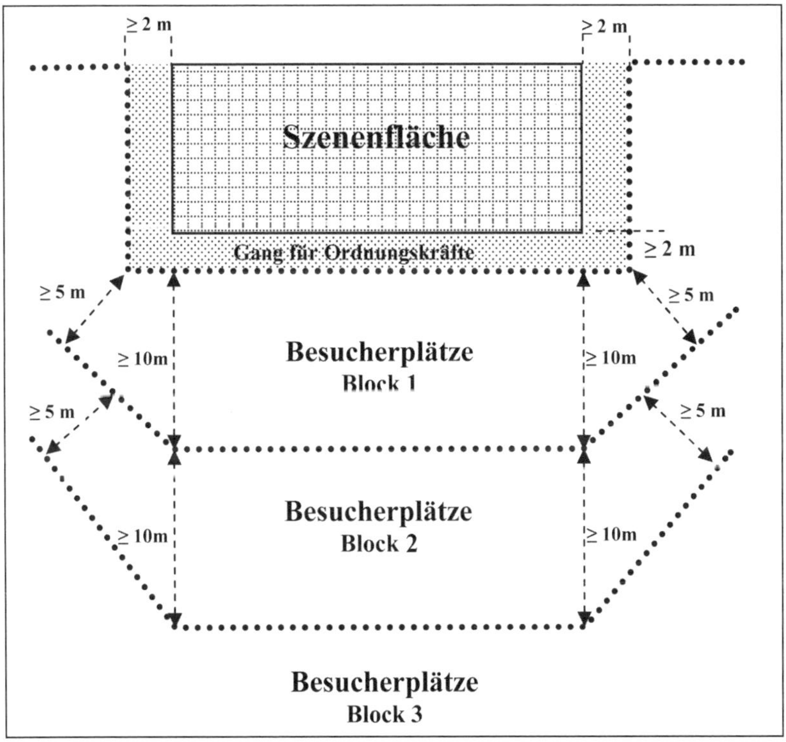

Beispiel einer Anordnung der Abschrankungen für eine Blockbildung

Die Zahl der Stehplätze für Besucher im Innenbereich ist nach § 1 Absatz 2 Satz 1 Nummer 2 unter Berücksichtigung der Rettungswegbreiten 10 nach § 7 Absatz 4, der Führung der Rettungswege und der Bestuhlungspläne zu ermitteln. Die durch die Abschrankungen gebildeten Abschnitte müssen jeweils so bemessen sein, dass die diesen Abschnitten zugeordneten Rettungswege den Anforderungen des § 7 entsprechen. Reichen die einem Abschnitt zugeordneten Rettungswege nicht aus, muss die Zahl der im Abschnitt zulässigen Stehplätze entsprechend beschränkt werden.

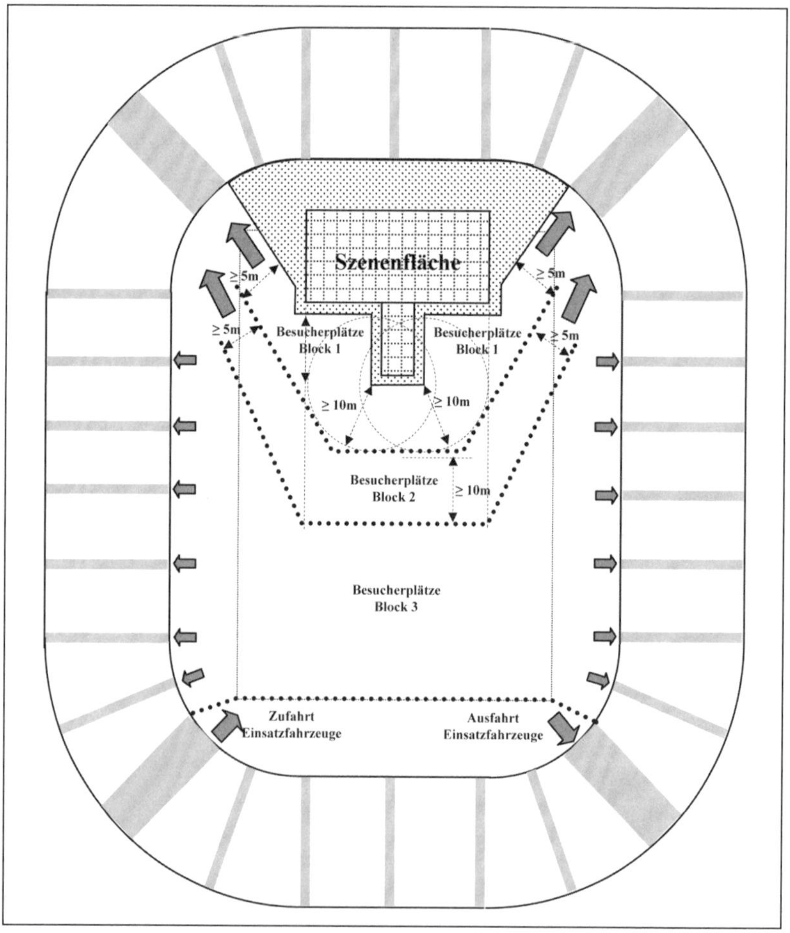

Beispiel einer Aufplanung für ein Rockkonzert in einem Stadion

11 Die Führung der Rettungswege der Stehplätze im Innenbereich über die Stufengänge der Tribünen ist nur möglich, wenn die Besucherplätze der

Tribünen nicht besetzt sind und die Tore der Abschrankung zum Innenbereich geöffnet sind. Bei besetzten Tribünen müssen die Rettungswege aus dem Innenbereich durch die Einfahrten oder die Marathontore geführt werden.

Wie viele Stehplätze in einem Block zulässig sind, ergibt sich aus folgenden Kriterien: 12

- Fläche innerhalb des durch Abschrankungen gebildeten Blocks: 2 Stehplätze je m^2,
- Breite der seitlichen Ausgänge aus dem abgeschrankten Block je mindestens 5 m,
- Breite der dem abgeschrankten Block jeweils zugeordneten Rettungswege außerhalb des abgeschrankten Blocks.

Gemäß § 7 Absatz 4 Satz 3 Nummer 1 beträgt die Kapazität der Rettungswege 600 Personen je 1,20 m Rettungswegbreite. Bei Mehrzweckhallen muss die Kapazität von 200 Personen je 1,20 m Rettungswegbreite nach § 7 Absatz 4 Satz 3 Nummer 2 beachtet werden. 13

Liegt für die Durchführung von Veranstaltungen mit Stehplätzen vor den Szenenflächen einer Mehrzweckhalle oder im Innenbereich eines Stadions kein genehmigter Bestuhlungs- und Rettungswegeplan vor, dann ist für die betreffende Veranstaltung ein gesonderter Bestuhlungs- und Rettungswegeplan mit einem Sicherheitskonzept zur bauaufsichtlichen Genehmigung einzureichen. 14

Die Vorschrift ist für Versammlungsstätten mit mehr als 5 000 Besucherplätzen zwingend, wenn vor der Szenenfläche mehr als 5 000 Stehplätze angeordnet werden. 15

Nach § 32 Absatz 3 können derartige Abschrankungen in Abhängigkeit von der Gefahrenlage jedoch auch in Versammlungsstätten mit weniger als 5 000 Besucherplätzen erforderlich sein. 16

Die Erfahrungen bei Großkonzerten haben gezeigt, dass Abschrankungen insbesondere notwendig sind, wenn viele jugendliche Besucher zu erwarten sind und das Bühnenprogramm bzw. die auftretenden Künstler eine hohe Anziehungskraft in Richtung Bühne erwarten lassen. Die Abschrankung dient der Blockbildung in Nähe der Szenenfläche. Hierdurch soll erreicht werden, dass diese Besuchergruppen nicht durch zu großen Druck gefährdet werden und sich die Besucher im Gefahrenfall zu den seitlichen Ausgängen retten können. 17

18 Für Veranstaltungen, bei denen auf Grund des Besucherprofils, der Veranstaltungsinhalte und der auftretenden Künstler kein Druck in Richtung Szenenfläche zu erwarten ist, kann nur auf Grundlage eines nach § 43 Absatz 2 einvernehmlich abgestimmten Sicherheitskonzepts von den nach § 29 Absatz 2 geforderten Abschrankungsmaßnahmen abgewichen werden. Entscheidend ist hierbei eine Bewertung des gesamten Veranstaltungskonzepts.

19 Erfahrungswerte bei wiederkehrenden Großveranstaltungen wie z.B. beim Rockfestival in Wacken zeigen, dass auch bei Personenzahlen mit deutlich über 50000 Besuchern auf die Anordnung von Wellenbrechern im Einzelfall verzichtet werden kann. Erforderlich ist jedoch stets, dass hierzu mit den für die Sicherheit und Ordnung zuständigen Stellen (Polizei, Ordnungsamt, Feuerwehr, Rettungsdienst) das Einvernehmen im Rahmen des Sicherheitskonzepts gemäß § 43 Absatz 2 hergestellt und nachweisbar dokumentiert wird. Ein zusätzlicher baurechtlicher Abweichungsantrag nach § 67 MBO ist in diesem Fall entbehrlich.

4. Technische Anforderungen an Abschrankungen

20 Anders als § 27 Absatz 1 und 2 setzt § 29 Absatz 1 und 2 für die Abschrankungen der Stehplatzbereiche vor Szenenflächen keine Mindesthöhe von 2,20 m fest. Es gelten daher die allgemeinen Vorschriften des § 11 Absatz 2 und Absatz 4. Die Abschrankungen der Stehplatzbereiche vor Szenenflächen nach Absatz 1 und die Abschrankung der weiteren Stehplatzbereiche müssen daher mindestens 1,20 m hoch sein und dem Druck einer Personengruppe standhalten.

21 Mannheimer Gitter sind als Abschrankung in Versammlungsstätten nicht geeignet. Besser geeignet sind Polizeigitter, sogenannte Hamburger Gitter, die eine Standfläche haben. Bewährt haben sich die sogenannten Bühnengitter.

22 Sie sind besonders dazu geeignet, die Besucher von der Bühne fern zu halten. Aufgebaut werden sie mit der Trittplatte zum Zuschauerbereich hin, damit die Gitter durch das Gewicht der gegen die Gitter drängenden Personen zusätzlich stabilisiert werden. Auf der gegenüberliegenden Seite weisen die Bühnengitter schräge Verstrebungen auf, die ein Kippen der Gitter verhindern. Dadurch sind Bühnengitter deutlich standfester als andere Absperrungen, wobei die geringe Höhe ein Eingreifen von Rettungs- und Sicherheitskräften leicht macht.

23 Die Bühnengitter werden miteinander verschraubt und nicht wie andere Gitter nur eingehängt. Ferner gibt es besondere Eck- und Winkelelemen-

te. Die meisten Hersteller liefern die Bühnengitter in einer Standardhöhe von 1,20 m.

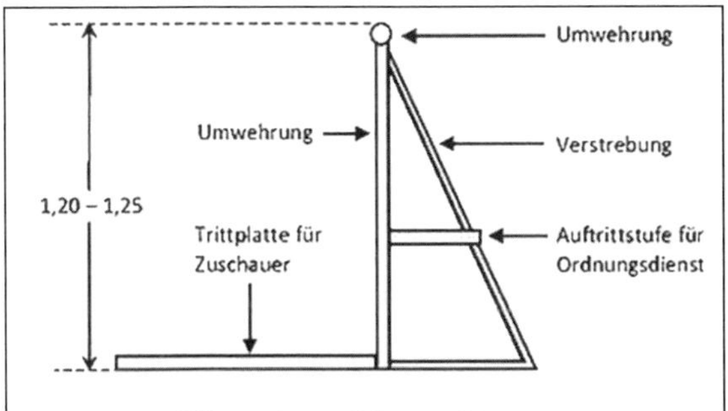

Bühnengitter - Seitenansicht

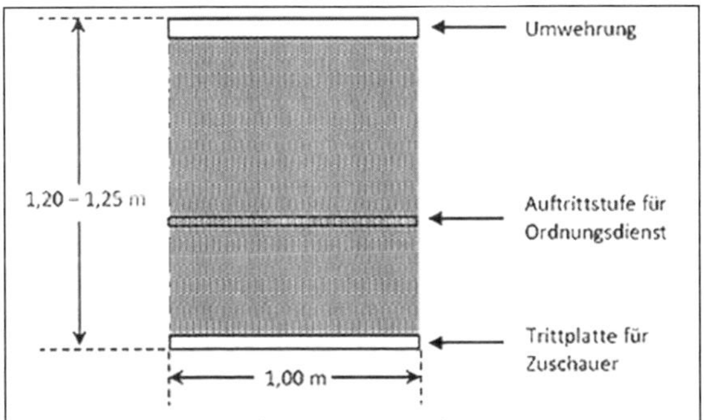

Bühnengitter - Vorderansicht

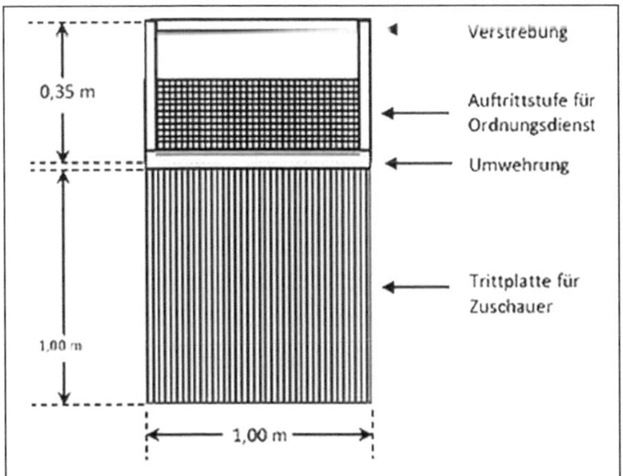

Bühnengitter - Draufsicht

§ 30 Einfriedungen und Eingänge

(1) Stadionanlagen müssen eine mindestens 2,20 m hohe Einfriedung haben, die das Überklettern erschwert.

(2) [1]Vor den Eingängen sind Geländer so anzuordnen, dass Besucher nur einzeln und hintereinander Einlass finden. [2]Es sind Einrichtungen für Zugangskontrollen sowie für die Durchsuchung von Personen und Sachen vorzusehen. [3]Für die Einsatzkräfte von Polizei, Feuerwehr und Rettungsdiensten sind von den Besuchereingängen getrennte Eingänge anzuordnen.

(3) [1]Für Einsatz- und Rettungsfahrzeuge müssen besondere Zufahrten, Aufstell- und Bewegungsflächen vorhanden sein. [2]Von den Zufahrten und Aufstellflächen aus müssen die Eingänge der Versammlungsstätten unmittelbar erreichbar sein. [3]Für Einsatz- und Rettungsfahrzeuge muss eine Zufahrt zum Innenbereich vorhanden sein. [4]Die Zufahrten, Aufstell- und Bewegungsflächen müssen gekennzeichnet sein.

Übersicht

1. Überblick

1 Bei der Vorschrift des § 30 handelt es sich um eine Bauvorschrift, die bei der Errichtung und bei Änderungen der baulichen Anlagen anzuwenden ist. Die Vorschrift gilt nur für Stadionanlagen, nicht jedoch für andere Versammlungsstätten mit mehr als 5 000 Besucherplätzen.

2. Einfriedung

2 Stadionanlagen müssen eine mindestens 2,20 m hohe Einfriedung haben, die das Überklettern erschwert.[1] Durch die in **Absatz 1** geforderte Einfriedung des gesamten Stadiongeländes soll das Eindringen unberechtigter Personen unter Umgehung der Sicherheitskontrollen an den

1 Siehe dazu auch § 5 Richtlinien zur Verbesserung der Sicherheit bei Bundesspielen des DFB: 2018-07, Fundstelle: www.dfb.de.

Eingängen unterbunden werden. Die geforderte Höhe von 2,20 m erschwert das Übersteigen der Einfriedung.

3. Eingänge

Absatz 2 unterscheidet zwischen den Eingängen für die Besucher und den davon getrennten Eingängen für Einsatzkräfte von Polizei, Feuerwehr und Rettungsdiensten. Die Trennung ist erforderlich, um den Einsatzkräften unabhängig von den Besucherströmen und etwaigem Gedränge den Zugang in den Stadionbereich zu ermöglichen. Zusätzlich sind nach Absatz 3 für die Einsatzkräfte besondere Zufahrten erforderlich. 3

Geländer an den Eingängen sind so anzuordnen, dass Besucher nur einzeln und hintereinander Einlass finden. Eine effektive Kontrolle an den Eingängen auf Zugangsberechtigung und den Besitz von unerlaubten Gegenständen erfordert nach **Absatz 2** eine Kanalisierung in der Weise, dass jeweils nur eine Person die Kontrolle passieren kann.[2] Dabei ist zu beachten, dass derartige Einrichtungen nach § 9 Absatz 5 die Funktion der Rettungswege nicht beeinträchtigen dürfen. 4

4. Einsatz- und Rettungsfahrzeuge

Für Einsatz- und Rettungsfahrzeuge sind nach Maßgabe von **Absatz 3** Zufahrten, Aufstell- und Bewegungsflächen einzurichten. Vergleichbare Forderungen enthalten auch die entsprechenden Richtlinien des DFB und der DFL. 5

Die Rettung von verletzten Personen – auch aus den unteren Tribünenbereichen – erfordert die Einfahrmöglichkeit von Einsatz- und Rettungsfahrzeugen in den Innenbereich eines Stadions. Die Zufahrten zum Innenbereich sollten eine Breite von mindestens 6 m und eine Höhe von mindestens 3,50 m haben, damit die Zufahrten im Zweirichtungsverkehr genutzt werden können. Getrennte Zufahrten für die Polizei, die Feuerwehr und die Rettungsdienste sind nicht erforderlich. Die einzurichtenden Zufahrten können von allen Einsatzkräften genutzt werden. 6

---

2 Siehe dazu auch Artikel 27 Regelwerk für Stadien und Sicherheit – Anforderungen an Fußballstadien in baulicher, infrastruktureller, organisatorischer und betrieblicher Hinsicht, Stand 16.5.2019, Anhang VI zur Lizensierungsordnung, Fundstelle: www.dfl.de.

7 Für die Bemessung der Zufahrten ist auf die Fahrzeuge der Feuerwehr abzustellen, da diese über die größten und schwersten Fahrzeuge verfügt. Die Anzahl und Lage der Zufahrten sowie der Aufstell- und Bewegungsflächen ist vor der Einreichung des Bauantrags mit der Feuerwehr abzustimmen und im Brandschutzkonzept darzustellen.

8 Die grundsätzlichen Anforderungen an die Zufahrten sowie die Aufstell- und Bewegungsflächen für die Feuerwehr regelt § 5 MBO. Weitere Anforderungen an die Flächen für die Feuerwehr ergeben sich aus § 31.

9 Die Muster-Richtlinie über Flächen für die Feuerwehr – MRFlFw ist mit Abschnitt A 2.2.1.1 sowie die Anlage A 2.2.1.1/1 der MVV TB als Technische Baubestimmung eingeführt und damit allgemein verbindlich und zu beachten.

10 Nummer 2 der Richtlinie über Flächen für die Feuerwehr bestimmt:

> „*Die lichte Breite der Zu- oder Durchfahrten muss mindestens 3 m, die lichte Höhe mindestens 3,50 m betragen. Die lichte Höhe der Zu- oder Durchfahrten ist senkrecht zur Fahrbahn zu messen. Wird eine Zu- oder Durchfahrt auf eine Länge von mehr als 12 m beidseitig durch Bauteile, wie Wände oder Pfeiler, begrenzt, so muss die lichte Breite mindestens 3,50 m betragen. Wände und Decken von Durchfahrten müssen feuerbeständig sein.*“

11 Nach der Technischen Baubestimmung in Anlage A 2.2.1.1/1 der MVV TB sind die Zufahrten, Aufstell- und Bewegungsflächen mindestens entsprechend der Straßen-Bauklasse VI (Richtlinie für Standardisierung des Oberbaues von Verkehrsflächen – RStO 01) zu befestigen. Für die Lastannahmen ist DIN EN 1991-1-1:2010-12 in Verbindung mit DIN EN 1991-1-1/NA:2010-12 anzuwenden.

Teil 4
Betriebsvorschriften

Vorbemerkung

Die Betriebsvorschriften des 4. Teils der MVStättVO gliedern sich in vier Abschnitte: 1

- Abschnitt 1 Rettungswege, Besucherplätze (§§ 31 und 32),
- Abschnitt 2 Brandverhütung (§§ 33 bis 35),
- Abschnitt 3 Betrieb technischer Einrichtungen (§§ 36 und 37),
- Abschnitt 4 Verantwortliche Personen, besondere Betriebsvorschriften (§§ 38 bis 43),

denen der Verordnungsgeber im Hinblick auf die in § 47 festgelegten Ordnungswidrigkeitstatbestände und **die Betreiberverantwortung nach § 38 Absatz 4** eine besondere Gewichtung beigemessen hat. Sie gelten nach Maßgabe des § 46 Absatz 1 Nummer 2 und Absatz 2 uneingeschränkt für alle bestehenden Versammlungsstätten, unabhängig davon, ob sie erstmals in den Anwendungsbereich der MVStättVO fallen oder bereits früher der VStättVO 1978 unterlagen. Zuwiderhandlungen gegen einzelne Bestimmungen der Paragraphen §§ 31 bis 38 können ab Inkrafttreten der Vorschriften auf Landesebene durch die Bauaufsichtsbehörden mit empfindlichen Bußgeldern geahndet werden.

Die MBO sieht im Hinblick auf die Reduzierung der präventiven Prüfung und die Verlagerung der Verantwortung auf die am Bau Beteiligten **Bußgelder bis zur Höhe von 500000 Euro** vor. Der Verordnungsgeber trägt damit dem Umstand Rechnung, dass Schadensfälle zu einem erheblichen Teil nicht allein auf das Versagen oder die mangelhafte Ausführung technischer Einrichtungen zurückzuführen sind, sondern gleichermaßen organisatorische Defizite beim Betrieb von Anlagen die Sicherheit und Gesundheit von Personen gefährden können. Folgerichtig hat der Verordnungsgeber mit der Regelung des § 38 Absatz 4 zugleich festgelegt, dass der **Betreiber zur Einstellung des Betriebs verpflichtet ist, wenn Betriebsvorschriften nicht eingehalten werden können.** 2

Die Umsetzung organisations- und sicherheitsrechtlicher Anforderungen in Versammlungsstätten ist ein weiteres, zumeist ungeliebtes Feld, 3 das vordergründig mit zusätzlichen Kosten und zahlreichen Tabus belegt ist. Gerne und ebenso regelmäßig wird das Gefährdungspotenzial, das von einer Veranstaltung ausgeht, im Verhältnis zu anderen Industriezweigen als vergleichsweise gering dargestellt.

4 Im Sinne des Schutzzieles der Verordnung ist es deshalb von entscheidender Bedeutung, dass das auf bautechnischer Seite angestrebte Sicherheitsniveau nicht durch betriebliche Versäumnisse wieder aufgehoben wird. Hierzu zählt in besonderem Maß auch die Durchführung wiederkehrender Prüfungen in sicherheits- und bautechnischer Hinsicht.

5 Die Anwendung der in Teil 4 der MVStättVO enthaltenen Vorschriften setzt den Betrieb einer Versammlungsstätte voraus. In Ermangelung einer grundsätzlichen Definition des Begriffs „Betrieb" einer baulichen Anlage bzw. einer Versammlungsstätte in § 2 MVStättVO bzw. in § 2 MBO ist eine begriffsbestimmende Auslegung anhand jeder einzelnen Betriebsvorschrift vorzunehmen. Dies gilt insbesondere mit Blick auf den umfangreichen Pflichtenkreis der einzelnen Vorschriften und die daran anknüpfenden Ordnungswidrigkeitstatbestände des § 47 MVStättVO. Als Beispiel sei hier § 47 Nummer 11 genannt, wonach eine Ordnungswidrigkeit begeht, wer als Betreiber, Veranstalter oder beauftragter Veranstaltungsleiter entgegen § 38 Absatz 2 **während des Betriebs** nicht anwesend ist.

6 Der Betrieb einer Versammlungsstätte im Sinne von § 38 Abs. 2 ist nicht gleichzusetzen mit dem Zeitraum vom Aufbau bis zum Abbau einer Veranstaltung.[1] Bei der Anwendung und Umsetzung der Vorschriften der §§ 31 bis 43 ist zu beachten, dass in den einzelnen Bestimmungen und zum Teil sogar innerhalb ein und derselben Vorschrift von einer unterschiedlichen Betriebsdefinition ausgegangen wird.[2]

7 Die in den §§ 31 bis 43 enthaltenen Betreiberpflichten enthalten zudem Vorgaben für den „Technischen Betrieb" (einschließlich der Instandhaltung) und für den „Veranstaltungsbetrieb", wodurch bei der Übertragung von Pflichten zwischen Betreiber und Veranstalter regelmäßig Klärungsbedarf entsteht.

8 Da die rechtlich **wirksame Übertragbarkeit von Betreiberpflichten**, also von Pflichten, die den Betrieb der Versammlungsstätte betreffen, **auf den „Veranstalter"**, also in der Regel auf den Mieter der Versammlungsstätte, in der Praxis nicht unerhebliche Probleme bereitet, wird in

1 Siehe hierzu im Einzelnen die Kommentierung zu § 38 Absatz 2.
2 Siehe hierzu im Einzelnen die Kommentierung zu § 31 Absatz 3.

der Kommentierung der §§ 31 bis 43 für jeden Paragraphen der Betriebsvorschriften darauf eingegangen, welche Pflichten für die Dauer der Durchführung einer Veranstaltung auf einen Mieter (Veranstalter) grundsätzlich übertragbar sind. Rechtsgrundlage für die Übertragbarkeit ist die Vorschrift des § 38 Absatz 1 und 5 Satz 1.

Zu beachten ist, dass eine „Pauschalübertragung" von Betreiberpflichten, wie sie in zahlreichen Verträgen zu finden ist („*Hiermit übertragen wir Ihnen die Betreiberpflichten nach der Versammlungsstätten-Verordnung auf Grundlage des § 38 (5) MVStättV*") regelmäßig als unwirksam anzusehen ist, da die Betreiberpflichten aus einer Vielzahl von übertragbaren, aber auch von nicht-übertragbaren Einzelpflichten bestehen. Insoweit gilt der zivilrechtliche Grundsatz, dass Zweifel bei der Auslegung von Vertragsbedingungen zu Lasten desjenigen gehen, der sie im Vertrag verwendet hat. **9**

Die nach § 38 Absatz 1 einzuhaltenden und nach § 38 Absatz 5 übertragbaren Vorschriften ergeben sich aus den Betriebsvorschriften der §§ 31 bis 43 und nicht allein aus § 38 Absatz 1 bis 4. Zusätzlich können sich Anforderungen zum Betrieb und damit zur Durchführung von Veranstaltungen aus den Nebenbestimmungen des Baugenehmigungsbescheids ergeben. Je nach Art der Auflage ist auch hier eine Übertragung von Pflichten auf den Veranstalter möglich. **10**

Die Übertragung besonderer „Verkehrssicherungspflichten", hier in Form veranstaltungsbezogener Betreiberpflichten, auf einen Dritten (Mieter/Veranstalter) ist grundsätzlich zulässig. Sie bedarf jedoch klarer Regelungen und Absprachen, die die Sicherung der „potenziellen Gefahrenquelle" zuverlässig garantieren. Erst dann verengt sich die Verkehrssicherungspflicht des ursprünglich allein Verantwortlichen, also des Betreibers der Versammlungsstätte, auf eine Kontroll- und Überwachungspflicht. **11**

Auch in strafrechtlicher Hinsicht entspricht es ständiger höchstrichterlicher Rechtsprechung,[3] dass der ursprüngliche Garant für die Sicherheit – also hier der Betreiber der Versammlungsstätte – nicht alle Maßnahmen notwendig eigenhändig durchführen muss, sondern sie ganz oder arbeitsteilig einem Dritten überlassen kann. **12**

Welche Sorgfaltspflichten ihn treffen, richtet sich nach der Bedeutung und dem Ausmaß der potenziellen Gefahrenquelle. Grundsätzlich muss sich der ursprüngliche Garant auch bei einer noch abstrakten Gefahren- **13**

---

3 Vgl. BGH, Urteil vom 31. Januar 2002 – 4 StR 289/01 m. w. N.

situation durch geeignete Maßnahmen zumindest stichprobenweise vergewissern, dass die übertragene Verpflichtung erfüllt worden ist.

14 Besitzt der Betreiber keine Erkenntnisse über die Zuverlässigkeit des Veranstalters, steigen die Anforderungen an seine Überwachungs- und Kontrollpflichten:

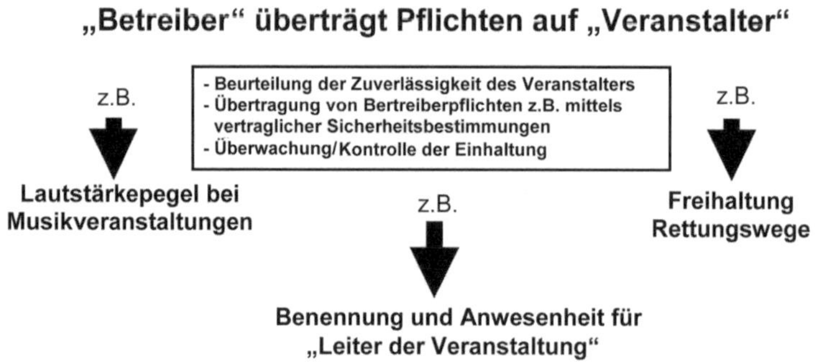

Abschnitt 1
Rettungswege, Besucherplätze

§ 31 Rettungswege, Flächen für die Feuerwehr

(1) [1]Rettungswege auf dem Grundstück sowie Zufahrten, Aufstell- und Bewegungsflächen für Einsatzfahrzeuge von Polizei, Feuerwehr und Rettungsdiensten müssen ständig frei gehalten werden. [2]Darauf ist dauerhaft und gut sichtbar hinzuweisen.

(2) Rettungswege in der Versammlungsstätte müssen ständig frei gehalten werden.

(3) Während des Betriebes müssen alle Türen von Rettungswegen unverschlossen sein.

Übersicht

1. Überblick

1 Die Vorschrift des § 31[1] ist eine Betriebsvorschrift, die für bestehende Versammlungsstätten unmittelbar Anwendung findet. Verstöße gegen die Bestimmungen der Absätze 1 bis 3 sind gemäß § 47 Nummer 1 bis 3 bußgeldbewehrt.

2 Die folgenden Pflichten können im Rahmen eines Miet- oder Veranstaltungsvertrags auf den Veranstalter (Mieter) übertragen werden:

---

1 Die Regelung zur Freihaltung der **Rettungswege und Flächen für die Feuerwehr** entspricht im Wesentlichen den Vorschriften der §§ 107, 108 VStättVO 1978.

übertragbar	Betreiberpflicht
•	Rettungswege auf dem Grundstück sowie Zufahrten, Aufstell- und Bewegungsflächen für Einsatzfahrzeuge von Polizei, Feuerwehr und Rettungsdiensten müssen ständig freigehalten werden.
(-)	Darauf ist dauerhaft und gut sichtbar hinzuweisen (*nur bei Veranstaltungen im Freien übertragbar*).
•	Die Rettungswege in der Versammlungsstätte sind ständig freizuhalten.
(-) •	Öffnen (Aufschließen) aller Türen im Zuge von Rettungswegen, soweit sich Personen in diesen Bereichen der Versammlungsstätte aufhalten. **Anmerkung:** Es dürfte allerdings die Ausnahme darstellen, dass einem Veranstalter die Schlüssel der Versammlungsstätte übergeben werden.

2. Rettungswege auf dem Grundstück

3 Die Vorschrift legt in **Absatz 1** die Pflicht zur **ständigen** Freihaltung von Rettungswegen auf dem Grundstück einschließlich der Freihaltung der Zufahrten, Aufstell- und Bewegungsflächen für Einsatzfahrzeuge von Polizei, Feuerwehr und Rettungsdiensten fest. Auf diese Pflicht ist dauerhaft und gut sichtbar hinzuweisen. Die Hinweisschilder nach Absatz 1 Satz 2 müssen sowohl auf den Zweck nach Satz 1 als auch auf die Verpflichtung, diese „freizuhalten", hinweisen. Die Kennzeichnungspflicht für die Rettungswege in der Versammlungsstätte ergibt sich im Übrigen bereits aus § 6 Absatz 6.

3. Rettungswege in der Versammlungsstätte

4 Zu den Rettungswegen innerhalb der Versammlungsstätte gehören gemäß § 6 Absatz 1 Satz 2 nicht allein die mit grünen Leuchtzeichen markierten Wege und Ausgänge, sondern insbesondere die freizuhaltenden Gänge und Stufengänge, die Ausgänge aus Versammlungsräumen, die notwendigen Flure und notwendigen Treppen, die Ausgänge ins Freie, die als Rettungsweg dienenden Balkone, Dachterrassen und Außentreppen.

5 Diese **Rettungswege** innerhalb der Versammlungsstätte sind **ständig** – bezogen auf die konkrete Nutzung – **freizuhalten**. Die Verpflichtung

des Absatzes 2, Rettungswege in der Versammlungsstätte freizuhalten, bezieht sich auf die nach § 7 erforderlichen Rettungswegbreiten. In den als Rettungswege dienenden Foyers oder Hallen gemäß § 6 Absatz 3 dürfen allerdings Gegenstände aufgestellt werden, z.B. Ausstellungsstände, wenn die erforderliche Rettungswegbreite, bemessen nach der darauf angewiesenen Personenzahl, nicht eingeschränkt wird. Eine möglichst gerade Führung des Rettungsweges sollte ebenfalls erhalten bleiben und die sonstigen Anforderungen an den Brandschutz nicht unterlaufen werden.

Sind Flure breiter als erforderlich oder führen Rettungswege durch Hal- 6
len, **sollte** (dies ist kein „muss") die Rettungswegbreite durch Kennzeichnung im Boden erkennbar sein; in der Praxis haben sich dafür unterschiedliche Farben oder Materialien der Bodenbeläge oder eine mit der Sicherheitsbeleuchtung kombinierte Kennzeichnung bewährt.

Zu beachten ist zusätzlich, dass dem Schutzzweck der Vorschrift nach, 7
die für die Durchführung der Veranstaltung im Rettungswege- und Bestuhlungsplan vorgeschriebene Rettungswegbreite während der Auf- oder Abbauphase einer Veranstaltung nicht zwingend in voller Breite zur Verfügung stehen muss. Beispielsweise brauchen die in einer Messehalle für den Veranstaltungsbetrieb vorgeschriebenen Gangbreiten von 3 Meter nicht bereits beim Aufbau zur Verfügung stehen, solange noch keine Besucher anwesend sind. In dieser Phase reicht es aus, dass Rettungswege und Gangbreiten für die in der Halle tatsächlich anwesenden Personen, also in der Regel 1,20 m je 200 Personen vorhanden und nutzbar sind. Die Androhung oder Verhängung einer Ordnungswidrigkeit wegen eines vermeintlichen Verstoßes gegen § 31 Absatz 2 wäre insoweit rechtsfehlerhaft.

4. Türen in Rettungswegen

In Abgrenzung zu der in Absatz 2 enthaltenen „ständig" zu beachtenden 8
Pflicht lautet **Absatz 3** der Vorschrift: „**Während des Betriebs** müssen alle Türen von Rettungswegen unverschlossen sein." Dies betrifft die Schließung der Türen von innen, nicht von außen.

Die Betriebsvorschrift des Absatzes 3 ergänzt die Bauvorschrift des § 9 9
Absatz 3 Satz 2 und betrifft jeweils die in Betrieb befindlichen Räume der Versammlungsstätte und die diesen Räumen zugeordneten Rettungswege. Eine Außentüre, die während des Betriebs gemäß § 9 Ab-

satz 3 Satz 2 nur von innen geöffnet werden kann, erfüllt damit die Anforderung des Absatzes 3.[2]

10 Der bewusst gewählten Unterscheidung zwischen den Begriffen „**ständig**" und „**während des Betriebs**" ist zu entnehmen, dass die Verpflichtung nach Absatz 3 nur für den Zeitraum des Veranstaltungsbetriebs umzusetzen ist. Der Betriebszeitraum einer Halle im Sinne dieser Vorschrift beginnt mit der Aufbauphase und dem damit verbundenen Einlass von Personen. Sie endet nach Abbau und der kompletten Entleerung der Versammlungsstätte.

11 Die ständige Freihaltung der Rettungswege (etc.) nach Absatz 2 ist hingegen eine andauernde Verpflichtung, die für die Versammlungsstätte auch in **veranstaltungsfreien Zeiten** zu beachten ist. Türen mit elektrischen Verriegelungssystemen nach der Muster-Richtlinie über elektrische Verriegelungssysteme von Türen in Rettungswegen[3] und automatische Schiebetüren nach der Muster-Richtlinie über automatische Schiebetüren in Rettungswegen[4] müssen so geschaltet sein, dass sie den Anforderungen des Absatzes 3 und des § 14 Absatz 1 entsprechen.

---

2 Ergänzend und klarstellend hierzu die Formulierung in § 31 Absatz 3 VStättV- RP - 2018: „*Während des Betriebs müssen alle Türen von Rettungswegen* **in Fluchtrichtung unverschlossen sein**."

3 Muster-Richtlinien über elektrische Verriegelungssysteme von Türen in Rettungswegen (M-EltVTR), Stand Dezember 1997, Fundstelle: www.bauministerkonferenz.de.

4 Muster-Richtlinien über automatische Schiebetüren in Rettungswegen (MAutSchR), Stand Dezember 1997, Fundstelle: www.bauministerkonferenz.de.

§ 32 Besucherplätze nach dem Bestuhlungs- und Rettungswegeplan

(1) Die Zahl der im Bestuhlungs- und Rettungswegeplan genehmigten Besucherplätze darf nicht überschritten und die genehmigte Anordnung der Besucherplätze darf nicht geändert werden.

(2) Eine Ausfertigung des für die jeweilige Nutzung genehmigten Planes ist in der Nähe des Haupteinganges eines jeden Versammlungsraumes gut sichtbar anzubringen.

(3) Ist nach der Art der Veranstaltung die Abschrankung der Stehflächen vor Szenenflächen erforderlich, sind Abschrankungen nach § 29 auch in Versammlungsstätten mit nicht mehr als 5000 Stehplätzen einzurichten.

Übersicht

1. Überblick

Die Vorschrift des § 32[1] ist eine Betriebsvorschrift, die für bestehende Versammlungsstätten unmittelbar Anwendung findet. Verstöße gegen die Bestimmungen der Absätze 1 und 3 sind gemäß § 47 Nummer 4 und 5 bußgeldbewehrt. 1

Die folgenden Pflichten können im Rahmen eines Miet- oder Veranstaltungsvertrags auf den Veranstalter (Mieter) übertragen werden: 2

1 Die **Regelung über Besucherplätze nach dem Bestuhlungs- und Rettungswegeplan** entspricht in Absatz 2 im Wesentlichen den Vorschriften des § 120 VStättVO 1978. Die Absätze 1 und 3 finden kein Vorbild in der VStättVO 1978.

übertragbar	Betreiberpflicht
•	Die Zahl der im Bestuhlungs- und Rettungswegeplan genehmigten Besucherplätze darf nicht überschritten und die genehmigte Anordnung der Besucherplätze darf nicht geändert werden.
(-)	Eine Ausfertigung des für die jeweilige Nutzung genehmigten Planes ist in der Nähe des Haupteinganges eines jeden Versammlungsraumes gut sichtbar anzubringen.
•	Verpflichtung zur Einbringung von Wellenbrechern soweit eine große Anzahl von Stehplätzen vor der Szenenfläche/Bühne angeordnet wird und mit besonderem Druck vor der Szenenfläche/Bühne zu rechnen ist.

2. Anzahl und Anordnung der Besucherplätze

3 Die Zahl der konkret auf Grund der Bauvorlagen zu genehmigenden Besucherplätze für Versammlungsstätten wird durch Bestuhlungs- und Rettungswegepläne (§ 44) festgelegt. Sie darf durch den Betreiber und Veranstalter nicht überschritten werden (§ 32). Das Verbot des **Absatzes 1** ist erforderlich, um die Beachtung des Rettungswegekonzeptes sicherzustellen.

4 Bauherren und Betreibern neu zu errichtender Versammlungsstätten wird empfohlen, bereits im Baugenehmigungsverfahren möglichst alle denkbaren, für den künftigen Betrieb erforderlichen Bestuhlungsvarianten einzureichen und sich diese genehmigen zu lassen. Hierfür erforderlich ist allerdings eine rechtzeitige Bemusterung und Auswahl der anzuschaffenden Stühle, da ohne exakte Angaben zur Tiefe und Breite der Stühle das Erstellen von Bestuhlungsplänen nach überwiegender Auffassung der Genehmigungsbehörden nicht möglich sei.

5 Bei einer Sanierung/Änderung von Versammlungsstätten sind die bestehenden Bestuhlungsvarianten rechtzeitig darauf zu überprüfen, ob bauliche Änderungen, bspw. zur Lage und Breite der Ausgänge oder zu den Rettungswegen im Gebäude, zu einer notwendigen Änderung von Bestuhlungsplänen führen.

6 Gleiches gilt für die Anschaffung neuer Stühle, sofern sich diese in den Maßen von der bisherigen Bestuhlung unterscheiden. Wird z.B. ein um 2 cm breiterer Stuhl ausgewählt, führt dies bei einer Anordnung von 20 Stühlen in der jeweiligen Reihe zum Verlust von insgesamt 40 cm. Un-

ter Beachtung der einzuhaltenden Mindestgangbreiten von jeweils 1,2 m auf beiden Seiten einer solchen Bestuhlung kann sich hierdurch eine notwendige Reduzierung der Stuhlreihen von 20 auf 19 ergeben.

Bei Blöcken von 30 Stuhlreihen entsteht dadurch u. U. eine erhebliche Verringerung des Sitzplatzangebots in einer Halle. Zusätzlich ist zu beachten, dass in der Regel alle baurechtlich genehmigten Bestuhlungsvarianten auf das neue Stuhlmaß angepasst und jeder einzelne Plan neu genehmigt werden muss. **7**

Aus der Formulierung des Absatzes 1 „die genehmigte Anordnung der Besucherplätze darf nicht geändert werden" folgt, dass die Bestuhlung im Versammlungsraum so aufgestellt sein muss, dass sie dem genehmigten Bestuhlungsplan entspricht. Die bedeutet jedoch nicht, dass alle im Bestuhlungsplan ausgewiesenen Tische und Stühle aufgestellt werden müssen. Bei einer Reihenbestuhlung ist es beispielsweise zulässig, weniger Sitzreihen als genehmigt aufzustellen. Die aufgestellten Sitzreihen müssen jedoch so aufgestellt werden, dass die freizuhaltenden Gänge oder Stufengänge entsprechend dem genehmigten Bestuhlungsplan freigehalten werden. **8**

Mit Blick auf die Regelungen des § 7 Absatz 5, der für aufzubauende Messe- und Ausstellungsstände lediglich „**Ausstellungsflächen**" von 30 m und Mindestgangbreiten von 3 m definiert, werden unter dem **Stichwort „Bürokratieabbau"** in einigen Bundesländern vergleichbare Verfahren für die Genehmigung von Bestuhlungsplänen nach den Vorgaben des § 10 diskutiert. In solchen Bundesländern, in denen die MVStättVO lediglich als Richtlinie umgesetzt bzw. verwaltungsintern zur bauaufsichtlichen Anwendung empfohlen wird, erfolgt bereits die Anwendung solcher vereinfachter Verfahren. Hintergrund hierfür ist der Umstand, dass in Mehrzweckhallen regelmäßig dutzende Aufplanungsvarianten für die einzelnen Säle und Räume bestehen und diese bei einer Neuanschaffung von Stühlen mit abweichenden Maßen erheblichen Aufwand für alle Beteiligten und nicht unerhebliche Kosten auf Betreiberseite verursachen. **9**

Auf Grundlage des geltenden Rechts ist das gleiche Verfahren, wie es für Ausstellungsflächen bereits seit Jahren angewandt wird, auch für die Aufplanung mit vorübergehend eingebrachten Stühlen in einer Versammlungsstätte möglich. Die Vorschrift des § 44 Absatz 5 bestimmt nicht, dass der einzelne Stuhl exakt zu vermaßen ist. Verlangt wird, dass **10**

„die Anordnung der Sitz- und Stehplätze, einschließlich der Plätze für Rollstuhlbenutzer, der Bühnen-, Szenen- oder Spielflächen sowie der Verlauf der Rettungswege in einem Bestuhlungs- und Rettungswegeplan im Maßstab von mindestens 1:200 darzustellen sind. Sind verschiedene Anordnungen vorgesehen, so ist für jede ein besonderer Plan vorzulegen".

11 Um die Anforderungen von § 44 Absatz 5 zu erfüllen, sind in einem aufzuplanenden Veranstaltungsraum die freizuhaltenden Gänge und Gangbreiten für die verschiedenen Bestuhlungsarten (z.B. parlamentarische Bestuhlung, Reihenbestuhlung, Bankettbestuhlung, Galabestuhlung etc.) die Szenenflächen und die jeweils maximale Besucherzahl im Planwerk festzulegen.

12 Die Aufstellflächen für Rollstuhlbenutzer, für Stühle und Tische oder für ein FOH-Pult sowie Gänge und Gangbreiten können als Flächen bemaßt, schraffiert und gekennzeichnet werden. Die konkreten Stuhlmaße müssen hingegen nicht hinterlegt und einzelne Stühle und Stuhlreihen nicht zwingend eingezeichnet werden.

13 In den markierten Flächen ist dann seitens des Betreibers sicherzustellen, dass die Bestuhlungsvariante die Anforderungen von § 10 erfüllt. § 10 Absatz 4 und 5 schreiben für Reihenbestuhlung eine Blockbildung vor. Für den Bestuhlungsplan reicht es aus, die Flächen dieser Blöcke mit den dazwischen liegenden Gängen einzutragen. Die einzelnen Sitzplätze müssen nicht eingetragen werden. Allerdings sind innerhalb der im Bestuhlungsplan für die Bestuhlung vorgesehenen Flächen, die nach § 10 Absatz 4 Satz 1 und 5 maximal zulässigen Sitzplätze einzuhalten.

14 Da der Betreiber primär für die Sicherheit der Veranstaltung verantwortlich ist und für die Einhaltung der Vorschriften nach § 38 Absatz 1 zu sorgen hat, obliegt es ihm in der Folge, für die korrekte Anordnung der Stühle unter Beachtung der Vorgaben des § 10 zu sorgen.[2] Ändert sich das Stuhlmaß infolge einer Neuanschaffung, kann der bisherige Plan beibehalten werden, auch wenn z.B. auf Grund neuer Stuhlbreiten nur noch eine geringere Anzahl an Stühlen innerhalb der ausgewiesenen Aufstellflächen gestellt werden kann.

15 Für Messe- und Ausstellungshallen **im Ausstellungsbetrieb**, die über keine festgelegten Besucherplätze verfügen, findet die Vorschrift des § 32 Absatz 1 insgesamt nur eingeschränkt Anwendung. Auf der einen Seite gibt es nur eine Grundaufplanung mit Ausstellungsflächen und

---

2 Siehe hierzu auch weiterführende Erläuterungen zu § 10 und § 44 Absatz 5.

Mindestgangbreiten und auf der anderen Seite keine festgelegten Besucherplätze. Das Besucheraufkommen bei Messen und Ausstellungen verteilt sich i. d. R. über mehrere Tage auf die gesamte Versammlungsstätte, bestehend aus einzelnen Versammlungsräumen bzw. Ausstellungshallen einschließlich der Freiflächen auf dem Messegelände.

Die Vorschrift des § 32 geht im Hinblick auf die Einhaltung der „Zahl der Besucherplätze" demgegenüber von einem festgelegten und damit auch kontrollierbaren Besucherplatz aus, wie er zum Beispiel bei der Durchführung eines Konzertes in einer Veranstaltungshalle zur Verfügung steht. Gleichwohl kann es erforderlich werden, einzelne Hallen oder Hallenbereiche wegen erkennbarer zeitweiliger Überfüllung vorübergehend für weitere Besucher zu sperren. 16

3. Verhältnis zu § 1 Absatz 2 und § 44 Absatz 1

Die 2014 vollzogene Änderung von § 1 Absatz 2 Satz 1: „*Soweit sich aus den Bauvorlagen nichts anderes ergibt, ist die Anzahl der Besucher im Sinne dieser Verordnung wie folgt zu ermitteln*", ermöglicht dem Bauherrn und dem Betreiber in den Bauvorlagen, insbesondere dem Bestuhlungs- und Rettungswegeplan von den Bemessungsregeln des § 1 Absatz 2 Satz 1 nach unten oder oben abzuweichen. Soweit er nach unten abweicht, hat dies eine Beschränkung der Besucherzahl zur Folge, die sich im genehmigten Bestuhlungsplan niederschlägt. Soweit er nach oben abweicht, ist die neue Bestimmung des § 44 Absatz 1 Satz 2 zu beachten, die einen Nachweis über die Eignung der Rettungswege erfordert. 17

4. Aushang des genehmigten Planes

Soweit **Absatz 2** vorschreibt, dass eine Ausfertigung des für die jeweilige Nutzung genehmigten Planes in der Nähe des Haupteingangs eines jeden Versammlungsraums gut sichtbar anzubringen ist, besteht in der bauaufsichtlichen und feuerpolizeilichen Verwaltungspraxis keine einheitliche Sichtweise, welchem Zweck diese Regelung dient. Nordrhein-Westfalen hat Absatz 2 bei der letzten Anpassung der SBauVO im Jahr 2017 ersatzlos gestrichen, da der Aushang einer maximalen Bestuhlungsvariante, die u. U. gar nicht aufgebaut wurde, entbehrlich ist. 18

Bauaufsichtlicherseits wird teilweise die Meinung vertreten, es werde durch den Aushang dem Besucher die Möglichkeit gegeben, sich die 19

Rettungswegeführung für den Fall einer notwendigen Räumung einprägen zu können. Der Aushang ermögliche darüberhinaus den Aufsichtsbehörden und insbesondere auch den Brandsicherheitswachen der Feuerwehr die Möglichkeit, die realisierte Aufplanung mit dem genehmigten Plan vergleichen zu können, ohne die Behördenakte mitführen zu müssen.

20 Der behördlich gestempelte und damit nachvollziehbar genehmigte Bestuhlungsplan ist in jedem Fall für den Veranstalter bzw. Mieter und auch für einen kundigen Besucher der Nachweis, dass eine aufgebaute Bestuhlungssituation oder ein Bühnenaufbau bei einem Konzert für den betreffenden Versammlungsraum grundsätzlich genehmigt und damit rechtlich zulässig ist. Ob es dazu eines Aushangs am Eingang des Veranstaltungsraums bedarf, kann dahingestellt bleiben. Der fehlende Aushang eines Bestuhlungsplans ist jedenfalls in keinem Bundesland bußgeldbewehrt.

21 Für die gesamte bauliche Anlage und die Rettungswegeführung sind in jedem Fall „Flucht- und Rettungswegepläne“ an geeigneten Stellen auszuhängen. Diese sind mit der Brandschutzdienststelle gemäß DIN 14095[3] abzustimmen.

5. Abschrankung von Stehflächen

22 **Absatz 3** verlangt die entsprechende Anwendung des § 29 als Betriebsvorschrift für Versammlungsstätten mit nicht mehr als 5000 Stehplätzen, wenn nach der Art der Veranstaltung die Abschrankung der Stehflächen vor Szenenflächen erforderlich ist. Diese Vorschrift wurde erst in der 250. Sitzung der Fachkommission Bauaufsicht beschlossen und damit erst nachträglich in die Verordnung aufgenommen.

23 Da in besonderen Fällen, z.B. bei Rockkonzerten, auch bei weniger als 5000 Stehplätzen Maßnahmen zur Abschrankung erforderlich werden können, verpflichtet der Absatz 3 den Betreiber, diese Maßnahmen eigenständig durchzuführen. Ob derartige Abschrankungsmaßnahmen oberhalb und unterhalb der Schwelle von 5000 Stehplätzen im Einzelfall erforderlich werden, ergibt sich aus dem Sicherheitskonzept für die jeweilige Veranstaltung.

---

3 DIN 14095:2007-05
Feuerwehrpläne für bauliche Anlagen.

Die Probleme des Staudrucks vor Szenenflächen können auch bei weniger als 5000 Stehplätzen auftreten und hängen nicht nur von der Zahl der Personen, sondern wesentlich auch von der Art der Veranstaltung ab. Insbesondere bei Veranstaltungen mit Jugendlichen oder besonderen Fangruppen kann es erforderlich sein, blockbildende Abschrankungen anzuordnen. Entscheidend ist stets eine Bewertung des Veranstaltungskonzepts, der auftretenden Künstler und des erwarteten Publikums. Erfahrungswerte bei wiederkehrenden Großveranstaltungen, wie z.B. beim Rockfestival in Wacken, zeigen, dass auch bei Personenzahlen deutlich über 50000 Besuchern auf die Anordnung von Wellenbrechern verzichtet werden kann. 24

Es ist nicht gewollt und auch nicht erforderlich, einen Automatismus dahingehend stattfinden zuzulassen, dass Abschrankungen nach § 29 bereits dann einzubringen sind, nur weil auf Wunsch des Veranstalters vor der Szenenfläche eine Absperrung eingebracht wird. 25

Im Regelfall erfolgt der Aufbau solcher Abschrankungen vor der Bühne auf Wunsch der Künstler oder Veranstalter, ohne dass eine sicherheitstechnische Bewertung hierzu Anlass gibt. Abschrankungen nach § 29 sollen die Sicherheit für Besucher erhöhen, weshalb stets auf der Grundlage einer Gefährdungsanalyse eine Bewertung durchzuführen ist, die Bestandteil des Sicherheitskonzeptes[4] wird. 26

4 Vgl. hierzu mit weiteren Ausführungen die Kommentierung zu § 43.

Abschnitt 2
Brandverhütung

§ 33 Vorhänge, Sitze, Ausstattungen, Requisiten und Ausschmückungen

(1) Vorhänge von Bühnen und Szenenflächen müssen aus mindestens schwerentflammbarem Material bestehen.

(2) [1]Sitze von Versammlungsstätten mit mehr als 5000 Besucherplätzen müssen aus mindestens schwerentflammbarem Material bestehen. [2]Die Unterkonstruktion muss aus nichtbrennbarem Material bestehen.

(3) [1]Ausstattungen müssen aus mindestens schwerentflammbarem Material bestehen. [2]Bei Bühnen oder Szenenflächen mit automatischen Feuerlöschanlagen genügen Ausstattungen aus normalentflammbarem Material.

(4) Requisiten müssen aus mindestens normalentflammbarem Material bestehen.

(5) [1]Ausschmückungen müssen aus mindestens schwerentflammbarem Material bestehen. [2]Ausschmückungen in notwendigen Fluren und notwendigen Treppenräumen müssen aus nichtbrennbarem Material bestehen.

(6) [1]Ausschmückungen müssen unmittelbar an Wänden, Decken oder Ausstattungen angebracht werden. [2]Frei im Raum hängende Ausschmückungen sind zulässig, wenn sie einen Abstand von mindestens 2,50 m zum Fußboden haben. [3]Ausschmückungen aus natürlichem Pflanzenschmuck dürfen sich nur so lange sie frisch sind in den Räumen befinden.

(7) Der Raum unter dem Schutzvorhang ist von Ausstattungen, Requisiten oder Ausschmückungen so freizuhalten, dass die Funktion des Schutzvorhangs nicht beeinträchtigt wird.

(8) Brennbares Material muss von Zündquellen, wie Scheinwerfern oder Heizstrahlern, so weit entfernt sein, dass das Material durch diese nicht entzündet werden kann.

Übersicht

1. Überblick

Bei der Vorschrift des § 33 handelt es sich um eine Betriebsvorschrift, die auch auf bestehende Versammlungsstätten anzuwenden ist. Gegenüber Betreibern – von Versammlungsstätten mit mehr als 5000 Besucherplätzen –, die nicht innerhalb der nach § 46 Absatz 1 MVStättV 2005 vorgesehenen Übergangsfrist von zwei Jahren die Umrüstung ihrer Sitzplätze auf Schwerentflammbarkeit und der zugehörigen Unterkonstruktion auf Nichtbrennbarkeit (§ 33 Absatz 2) vorgenommen haben, kann mit den Mitteln der Nutzungsuntersagung und des Ordnungswidrigkeitenrechts begegnet werden.[1] Darüber hinaus führt die Nichtbeachtung dieser Anforderung zu einem Verstoß gegen eine Betriebsvorschrift nach § 38 Absatz 4, 2. Alternative, die den Betreiber zur Einstellung des Betriebs verpflichtet.[2] 1

Die in Absätzen 1 und 3 bis 8 enthaltenen Pflichten gelten als Betriebsvorschriften unmittelbar. Verstöße gegen die Bestimmungen des § 33 sind gemäß § 47 Nummer 6 bußgeldbewehrt. 2

Die Vorschriften des § 33 betreffen das Brandverhalten von Vorhängen, Sitzen, Ausstattungen, Requisiten und Ausschmückungen. Sie entsprechen im Wesentlichen den früheren Regelungen der VStättVO 1978 und des § 26 Absatz 1 MGastBauVO 1982. Die Vorschriften des § 33 dienen dem vorbeugenden Brandschutz während des Veranstaltungsbetriebs. 3

---

1 Vgl. Kommentierung zu § 46 Absatz 1. Trotz Löschung der Zwei-Jahres-Übergangsfrist in der aktuellen MVStättVO wirkt die Nachrüstungspflicht aus der MVStättV 2005 bis heute fort.

2 **Beachte abweichende Regelung in Bayern:** Die Regelung des § 33 Absatz 2 MVStättV 2005 zur Schwerentflammbarkeit von Sitzen ist in § 5 Absatz 8 VStättV (BY) enthalten, jedoch nicht in den Katalog der Nachrüstpflichten des § 46 Absatz 1 VStättV (BY) übernommen worden. Durch die Aufnahme in die Bauvorschriften ist diese Regelung in Bayern auf eine mobile Bestuhlung nicht anwendbar.

4 Die folgenden Pflichten können im Rahmen eines Miet- oder Veranstaltungsvertrags auf den Veranstalter (Mieter) übertragen werden:

übertragbar	Betreiberpflicht
•	Für die Veranstaltung eingebrachte Vorhänge von Bühnen und Szenenflächen müssen aus mindestens schwerentflammbarem Material bestehen.
•	Für die Veranstaltung eingebrachte Stühle/Sitze müssen aus mindestens schwerentflammbarem Material bestehen. Die Unterkonstruktion muss aus nichtbrennbarem Material bestehen. (*nur relevant für Versammlungsstätten mit mehr als 5 000 Besucherplätzen*)
•	Eingebrachte Ausstattungen müssen aus mindestens schwerentflammbarem Material bestehen. Bei Nutzung einer Bühne oder einer Szenenfläche mit automatischer Feuerlöschanlage genügen Ausstattungen aus normalentflammbarem Material. **Anmerkung:** Ausstattungen sind Bestandteile von Bühnen- oder Szenenbildern. Hierzu gehören insbesondere Wand-, Fußboden- und Deckenelemente, Bildwände, Treppen und sonstige Bühnenbildteile.
•	Eingebrachte Requisiten müssen aus mindestens normalentflammbarem Material bestehen. **Anmerkung:** Requisiten sind bewegliche Einrichtungsgegenstände von Bühnen- oder Szenenbildern. Hierzu gehören insbesondere Möbel, Leuchten, Bilder und Geschirr.
•	Eingebrachte Ausschmückungen müssen aus mindestens schwerentflammbarem Material bestehen. Ausschmückungen in notwendigen Fluren und notwendigen Treppenräumen müssen aus nichtbrennbarem Material bestehen. *Ausschmückungen sind vorübergehend eingebrachte Dekorationsgegenstände. Zu den Ausschmückungen gehören insbesondere Drapierungen, Girlanden, Fahnen und künstlicher Pflanzenschmuck.*
•	Der Raum unter dem Schutzvorhang ist von Ausstattungen, Requisiten oder Ausschmückungen so freizuhalten, dass die Funktion des Schutzvorhangs nicht beeinträchtigt wird (*nur relevant für Versammlungsstätten mit Großbühnen*).
•	Brennbares Material muss von Zündquellen, wie Scheinwerfern oder Heizstrahlern, so weit entfernt sein, dass das Material durch diese nicht entzündet werden kann.

2. Brandverhalten von Materialien

5 Während das Brandverhalten von Baustoffen einschließlich der Nachweisführung in den §§ 17 bis 25 MBO in Verbindung mit der durch die MVV TB als Technische Baubestimmungen eingeführten Normenreihen DIN 4102 und DIN EN 13501 geregelt ist, bestehen keine speziellen bauaufsichtlichen Regelungen hinsichtlich der Materialien, die keine Bauprodukte im Sinne des § 2 Absatz 9 MBO in Verbindung mit den §§ 17 bis 25 MBO sind. Dies führt zur Frage, wie hinsichtlich dieser nicht bauaufsichtlich geregelten Materialien die unbestimmten Rechtsbegriffe „nicht brennbar", „normalentflammbar" oder „schwerentflammbar" auszulegen sind.

6 Materialien, für die in der MVStättVO brandschutztechnische Anforderungen gestellt werden, fallen infolge der Regelung des § 1 Absatz 1 Satz 2 MBO als „Einrichtungen" in den Anwendungsbereich der MBO. Dies führt zu einer entsprechenden Anwendung der unbestimmten Rechtsbegriffe „nichtbrennbar", „normalentflammbar" oder „schwerentflammbar" **mit der Folge, dass die Materialien im Hinblick auf diese Anforderungen wie Baustoffe zu behandeln sind**. Für diese Materialien ist somit die Klassifizierung des Brandverhaltens grundsätzlich ebenfalls nach den in der DIN 4102-1 für die jeweilige Baustoffklasse vorgesehenen Prüfverfahren durchzuführen und die Eigenschaft durch ein allgemeines bauaufsichtliches Prüfzeugnis nachzuweisen. Alternativ zu Prüfungen bzw. klassifizierten Nachweisen nach der Normreihe DIN 4102 kann die Bewertung des Brandverhaltens des Materials nach der europäisch harmonisierten Normreihe **DIN EN 13501** erfolgen.

7 Soweit das Brandverhalten für bestimmte Materialien, die nicht Baustoffe im Sinne des § 2 Absatz 9 MBO i.V.m. §§ 17 bis 25 MBO sind, in speziellen für diese Materialien geltenden Normen klassifiziert ist, können Nachweise auch nach diesen Normen erfolgen. Dies kommt jedoch nur dann in Betracht, wenn diese Normen hinsichtlich der Klassifizierung des Brandverhaltens mit den Baustoffklassen der DIN 4102-1 bzw. DIN EN 13501 gleichwertig sind, also eine eindeutige Bewertung der Stoffeigenschaft als „normalentflammbar", „schwerentflammbar" oder „nichtbrennbar" möglich ist. Der Nachweis wird durch ein Prüfzeugnis einer anerkannten Prüfstelle geführt.

8 Für die Bewertung kommt es auf folgende Kriterien an:

- Entflammbarkeit,
- Feuerweiterleitung,
- Wärmeentwicklung,
- Abtropfverhalten: brennend – nicht brennend,
- Rauchgasbildung.

9 Für die Klassifizierung des Brandverhaltens textiler Stoffe kommen folgende Regeln der Technik in Betracht:

DIN 66084:2003-07 Klassifizierung des Brennverhaltens von Polsterverbunden.
DIN EN 1624:1999-10 Textilien und textile Erzeugnisse – Brennverhalten industrieller und technische Textilien – Verfahren zur Bestimmung der Flammenausbreitung vertikal angeordneter Messproben.
DIN EN 1625:1999-10 Textilien und textile Erzeugnisse – Brennverhalten industrieller und technischer Textilien – Verfahren zur Bestimmung der Entzündbarkeit vertikal angeordneter Messproben.
DIN EN 1021-1:2014-10 Möbel – Bewertung der Entzündbarkeit von Polstermöbeln – Teil 1: Glimmende Zigarette als Zündquelle.
DIN EN 1021-2:2014-10 Möbel – Bewertung der Entzündbarkeit von Polstermöbeln – Teil 2: Eine einem Streichholz vergleichbare Gasflamme als Zündquelle.

10 Soweit die Ergebnisse der nach diesen Normen vorgenommenen Prüfungen mit den bauaufsichtlichen Anforderungen vergleichbar sind, können die entsprechenden Prüfzeugnisse einer anerkannten Prüfstelle als Nachweis anerkannt werden.

3. Vorhänge von Bühnen und Szenenflächen

11 Vorhänge von Bühnen und Szenenflächen müssen gemäß **Absatz 1** aus mindestens schwerentflammbarem Material bestehen. Sind die Vorhänge fest mit der baulichen Anlage verbunden (§ 2 Absatz 9 Nummer 1 MBO), gelten sie als Baustoffe weshalb in diesem Fall die Verwendbarkeitsnachweise nach §§ 17 bis 25 MBO erforderlich sind. Die Anforderung betrifft alle Vorhänge im Bereich von Bühnen und Szenenflächen,

nicht jedoch den „eisernen Vorhang", also den Schutzvorhang von Großbühnen, der nach § 23 nichtbrennbar sein muss und für den weitere spezielle Anforderungen gelten. Vor der Regelung des Absatzes 1 erfasst wird jedoch der Schmuckvorhang vor dem Schutzvorhang.

Für die Klassifizierung des Brandverhaltens von Vorhangstoffen, kommen neben den oben unter Nummer 4 genannten Normen folgende Regeln der Technik in Betracht: 12

DIN EN 1101:2005-09 Textilien – Brennverhalten von Vorhängen und Gardinen – Detailliertes Verfahren zur Bestimmung der Entzündbarkeit von vertikal angeordneten Proben (kleine Flamme).
DIN EN 1102:2016-10 Textilien – Brennverhalten von Vorhängen und Gardinen – Detailliertes Verfahren zur Bestimmung der Flammenausbreitungseigenschaften vertikal angeordneter Proben.
DIN EN 13772:2011-04 Textilien und textile Erzeugnisse – Brennverhalten von Vorhängen und Gardinen – Messung der Flammenausbreitungseigenschaften von vertikal angeordneten Messproben bei Einwirkung großer Zündquellen.
DIN EN 13773:2003-05 Textilien – Vorhänge und Gardinen; Brennverhalten – Klassifizierungsschema.
ÖNORM B 3825:2009-07 Brandverhalten von Ausstattungsmaterialien – Prüfung und Klassifizierung von Möbelbezügen.

4. Sitze von Versammlungsstätten

Sitze in Versammlungsstätten mit mehr als 5 000 Besucherplätzen müssen nach **Absatz 2** aus mindestens schwerentflammbarem Material bestehen. Die Unterkonstruktion, auf der die Sitze befestigt sind, muss aus nichtbrennbarem Material bestehen.[3] Diese Materialien gelten als Baustoffe, weshalb in diesem Fall ebenfalls die Verwendbarkeitsnachweise nach §§ 17 bis 25 MBO erforderlich sind. Die Forderungen des Absat- 13

3 Das Land **Bayern** hat die Anforderung des Absatzes 2 als Bauvorschrift in den § 5 Absatz 8 VStättV (BY) aufgenommen. Da in dem § 46 Absatz 2 VStättV (BY) nicht auf den § 5 Absatz 8 VStättV (BY) verwiesen wird, ist § 5 Absatz 8 bei zum Zeitpunkt des Inkrafttretens der VStättV (BY) bestehenden Versammlungsstätten nicht anzuwenden.

zes 2 waren nach § 46 Absatz 1 Nummer 2 MVStättV 2005 innerhalb von zwei Jahren nach Inkrafttreten der Verordnung durch den Betreiber umzusetzen. Soweit die Nachrüstung bislang nicht erfolgt ist, besteht die Nachrüstungspflicht fort.[4]

14 Für den Nachweis der Brandklasse B1 „schwerentflammbar“ nach DIN 4102 ist ein Brandschachttest erforderlich. Vier Probekörper (1 000 × 190 mm) werden so angeordnet, dass sie einen Kamin bilden. Sie werden über einen Ringbrenner gehängt und während 10 Min. beflammt. Der Test ist bestanden, wenn mindestens 150 mm des Materials der Probekörper (von der Oberkante aus gemessen) unzerstört bleiben, die Flammen die Probenoberkante nicht überschlagen und die Abgastemperatur unterhalb 250°C bleibt.

15 Nach der EN 13501-1 wird ähnlich wie in der DIN 4102-1 das Brandverhalten von Baustoffen zur Verwendung im Bauwesen geprüft und klassifiziert. Dabei kommen unterschiedliche Prüfmethoden wie der „kleine Brennkasten“ oder der „Single Burning Item“ zum Einsatz, die in verschiedenen Kombinationen die Einstufung in die entsprechenden Klassen ergeben. Diese Norm gilt in ganz Europa und soll allmählich die in den einzelnen Ländern geltenden Brandprüfnormen wie die DIN 4102-1 ablösen, um eine einheitliche Vorgehensweise zu ermöglichen.

16 Es gibt von unterschiedlichen Herstellern Nachweise über nach DIN 4102 geprüfte Stadionsitze.

5. Ausstattungen

17 Ausstattungen müssen nach **Absatz 3** aus mindestens schwerentflammbarem Material bestehen. Was unter dem Begriff „Ausstattungen“ zu verstehen ist, ergibt sich aus § 2 Absatz 9. Dieser definiert Ausstattungen als **Bestandteile von Bühnen- oder Szenenbildern**. Hierzu gehören insbesondere Wand-, Fußboden- und Deckenelemente, Bildwände, Treppen und sonstige Bühnenbildteile.

18 Bei Bühnen oder Szenenflächen mit automatischen Feuerlöschanlagen genügen Ausstattungen aus normalentflammbarem Material. Die Erleichterung des **Absatzes 3** Satz 2, die Ausstattungen aus normalentflammbarem Material zulässt, ist im Hinblick auf die Bedingung einer

---

4 Vgl. Kommentierung zu § 46 Absatz 1. Trotz Löschung der Zwei-Jahres-Übergangsfrist in der aktuellen MVStättVO wirkt die Nachrüstungspflicht aus der MVStättV 2005 bis heute fort.

automatischen Feuerlöschanlage vertretbar, da eine solche geeignet ist, einen Entstehungsbrand wirksam zu bekämpfen und eine Brandweiterleitung zu behindern.

Die Brandschutzanforderungen für Ausstattungen sind ausschließlich auf Bestandteile von Bühnen- oder Szenenbildern anzuwenden. Die Brandschutzanforderungen für Ausstattungen sind nicht übertragbar auf Messe- und Ausstellungsstände, da es sich bei diesen Einrichtungen nicht um Bühnenbildteile handelt. 19

6. Requisiten

Requisiten sind ausweislich § 2 Absatz 10 **bewegliche Einrichtungsgegenstände von Bühnen- oder Szenenbildern**. Hierzu gehören insbesondere Möbel, Leuchten, Bilder und Geschirr, sofern sie zu Bühnen oder Szenenbildern gehören. Sie müssen **gemäß Absatz 4** aus mindestens normalentflammbarem Material (B 2) bestehen. Leichtentflammbare Materialien (B 3) für Requisiten sind daher unzulässig. Der Begriff „Requisiten" ist auf die Einrichtungsgegenstände von Bühnen und Szenenflächen beschränkt. 20

Die Brandschutzanforderungen für Requisiten sind nicht übertragbar auf sonstige Möbel und Einrichtungsgegenstände. Dies bedeutet, dass an die Möbel und Einrichtungsgegenstände im Versammlungsraum keine bauaufsichtlichen Anforderungen an das Brandverhalten gestellt werden, sofern sich die Möbel und Einrichtungsgegenstände nicht auf einer Bühne oder einer Szenenfläche befinden und es sich nicht um Sitz ein einer Versammlungsstätte mit mehr als 5000 Besucherplätzen handelt. 21

Auch wenn die MVStättVO an **Einrichtungsgegenstände von Versammlungsräumen** außerhalb von Bühnen und Szenenflächen keine spezifischen brandschutztechnischen Anforderungen stellt, so bedeutet dies nicht, dass Einrichtungsgegenstände aus leichtentflammbaren Material unbedenklich in die Versammlungsräume eingebracht werden könnten. Dem steht schon das Schutzziel des § 14 MBO entgegen, wonach der Entstehung eines Brandes vorgebeugt werden muss. Zwar bezieht sich dieses Schutzziel dem Wortlaut nach auf die bauliche Anlage, es steht jedoch außer Zweifel, dass sich dies entsprechend auf alle in die bauliche Anlage eingebrachten Gegenstände auswirkt. Dass das Schutzziel des § 14 MBO beachtlich ist, ergibt sich aus den Anforderungen der §§ 16, 19 und 20 sowie der §§ 33 und 34. 22

7. Ausschmückungen

23 Ausschmückungen werden in § 2 Absatz 11 definiert. Es sind vorübergehend in die Versammlungsstätte eingebrachte Dekorationsgegenstände. Zu den Ausschmückungen gehören insbesondere Drapierungen, Girlanden, Fahnen und künstlicher Pflanzenschmuck. Sie müssen aus mindestens schwerentflammbarem Material bestehen.

24 Die Anforderungen nach **Absatz 5** gelten unabhängig davon, ob die Ausschmückungen auf einer Szenenfläche oder in sonstigen Bereichen der Versammlungsstätte eingebracht werden. Ausschmückungen in notwendigen Fluren und notwendigen Treppenräumen müssen aus nichtbrennbarem Material bestehen. **Die Anwendbarkeit dieser Vorschrift auf sonstige Rettungswege** wie beispielsweise notwendige Gänge in Ausstellungshallen **ist** vom Verordnungsgeber nicht gewollt und deshalb bereits **dem Wortlaut nach ausgeschlossen**.

25 So ist das Einbringen von Styroporkügelchen als Schüttgut und Bodenbedeckung für eine Tanzveranstaltung („Styropor-Party“) nicht zulässig, da davon erhebliche Brandgefahren ausgehen.

26 Nach **Absatz 6** müssen Ausschmückungen unmittelbar an Wänden, Decken oder Ausstattungen angebracht werden. Soweit sie frei im Raum hängend angebracht werden sollen, sind sie nur zulässig, wenn sie einen Abstand von mindestens 2,50 m zum Fußboden haben. Natürlicher Pflanzenschmuck darf sich in den Räumen der Versammlungsstätte nur so lange befinden, solange er frisch ist. Dies betrifft insbesondere die Ausschmückung von Versammlungsräumen mit Tannen- oder Fichtenreisig zur Adventszeit, da trockenes Reisig eine erhöhte Brandgefahr birgt. Absatz 6 regelt nicht abschließend alle Ausschmückungen im Sinne von § 2 Absatz 11, insbesondere nicht mobil durch Besucher eingebrachte Ausschmückungen, von denen ebenfalls Brandgefahren ausgehen können.

Abweichungen von Absatz 5 und 6 auf Grundlage einer Gefährdungsbeurteilung in Sportstadien[5]

27 Die Arbeitsgemeinschaft der Leiter der Berufsfeuerwehren in der Bundesrepublik Deutschland (AGBF) führt in ihrer Bewertung der Risiken von Fanchoreografien in Sportstadien eine Reihe möglicher Abweichungstatbestände auf:

---

5 Sitzungsergebnis Oktober 2015 der Arbeitsgemeinschaft der Leiter der Berufsfeuerwehren in der Bundesrepublik Deutschland (AGBF), Fundstelle: www.agbf.de.

„Die Materialien für Fanchoreografien werden nach Versamm-lungs-stättenverordnung (VStättVO) in der Regel als Ausschmückung eingestuft und müssen somit schwerentflammbar sein. Für Materialien bis zur Größe DIN A3 kann ggf. auf den Nachweis der Schwerentflammbarkeit in der Regel verzichtet werden, da der Gegenstand in etwa der Größe einer aufgeklappten Stadionzeitung entspricht. Notwendig ist jedoch ein Nachweis, wie der Ansammlung von Brandlasten vorgebeugt wird (z. B. Bereitstellung zusätzlicher Abfallbehälter, laufende Reinigungsmaßnahmen). Bestehen bei koordinierten Promotion-Aktionen Abweichungen zwischen der Verwendung der eingesetzten Materialien und dem Verwendbarkeitsnachweis als Baustoff (z. B. Vorgabe einer Verwendung auf mineralischen Untergrund, keine Verwendung im Freien) so ist eine Gefährdungsbeurteilung erforderlich, aus der sich die Unbedenklichkeit ergibt.“

Die im Folgenden bezeichneten üblichen Fanchoreografien werden durch die AGBF bewertet und Hinweise zu möglichen Abweichungen im Einzelfall gegeben: **Konfettischnipsel, Klatschpappen, Sitzkissen, Folienstücke und Kartonagen, Fahnen, Pyrotechnik, Spruchbänder bzw. Zaunfahnen, Blockfahnen.** Zu beachten ist hierbei, dass eine Abweichung zu bestehenden Brandschutzanforderungen für eingebrachte Ausschmückungen unter Beachtung der MVStättVO nur auf Basis einer spieltagsbezogenen Sicherheitsbeurteilung durchgeführt werden sollte, die ihrerseits Bestandteil eines Sicherheitskonzept nach § 43 Absatz 2 sein muss. **28**

8. Funktionsfähigkeit des Schutzvorhangs

Die Regelung des **Absatzes 7** ergänzt den § 23 und bestimmt, dass der Raum unter dem Schutzvorhang von Ausstattungen, Requisiten oder Ausschmückungen so freizuhalten ist, dass die Funktion des Schutzvorhangs nicht beeinträchtigt wird. Dies bedeutet, dass sich unter dem Schutzvorhang nichts befinden darf. **29**

9. Anbringen von brennbarem Material

Absatz 8 bestimmt für alle Arten von brennbarem Material, dass es von Zündquellen so weit entfernt sein muss, dass das Material durch diese nicht entzündet werden kann. **30**

31 Da die MVStättVO die Verwendung von brennbarem, also normalentflammbarem oder schwerentflammbarem Material in Versammlungsstätten zulässt, kommt es besonders darauf an, dass der Entstehung eines Brandes durch ausreichende Abstände von Wärme- und Strahlungsquellen vorgebeugt wird. Typische Zündquellen sind Scheinwerfer oder Heizstrahler, wobei Heizstrahler erst nachträglich in die beispielhafte, also nicht abschließende Aufzählung aufgenommen wurden. Diese Änderung war redaktioneller Art und korrespondiert mit § 17 Absatz 1 Satz 2. Die Ergänzung betrifft einen wichtigen und häufig vorkommenden Beispielsfall, von dem besondere Gefährdungen ausgehen.

§ 34 Aufbewahrung von Ausstattungen, Requisiten, Ausschmückungen und brennbarem Material

(1) Ausstattungen, Requisiten und Ausschmückungen dürfen nur außerhalb der Bühnen und der Szenenflächen aufbewahrt werden; dies gilt nicht für den Tagesbedarf.

(2) Auf den Bühnenerweiterungen dürfen Szenenaufbauten der laufenden Spielzeit bereitgestellt werden, wenn die Bühnenerweiterungen durch dichtschließende Abschlüsse aus nichtbrennbaren Baustoffen gegen die Hauptbühne abgetrennt sind.

(3) An den Zügen von Bühnen oder Szenenflächen dürfen nur Ausstattungsteile für einen Tagesbedarf hängen.

(4) Pyrotechnische Gegenstände, brennbare Flüssigkeiten und anderes brennbares Material, insbesondere Packmaterial, dürfen nur in den dafür vorgesehenen Magazinen aufbewahrt werden.

Übersicht

1. Überblick

1 Die Vorschrift des § 34 ist eine Betriebsvorschrift,[1] die für bestehende Versammlungsstätten unmittelbar Anwendung findet. Verstöße gegen die Bestimmungen des § 33 sind gemäß § 47 Nummer 7 und 8 bußgeldbewehrt. Die Regelung korrespondiert mit dem § 3 Absatz 3, § 9 Absatz 2 und dem § 24 Absatz 4.

2 Die folgenden Pflichten können im Rahmen eines Miet- oder Veranstaltungsvertrags auf den Veranstalter (Mieter) übertragen werden:

1 Die Regelung über die Aufbewahrung von Ausstattungen, Requisiten, Ausschmückungen und brennbarem Material entspricht im Wesentlichen der Vorschrift des § 109 VStättVO 1978.

übertragbar	Betreiberpflicht
•	Ausstattungen, Requisiten und Ausschmückungen dürfen nur außerhalb der Bühnen/Szenenfläche aufbewahrt werden; ausgenommen Tagesbedarf.
(-)	Auf den Bühnenerweiterungen dürfen keine Szenenaufbauten der laufenden Spielzeit bereitgestellt werden. **Anmerkung:** gilt nicht, wenn die Bühnenerweiterungen durch dichtschließende Abschlüsse aus nichtbrennbaren Baustoffen gegen die Hauptbühne abgetrennt sind.
(-)	An den Zügen von Bühnen oder Szenenflächen dürfen nur Ausstattungsteile für einen Tagesbedarf hängen.
•	Pyrotechnische Gegenstände, brennbare Flüssigkeiten und anderes brennbares Material, insbesondere Packmaterial, dürfen nicht im Versammlungsraum, sondern nur in den dafür vorgesehenen Magazinen aufbewahrt werden.

2. Aufbewahrung von Ausstattungen, Requisiten, Ausschmückungen

3 **Absatz 1** regelt den Ort und Zeitraum der zulässigen Aufbewahrung bzw. Bereitstellung. Mit Ausnahme des Tagesbedarfs dürfen **Ausstattungen, Requisiten und Ausschmückungen** nur außerhalb der Bühnen und der Szenenflächen aufbewahrt werden.

3. Bereitstellung von Szenenaufbauten

4 **Absatz 2** definiert die Brandschutzanforderungen für die Bereitstellung von Szenenaufbauten auf einem niedrigen, aber ausreichenden Niveau.[2]

5 Auf den Bühnenerweiterungen dürfen Szenenaufbauten der laufenden Spielzeit bereitgestellt werden, wenn die Bühnenerweiterungen durch dichtschließende **Abschlüsse** aus nichtbrennbaren Baustoffen gegen die Hauptbühne abgetrennt sind. Als dichtschließend gelten zum Beispiel

2 Die Änderung wurde in der 253. Sitzung der Fachkommission Bauaufsicht beschlossen.

Abschlüsse mit Falz oder umlaufender Dichtung. Für die Anforderung „dichtschließend" ist kein Nachweis nach DIN 18095[3] erforderlich.

Die Abminderung gegenüber der bisherigen Vorschrift[4] ist auch bei Großbühnen vertretbar, da diese eine automatische Sprühwasserlöschanlage für die gesamte Bühne haben müssen. Diese bezieht auch die Bühnenerweiterung mit ein. 6

4. Vorhaltung von Ausstattungsteilen

An den Zügen von Bühnen oder Szenenflächen dürfen nach **Absatz 3** nur Ausstattungsteile für einen Tagesbedarf hängen.[5] Unter **Tagesbedarf** im Sinne dieser Vorschrift versteht man auch das Vorhalten von Ausstattungen für die folgende Veranstaltung. Nicht zulässig ist die dauerhafte Aufbewahrung von Ausstattungen an den Zügen. Die dauerhafte Aufbewahrung im Bereich der Bühne ist abschließend in Absatz 2 geregelt. 7

Für die durch Darbietungen oder schwebende Lasten über den Besucherplätzen entstehende Gefahrenlage ist § 11 Absatz 6 Satz 2 zu beachten. 8

5. Aufbewahrung brennbarer und brandfördernder Materialien

Die in **Absatz 4** geregelte Aufbewahrung pyrotechnischer Gegenstände, brennbarer Flüssigkeiten und anderer brennbarer Materialien, insbesondere Packmaterial, gilt generell **für alle Arten von Versammlungsstätten**. Entsprechende Materialien dürfen nur in den dafür vorgesehenen Magazinen aufbewahrt werden. Insoweit sind die Vorschriften der Be 9

3 DIN 18095-1:1988-10
Türen; Rauchschutztüren; Begriffe und Anforderungen.

4 Szenenaufbauten der laufenden Spielzeit durften nach der MVStättV 2002 nur auf den Bühnenerweiterungen der laufenden Spielzeit bereitgestellt werden, wenn die Bühnenerweiterungen **durch Tore** gegen die Hauptbühne abgetrennt waren. Es war strittig, ob an diese Tore brandschutztechnisch relevante Anforderungen bestanden, da Trennwände zwischen Bühne und Bühnenerweiterungen weder vorgeschrieben sind noch in allen Fällen der Praxis entsprechen. § 34 Absatz 2 MVStättVO stellt klar, dass „dichtschließende Abschlüsse" aus nichtbrennbaren Baustoffen genügen.

5 Das Verbot des Absatzes 3 entspricht der Regelung des § 109 VStättVO 1978.

triebssicherheitsverordnung (BetrSichV),[6] die Gefahrstoffverordnung (GefStoffV)[7] und das Sprengstoffgesetz[8] zu beachten.

10 Des Weiteren gelten die Anforderung der DGUV Regel 215-312 „Pyrotechnik, Nebel und andere szenische Effekte“ und der DGUV Regel 113-017 „Tätigkeit mit Explosivstoffen“.

11 Für die in Absatz 4 genannten Magazine sind die baulichen Anforderungen von § 3 Absatz 4, § 9 Absatz 1 sowie die Anforderungen an die Rauchableitung nach § 16 Absatz 1 und Absatz 2 Nummer 2 zu beachten.

---

6 Betriebssicherheitsverordnung vom 3. Februar 2015 (BGBl. I S. 49), zuletzt geändert durch Artikel 1 der Verordnung vom 30. April 2019 (BGBl. I S. 554).

7 Gefahrstoffverordnung vom 26. November 2010 (BGBl. I S. 1643, 1644), zuletzt geändert durch Artikel 183 G vom 29. März 2017 (BGBl. I S. 626, 648).

8 Sprengstoffgesetz in der Fassung der Bekanntmachung vom 10. September 2002 (BGBl. I S. 3518), zuletzt geändert durch Artikel 2 G vom 11. Juli 2017 (BGBl. I S. 1586).

§ 35 Rauchen, Verwendung von offenem Feuer und pyrotechnischen Gegenständen

(1) [1]Auf Bühnen und Szenenflächen, in Werkstätten und Magazinen ist das Rauchen verboten. [2]Das Rauchverbot gilt nicht für Darsteller und Mitwirkende auf Bühnen- und Szenenflächen während der Proben und Veranstaltungen, soweit das Rauchen in der Art der Veranstaltungen begründet ist.

(2) [1]In Versammlungsräumen, auf Bühnen- und Szenenflächen und in Sportstadien ist das Verwenden von offenem Feuer, brennbaren Flüssigkeiten und Gasen, pyrotechnischen Gegenständen und anderen explosionsgefährlichen Stoffen verboten. [2]§ 17 Abs. 1 bleibt unberührt. [3]Das Verwendungsverbot gilt nicht, soweit das Verwenden von offenem Feuer, brennbaren Flüssigkeiten und Gasen sowie pyrotechnischen Gegenständen in der Art der Veranstaltung begründet ist und der Veranstalter die erforderlichen Brandschutzmaßnahmen im Einzelfall mit der Feuerwehr abgestimmt hat. [4]Die Verwendung pyrotechnischer Gegenstände muss durch eine nach Sprengstoffrecht geeignete Person überwacht werden.

(3) Die Verwendung von Kerzen und ähnlichen Lichtquellen als Tischdekoration sowie die Verwendung von offenem Feuer in dafür vorgesehenen Kücheneinrichtungen zur Zubereitung von Speisen ist zulässig.

(4) Auf die Verbote der Absätze 1 und 2 ist dauerhaft und gut sichtbar hinzuweisen.

Übersicht

1. Überblick

Die Vorschrift des § 35 ist eine Betriebsvorschrift, die auch für bestehende Versammlungsstätten unmittelbar Anwendung findet. Verstöße gegen die Bestimmungen des § 35 Absatz 1 und 2 sind gemäß § 47 Nummer 9 bußgeldbewehrt. 1

2 Fest installierte Gashellstrahler und andere fest installierte Heizstrahler fallen insgesamt nicht unter die Bestimmung des § 35, sondern fallen als Heizungsanlagen in Gebäuden unter die spezielle Regelung des § 17 Absatz 1. Mobile Gashellstrahler und andere mobile Heizstrahler fallen hingegen unter § 35.

3 Die folgenden Pflichten können im Rahmen eines Miet- oder Veranstaltungsvertrags auf den Veranstalter (Mieter) übertragen werden:

übertragbar	Betreiberpflicht
•	Es ist sicherzustellen, dass auf Bühnen und Szenenflächen, in Werkstätten und Magazinen nicht geraucht wird. Das Rauchverbot gilt nicht für Darstellerinnen und Darsteller und Mitwirkende auf Bühnen- und Szenenflächen während der Proben und Veranstaltungen, soweit das Rauchen in der Art der Veranstaltungen begründet ist (und der Betreiber zugestimmt hat). **Anmerkung:** In den meisten Versammlungsstätten besteht ein grundsätzliches Rauchverbot (soweit diese vom Nichtraucherschutzgesetz des jeweiligen Landes erfasst wird), sodass die Durchsetzung eines generellen Rauchverbots auf den Veranstalter zu übertragen ist.
•	Sicherstellen folgender Brandschutzpflichten: „in Versammlungsräumen, auf Bühnen und Szenenflächen ist das Verwenden von offenem Feuer, brennbaren Flüssigkeiten und Gasen, pyrotechnischen Gegenständen und anderen explosionsgefährlichen Stoffen verboten“. Ausnahmen bedürfen der Zustimmung von Feuerwehr und Betreiber.
(-)	Auf die bestehenden Verbote betreffend das Rauchen, Verwendung von offenem Feuer und pyrotechnischen Gegenständen ist gut sichtbar hinzuweisen.

2. Rauchverbot

4 Grundsätzlich verboten ist nach **Absatz 1** das Rauchen in Werkstätten und Magazinen der Versammlungsstätte. Auf Bühnen und Szenenflächen gilt dies nur, soweit das Rauchen nicht in der Art der Veranstaltungen begründet ist. Das Rauchverbot nach den Bestimmungen der Nichtraucherschutzgesetze der Länder bleibt davon unberührt.

3. Offenes Feuer und Pyrotechnik

Absatz 2 ist als Verbot mit Erlaubnisvorbehalt konzipiert. Das Verwenden von offenem Feuer, brennbaren Flüssigkeiten und Gasen, pyrotechnischen Gegenständen und anderen explosionsgefährlichen Stoffen ist verboten, soweit es nicht in der Art der Veranstaltung begründet ist und der Veranstalter die erforderlichen Brandschutzmaßnahmen im Einzelfall mit der Feuerwehr abgestimmt hat. In der erfolgreichen Abstimmung ist gleichzeitig die notwendige Erlaubnis zu sehen. 5

In Versammlungsstätten mit mehr als 5000 Besucherplätzen, insbesondere in Fußballstadien, die über ein einvernehmlich abgestimmtes Sicherheitskonzept nach § 43 Absatz 2 verfügen, reicht eine Abstimmung zwischen Veranstalter und Feuerwehr regelmäßig nicht aus. Über den Antrag eines Vereins (Veranstalters) auf Zulassung von Pyrotechnik entscheiden alle am Sitz des Stadions für die Sicherheit und Ordnung zuständigen Behörden. 6

Die behördliche Genehmigung kann nur auf Grundlage eines einvernehmlich abzustimmenden Sicherheitskonzepts mit umfassender Gefährdungsbeurteilung, an der auch die Polizei und Ordnungsämter zu beteiligen sind, erfolgen. Abzuwarten bleibt, ob die erneut angestoßene Diskussion zum Einsatz sogenannter „kalter Pyrotechnik" in Fußballstadien eine neue genehmigungsfähige Richtung nehmen wird. 7

Die Verwendung von pyrotechnischen Gegenständen muss[1] durch eine nach Sprengstoffrecht geeignete Person überwacht werden. Die Bundesanstalt für Materialforschung und -prüfung (BAM) ist zuständig, wenn es um die Prüfung und Zulassung pyrotechnischer Gegenstände geht. Die Arbeitsgruppe Pyrotechnik erfüllt Aufgaben, die der Gesetzgeber der BAM übertragen hat. Diese sind im Sprengstoffgesetz (SprengG), im Beschussgesetz (BeschG) und in den Vorschriften für den Transport gefährlicher Güter bei Pyrotechnik verankert. Über den Umgang mit 8

1 Der Umgang mit pyrotechnischen Mitteln ist bundeseinheitlich im Gesetz über explosionsgefährliche Stoffe (SprengG – Sprengstoffgesetz) vom 10. September 2002 (BGBl. I S. 3518), zuletzt geändert durch Artikel 2 G vom 11. Juni 2017 (BGBl. I S. 1586) geregelt. § 23 Abs. 4 der Ersten Verordnung zum Sprengstoffgesetz vom 23. November 1977 in der Fassung der Bekanntmachung vom 31. Januar 1991 (BGBl. I S. 169), zuletzt geändert durch Artikel 1 V vom 11. Juni 2017 (BGBl. I S. 1617), bestimmt, dass die Verwendung pyrotechnischer Effekte in Versammlungsstätten der vorherigen Erprobung und der Genehmigung durch die Brandschutzdienststelle und die Ordnungsbehörde bedarf und regelt ferner den fachkundigen Nachweis.

Pyrotechnik informieren die Amtlichen Mitteilungen,[2] Technischen Informationen und Merkblätter der BAM.

9 Für den Umgang mit Pyrotechnik sind neben den Bestimmungen des Sprengstoffrechts insbesondere die Unfallverhütungsvorschriften des DGUV (Spitzenverband der gewerblichen Berufsgenossenschaften und der Unfallversicherungen der öffentlichen Hand) zu beachten.

10 So regelt die DGUV Vorschrift 17 bzw. 18 „Veranstaltungs- und Produktionsstätten für szenische Darstellung" in ihrem § 28 (Schusswaffen und Pyrotechnik) den Umgang mit Pyrotechnik bei Veranstaltungen. Weitere Regelungen und Hinweise enthält die DGUV Information 215-312 Sicherheit bei Veranstaltungen und Produktionen – Pyrotechnik, Nebel und andere szenische Effekte.

11 Eine Abstimmung mit der Feuerwehr ist nicht erforderlich bei der Verwendung von Kerzen und ähnlichen Lichtquellen als Tischdekoration sowie für die Verwendung von offenem Feuer in dafür vorgesehenen Kücheneinrichtu

12 ngen zur Zubereitung von Speisen. Diese Arten der Verwendung von offenem Feuer sind insgesamt als zulässig freigestellt. Der Begriff der Kücheneinrichtung nach **Absatz 3** ist – gemäß der Erläuterung der Fachkommission Bauaufsicht – nicht auf die Verwendung in der Küche beschränkt. Danach sind auch z. B. **Warmhalteeinrichtungen und Rechauds** erfasst, die der Zubereitung von Speisen **im Versammlungsraum selbst** dienen.

4. Hinweispflichten

13 Soweit **Absatz 4** festlegt, „auf die Verbote der Absätze 1 und 2 ist dauerhaft und gut sichtbar hinzuweisen", ist es dem Betreiber unbenommen, gleichzeitig auch die zulässigen Ausnahmen schriftlich zu regeln. In jedem Fall empfiehlt es sich, neben den hierzu erforderlichen schriftlichen Hinweisen vor Ort, in der Versammlungsstätte, in den AGB und technischen Ausstellungs- bzw. Veranstaltungsbedingungen sowie Servicemappen für Aussteller und Gastveranstalter die oben genannten Punkte eindeutig und verbindlich zu regeln.

2 Technische Informationen/Merkblätter der BAM – Bundesanstalt für Materialforschung und -prüfung, Fundstelle: www.bam.de.

Abschnitt 3
Betrieb technischer Einrichtungen

§ 36 Bedienung und Wartung der technischen Einrichtungen

(1) [1]Der Schutzvorhang muss täglich vor der ersten Vorstellung oder Probe durch Aufziehen und Herablassen auf seine Betriebsbereitschaft geprüft werden. [2]Der Schutzvorhang ist nach jeder Vorstellung herabzulassen und zu allen arbeitsfreien Zeiten geschlossen zu halten.

(2) Die Automatik der Sprühwasserlöschanlage kann während der Dauer der Anwesenheit der Verantwortlichen für Veranstaltungstechnik abgeschaltet werden.

(3) Die automatische Brandmeldeanlage kann abgeschaltet werden, soweit dies in der Art der Veranstaltung begründet ist und der Veranstalter die erforderlichen Brandschutzmaßnahmen im Einzelfall mit der Feuerwehr abgestimmt hat.

(4) Während des Aufenthaltes von Personen in Räumen, für die eine Sicherheitsbeleuchtung vorgeschrieben ist, muss diese in Betrieb sein, soweit die Räume nicht ausreichend durch Tageslicht erhellt sind.

Übersicht

1. Überblick

Die Vorschrift des § 36 ist eine Betriebsvorschrift, die auch für bestehende Versammlungsstätten unmittelbar Anwendung findet. Verstöße gegen die Bestimmungen des § 36 Absatz 4 sind gemäß § 47 Nummer 10 bußgeldbewehrt. 1

2 Die folgenden Pflichten verbleiben beim Betreiber und können im Rahmen eines Miet- oder Veranstaltungsvertrags regelmäßig nicht auf den Veranstalter (Mieter) übertragen werden:

übertragbar	Betreiberpflicht
(-)	Prüfung des Schutzvorhangs auf seine Betriebsbereitschaft täglich vor der ersten Vorstellung oder Probe durch Aufziehen und Herablassen. Der Schutzvorhang ist nach jeder Vorstellung herabzulassen und zu allen arbeitsfreien Zeiten geschlossen zu halten.
(-)	Berechtigung zur Abschaltung der Sprühwasserlöschanlage während der Dauer der Anwesenheit der Verantwortlichen für Veranstaltungstechnik.
(-)	Die automatische Brandmeldeanlage kann abgeschaltet werden, soweit dies in der Art der Veranstaltung begründet ist und die erforderlichen Brandschutzmaßnahmen im Einzelfall mit der Feuerwehr abgestimmt sind.
(-)	Die Sicherheitsbeleuchtung muss in Betrieb sein in Räumen, für die eine Sicherheitsbeleuchtung vorgeschrieben ist, soweit die Räume nicht ausreichend durch Tageslicht erhellt werden.

2. Prüfung des Schutzvorhangs[1]

3 **Absatz 1** enthält Vorgaben für den Bühnenbetrieb von Großbühnen, die nach § 23 einen Schutzvorhang haben müssen, sowie für bestehende Bühnen, die zwar keine Großbühne sind, jedoch einen Schutzvorhang haben,[2] und ist deshalb für Versammlungsstätten ohne Bühne im Sinne von § 2 Absatz 5 nur von eingeschränkter Bedeutung. Sie betrifft die tägliche, an Vorstellungen oder Proben gekoppelte Prüfungspflicht des Schutzvorhangs von Großbühnen. Darüber hinaus ist der Schutzvor-

1 Die Vorschriften zur Bedienung und Wartung der technischen Einrichtungen beruhen, soweit es den Schutzvorhang betrifft, auf der Regelung des § 113 Absatz 4 VStättVO 1978.

2 Nach § 55 VStättVO 1978 mussten Vollbühnen einen Schutzvorhang haben. Der Begriff Vollbühne nach § 2 Absatz 4 Nummer 3 VStättVO 1978 ist nicht mit dem Begriff Großbühne der MVStättVO identisch. Für bestehende Theater, die zwar eine Vollbühne nach der VStättVO 1978 sind und daher einen Schutzvorhang haben müssen, jedoch keine Großbühne im Sinne der MVStättVO sind, ist § 36 Absatz 1 daher anzuwenden.

hang nach jeder Vorstellung herabzulassen und zu allen arbeitsfreien Zeiten geschlossen zu halten.

3. Ausschalten der Sprühwasserlöschanlage

Absatz 2 lässt zu, dass die Sprühwasserlöschanlage während des Betriebs der Bühne unter der Aufsicht der Verantwortlichen für Veranstaltungstechnik auf Handbetrieb umgeschaltet wird. 4

4. Ausschalten der automatischen Brandmeldeanlage

Da der Einsatz von Nebelmaschinen, Dampf, CO_2-Bühneneffekten, 5 Flammenanlagen oder auch der Umgang mit pyrotechnischen Gegenständen (genehmigtes Indoor-Feuerwerk), zu einer Auslösung der automatische Brandmeldeanlage führt, ist es nach **Absatz 3** zulässig, betroffene Brandmelder und/oder Schleifen der Brandmeldeanlage **in Abstimmung mit der örtlichen Feuerwehr** vorübergehend abzuschalten. Als Kompensation wird in der Regel der Einsatz einer Brandsicherheitswache vorgeschrieben, durch die alle von der Abschaltung betroffenen Bereiche fortlaufend während der Veranstaltung zu überwachen sind.

5. Betrieb der Sicherheitsbeleuchtung

Nach Absatz 4 kann die Sicherheitsbeleuchtung damit in Abhängigkeit 6 von dem Aufenthalt von Personen in den jeweiligen Räumen geschaltet werden. Dies kann z.B. durch Schaltungstechnik, wie Bewegungsmelder, erreicht werden. Gegenüber früheren Regelungen, die einen Dauerbetrieb erforderlich machten, stellt dies eine Erleichterung dar.

Nur während des Aufenthaltes von Personen in Räumen, für die eine Si- 7 cherheitsbeleuchtung vorgeschrieben ist, muss diese auch in Betrieb sein, vorausgesetzt die Räume werden nicht ausreichend durch Tageslicht erhellt. Die Vorschrift modifiziert die allgemeine Bestimmung über die Sicherheitsbeleuchtung in § 15 Absatz 3 und stellt klar, dass eine Sicherheitsbeleuchtung bei ausreichendem Tageslicht in den Räumen nach § 15 Absatz 2 Nummer 1 bis 5 nicht in Betrieb sein muss. Die Sicherheitsbeleuchtung der Sicherheitszeichen nach § 15 Absatz 2 Nummer 7 und der Stufenbeleuchtung nach § 15 Absatz 2 Nummer 8 muss dagegen auch bei Tageslicht in Betrieb sein.

6. Wiederkehrende Prüfungen

8 Auf die sicherheitstechnische und sonstige wichtige Gebäudeausrüstung, bei deren Versagen oder Ausfall gemäß § 38 Absatz 4 der Betrieb der Versammlungsstätte nicht fortgesetzt werden darf, wird weder in § 36 noch in § 38 Absatz 4 im Detail eingegangen. In Baden-Württemberg werden diese Anlagentypen in § 37 VStättVO BW benannt und die einzuhaltenden wiederkehrenden Prüffristen für Sachkundige und Sachverständige exakt bezeichnet.

Baden-Württemberg

§ 37 Prüfungen

(1) Der Betreiber der Versammlungsstätte hat folgende technische Anlagen und Einrichtungen durch anerkannte Sachverständige nach § 1 der Bausachverständigenverordnung vom 15. Juli 1986 (GVBl. S. 305) in der jeweils geltenden Fassung auf ihre Wirksamkeit und Betriebssicherheit prüfen zu lassen:

1. *Lüftungsanlagen, ausgenommen solche, die einzelne Räume im selben Geschoss unmittelbar ins Freie be- oder entlüften (§17),*
2. *Rauchabzugsanlagen sowie maschinelle Anlagen zur Rauchfreihaltung von Rettungswegen (§ 16),*
3. *selbsttätige Feuerlöschanlagen, wie Sprinkleranlagen, Sprühwasser-Löschanlagen und Wassernebel-Löschanlagen (§§ 19, 24),*
4. *nichtselbsttätige Feuerlöschanlagen mit nassen Steigeleitungen und Druckerhöhungsanlagen einschließlich des Anschlusses an die Wasserversorgungsanlage (§ 19),*
5. *Brandmelde- und Alarmierungsanlagen (§§ 20, 24),*
6. *Sicherheitsstromversorgungsanlagen einschließlich der angeschlossenen sicherheitstechnischen Einrichtungen (§ 14).*

(2) Die Prüfungen nach Abs. 1 und 4 sind vor der ersten Inbetriebnahme und unverzüglich nach wesentlichen Änderungen der technischen Anlage und Einrichtung durchführen zu lassen.

(3) Die Prüfungen nach Abs. 1 und 4 sind wiederkehrend innerhalb einer Frist von drei Jahren durchführen zu lassen.

(4) Blitzschutzanlagen sind von Sachkundigen prüfen zu lassen. Sachkundige sind Personen, die auf Grund ihrer fachlichen Ausbildung und Erfahrung ausreichende Kenntnisse auf dem jeweiligen Fachgebiet haben und mit den einschlägigen Vorschriften und allgemein anerkannten Regeln der Technik vertraut sind.

(5) Der Bauherr oder der Betreiber hat die Prüfungen nach den Abs. 1 bis 4 zu veranlassen, dafür die nötigen Vorrichtungen und fachlich geeigneten Arbeitskräfte bereitzustellen und die erforderlichen Unterlagen bereitzustellen.

(6) Der Bauherr oder der Betreiber hat die Berichte über die Prüfungen vor der ersten Inbetriebnahme und vor Wiederinbetriebnahme nach wesentlichen Änderungen der zuständigen Baurechtsbehörde zu übersenden sowie die Berichte über wiederkehrende Prüfungen mindestens fünf Jahre aufzubewahren und der Baurechtsbehörde auf Verlangen vorzulegen.

(7) Der Bauherr oder Betreiber hat die bei der Prüfung festgestellten Mängel unverzüglich beseitigen zu lassen und dem Sachverständigen die Beseitigung mitzuteilen.

(8) Der Sachverständige hat der Baurechtsbehörde mitzuteilen,

1. *wann er die Prüfung nach Abs. 1 durchgeführt hat und*
2. *welche hierbei festgestellten Mängel der Bauherr oder Betreiber nicht unverzüglich hat beseitigen lassen.*

In den meisten anderen Bundesländern werden diese Festlegungen über wiederkehrende Prüfungen in den so genannten „Technischen Prüfverordnungen für Sonderbauten" geregelt, weshalb eine zusätzliche Regelung in der MVStättVO nicht notwendig ist, soweit es sich um die sicherheitstechnische Gebäudeausrüstung handelt. 9

In Bundesländern, die keine entsprechende Prüfverordnung besitzen, ist der Betreiber im Rahmen der durch die Betriebssicherheitsverordnung vorgeschriebenen Ermittlungspflicht angehalten, die entsprechenden Prüfintervalle eigenständig zu ermitteln. Die Ermittlungspflicht nach der Betriebssicherheitsverordnung besteht auch in Bundesländern, die zusätzlich eine Technische Prüfverordnung in Kraft gesetzt haben. Die Ermittlung kann im Einzelfall zu verkürzten wiederkehrenden Prüfpflichten führen. 10

Auszug

BetrSichV – Betriebssicherheitsverordnung

Verordnung über Sicherheit und Gesundheitsschutz bei der Bereitstellung von Arbeitsmitteln und deren Benutzung bei der Arbeit, über Sicherheit beim Betrieb überwachungsbedürftiger Anlagen und über die Organisation des betrieblichen Arbeitsschutzes

Vom 01. Juni 2015

zuletzt geändert durch Art. 1 VO vom 30. April 2019 (BGBl. I S. 554.

§ 2 Begriffsbestimmungen

(1) Arbeitsmittel im Sinne dieser Verordnung sind Werkzeuge, Geräte, Maschinen oder Anlagen.

…

§ 3 Gefährdungsbeurteilung

…

(3) Für Arbeitsmittel sind insbesondere Art, Umfang und Fristen erforderlicher Prüfungen zu ermitteln. Ferner hat der Arbeitgeber die notwendigen Voraussetzungen zu ermitteln und festzulegen, welche die Personen erfüllen müssen, die von ihm mit der Prüfung oder Erprobung von Arbeitsmitteln zu beauftragen sind.

…

§ 10 Prüfung der Arbeitsmittel

…

(2) Unterliegen Arbeitsmittel Schäden verursachenden Einflüssen, die zu gefährlichen Situationen führen können, hat der Arbeitgeber die Arbeitsmittel entsprechend den nach § 3 Abs. 3 ermittelten Fristen durch hierzu befähigte Personen überprüfen und erforderlichenfalls erproben zu lassen. …

(3) Der Arbeitgeber hat sicherzustellen, dass Arbeitsmittel nach Änderungs- oder Instandsetzungsarbeiten, welche die Sicherheit der Arbeitsmittel beeinträchtigen können, durch befähigte Personen auf ihren sicheren Betrieb geprüft werden.

…

11 Seit der Neuordnung des Arbeitschutzrechts im Jahr 2002 sind die eigenständigen Prüfvorgaben für wiederkehrende Prüfungen (WKP) für Technische Arbeitsmittel nicht mehr Gegenstand der Vorschriften der Arbeitsstättenverordnung oder der Unfallverhütungsvorschriften, sondern Bestandteil der Gefährdungsbeurteilungen nach § 3 BetrSichV in Verbindung mit § 5 ArbSchG.

Mit Artikel 4 der Verordnung vom 19. Juli 2010 (BGBl. I S. 960) wurde **12**
auch in die Arbeitsstättenverordnung ein neuer § 3 Gefährdungsbeurteilung eingefügt. Die Regelung des § 3 ArbStättV schreibt zwingend vor, dass der Arbeitgeber etwaige Gefährdungen der Gesundheit und Sicherheit der Beschäftigten beim Einrichten und Betreiben von Arbeitsstätten zu beurteilen und einschließlich der gebotenen Schutzmaßnahmen zu dokumentieren hat.

Während sich die Gefährdungsbeurteilung nach § 3 BetrSichV auf die **13**
Arbeitsmittel, also Werkzeuge, Geräte, Maschinen und Anlagen bezieht, bezieht sich die Gefährdungsbeurteilung nach § 3 ArbStättV in Ergänzung zu § 5 ArbSchG auf die Einrichtung und den Betrieb der Arbeitsstätte.

§ 37 Laseranlagen

Auf den Betrieb von Laseranlagen in den für Besucher zugänglichen Bereichen sind die arbeitsschutzrechtlichen Vorschriften entsprechend anzuwenden.

Übersicht

1. Überblick

1 Die Vorschrift des § 37 findet als Betriebsvorschrift auch für bestehende Versammlungsstätten unmittelbar Anwendung. Verstöße gegen die Bestimmungen des § 37 sind gemäß § 47 Nummer 11 bußgeldbewehrt.

2 Um Doppelregelungen mit den arbeitsschutzrechtlichen Bestimmungen zu vermeiden, verweist § 37 auf die Anwendung der arbeitsschutzrechtlichen Vorschriften beim Betrieb von Laseranlagen in den für Besucher zugänglichen Bereichen.

3 Die folgenden Pflichten können im Rahmen eines Miet- oder Veranstaltungsvertrags auf den Veranstalter (Mieter) übertragen werden:

übertragbar	Betreiberpflicht
•	Beim Einsatz/Betrieb von Laseranlagen in den für Besucher zugänglichen Bereichen sind die arbeitsschutzrechtlichen Vorschriften entsprechend anzuwenden (u. a. Anwesenheit des Laserschutzbeauftragten u. a.).

2. Betrieb von Laseranlagen

4 Für den Betrieb von Laseranlagen innerhalb einer Versammlungsstätte sind die arbeitsschutzrechtlichen Vorschriften entsprechend anzuwenden. Hierzu zählen in erster Linie die Vorschriften der Verordnung zum Schutz der Beschäftigten vor Gefährdungen durch künstliche optische Strahlung (Arbeitsschutzverordnung zu künstlicher optischer Strahlung – OStrV).[1] Die Unfallverhütungsvorschrift „Laserstrahlung“ (DGUV

1 Arbeitsschutzverordnung zu künstlicher optischer Strahlung vom 19. Juli 2010 (BGBl. I S. 3584), die zuletzt durch Artikel 5 Absatz 6 der Verordnung vom 18. Oktober 2017 (BGBl. I S. 3584) geändert worden ist.

Vorschriften 11 und 12) wurde im Sinne der Deregulierung des Arbeitsschutzrechtes zum 1. Januar 2018 außer Kraft gesetzt.

Die OStrV regelt unter anderem das Erfordernis einer Gefährdungsbe- 5
urteilung (§ 3), die Bestellung eines Laserschutzbeauftragten (§ 5), Maßnahmen zum Schutz der Beschäftigten (§ 7) und Unterweisungspflichten (§ 8). Da es sich um eine Verordnung auf Grund des Arbeitsschutzgesetzes handelt, sind deren Bestimmungen nach § 37 auch auf Laseranlagen in den für Besucher zugänglichen Bereichen entsprechend anzuwenden. Dies betrifft insbesondere die Einbeziehung der Besucher in eine Gefährdungsbeurteilung.

Die DGUV Information 203-036 „Laser-Einrichtungen für Show- oder 6
Projektionszwecke" gilt jedoch als Informationsschrift fort.

Besonders zu beachten ist, dass die DGUV Information 203-036 „La- 7
ser-Einrichtungen für Show- oder Projektionszwecke" unter der Nummer 6.3 „Organisatorische Schutzmaßnahmen" darauf hinweist, dass die Errichtung und der Betrieb von **Lasereinrichtungen der Klassen 3R, 3B, oder 4**

- unverzüglich dem zuständigen gesetzlichen Unfallversicherungsträger und der für den Arbeitsschutz zuständigen Behörde anzuzeigen ist und
- unter Leitung eines Laserschutzbeauftragten erfolgen muss.

Ein Muster für die durchzuführende behördliche Anzeige eines Show- 8
oder Projektions-Lasers enthält die Anlage 5 der DGUV Information 203-036.[2]

Eine Handlungsanleitung für die durchzuführende Gefährdungsbeurtei- 9
lung von Show- und Projektions-Lasern enthält die Anlage 4 der DGUV Information 203-036.

Zu den aus Sicht des Arbeitsschutzes zu beachtenden weiteren Vor- 10
schriften gehören im Übrigen die Bestimmungen des Arbeitsschutzgesetzes, die Arbeitsstättenverordnung, die Arbeitsstättenrichtlinien, das Arbeitssicherheitsgesetz, das Produktsicherheitsgesetz und die Betriebssicherheitsverordnung.

Da die Unfallverhütungsvorschriften primär die Beschäftigten des eige- 11
nen Betriebs erfassen, erfolgt durch § 37 eine Erstreckung der im Um-

2 DGUV Information 203-036
Laser-Einrichtungen für Show- oder Projektionszwecke, Fundstelle: www.dguv.de.

gang mit Laseranlagen zu beachtenden Sicherheitsvorschriften auf die Besucher der Versammlungsstätte.

12 Die technischen Sicherheitsanforderungen an Laseranlagen sind der

- DIN 56912:1999-04
  Showlaser und Showlaseranlagen – Sicherheitsanforderungen und Prüfung

und den weiteren allgemein anerkannten Regeln der Technik zu Laseranlagen zu entnehmen.

Abschnitt 4
Verantwortliche Personen, besondere Betriebsvorschriften

§ 38 Pflichten der Betreiber, Veranstalter und Beauftragten

(1) Der Betreiber ist für die Sicherheit der Veranstaltung und die Einhaltung der Vorschriften verantwortlich.

(2) Während des Betriebes von Versammlungsstätten muss der Betreiber oder ein von ihm beauftragter Veranstaltungsleiter ständig anwesend sein.

(3) Der Betreiber muss die Zusammenarbeit von Ordnungsdienst, Brandsicherheitswache und Sanitätswache mit der Polizei, der Feuerwehr und dem Rettungsdienst gewährleisten.

(4) Der Betreiber ist zur Einstellung des Betriebes verpflichtet, wenn für die Sicherheit der Versammlungsstätte notwendige Anlagen, Einrichtungen oder Vorrichtungen nicht betriebsfähig sind oder wenn Betriebsvorschriften nicht eingehalten werden können.

(5) [1]Der Betreiber kann die Verpflichtungen nach den Absätzen 1 bis 4 durch schriftliche Vereinbarung auf den Veranstalter übertragen, wenn dieser oder dessen beauftragter Veranstaltungsleiter mit der Versammlungsstätte und deren Einrichtungen vertraut ist. [2]Die Verantwortung des Betreibers bleibt unberührt.

Übersicht

1. Überblick

1 Die Vorschrift des § 38 ist eine Betriebsvorschrift, die auch für bestehende Versammlungsstätten unmittelbar Anwendung findet. Verstöße gegen die Bestimmungen des § 38 Absatz 2 und 4 sind gemäß § 47 Nummer 12 und 13 bußgeldbewehrt.

2 Die folgenden Pflichten können im Rahmen eines Miet- oder Veranstaltungsvertrags auf den Veranstalter (Mieter) übertragen werden:

übertragbar	Betreiberpflicht
•	(1) Einhalten der für die Sicherheit der Veranstaltung geltenden Vorschriften.
•	(2) Während des Betriebes[1] muss ein Veranstaltungsleiter ständig anwesend sein.
•	(3) Gewährleisten der Zusammenarbeit von Ordnungsdienst, Brandsicherheitswache und Sanitätswache mit der Polizei, der Feuerwehr und dem Rettungsdienst.
•	(4) Einstellung des Betriebes, wenn für die Sicherheit der Versammlungsstätte notwendige Anlagen, Einrichtungen oder Vorrichtungen nicht betriebsfähig sind oder wenn Betriebsvorschriften nicht eingehalten werden können.
(-)	(5) … [2]Die Verantwortung des Betreibers bleibt unberührt.

3 Die Vorschriften der Absätze 1, 4 und 5 enthalten grundsätzliche und die Absätze 2 und 3 spezielle Regelungen für Betreiber, Veranstalter und ggf. beauftragte Dritte. Sie stellen eine konsequente Weiterentwicklung von wichtigen organisatorischen Anforderungen dar, um den berechtigten Sicherheitsbedürfnissen bei der Planung und Durchführung von Veranstaltungen gerecht zu werden.

2. Betreiber

4 Der Betreiber ist für die Sicherheit der Veranstaltung und die Einhaltung der Vorschriften verantwortlich. Der Verordnungsgeber stellt mit **Absatz 1** der Vorschrift den „**Betreiber**" in den Mittelpunkt der Verant-

1 „Betrieb" im Sinne von § 38 Absatz 2 und 4 MVStättVO ist der Veranstaltungsbetrieb, also die veranstaltungsbezogene Öffnungszeit für Besucher.

wortung. Er ist für die Sicherheit der Veranstaltung und die Einhaltung der allgemeinen und besonderen Bau- und Betriebsvorschriften verantwortlich. Der Verordnungsgeber geht mit dem Begriff des Betreibers von einem Regelfall dergestalt aus, dass die Versammlungsstätte hinsichtlich ihres technischen Betriebs und Unterhalts ebenso wie hinsichtlich ihrer Nutzung im Veranstaltungsbetrieb (einschl. Vermarktung) von ein und derselben natürlichen oder juristischen Rechtspersönlichkeit betrieben wird. Da der Begriff des Betreibers weder in der MVStättVO noch in der MBO oder in anderen öffentlich-rechtlichen Vorschriften definiert ist, muss er (allerdings) im Zweifelsfall durch Auslegung bestimmt werden.

Betreiber einer Versammlungsstätte ist diejenige natürliche oder juris- 5
tische Person, die bestimmenden Einfluss auf den Betrieb der baulichen Anlage ausübt. Der Betreiber kann gleichzeitig auch Veranstalter sein, wenn er seine eigene Versammlungsstätte für die Durchführung eigener Veranstaltungen nutzt. Betreiber im Rechtssinne kann auch eine Personenmehrheit, z.B. das Gebäudemanagement der Stadt und eine Betriebs-GmbH sein, durch die die Vermietung der Versammlungsstätte für Veranstaltungen erfolgt. Auf die Eigentumsverhältnisse kommt es grundsätzlich nicht an. Auch ein Pächter oder ein Dauermieter können Betreiber einer Versammlungsstätte sein. Entscheidend ist die tatsächliche Sachherrschaft und nicht allein ein zivilrechtlich, vertraglich begründetes Besitzrecht.[2]

Nach der Verwaltungsgerichtsrechtsprechung ist Betreiber diejenige na- 6
türliche oder juristische Person oder Personenmehrheit, die **rechtlich befugt und tatsächlich imstande ist**, bestimmenden Einfluss auf eine Anlage auszuüben.[3] Legt man diese grundsätzlichen Kriterien auf den Betrieb der Versammlungsstätte im Sinne des Betreibens von Gebäuden, Freiflächen und gebäudetechnischen Anlagen auf der einen Seite und der Durchführung von Veranstaltungen auf der anderen Seite zugrunde, sind zunächst alle diejenigen Organisationen (GmbH, AG, kommunalen Eigenbetriebe etc.) als Betreiber anzusehen, die als

- Eigentümer,
- Pächter,
- Dauermieter,
- Betriebsführer/Betreibergesellschaft

2 *Oliver Lepsius*, Besitz und Sachherrschaft im Öffentlichen Recht, 2002, S. 349 ff.
3 BVerwGE 90, 255, 262.

zur Durchführung von Eigen- und Gastveranstaltungen berechtigt und zum Unterhalt der Versammlungsstätte verpflichtet sind.

7 Auf kommunaler Seite werden Versammlungsstätten vielfach durch Marketing- oder Tourismus-Gesellschaften, also durch rechtlich eigenständige Unternehmen betrieben, deren Aufgabe in der Vermarktung der Versammlungsstätte und damit in der Durchführung des „Veranstaltungsbetriebs“ besteht.

8 Überträgt eine Kommune den baulichen und betriebstechnischen Unterhalt einschließlich der Steuerung der Gebäudetechnik auf eine andere eigenständige Gesellschaft oder behält sie diese Aufgabe in kommunaler Eigenverantwortung vor, führt dies zwangsläufig zur unmittelbaren Aufteilung der Betreiberverantwortung hinsichtlich der in § 38 enthaltenen Pflichten.

9 Aufspaltungen in der Funktion des Betreibers kommen in Betracht, wenn

- die Vermarktung,
- der Veranstaltungsbetrieb,
- der Unterhalt bzw. die Instandhaltung des Gebäudes und der Gebäudetechnik,
- der technische Service für den Veranstaltungsbetrieb,

auf unterschiedliche Gesellschaften, wie zum Beispiel auf eine Veranstaltungsmanagement-, Gebäudemanagement- und einer Veranstaltungsservice-Gesellschaft, erfolgt.

10 In der Regel bedarf es für die konkrete Feststellung der Betreiberverantwortung einer Einzelbetrachtung unter Berücksichtigung der vertraglichen und faktischen Rechtsbeziehungen. Auf diese Weise kann nachvollzogen werden, auf wen welcher „Anteil der Betreiberverantwortung“ übergeht oder bereits übergegangen ist. Insoweit empfiehlt es sich, die Aufteilung der Betreiberpflichten unter exakter Bezeichnung der jeweiligen Einzelpflichten, z.B. als Anhang zu einem Betriebsführungsvertrag (siehe nachfolgendes Beispiel zu § 31), exakt fest festzulegen:

MVStättVO	Betreiberpflichten	Betreiber A Betriebs-GmbH	Betreiber B GM der Stadt
§ 31 Absatz 1 Satz 1	Freihaltung der Rettungswege auf dem Grundstück sowie der Zufahrten, Aufstell- und Bewegungsflächen für Einsatzfahrzeuge von Polizei, Feuerwehr, Sanitäts- und Rettungsdiensten.	•	
§ 31 Absatz 1 Satz 2	Auf die Freihaltung der Rettungswege auf dem Grundstück sowie der Zufahrten und Flächen gemäß § 31 (1) Satz 1 ist dauerhaft + gut sichtbar hinzuweisen.		•
§ 31 Absatz 2	Rettungswege in der Versammlungsstätte müssen ständig freigehalten werden.	•	
§ 31 Absatz 3	Öffnen (Aufschließen) der Türen im Zuge von Rettungswegen, soweit sich Personen in diesen Bereichen der Versammlungsstätte aufhalten.	•	
§ 2 MPrüfVO	Wiederkehrende Prüfungen der sicherheitstechnischen Anlagen.		•
(…)			

Da die Organisationsfreiheit von Unternehmen, in Form frei gestaltbarer, gesellschaftsrechtlicher Konstruktionen und zivilrechtlicher Verträge (z.B. Pacht-, Betriebsführungs- oder Vermarktungsverträge), **nicht** durch die verwaltungsrechtlichen Bestimmungen der MVStättVO eingeschränkt werden kann, muss die Funktion des Betreibers im Zweifelsfall anhand der durch die Rechtsprechung entwickelten Kriterien „rechtlich befugt" und „tatsächlich imstande" ermittelt werden. 11

Insoweit ist es z.B. möglich, dass es einen Betreiber für den Betrieb und Unterhalt der bau- und betriebstechnischen Anlagen/Einrichtungen und einen Betreiber für den Veranstaltungsbetrieb gibt. Fallen beide Aufgabenbereiche in einer Gesellschaft zusammen, ist hin- 12

gegen die Gesellschaft, vertreten durch das vertretungsberechtigte Organ, also die Geschäftsführung, insgesamt als Betreiber anzusehen.

13 Die auf diese Weise ermittelten Betreiber sind nach dem Wortlaut der Vorschrift des Absatzes 1 für die Sicherheit und die Einhaltung der Vorschriften verantwortlich.

3. Betreiberverantwortung

14 Der Betreiber ist nach Absatz 1 für die Sicherheit der Veranstaltung und die Einhaltung der versammlungsstättenrechtlichen Bau- und Betriebsvorschriften verantwortlich. Das Management, also die Geschäftsführung, der Vorstand und die sonstigen auf oberster Ebene zur „Leitung der Versammlungsstätte" berufenen Vertreter, stehen dem Wortlaut der Vorschrift nach im Mittelpunkt der Verantwortung. Sie übernehmen eine besondere Sicherungspflicht und haben insbesondere dafür zu sorgen, dass Besucher bei Veranstaltungen in der Versammlungsstätte nicht zu Schaden kommen. Dazu zählt das Ergreifen solcher Maßnahmen, die nach den Gesamtumständen zumutbar sind und die ein verständiger und umsichtiger Angehöriger der Berufsgruppe für notwendig und ausreichend halten darf, um andere vor Schäden zu bewahren.

15 Die „Verantwortung" des Betreibers besitzt auf den ersten Blick nur deklaratorischen Charakter, da der Verordnungsgeber an die Bestimmung des Absatzes 1 keine Sanktionen in Form von Ordnungswidrigkeiten knüpft. Allerdings greift bei Verstößen gegen die Betreiberpflicht gegebenenfalls § 130 OWiG, nach dem Aufsichtspflichtverletzungen mit bis zu 1 Millionen Euro sanktioniert werden können. Wird der Betreiber seiner Verantwortung in Bezug auf die Sicherheit der Veranstaltung und die Einhaltung der Vorschriften der MVStättVO und der Bauordnung nicht gerecht, kann seitens der Aufsichtsbehörden mit den Mitteln des Baurechts als ultima ratio auf Grundlage von Absatz 4 eine Untersagung der weiteren Nutzung der Versammlungsstätte erfolgen. Für die Bauaufsichtsbehörden ist dies insoweit von besonderer Relevanz, als sie beispielsweise gegenüber dem Mieter einer Versammlungsstätte nur eingeschränkt mit dem Instrumentarium des Bauordnungsrechts vorgehen kann und als Adressaten den Betreiber der Versammlungsstätte benötigen.

16 **Die „Verantwortung des Betreibers" hat darüber hinaus in zivil- und strafrechtlicher Hinsicht besondere Bedeutung** und sollte des-

halb unabhängig von den verwaltungsrechtlichen Konsequenzen des Baurechts nicht vernachlässigt werden.

Jedes Unternehmen, das einen Verkehr (Umgang) mit Dritten eröffnet, ist verpflichtet, diesen „Verkehr" sicher zu gestalten (Verkehrssicherungspflicht). Zum Teil wird die Meinung vertreten, dass die diesbezüglichen Verpflichtungen durch Weitergabe per Vertrag oder durch pauschale Regelungen in AGB im Wesentlichen erfüllt werden. Mit Hilfe der vertraglichen und technischen Bedingungen werden die Betreiber von Versammlungsstätten und Veranstalter in erster Linie ihrer im Eigeninteresse liegenden vertraglichen Regelungskompetenz zur Schaffung klarer Vertragsbeziehungen, gerecht. Sie sind ein wichtiges – aber eben nur ein – Element aus dem gesamten Pflichtenkreis von Organisations-, Anweisungs- und Überwachungspflichten, die aus dem Rechtsinstitut der „Verkehrssicherungspflichten" hergeleitet werden. 17

Wegen Verletzung der ihm obliegenden Verkehrssicherungspflicht haftet insoweit, wer einen Dritten schuldhaft dadurch schädigt, dass er Gefahrenquellen geschaffen hat oder für sie aus sonstigem Grund verantwortlich ist, ohne notwendige Schutzvorkehrungen gegen die sich daraus drohenden Risiken getroffen zu haben. Diese Sicherungspflicht beschränkt sich nach ständiger Rechtsprechung des Bundesgerichtshofs[4] auf das Ergreifen solcher Maßnahmen, die nach den Gesamtumständen zumutbar sind und die ein verständiger und umsichtiger Mensch für notwendig und ausreichend hält, um andere vor Schäden zu bewahren. 18

Dies gilt sowohl für die „Normalorganisation", also die Durchführung von Veranstaltungen insbesondere unter Beachtung der einschlägigen Betriebsvorschriften (§§ 31 bis 43), als auch für die unverzügliche Einleitung geeigneter Maßnahmen bei kritischen Situationen und Gefahrenlagen („Notfallorganisation"). Die in § 42 nachträglich aufgenommene Verpflichtung zur Aufstellung eines Räumungskonzepts unterstreicht die besondere Bedeutung, die der Verordnungsgeber dem Betreiber bei der Umsetzung geeigneter Maßnahmen zum Schutz der Veranstaltungsbesucher zuweist. 19

Die in der zivilrechtlichen Rechtsprechung entwickelten Grundsätze zur Wahrnehmung allgemeiner und besonderer Verkehrssicherungspflichten sind maßgebend auch für die Bestimmung der strafrechtlichen 20

4 BGH, Urt. v. 13.11.2008 – 4 StR 252/08.

Anforderungen an die im Einzelfall gebotene Sorgfaltspflicht.[5] Im Strafrecht bezeichnet man diese Art der Verkehrssicherungspflicht als „Garantenstellung“.

21 Die Besonderheit des Strafrechts ist allerdings, dass Unternehmen nicht strafrechtsfähig sind, sondern nur die in der jeweiligen Organisation handelnden oder entscheidenden natürlichen Personen. Dies sind vielfach Führungskräfte, Vorstände und Geschäftsführer. Sie sind dafür verantwortlich, dass es innerhalb ihres „Herrschaftsbereichs“ nicht zu Schäden für Besucher, Mitarbeiter und Dritte kommt, soweit sich solche Auswirkungen durch die Einhaltung von baulichen, technischen und betrieblichen Vorschriften sowie durch geeignete organisatorische Maßnahmen vermeiden lassen.

22 Eine weit verbreitete Fehleinschätzung betrifft insoweit auch die Frage, wer für etwaige sicherheitsrelevante Versäumnisse innerhalb der betrieblichen Organisation die Verantwortung trägt. Die **Gesamtverantwortung** für Fragen der Sicherheit **lässt sich nicht** von der Geschäftsführung einer Gesellschaft **pauschal delegieren**.

23 Die Verantwortung, für eine angemessene „Organisation der Sicherheit“ innerhalb einer Versammlungsstätte zu sorgen, verbleibt stets auf Managementebene. Sie kann durch die oberste Leitung einer Versammlungsstätte nicht pauschal auf einzelne Mitarbeiter übertragen werden. Ein beauftragter Veranstaltungsleiter ist deshalb auch nicht vollumfänglich für „die Sicherheit der Veranstaltung insgesamt verantwortlich“. Er ist vielmehr für die Wahrnehmung zuvor festgelegter Aufgaben und die Ausübung der ihm eingeräumten Kompetenzen (Befugnisse) – wie z. B. die Entscheidung über den Abbruch einer Veranstaltung im Gefahrenfall – verantwortlich. Auf Managementebene verbleibt stets die grundsätzliche Organisationsverantwortung.

24 Durch das Zusammenwirken einer unterschiedlich großen Anzahl von Personen und beauftragter Dienstleister entsteht an den Schnittstellen zwischen den beteiligten Fachbereichen/Personen organisatorischer Regelungsbedarf. Die Art und Größe einer Versammlungsstätte und die Personalstärke des Betreibers bestimmen zusätzlich den erforderlichen konzeptionellen Aufwand. Anders als bei Großveranstaltungen im Freien muss der Betreiber einer Veranstaltungshalle unzählige unmittelbar aufeinander folgende Veranstaltungen unterschiedlichster Formate, also „Massegeschäft“, zum Teil sogar gleichzeitig als Parallelveranstal-

5 BGH, Urt. v. 13.11.2008 – 4 StR 252/08.

tungen, sicher und möglichst wirtschaftlich realisieren. Hierbei gilt es – unter Berücksichtigung eigener Personalressourcen und beauftragter Dienstleister –, die organisatorisch notwendigen Regelungsbereiche für einen sicheren Betrieb der Versammlungsstätte zu identifizieren und anschließend möglichst optimal umzusetzen.

Im Einzelnen geht es darum, eindeutig und damit möglichst widerspruchsfrei festzulegen, welche Aufgaben und Kompetenzen (Rechte und Pflichten) den Beschäftigten des Betreibers, im Hinblick auf einen sicheren Betrieb der Versammlungsstätte, in den folgenden Ablaufphasen grundsätzlich obliegen: 25

- im „Kaltbetrieb“,
- im Rahmen der Planung,
- in der Aufbauphase,
- bei Proben,
- während der Durchführung,
- in der Abbauphase.

Ablauforganisatorisch hat der Betreiber zu regeln, auf welche Weise seine Beschäftigten mit dem jeweiligen Veranstalter, mit beauftragten Dienstleistern und mit den BOS-Diensten zusammenarbeiten. Hierbei ist es zweckmäßig, zwischen einer „Normalorganisation“ und einer „Notfallorganisation“ zu differenzieren. Die Vorschrift des § 38 Absatz 3 MVStättVO verlangt ausdrücklich: „Der Betreiber muss die Zusammenarbeit von Ordnungsdienst, Brandsicherheitswache und Sanitätswache mit der Polizei, der Feuerwehr und dem Rettungsdienst gewährleisten.“ 26

Die oberste Leitung des Betreibers wird ihrer Verantwortung – „für die Sicherheit der Veranstaltung und die Einhaltung der Vorschriften zu sorgen“ – gerecht, wenn sie die erforderlichen technischen, personellen und organisatorischen Maßnahmen veranlasst und deren Einhaltung und Wirksamkeit regelmäßig angemessen überprüft. 27

Selbstverständlich steht es in der Organisationsfreiheit des Betreibers, zum Beispiel bei einer mehrköpfigen Geschäftsführung, durch entsprechende Ressortaufteilung festzulegen, welcher Geschäftsführer die Organisations- und Aufsichtsverantwortung 28

- für die Umsetzung der bau- und betriebstechnischen Anforderungen der Versammlungsstätte und
- für die Umsetzung der veranstaltungsbezogenen Betreiberpflichten

wahrzunehmen hat. Erfolgt keine entsprechende Festlegung im Innenverhältnis der Gesellschaft, bleibt es bei einer ungeteilten Betreiberverantwortung auf Geschäftsführungsebene insgesamt.

4. Veranstaltungsleitung

29 Gefordert wird die Anwesenheit des Betreibers oder eines von ihm beauftragten Veranstaltungsleiters **während des Betriebs** der Versammlungsstätte.

30 Der Verordnungsgeber geht mit der Regelung des Absatzes 2 von einer **Anwesenheitspflicht während des Veranstaltungsbetriebs und nicht** von einer **ständigen Anwesenheit „während des sonstigen Betriebs der Versammlungsstätte"** aus. Dies ergibt sich aus dem bewusst gestellten Wahlrecht des Betreibers, anstatt seiner selbst einen ***Veranstaltungs*****leiter** und nicht einen ***Betriebs*****leiter** mit der Anwesenheitspflicht zu betrauen.

31 Die **Anwesenheitspflicht besteht während der Laufzeit der Veranstaltung**, also während der offiziellen Öffnungszeiten für Besucher. Dies ergibt sich im Umkehrschluss aus der in § 40 Absatz 2 getroffenen Regelung, welche die Verantwortlichen für Veranstaltungstechnik verpflichtet, auch beim **Auf- und Abbau** der Veranstaltung Aufsicht zu führen. Hätte der Verordnungsgeber gewollt, dass auch der Betreiber oder ein beauftragter Veranstaltungsleiter **vor** und **nach** der Veranstaltung anwesend sind, wäre eine entsprechende Formulierung in § 38 aufzunehmen gewesen. Da dies nicht der Fall ist, kommt eine erweiterte Anwesenheitspflicht nicht in Betracht. Der Ordnungswidrigkeitstatbestand von § 47 Nr. 12 ist deshalb auf den Zeitraum der Anwesenheit von Besuchern während der Veranstaltung beschränkt.

32 Absatz 2 verlangt, dass ***mindestens eine*** **natürliche Person** mit Entscheidungskompetenz während des Betriebs vor Ort in der Versammlungsstätte anwesend ist. Die Vorschrift verlangt hingegen nicht, dass die Pflicht zur Veranstaltungsleitung ***auf eine*** **Person** zu konzentrieren ist. Die Systematik der Vorschrift und deren Schutzziel stehen dem entgegen. Gefordert wird, dass *mindestens eine natürliche Person mit Leitungskompetenz* während der Veranstaltung anwesend ist, die gegebenenfalls erforderliche Entscheidungen nach Absatz 4 treffen kann. Die jüngsten Verordnungsfassungen aus Rheinland-Pfalz (2018) und Brandenburg (2018) machen dies ebenfalls deutlich:

Gesetz- und Verordnungsblatt für das Land Brandenburg Teil II – Nr. 1 vom 4. Januar 2018

(2) Während des Betriebes von Versammlungsstätten muss die Betreiberin oder der Betreiber oder eine von ihr oder ihm ***beauftragte Veranstaltungsleitung*** *ständig anwesend sein.*

(5) Die Betreiberin oder der Betreiber kann die Verpflichtungen nach den Absätzen 1 bis 4 durch schriftliche Vereinbarung auf die Veranstalterin oder den Veranstalter übertragen, wenn diese oder dieser oder deren ***oder dessen beauftragte Veranstaltungsleitung*** *mit der Versammlungsstätte und deren Einrichtungen vertraut ist. Die Verantwortung der Betreiberin oder des Betreibers bleibt unberührt.*

Gesetz- und Verordnungsblatt für Rheinland-Pfalz Nr. 4, S. 29 vom 13. März 2018

(2) Während des Betriebs von Versammlungsstätten muss deren Betreiberin oder Betreiber oder eine von ihr oder ihm beauftragte Person ständig anwesend sein.

5) Die Betreiberin oder der Betreiber der Versammlungsstätte kann die Verpflichtungen nach den Absätzen 1 bis 4 durch schriftliche Vereinbarung auf die Veranstalterin oder den Veranstalter übertragen. ***Die mit der Leitung der Veranstaltung Beauftragten*** *müssen mit der Versammlungsstätte und deren Einrichtungen vertraut sein. Die Verantwortung der Betreiberin oder des Betreibers bleibt unberührt; dies gilt nicht im Fall der schriftlich vereinbarten Übertragung der Verpflichtungen nach Absatz 2.*

Nicht damit verbunden ist eine abweichende Rechtslage in Brandenburg **33**
und Rheinland-Pfalz. Die Formulierung dient ausschließlich einer textlichen Klarstellung und inkludiert die Genderisierung der Verordnungstexte.

Ein Blick auf die Regelungen zur „Wahrnehmung von Betreiberpflich- **34**
ten“ in benachbarten Rechtsgebieten[6] unterstreicht zusätzlich, dass die

6 § 52b Absatz 1 BImSchG:
„(1) Besteht bei Kapitalgesellschaften das vertretungsberechtigte Organ aus mehreren Mitgliedern oder sind bei Personengesellschaften mehrere vertretungsberechtigte Gesellschafter vorhanden, so ist der zuständigen Behörde anzuzeigen, ***wer von ihnen nach den Bestimmungen über die Geschäftsführungsbefugnis für die Gesellschaft die Pflichten des Betreibers der genehmigungsbedürftigen Anlage wahrnimmt****, die ihm nach diesem Gesetz und nach den auf Grund dieses Gesetzes erlassenen Rechtsver-*

versammlungsstättenrechtliche Vorschrift des § 38 Absatz 2 eine Konzentration auf nur eine Person **nicht** vorsieht.

35 Die Vorgaben des § 38 Absatz 2 und 5 lassen eine Reihe unterschiedlicher Möglichkeiten zur Übernahme der Veranstaltungsleitung zu. Hierzu zählen insbesondere:

- **Persönlich anwesender Betreiber.** Der Betreiber der Versammlungsstätte, in Person eines Mitglieds der obersten Leitungsebene (z.B. ein Geschäftsführer), ist selber während der Veranstaltung anwesend (Absatz 2, 1. Alternative).
- **Beauftragter Veranstaltungsleiter des Betreibers.** Die Funktion des Veranstaltungsleiters oder der Veranstaltungsleitung wird durch Mitarbeiter des Betreibers übernommen (Absatz 2, 2. Alternative).
- **Beauftragter Veranstaltungsleiter des Veranstalters.** Die Funktion des Veranstaltungsleiters oder der Veranstaltungsleitung wird durch Mitarbeiter des Veranstalters übernommen (Absatz 5 Satz 1 i.V.m. Absatz 2).
- **Veranstaltungsleitung des Betreibers und des Veranstalters.** Die Veranstaltungsleitung wird durch Mitarbeiter des Betreibers und einen „entscheidungsbefugten Vertreter des Veranstalters“ gemeinsam wahrgenommen (Absatz 5 Satz 1 und 2 i.V.m. Absatz 2).
- **Extern beauftragter Veranstaltungsleiter.** Die Übernahme der Funktion des Veranstaltungsleiters oder der Veranstaltungsleitung durch „beauftragte Dritte“ (Externe) wird vertraglich vereinbart (Absatz 2, 2. Alternative oder Absatz 5 Satz 1 i.V.m. Absatz 2).

4.1 Persönlich anwesender Betreiber

36 Die geforderte **Anwesenheitspflicht des Betreibers** betrifft stets die Anwesenheit mindestens einer natürlichen Person aus der obersten Leitungsebene. Nicht gefordert wird die ständige Anwesenheit aller vertretungsberechtigten Organmitglieder, da dies praktisch unmöglich und auch nicht notwendig ist.

37 Ist der Betreiber keine natürliche, sondern eine juristische Person (also z.B. eine GmbH), muss auf jeden Fall ein „entscheidungsbefugter Vertreter“, der zur Managementebene zählt (z.B. der Geschäftsführer), in der Versammlungsstätte höchstpersönlich anwesend sein. Eine zusätzli-

---

ordnungen und allgemeinen Verwaltungsvorschriften obliegen. Die Gesamtverantwortung aller Organmitglieder oder Gesellschafter bleibt hiervon unberührt.“

che Ernennung oder Beauftragung als „Veranstaltungsleiter“ ist für diesen Personenkreis nicht vorgesehen oder erforderlich.

Spezielle Aufgaben oder Qualifikationsanforderungen werden an das Management des Betreibers ebenfalls nicht gestellt. Verlangt werden weder Grundkenntnisse in der Veranstaltungs- oder Gebäudetechnik noch müssen die Führungskräfte mit den aktuellen Veranstaltungsabläufen oder einer geltenden Bühnenanweisung im Detail vertraut sein. Die Vorschrift verlangt, dass es sich um eine „Entscheidungsbefugte vor Ort ständig anwesende Person“ handelt, die mit der Versammlungsstätte und ihren Einrichtungen vertraut sein sollte, wie sich aus Absatz 5 Satz 1 als Umkehrschluss ergibt. Die ständige Anwesenheitspflicht umfasst eine Präsenzpflicht in der Versammlungsstätte oder zumindest auf dem Gelände der Versammlungsstätte, für die Dauer der Anwesenheit von Besuchern bei Veranstaltungen. 38

Technisches Detailwissen über die Einrichtungen der Versammlungsstätte, wie z.B. über die BMA, über Lüftungsanlagen, die RWA oder sonstige sicherheitstechnische Einrichtungen, wird von der Führungskraft des Betreibers nicht verlangt. Dies gilt ebenso für einen durch ihn beauftragten Veranstaltungsleiter. Entsprechendes Know-how ist auch nicht erforderlich, sofern die sich anschließenden organisatorischen Abläufe bei Auslösen dieser Anlagen und bei möglichen Störfällen z.B. in einem Sicherheitskonzept oder in Notfallplänen klar geregelt sind. 39

Ist die oberste Leitung des Betreibers in der Versammlungsstätte bei Veranstaltungen anwesend und in der Lage, auch im Fall von kritischen Szenarien oder Notfällen notwendige Entscheidungen bis hin zum Abbruch einer Veranstaltung zu treffen, bedarf es keiner zusätzlichen Beauftragung eines Veranstaltungsleiters durch den Betreiber. Ist das Management hierzu nicht durchgängig in der Lage, ist zumindest eine Stellvertretung in Form einer beauftragten Veranstaltungsleitung vorzusehen. 40

Was bezweckt der Verordnungsgeber mit der Anwesenheitspflicht des Betreibers?

Die Regelung des Absatzes 2 impliziert zunächst die Anwendung und Beachtung der Grundanforderungen zur Wahrnehmung von Aufsichtspflichten gemäß § 130 OWiG. 41

> ***§ 130 OWiG***
> ***Verletzung der Aufsichtspflicht in Betrieben und Unternehmen***
>
> *(1) Wer als Inhaber eines Betriebs oder Unternehmens vorsätzlich oder fahrlässig die Aufsichtsmaßnahmen unterlässt, die erforderlich sind,* ***um in dem Betrieb oder Unternehmen Zuwiderhandlungen gegen Pflichten zu verhindern****, die den Inhaber als solchen treffen und deren Verletzung mit Strafe oder Geldbuße bedroht ist, handelt ordnungswidrig, wenn eine solche Zuwiderhandlung begangen wird, die durch gehörige Aufsicht hätte verhindert werden können.* ***Zu den erforderlichen Aufsichtsmaßnahmen gehören auch die Bestellung, sorgfältige Auswahl und Überwachung von Aufsichtspersonen****.*
>
> *(2) Betrieb oder Unternehmen im Sinne der Absätze 1 und 2 ist auch das öffentliche Unternehmen.*
>
> *(3) Die Ordnungswidrigkeit kann, wenn die Pflichtverletzung mit Strafe bedroht ist, mit einer Geldbuße* ***bis zu 1 000 000 Euro*** *geahndet werden. …*

42 Der Betreiber ist nach § 130 OWiG – unabhängig von der nach Absatz 2 bestehenden Verpflichtung zur Anwesenheit – aufgerufen, durch Aufsichtsmaßnahmen sicherzustellen, dass in seinem Betrieb oder Unternehmen Zuwiderhandlungen gegen Pflichten verhindert werden. Diese Grundanforderung zur Wahrnehmung von Aufsichtspflichten wird für die Betreiber von Versammlungsstätten durch den Absatz 2 dahingehend verschärft, dass er zusätzlich während des Betriebs anwesend sein muss. Der Verordnungsgeber geht insoweit davon aus, dass eine gehörige Aufsicht, einschließlich des Eingreifens bei Verstößen und sonstigen die Sicherheit von Personen beeinträchtigenden Vorkommnissen (z.B. Störungen, Notfällen etc.), nur durch die Anwesenheit einer leitenden, entscheidungsbefugten Person sichergestellt werden kann. **Zum Aufgabenbereich des „anwesenden Betreibers" gehört** insoweit **die Wahrnehmung von Überwachungspflichten einschließlich der Verpflichtung, die ggf. erforderlichen Entscheidungen zur Sicherheit der Veranstaltung und der dabei anwesenden Personen zu treffen.** Die Überwachungspflicht begründet dabei nicht eine Verpflichtung zur ständigen Anwesenheit in einem Versammlungsraum oder einer einzelnen Halle, vielmehr reicht es aus, dass der Betreiber oder der von ihm beauftragte Veranstaltungsleiter **auf dem Gelände der Versammlungsstätte** insgesamt **anwesend** ist.

43 Notwendige Einzelaufgaben, wie operative Überwachungsaufgaben, während der Veranstaltungslaufzeit können z.B. durch **Pförtnerdienste, Hallenmeister, Sicherheitskräfte, Mitarbeiter der Technik** und andere Funktionsträger wahrgenommen werden. In diesem Fall ist allerdings durch festgelegte Kriterien und Informationsabläufe sicherzustellen, dass bei sicherheitsrelevanten Vorkommnissen eine **unverzügliche Benachrichtigung des Betreibers** stattfinden kann.

4.2 Veranstaltungsleiter des Betreibers

Bei dem zu beauftragenden Veranstaltungsleiter oder der zu beauftragenden Veranstaltungsleitung handelt es sich primär um Mitarbeiter aus der Organisation des Betreibers. Zusätzlich ist es möglich, als Betreiber einen externen Dienstleister mit der Übernahme der Funktion eines Veranstaltungsleiters oder einer Veranstaltungsleitung zu beauftragen. **44**

Für die Wirksamkeit der Beauftragung eines Veranstaltungsleiters oder einer Veranstaltungsleitung aus der **eigenen Organisation** des Betreibers besteht, anders als es die Vorschriften des Arbeitsschutzgesetzes für die Delegation von Unternehmerpflichten vorsehen,[7] kein rechtlich verbindlich vorgeschriebenes Schriftformerfordernis. Der Betreiber kann deshalb grundsätzlich auch ohne einen formalen „Delegationsakt" festlegen, welcher Personenkreis mit welchen Aufgaben im Zuge der Veranstaltungsleitung betraut ist und welche Kompetenzen (Befugnisse) den Funktionsträgern hierfür eingeräumt werden. In diesem Fall gilt es allerdings, auf andere Weise die erforderliche Transparenz im Hinblick auf die wahrzunehmenden Aufgaben, Kompetenzen und die sich daraus ergebende Verantwortung (AKV) zu schaffen. **45**

Eine Erfüllung der Pflichten nach Absatz 2 kann hingegen nicht bereits dann angenommen werden, wenn lediglich ein Mitarbeiter des Betreibers ohne eingeräumte Leitungskompetenz bei der Veranstaltung anwesend ist. **46**

Um die mit der Übernahme der Funktion eines Veranstaltungsleiters gegebenfalls verbundenen Widerstände erst gar nicht entstehen zu lassen, empfiehlt es sich, die AKV exakt zu bezeichnen und diese möglichst präzise gegenüber den Rechten und Pflichten anderer Funktionsträger abzugrenzen. **47**

Die dokumentierten Festlegungen zur Abgrenzung der AKV können in einem Sicherheitskonzept oder Räumungskonzept, in Notfallplänen **48**

---

7 § 13 Absatz 2 ArbSchG:
„Der Arbeitgeber kann zuverlässige und fachkundige Personen schriftlich damit beauftragen, ihm obliegende Aufgaben nach diesem Gesetz in eigener Verantwortung wahrzunehmen."

oder in vergleichbaren Planunterlagen für alle Beteiligten nachvollziehbar dokumentiert werden. Mit der Inkraftsetzung entsprechender Konzepte und Unterlagen – z.B. per Anweisung – macht der Betreiber von seinem arbeitsrechtlichen Direktionsrecht Gebrauch.

49 Personen, die die Funktion des Veranstaltungsleiters wahrnehmen, ist anzuraten, eine möglichst präzise Festlegung der wahrzunehmenden AKV einzufordern, denn für die Begründung von Sorgfaltspflichten genügt regelmäßig bereits die tatsächliche Übernahme eines entsprechenden Pflichtenkreises.[8].

50 In arbeitsrechtlicher Hinsicht ist zu beachten, dass die Festlegung von AKV zur Veranstaltungsleitung möglichst eng an den tatsächlich bestehenden arbeitsvertraglich vereinbarten Rechten und Pflichten der Beschäftigten ausgerichtet ist. Andernfalls kann es faktisch zu „Änderungskündigungen" der bestehenden Arbeitsverhältnisse mit allen damit verbundenen Folgewirkungen kommen. Dies gilt in besonderem Maße, wenn die Regelung nicht nur über die Inkraftsetzung eines Sicherheits- oder Räumungskonzeptes – also per Direktionsanweisung – erfolgt, sondern ein gesonderter schriftlicher „Delegationsakt" gegenüber dem einzelnen Mitarbeiter vollzogen wird.

51 Beachtet man bei der Ausarbeitung von entsprechenden Delegationsschreiben den „Kerngedanken" des Abs. 2, 1. Alternative, namentlich die Anwesenheitspflicht für **mindestens eine** „entscheidungsbefugte Person", geht es darum, dem betroffenen Mitarbeiter die notwendigen „Kompetenzen" (Befugnisse) zum Einschreiten, insbesondere bei „kritischen Szenarien", schriftlich einzuräumen. Das Aufbürden zusätzlicher Aufgaben, die nicht zum eigentlichen Aufgabenspektrum des Beschäftigten zählen, ist nach Möglichkeit zu vermeiden. Für Eigenveranstaltungen des Betreibers ist diese AKV-Abgrenzung ist zwischen den beteiligten Projektleitern und den Mitarbeitern der Technik vergleichsweise einfach.

52 Für Beschäftigte des Betreibers, die die Veranstaltungsleitung übernehmen, sollte in jedem Fall geregelt werden, wer bei Verstößen gegen Sicherheitsvorschriften, bei „kritischen Szenarien" wie bei Notfällen oder Gefahrenlagen, abschließend entscheidet. Innerhalb eines Sicherheits- und Räumungskonzepts kann dies differenziert nach den Ereignissen erfolgen.

53 Dem Veranstaltungsleiter sind in allererster Linie solche Kompetenzen (Entscheidungsbefugnisse) für die Veranstaltung zu übertragen, die an-

8 Vgl. BGHSt 47, 224, 229; BGH, NJW 2008, 1897 mit Anm. *Kühl*.

sonsten bei der obersten Leitung des Betreibers, also beim Management liegen. Wird eine Veranstaltungsleitung aus mehreren Personen gebildet, sind die Entscheidungsbefugnisse, insbesondere für das Vorgehen bei „kritischen Szenarien", eindeutig abzugrenzen.

Pauschaldelegationen, die lediglich „Nebel" erzeugen, wie z.B. „Der Veranstaltungsleiter ist für die Sicherheit der Veranstaltung verantwortlich", sind zu vermeiden. Sie sind rechtlich nicht belastbar. Es bedarf stets einer eindeutigen Zuweisung der Aufgaben und Kompetenzen, aus denen sich der Verantwortungsbereich ergibt. 54

In rechtlicher Hinsicht zu beachten ist, dass ein schriftliches „Delegationsschreiben" zur Wahrnehmung der Veranstaltungsleitung auf Betreiberseite nicht vorgeschrieben und deshalb keine Wirksamkeitsvoraussetzung für die Beauftragung eines Veranstaltungsleiters ist. Als ergänzendes Element zu einem Sicherheits- und/oder Räumungskonzept, kann ein entsprechender Delegationsakt allerdings durchaus sinnvoll und hilfreich sein. 55

4.3 Veranstaltungsleiter des Veranstalters

Wird ein Veranstaltungsleiter aus dem Kreis der Mitarbeiter des Veranstalters gestellt, entspricht dies der Regelung von Absatz 5 Satz 1 i.V.m. Absatz 2. In diesem Fall wird die Anwesenheitspflicht für einen Veranstaltungsleiter durch den Betreiber auf den Veranstalter übertragen. Die Übertragung von Pflichten auf einen Veranstalter (Mieter) nach **Absatz 5** hat zwingend durch eine schriftliche Vereinbarung zu erfolgen. Nicht anders als im allgemeinen Mietrecht stellt die nach der MVStättVO verlangte „schriftliche Vereinbarung" zunächst eine Regelung innerhalb des Miet- bzw. Veranstaltungsvertrags dar. Versäumt es der Betreiber, eine entsprechende Regelung in den Vertrag oder in seine Geschäftsbedingungen (AGB) aufzunehmen, kann er später – nach Vertragsabschluss – die Übernahme der Veranstaltungsleitung vom Veranstalter nicht mehr einfordern. Die MVStättVO und die darin enthaltenen übertragbaren „Betreiberpflichten" folgen damit in einer **ersten Stufe** uneingeschränkt den Grundsätzen des Vertragsrechts. 56

Der Veranstalter ist nur dann verpflichtet, einen Veranstaltungsleiter zu benennen, wenn diese Verpflichtung Bestandteil des Vertrags geworden ist. Hierzu muss sich die Pflicht aus dem Vertrag selber, aus einer Anlage zum Vertrag oder aus einer nachträglichen Zusatzvereinbarung ergeben. Letztere Variante ist aus rechtlicher Sicht allerdings wenig belastbar. Es besteht grundsätzlich kein durchsetzbarer Anspruch auf Ab- 57 schluss von Zusatzvereinbarungen nach Abschluss eines Miet- oder Veranstaltungsvertrags mit einem Gastveranstalter. Ein Gastveranstalter kann nach dem Vertragsabschluss über die Durchführung der Veranstaltung nicht mehr dazu verpflichtet werden, eine weitere „vertragliche Vereinbarung" zur Übernahme der Funktion des Veranstaltungsleiters abzuschließen. Ein diesbezüglicher Kontrahierungszwang lässt sich nicht rechtlich wirksam vereinbaren. Noch weniger möglich ist es, eine „Delegationsvereinbarung" mit einem neuen Vertragspartner, namentlich mit einem Mitarbeiter aus der Organisation des Gastveranstalters – dem Veranstaltungsleiter – durchzusetzen. Die Zustimmung zu einer solchen Vereinbarung, dokumentiert durch die Unterschrift des Veranstaltungsleiters, ist in keiner Weise justiziabel.

58 Eine wirksame Verpflichtung zur Übernahme der Funktion des Veranstaltungsleiters muss bereits zum Zeitpunkt des Abschlusses des Veranstaltungsvertrags inhaltlich nachvollziehbar mit dem Veranstalter vereinbart werden. Die dem Veranstaltungsleiter obliegenden AKV müssen in diesem Zeitpunkt klar umrissen sein. Mit Abschluss des Vertrags erfolgt dann die wirksame Übertragung der Pflicht zur Stellung und Benennung eines Veranstaltungsleiters nach § 38 Absatz 5 MVStättVO.

Beispiel:

Muster-Vertragsklausel zur Bestellung und Benennung eines Veranstaltungsleiters

Der Veranstalter hat dem Betreiber bis spätestens vier Wochen vor der Veranstaltung eine entscheidungsbefugte Person zu benennen, die während der gesamten Dauer der Veranstaltung als Veranstaltungsleiter gemäß § 38 Absatz 2 und 5 MVStättVO anwesend ist. Der benannte Veranstaltungsleiter hat vor der Veranstaltung an einer gemeinsamen Begehung der Versammlungsstätte teilzunehmen und sich mit den Veranstaltungsräumen, ihren Einrichtungen einschließlich der Flucht- und Rettungswege vertraut zu machen. Auf Anforderung des Betreibers hat der Veranstaltungsleiter vor der Veranstaltung an einer Abstimmung/Einweisung über die zu beachtenden Sicherheitsbestimmungen (siehe Anlage zum Vertrag) und an ggf. erforderlichen gesonderten Sicherheitsbesprechungen teilzunehmen. Der Veranstaltungsleiter ist zur Anwesenheit während des Veranstaltungsbetriebs verpflichtet, muss jederzeit erreichbar sein und hat gegebenenfalls notwendige Entscheidungen zur Sicherheit der Besucher mit dem vom Betreiber benannten Ansprechpartner, den Behörden und externen Diensten (Feuerwehr, Polizei, Baurechtsamt, Ordnungsamt, Sanitätsdienst) abzustimmen. Der Veranstaltungsleiter ist nicht berechtigt, ohne schriftliche Zustimmung des Betreibers seine Funktion auf Dritte weiter zu übertragen … usw.

59 In **zweiter Stufe** hängt die Wirksamkeit der Übertragung nach Absatz 5 davon ab, dass der Veranstalter oder dessen beauftragter Veranstaltungsleiter **mit der Versammlungsstätte und ihren Einrichtungen tatsächlich vertraut ist**. Die „Leitplanken" des Sich-Vertraut-Machens können in einer vertraglichen Regelung festgelegt werden. Deren veranstaltungsbezogene Umsetzung am Aufbau- oder am Veranstaltungstag erzeugt allerdings personellen und zeitlichen Aufwand. In Versammlungsstätten mit hoher Buchungsfrequenz kann dieser erheblich sein.

60 Will man die Funktion des Veranstaltungsleiters rechtlich belastbar auf den Veranstalter übertragen und diese Funktion nicht in den Reihen des Betreibers belassen, ist der Veranstalter bzw. dessen beauftragter Veranstaltungsleiter vor der Veranstaltung zwingend mit

- den für seine Veranstaltung relevanten Einrichtungen,
- der Rettungswegeführung,
- seiner Rolle bei Gefahrenlagen, Notfällen und im Fall einer
- notwendigen Räumung

vertraut zu machen. Dieses „Sich-Vertraut-Machen" lässt sich anhand von Standards, wie Checklisten, Sicherheitsinformationen für Gast-Veranstalter und durch Übergabeprotokolle etc., beschleunigen. Es sollte auf Seiten des Betreibers in jedem Fall nachvollziehbar (z.B. in einem Übergabeprotokoll) dokumentiert werden.

61 Für Betreiber, die den nach „Stufe 2" erforderlichen Aufwand scheuen oder reduzieren wollen, kommt unter Umständen eine Aufteilung der Veranstaltungsleitung zwischen Betreiber und Veranstalter in Betracht.

4.4 Veranstaltungsleitung des Betreibers und des Veranstalters

62 Betreiber, für die eine vollständige Übertragung der Veranstaltungsleitung auf einen Veranstalter nicht in Frage kommt oder für die der Aufwand einer formalen Übertragung mit anschließender Einweisung zu aufwendig ist, sollten die Aufteilung und Abstimmung der Veranstaltungsleitung vornehmen. Gleiches gilt für die Betreiber von Versammlungsstätten, die sich zum Zeitpunkt des Vertragsabschlusses mit einem Gastveranstalter alle Optionen für eine spätere Übertragung von Pflichten noch offenhalten wollen.

Beispiel:

> ***Muster-Vertragsklausel mit einer Option zur Übernahme der Veranstaltungsleitung***
>
> *Der Veranstalter hat dem Betreiber bis spätestens vier Wochen vor der Veranstaltung einen „entscheidungsbefugten Vertreter" zu benennen, der während der gesamten Dauer der Veranstaltung vor Ort anwesend ist. Der „entscheidungsbefugte Vertreter" hat auf Anforderung des Betreibers an einer gemeinsamen Begehung der Versammlungsstätte teilzunehmen und sich mit den Veranstaltungsräumen, ihren Einrichtungen einschließlich der Flucht- und Rettungswege vertraut zu machen. Ebenfalls auf Anforderung des Betreibers hat der „entscheidungsbefugte Vertreter" vor der Veranstaltung an einer Abstimmung/Einweisung über die zu beachtenden Sicherheitsbestimmungen und an gegebenenfalls erforderlichen gesonderten Sicherheitsbesprechungen teilzunehmen. Der „entscheidungsbefugte Vertreter" sorgt auf Seiten des Veranstalters für einen geordneten und sicheren Ablauf der Veranstaltung. Er ist zur Anwesenheit während des Veranstaltungsbetriebs verpflichtet, muss jederzeit erreichbar sein und hat gegebenenfalls notwendige Entscheidungen zur Sicherheit der Besucher mit den vom Betreiber benannten Personen, den Behörden und externen Diensten (Feuerwehr, Polizei, Baurechtsamt, Ordnungsamt, Sanitätsdienst) abzustimmen. Er ist zur aktiven Mitwirkung verpflichtet, wenn eine besondere Gefahrenlage für Personen eine Einschränkung oder den Abbruch der Veranstaltung erforderlich machen. Der „entscheidungsbefugte Vertreter" des Veranstalters wird durch mindestens einen vom Betreiber benannten fachkundigen und entscheidungsbefugten Ansprechpartner während der Veranstaltung unterstützt. Dem Ansprechpartner des Betreibers steht uneingeschränkt die Ausübung des Hausrechts innerhalb der Versammlungsstätte zu.*
>
> *Der Betreiber ist berechtigt, vom Veranstalter auch nach Vertragsabschluss rechtzeitig bis ca. 4 Wochen vor der Veranstaltung zu verlangen, dass der „entscheidungsbefugte Vertreter" des Veranstalters die Funktion des Veranstaltungsleiters nach § 38 Absatz 2 und 5 MVStättVO für die Dauer der Veranstaltung übernimmt. Wird die Funktion des Veranstaltungsleiters nicht auf den Veranstalter übertragen oder verweigert der Veranstalter die Übernahme dieser Funktion, übernimmt der Betreiber mit eigenem Personal die Funktion des Veranstaltungsleiters. Im letzteren Fall ist der Betreiber berechtigt, die Kosten, die durch die Übernahme der Funktion des Veranstaltungsleiters entstehen, vollständig auf den Veranstalter umzulegen.*

63 Um mit überschaubarem Aufwand die AKV für täglich stattfindende Veranstaltungen zu klären und die notwendige Transparenz insbesondere für den Gast-Veranstalter herzustellen, empfiehlt sich die Erstellung und Nutzung hierzu geeigneter Standards.

<table>
<tr><th>Abgrenzung der Aufgaben, Kompetenzen und Verantwortung (AKV)
gemäß § 38 Absatz 2 und 5 MVStättVO in der Veranstaltungsleitung</th><th>Vertreter Veranstalter</th><th>Vertreter Betreiber</th></tr>
<tr><td>Sorgt für die namentliche Benennung eines während der Veranstaltung anwesenden „entscheidungsbefugten Vertreters“</td><td>×</td><td>×</td></tr>
<tr><td colspan="3">Der für die Veranstaltung vom Veranstalter und vom Betreiber eingesetzte Funktionsträger entscheidet, sofern keine Anordnung durch Polizei oder Feuerwehr erfolgt und keine Einigkeit innerhalb der Veranstaltungsleitung besteht …</td></tr>
<tr><td>→ bei einer Störung der Veranstaltungen durch Besucher/Dritte sowie bei Demonstrationen in der Versammlungsstätte</td><td>×</td><td></td></tr>
<tr><td>→ bei einem Drohanruf oder einer Drohung (per Mail/Internet)</td><td>×</td><td></td></tr>
<tr><td>→ bei einem verdächtigen Gegenstand</td><td colspan="2">Dies entscheidet stets die zu alarmierende Polizei abschließend.</td></tr>
<tr><td>→ bei einem Unfall/Personenschaden ohne Wiederholungsgefahr</td><td>×</td><td></td></tr>
<tr><td>→ bei einem Unfall/Personenschaden mit Wiederholungsgefahr</td><td></td><td>×</td></tr>
<tr><td>→ im Brandfall, bei Rauchentwicklung</td><td></td><td>×</td></tr>
<tr><td>→ bei einem Störfall in der Gebäude- und Brandschutztechnik</td><td></td><td>×</td></tr>
<tr><td>→ usw.</td><td></td><td></td></tr>
</table>

4.5 Beauftragter externer Veranstaltungsleiter

Die Beauftragung eines externen Veranstaltungsleiters als selbständig Beschäftigten oder über einen Dienstleister wird durch § 38 nicht eingeschränkt oder ausgeschlossen. Erforderlich für den Einsatz eines externen Veranstaltungsleiters ist allerdings, dass er ebenso wie der Veranstaltungsleiter des Veranstalters mit der Versammlungsstätte und ihren Einrichtungen vor der Veranstaltung vertraut gemacht wird. 64

65 Die externe Beauftragung ist die einzige Konstellation, in der direkt zwischen dem Betreiber und dem Veranstaltungsleiter oder zwischen dem Veranstalter und dem Veranstaltungsleiter ein gesondertes Vertragsverhältnis begründet wird. In der Regel handelt es sich hierbei um einen typischen Dienstleistungsvertrag gemäß § 611 BGB, der den Dienstleister verpflichtet, die vertraglich vereinbarte Leistung zu erbringen und dem Auftraggeber das vereinbarte Entgelt zu zahlen.

66 In Abgrenzung zu anderen, unzulässigen Beschäftigungsformen ist zu beachten, dass die Grenze zu einer „unerlaubten Arbeitnehmerüberlassung" oder zu einem „Schein-Dienstleistungsvertrag" nicht überschritten wird.

67 Hierbei kommt es nicht darauf an, welche Bezeichnung ein Vertrag im Titel führt, sondern vielmehr darauf, wie die tatsächliche Durchführung der Leistung zu bewerten ist. Regelungen des Vertrags, die z.B. eine Eingliederung des Dienstleisters in die Betriebsorganisation vermuten lassen, der nahezu vollständige Ausschluss der Haftung, umfassende Einweisungen des Dienstleisters oder ein fehlender Projektbezug können u.a. als Indiz für einen entsprechenden Verstoß herangezogen werden. Besonders kritisch sind Konstellationen, bei denen eine regelmäßige Beauftragung entsprechender Leistungen gegenüber dem gleichen Dienstleister erfolgt und eine „Scheinselbständigkeit" im Rahmen einer Prüfung festgestellt wird. In diesem Fall drohen strafrechtliche Sanktionen nach § 266a StGB, erhebliche Nachforderungen der Sozial-/Rentenversicherung und die ungewollte Begründung neuer Arbeitsverhältnisse zwischen den beteiligten Vertragspartnern. Verträge, die die (regelmäßige) Beauftragung eines externen Veranstaltungsleiters zum Gegenstand haben, sollten deshalb sorgfältig geprüft und ihre rechtlich korrekte Umsetzung in der „gelebten Organisation" regelmäßig nachgewiesen werden.

5. Qualifikation des Veranstaltungsleiters

68 Die Vorschrift des § 38 stellt keine Qualifikationsanforderungen an Personen, die die Veranstaltungsleitung im Sinne des Absatzes 2 und 5 wahrnehmen.

69 Erforderlich ist, dass es sich um eine „entscheidungsbefugte, vor Ort ständig anwesende Person" handelt, die mit der Versammlungsstätte und ihren Einrichtungen, in dem für eine sichere Durchführung der Veranstaltung erforderlichem Umfang, vertraut ist. Technisches Detailwis-

sen über die Einrichtungen der Versammlungsstätte, wie z.B. über die BMA, über Lüftungsanlagen, die RWA oder sonstige sicherheitstechnische Einrichtungen, wird ebenfalls nicht verlangt. Entsprechendes Know-how ist grundsätzlich auch nicht erforderlich, sofern die organisatorischen Abläufe bei Auslösen brandschutztechnischer Anlagen und bei möglichen Störfällen z.B. in einem Sicherheitskonzept oder in Notfallplänen nachvollziehbar geregelt sind.

Zu beachten ist, dass Personen in der Veranstaltungsleitung die auf sie übertragenen Pflichten nach § 38 und nicht die Aufgaben nach § 40 wahrnehmen. Daher muss auch nicht die Befähigung zum Verantwortlichen für Veranstaltungstechnik vorliegen. Ob ein Verantwortlicher für Veranstaltungstechnik zusätzlich die Funktion eines Veranstaltungsleiters übernehmen sollte, hängt von sehr individuellen Rahmenbedingungen, wie von der Art der Veranstaltung, der Größe der Versammlungsstätte und den Veranstaltungsabläufen im Einzelfall, ab. Der Betreiber und der Veranstalter tragen jeweils für das von ihnen eingesetzte Personal innerhalb der Veranstaltungsleitung die Auswahlverantwortung. 70

Der Verordnungsgeber hat den Bereich der Veranstaltungsleitung bewusst offen geregelt und die Auswahlverantwortung in den Händen des Betreibers und des Veranstalters belassen. Die Anforderungen in der Veranstaltungsleitung von Fußballstadien, Messplätzen, Kongresszentren, Mehrzweckarenen, Theatern oder Bürgerhäusern sind zu unterschiedlich, als dass sich ein für alle Versammlungsstätten geltendes Qualifikations- und Anforderungsprofil erstellen ließe. 71

Als gemeinsamer Nenner und damit als Mindestanforderung für die Übernahme einer Funktion innerhalb einer Veranstaltungsleitung oder als alleine beauftragter Veranstaltungsleiter ist allerdings stets das Vorliegen von Kenntnissen über 72

- die Inhalte und den Zweck der Betriebsvorschriften der MVStättVO,
- die Wahrnehmung allgemeiner Verkehrssicherungspflichten,
- die Funktionsweisen und Abläufe bei kritischen Szenarien, Störungen und Notfällen,
- die Konsequenzen bei Verstößen und deren Haftungsfolgen

von dem jeweiligen Funktionsträger zu verlangen.

6. Koordination der Zusammenarbeit

Aus der Formulierung „der Betreiber muss . . . gewährleisten" des **Absatzes 3** folgt, dass diese Koordinierungsaufgabe **keine höchstpersön-** 73

liche Pflicht des Betreibers ist, sondern er – sofern er nicht selber tätig wird – durch aufbau- und ablauforganisatorische Festlegungen regeln kann, wer innerhalb seiner Organisation in der Konzept-, Planungs-, Aufbau- und Durchführungsphase einer Veranstaltung **die Zusammenarbeit und Abstimmung mit den genannten (externen) Hilfskräften** durchführt.

74 In Abhängigkeit von der jeweiligen Organisation des Betreibers können hier unterschiedliche Abteilungen in der Organisation tätig werden, allerdings ist besonderes Augenmerk auf die Regelung der zwangsläufig entstehenden Schnittstellen und Zuständigkeitsabgrenzungen (die für eine reibungslose Zusammenarbeit mit den externen Stellen erforderlich sind) zu legen. Auch möglich ist die Übertragung entsprechender Koordinationsaufgaben auf eine interne „Stabsstelle für Sicherheit", wie sie bereits in größeren Versammlungsstätten eingerichtet ist.

75 **Als Minimalforderung** sollte jeder Betreiber einer Versammlungsstätte beachten, dass die Namen der Leiter aller externen Funktionsträger (Polizei, Feuerwehr, Sanitätsdienst, Ordnungsdienst) sowie die Namen des Veranstaltungsleiters und der Verantwortlichen für Veranstaltungstechnik, ihre Mobil-Telefonnummern, und ggf. vorhandene Funkverbindungen auf einem Informations-Blatt für die jeweilige Veranstaltung zusammengestellt werden bzw. digital zur Verfügung stehen und allen Funktionsträgern vor Veranstaltungsbeginn z.B. im Rahmen einer einführenden „Lagebesprechung", ausgehändigt werden.

7. Einstellung des Betriebs

76 Mit **Absatz 4** legt der Verordnungsgeber im Sinne einer „ultima ratio" fest, dass der Betreiber unter gewissen Bedingungen zur Einstellung des Betriebs, hier des Veranstaltungsbetriebs, verpflichtet ist. Als **Bedingungen, die zur Einstellung verpflichten**, werden zunächst genannt **nicht betriebsfähige**

- Anlagen,
- Einrichtungen,
- Vorrichtungen,

die **für die Sicherheit** der Versammlungsstätte **notwendig** sind.

77 Mit dieser Forderung wiederholt der Verordnungsgeber eine ohnehin bereits im strafrechtlichen Sinn bestehende Pflicht, wonach derjenige, der eine Gefahrenlage für Dritte geschaffen hat oder aus sonstigem

Grund für diese (mit-)verantwortlich ist, alles Erforderliche und Zumutbare unternehmen muss, damit es zu keinem (bzw. keinem weiteren) Schaden kommt (sogenannte Garantenstellung). Unterlässt er die in diesem Sinne gebotene Handlung, haftet er nach den Grundsätzen „des Handelns durch Unterlassen" zum Beispiel als Täter einer fahrlässigen Körperverletzung, wenn infolge dieser Pflichtverletzung Personen zu Schaden kommen.

Im Sinne einer vorausschauenden Betrachtung wird es für den Betreiber **78**
vielfach schwierig sein, eindeutig zu beurteilen, ob eine Anlage, Einrichtung oder Vorrichtung konkret für die Sicherheit der Versammlungsstätte relevant ist. Hingegen wird sich in der Regel leicht feststellen lassen, ob eine Anlage etc. betriebsfähig ist. Eine Anlage etc. ist grundsätzlich nicht betriebsfähig, wenn ihre Funktionsfähigkeit eingeschränkt oder aufgehoben ist oder vorgeschriebene wiederkehrende Prüfungen nicht durchgeführt worden sind.

Zur Ermittlung der „sicherheitsrelevanten" Anlagen, Einrichtungen, **79**
Vorrichtungen sind die für Versammlungsstätten geltenden technischen Prüfverordnungen der Länder und die Ergebnisse der Gefährdungsbeurteilung nach § 5 Arbeitsschutzgesetz[9] in Verbindung mit § 3 Betriebssicherheitsverordnung[10] heranzuziehen.

Zu den Sicherheitseinrichtungen zählen nach § 2 der Muster-Verord- **80**
nung über Prüfungen von technischen Anlagen und Einrichtungen (Muster-Prüfverordnung – Stand März 2011)[11] folgende Anlagen:

---

9 § 5 ArbSchG:
„*(1) Der Arbeitgeber hat durch eine Beurteilung der für die Beschäftigten mit ihrer Arbeit verbundenen Gefährdung zu ermitteln, welche Maßnahmen des Arbeitsschutzes erforderlich sind.*"

10 § 3 BetrSichV:
„*(3) Für Arbeitsmittel sind insbesondere Art, Umfang und Fristen erforderlicher Prüfungen zu ermitteln. Ferner hat der Arbeitgeber die notwendigen Voraussetzungen zu ermitteln und festzulegen, welche die Personen erfüllen müssen, die von ihm mit der Prüfung oder Erprobung von Arbeitsmitteln zu beauftragen sind.*"
Begriffsbestimmung nach § 2 BetrSichV:
„*(1) Arbeitsmittel im Sinne dieser Verordnung sind Werkzeuge, Geräte, Maschinen oder Anlagen.*"

11 Die wiederkehrende Prüfung der technischen Anlagen ist in den einzelnen Ländern unterschiedlich geregelt. In einzelnen Ländern dürfen diese Prüfungen nur von bauaufsichtlich anerkannten Sachverständigen durchgeführt werden.

1. Lüftungsanlagen, ausgenommen solche, die einzelne Räume im selben Geschoss unmittelbar ins Freie be- oder entlüften,
2. CO-Warnanlagen,
3. Rauchabzugsanlagen,
4. Druckbelüftungsanlagen,
5. Feuerlöschanlagen, ausgenommen nichtselbständige Feuerlöschanlagen mit trockenen Steigleitungen ohne Druckerhöhungsanlagen,
6. Brandmelde- und Alarmierungsanlagen,
7. Sicherheitsstromversorgungen.

81 Die sicherheitstechnischen Anlagen sind durch zugelassene Sachverständige mindestens alle drei Jahre zu prüfen. Da der Betrieb einer Versammlungsstätte nur bei einwandfrei funktionierenden Sicherheitseinrichtungen zulässig ist, ist der Betrieb einzustellen, wenn auch nur eine dieser Anlagen nicht betriebsfähig ist.

82 Soweit der Gesetzgeber in Absatz 4 Halbsatz 2 zusätzlich vom Betreiber die Einstellung des Betriebs verlangt, wenn **Betriebsvorschriften** nicht eingehalten werden können, bezieht sich diese Forderung zumindest auch auf alle Vorschriften des Abschnitts 4 (§§ 31 bis 43). Mit dieser sehr weitgehenden Vorschrift macht der Verordnungsgeber deutlich, dass er alle in den Betriebsvorschriften enthaltenen Vorgaben als gleichwertig bedeutend für die Sicherheit von Personen ansieht.

83 Der Verordnungsgeber verbindet den § 38 Absatz 4 mit keiner unmittelbaren Bußgeldandrohung, da Verstöße gegen die Bestimmungen der §§ 31 bis 43 bereits eigenständig nach § 47 geahndet werden können. Auf Betreiberseite ist zusätzlich zu beachten, dass bei Eintritt von Schadensfällen, die auf einen Verstoß gegen die öffentlich-rechtlichen Betreiberpflichten zurückzuführen sind, empfindliche strafrechtliche Sanktionen möglich sind.

8. Übertragung von Betreiberpflichten auf den Veranstalter

84 Mit der Regelung des **Absatzes 5** wird dem Betreiber die Möglichkeit eröffnet, die ihm obliegenden Verpflichtungen zumindest teilweise auf einen Dritten zu übertragen. Dritter in diesem Sinn ist stets eine andere Rechtspersönlichkeit, also eine juristisch eigenständige Gesellschaft oder eine natürliche Person, die nicht zu der gesellschaftsrechtlichen Organisation des Betreibers zählt. Bei dem Dritten kann es sich auch um eine „zwischengeschaltete", gesellschaftsrechtlich verbundene „Tochter- oder Schwestergesellschaft" des Betreibers handeln, der beispielsweise die Akquisition, Organisation bzw. Durchführung von Fremdveranstaltungen übertragen ist. In der Regel kommt allerdings der „Fremdveranstalter" selber als Adressat einer entsprechenden Pflichtenübertragung in Betracht.

Betriebsvorschriften,
die regelmäßig auf Veranstalter übertragen werden

§ 10 … werden nur vorübergehend Stühle aufgestellt, so sind sie in den einzelnen Reihen fest miteinander zu verbinden.

§ 14 … Elektrische Schaltanlagen dürfen für Besucher nicht zugänglich sein.

§ 19 … Die Wirkung automatischer Feuerlöschanlagen darf durch überdeckte oder mehrgeschossige Ausstellungs- oder Dienstleistungsstände nicht beeinträchtigt werden.

§ 31 … Freihaltung der Rettungswege und Flächen für die Feuerwehr,

§ 32 … Einhalten der maximal zulässigen Anzahl von Besuchern bei der Veranstaltung auf Grundlage des genehmigten Bestuhlungs- und Rettungswegeplans und Bildung von Abschrankungen vor Szenenflächen mit Stehplätzen,

§ 33 … Nachweis der Brandschutzanforderungen für veranstaltungsbedingt eingebrachte Materialien wie Vorhänge, Sitze, Ausstattungen, Requisiten und Ausschmückungen,

§ 34 … Die Aufbewahrung von Ausstattungen, Requisiten, Ausschmückungen und brennbarem Material in der Versammlungsstätte bedarf der ausdrücklichen Zustimmung des Betreibers.

§ 35 … Umsetzen der Rauchverbote und beachten der Anforderungen hinsichtlich der Verwendung von offenem Feuer und pyrotechnischen Gegenständen,

§ 37 … Einsatz von Laseranlagen nur unter Aufsicht von Laserschutzbeauftragten,

§ 39 … Einsatz von Verantwortlichen für Veranstaltungstechnik und technischen Fachkräften,

§ 40 … Durchführung einer technischen Probe,

§ 41 … Bestellen/Einsatz/Zusammenarbeit mit Brandsicherheitswachen, Sanitäts- und Rettungsdienst,

§ 43 … Wahrnehmen von Aufgaben nach dem Sicherheitskonzept für die Veranstaltung.

85 Die Übertragung der Verpflichtungen nach den Absätzen 1 bis 4 muss durch schriftliche Vereinbarung, also per Vertrag geregelt werden. Der Vertrag bzw. die in Bezug genommen Allgemeinen Geschäftsbedingungen können sich nicht darauf beschränken, die in Absatz 1 bis 4 enthaltenen allgemeinen Pflichten lediglich zu wiederholen. Vielmehr sind diejenigen **Einzelpflichten exakt zu bezeichnen, die auf den Veranstalter übertragen werden sollen**. Bei den Pflichten kann es sich neben den in §§ 31 bis 43 bezeichneten betriebsbezogenen Pflichten auch um solche Pflichten handeln, die die Bauaufsichtsbehörde zum Beispiel im Baugenehmigungsbescheid für den bestimmungsgemäßen Betrieb angeordnet hat. Zu nennen wären hier insbesondere spezielle Anordnungen zur Erfassung von Besuchern.

86 Bei der Übertragung von Pflichten müssen Betreiber und Veranstalter darauf achten, dass die für die jeweilige Versammlungsstätte relevanten **Betriebsvorschriften** inhaltlich exakt bezeichnet werden, andernfalls droht die Unwirksamkeit der Übertragung. Die Schriftform ist Wirksamkeitsvoraussetzung, also zwingend:

87 Einzelne Verpflichtungen, wie zum Beispiel die Abstimmung und Zusammenarbeit mit externen Stellen und Hilfskräften, können insgesamt oder teilweise beim Betreiber verbleiben. Gerade in diesem Punkt ist dem Betreiber ein restriktives Vorgehen bei der Übertragung von Pflichten auf Dritte zu empfehlen.

88 In der Regel verfügt der Betreiber über ein festgelegtes und mit den externen Stellen/Hilfskräften abgestimmtes Grundkonzept zum Vorgehen bei „Notfällen“, das allenfalls veranstaltungsspezifisch anzupassen ist. Im Übrigen werden die zentralen Schalt- und Meldefunktionen der Sicherheits- und Gebäudeleittechnik, die Grundlage für eine abgestimmte Zusammenarbeit mit der Feuerwehr sind, überwiegend durch eigene Mitarbeiter oder ständig beauftragte Spezialfirmen besetzt. Hier dürfte sich nahezu ausnahmslos eine Übertragung dieser Funktionen auf den „Fremd- oder Gastveranstalter“ verbieten, da dieser im Sinne des Absatzes 5 Satz 1 Halbsatz 2, regelmäßig **nicht „ausreichend mit den Einrichtungen vertraut ist“**.

89 Dies gilt auch hinsichtlich der Bewertung erhöhter Brandgefahren gemäß § 41 Absatz 1. Hier wird dem Betreiber eine nicht übertragbare Betreiberpflicht auferlegt. Nur der Betreiber ist nach dem Willen des Verordnungsgebers in der Lage, auf Grundlage des baulichen Brandschutzes und der vom Veranstalter einzuholenden Auskünfte zum Brandverhalten eingebrachter Materialien zu bewerten, ob von der Veranstaltung

in seiner Versammlungsstätte eine erhöhte Brandgefahr ausgeht. Folgerichtig hat der Verordnungsgeber in der Ordnungswidrigkeitsvorschrift des § 47 Nummer 16 auch nur den Betreiber als Adressaten möglicher Bußgelder benannt, wenn er entgegen den Bestimmungen des § 41 Absatz 1 und 2 nicht für die Durchführung der Brandsicherheitswache sorgt oder entgegen § 41 Absatz 3 die Veranstaltung nicht anzeigt. Eine damit korrespondierende Bußgeldvorschrift, die zusätzlich den Veranstalter als Adressaten benennt, ist in § 47 nicht vorgesehen.[12]

Soweit Absatz 5 im Übrigen bestimmt, dass **die Verantwortung des Betreibers unberührt** bleibt, ist von folgenden Grundsätzen auszugehen: 90

- Der Betreiber ist von der Anwesenheitspflicht gemäß Absatz 2 vollständig befreit, wenn er diese Pflicht auf den (Fremd-)Veranstalter schriftlich per Vertrag überträgt. Ist der Veranstalter entgegen der getroffenen schriftlichen Vereinbarung nicht während des Veranstaltungsbetriebs anwesend, kann gegen ihn ein Bußgeld festgesetzt werden. Der Betreiber ist grundsätzlich nicht verpflichtet, zu überprüfen, ob der Veranstalter auch tatsächlich während der gesamten Veranstaltung anwesend ist.
- Verletzt der (Fremd-)Veranstalter eine sonstige auf ihn übertragene Pflicht, kann die Bauaufsichtsbehörde alle aus ihrer Sicht erforderlichen ordnungsbehördlichen Maßnahmen weiterhin an den Betreiber der Versammlungsstätte richten. Diese in Absatz 5 getroffene Klarstellung ist insoweit wichtig, als es im Einzelfall verwaltungsrechtlich schwierig ist, bauordnungsrechtliche Anordnungen gegenüber einem „Mieter" durchzusetzen. Die Behörde benötigt in der Regel den Eigentümer bzw. Betreiber der baulichen Anlage als Adressaten. Der Veranstalter ist deshalb nicht allein verantwortlich, sondern nur mitverantwortlich. Die Gesamtverantwortung des Betreibers bleibt also unberührt, sodass die Bauaufsichtsbehörde ordnungsbehördli-

12 Soweit die Länder **Bayern, Sachsen-Anhalt und Rheinland-Pfalz** in Absatz 5 bestimmen, dass der Veranstalter für die Verpflichtungen verantwortlich ist, die er vertraglich übernommen hat, reduziert sich das Auswahlermessen der Behörde bei der Festsetzung von Ordnungswidrigkeiten. Kann der Betreiber also durch Vorlage eines Vertrags darlegen, dass eine (verletzte) Pflicht schriftlich auf den Veranstalter übertragen wurde, ist der Veranstalter alleiniger Adressat der Ordnungswidrigkeit. Insoweit wurde auch die Vorschrift des § 48 (über Tatbestände, die eine Ordnungswidrigkeit darstellen) an den entsprechenden Stellen so gefasst, dass auch der Veranstalter ausdrücklich als möglicher Adressat bauaufsichtlicher Maßnahmen genannt wird.

che Maßnahmen weiterhin an den Betreiber der Versammlungsstätte richten kann.

- Die im verwaltungsrechtlichen Sinn getroffene Klarstellung zur verbleibenden Betreiberverantwortung ist grundsätzlich zu unterscheiden von einer möglichen „Betreiberverantwortung" im strafrechtlichen Sinn. Das Strafrecht kennt keine Verantwortung des Betreibers. Im Strafrecht geht es um das persönliche, vorwerfbare, schadensursächliche oder schadensmitbegründende Fehlverhalten von natürlichen Personen. Werden also beispielsweise einem Veranstalter umfangreiche Pflichten schriftlich übertragen, wohl wissend, dass der Veranstalter diese nicht wahrnehmen kann, wird es bei Eintritt von ansonsten vermeidbaren Schadensfällen (im Zuge der Veranstaltung) zu einer strafrechtlichen Mit-Verantwortung der auf Seiten des Betreibers entscheidenden Personen kommen. Ansonsten wandelt sich bei einer wirksamen Übertragung die ursprüngliche Handlungspflicht des Betreibers in eine Kontrollpflicht.

§ 39 Verantwortliche für Veranstaltungstechnik

(1) [1]Verantwortliche für Veranstaltungstechnik sind

1. die Geprüften Meister für Veranstaltungstechnik,
2. technische Fachkräfte mit bestandenem fachrichtungsspezifischen Teil der Prüfung nach § 3 Abs. 1 Nr. 2 in Verbindung mit den §§ 5, 6 oder 7 der Verordnung über die Prüfung zum anerkannten Abschluss „Geprüfter Meister für Veranstaltungstechnik/Geprüfte Meisterin für Veranstaltungstechnik" in den Fachrichtungen Bühne/Studio, Beleuchtung, Halle in der jeweiligen Fachrichtung,
3. Hochschulabsolventen mit berufsqualifizierendem Hochschulabschluss der Fachrichtung Theater- oder Veranstaltungstechnik mit mindestens einem Jahr Berufserfahrung im technischen Betrieb von Bühnen, Studios oder Mehrzweckhallen in der jeweiligen Fachrichtung, denen die oberste Bauaufsichtsbehörde oder die von ihr bestimmte Stelle ein Befähigungszeugnis nach Anlage 1 ausgestellt hat,
4. technische Bühnen- und Studiofachkräfte, die das Befähigungszeugnis nach den bis zum In-Kraft-Treten dieser Verordnung geltenden Vorschriften* erworben haben oder die Tätigkeit als technische Bühnen- und Studiofachkraft ohne Befähigungszeugnis ausüben durften und in den letzten drei Jahren ausgeübt haben.

[2]Auf Antrag stellt die oberste Bauaufsichtsbehörde oder die von ihr bestimmte Stelle* auch den Personen nach Satz 1 Nr. 1 bis 4 ein Befähigungszeugnis nach Anlage 1 aus. [3]Die in einem anderen Land der Bundesrepublik Deutschland ausgestellten Befähigungszeugnisse werden anerkannt.

(2) Gleichwertige Ausbildungen, die in einem anderen Mitgliedstaat der Europäischen Union oder einem Vertragsstaat des Abkommens über den Europäischen Wirtschaftsraum erworben und durch einen Ausbildungsnachweis belegt werden, sind entsprechend den europäischen Richtlinien zur Anerkennung von Berufsqualifikationen den in Absatz 1 genannten Ausbildungen gleichgestellt.

* Nach Landesrecht.

Übersicht

1. Überblick

1 Die Vorschrift des § 39 ist systematisch unter den Betriebsvorschriften eingeordnet. Sie bestimmt das notwendige Qualifizierungs- und Ausbildungsniveau einschließlich der Anerkennung bereits erworbener Qualifikationen. Soweit in § 40 die Anwesenheit oder Aufsicht von „Verantwortlichen für Veranstaltungstechnik" oder von „Fachkräften für Veranstaltungstechnik" gefordert werden, müssen diese Funktionsträger die in § 39 vorgeschriebenen Ausbildungen und Erfahrungen besitzen.

2 Die Vorschrift des § 39 enthält keine eigenständigen Pflichten, die im Rahmen eines Miet- oder Veranstaltungsvertrags auf den Veranstalter (Mieter) übertragen werden können. In Kombination mit Anforderungen nach § 40 kann der Betreiber allerdings verlangen, dass der Veranstalter für den Einsatz von „Verantwortlichen für Veranstaltungstechnik" mit der Qualifikation nach § 39 zu sorgen hat.

3 Die Vorschrift des § 39 setzt die Verordnungsermächtigung des § 85 Absatz 1 Nummer 6 MBO um.[1] In Absatz 1 Satz 1 **Nummer 1 bis 3** wird festgelegt, welche Qualifikationsanforderungen, Ausbildung und Erfahrung an Personen gestellt werden, die als „Verantwortliche für Veranstaltungstechnik" Aufgaben und Pflichten nach den Vorschriften dieser Verordnung wahrzunehmen haben.

4 Die **Nummer 4** enthält eine „Bestandsschutzvorschrift" für Technische Fachkräfte, die den Befähigungsnachweis vor Inkrafttreten dieser Verordnung[2] erworben haben. Sie sind als Verantwortliche für Veranstaltungstechnik anerkannt. Satz 2 der Vorschrift regelt die Ausstellung sogenannter Befähigungszeugnisse **auf Antrag** für die geprüften Meister für Veranstaltungstechnik und technischen Fachkräfte.

---

1 Eine entsprechende Regelung enthielt § 115 VStättVO 1978.

2 Bis zum Inkrafttreten der MVStättV 2002 waren der Befähigungsnachweis und die Aufgaben der Technischen Fachkräfte in der „Technischen Fachkräfteverordnung" geregelt.

Dieses „Ausweisdokument" ermöglicht erforderliche Vor-Ort-Überprüfungen gegenüber technischen Dienstleistern durch Veranstalter und Betreiber (§ 38 Absatz 5 Satz 2) sowie behördliche Kontrollen gegenüber dem eingesetzten Personal. 5

In **Absatz 2** wird festgelegt, dass die in einem anderen Land der Bundesrepublik Deutschland ausgestellten Befähigungszeugnisse anerkannt werden. 6

2. Geprüfte Meister

Bis zum 31.12.2019 gelten noch zwei vom Bundesministerium für Bildung und Forschung – BMBF verabschiedete parallellaufende Prüfungsordnungen: 7

- die Verordnung über die Prüfung zum anerkannten Fortbildungsabschluss Geprüfter Meister für Veranstaltungstechnik/Geprüfte Meisterin für Veranstaltungstechnik, vom 21. August 2009[3] und
- die Verordnung über die Prüfung zum anerkannten Abschluss „Geprüfter Meister für Veranstaltungstechnik/Geprüfte Meisterin für Veranstaltungstechnik" in den Fachrichtungen Bühne/Studio, Beleuchtung, Halle, vom 26.1.1997.[4]

Beide Verordnungen treten am 31.12.2019 außer Kraft. **Am 1. Januar 2020 tritt eine novellierte Prüfungsordnung in Kraft.** 8

Die neue Verordnung wird (nach aktuellem, noch nicht verabschiedetem Entwurfsstand) ebenso wie die noch geltende Meister-Prüfverordnung aus 2009 keine speziellen Fachrichtungen im Abschluss zum Geprüften Meister mehr vorsehen. 9

3. Technische Fachkräfte ohne Meisterabschluss

Absatz 1 Satz 1 **Nummer 2** stellt unverändert den dort genannten Personenkreis hinsichtlich der Tätigkeit als Verantwortlicher für Veranstal- 10

3 Verordnung über die Prüfung zum anerkannten Fortbildungsabschluss „Geprüfter Meister für Veranstaltungstechnik/Geprüfte Meisterin für Veranstaltungstechnik" vom 21. August 2009 (BGBl. I S. 2920), die zuletzt durch Artikel 2 der Verordnung vom 5. November 2018 (BGBl. S. 1841) geändert worden ist.

4 Verordnung über die Prüfung zum anerkannten Abschluss „Geprüfter Meister für Veranstaltungstechnik/Geprüfte Meisterin für Veranstaltungstechnik" in den Fachrichtungen Bühne/Studio, Beleutung, Halle vom 26. Januar 1997 (BGBl. I S. 118), die zuletzt durch Artikel 1 der Verordnung vom 5. November 2018 (BGBl. I S. 1841) geändert worden ist.

tungstechnik den geprüften Meistern für Veranstaltungstechnik gleich. Für die Wahrnehmung der Aufgaben des Verantwortlichen für Veranstaltungstechnik kommt es aus bauaufsichtlicher Sicht auf den **fachübergreifenden Teil** nach § 3 Absatz 1 Nummer 1 und den **berufs- und arbeitspädagogischen** Teil nach § 3 Absatz 1 Nummer 3 dieser Verordnung **nicht an**. Eine Prüfung des fachrichtungsspezifischen Teils der Meisterprüfung reicht dafür aus. Nummer 2 macht den Beruf damit für Seiteneinsteiger zugänglich.

4. Hochschulabsolventen

11 Absatz 1 Satz 1 **Nummer 3** regelt den Zugang speziell für Hochschulabsolventen der Fachrichtung Theater- oder Veranstaltungstechnik. Unter die Regelung der Nummer 3 fallen die bisherigen Fachhochschulabschlüsse als „Dipl.-Ing. (FH)“ sowie die künftigen Abschlüsse als „Bachelor“ oder „Master“ einer Fachhochschule oder Hochschule in den Studiengängen „Theatertechnik“ oder „Veranstaltungstechnik“. Nach dem gegenwärtigen Stand werden diese Studiengänge bisher nur an der Technischen Fachhochschule Berlin angeboten.

12 Von den Hochschulabsolventen der Fachrichtung Theater- oder Veranstaltungstechnik ist eine mindestens einjährige einschlägige Berufserfahrung nach Abschluss der Diplomprüfung bzw. des qualifizierten Berufsabschlusses „Bachelor“ oder „Master“ unter Anleitung eines Verantwortlichen für Veranstaltungstechnik zum Erhalt des Befähigungszeugnisses nachzuweisen. Eine bloße Bescheinung der Dauer der Berufserfahrung reicht nicht aus, es sind durch den Arbeitgeber (z.B. Betriebsleiter oder Technischer Direktor) auch die berufsspezifischen Inhalte der Tätigkeit nachzuweisen.

13 Hochschulabsolventen anderer Fachrichtungen können nur nach Nummer 1 oder 2 anerkannt werden. Auch die an den Hochschulen für Film und Fernsehen in Potsdam und München angebotenen Studiengänge „Film- und Fernsehproduktion“, „Film- und Fernsehregie“ oder „Bühnenbild“ erfüllen nicht die Voraussetzungen der Nummer 3, da diese Studiengänge nicht mit den maschinenbautechnisch, gerätesicherheitsrechtlich und baurechtlich geprägten Studiengängen „Theatertechnik“ oder „Veranstaltungstechnik“ vergleichbar sind.

5. Bühnen- und Studiofachkräfte

Satz 1 **Nummer 4 erste Alternative** ist eine besitzstandswahrende Regelung für die Technischen Bühnen- und Studio-Fachkräfte im Sinne der bisherigen Musterverordnung über technische Bühnen- und Studiofachkräfte (MTFaVO). Je nach landesrechtlicher Regelung fallen darunter die Theatermeister, Bühnenmeister, Beleuchtungsmeister, Studiomeister, Bühnenbeleuchtungsmeister oder Studiobeleuchtungsmeister, die nach den jeweiligen landesrechtlichen Regelungen anerkannt sind und ein entsprechendes Befähigungszeugnis ausgestellt bekommen haben. 14

In den Ländern, in denen es keine Verordnung über technische Bühnen- und Studiofachkräfte gab, durften diese Tätigkeiten ohne ein spezielles Befähigungszeugnis ausgeübt werden. Um auch diesem Personenkreis die weitere Ausübung dieser Tätigkeit zu ermöglichen, werden sie nach Satz 1 Nummer 4 **zweite Alternative** in die Regelung einbezogen. Die Regelung betrifft nur Personen, die die Tätigkeit als Bühnen- oder Studiofachkraft in dem jeweiligen Land ohne Befähigungsnachweis ausüben durften und auch ausgeübt haben. 15

Die Regelung begünstigt nicht Personen, die die Tätigkeit hätten ausüben dürfen, wenn sie in dem betreffenden Land gearbeitet hätten. Erforderlich ist also der Nachweis einer konkreten Tätigkeit als technische Fachkraft in einem Land, in dem das Erfordernis eines speziellen Befähigungszeugnisses nicht durch Verordnung geregelt war. 16

Zwingende rechtliche Voraussetzung ist, dass die betreffende Person die Tätigkeit als Bühnen- oder Studiofachkraft während der letzten drei Jahre hauptberuflich ausgeübt hat und dies nachgewiesen wird, z.B. durch eine Bestätigung des Betreibers der Versammlungsstätte, weil nur so eine entsprechende Berufserfahrung gewährleistet ist. Es reicht nicht aus, dass diese Berufserfahrung irgendwann früher erworben wurde. 17

6. Befähigungszeugnis

Die Regelung des **Satzes 2** ermöglicht es, auch den in Nummer 1 bis 4 benannten Personen, ein Befähigungszeugnis nach Anlage 1 auszustellen. Dies dient der Erleichterung des Nachweises bei einem Wechsel des Arbeitsplatzes oder behördlichen Kontrollen. 18

19 Beabsichtigt die oberste Bauaufsichtsbehörde nach Satz 2, die Befugnis zur Ausstellung eines Befähigungszeugnisses auf eine von ihr bestimmte Stelle zu übertragen, so kommt dafür eine unmittelbar nachgeordnete Behörde oder eine für die Meisterprüfung nach Nummer 1 zuständige Industrie- und Handelskammer in Betracht.

20 Zuständige Stellen für die Ausstellung der Befähigungsnachweise sind in der Regel die Industrie- und Handelskammern, bei denen die Prüfung zum Meister für Veranstaltungstechnik abgelegt wurde.

21 Die Übertragung auf eine Industrie- und Handelskammer setzt voraus, dass die bauaufsichtlichen und brandschutztechnischen Belange durch die dafür zuständigen Behörden und nicht durch private Sachverständige im Prüfungsausschuss vertreten werden. Für die Meisterprüfung nach Nummer 1 ergibt sich das Erfordernis einer solchen Mitarbeit der zuständigen Behörden im jeweiligen Prüfungsausschuss schon aus den fachspezifischen Prüfungsinhalten der Verordnung.

7. Ausländischer Berufsabschluss

22 **Absatz 2** regelt die Gleichwertigkeit ausländischer Berufsabschlüsse. Ausbildungen, die in einem anderen Mitgliedstaat der Europäischen Union oder einem Vertragsstaat des Abkommens über den Europäischen Wirtschaftsraum erworben und durch ein Zeugnis nachgewiesen werden, sind entsprechend den europäischen Richtlinien zur Anerkennung von Berufsqualifikationen den in § 39 genannten Ausbildungen gleichgestellt.

23 Da die europäischen Richtlinien oft geändert werden, verzichtet Absatz 2 auf die ausdrückliche Benennung dieser Richtlinien der Europäischen Gemeinschaft und ist als unbestimmter Rechtsbegriff und zugleich gleitender Verweis formuliert. Es ist damit die jeweils geltende Richtlinie zu beachten. Dies ist bei Redaktionsschluss dieser Auflage die

- Richtlinie 2005/36/EG des Europäischen Parlaments und des Rates vom 7. September 2005 über die Anerkennung von Berufsqualifikationen (Amtsblatt der Europäischen Union L 255/22 vom 30. September 2005), zuletzt geändert durch die Richtlinie 2013/55/EU des Europäischen Parlaments und des Rates vom 20. November 2013 (Amtsblatt der Europäischen Union L 354/132 vom 28. Dezember 2013).
- Die Richtlinie 2005/36/EG fasst alle bisherigen Richtlinien über die Anerkennung von Berufsqualifikationen in einem einzigen Text zu-

sammen. Die Richtlinie 89/48/EWG[5] des Rates vom 21. Dezember 1988 über die allgemeine Anerkennung der Hochschuldiplome, die eine mindestens dreijährige Berufsausbildung abschließen, die Richtlinie 92/51/EWG[6] des Rates vom 18. Juni 1992 über eine zweite allgemeine Regelung zur Anerkennung beruflicher Befähigungsnachweise in Ergänzung zur Richtlinie 89/48/EWG sowie die Richtlinie 1999/42/EG des Europäischen Parlaments und des Rates über die allgemeine Regelung zur Anerkennung beruflicher Befähigungsnachweise wurden durch Artikel 62 Satz 1 der Richtlinie 2005/36/EG mit Wirkung vom 20. Oktober 2007 aufgehoben.

- Soweit in Vorschriften auf diese aufgehobenen Richtlinien Bezug genommen wird, regelt Artikel 62 Satz 2 der Richtlinie 2005/36/EG, dass dies als Bezugnahme auf die neue Richtlinie 2005/36/EG zu verstehen ist.
- Personen mit ausländischen Berufsabschlüssen (z.B. im Theaterwesen insbesondere Österreichs oder der Schweiz) können nur dann die Aufgaben eines Verantwortlichen für Veranstaltungstechnik wahrnehmen, wenn sie über einen ausländischen Berufsabschluss als Bühnenmeister verfügen, der vom zuständigen Bundesminister der Wirtschaft als dem „Geprüften Meister für Veranstaltungstechnik" in der jeweiligen Fachrichtung gleichwertig anerkannt ist, und dies nachgewiesen wird.
- Für Personen mit ausländischen Studienabschlüssen ist Nummer 3 anwendbar, wenn der Studienabschluss vom jeweils für das Hochschulwesen zuständigen Landesminister als dem Diplomingenieur, dem Bachelor oder dem Master mit einem qualifizierten Berufsabschluss der Fachrichtung Theater- oder Veranstaltungstechnik gleichwertig anerkannt ist und dies nachgewiesen wird.
- Personen mit anderen nicht gleichwertigen ausländischen Berufsabschlüssen müssen sich der fachspezifischen Prüfung nach Nummer 2 unterziehen. Wollen Personen mit ausländischen Berufsabschlüssen als Verantwortliche für Veranstaltungstechnik tätig werden, so müssen sie neben der anerkannten fachlich gleichwertigen Berufsausbildung auch ausreichende Kenntnisse der für Versammlungsstätten einschlägigen Rechtsvorschriften, insbesondere des Bauordnungsrechts und der Unfallverhütungsvorschriften nachweisen.

---

5 ABl. L 19 vom 24.1.1989, S. 16, geändert durch die Richtlinie 2001/19/EG des Europäischen Parlaments und des Rates (ABl. L 206 vom 31.7.2001, S. 1).

6 ABl. L 209 vom 24.7.1992, S. 25, zuletzt geändert durch die Entscheidung 2004/108/EG (ABl. L 32 vom 5.2.2004, S. 15).

§ 40 Aufgaben und Pflichten der Verantwortlichen für Veranstaltungstechnik, technische Probe

(1) Die Verantwortlichen für Veranstaltungstechnik müssen mit den bühnen-, studio- und beleuchtungstechnischen und sonstigen technischen Einrichtungen der Versammlungsstätte vertraut sein und deren Sicherheit und Funktionsfähigkeit, insbesondere hinsichtlich des Brandschutzes, während des Betriebs gewährleisten.

(2) Auf- oder Abbau bühnen-, studio- und beleuchtungstechnischer Einrichtungen von Großbühnen oder Szenenflächen mit mehr als 200 m^2 Grundfläche oder in Mehrzweckhallen mit mehr als 5000 Besucherplätzen, wesentliche Wartungs- und Instandsetzungsarbeiten an diesen Einrichtungen und technische Proben müssen von einem Verantwortlichen für Veranstaltungstechnik geleitet und beaufsichtigt werden.

(3) Bei Generalproben, Veranstaltungen, Sendungen oder Aufzeichnungen von Veranstaltungen auf Großbühnen oder Szenenflächen mit mehr als 200 m^2 Grundfläche oder in Mehrzweckhallen mit mehr als 5000 Besucherplätzen müssen mindestens ein für die bühnen- oder studiotechnischen Einrichtungen sowie ein für die beleuchtungstechnischen Einrichtungen Verantwortlicher für Veranstaltungstechnik anwesend sein.

(4) [1]Bei Szenenflächen mit mehr als 50 m^2 und nicht mehr als 200 m^2 Grundfläche oder in Mehrzweckhallen mit nicht mehr als 5000 Besucherplätzen müssen die Aufgaben nach den Absätzen 1 bis 3 zumindest von einer Fachkraft für Veranstaltungstechnik mit mindestens drei Jahren Berufserfahrung wahrgenommen werden. [2]Die Aufgaben können auch von erfahrenen Bühnenhandwerkern oder Beleuchtern wahrgenommen werden, die diese Aufgaben nach den bis zum In-Kraft-Treten dieser Verordnung geltenden Vorschriften* wahrnehmen durften und in den letzten drei Jahren ausgeübt haben.

(5) [1]Die Anwesenheit nach den Absatz 3 ist nicht erforderlich, wenn

1. die Sicherheit und Funktionsfähigkeit der bühnen-, studio- und beleuchtungstechnischen sowie der sonstigen technischen Einrichtungen der Versammlungsstätte vom Verantwortlichen für Veranstaltungstechnik überprüft wurden,

* Nach Landesrecht.

2. diese Einrichtungen während der Veranstaltung nicht bewegt oder sonst verändert werden,
3. von Art oder Ablauf der Veranstaltung keine Gefahren ausgehen können und
4. die Aufsicht durch eine Fachkraft für Veranstaltungstechnik geführt wird, die mit den technischen Einrichtungen vertraut ist.

[2]Im Fall des Absatzes 4 können die Aufgaben nach den Absätzen 1 bis 3 von einer aufsichtführenden Person wahrgenommen werden, wenn

1. von Auf- und Abbau sowie dem Betrieb der bühnen-, studio- und beleuchtungstechnischer Einrichtungen keine Gefahren ausgehen können,
2. von Art oder Ablauf der Veranstaltung keine Gefahren ausgehen können und
3. die Aufsicht führende Person mit den technischen Einrichtungen vertraut ist.

(6) [1]Bei Großbühnen sowie bei Szenenflächen mit mehr als 200 m² Grundfläche und bei Gastspielveranstaltungen mit eigenem Szenenaufbau in Versammlungsräumen muss vor der ersten Veranstaltung eine nichtöffentliche technische Probe mit vollem Szenenaufbau und voller Beleuchtung stattfinden. [2]Diese technische Probe ist der Bauaufsichtsbehörde mindestens 24 Stunden vorher anzuzeigen. [3]Beabsichtigte wesentliche Änderungen des Szenenaufbaues nach der technischen Probe sind der zuständigen Bauaufsichtsbehörde rechtzeitig anzuzeigen. [4]Die Bauaufsichtsbehörde kann auf die technische Probe verzichten, wenn dies nach der Art der Veranstaltung oder nach dem Umfang des Szenenaufbaues unbedenklich ist.

Übersicht

1. Überblick

1 Die Vorschrift des § 40 ist eine Betriebsvorschrift, die für bestehende Versammlungsstätten unmittelbar Anwendung findet.

2 Die folgenden Pflichten können im Rahmen eines Miet- oder Veranstaltungsvertrags auf den Veranstalter (Mieter) übertragen werden:

übertragbar	Betreiberpflicht
•	Leitung, Aufsicht, Anwesenheit beim Aufbau, Abbau und bei der Veranstaltung (einschließlich Proben etc.) durch eigene Verantwortliche für Veranstaltungstechnik bzw. durch Fachkräfte, die mit den bühnen-, studio- und beleuchtungstechnischen und sonstigen technischen Einrichtungen des Veranstalters vertraut sind und deren Sicherheit und Funktionsfähigkeit, insbesondere hinsichtlich des Brandschutzes, gewährleisten (nach Maßgabe des § 40 Absatz 1 bis 4).
(-)	Bewertung, ob die Erleichterungen nach § 40 Absatz 5 in Anspruch genommen werden können, insbesondere ob von den technischen Einrichtungen und Aufbauten oder den Darbietungen Gefahren/Gefährdungen ausgehen können.
•	Rechtzeitige Anzeige „technischer Proben“ nach § 40 Absatz 6 gegenüber dem Betreiber und der Bauaufsicht einschließlich der Verpflichtung zur Durchführung einer technischen Probe, soweit die Bauaufsicht im Einzelfall nicht darauf verzichtet oder der Veranstalter ein Gastspielprüfbuch vorlegt.

3 Die geforderte Aufsicht und Anwesenheit von „Verantwortlichen für Veranstaltungstechnik“ bzw. von „Fachkräften für Veranstaltungstechnik“ oder von „erfahrenen Bühnenhandwerkern/Beleuchtern“ während einer Veranstaltung setzt stets voraus, dass zuvor bühnen-, studio- und beleuchtungstechnische Einrichtungen in der Versammlungsstätte aufgebaut werden bzw. entsprechende technische Einrichtungen beaufsichtigt oder bedient werden müssen. Bei Sportveranstaltungen wie z.B. Fußball, Handball, Eishockey ist dies regelmäßig nicht der Fall, sodass hierfür entsprechend qualifiziertes Personal nicht vorgeschrieben ist. Abweichendes kann sich allerdings ergeben, wenn z.B. Spidercams für Fernsehübertragungen über den Köpfen von Besuchern installiert und „gefahren“ werden.

4 Alle in § 39 bezeichneten „Verantwortlichen für Veranstaltungstechnik“, also nicht nur die Meister für Veranstaltungstechnik, sondern ins-

besondere auch die Hochschulabsolventen und die technische Bühnen- und Studiofachkräfte (die das Befähigungszeugnis nach den bis zum Inkrafttreten dieser Verordnung geltenden Vorschriften erworben haben), können bei Veranstaltungen auf Großbühnen und Szenenflächen mit mehr als 200 m² eingesetzt werden.

Nach § 47 Nummer 15 handelt ordnungswidrig, wer entgegen § 40 Absatz 2 bis 5 als Verantwortlicher oder Fachkraft für Veranstaltungstechnik, als erfahrener Bühnenhandwerker oder Beleuchter oder als aufsichtführende Person die Versammlungsstätte während des Betriebes verlässt. Verstöße gegen die Bestimmungen des § 40 Absatz 2 bis 5 in Verbindung mit § 38 Absatz 1 sind zudem gemäß § 47 Nummer 14 bußgeldbewehrt für Betreiber, Veranstalter oder beauftragte Veranstaltungsleiter, soweit sie den Betrieb von Bühnen oder Szenenflächen zulassen, ohne dass die erforderlichen Verantwortlichen oder Fachkräfte für Veranstaltungstechnik, die erfahrenen Bühnenhandwerker oder Beleuchter oder die aufsichtführenden Personen anwesend sind. 5

2. Erforderliche Kenntnisse und Grundpflichten

Mit der Vorschrift des **Absatzes 1** Halbsatz 1 wird anknüpfend an die Qualifikationsanforderungen des § 39 festgelegt, dass die Verantwortlichen für Veranstaltungstechnik **mit den bühnen-, studio- und beleuchtungstechnischen und sonstigen technischen Einrichtungen der Versammlungsstätte vertraut sein müssen**. Zählt der Verantwortliche für Veranstaltungstechnik zum Kreis der Mitarbeiter des Betreibers, wird er in der Regel mit den sonstigen technischen Einrichtungen der Versammlungsstätte vertraut sein. 6

Dies muss allerdings nicht zwangsläufig der Fall sein, wenn es sich um variable bühnen-, studio- und beleuchtungstechnischen Einrichtungen handelt, die ein Fremdveranstalter oder dessen beauftragte Dienstleister in die Versammlungsstätte einbringen. Hier gilt es auf Betreiberseite, den Veranstalter vertraglich zu verpflichten, das erforderliche Fachpersonal unter Beachtung der Qualifikationsanforderungen nach § 39 und § 40 mitzubringen. 7

Versäumt der Betreiber eine vertraglich wirksame Übertragung der Pflicht nach § 38 Absatz 5 Satz 2 in Verbindung mit § 40, kann sich der Veranstalter darauf berufen, dass die Verpflichtung zur Personalgestellung nach §§ 39 und 40 beim Betreiber verblieben ist. In rechtlicher Hinsicht findet in einem solchen Fall die Vermietung der Versamm- 8 lungsstätte einschließlich Personalgestellung nach §§ 39 und 40 statt, woraus sich eine Reihe unerwünschter Konsequenzen nach dem Gesetz zur Regelung der Arbeitnehmerüberlassung (AÜG) ergeben können. Zusätzlich drohen vermeidbare Haftungsansprüche bei Beschädigungen an eingebrachter Fremdtechnik, die unter Leitung und Aufsicht des technischen Betreiberpersonals aufgebaut und betrieben wird. Betreibern und Veranstaltern ist insoweit zu empfehlen, dass der Aufbau, der Betrieb und der Abbau mobiler veranstaltungstechnischer Anlagen und Einrichtungen stets vom Veranstalter unter Beachtung der Anforderungen nach §§ 39 und 40 zu erfolgen hat.

9 Beim Betreiber verbleibt die Verantwortung zum Betrieb der eigenen gebäude- und bühnentechnischen Anlagen und Einrichtungen durch sein entsprechend qualifiziertes Personal, die Regelung der Schnittstellen zur Technik des Veranstalters und die stichprobenweise Kontrollpflicht nach § 38 Absatz 5. Zu dieser Kontrollpflicht des Betreibers zählt auch die Verpflichtung, sich zu vergewissern, dass der Veranstalter das erforderliche, vertraglich vereinbarte Fachpersonal mit der Qualifikation nach § 39 (ggf. durch Vorlage eines Befähigungszeugnisses) tatsächlich einsetzt.

10 Im Hinblick auf die Sicherheit und den Brandschutz der eingebrachten Technik sollte zumindest stichprobenweise überprüft werden, ob veranstalterseitig eingebrachte Anlagen und Einrichtungen den geltenden technischen Normen (DIN, VDE), Vorschriften und Anforderungen der gesetzlichen Unfallversicherung (DGUV) entsprechen. Auch ist zu kontrollieren, ob die eingebrachten Einrichtungen äußerlich erkennbare „Mängel“ aufweisen. In diesem Zusammenhang ist aus Gründen des ausdrücklich in Absatz 1 genannten Brandschutzes auch sicherzustellen, dass keine entsprechenden Gefahrenquellen durch eine fehlerhafte Positionierung von eingebrachten beleuchtungstechnischen Einrichtungen geschaffen werden.

11 Entsprechende Kontrollen werden sinnvollerweise während und nach Abschluss der Aufbauphase durchgeführt und sollten aus Gründen der späteren Nachweisbarkeit z.B. anhand einer Checkliste dokumentiert werden.

12 Behält sich der Betreiber – was regelmäßig der Fall sein dürfte – vor, die über die Gebäudetechnik regelbaren beleuchtungstechnischen und sonstigen technischen Einrichtungen der Versammlungsstätte durch eigene Mitarbeiter bedienen zu lassen, kann auf eine entsprechende Einweisung von Fremdpersonal verzichtet werden. Sollten diese Einrichtungen auch nur teilweise von den Verantwortlichen für Veranstaltungstechnik auf Seiten des Veranstalters bedient oder überwacht werden, müssen die Techniker des Veranstalters zwingend in der Handhabung und Funktionsweise unterwiesen werden.

Die Pflicht, die Sicherheit und Funktionsfähigkeit der technischen Einrichtungen während des Betriebs zu gewährleisten, bedeutet nicht, dass der Verantwortliche für Veranstaltungstechnik die umfassende Verantwortung für alle sicherheitstechnischen Einrichtungen trägt. Für die Funktionsfähigkeit der technischen Einrichtungen des Gebäudes ist in erster Linie der Betreiber und dessen jeweils fachlich Beauftragter verantwortlich. Die Gewährleistung der Sicherheit und Funktionsfähigkeit bedeutet jedoch, dass der Verantwortliche für Veranstaltungstechnik die in seiner unmittelbaren Verantwortung stehenden bühnen-, studio- oder hallentechnischen Einrichtungen so betreiben muss, dass dadurch die sicherheitstechnischen Einrichtungen nicht außer Funktion gesetzt werden. 13

Die ordnungsgemäße Instandhaltung einschließlich der Veranlassung wiederkehrender Sachkundigen- und Sachverständigenprüfungen an allen technischen Betriebsmitteln verbleibt stets beim Betreiber der Versammlungsstätte. 14

Die Gewährleistungspflicht in Absatz 1 bedeutet im Übrigen, dass der Verantwortliche für Veranstaltungstechnik erkennbare Mängel sofort abstellen lässt, wenn sie zu einer Gefährdung von Personen führen können. Die Regelung korrespondiert insoweit mit der des § 38 Absatz 1 und 4. Danach ist der Betreiber unter Bußgeldandrohung gemäß § 47 Nummer 13 MVStättVO zur Einstellung des Betriebes verpflichtet, wenn sicherheitstechnische Einrichtungen nicht funktionsfähig sind. Ist eine Abstellung von Mängeln nicht möglich oder verweigert beispielsweise ein Veranstalter an seinen eingebrachten Einrichtungen und Anlagen die Abstellung eines festgestellten Mangels, ist durch den „Verantwortlichen für Veranstaltungstechnik unverzüglich der Betreiber bzw. dessen beauftragter Veranstaltungsleiter zu informieren – dieser entscheidet und trägt die Verantwortung nach Maßgabe des § 38. 15

3. Aufgaben der Verantwortlichen für Veranstaltungstechnik

Die Absätze 2 und 3 beschreiben die Aufgaben der Verantwortlichen für Veranstaltungstechnik beim Betrieb von Großbühnen oder Szenenflächen mit mehr als 200 m^2 Grundfläche oder in Mehrzweckhallen mit mehr als 5000 Besucherplätzen. Absatz 2 betrifft den Betrieb der Ver- 16 sammlungsstätte ohne Besucher. Absatz 3 betrifft den Betrieb der Versammlungsstätte mit Besuchern.

3.1 Leitung und Aufsicht bei Auf- und Abbau

17 Die Vorschrift des **Absatzes 2** fordert mindestens einen Verantwortlichen für Veranstaltungstechnik, der den Auf- und Abbau von bühnen-, studio- und beleuchtungstechnischen Einrichtungen

- in Großbühnen oder auf Szenenflächen mit mehr als 200 m^2 Grundfläche oder
- in Mehrzweckhallen mit mehr als 5000 Besucherplätzen

sowie wesentliche Wartungs- und Instandsetzungsarbeiten an diesen Einrichtungen und technische Proben leitet und beaufsichtigt.

18 In **Absatz 2** werden ausdrücklich „bühnen-, studio- und beleuchtungstechnische" Einrichtungen genannt. Damit wird klargestellt, dass sich die Verpflichtung zur Leitung und Beaufsichtigung der Arbeiten auf die Veranstaltungstechnik bezieht und nicht auf andere Einrichtungen. Werden also beispielweise Ausstellungsstände in einer Messehalle aufgebaut, muss dieser Aufbau nicht durch „Verantwortliche für Veranstaltungstechnik" geleitet und beaufsichtigt werden. Eine entsprechende Verpflichtung besteht für den Betreiber einer Messehalle nur, wenn eine Sonderfläche als Szenenfläche genutzt wird und dort „bühnen-, studio- und beleuchtungstechnische" Einrichtungen aufgebaut werden sollen.

19 Die Verpflichtung nach Absatz 2 steht in enger Verbindung mit der in Absatz 1 genannten Grundverpflichtung. **Der Verantwortliche für Veranstaltungstechnik muss danach berechtigt sein, Anweisungen gegenüber den operativ handelnden Personen (Auf- und Abbauunternehmen bzw. sonstigen Mitarbeitern oder Dritten) zu erteilen, soweit die Sicherheit oder der Brandschutz in der Versammlungsstätte betroffen ist.** Andernfalls kann er die ihm obliegende Verpflichtung, die „Sicherheit zu gewährleisten", nicht erfüllen.

20 Um die entsprechende Kontroll- und Anwesenheitsfunktion ausüben zu können, muss sich der Verantwortliche für Veranstaltungstechnik nicht ständig höchstpersönlich am Ort der Auf- und Abbauten aufhalten, muss jedoch in der Versammlungsstätte erreichbar sein. Welche Arbeiten der Verantwortliche für Veranstaltungstechnik persönlich leitet und welche Arbeiten er seinen Mitarbeitern oder Dritten überlässt, muss der Verantwortliche für Veranstaltungstechnik selbst entscheiden. Auch wenn sich der Verantwortliche mit Stichproben und einer obligatori-

schen abschließenden Funktionsprüfung begnügt, schmälert dies nicht seine Verantwortung. Im Notfall oder bei einer massiven Störung der technischen Einrichtungen muss der Verantwortliche für Veranstaltungstechnik unverzüglich persönlich eingreifen können.

Leitung und Beaufsichtigung erfordern zwar keine ständige Anwesenheit vor Ort, sie erfordern jedoch, dass der Verantwortliche bei schwierigen Arbeiten die Leitung und Aufsicht selbst wahrnimmt und sich ansonsten von der sicherheitsrechtlich ordnungsgemäßen Ausführung der Arbeiten überzeugt, also eine Abnahme durchführt. 21

Für Wartungs- und Instandhaltungsarbeiten an den technischen Einrichtungen gilt das Gleiche. Werden Wartungs- oder Reparaturarbeiten außerhalb der Betriebszeiten durch eigene Techniker oder betriebsfremde Fachfirmen durchgeführt, also z.B. die Hydraulik der Bühnentechnik nachts nach der Vorstellung oder während der Theaterferien durch die Herstellerfirma gewartet, genügt es, wenn die Anlage nach Durchführung der Arbeiten von einem Verantwortlichen für Veranstaltungstechnik auf ihre Funktionsfähigkeit überprüft und abgenommen wird. 22

Im Hinblick auf die Verantwortung des vom Betreiber eingesetzten Verantwortlichen für Veranstaltungstechnik für den Auf- und Abbau von bühnen-, studio- und beleuchtungstechnischen Einrichtungen sind dokumentierte Abnahmen anhand von Checklisten zu empfehlen. Insbesondere ist zu prüfen, ob 23

- für eingebrachte „Aufbauten“ die Brandschutz- und Rettungswegbestimmungen eingehalten werden,
- für Ausschmückungen, Ausstattungen, Requisiten die Brandschutzanforderungen erfüllt werden,
- technische Einrichtungen die CE-Kennzeichnung oder Ü-Kennzeichnung besitzen und keine erkennbaren „Mängel“ aufweisen,
- Elektroanlagen und Elektroleitungen ausreichend dimensioniert und abgesichert sind,
- für Abhängungen ordnungsgemäße Befestigungen und Sicherungen vorhanden sind,
- keine Brandgefahr durch falsche Positionierung verursacht wird,
- keine ungenehmigten Abweichungen vom genehmigten Rettungswege- und Bestuhlungsplan erfolgen/der Plan ausgehängt ist,
- die Notausgangbeschilderung durch Aufbauten, Dekorationen etc. nicht verdeckt wird,
- weitere Sicherheitsaspekte in Anlehnung an die Gefährdungsanalyse gemäß Gastspielprüfbuch (§ 45 MVStättVO) betroffen sind.

3.2 Anwesenheitspflichten

24 Die Vorschrift des **Absatzes 3** ist dann zu beachten, wenn bühnen-, studio- und beleuchtungstechnischen Einrichtungen gemäß Absatz 2 aufgebaut wurden oder entsprechende Hallentechnik vorhanden ist und diese durch qualifiziertes Personal bedient oder beaufsichtigt werden muss.

Anwesenheitspflicht nach § 40 bei Generalproben, Veranstaltungen, Sendungen oder Aufzeichnungen				
Art der Versammlungsstätte	**Regel**		**Ausnahmen nach Absatz 5** (wenn von Art und Ablauf der Veranstaltung keine Gefahren ausgehen)	
	Verantwortliche für Veranstaltungstechnik (Absatz 3)	**Fachkraft für Veranstaltungstechnik** (Absatz 4)	**Fachkraft für Veranstaltungstechnik** (Absatz 5 Satz 1)	**Aufsicht führende Person** (Absatz 5 Satz 2)
Großbühne	**2**		**1**	
Szenenfläche $\geq 200\ m^2$ Grundfläche	**2**		**1**	
Mehrzweckhalle ≥ 5 000 Besucherplätze	**2**		**1**	
Szenenfläche $\geq 50\ m^2$ Grundfläche $\leq 200\ m^2$		**1**		**1**
Mehrzweckhalle ≤ 5 000 Besucherplätze		**1**		**1**

25 Auf Großbühnen oder Szenenflächen mit mehr als 200 m^2 Grundfläche oder in Mehrzweckhallen mit mehr als 5 000 Besucherplätzen müssen bei

- Generalproben,
- Veranstaltungen,
- Sendungen oder Aufzeichnungen von Veranstaltungen

grundsätzlich zwei Verantwortliche für Veranstaltungstechnik anwesend sein.

Erforderlich ist nach Absatz 3 die Anwesenheit von mindestens einem Verantwortlichen für Veranstaltungstechnik, der sich um die bühnen- oder studiotechnischen Einrichtungen kümmert, sowie von einem weiteren Verantwortlichen für Veranstaltungstechnik, der für die beleuchtungstechnischen Einrichtungen zuständig ist. 26

Werden keine bühnen-, studio- und beleuchtungstechnischen Einrichtungen gemäß § 40 Absatz 2 aufgebaut und keine entsprechenden fest installierten technischen oder variablen Einrichtungen während der Veranstaltung betrieben, findet § 40 insgesamt keine Anwendung. Bei Sportveranstaltungen ist dies unabhängig von der Größe der Versammlungsstätte oder des Spielfelds (Innenbereich) regelmäßig der Fall, sodass hierfür entsprechend qualifiziertes Personal nicht vorgeschrieben ist. Abweichendes kann sich allerdings ergeben, wenn z.B. Spidercams für Fernsehübertragungen über den Köpfen von Besuchern installiert und gefahren werden. 27

Durch die Ausnahmeregelungen des Absatzes 5 ist die Anwesenheitspflicht nach Absatz 2 im Übrigen auf besondere **Veranstaltungen** in größeren Versammlungsstätten **mit erhöhten Gefährdungssituationen** begrenzt. Zu beachten ist allerdings, dass Veränderungen von Einrichtungen während der Veranstaltung (z.B. Theaterbetrieb mit wechselnden Bühnenbildern) nach Maßgabe von Absatz 5 den Ausnahmetatbestand entfallen lassen, also die Anwesenheitspflicht für zwei Verantwortliche bestehen bleibt. 28

4. Leitung und Aufsicht durch Fachkraft für Veranstaltungstechnik

Durch den Verweis auf die in den Absätzen 1 bis 3 genannten Aufgaben regelt **Absatz 4**, dass auch der Auf- und Abbau bühnentechnischer Einrichtungen und der Betrieb dieser Einrichtungen bei Bühnen und Szenenflächen mit mehr als 50 m^2 und nicht mehr als 200 m^2 Grundfläche[1] 29

1 Die Länder **Nordrhein-Westfalen**, **Niedersachsen** und **Rheinland-Pfalz** haben in ihren aktuellen Verordnungen Absatz 4 Satz 2 abweichend formuliert. Die Regelungen stellen auf den geringen Umfang der technischen Ausstattung und Einrichtungen auf kleinen Szenenflächen ab, die z.B. für Laienspiele (wie in Schulen und Vereinshäusern) bestimmt sind. Ist die technische Ausstattung einfach und von geringem Umfang, dürfen die Aufgaben nach den Absätzen 1 bis 3 durch erfahrene Bühnenhandwerker

während Generalproben und Vorstellungen der Leitung und Aufsicht durch Fachpersonal bedarf. Es handelt sich somit um den gleichen Aufgabenumfang wie in den Absätzen 1 bis 3, lediglich an die Qualifikation der Aufsicht führenden Person werden geringere Anforderungen gestellt. Anstelle eines oder zweier Verantwortlicher für Veranstaltungstechnik können diese Aufgaben von „Fachkräften für Veranstaltungstechnik" wahrgenommen werden.

30 **Satz 1** greift auf das 1999 geschaffene Berufsbild der „Fachkraft für Veranstaltungstechnik" zurück. Die Ausbildung für die Fachkraft für Veranstaltungstechnik ist in der Verordnung über die Berufsausbildung zur Fachkraft für Veranstaltungstechnik[2] (Veranstaltungsfachkräfteausbildungsverordnung – VfAusbV vom 3. Juni 2016) geregelt.

31 Voraussetzung für die eigenständige Übernahme der Verantwortung bei einer kleinen Bühne ist der Nachweis einer mindestens dreijährigen Berufserfahrung als Fachkraft unter Anleitung eines Verantwortlichen für Veranstaltungstechnik. Dem Wortlaut des Satzes 1 nach muss die Berufserfahrung „als Fachkraft" erworben worden sein, also nach Abschluss der qualifizierenden Berufsausbildung.

32 Fachkraft für Veranstaltungstechnik ist ein eigenständiger Ausbildungsberuf. Fachkräfte für Veranstaltungstechnik lernen, Veranstaltungen vorzubereiten und technisch zu begleiten. Sie müssen wissen, welche Geräte und Einrichtungen geeignet sind und wie sie gelagert, transportiert, installiert und bedient werden. Sie bauen die Bühnen und erforderlichen Geräte auf und kümmern sich um die Energieversorgung sowie um Licht und Beschallung für optische und akustische Effekte. Fachkräfte für Veranstaltungstechnik unterstützen in großen Versammlungsstätten die Verantwortlichen (Meister) für Veranstaltungstechnik.

33 Zu den berufsprofilgebenden Fertigkeiten, Kenntnissen und Fähigkeiten der Fachkraft zählen insbesondere:

- Auf- und Abbauen von technischen Anlagen und Aufbauten,
- Bereitstellen der Energieversorgung,

---

und Beleuchter (in Niedersachsen auch von einem Veranstaltungsoperator) wahrgenommen werden. Auf eine Mindestdauer der Berufserfahrung kommt es in diesen Bundesländern nicht an.

Die Länder **Baden-Württemberg** und **Rheinland-Pfalz** haben zusätzlich in Absatz 4 VStättVO die Schwelle für die Anwesenheitspflicht von Fachkräften für Veranstaltungstechnik von 50 m^2 auf 100 m^2 angehoben.

2 VfAusbV vom 3. Juni 2016 (BGBl. I S. 1307), zuletzt geändert durch Artikel 1 der Verordnung vom 16. Juni 2017 (BGBl. I S. 1874).

- Vernetzen, Einrichten und Inbetriebnehmen von Anlagen,
- Konzipieren veranstaltungstechnischer Systeme und Abläufe,
- Einrichten von Szenerien,
- Bedienen technischer Systeme bei Proben und Veranstaltung sowie
- Durchführen von Projekten im eigenen Arbeitsbereich.

Der dreijährigen fachspezifischen Berufserfahrung nach Abschluss der Ausbildung steht eine dreijährige fachspezifische Berufserfahrung vor Beginn der Ausbildung gleich, wenn der Abschluss als Fachkraft für Veranstaltungstechnik als ergänzende Qualifizierung erworben wird. So kann z. B. eine Fachkraft mit einem technischen Berufsabschluss als Geselle, der bereits eine entsprechende fachspezifische Berufserfahrung als Beleuchter oder Bühnenhandwerker in einer Veranstaltungsstätte besitzt, über diese Ausbildung die zusätzliche Qualifikation erwerben und unmittelbar nach Ablegung der Prüfung entsprechend eingesetzt werden. **34**

Absatz 4 **Satz 2** ist eine besitzstandwahrende Regelung für den Personenkreis, der nach den Bestimmungen der VStättVO 1978 bzw. der jeweiligen landesspezifischen Regelung Überwachungsaufgaben wahrnehmen durfte. Diese Regelung korrespondiert mit § 39 Absatz 1 Nummer 4 Halbsatz 2. So konnten erfahrene Beleuchter oder Bühnenhandwerker gewisse Leitungs- und Aufsichtsfunktionen auf Bühnen übernehmen. Die Vorschrift des § 115 Absatz 1 VStättVO 1978 verlangte grundsätzlich die Anwesenheitspflicht sowohl eines Theatermeisters (entspricht dem Bühnenmeister) als auch eines Beleuchtungsmeisters, ließ jedoch zu, dass bei Bühnen bis zu 200 m^2 Grundfläche einer der beiden Meister sich von einer entsprechenden Fachkraft vertreten lassen durfte. **35**

§ 115 Absatz 2 VStättVO[3] ließ ferner zu, dass auf Bühnen mit mehr als 100 m^2 die Aufgaben eines Beleuchtungsmeisters dann von einem erfahrenen Beleuchter wahrgenommen werden durften, wenn es sich um Bühnen für Laienaufführungen handelt. Bühnenhandwerker und Beleuchter, die solche Tätigkeiten bislang erlaubterweise auf Grundlage der gesetzlichen oder behördlichen Regelung durchführen durften, sollen durch die Regelung des Satzes 2 im Besitzstand geschützt werden. **36**

---

3 § 115 Absatz 2 VStättVO 1978:
„*(2) Bei Mittelbühnen und bei Szenenflächen über 100 m^2 müssen während des technischen Betriebes und während der Vorstellungen ein Theatermeister oder ein Beleuchtungsmeister anwesend sein, wenn die Bühne oder die Szenenfläche mit bühnentechnischen und beleuchtungstechnischen Einrichtungen ausgestattet ist. Sind diese Bühnen oder Szenenflächen überwiegend für Laienspiele bestimmt, wie in Schulen, Vereinshäusern, so genügt die Anwesenheit eines im Bühnenbetrieb erfahrenen Beleuchters.*“

Sie erhalten allerdings kein Befähigungszeugnis nach § 39 Absatz 1 Satz 2 MVStättVO ausgestellt. Die besitzstandswahrende Regelung greift auch in diesem Fall nur für die Personen, die nachweisen, dass sie die Tätigkeit als Bühnenhandwerker oder Beleuchter in den letzten drei Jahren ohne Unterbrechung ausgeübt haben.

5. Leitung und Aufsicht in besonderen Fällen

37 **Absatz 5** besitzt keinen eigenen isolierten Anwendungsbereich. Die Vorschrift bestimmt zwei Ausnahmeregelungen zu § 40 Absatz 1, 2, 3 und 4.

38 Bei der „Gefährdungsbeurteilung“, wie sie § 40 Absatz 5 vorsieht, bleiben alle „Gefahren“ außer Betracht, auf die das technische Fachpersonal oder die „Aufsicht führende Person“ keinen Einfluss nehmen können. Gefahren, die z. B. vom Publikum ausgehen können, sind im Rahmen der Sicherheits- bzw. Risikobeurteilung nach § 43 zu bewerten und durch geeignete Maßnahmen wie z. B. durch den Einsatz von Ordnungs- und Sanitätsdienstkräften soweit möglich zu reduzieren. Die Vorschrift des § 40 Absatz 1 bestimmt insoweit den Umfang und die Grenzen des Aufgabengebiets der Verantwortlichen und Fachkräfte für Veranstaltungstechnik ebenso wie das Aufgabengebiet der „Aufsicht führenden Personen“.

39 Absatz 5 stellt es in die Verantwortung des Betreibers, bei Veranstaltungen ohne ein veranstaltungstechnisches Gefahrenpotenzial auf die Anwesenheit eines Verantwortlichen für Veranstaltungstechnik zu verzichten und lediglich eine aufsichtsführende Person zu beauftragen.

5.1 Leitung und Aufsicht durch Fachkräfte für Veranstaltungstechnik

40 Absatz 5 **Satz 1** bestimmt, unter welchen Voraussetzungen die Aufsicht auch bei Szenenflächen über 200 m^2, Großbühnen oder Mehrzweckhallen mit über 5000 Besucherplätzen durch eine Fachkraft für Veranstaltungstechnik wahrgenommen werden darf. Zulässig ist dies bei Veranstaltungen, bei denen die technischen Einrichtungen nicht bewegt oder sonst verändert werden, also nur statisch genutzt werden. Absatz 5 Satz 1 stellt inhaltlich eine Erweiterung des in Absatz 4 beschriebenen Aufgabenbereichs der Fachkraft für Veranstaltungstechnik dar, bezieht sich jedoch nur auf die Anwesenheitspflicht nach Absatz 3. Die Leitung und Aufsicht bei Auf- und Abbau nach Absatz 2 verbleibt auch im Fall von Absatz 5 Satz 1 beim Verantwortlichen für Veranstaltungstechnik.

Beispiel:

In einer Mehrzweckhalle mit mehr als 5000 Besucherplätzen erfolgt der Aufbau und die Abnahme der Aufbauten für eine Comedy-Show unter Leitung eines Verantwortlichen für Veranstaltungstechnik. Technische Einrichtungen werden während der Veranstaltung nicht bewegt oder umgebaut. Die Veranstaltung kann durch eine Fachkraft für Veranstaltungstechnik mit drei Jahren Berufserfahrung betreut werden.

5.2 Leitung und Aufsicht durch aufsichtführende Personen

Absatz 5 Satz 2 beschreibt eine von Satz 1 unterschiedliche Fallgestaltung und beschreibt die Voraussetzungen, unter denen die Aufgaben einer Fachkraft für Veranstaltungstechnik bei den in Absatz 4 genannten Versammlungsstätten durch eine „aufsichtführende Person" wahrgenommen werden dürfen. **41**

Der Verweis des Satzes 2 auf die „Aufgaben nach den Abs. 1 bis 3" betrifft die in diesen Absätzen genannten Aufgaben und Pflichten **und damit auch die Auf- und Abbauphase einer Veranstaltung**. Der Verweis bedeutet allerdings nicht, dass eine „Aufsicht führende Person" die Tätigkeit eines „Verantwortlichen für Veranstaltungstechnik" in Großbühnen, Szenenflächen mit mehr als 200 m^2 Grundfläche oder Mehrzweckhallen mit mehr als 5000 Besucherplätzen wahrnehmen dürfte. **42**

In der Mehrzahl der Schulaulen, Mehrzweckhallen und Bürgerhäuser beträgt die Größe der Szenenfläche 50 bis 200 m^2. Dichterlesungen, Klavierabende, Podiumsdiskussionen, Zeugnisausgaben und Schülertheater ohne Bühnendekorationen sind in der Regel Veranstaltungen ohne Gefährdung, bei der die Aufgaben nach den Absätzen 1 bis 3 von einer aufsichtführenden Person anstelle einer Fachkraft für Veranstaltungstechnik wahrgenommen werden dürfen. **43**

Satz 2 lässt, anders als Satz 1, den Auf- und Abbau sowie den Betrieb von bühnen-, studio- und beleuchtungstechnischen Einrichtungen zu, wenn von diesen keine Gefahren ausgehen. Es muss sich daher um einfache Einrichtungen handeln, die auch von Laien ohne Gefährdung bedient werden können. Ein Verzicht auf die Anwesenheit von Fachkräften bei kleineren Versammlungsstätten und Bühnen sowie bei Szenenflächen unter 200 m^2 **während des Auf- und Abbaus oder bei der Veranstaltung selbst** setzt stets voraus, dass **44**

- von Auf- und Abbau sowie dem Betrieb der bühnen-, studio- und beleuchtungstechnischen Einrichtungen keine Gefahren ausgehen können,

- von Art oder Ablauf der Veranstaltung keine Gefahren ausgehen können ***und***[4]
- die Aufsicht führende Person mit den technischen Einrichtungen vertraut ist.

45 Der Betreiber sollte sich stets vertraglich vorbehalten, dass er die Entscheidung darüber trifft, ob die Aufsicht durch einen „Verantwortlichen für Veranstaltungstechnik“, eine „Fachkraft für Veranstaltungstechnik“ oder eine „aufsichtführende Person“ wahrgenommen werden muss. Grundlage hierfür muss eine nachvollziehbare Bewertung der Veranstaltung unter Berücksichtigung der geplanten Ein- und Aufbauten für die Veranstaltung sein.

46 Bei Veranstaltungen in Schulen ist die Schulleitung für eine entsprechende Bewertung zuständig. Hierzu gehört, dass geeignetes Personal den Szenenaufbau beaufsichtigt und die Szenenfläche für die Veranstaltung freigibt. Dies gilt jedenfalls, soweit es sich bei der Veranstaltung nicht um eine rein schulische Veranstaltung mit der Privilegierung für Unterrichtsräume in allgemein- und berufsbildenden Schulen nach § 1 Absatz 3 handelt.

47 Für die Sicherheit in kommunalen Schulaulen, Mehrzweckhallen und Bürgerhäusern ist in der öffentlichen Verwaltung in der Regel der Bürgermeister, Oberbürgermeister oder Landrat als Leiter der Verwaltung verantwortlich. Sie sind die Adressaten der gesetzlichen Bestimmungen und übertragen diese Betreiberpflichten meistens schriftlich mit den er-

4 Das Land **Baden-Württemberg** lässt als einziges Bundesland in § 40 Absatz 5 zu, dass auch ein Verantwortlicher für Veranstaltungstechnik durch eine Aufsicht führende Person ersetzt werden kann. Darüber hinaus wird das Wort „und“ durch „oder“ ersetzt, mit der Folge, dass die Anforderungen nach Absatz 5 nicht kumulativ vorliegen müssen. Im Ergebnis kann dies dazu führen, dass die Forderungen von Absatz 3 und 4 vollständig leerlaufen, da selbst bei einer Veranstaltung, von der Gefahren ausgehen und die auf einer Großbühne stattfindet, eine Aufsicht führende Person eingesetzt werden dürfte.
Das Land **Niedersachsen** hat die Regelung des Absatz 5 Satz 1, die zumindest eine Fachkraft für Veranstaltungstechnik erforderlich macht, nicht übernommen. Hier dürfen nicht nur die Aufgaben nach Absatz 4 (also die einer Fachkraft), sondern auch die Aufgaben nach Absatz 3 (also die eines Verantwortlichen für Veranstaltungstechnik) von einer „aufsichtführenden Person“ wahrgenommen werden. Dies gilt unabhängig von der Größe der Versammlungsstätte oder der Bühnenbereiche also auch für Hallen mit mehr als 5 000 Besucherplätzen oder in Versammlungsstätten mit Szenenflächen größer als 200 m^2 und auf Großbühnen. Zu beachten ist allerdings, dass in diesen Fällen zumindest die nach Absatz 2 vorgeschriebene Leitung und Aufsicht beim Aufbau durch einen Verantwortlichen für Veranstaltungstechnik erfolgt sein muss.

forderlichen Entscheidungsbefugnissen auf die jeweiligen Dienststellenleiter, z. B. Dezernenten, Amtsleiter oder Schulleiter.

Der Begriff „aufsichtführende Person" bezieht sich auf den Begriff „Aufsicht Führender" wie dem § 15 der Unfallverhütungsvorschrift DGUV 17 und 18[5] zugrunde liegt. Bei Veranstaltungen auf einer Schulbühne kann die „aufsichtführende Person" im Sinne des § 15 der Unfallverhütungsvorschrift der Berufsgenossenschaften DGUV 17 und 18 „Veranstaltungs- und Produktionsstätten für szenische Darstellung" beispielsweise ein speziell ausgebildeter Lehrer sein. Bei Veranstaltungen, in denen keine Veranstaltungstechnik genutzt wird, kann die Aufsicht führende Person der Hausmeister sein. **48**

Näheres ergibt sich aus den Durchführungsanweisungen[6] zu den Unfallverhütungsvorschriften, insbesondere zu § 15 DGUV Vorschrift 17 und **49**

---

5 § 15 DGUV Vorschrift 17 und 18:
„(1) Der Unternehmer darf Leitung und Aufsicht der Arbeiten in Veranstaltungs- und Produktionsstätten nur Bühnen- und Studiofachkräften übertragen.
(2) Der Unternehmer hat dafür zu sorgen, dass vor Gastspielen, Außenaufnahmen oder Nutzung der Veranstaltungs- oder Produktionsstätten durch Dritte die Zuständigkeit hinsichtlich Leitung und Aufsicht festgelegt wird.
(3) Mit Aufführungen, Aufnahmen und Proben darf erst begonnen werden, nachdem der Aufsicht Führende die Szenenflächen freigegeben hat."

6 Durchführungsbestimmungen zu § 15 DGUV Vorschrift 17 und18
„Zu § 15 Absatz 1:
Leitung und Aufsicht bedeuten z. B. das Überwachen, erforderlichenfalls das Beaufsichtigen der Arbeiten und der Arbeitskräfte. Das Beaufsichtigen kann auch einer geeigneten Person (Aufsicht Führender) übertragen werden. Die erforderliche Qualifikation richtet sich nach dem Grad der Gefährdung des Betriebs. Dies gilt auch für Bühnen in Schulen und Laienspielbühnen. Siehe hierzu § 13 DGUV V1. Zu Leitung und Aufsicht gehören auch das Anordnen, Durchführen und Kontrollieren der zur jeweiligen Arbeit erforderlichen Sicherheitsmaßnahmen einschließlich des Bereitstellens von Sicherheitseinrichtungen. Zu den Arbeiten gehören Instandhaltung, Auf- und Abbauen von Dekorationen, technisches Einrichten, Aufnahmen, Proben und Vorstellungen.
Als Bühnen- und Studiofachkraft gilt, wer auf Grund seiner Ausbildung, Kenntnisse und Erfahrungen sowie Kenntnis der einschlägigen Bestimmungen die ihm übertragenen Arbeiten beurteilen und mögliche Gefahren erkennen kann. Dies sind insbesondere Ingenieure und Techniker für Veranstaltungstechnik, Bühnen- und Beleuchtungsmeister, Studio- und Studiobeleuchtungsmeister, Hallenmeister.
Für den Betrieb von Versammlungsstätten ist die Anwesenheit von Bühnen- und Studiofachkräften z. B. auch in der „Musterverordnung über den Bau und Betrieb von Versammlungsstätten" (VStättVO), unter dem Begriff „technische Fachkräfte" geregelt (vgl. Tabelle in Anhang 3). Als Nachweis der Eignung gilt z. B. ein nach landesrechtlichen Bestimmungen erworbenes Befähigungszeugnis.
Zu § 15 Absatz 3: Aufsicht Führender ist, wer die Durchführung von Arbeiten zu überwachen und für die arbeitssichere Ausführung zu sorgen hat."

18, deren Maßstäbe ergänzend zur Beurteilung herangezogen werden können. Für die öffentlich-rechtlichen kommunalen Betreiber, insbesondere für Schulträger, die Schultheateraufführungen organisieren, sind die Bestimmungen der Gemeindeunfallversicherungsverbände bindend.

50 Die Gemeindeunfallversicherungsverbände bieten spezielle Lehrgänge an, die in die Aufgaben und Verantwortung einer „aufsichtsführenden Person" einweisen und die dafür erforderlichen Kenntnisse vermitteln.

51 Der Betreiber bzw. das von ihm hierzu bestimmte Führungspersonal hat zu bewerten, ob die in Absatz 5 bezeichneten Ausnahmetatbestände erfüllt sind. Die Bewertung sollte **strukturiert anhand einer Prüfcheckliste** erfolgen, damit sie auch im Nachhinein nachvollziehbar bleibt und den Mitarbeiter bei Eintritt von Schadensfällen schützt.

52 **Maßstab der Bewertung sind Aufbau sowie Art und Ablauf der Veranstaltung selbst.** Daneben sind es vorrangig die bühnen-, studio- und beleuchtungstechnischen Einrichtungen der Versammlungsstätte, die auch für „aufsichtführende Personen" sicher handhabbar sein müssen und von denen keine besonderen Gefahrenquellen für Künstler und Besucher ausgehen dürfen. Sind derartige bühnen-, studio- und beleuchtungstechnische Einrichtungen gar nicht vorhanden, dann erfüllt dies automatisch die weiteren in Absatz 5 bezeichneten Voraussetzungen. Von dem, was nicht vorhanden ist, kann auch keine Gefahr ausgehen. **Sollen solche technischen Einrichtungen zwar aufgebaut werden, vor der Veranstaltung jedoch unter Beachtung der Anforderungen der DGUV Vorschrift 17 bzw. 18 überprüft und während der Veranstaltung nicht bewegt oder verändert werden, ist ebenfalls von einem geringen Gefahrenpotenzial auszugehen.** Bei einer Theateraufführung mit wechselnden Bühnenbildern ist dies hingegen regelmäßig nicht der Fall.

6. Technische Proben

53 **Absatz 6** fordert eine nicht öffentliche technische Probe mit vollem Szenenaufbau und voller Beleuchtung vor der ersten Veranstaltung

- bei Großbühnen sowie
- bei Szenenflächen mit mehr als 200 m^2 Grundfläche und
- bei Gastspielveranstaltungen mit eigenem Szenenaufbau.

Mindestens 24 Stunden vor Durchführung dieser technischen Probe ist diese der Bauaufsichtsbehörde anzuzeigen. Beabsichtigte wesentliche Änderungen des Szenenaufbaues nach der technischen Probe sind der zuständigen Bauaufsichtsbehörde rechtzeitig anzuzeigen. 54

Im Theaterbereich finden solche technischen Proben regelmäßig statt, wobei die gesamte Aufführung mit ihren technischen Abläufen einschließlich Beleuchtung etc. durchgespielt wird. Die Anwesenheit der Bauaufsichtsbehörden bei technischen Proben ist allerdings eher die Ausnahme. Die Behörde entscheidet über ihre Anwesenheit bei technischen Proben nach freiem Ermessen. 55

Die Bauaufsichtsbehörde kann insgesamt auf die technische Probe verzichten, wenn dies nach der Art der Veranstaltung oder nach dem Umfang des Szenenaufbaues unbedenklich ist. Der Betreiber bzw. Veranstalter sollte dementsprechend rechtzeitig bei Vorliegen der Verzichtsvoraussetzungen einen entsprechenden „formlosen Antrag unter Hinweis auf den § 40 Absatz 6“ bei der Bauaufsichtsbehörde stellen. 56

Alternativ ist es möglich, mit der Bauaufsichtsbehörde ein Verfahren festzulegen, welches die technische Gefährdungsbeurteilung beim Betreiber der Versammlungsstätte belässt und diesen verpflichtet, nur bei erhöhten technischen Risiken eine Anzeige gegenüber der Bauaufsichtsbehörde durchzuführen. Ein solches, vom Wortlaut des Absatz 6 abweichendes Vorgehen ist schriftlich abzustimmen und zu dokumentieren. 57

Bei typischen Gastspielveranstaltungen ist die technische Probe an jedem neuen Spielort durchzuführen bzw. sind Befreiungsanträge zu stellen. Die wiederholten technischen Proben bei Gastspielveranstaltungen entfallen nach § 45 Absatz 2 Satz 2, wenn ein auf Grund der ersten technischen Probe für die Veranstaltung ausgestelltes Gastspielprüfbuch vorgelegt wird. 58

Soweit in der Praxis vielfach von der Regelung des Absatzes 6 abgewichen wird, kann dies bei Eintritt von Schadensfällen zu einer vorwerfbaren Pflichtverletzung mit Haftungskonsequenzen für die Beteiligten und zu Obliegenheitsverletzungen gegenüber Veranstalterhaftpflichtversicherern führen. 59

§ 41 Brandsicherheitswache, Sanitäts- und Rettungsdienst

(1) Bei Veranstaltungen mit erhöhten Brandgefahren hat der Betreiber eine Brandsicherheitswache einzurichten.

(2) [1]Bei jeder Veranstaltung auf Großbühnen sowie Szenenflächen mit mehr als 200 m^2 Grundfläche muss eine Brandsicherheitswache der Feuerwehr anwesend sein. [2]Den Anweisungen der Brandsicherheitswache ist zu folgen. [3]Eine Brandsicherheitswache der Feuerwehr ist nicht erforderlich, wenn die Brandschutzdienststelle dem Betreiber bestätigt, dass er über eine ausreichende Zahl ausgebildeter Kräfte verfügt, die die Aufgaben der Brandsicherheitswache wahrnehmen.

(3) Veranstaltungen mit voraussichtlich mehr als 5000 Besuchern sind der für den Sanitäts- und Rettungsdienst zuständigen Behörde rechtzeitig anzuzeigen.

Übersicht

1. Überblick

1 Die Vorschrift des § 41[1] ist eine Betriebsvorschrift, die für bestehende Versammlungsstätten unmittelbar Anwendung findet.

2 Verstößt der Betreiber gegen die Bestimmungen des § 41 Absatz 1 und 2, indem er nicht für die Durchführung der Brandsicherheitswache sorgt oder entgegen § 41 Absatz 3 die Veranstaltung nicht anzeigt, kann auf Grundlage des § 47 Nummer 16 gegen ihn ein Bußgeld festgesetzt werden. Eine damit korrespondierende Bußgeldvorschrift für den Veranstalter besteht nicht.

---

1 Die Vorschriften über die Bestellung der Brandsicherheitswache beruhen im Wesentlichen auf den Bestimmungen des § 116 VStättVO 1978.

2. Pflichten des Betreibers

§ 41 fasst mehrere Pflichten zusammen, die bei der Durchführung von Veranstaltungen zu beachten sind. In den Absätzen 1 und 2 werden die Pflichten ausdrücklich dem Betreiber auferlegt. Die Anzeigepflicht nach Absatz 3 ist keiner bestimmten Person auferlegt, wegen der Verantwortung des Betreibers für die Einhaltung der Betriebsvorschriften nach § 38 Absatz 1 und insbesondere wegen der Vorschrift des § 38 Absatz 3 trifft auch diese Anzeigepflicht grundsätzlich den Betreiber. 3

Die folgenden Pflichten können im Rahmen eines Miet- oder Veranstaltungsvertrags auf den Veranstalter (Mieter) übertragen werden. 4

übertragbar	Betreiberpflicht
(-)	Feststellen/Bewerten, ob infolge der Veranstaltung mit erhöhten Brandgefahren zu rechnen ist.
•	Bestellung einer Brandsicherheitswache bei jeder Veranstaltung mit erhöhten Brandgefahren.
•	Bestellung einer Brandsicherheitswache der Feuerwehr auf Kosten des Veranstalters bei jeder Veranstaltung auf Großbühnen sowie Szenenflächen mit mehr als 200 m^2 Grundfläche.
•	Anzeige von Veranstaltungen mit voraussichtlich mehr als 5 000 Besuchern bei der für den Sanitäts- und Rettungsdienst zuständigen Behörde. (Ausgenommen in Bayern)

Anmerkung: Auch wenn die Übertragung von Pflichten nach § 41 rechtlich möglich ist, empfiehlt es sich, diese i. d. R. beim Betreiber zu belassen. Bleiben die Pflichten beim Betreiber, ist allerdings darauf hinzuweisen, dass die Kosten, die durch den notwendigen Einsatz der Brandsicherheitswache entstehen, vom Veranstalter zu tragen sind.

Die Zuweisung der Pflicht an den Betreiber in § 41 Absatz 1 und 2 schließt eine Übertragung auf einen Veranstalter nach § 38 Absatz 5 Satz 1 durch schriftliche Vereinbarung nicht aus[2]. Die Vereinbarung 5

---

2 Rheinland-Pfalz hat dies ausdrücklich nochmals in einen neu geschaffenen § 41 Absatz 5 aufgenommen: „*Die Brandsicherheitswache ist von der Betreiberin oder dem Betreiber rechtzeitig zu beauftragen;* ***§ 38 Abs. 5 Satz 1 gilt entsprechend.*** *Stärke, Ausbildung und Ausrüstung der Brandsicherheitswache werden von der Brandschutzdienststelle festgelegt. Die Brandsicherheitswache wird grundsätzlich von der Feuerwehr gestellt; sie kann auch von der Betreiberin oder dem Betreiber gestellt werden, wenn sie oder er für die jeweiligen Aufgaben über eine ausreichende Anzahl ausgebildeter Kräfte und die erforderliche Ausrüstung verfügt und die Brandschutzdienststelle dies der*

sollte die auf den Veranstalter übertragenen Pflichten konkret benennen.

3. Veranstaltungen mit erhöhten Brandgefahren

6 **Absatz 1** verpflichtet den Betreiber einer Versammlungsstätte, bei Veranstaltungen mit erhöhter Brandgefahr eine Brandsicherheitswache einzurichten.[3]

7 Die Aufgaben der Brandsicherheitswache sind in der MVStättVO nicht direkt beschrieben; diese ergeben sich bereits aus der Bezeichnung und aus der Beschreibung der Ausrüstung am Platz der Brandsicherheitswache in § 25. Aufgabe der Brandsicherheitswache ist es unter anderem, die Einhaltung der Regelungen über den Brandschutz zu prüfen, einen möglichen Brand frühzeitig zu erkennen, die Brandgefahr in ihrer Entstehung zu bekämpfen, die Feuerwehr im Brandfall zu alarmieren, die Räumung der Versammlungsstätte zu veranlassen bzw. zu unterstützen. Der unbestimmte Rechtsbegriff „erhöhte Brandgefahren" setzt eine Gefährdungsbeurteilung voraus (siehe dazu unten Kommentierung unter Nummer 4).

8 Die Brandsicherheitswache wird regelmäßig durch die örtliche Feuerwehr auf Kosten des Betreibers durchgeführt. **Dem Betreiber steht es frei, im Wege der vertraglichen Vereinbarung eine Erstattung dieser Kosten beim Mieter oder Veranstalter zu verlangen.**

4. Brandsicherheitswachen bei Großbühnen und Szenenflächen

9 Durch **Absatz 2 Satz 1** wird unabhängig von der Art der Veranstaltung oder einer besonderen Gefahrenlage für Veranstaltungen auf Großbühnen sowie Szenenflächen mit mehr als 200 m^2 Grundfläche **immer** eine durch die Feuerwehr gestellte Brandsicherheitswache vorgeschrieben. Von dieser sich aus Absatz 2 Satz 1 ergebenden Grundregel, dass die Brandsicherheitswache durch die örtliche Feuerwehr gestellt wird, lässt Satz 3 eine Ausnahme zu. Die Brandsicherheitswache kann in diesem

Betreiberin oder dem Betreiber bestätigt hat. Die Betreiberin oder der Betreiber kann auch verpflichtet werden, die Brandsicherheitswache zu stellen."

3 Das Land **Sachsen** hat § 41 Absatz 1 und 2 MVStättVO nicht in seine Landesverordnung übernommen. Dies hat zur Folge, dass der Betreiber nicht zu einer Bewertung der Brandrisiken verpflichtet ist.

Fall von Selbsthilfekräften des Betreibers, z. B. einer Betriebsfeuerwehr, selbst durchgeführt werden.

Unter der Voraussetzung des **Absatzes 2 Satz 3** kann der Betreiber die Brandsicherheitswache mit eigenem Personal durchführen. Die Regelung des **Satzes 3** schließt nicht aus, dass der Betreiber sich auf vertraglicher Basis eines externen Dienstleisters und damit der von Dritten gestellten Selbsthilfefachkräfte bedienen kann. Die Selbsthilfekräfte müssen jedoch in jedem Fall für die Aufgabe der Brandsicherheitswache speziell geschult sein und mit der Versammlungsstätte vertraut sein. **10**

Die Anzahl der erforderlichen Selbsthilfekräfte und die Ausbildung sind im Einzelfall mit der örtlich zuständigen Brandschutzdienststelle zu vereinbaren. Mindestvoraussetzung ist das Bestehen entsprechender Lehrgänge der Feuerwehr. Wegen der mit der Brandsicherheitswache verbundenen Verantwortung sollte dies zumindest eine Ausbildung zum Gruppenführer der Feuerwehr sein. **11**

Die Erleichterung, Selbsthilfekräfte einzusetzen, zielt insbesondere auf Veranstaltungen ab, deren Aufbau sich nicht ständig ändert, die also en suite gespielt werden. Sie steht im Zusammenhang mit der weiteren Erleichterung des § 45 Gastspielprüfbuch. **12**

5. Anzeigepflichten bei Sanitäts- und Rettungsdienst

Absatz 3 schreibt für Versammlungsstätten mit mehr als 5 000 Besuchern eine Anzeigepflicht bei der für den Sanitäts- und Rettungsdienst zuständigen Behörde vor, damit diese die aus ihrer Sicht erforderlichen Maßnahmen organisieren und gegebenenfalls auch veranstaltungsbezogene Anordnungen an den Betreiber oder Veranstalter erlassen kann. Dabei geht es auch um die Einsatzplanung der Leitstellen des Rettungsdienstes, die bei mehreren zeitgleich stattfindenden Großveranstaltungen die erforderliche Logistik vorhalten und planen müssen. Die Anzeigepflicht nach Absatz 3 bezieht sich auf die Versammlungsstätten, die in den Anwendungsbereich der MVStättVO fallen.[4] **13**

4 Nach den Brandschutzgesetzen, Feuerschutzgesetzen oder Feuerwehrgesetzen der Länder bestehen Anzeigepflichten bereits weit unterhalb der Grenze von 5 000 Besuchern.

14 In **Bayern** ist eine Anzeigepflicht für Veranstaltungen im Freien generell in § 19 des **Landesstraf- und Verordnungsgesetzes**[5] geregelt. Für bestimmte Veranstaltungen im Freien, zum Beispiel Veranstaltungen im Freien mit mehr als 1000 Besuchern, besteht ferner eine Erlaubnispflicht durch die Ordnungsbehörden.

15 Verstöße gegen die Anzeigepflicht sind nur gegenüber dem Betreiber mit Bußgeldandrohung belegt. Bußgelder gegen den Veranstalter sind auch dann nicht möglich, wenn der Betreiber die Anzeigepflicht vertraglich auf den Veranstalter überträgt und sich dieser nicht an die getroffene Vereinbarung hält. Bei Vorliegen entsprechender vertraglicher Vereinbarungen sollte deshalb nicht vergessen werden, auch festzulegen, dass der Veranstalter im Innenverhältnis zur Übernahme entsprechender Bußgelder verpflichtet ist. Verwaltungsrechtlich bleibt die „Verantwortung des Betreibers" unberührt.

16 Die Anzeigepflicht nach Absatz 3 bedeutet im Übrigen nicht, dass Betreiber von Versammlungsstätten erst ab 5000 Besuchern die Anwesenheit eines Sanitäts- und Rettungsdienstes zu organisieren haben. Zu beachten sind kommunale Satzungen, landesspezifische Richtlinien/Merkblätter und insbesondere die dem Betreiber obliegende Pflicht, für die „Sicherheit der Veranstaltung" nach Maßgabe des § 38 Absatz 1 zu sorgen. Zur Betreiberverantwortung zählt insoweit auch die Verpflichtung, gestaffelt nach Besucherzahlen und möglichen veranstaltungsbedingten Risiken den Umfang des Sanitäts- und Rettungsdienstes für die Versammlungsstätte zu planen.

---

5 Auszug aus Art. 19 Landesstraf- und Verordnungsgesetz:
„Art. 19 Veranstaltung von Vergnügungen
(1) [1]Wer eine öffentliche Vergnügung veranstalten will, hat das der Gemeinde unter Angabe der Art, des Orts und der Zeit der Veranstaltung und der Zahl der zuzulassenden Teilnehmer spätestens eine Woche vorher schriftlich anzuzeigen. [2]Für regelmäßig wiederkehrende, gleichartige öffentliche Vergnügungen genügt eine einmalige Anzeige.
(2) Absatz 1 gilt nicht für Vergnügungen, die vorwiegend religiösen, künstlerischen, kulturellen, wissenschaftlichen, belehrenden oder erzieherischen Zwecken oder der Wirtschaftswerbung dienen, sofern die Vergnügungen in Räumen stattfinden, die für Veranstaltungen der beabsichtigten Art bestimmt sind.
(3) [1]Die Veranstaltung öffentlicher Vergnügungen bedarf der Erlaubnis, wenn
1. die nach Absatz 1 erforderliche Anzeige nicht fristgemäß erstattet wird,
2. es sich um eine motorsportliche Veranstaltung handelt oder
3. zu einer Veranstaltung, die außerhalb dafür bestimmter Anlagen stattfinden soll, mehr als eintausend Besucher zugleich zugelassen werden sollen.
[2]Zuständig sind die Gemeinden, für motorsportliche Veranstaltungen die kreisfreien Gemeinden und Landratsämter.
…"

17 Der Einsatz und die Einsatzstärke des Sanitätsdienstes richten sich insbesondere nach folgenden Kriterien:

- für die Veranstaltung zu erwartendes maximales Besucheraufkommen,
- Zusammensetzung des Teilnehmerkreises (Publikumsprofil),
- Veranstaltungsthema (kritisch/unkritisch),
- Ausschank von Alkohol,
- Witterungsbedingungen (hohe Außentemperaturen),
- Aufplanung der Veranstaltung (z.B. Wellenbrecher).

18 Beispiel: Festlegung zum Sanitäts- und Rettungsdienst für Veranstaltungen in Anlehnung an das Merkblatt der Berliner Senatsverwaltung:[6]

	Geringes Risiko			**Hohes Risiko**		
Besucherzahl	**Helfer**	**Arzt**	**sonst.**	**Helfer**	**Arzt**	**sonst.**
> 1000	2			1		RTW
> 2000	2			1		RTW
> 3000	3			4		RTW KTW
> 4000	3		KTW	4	1	RTW KTW UHSt
> 5000	4		KTW	4	1	RTW KTW UHSt

6. Bewertung erhöhter Brandgefahren

19 Nach **Absatz 1** obliegt es dem Betreiber, zu bewerten, ob eine Brandsicherheitswache für die Veranstaltung zu bestellen ist, da es sich im Kern um eine auf die Brandsicherheit der baulichen Anlage gerichtete Vorschrift handelt. Nur der Betreiber besitzt die notwendigen Kenntnisse über die bauliche Anlage und die zugrunde liegende Baugenehmigung, einschließlich der zu beachtenden Brandschutzauflagen.

20 Da sich eine Erhöhung der Brandgefahr nur aus den (Er-)Kenntnissen zum baulichen Brandschutz und den veranstaltungsbedingten Elemen-

6 Merkblatt der Berliner Senatsverwaltung für Inneres und Sport „Sanitätsdienst bei Großveranstaltungen", Stand Juni 2009.

ten ergeben kann, besteht insoweit eine Ermittlungspflicht für den Betreiber.

21 Erforderlich ist in jedem Fall eine Bewertung der Veranstaltung in Bezug auf erhöhte Brandrisiken anhand nachvollziehbarer, mit der Brandschutzdienststelle abgestimmter Kriterien in Form einer Gefährdungsanalyse, zum Beispiel:

Brandlasten	**Erhöhte Wahrscheinlichkeit der Brandgefährdung**	**Schwierigkeit der Branderkennung und Brandbekämpfung**
– Eingebrachte Materialien sind überwiegend • normalentflammbar • schwerentflammbar • nichtbrennbar – Ausstattungen, Requisiten, Ausschmückungen werden in großem Umfang eingebracht – Exponate/Einrichtungen mit besonderen Brandgefahren befinden sich in der Versammlungsstätte	– Verwendung von pyrotechnischen Effekten, Feuerwerk – Umgang mit offenem Feuer, beispielsweise die Verwendung von Fackeln – Feuerschlucker – Betrieb von Verbrennungsmotoren – Verwendung von Kerzenständern ohne Schutz – Umfangreicher Gebrauch von elektrischen Betriebsmitteln	– Schleifen der Brandmeldeanlage werden außer Betrieb genommen – Sprühwasserlöschanlage wird außer Betrieb genommen – Branderkennung wird durch umfangreiche Ein- und Aufbauten (z. B. Bestuhlung) erschwert – Nebelmaschinen kommen zum Einsatz

22 Seine Pflichten zur vorbeugenden Ermittlung erhöhter Brandgefahren kann der Betreiber nur erfüllen, wenn er einerseits in den technischen Sicherheitsbestimmungen für seine Versammlungsstätte festlegt, welche Materialien etc. grundsätzlich eingebracht werden dürfen, und andererseits den Veranstalter vertraglich verpflichtet, ihm, dem Betreiber, rechtzeitig vor der Veranstaltung die zur Beurteilung erhöhter Brandgefahren relevanten Informationen zu Aufbauten, Ausstattungen, Requisiten, Ausschmückungen und sonstigen Materialien sowie zum Veranstaltungsablauf (feuergefährliche Handlungen etc.) bekannt zu geben.

23 Hat der Betreiber auf Grundlage dieser Informationen Zweifel, ob erhöhte Brandgefahren vorliegen, kann er sich mit der Feuerwehr beraten. Zur **nachweisbaren Erfüllung der Ermittlungspflicht** ist es in jedem Fall anzuraten, dem Vermietungsvertrag ein **standardisiertes Erhebungsformular** oder eine Checkliste beizufügen, anhand deren der

Mieter/Veranstalter rechtzeitig vor der Veranstaltung schriftlich die notwendigen Informationen mitzuteilen hat.

Kommt der Veranstalter seiner Informationspflicht nicht nach, wird der 24
Betreiber im Sinne einer „Worst-case-Betrachtung“ eine Brandsicherheitswache bestellen müssen und die gegebenenfalls vermeidbaren Kosten für den Einsatz der Brandsicherheitswache dem Veranstalter in Rechnung stellen. Andernfalls läuft der Betreiber Gefahr, dass er auf Grundlage des § 47 Nummer 16 einen Bußgeldtatbestand verwirklicht. Bei Eintritt von Brand-Schadensfällen bestünde zudem die Gefahr, dass der Betreiber mit dem Vorwurf der groben Fahrlässigkeit konfrontiert wird und **zivil- wie auch strafrechtliche Ansprüche** einen aus seiner Sicht negativen Verlauf nehmen.

7. Regelungen der Brandschutzgesetze

Die Forderung nach Brandsicherheitswachen findet sich nicht nur in 25
bauaufsichtlichen Sonderbauvorschriften, sondern ist allgemeiner Bestandteil des Ordnungsrechts, und findet ihren Niederschlag in den Brandschutzgesetzen oder den Feuerschutzgesetzen der Länder. Die Gesetzesbezeichnungen sind nicht einheitlich. Bis auf das Land Berlin haben alle Länder Regelungen über Brandsicherheitswachen.

Den Regelungen der Brandschutzgesetze der Länder ist gemeinsam, 26
dass eine Brandsicherheitswache gefordert wird, wenn es sich um eine Veranstaltung mit erhöhter Brandgefahr handelt und eine größere Anzahl von Menschen gefährdet werden kann. Die Brandschutzgesetze stellen nicht darauf ab, ob es sich um eine Veranstaltung in einer Versammlungsstätte oder um eine öffentliche Veranstaltung auf freiem Feld oder im Straßenraum handelt.

Einige Länder haben eine Anzeigepflicht nicht geregelt; soweit jedoch 27
in diesen Ländern die Brandsicherheitswache durch die Gemeinde angeordnet werden kann oder durch die Feuerwehr zu stellen ist, setzt dies eine Kenntnis der Behörde von der Veranstaltung voraus. Die Brandsicherheitswache wird in der Regel von der Feuerwehr gestellt, einige Länder regeln, unter welchen Voraussetzungen der Veranstalter die Brandsicherheitswache selbst stellen kann.

In allen Fällen ist jedoch zu beachten, dass die bauaufsichtliche Ver- 28
pflichtung des § 41 als spezielle Regelung bei Versammlungsstätten unabhängig davon erfüllt werden muss, ob die allgemeinen Bestimmungen eines Brandschutzgesetzes (zusätzlich) greifen. In der Regel wird es oh-

nehin zu einer engen Abstimmung mit den für die öffentliche Sicherheit zuständigen Behörden kommen müssen.

29 So bestimmt das Land Hessen mit der Regelung des § 1 Absatz 2 HBKG, dass das Gesetz nicht gilt, „soweit vorbeugende und abwehrende Maßnahmen auf Grund anderer Rechtsvorschriften gewährleistet sind" die Subsidiarität gegenüber anderen Rechtsvorschriften. Da das Land Hessen die MVStättV jedoch nur als Richtlinie und nicht als Verordnung eingeführt hat, ist § 17 HBKG über die Brandsicherheitswache nicht subsidiär, sondern zu beachten.

30 Eine mit der Regelung des § 41 Absatz 1 vergleichbare Verpflichtung enthält § 34 BbgBKG, das für Veranstaltungen mit Brandgefahren jeweils Brandsicherheitswachen vorschreibt und zwar unabhängig davon, ob es sich um eine Versammlungsstätte im Sinne des § 1 handelt. Verantwortlich ist in diesem Fall der Veranstalter selbst; einer behördlichen Anordnung durch die allgemeine Ordnungsbehörde bedarf es nicht.

Land	**Regelung der Brandschutzgesetze oder der Feuerwehrgesetze über Brandsicherheitswachen**
Baden-Württemberg	§ 2 Absatz 2 Nummer 2 Feuerwehrgesetz – FwG
Bayern	Art. 4 Absatz 2 Bayerisches Feuerwehrgesetz – BayFwG
Berlin	nicht geregelt
Brandenburg	§ 34 Brandenburgisches Brand- und Katastrophenschutzgesetz – BbgBKG
Bremen	§ 12 Bremisches Hilfeleistungsgesetz – BremHilfeG
Hamburg	§ 7 Feuerwehrgesetz
Hessen	§ 17 Hessisches Brand- und Katastrophenschutzgesetz – HBKG
Mecklenburg-Vorpommern	§ 21 Brandschutz- und Hilfeleistungsgesetz BrSchG – MV
Niedersachsen	§ 26 Niedersächsisches Brandschutzgesetz – NBrandSchG
Nordrhein-Westfalen	§ 27 Gesetz über den Brandschutz, die Hilfeleistung und den Katastrophenschutz – BHKG
Rheinland-Pfalz	§ 33 Brand- und Katastrophenschutzgesetz – LBKG

Land	**Regelung der Brandschutzgesetze oder der Feuerwehrgesetze über Brandsicherheitswachen**
Saarland	§ 36 Gesetz über den Brandschutz, die Technische Hilfe und den Katastrophenschutz im Saarland – SBKG
Sachsen	§ 23 Sächsisches Gesetz über den Brandschutz, Rettungsdienst und Katastrophenschutz – SächsBRKG
Sachsen-Anhalt	§ 20 Brandschutz- und Hilfeleistungsgesetz des Landes Sachsen-Anhalt (Brandschutzgesetz – BrSchG)
Schleswig-Hol-stein	§ 22 Gesetz über den Brandschutz und die Hilfeleistungen der Feuerwehren (Brandschutzgesetz – BrSchG)
Thüringen	§ 22 Thüringer Gesetz über den Brandschutz, die Allgemeine Hilfe und den Katastrophenschutz (Thüringer Brand- und Katastrophenschutzgesetz – ThürBKG)

§ 42 Brandschutzordnung, Räumungskonzept, Feuerwehrpläne

(1) [1]Der Betreiber oder ein von ihm Beauftragter hat im Einvernehmen mit der Brandschutzdienststelle eine Brandschutzordnung und gegebenenfalls ein Räumungskonzept aufzustellen. [2]Darin sind

1. die Erforderlichkeit und die Aufgaben eines Brandschutzbeauftragten und der Kräfte für den Brandschutz sowie
2. die Maßnahmen, die im Gefahrenfall für eine schnelle und geordnete Räumung der gesamten Versammlungsstätte oder einzelner Bereiche unter besonderer Berücksichtigung von Menschen mit Behinderungen erforderlich sind,

festzulegen. [3]Die Maßnahmen nach Satz 2 Nr. 2 sind bei Versammlungsstätten, die für mehr als 1 000 Besucher bestimmt sind, gesondert in einem Räumungskonzept darzustellen, sofern diese Maßnahmen nicht bereits Bestandteil des Sicherheitskonzepts nach § 43 sind.

(2) [1]Das Betriebspersonal ist bei Beginn des Arbeitsverhältnisses und danach mindestens einmal jährlich zu unterweisen über

1. die Lage und die Bedienung der Feuerlöscheinrichtungen und -anlagen, Rauchabzugsanlagen, Brandmelde- und Alarmierungsanlagen und der Brandmelder- und Alarmzentrale,
2. die Brandschutzordnung, insbesondere über das Verhalten bei einem Brand oder bei einer sonstigen Gefahrenlage, gegebenenfalls in Verbindung mit dem Räumungskonzept, und
3. die Betriebsvorschriften.

[2]Den Brandschutzdienststellen ist Gelegenheit zu geben, an der Unterweisung teilzunehmen. [3]Über die Unterweisung ist eine Niederschrift zu fertigen, die der Bauaufsichtsbehörde auf Verlangen vorzulegen ist.

(3) Im Einvernehmen mit der Brandschutzdienststelle sind Feuerwehrpläne anzufertigen und der örtlichen Feuerwehr zur Verfügung zu stellen.

Übersicht

1. Überblick

Der Regelungsbereich des § 42 wurde durch die Novellierung der MVStättVO im Jahr 2014 um die Verpflichtung zur Aufstellung eines Räumungskonzepts erweitert. Nach Maßgabe der Vorschrift des § 46 Absatz 2 wurde den Betreibern bestehender Versammlungsstätten zur Anpassung des betrieblich-organisatorischen Brandschutzes nach § 42 Abs. 1 und 2 (Aufstellung des Räumungskonzepts) eine Übergangsfrist von 2 Jahren eingeräumt. Maßgeblicher Zeitpunkt für den Beginn der Übergangsfrist ist bzw. war die Umsetzung und das Inkrafttreten der Vorschrift auf Landesebene. Zu dokumentieren sind die betrieblich-organisatorischen Maßnahmen innerhalb der Brandschutzordnung und bei größeren Versammlungsstätten innerhalb eines gesonderten Räumungskonzepts, soweit entsprechende Festlegungen nicht bereits Gegenstand des Sicherheitskonzepts nach § 43 sind. 1

Die entsprechenden Grundpflichten zum vorbeugenden organisatorischen und betrieblichen Brandschutz sind den Unfallverhütungsvorschriften des gesetzlichen Unfallversicherungsträgers und der Vorschrift des § 10 Arbeitsschutzgesetz[1] zu entnehmen. 2

---

1 § 10 ArbSchG (Erste Hilfe und sonstige Notfallmaßnahmen):
„*(1) Der Arbeitgeber hat entsprechend der Art der Arbeitsstätte und der Tätigkeiten sowie der Zahl der Beschäftigten die Maßnahmen zu treffen, die zur Ersten Hilfe, Brandbekämpfung und Evakuierung der Beschäftigten erforderlich sind. Dabei hat er der Anwesenheit anderer Personen Rechnung zu tragen. Er hat auch dafür zu sorgen, dass im Notfall die erforderlichen Verbindungen zu außerbetrieblichen Stellen, insbesondere in den Bereichen der Ersten Hilfe, der medizinischen Notversorgung, der Bergung und der Brandbekämpfung eingerichtet sind.*
(2) Der Arbeitgeber hat diejenigen Beschäftigten zu benennen, die Aufgaben der Ersten Hilfe, Brandbekämpfung und Evakuierung der Beschäftigten übernehmen. Anzahl, Ausbildung und Ausrüstung der nach Satz 1 benannten Beschäftigten müssen in einem angemessenen Verhältnis zur Zahl der Beschäftigten und zu den bestehenden besonderen Gefahren stehen. Vor der Benennung hat der Arbeitgeber den Betriebs- oder Personalrat zu hören. Weitergehende Beteiligungsrechte bleiben unberührt. Der Arbeitgeber kann die in Satz 1 genannten Aufgaben auch selbst wahrnehmen, wenn er über die nach Satz 2 erforderliche Ausbildung und Ausrüstung verfügt.“

3 Die Pflichten aus § 42 können im Rahmen eines Miet- oder Veranstaltungsvertrags in der Regel **nicht** auf den Veranstalter (Mieter) **übertragen** werden:

übertragbar	Betreiberpflicht
(-)	Aufstellen einer Brandschutzordnung und Bekanntmachung durch Aushang
(-)	Aufstellen eines Räumungskonzepts
(-)	Unterweisung des Betriebspersonals erstmalig bei Beginn des Arbeitsverhältnisses und danach mindestens einmal jährlich
(-)	Anfertigen von Feuerwehrplänen

2. Räumungskonzept

4 Bei der Erstellung des Räumungskonzepts ist grundsätzlich zu berücksichtigen, dass die Feuerwehr in Sonderbauten mit vielen Menschen die Personenrettung nicht sicherstellen kann. Sie ist darauf angewiesen, dass die Besucher einer Versammlungsstätte das Gebäude eigenständig verlassen. Neben der ausreichenden Dimensionierung von Rettungswegen ist daher ebenso von Bedeutung, dass die Menschen rechtzeitig über Lautsprecher aufgefordert werden, das Gebäude zu verlassen. Für eine rechtzeitige Räumung der Versammlungsstätte im Gefahrenfall hat der Betreiber zu sorgen.[2]

5 Verlangt wird in **Absatz 1**, dass der Betreiber oder ein von ihm Beauftragter im Einvernehmen mit der Brandschutzdienststelle eine Brandschutzordnung und „gegebenenfalls" ein Räumungskonzept aufzustellen hat.

6 Die in § 42 Absatz 1 Satz 1 enthaltene Einschränkung, wonach „gegebenenfalls" ein Räumungskonzept aufzustellen ist, bezieht sich nicht auf eine mögliche Wahlfreiheit des Betreibers im Hinblick auf die Aufstellung des Konzepts, sondern allein auf die Frage, ob das Räumungskonzept als eigenständige Unterlage erstellt werden muss. Dies ergibt sich aus der Systematik der von Absatz 1 Satz 2 Nr. 2 und Satz 3.

2 Vgl. *G. Famers/J. Messerer*: „Rettung von Personen" und „wirksame Löscharbeiten" – bauordnungsrechtliche Schutzziele mit Blick auf die Entrauchung. Ein Grundsatzpapier der Fachkommission Bauaufsicht, Fundstelle: http://www.bauministerkonferenz.de.

Kleinere Versammlungsstätten mit bis zu 1000 Besucherplätzen (vgl. Absatz 1 Satz 3) benötigen kein eigenständiges Räumungskonzept, sondern können die Darstellung der betrieblichen und organisatorischen Maßnahmen zur Räumung der Versammlungsstätte innerhalb ihrer Brandschutzordnung vornehmen. Erst bei Versammlungsstätten, die für mehr als 1000 Besucher bestimmt sind, müssen die betrieblichen und organisatorischen Maßnahmen gesondert in einem Räumungskonzept dargestellt werden. Dies gilt mit der Einschränkung, dass diese Maßnahmen nicht bereits Bestandteil des Sicherheitskonzepts nach § 43 sind. 7

Versammlungsstätte		**Art des Konzepts**
< 1000 Besucherplätzen	→	BSO oder Räumungskonzept
> 1000 Besucherplätzen	→	Räumungskonzept
> 5000 Besucherplätze	→	Räumungskonzept, soweit nicht bereits im Sicherheitskonzept enthalten

Absatz 1 Nummer 2 Halbsatz 1 schreibt vor, dass im Räumungskonzept die Maßnahmen festzulegen sind, die im Gefahrenfall für eine schnelle und geordnete Räumung der gesamten Versammlungsstätte oder einzelner Bereiche erforderlich sind. 8

Ein Messestandort besteht in der Regel aus einem umfriedeten Messegelände und mehreren Messehallen. Der Betreiber hat für jede Messehalle ein Räumungskonzept aufzustellen, in dem dargestellt wird, wie die Räumung der jeweiligen Messehalle auf das Messegelände und erforderlichenfalls auf die öffentliche Straße erfolgt. Der Betreiber hat insoweit sicherzustellen, dass jede einzelne Messehalle insgesamt und, soweit erforderlich, auch in Teilen schnell und möglichst geordnet geräumt werden kann. 9

Die Regelung des Absatzes 1 Satz 3 steht in Konkurrenz zur Regelung des § 43. Da ein Räumungskonzept ohne die erforderlichen Festlegungen zu kritischen Szenarien und Notfällen (diese sind regelmäßig Gegenstand des Sicherheitskonzepts nach § 43) unvollständig und nicht funktionsfähig wäre, bedingt die Forderung zur Aufstellung eines Räumungskonzepts stets auch die Auseinandersetzung mit allen typischen Notfallszenarien. 10

Für die Abläufe innerhalb eines Räumungskonzepts ist der Anlass, der zu einer Räumungsentscheidung führt, insoweit von besonderer Bedeu- 11 tung, als durch die Veranstaltungsleitung stets zu bewerten ist, ob eine unverzügliche und möglichst schnelle Räumung auf Grund akuter Personengefährdung erforderlich ist.

12 Ereignisse, wie z. B. technische Störfälle, die zum Abbruch einer Veranstaltung, jedoch nicht zu einer unmittelbaren Gefährdung der Besucher oder Teilnehmer führen, können vergleichbar einer normalen Entleerung der Versammlungsstätte bei Veranstaltungsende gehandhabt werden. Der Einsatz von Räumungshelfern zur Lenkung oder Beschleunigung von Besucherströmen ist in diesen Fällen nicht zwingend erforderlich.

13 Grundsätzlich zu beachten ist, dass nach den versammlungsstättenrechtlichen Vorschriften alle Gänge und Ausgänge, die zu den Flucht- und Rettungswegen zählen, so gekennzeichnet und dimensioniert sein sollten, dass die anwesenden Besucher bei einem Abbruch der Veranstaltung die Versammlungsstätte grundsätzlich eigenständig und ohne Unterstützung Dritter verlassen können. Im Zuge der Räumungsentscheidung obliegt es dennoch der für die Veranstaltung benannten Veranstaltungsleitung, zu bewerten,

- ob eine unmittelbare Gefahrenlage für Personen besteht,
- ob alle Rettungswege uneingeschränkt zur Verfügung stehen,
- ob und an welchen Stellen gegebenenfalls Sperrungen notwendig sind,
- ob Besucher zu bestimmten Ausgängen gelenkt werden sollen/müssen,
- ob und an welchen Stellen mit erhöhten Drucksituationen z. B. wegen Regens zu rechnen ist,
- ob die erforderliche Räumungsansage die vorstehenden Punkte berücksichtigt.

14 Für Rollstuhlbenutzer ist sicherzustellen, dass sie auch in einem Brandfall barrierefrei zumindest in einen weniger gefährdeten Bereich (anderer Brand- oder Rauchabschnitt) verbracht werden können, falls eine direkte Entfluchtung ins Freie (z. B. wegen der Brandfallsteuerung von Aufzügen) ausscheidet.

15 Die Aufgaben der Räumungshelfer mit allgemeinen und besonderen Aufgaben im Fall einer notwendigen Räumung sollten möglichst in „Taschenkarten" hinterlegt werden.

16 Je nach Funktion gilt es folgende Aufgaben für den einzelnen Räumungshelfer festzulegen:

- Beschleunigung des Besucherstroms durch Anzeigen der Fluchtwegerichtung und direkte lautstarke Ansprache der Besucher,
- Verhindern des Rückströmens von Besuchern,
- Auflösen von Staupunkten,
- Lenkung und Unterstützung der Evakuierung von älteren Menschen mit Mobilitätseinschränkung und von Rollstuhlbenutzern (soweit diese ohne Begleitperson angetroffen werden),
- Räumungsnachschau in definierten Räumen und Toiletten.

Versammlungsstätten, die bereits über ein Sicherheitskonzept nach § 43 17
und damit auch über ein Ordnungsdienstkonzept verfügen, haben in der Regel die betrieblichen und organisatorischen Maßnahmen zur Räumung des Gebäudes innerhalb dieser Konzepte integriert. Vor dem Hintergrund der nach § 46 Absatz 2 gewährten Übergangsfrist von zwei Jahren sollte allerdings auch dort überprüft werden, ob z.B. die eingesetzten Ordnungsdienstkräfte über die erforderlichen Räumungsanweisungen (z.B. in Form von Taschenkarten) verfügen und ihre Positionen für den Fall einer Räumung hinreichend festgelegt sind.

3. Brandschutzordnung

Der Aufbau der nach Absatz 1 geforderten Brandschutzordnung sollte 18
sich an der DIN 14096[3] orientieren, die folgenden Aufbau vorsieht:

- Die Brandschutzordnung Teil A wird in der Versammlungsstätte ausgehängt. Sie enthält schlagwortartige Anweisungen beziehungsweise Hinweise und ergänzende graphische Sicherheitszeichen zur Brandverhütung und für das Verhalten im Brandfall.
- Die Brandschutzordnung Teil B richtet sich an Personen ohne besondere Brandschutzaufgaben, zum Beispiel an die Mitarbeiter und an die Hallen-Gastronomie, also an Personen, die sich nicht nur vorübergehend in der Versammlungsstätte aufhalten.
- Die Brandschutzordnung Teil C gilt für Personen mit besonderen Brandschutzaufgaben, denen über ihre allgemeinen Pflichten hinaus besondere Aufgaben im Brandschutz übertragen werden (zum Beispiel Brandschutzbeauftragte, Technische Fachabteilungen, Räumungshelfer).

---

3 DIN 14096:2014-05
Brandschutzordnung – Regeln für das Erstellen und das Aushängen.

19 In Teil C der Brandschutzordnung sind nach Maßgabe von § 42 Absatz 1 auch die Erforderlichkeit und die Aufgaben eines Brandschutzbeauftragten und der Kräfte für den Brandschutz festzulegen. Hinweise dazu gibt der vom VdS herausgegebene unverbindliche Leitfaden[4] für Aufgaben, Bestellung, Qualifikation und Stellung des Brandschutzbeauftragten im Betrieb.

20 Der Betreiber hat insoweit zu prüfen, ob entsprechende Anforderungen zur Bestellung eines Brandschutzbeauftragten

- in Auflagen der Baugenehmigungsbescheide,
- in nachträglichen behördlichen Anordnungen,
- in Landesverordnungen als verpflichtende Vorgaben,
- als Richtlinien-Empfehlung der Feuerwehren des Landes

enthalten sind. Besteht keine verpflichtende externe Vorgabe, sollte intern geprüft werden, ob die an den vorbeugenden baulichen und betrieblichen Brandschutz gestellten Anforderungen ausreichend durch bereits bestehende Organisationseinheiten (z. B. Bau- und Betriebs-Sicherheitsabteilungen, Verantwortliche für Veranstaltungstechnik) abgedeckt werden, oder noch weiterer Handlungsbedarf besteht.

4. Brandschutzbeauftragter

21 **Brandschutzbeauftragte** sollen dem Eigentümer, Betreiber oder Veranstalter einer Versammlungsstätte als zentrale Ansprechpartner für alle Brandschutzfragen im Betrieb beraten und unterstützen. Die Aufgaben eines Brandschutzbeauftragten sind umfassend in der von der Vereinigung zur Förderung des Deutschen Brandschutzes e. V. (vfdb) herausgegebenen Richtlinie vfdb 12/09-01:2009-03 – Bestellung, Aufgaben, Qualifikation und Ausbildung von Brandschutzbeauftragten – beschrieben.[5] Dazu gehören

- Erstellen/Fortschreiben der Brandschutzordnung,
- Mitwirken bei Beurteilungen der Brandgefährdung an Arbeitsplätzen,
- Beraten bei feuergefährlichen Arbeitsverfahren und bei dem Einsatz brennbarer Arbeitsstoffe,

4 VdS 3111: 2010-06
Brandschutzbeauftragter (Fachkraft für Brandschutz).

5 vfdb 12-09/01:2009-03
Bestellung, Aufgaben, Qualifikation und Ausbildung von Brandschutzbeauftragten.

- Mitwirken bei der Ermittlung von Brand- und Explosionsgefahren,
- Mitwirken bei der Ausarbeitung von Betriebsanweisungen, soweit sie den Brandschutz betreffen,
- Mitwirken bei baulichen, technischen und organisatorischen Maßnahmen, soweit sie den Brandschutz betreffen,
- Mitwirken bei der Umsetzung behördlicher Anordnungen und bei Anforderungen des Feuerversicherers, soweit sie den Brandschutz betreffen,
- Mitwirken bei der Einhaltung von Brandschutzbestimmungen bei Neu-, Um- und Erweiterungsbauten, Nutzungsänderungen, Anmietungen und Beschaffungen,
- Beraten bei der Ausstattung der Arbeitsstätten mit Feuerlöscheinrichtungen und Auswahl der Löschmittel,
- Mitwirken bei der Umsetzung des Brandschutzkonzeptes,
- Kontrollieren, ob Flucht- und Rettungspläne, Feuerwehrpläne, Alarmpläne usw. aktuell sind, ggf. Aktualisierung veranlassen und dabei mitwirken,
- Planen, Organisieren und Durchführen von Räumungsübungen,
- Teilnehmen an behördlichen Brandschauen und Durchführen von internen Brandschutzbegehungen,
- Melden von Mängeln und Maßnahmen zu deren Beseitigung vorschlagen und die Mängelbeseitigung überwachen,
- Aus- und Fortbildung von Beschäftigten in der Handhabung von Feuerlöscheinrichtungen sowie von Beschäftigten mit besonderen Aufgaben im Brandfall (Brandschutzhelfer),
- Unterstützen der Führungskräfte bei den regelmäßigen Unterweisungen der Beschäftigten im Brandschutz,
- Prüfen der Lagerung und/oder der Einrichtungen zur Lagerung von brennbaren Flüssigkeiten, Gasen usw.,
- Kontrollieren der Sicherheitskennzeichnungen für Brandschutzeinrichtungen und für die Flucht- und Rettungswege,
- Überwachen der Benutzbarkeit von Flucht- und Rettungswegen,
- Organisation und Sicherstellung der Prüfung und Wartung von brandschutztechnischen Einrichtungen,
- Kontrollieren, ob festgelegte Brandschutzmaßnahmen insbesondere bei feuergefährlichen Arbeiten eingehalten werden,
- Mitwirken bei der Festlegung von Ersatzmaßnahmen bei Ausfall und Außerbetriebsetzung von brandschutztechnischen Einrichtungen,

- Unterstützen des Unternehmers bei Gesprächen mit den Brandschutzbehörden und Feuerwehren, den Feuerversicherern, den Berufsgenossenschaften, den Gewerbeaufsichtsämtern usw.,
- Stellungnahme zu Investitionsentscheidungen, die Belange des Brandschutzes am Standort betreffen,
- Dokumentieren aller Tätigkeiten im Brandschutz.

22 Die Tätigkeit als **Brandschutzbeauftragter** setzt ausreichende Kenntnisse und Erfahrungen im vorbeugenden und abwehrenden Brandschutz voraus, die in speziellen Lehrgängen erworben werden können. Ohne Bestehen eines speziellen Lehrgangs für Brandschutzbeauftragte sollen nach der vfdb-Richtlinie nur Personen bestellt werden mit

- einer abgeschlossenen Ausbildung zum gehobenen und höheren feuerwehrtechnischen Dienst,
- einer abgeschlossenen Ausbildung zum mittleren feuerwehrtechnischen Dienst für hauptamtliche Kräfte, wenn sie hauptamtlich für den betreffenden Betrieb tätig sind und die Kenntnisse der Brandschutzbeauftragten-Ausbildung nachweisen können,
- Hochschul- oder Fachhochschulstudium in der Fachrichtung Brandschutz.

23 Lehrgänge für die Ausbildung zum Brandschutzbeauftragten werden von verschiedenen Bildungsträgern angeboten.

24 Eine sinnvolle Hilfestellung zur Beurteilung der Bestellungskriterien und Aufgaben des Brandschutzbeauftragten ergibt sich aus der DGUV Information 205-003 – Aufgaben, Qualifikation und Ausbildung von Brandschutzbeauftragten[6] und aus dem VdS Leitfaden 2000 – Leitfaden für den Brandschutz im Betrieb[7] sowie dem VdS Leitfaden 3111 – Brandschutzbeauftragter.[8]

25 Bei der Bestellung eines Brandschutzbeauftragten sollte in jedem Fall eine „Doppelung" der Bearbeitung brandschutzspezifischer Aufgaben

6 DGUV Information 205-003:2014-11
Aufgaben, Qualifikation und Ausbildung von Brandschutzbeauftragten, Fundstelle: www.dguv.de.

7 VdS 2000:2010-12 (04)
Leitfaden für den Brandschutz im Betrieb;
VdS 2000:2013-05 (01)
Ergänzung zum Leitfaden für den Brandschutz im Betrieb.

8 VdS 3111:2010-06
Brandschutzbeauftragter (Fachkraft für Brandschutz) – unverbindlicher Leitfaden für Aufgaben, Bestellung, Qualifikation und Stellung im Betrieb.

vermieden werden. Der Aufgabenbereich eines erforderlichenfalls zu bestellenden Brandschutzbeauftragten ist gegenüber den Aufgabenbereichen anderer Organisationseinheiten (z.B. zur vorbeugenden Instandhaltung brandschutztechnischer Einrichtungen) klar abzugrenzen. Die interne Aufgabendelegation sollte aus Gründen der Nachweisbarkeit in jedem Fall schriftlich erfolgen.

Die in Niedersachsen vorgesehenen Bestimmungen zum Aufgabenbe- 26
reich des Brandschutzbeauftragten könnten nicht unbesehen übernommen werden. So kommt es beispielsweise zu einer nicht unproblematischen Aufgabenverteilung zwischen Ordnungsdienst und Brandschutzbeauftragten, wenn man den Pflichtenkreis des § 32 undifferenziert überträgt.

Der Brandschutzbeauftragte sollte beispielsweise nicht kontrollieren, 27
ob die im Bestuhlungsplan genehmigte Anzahl von Besucherplätzen eingehalten wird. Dies ist ausweislich der Vorschrift des § 43 Absatz 3 bereits Aufgabe des Ordnungsdienstes. Des Weiteren ist in Bezug auf die Notwendigkeit der Bestellung und hinsichtlich der Aufgaben des Brandschutzbeauftragten zu prüfen, ob die in den §§ 31, 33, 34, 35 und 36 festgelegten brandschutzrelevanten Pflichten nicht bereits wirksam den „Verantwortlichen und Fachkräften für Veranstaltungstechnik" zur Kontrolle übertragen sind.[9]

5. Unterweisungspflichten

Absatz 2 fordert eine aus dem Arbeitsschutzrecht bekannte Unterwei- 28
sungspflicht. Danach sind die Betriebsangehörigen vor Beginn der Beschäftigung und anschließend wiederkehrend einmal jährlich zu unterweisen. Die Verpflichtung konkretisiert für den Bereich des Brandschutzes und der Notfallvorsorge die grundsätzlichen Verpflichtungen gemäß Arbeitsschutzgesetz[10] und der Unfallverhütungsvorschriften.

9 Dies gilt insbesondere für **Niedersachsen**, da die NVStättVO dem Brandschutzbeauftragten vorschreibt, dass er für die Einhaltung der Verpflichtungen nach den Absätzen 2 und 3 sowie der §§ 31, 32, 33 Absatz 3 bis 8 und der §§ 34 bis 36 zu sorgen hat.

10 § 12 ArbSchG (Unterweisung):
„Der Arbeitgeber hat die Beschäftigten über Sicherheit und Gesundheitsschutz bei der Arbeit während ihrer Arbeitszeit ausreichend und angemessen zu unterweisen. Die Unterweisung umfasst Anweisungen und Erläuterungen, die eigens auf den Arbeitsplatz oder den Aufgabenbereich der Beschäftigten ausgerichtet sind. Die Unterweisung muss bei der Einstellung, bei Veränderungen im Aufgabenbereich, der Einführung neuer Arbeitsmittel oder einer neuen Technologie vor Aufnahme der Tätigkeit

29 Die „Unterweisung“ muss inhaltlich folgende Punkte umfassen:

- die Lage und die Bedienung der Feuerlöscheinrichtungen und -anlagen, Rauchabzugsanlagen, Brandmelde- und Alarmierungsanlagen und der Brandmelder- und Alarmzentrale,
- die Brandschutzordnung, insbesondere über das Verhalten bei einem Brand oder sonstigen Gefahrenlage, gegebenenfalls in Verbindung mit dem Räumungskonzept und
- die Betriebsvorschriften.

30 Der Betreiber ist nicht verpflichtet, die entsprechende Unterweisung selbst durchzuführen. Er kann die Unterweisungspflicht nach den oben (vgl. § 38) dargestellten Prinzipien der Delegation auf zuverlässige und fachkundige Personen übertragen. Da es sich bei dieser Anforderung zumindest teilweise auch um eine Arbeitsschutzpflicht handelt, sind zusätzlich die Anforderungen der gesetzlichen Unfallversicherungsträgers zur Übertragung von Arbeitgeberpflichten gemäß DGUV-V 1 zu beachten.[11]

31 Entgegen anders lautenden Meinungen lässt sich aus der Vorschrift des § 42 eine Einschränkung des Adressatenkreises (Delegationsempfänger) auf die Person des Verantwortlichen für Veranstaltungstechnik nicht herleiten. Der Betreiber hat bei seiner Delegation allerdings zu beachten, dass die Personen, auf die er die Unterweisungspflichten überträgt, zuverlässig und fachkundig in Bezug auf den Inhalt der Unterweisung sind.

32 Ist ein Brandschutzbeauftragter im Unternehmen bestellt, empfiehlt es sich, diesen zumindest als fachlichen Berater in die Unterweisung einzubeziehen. In einem solchen Fall kann die Delegation der diesbezüglichen Unterweisungspflichten auch auf die ansonsten üblichen Delegationsempfänger im Arbeitsschutz, nämlich die Mitarbeiter der verschiedenen Hierarchieebenen mit Vorgesetztenfunktion, erfolgen. Bei der schriftlichen Übertragung der Pflichten ist in diesem Fall darauf hinzuweisen, dass die entsprechende „Fachfunktion“ (z.B. Brandschutzbe-

---

der Beschäftigten erfolgen. Die Unterweisung muss an die Gefährdungsentwicklung angepasst sein und erforderlichenfalls regelmäßig wiederholt werden.“

11 § 12 DGUV-V 1 (Pflichtenübertragung):
„Hat der Unternehmer ihm hinsichtlich der Verhütung von Arbeitsunfällen, Berufskrankheiten und arbeitsbedingten Gesundheitsgefahren obliegende Pflichten übertragen, so hat er dies unverzüglich schriftlich zu bestätigen. Die Bestätigung ist von dem Verpflichteten zu unterzeichnen; in ihr sind der Verantwortungsbereich und die Befugnisse zu beschreiben. Eine Ausfertigung der schriftlichen Bestätigung ist dem Verpflichteten auszuhändigen.“

auftragter) zwingend als fachlicher Berater bei der Unterweisung hinzuzuziehen ist.

Die Vermittlung der Inhalte kann auch mit einer betrieblichen Räu- 33
mungsübung verbunden werden. In jedem Fall ist gemäß Absatz 2 Satz 2 den Brandschutzdienststellen durch rechtzeitige Anzeige Gelegenheit zu geben, an der Unterweisung teilzunehmen. Auch insoweit kann eine Vereinbarung getroffen werden, dass die externen Brandschutzdienststellen als Fachberater entsprechend die Unterweisung unterstützen. Über die Unterweisung ist in jedem Fall eine Niederschrift (Protokoll) zu fertigen, die der Bauaufsichtsbehörde auf Verlangen vorzulegen ist.

Der Betreiber sollte im Rahmen seiner generellen Aufsichtspflichten re- 34
gelmäßig überprüfen, ob die entsprechenden Unterweisungen durchgeführt worden sind, da er als Adressat der Ordnungswidrigkeitsvorschriften gemäß § 47 in der Pflicht steht.

6. Feuerwehrpläne

Die Vorschrift des **Absatzes 3** regelt schließlich, dass im Einvernehmen 35
mit der zuständigen Brandschutzdienststelle Feuerwehrpläne anzufertigen und diese der örtlichen Feuerwehr zur Verfügung zu stellen sind. Entsprechende Pläne sind im Hinblick auf die Forderungen zur Erstellung eines Sicherheitskonzepts gemäß § 43 ein wichtiger Baustein.

Der Inhalt und Aufbau von Feuerwehrplänen ist in der DIN 14095 – 36
Feuerwehrpläne für bauliche Anlagen geregelt. Die DIN 14095[12] ist keine Bauvorschrift, sondern eine technische Regel aus dem Feuerwehrwesen. Allerdings schreiben die meisten bauaufsichtlichen Regelwerke für Sonderbauten, so auch Absatz 3, die Erstellung von Feuerwehrplänen vor.

Feuerwehrpläne dienen der Einsatzvorbereitung und der raschen Orien- 37
tierung sowie der Beurteilung der Lage. Die DIN 14095 legt verbildlich und einheitlich die notwendigen Anforderungen an die Bestandteile eines Feuerwehrplans, an den Planinhalt und dessen Ausführung fest. Feuerwehrpläne bestehen aus

- allgemeinen Objektinformationen,
- Übersichtsplan,

12 DIN 14095:2007-05
Feuerwehrpläne für bauliche Anlagen.

- Geschossplan/Geschossplänen,
- Sonderplan/Sonderplänen,
- zusätzlichen textlichen Erläuterungen.

38 Die Feuerwehrpläne müssen genaue Angaben über Besonderheiten und Risiken auf dem Gelände und im Gebäude enthalten. Die meisten Brandschutzdienststellen haben dazu Merkblätter mit Hinweisen zur Erstellung von Feuerwehrplänen herausgegeben.

39 Die Feuerwehrpläne sind inhaltlich mit der Brandschutzdienststelle abzustimmen und müssen nach Fertigstellung der Brandschutzdienststelle übergeben werden. Neben dem Plansatz auf Papier wird in der Regel auch ein Exemplar der Feuerwehrpläne als PDF-Datei verlangt.

§ 43 Sicherheitskonzept, Ordnungsdienst

(1) Erfordert es die Art der Veranstaltung, hat der Betreiber ein Sicherheitskonzept aufzustellen und einen Ordnungsdienst einzurichten.

(2) [1]Für Versammlungsstätten mit mehr als 5000 Besucherplätzen hat der Betreiber im Einvernehmen mit den für Sicherheit oder Ordnung zuständigen Behörden, insbesondere der Polizei, der Feuerwehr und der Rettungsdienste, ein Sicherheitskonzept aufzustellen. [2]Im Sicherheitskonzept sind die Mindestzahl der Kräfte des Ordnungsdienstes gestaffelt nach Besucherzahlen und Gefährdungsgraden sowie die betrieblichen Sicherheitsmaßnahmen und die allgemeinen und besonderen Sicherheitsdurchsagen festzulegen.

(3) Der nach dem Sicherheitskonzept erforderliche Ordnungsdienst muss unter der Leitung eines vom Betreiber oder Veranstalter bestellten Ordnungsdienstleiters stehen.

(4) [1]Der Ordnungsdienstleiter und die Ordnungsdienstkräfte sind für die betrieblichen Sicherheitsmaßnahmen verantwortlich. [2]Sie sind insbesondere für die Kontrolle an den Ein- und Ausgängen und den Zugängen zu den Besucherblöcken, die Beachtung der maximal zulässigen Besucherzahl und der Anordnung der Besucherplätze, die Beachtung der Verbote des § 35, die Sicherheitsdurchsagen sowie für die geordnete Evakuierung im Gefahrenfall verantwortlich.

Übersicht

1. Überblick

1 Die Vorschrift des § 43 ist eine Betriebsvorschrift, die auch für bestehende Versammlungsstätten unmittelbar Anwendung findet. Wer als Betreiber oder Veranstalter entgegen § 43 Absatz 1 bis 3 keinen Ordnungsdienst oder keinen Ordnungsdienstleiter bestellt, handelt nach § 47 Nummer 18 ordnungswidrig.

2 Gleiches gilt nach § 47 Nummer 19 für Ordnungsdienstleiter und Ordnungsdienstkräfte, die entgegen § 43 Absatz 3 oder 4 ihren Aufgaben nicht nachkommen. Die Forderungen in § 43 tragen insbesondere den speziellen Gegebenheiten in Mehrzweckhallen, Sportstadien und Versammlungsstätten im Freien bei der Abwicklung von Veranstaltungen unterschiedlichster Art Rechnung.

3 Die folgenden Pflichten können im Rahmen eines Miet- oder Veranstaltungsvertrags auf den Veranstalter (Mieter) übertragen werden:

Übertragbar	Betreiberpflicht
(-)	Bewerten und bestimmen, ob für die Veranstaltung ein (veranstaltungsspezifisches) Sicherheitskonzept aufzustellen und ein Ordnungsdienst einzurichten ist.
•	Erfordert es die Art der Veranstaltung, ist vom Veranstalter ein (veranstaltungsspezifisches) Sicherheitskonzept aufzustellen.
•	Erfordert es die Art der Veranstaltung, ist ein Ordnungsdienst einzurichten und ein Ordnungsdienstleiter zu benennen, von denen die Aufgaben nach § 43 Absatz 4 MVStättV wahrzunehmen sind. **Anmerkung:** Der Betreiber kann aus Sicherheitsgründen festlegen, dass nur die mit der Halle vertrauten/zugelassenen Ordnungsdienste eingesetzt werden dürfen.
(-)	Für Versammlungsstätten mit mehr als 5 000 Besucherplätzen ist im Einvernehmen mit den für Sicherheit oder Ordnung zuständigen Behörden, insbesondere der Polizei, der Feuerwehr und der Rettungsdienste, ein Sicherheitskonzept aufzustellen.
•	Verpflichtung zur Umsetzung von Sicherheitsmaßnahmen nach Maßgabe des Sicherheitskonzepts.

2. Sicherheitskonzept

4 Unter einem Sicherheitskonzept ist die nachvollziehbar strukturierte Darstellung der bei Veranstaltungen zu erwartenden Gefahren sowie der erforderlichen vorbeugenden und abwehrenden Sicherheitsmaßnahmen zum Schutz der Veranstaltungsbesucher und der Veranstaltungsumgebung zu verstehen. Für Veranstaltungen mit erhöhtem Gefährdungspotenzial ist die Erstellung eines Sicherheitskonzepts obligatorisch.

Das Sicherheitskonzept muss eine systematische und vollständige Darstellung sowie Bewertung der veranstaltungsbedingt zu erwartenden Gefahren für das Leben und die Gesundheit von Personen enthalten. 5

Für alle identifizierten Einzelrisiken sind die erforderlichen Maßnahmen für eine sichere Durchführung der Veranstaltung zum Schutz von Personen und der Veranstaltungsumgebung festzulegen. Zu den erforderlichen personellen, organisatorischen und technischen Maßnahmen zählen insbesondere die Steuerung von Personenströmen, die Festlegung der erforderlichen Einsatzstärken und Ausstattungen des Ordnungsdienstes, der Feuerwehr, von Brandsicherheitswachen, des Sanitäts- und Rettungsdienstes sowie die Klärung der Aufgaben und Entscheidungskompetenzen einschließlich des Vorgehens bei besonderen Gefahrenlagen. 6

Die Vorschrift des **Absatzes 1** stellt es in das pflichtgemäße Ermessen des Betreibers, zu beurteilen, ob es die Art der Veranstaltung erfordert, ein Sicherheitskonzept aufzustellen und einen Ordnungsdienst einzurichten. Bei Versammlungsstätten bis 5000 Besucherplätzen bedarf es hierzu keiner weiteren Abstimmung zwischen Betreiber und Behörde. 7

Für Versammlungsstätten mit mehr als 5000 Besucherplätzen schreibt **Absatz 2** dies hingegen zwingend vor. Bei großen Versammlungsstätten ist ein Einvernehmen mit **den für die Sicherheit oder Ordnung zuständigen Behörden, insbesondere der Polizei, der Feuerwehr und der Rettungsdienste**, herzustellen. Die Mitwirkung der für die Sicherheit zuständigen Behörden soll sicherstellen, dass die öffentlich-rechtlichen Vorschriften beachtet werden und Festsetzungen, z.B. der Anzahl der erforderlichen Ordnungskräfte, sich an den sicherheits- und ordnungsrechtlichen Bedürfnissen ausrichten und unabhängig von wirtschaftlichen Erwägungen getroffen werden. Einvernehmen im Sinne Absatz 2 Satz 1 bedeutet stets positive Zustimmung. Das Einvernehmen stellt damit einen Verwaltungsakt dar.[1] Wird das Einvernehmen versagt oder fehlt die positive Zustimmung, ist die Anforderung von § 43 Absatz 2 Satz 1 nicht erfüllt. **Bei der Bauaufsichtsbehörde verbleibt eine Plausibilitätskontrolle**. Eine eigenständige inhaltliche Prüfungsbefugnis wird ihr nur insoweit zuerkannt, als sie auf Grundlage der Vorschrif- 8

1 Vgl. zum Begriff des Einvernehmens BVerwGE 57, 89, 101.

ten der VStättVO überprüfen soll, ob durch Festlegungen innerhalb des Sicherheitskonzepts gegebenenfalls gegen Vorschriften der MVStättVO verstoßen wird.

9 Absatz 2 Satz 2 bestimmt für Versammlungsstätten mit mehr als 5000 Besucherplätzen, dass im Sicherheitskonzept nicht nur die Mindestzahl der Kräfte des Ordnungsdienstes, gestaffelt nach Besucherzahlen und Gefährdungsgraden, sondern auch **die betrieblichen Sicherheitsmaßnahmen** und die allgemeinen und besonderen Sicherheitsdurchsagen festzulegen sind. Im Sicherheitskonzept sind, unabhängig von diesen allgemeinen Regelungen, die speziellen örtlichen Verhältnisse der Versammlungsstätte sowohl in bautechnischer als auch in betrieblicher Hinsicht zu berücksichtigen.

10 Dem geforderten Ordnungsdienst kommt bei der Abwicklung von Veranstaltungen – und hierbei insbesondere bei Sportveranstaltungen – eine besondere Bedeutung zu. In dem Sicherheitskonzept ist deshalb „veranstaltungsindividuell" die Mindestzahl der Kräfte des Ordnungsdienstes, gestaffelt nach Besucherzahlen und Gefährdungsgraden festzulegen.

11 Unter dem **Sicherheitskonzept** nach § 43 ist die Gesamtheit der Maßnahmen zu verstehen, die für die sichere Durchführung einer Veranstaltung notwendig und im Fall von Störungen, Unfällen oder Notfällen zu ergreifen sind. Als **Sicherheit** kann insoweit die Freiheit von Gefahren aller Art, oberhalb eines bekannten und akzeptablen Restrisikos angesehen werden.

12 Das Sicherheitskonzept nach § 43 und die damit einhergehende veranstaltungsbezogene Gefährdungsbeurteilung darf nicht verwechselt werden mit der nach arbeitsschutzrechtlichen Vorschriften durchzuführenden Gefährdungsbeurteilung.

Versammlungsstättenrecht (MVStättV)	Arbeitsschutzrecht (ArbSchG / BetrSichVO)
Auszug aus den Rechtsgrundlagen	Auszug aus den Rechtsgrundlagen
⇩	⇩
§ 38 Absatz 1 MVStättVO Der Betreiber ist für die **Sicherheit der Veranstaltung** und die Einhaltung der Vorschriften verantwortlich.	**§ 5 Absatz 1 ArbSchG** Der Arbeitgeber hat durch eine **Beurteilung der** für die Beschäftigten mit ihrer Arbeit verbundenen Gefährdungen zu ermitteln, welche Maßnahmen des Arbeitsschutzes erforderlich sind.
§ 42 Absatz 1 MVStättVO Der Betreiber oder ein von ihm Beauftragter hat im Einvernehmen mit der Brandschutzdienststelle eine Brandschutzordnung und **gegebenenfalls ein Räumungskonzept** aufzustellen.	**§ 8 ArbSchG** Werden Beschäftigte mehrerer Arbeitgeber an einem Arbeitsplatz tätig, sind die Arbeitgeber verpflichtet, bei der **Durchführung der Sicherheits- und Gesundheitsschutzbestimmungen** zusammenzuarbeiten. …
§ 43 Absatz 2 MVStättV … der Betreiber hat in Abstimmung mit den für Sicherheit und Ordnung zuständigen Behörden … **ein Sicherheitskonzept aufzustellen.**	

Für die Betreiber von Mehrzweckhallen, Messehallen und Sportstadien 13
lässt sich ein Großteil der Maßnahmen des Sicherheitskonzepts nach MVStättVO losgelöst von der konkreten Veranstaltung, also veranstaltungsunabhängig, festlegen und mit den Sicherheitsbehörden im Vorfeld bereits grundsätzlich abstimmen. Auf diese Weise lässt sich für den Betreiber, wie auch für den Veranstalter, ein zumeist kompliziertes Verfahren in unmittelbarem zeitlichem Zusammenhang mit der Veranstaltung vermeiden. Für alle Beteiligten wird auf diese Weise mehr (Rechts-)Sicherheit erzeugt.

Als **veranstaltungsbezogenes Element des Sicherheitskonzeptes** ist 14
eine möglichst konkrete Risiko- bzw. Gefährdungsbeurteilung durchzuführen. Aufbau und Struktur der Risiko-/Gefährdungsbeurteilung sollten ebenfalls mit den Sicherheitsbehörden abgestimmt werden. Die Gefährdungsbeurteilung kann anschließend ohne besonderen Aufwand in Eigenverantwortung des Betreibers durchgeführt und dokumentiert werden. Die Gefährdungsbeurteilung als ein veranstaltungsbezogenes Element des Sicherheitskonzepts sollte Angaben enthalten:

- zur erwarteten Besucherzahl,
- zu den Besucherplätzen (Sitzplätze, Stehplätze),
- zum erwarteten Publikumsprofil (z. B. ruhig, lebhaft, jung, alt …),
- zu möglichen Drucksituationen (bei Einlass und Auslass),
- zu Anzahl und Führung der Rettungswege, Engstellen in Rettungswegen,
- zur Notwendigkeit von Wellenbrechern nach §§ 29 oder 32,
- zu erhöhten Brandgefahren/feuergefährlichen Handlungen,
- zu gefährlichen Handlungen im oder über dem Zuschauerraum,
- zur notwendigen Anwesenheit von Verantwortlichen für Veranstaltungstechnik während der Veranstaltung,
- zur Notwendigkeit von Brandsicherheitswachen,
- zur Anzahl erforderlicher Ordnungsdienstkräfte,
- zur Anzahl erforderlicher Sanitätskräfte/Ärzte etc.

15 Ein Sicherheitskonzept lässt sich weder auf die Installation technischer Meldeeinrichtungen (z. B. Brandmeldeanlagen, Gebäudeleittechnik) noch auf einzelne Funktionsträger oder Ereignisse wie Brand, Bombendrohung oder technische Störung reduzieren.

16 Für die Betreiber von Versammlungsstätten besteht die Verpflichtung, durch eine geeignete Organisation dafür zu sorgen, dass Personen beim Besuch von Veranstaltungen nicht zu Schaden kommen. Dies gilt nicht nur für die „Normalorganisation“ – also für die Planung und Durchführung von Veranstaltungen –, sondern eben auch für die „Notfallorganisation“. Eine „Exkulpation“ (Freizeichnung) vom Vorwurf eines Organisationsverschuldens wird nur dann gelingen, wenn das Unternehmen über eine dokumentiert festgelegte Organisation verfügt, diese angewiesen wird und ihre Wirksamkeit durch Unterweisungen/Schulungen und Übungen bestätigt ist. Da das Sicherheitskonzept im Einvernehmen mit den für Sicherheit und Ordnung zuständigen Behörden aufzustellen ist, muss das „Einvernehmen“, also die Zustimmung der Behörden, nachvollziehbar dokumentiert werden.

17 Inhaltlich umfasst der Aufbau des Sicherheitskonzepts für Versammlungsstätten mit Versammlungsräumen nach § 1 Absatz 1 Nr. 1 mindestens die Erstellung folgender Dokumente:

- Unterlagen und Checklisten zur Bewertung von Risiken und
- zur Festlegung von Sicherheitsmaßnahmen für Veranstaltungen,
- Notfallpläne für das Vorgehen bei kritischen Szenarien und besonderen Gefahrenlagen,
- Texte für individuelle Lautsprecherdurchsagen im Gefahrenfall,

- Notfall-Taschenkarten für die Veranstaltungsleitung,
- Räumungskonzept nach § 42 und Taschenkarten für Räumungshelfer,
- Basisdokumente und Anlagen zum Sicherheitskonzept (wie z. B. Abgrenzung der Betreiberpflichten, Brandschutzordnung, Planwerk, Erklärungen zum Einvernehmen etc.).
- Für Veranstaltungen im Freien und für Versammlungsstätten im Freien sind zusätzlich die Empfehlungen der Bundesländer und einzelner Kommunen zur Durchführung von Großveranstaltungen zu beachten, insbesondere:
  - „Orientierungsrahmen des Ministeriums für Inneres und Kommunales NRW[2]",
  - Leitfaden „Sicherheit bei Großveranstaltungen des Hessischen Ministeriums des Innern und für Sport[3]",
  - Leitfaden für die kommunale Praxis „Sicherheitskonzepte für Großveranstaltungen des Landes Sachsen-Anhalt[4]",
  - „Leitfaden für Feuerwehr, Sicherheitsbehörde und Polizei sowie Veranstalter und deren Sicherheitsdienstleister der Landeshauptstadt München[5]",
  - „Musteraufbau für Sicherheitskonzepte für öffentliche Veranstaltungen der Landeshauptstadt Hannover[6]".

---

2 Orientierungsrahmen des Ministeriums für Inneres und Kommunales NRW vom 15.8.2012, Fundstelle: www.polizei.nrw/artikel/orientierungsrahmen-grossveranstaltungen.

3 Leitfaden „Sicherheit bei Großveranstaltungen" vom 10. September 2013, herausgegeben vom Hessischen Ministerium des Innern und für Sport, Fundstelle: www.innen.hessen.de/sites/default/files/media/hmdis/leitfaden_sicherheit_bei_grossveranstaltungen.pdf.

4 Leitfaden für die kommunale Praxis vom 30. September 2012 des Ministeriums für Inneres und Sport des Landes Sachsen-Anhalt, Fundstelle: www.mi.sachsen-anhalt.de/fileadmin/Bibliothek/Politik_und_Verwaltung/MI/MI/4._Service/Downloadservice/Kommunale_Angelegenheiten/Broschuere_05_10.pdf.

5 Leitfaden für Feuerwehr, Sicherheitsbehörde und Polizei sowie Veranstalter und deren Sicherheitsdienstleister, Fundstelle: www.muenchen.de/rathaus/Stadtverwaltung/Kreisverwaltungsreferat/Branddirektion-Muenchen/Service-und-Downloads/Veranstalter.html.

6 Landeshauptstadt Hannover (Geschäftsbereich des Oberbürgermeisters, Fachbereich Feuerwehr) Polizeidirektion Hannover Version 2.1 vom 17.8.2017 /S. 4, Fundstelle: www.hannover.de/Leben-in-der-Region-Hannover/Verwaltungen-Kommunen/Die-Verwaltung-der-Landeshauptstadt-Hannover/Dezernate-und-Fachbereiche-der-LHH/Geschäftsbereich-des-Oberbürgermeisters/Büro-Oberbürgermeister/Veranstaltungsservice-der-Landeshauptstadt-Hannover/Sicherheitskonzepte-bei-Veranstaltungen-Musteraufbau.

18 Die „Normal-Organisation" von Versammlungsstätten ist auf veranstaltungsorientierte Betriebs- und Dienstleistungsprozesse ausgerichtet, also auf die Bewältigung „planbarer (Routine-)Aufgaben". Wird eine solche Normal-Organisation mit einer scheinbar nicht vorhersehbaren Gefahren- bzw. Notfallsituation konfrontiert, versagen die üblichen Informationswege, Zuständigkeiten und Kooperationsbeziehungen. Sie versagen jedenfalls dann, wenn sich der Betreiber nicht ausreichend mit der Möglichkeit des Eintritts entsprechender Situationen beschäftigt hat. Werden infolgedessen Mitarbeiter, Besucher oder Dritte geschädigt, kann der Betreiber, also die Unternehmensleitung, unter dem Gesichtspunkt des Organisationsverschuldens persönlich zur Verantwortung gezogen werden. Dies gilt jedenfalls dann, wenn solche negativen Auswirkungen durch ein wirksames Sicherheitskonzept hätten verhindert werden können. Selbstverständlich kann und muss die Geschäftsleitung wesentliche Aufgaben innerhalb der Organisation auf Dritte delegieren, sie bleibt jedoch stets für wesentliche Entscheidungen und die Wirksamkeit des Gesamtsystems in der Verantwortung.

19 In der Veranstaltungsbranche ist es hinlänglich bekannt, dass Störungen, Unfälle, Notfälle oder sonstige Gefährdungen durch technisches und menschliches Versagen oder durch äußere Einflüsse (Sabotage, Bedrohungen usw.) jederzeit eintreten können. Selbstverständlich werden erhebliche organisatorische Anstrengungen unternommen, um die Eintrittswahrscheinlichkeit so gering wie möglich zu halten. Kommt es jedoch während des Veranstaltungsbetriebs zu einer entsprechenden Situation, ist eine Vielzahl von Personen einer unmittelbaren Gefährdung ausgesetzt. Für solche Situationen sind Vorkehrungen zu treffen, die die Auswirkungen möglichst begrenzen und eine Ausweitung von Gefahrensituationen verhindern.

20 Die Notfallvorsorge muss darauf ausgerichtet sein, durch rechtzeitige Information interner und externer Stellen und durch die Einleitung geeigneter Gefahrenabwehrmaßnahmen eine Ausweitung bzw. ein Eskalieren der Gefahrenlage zu verhindern.

21 Hierzu sollte es für alle vorhersehbaren Notfallsituationen Pläne geben, in denen die zu treffenden Sofortmaßnahmen und Entscheidungen festgelegt sind. Diese Notfallpläne sind so aufzubauen, dass sie gleichzeitig als Checkliste zur Aufzeichnung genutzt werden können. Im Einzelnen geht es darum, dass in Abhängigkeit von dem Ereignis bestimmte Funktionsträger benachrichtigt, notwendige Maßnahmen ergriffen und bestimmte Entscheidungen getroffen werden müssen. Entsprechende Plä-

ne für kritische Szenarien sollten mindestens die folgenden möglichen Ereignisse abdecken:

- Feuer/Rauch/Explosion/Rauchentwicklung/Anschlag,
- Auffinden verdächtiger Gegenstände,
- Bombendrohung, Bedrohung,
- Unfall/Personenschaden,
- technischer Störfall,
- Unwetter/Blitzeis (vor der Halle).

3. Leitung des Ordnungsdienstes

Die Funktion nach **Absatz 3** sollte stets einer fachlich qualifizierten Person mit entsprechender Erfahrung übertragen werden. Diese Person ist namentlich zu benennen und je nach Vereinbarung über den Betreiber oder den Veranstalter zu bestellen. 22

Die Person des Ordnungsdienstleiters braucht nicht der Organisation des Betreibers oder Veranstalters angehören. Wird das Ordnungsdienstpersonal über eine gewerblich tätige Fremdfirma bestellt, benötigt das Unternehmen zwingend eine Zulassung nach § 34a Gewerbeordnung (GewO). Der Ordnungsdienstleiter wird in einer solchen Konstellation von der Fremdfirma und nicht vom Veranstalter oder vom Betreiber gestellt, um Verstöße gegen die durch die Rechtsprechung entwickelten Grundsätze zur unerlaubten Arbeitnehmerüberlassung zu vermeiden. Der Ordnungsdienstleiter ist im Hinblick auf die Bußgeldvorschriften des § 47 namentlich zu benennen. Innerhalb des Sicherheits- und/oder Räumungskonzepts nach §§ 42 und 43 sind seine Aufgaben und Kompetenzen und die sich daraus ergebende Verantwortung (AKV) festzulegen. Zusätzlich empfiehlt sich, z.B. in einer AKV-Matrix festzulegen, dass der Veranstaltungsleiter bei „kritischen Szenarien" und Notfällen ihm gegenüber weisungsberechtigt bleibt. 23

4. Verantwortung des Ordnungsdienstes

Absatzes 4 schreibt fest, dass der Ordnungsdienstleiter und die Ordnungsdienstkräfte für die betrieblichen Sicherheitsmaßnahmen verantwortlich sind. Ihnen obliegt die operative Umsetzung der durch die Veranstaltungsleitung bei „kritischen Szenarien" und Notfällen entschiedenen Maßnahmen, einschließlich der geordneten Räumung einer Versammlungsstätte im Gefahrenfall. 24

25 Der Ordnungsdienst hat im Übrigen die Besucher so lenken, dass möglichst keine Störungen im Ablauf der Veranstaltung eintreten. Dies beginnt bei der Einlasskontrolle, der Überwachung der Wege zu den Besucherplätzen, der Kontrolle der Besucherbereiche während der Veranstaltung und endet erst nach der Entleerung der Versammlungsstätte.

26 Soweit der Betreiber oder Veranstalter die Durchführung von Sicherheitsdurchsagen nicht auf andere Funktionsträger, zum Beispiel auf den Veranstaltungsleiter oder den Hallen- bzw. Stadionsprecher übertragen hat, ist der Ordnungsdienstleiter auch für die Sicherheitsdurchsagen im Gefahrenfall verantwortlich. Zu beachten ist, dass unabhängig von der verwaltungsrechtlichen Pflichtenzuordnung eine vertraglich abweichende Festlegung von Pflichten zwischen einem beauftragten Ordnungsdienst und dem Betreiber oder dem Veranstalter weiterhin erfolgen kann.

5. Qualifikation und Aufgaben des Ordnungsdienstes

27 Die Begriffe „Ordnungsdienst“ und „Sicherheitsdienst“ werden bei der Durchführung von Veranstaltungen regelmäßig synonym verwendet. Eine inhaltliche Abgrenzung findet nur selten statt, was in der Praxis vielfach zu Problemen im Hinblick auf die Qualifikationsanforderungen für das einzusetzende Personal führt. Begründet ist dies in der Tatsache, dass weder Behörden noch Veranstalter und auch nicht der Gesetz- und Verordnungsgeber präzise unterscheidet zwischen Leistungen des **Veranstaltungsordnungsdienstes (VOD)** und sogenannten **Sicherheitsdienstleistungen (SDL)**.

28 Mitarbeiter, die auf Veranstaltungen als Ordner eingesetzt werden, sollen nach der Vorstellung einzelner Ordnungsbehörden vielfach dieselben Voraussetzungen erfüllen, die für Sicherheitsmitarbeiter im Bewachungsgewerbe, für Personenschützer oder für Beschäftigte im Geld- und Werttransportgeschäft gelten. Grund hierfür ist die verbreitete Annahme, dass entsprechende Anforderungen, die nach § 34a Gewerbeordnung (GewO) für das Bewachungsgewerbe gelten, allgemeingültig für Personen anzuwenden sind, die als „Ordnungsdienstkräfte“ bei Veranstaltungen beschäftigt werden. **Dies ist rechtlich unzutreffend und findet keine Stütze in den gesetzlichen Vorschriften.**

29 Die Regelungen des § 43 Absatz 3 und 4 gehen nicht von einer Identität der Begriffe „**Ordnungsdienst**“, „**Sicherheitsdienst**“ bzw. „**Security**“ aus. Der „Ordnungsdienstbegriff“ ist in der MVStättVO relativ weit gefasst und umfasst eine deutlich größere Personengruppe als die des

Bewachungs- und Sicherheitsgewerbes nach der Vorschrift des § 34a GewO.

Auf die Festlegung allgemeiner oder spezieller Qualifikationsanforderungen für den Ordnungsdienst verzichtet die MVStättVO. Anders als für den Bereich der Veranstaltungstechnik (vgl. §§ 39, 40), in welchem dezidierte Qualifikationsanforderungen für das technische Personal zwingend vorgeschrieben sind, enthält die MVStättVO für das Ordnungsdienstpersonal keine entsprechenden Vorgaben. Auch auf einen Querverweis zur unmittelbaren oder analogen Anwendung der Qualifikationsanforderungen nach der Bestimmung des § 34a Gewerbeordnung wurde verzichtet. Zu beachten ist hierbei, dass der Verordnungsgeber der MVStättVO für andere sicherheitsrelevante Regelungsbereiche solche Querverweise durchaus vorsieht, für den Ordnungsdienst hingegen darauf vollständig verzichtet.[7] 30

Der MVStättVO kommt es gerade nicht darauf an, für die Betreiber von Versammlungsstätten eine Qualifizierung nach den Vorschriften für das Sicherheits- und Bewachungsgewerbe anzustoßen. Als „unerlässlich" bezeichnet die Fachkommission Bauaufsicht (ARGEBAU) in der Begründung zur MVStättVO vielmehr die Schulung des Ordnungsdienstes im Hinblick auf seine **Rechte und Aufgaben und das Verhalten im Gefahrenfall**.[8] 31

---

7 Die Vorschrift des § 35 Absatz 2 Satz 4 lautet: „*Die Verwendung pyrotechnischer Gegenstände **muss durch eine nach Sprengstoffrecht geeignete Person** überwacht werden.*"
Die Vorschrift des § 37 lautet: „*Auf den Betrieb von Laseranlagen in den für Besucher zugänglichen Bereichen **sind die arbeitsschutzrechtlichen Vorschriften entsprechend anzuwenden**.*"

8 Begründung und Erläuterung zur Musterverordnung über den Bau und Betrieb von Versammlungsstätten (Musterversammlungsstättenverordnung – MVStättV) – Fassung Juni 2005:
„*Dem geforderten Ordnungsdienst kommt bei der Abwicklung von Veranstaltungen – und hierbei insbesondere bei Sportveranstaltungen – eine erhebliche Bedeutung zu. Die Leitung des Ordnungsdienstes nach § 43 Absatz 3 MVStättV 2005 sollte stets einer fachlich qualifizierten Person mit entsprechender Erfahrung übertragen werden. Eine Schulung des Ordnungsdienstes über die Rechte und Aufgaben und das Verhalten im Gefahrenfall sowie die körperliche Eignung des Personals für diese Aufgaben ist unerlässlich. Die Anforderungen des § 43 Absatz 4 MVStättV 2005 sollen sicherstellen, dass die Ordnungskräfte an den wichtigen Stellen eingesetzt werden. Gleichlautende Empfehlungen sind im Nationalen Konzept für „Sport und Sicherheit" und in den „Richtlinien zur Verbesserung der Sicherheit bei Bundesligaspielen" des Deutschen Fußball-Bundes enthalten.*"

32 Für das bei Veranstaltungen eingesetzte Ordnungsdienstpersonal kommt es nur in Teilbereichen **auf das Bewachen** von fremdem Leben oder Eigentum an. Ganz überwiegend geht es um das Lenken von Besucherströmen und das sogenannte „Crowd-Management“ im Gefahrenfall. Besonders betont wird dieses Schutzziel durch die in 2014 in die MVStättVO aufgenommene zusätzliche Forderung. Betreiber von Versammlungsstätten haben nach Maßgabe des § 42 spätestens innerhalb von zwei Jahren ein Räumungskonzept zu implementieren. Andernfalls droht die Einstellung des Betriebs der Versammlungsstätte nach § 38 Absatz 4.

33 In rechtlicher Hinsicht folgt bei einer systematischen Auslegung der Rechtsvorschriften, dass die MVStättVO keine eigenständigen Anforderungen an die Qualifikation des Ordnungsdienstes stellt. Eine Anwendung der Qualifikationsanforderungen nach den Vorschriften für das Sicherheits- und Bewachungsgewerbe nach § 34a GewO scheidet danach zwar nicht grundsätzlich aus, ist jedoch nur für einzelne Funktionen innerhalb des Veranstaltungsordnungsdienstes und damit nur in Teilbereichen gewollt und sinnvoll.

34 Verträge über den Einsatz eines VOD bei Veranstaltungen dienen nur dann (auch) dem Schutz vor Eingriffen Dritter, wenn als Leistungen die Einlass- und die Personenkontrolle, das Verhindern von unberechtigtem Zutritt zu Veranstaltungsbereichen oder die Bestreifung des Veranstaltungsgeländes geschuldet werden. Der Gewerbetreibende, also in der Regel der Inhaber des Unternehmens, welches entsprechende Leistungen anbietet, bedarf hierfür einer gewerberechtlichen Erlaubnis nach § 34a GewO. Für ihn wird gemäß § 5a Absatz 2 Nr. 1–3 BewachV u. a. ein erfolgreich abgelegter Sachkundenachweis einer Industrie- und Handelskammer gefordert.[9]

35 Als Bewachungstätigkeiten, für die nach überwiegender Auffassung der ordnungsrechtlichen Verwaltungspraxis und der Industrie- und Handelskammern eine mindestens 40-stündige Unterrichtung auch der Beschäf-

---

9 Ein entsprechender Sachkundenachweis wird darüber hinaus für alle Beschäftigten verlangt, die folgende Tätigkeiten ausführen:
- Kontrollgänge im öffentlichen Verkehrsraum oder in Hausrechtsbereichen mit tatsächlich öffentlichem Verkehr,
- Schutz vor Ladendieben,
- Bewachung im Einlassbereich gastgewerblicher Diskotheken,
- Bewachung von Flüchtlingsunterkünften in leitender Funktion (verkürzte Form),
- **Bewachung von zugangsgeschützten Großveranstaltungen in leitender Funktion.**

tigten gemäß § 34a Absatz 1a Satz 1 GewO erforderlich ist, werden angesehen:

- Zugangskontrolle mit Zutrittsverweigerung bei Veranstaltungen (z. B. Konzerten) inkl. Durchsuchungen nach unerlaubten Gegenständen am Eingang;
- Zugangskontrolle mit Zutrittsverweigerung wegen Überfüllung in Festzelten;
- Zugangskontrolle mit Zutrittsverweigerung zum Fußball-Stadion;
- Posten an den Stadiontoren, die als Fluchtweg nicht verschlossen sind, wo der unberechtigte Zutritt jedoch verhindert werden muss;
- Bewachungspersonal direkt vor der Bühne oder vor dem Backstage-Bereich (z. B. zum Schutz der Musiker);
- Bewachungspersonal bei Veranstaltungen direkt in den sog. Wellenbrechern, das für Ordnung sorgen und ggf. bewusstlose Besucher bergen soll.

Die Qualifizierung der bei Veranstaltungen als Ordnungsdienstpersonal eingesetzten Beschäftigten muss sich zwingend an den Aufgaben orientieren, die speziell bei Veranstaltungen anfallen. Zusätzlich ist zu beachten, dass die Anforderungen an die Qualifikation des Ordnungsdienstpersonals, abhängig von der jeweiligen Veranstaltungsart, unterschiedlich ausfallen können. Ordner, die bei Rock-Konzerten im Bereich von Wellenbrechern eingesetzt werden, müssen beispielsweise praktische Kenntnisse über das Arbeiten an Bühnenabsperrungen und über Ziehtechniken erwerben. Ordnungsdienstkräfte bei Fußballspielen benötigen diese Kenntnisse in der Regel nicht, müssen aber z.B. im Umgang mit rivalisierenden Fans geschult sein. Für Ordnungsdienstkräfte, die ausschließlich bei kulturellen Veranstaltungen zum Einsatz kommen, gelten wiederum andere Anforderungen. 36

In Abgrenzung zu den Aufgaben des Sicherheitsdienst nach § 34a GewO ist der Veranstaltungsordnungsdienst (VOD) nach Versammlungsstättenrecht bei Veranstaltungen hingegen insbesondere zuständig für 37

- die Freihaltung der Rettungswege für Besucher sowie der Zufahrtswege und Aufstellflächen für Einsatzfahrzeuge,
- Lenkung des ruhenden und fließenden Verkehrs auf dem Veranstaltungsgelände,
- die Lenkung von Besucherströmen beim Einlass während der Veranstaltung und beim Auslass,
- die Zugangskontrolle, den Kartenabriss und die Platzanweisung,

- die Unterstützung von Personen mit Mobilitätseinschränkungen, insbesondere von älteren Menschen und von Menschen mit Behinderung,
- die Unterstützung und Lenkung von Besucherströmen im Fall einer notwendigen Räumung oder Evakuierung,
- die Meldung von Unfällen und kritischen Situationen sowie von Verstößen gegen die Hausordnung an die Ordnungsdienstleitung,
- die Erste-Hilfe-Leistung und die Unterstützung beim Bergen hilfsbedürftiger Personen.

38 Das VOD-Personal muss unter Berücksichtigung der Art und Größe der Veranstaltung, sowie des zu erwartenden Gefährdungspotenzials für die übertragenen Aufgaben angemessen qualifiziert sein. Nach überwiegender Auffassung innerhalb der VOD-Branche sind hierzu anerkannte Ausbildungsmöglichkeiten und -nachweise zu verfolgen, die eine Qualifizierung zum Tätigwerden bei (Groß-)Veranstaltungen und bei Veranstaltungen mit erhöhtem Gefährdungspotenzial umfassen. Ein erhöhtes Gefährdungspotenzial für Veranstaltungen ist dabei stets zu bejahen, wenn für die Veranstaltung eines oder mehrere der folgenden Kriterien erfüllt sind:

- Auf Grund der Zahl der erwarteten Besucher muss auf dem Veranstaltungsgelände, im Bereich der Zugangswege, der Abgangswege oder in deren Umfeld mit einer hohen bis sehr hohen Personendichte gerechnet werden,
- Konflikte oder Auseinandersetzungen unter den Besuchern oder mit Dritten sind zu erwarten,
- eine erhöhte Gefährdungslage für die Veranstaltung auf Grundlage von Erkenntnissen des Veranstalters oder der für die Sicherheit und Ordnung zuständigen Stellen/Behörden liegt vor,
- das Veranstaltungsgelände weist auf Grund seiner Lage, Beschaffenheit oder Erschließung besondere infrastrukturelle Risiken auf,
- durch Aufbauten, Einrichtungen oder Darbietungen während der Veranstaltung können besondere Gefahren für Besucher oder für die Veranstaltungsumgebung entstehen.

39 Da eine gesetzliche Regelung über die Qualifikation und Ausbildung von Ordnungsdienstkräften bei Veranstaltungen fehlt, liegt es derzeit in der Eigenverantwortung der jeweils beauftragten Ordnungsdienstunternehmen und insbesondere in der Hand von Veranstaltern und Betreibern, entsprechende Mindestanforderungen für den Ordnungsdienst vertraglich festzulegen.

Mit dem Ziel, möglichst einheitliche und anforderungsgerechte Qualifizierungs-Standards für die Ordnungsdienstbranche bei Veranstaltungen zu entwickeln, werden aktuell Forschungsprojekte und Initiativen auf unterschiedlichen Ebenen verfolgt.[10] Eine Umsetzung der Erkenntnisse aus diesen Projekten ist ab 2020 zu erwarten. 40

Für den Einsatz von Ordnungsdienstkräften bei Fußballspielen wurde bereits eine erfolgreiche Qualifizierungsoffensive in die Tat umgesetzt. Für Ordnungsdienstkräfte, die Ordnungs- und Sicherheitsaufgaben in Fußballstadien durchführen, ist als Nachweis die erforderliche Qualifizierung erforderlich. Dazu gehört die erfolgreiche Teilnahme an einer vom DFB verantworteten, in fußballspezifischer Hinsicht fachbezogenen Schulung auf der Grundlage des DFB-Schulungskonzeptes sowie eine unabhängige Zertifizierung.[11] 41

Ein Qualifikationsnachweis nach den Bestimmungen für das Sicherheits- und Bewachungsgewerbe ist darüber hinaus für solche Kräfte gefordert, die Körper- oder Taschenkontrollen in Einlassbereichen durchführen oder Schutz- und Sicherungsaufgaben für Personen und fremdes Eigentum übernehmen. 42

---

10 Lehrstuhl für Bevölkerungsschutz, Katastrophenhilfe und Objektsicherheit – Forschungsgruppe ProVOD, Etablierung und Professionalisierung des Veranstaltungsordnungsdienstes (VOD) als eigenständiges Teilgebiet der privatwirtschaftlichen Sicherheitswirtschaft, Fundstelle: www.buk.uni-wuppertal.

11 § 26 DFB-Richtlinien zur Verbesserung der Sicherheit bei Bundesspielen – „Qualifizierung Sicherheits- und Ordnungsdienste" (QuaSOD), Fundstelle: www.dfb.de.

Teil 5
Zusätzliche Bauvorlagen

§ 44 Zusätzliche Bauvorlagen, Bestuhlungs- und Rettungswegeplan

(1) [1]Mit den Bauvorlagen ist ein Brandschutzkonzept vorzulegen, in dem insbesondere die maximal zulässige Zahl der Besucher, die Anordnung und Bemessung der Rettungswege und die zur Erfüllung der brandschutztechnischen Anforderungen erforderlichen baulichen, technischen und betrieblichen Maßnahmen dargestellt sind. [2]Ist eine höhere Anzahl von Besuchern je m^2 Grundfläche des Versammlungsraumes als nach § 1 Absatz 2 Satz 1 vorgesehen, sind die schnelle und sichere Erreichbarkeit der Ausgänge ins Freie und die Möglichkeit zur Durchführung wirksamer Lösch- und Rettungsarbeiten gesondert darzustellen.

(2) Für die nach dieser Verordnung erforderlichen technischen Einrichtungen sind besondere Pläne, Beschreibungen und Nachweise vorzulegen.

(3) Mit den bautechnischen Nachweisen sind Standsicherheitsnachweise für dynamische Belastungen vorzulegen.

(4) Der Verlauf der Rettungswege im Freien, die Zufahrten und die Aufstell- und Bewegungsflächen für die Einsatz- und Rettungsfahrzeuge sind in einem besonderen Außenanlagenplan darzustellen.

(5) [1]Die Anordnung der Sitz- und Stehplätze, einschließlich der Plätze für Rollstuhlbenutzer, der Bühnen-, Szenen- oder Spielflächen sowie der Verlauf der Rettungswege sind in einem Bestuhlungs- und Rettungswegeplan im Maßstab von mindestens 1 : 200 darzustellen. [2]Sind verschiedene Anordnungen vorgesehen, so ist für jede ein besonderer Plan vorzulegen.

Übersicht

1. Überblick

1 Die Vorschrift des § 44 ist eine Verfahrensvorschrift. Sie ist auf bestehende Versammlungsstätten unmittelbar anzuwenden und dies auch, wenn der Betreiber oder Veranstalter lediglich eine Änderung der Aufplanung der Versammlungsstätte beabsichtigt, also einen neuen Rettungswege- und Bestuhlungsplan benötigt.

2 Nur die Pflicht nach Absatz 5 Satz 2, einen neuen Bestuhlungsplan für eine Veranstaltung zu erstellen, kann im Rahmen eines Miet- oder Veranstaltungsvertrags auf den Veranstalter (Mieter) übertragen werden:

übertragbar	Betreiberpflicht
•	Die Aufplanung und Belegung der Versammlungsstätte hat auf Grundlage der genehmigten Rettungswege- und Bestuhlungspläne zu erfolgen. Sind davon abweichende Anordnungen vorgesehen, so ist auf Kosten und Risiko des Veranstalters ein der Aufplanung entsprechender Rettungswege- und Bestuhlungsplan bei der zuständigen Behörde zur Genehmigung einzureichen.

3 Absatz 1 Satz 2 korrespondiert mit der Vorschrift des § 1 Absatz 2 und ermöglicht abweichend von dessen Standard-Bemessungsformel eine Erhöhung der Anzahl der Besucherplätze, sofern die schnelle und sichere Erreichbarkeit der Ausgänge ins Freie und die Möglichkeit zur Durchführung wirksamer Lösch- und Rettungsarbeiten hinreichend gewährleistet sind.

4 Die Vorschriften der §§ 65 bis 69 MBO enthalten für alle Arten von baulichen Anlagen die grundsätzlichen Anforderungen an Bauanträge und Bauvorlagen einschließlich der Bestimmung der Bauvorlageberechtigten.

5 Mit der Regelung des § 44 werden die für Versammlungsstätten zusätzlich notwendigen Bauvorlagen dem Grunde und der Art nach festge-

legt.[1] Es handelt sich insbesondere um spezielle Bauvorlagen sowie um Bestuhlungs- und Rettungswegepläne. Sie sind einzureichen

- für Neubauten von Versammlungsstätten,
- bei wesentlichen Änderungen von Versammlungsstätten,
- bei Änderungen der Nutzungsart,
- für die Aufplanung der Versammlungsstätte mit Stühlen, Tischen, Szenenflächen, Abschrankungen, Ständen, Aktionsflächen und vergleichbaren Einrichtungen (Bestuhlungsplan).

6 Welche Berufskreise für die in § 44 bezeichneten Unterlagen bauvorlageberechtigt sind, ist in § 65 MBO geregelt. Danach ist **bauvorlageberechtigt**, wer

- die Berufsbezeichnung „Architekt" führen darf,
- in die von einer Ingenieurkammer geführte Liste der Bauvorlageberechtigten eingetragen ist,
- die Berufsbezeichnung „Innenarchitekt" führen darf, für die mit der Berufsaufgabe des Innenarchitekten verbundenen baulichen Änderungen von Gebäuden, oder
- die Berufsbezeichnung „Ingenieur" in den Fachrichtungen Architektur, Hochbau oder Bauingenieurwesen führen darf, mindestens zwei Jahre als Ingenieur tätig war und Bediensteter einer juristischen Person des öffentlichen Rechts ist, für die dienstliche Tätigkeit.

7 Die vorstehenden Beschränkungen gelten allerdings nicht für Bauvorlagen, die üblicherweise **von Fachkräften mit anderer Ausbildung** als den oben genannten verfasst werden, und bei geringfügigen oder technisch einfachen Bauvorhaben. Ob hierzu auch **Bestuhlungspläne nach Absatz 5** zählen, wird in der behördlichen Praxis nicht einheitlich gehandhabt.

8 Zu den „Fachkräften mit anderer Ausbildung", insbesondere den **Meistern für Veranstaltungstechnik**, die eine Qualifikation nach § 39 MVStättVO besitzen, hat sich das Ministerium für Heimat, Kommunales, Bau und Gleichstellung des Landes Nordrhein-Westfalen in einer bislang unveröffentlichten Stellungnahme vom 19. Dezember 2018 wie folgt geäußert:

---

1 Das Land **Nordrhein-Westfalen** hat § 44 MVStättVO nicht in seine Sonderbauverordnung (SBauVO NRW) aufgenommen. Die entsprechende Pflicht zur Einreichung spezieller Bauvorlagen sowie Rettungs- und Bestuhlungspläne folgt hier aus der Landesbauordnung i. V. m. der Verordnung über bautechnische Prüfungen (BauPrüfVO).

„Gem. § 70 Abs. 1 BauO NRW (2000) müssen Bauvorlagen für die Errichtung und Änderung von Gebäuden von einer Entwurfsverfasserin oder einem Entwurfsverfasser durch Unterschrift anerkannt sein, welche oder welcher bauvorlageberechtigt ist. Künftig regelt § 67 BauO NRW 2018, dass Bauvorlagen für die Errichtung und Änderung von Gebäuden von einer bauvorlageberechtigten Entwurfsverfasserin oder einem bauvorlageberechtigten Entwurfsverfasser unterschrieben sein müssen. Ausgenommen hiervon sind Bauvorlagen für Gebäude, die in Absatz 2 der jeweiligen Vorschrift aufgeführt sind. Nach dieser Vorschrift ist die Bauvorlageberechtigung nur für Gebäude gefordert. (…)

Ferner muss es sich um die Errichtung oder Änderung eines Gebäudes handeln. Wird lediglich eine Baugenehmigung für eine Nutzungsänderung (auch temporäre) von Gebäuden beantragt, ist ebenfalls keine Bauvorlageberechtigung gefordert.

Das Erfordernis einer Bauvorlageberechtigung besteht auch nicht, wenn es um Bauvorlagen für die Errichtung oder Änderung von anderen baulichen Anlagen (die nicht Gebäude sind) und sonstigen Anlagen und Einrichtungen innerhalb und außerhalb von Gebäuden geht (vgl. Nr. 70. i 1 VV BauO NRW 2000). ***Bei der Anordnung von nicht ortsfesten Sitz- und Stehplätzen, von nicht ortsfesten Bühnen-, Szenen- oder Spielflächen dürfte es sich um andere bauliche Anlagen oder sonstige Anlagen und Einrichtungen handeln, so dass hierfür eine Bauvorlageberechtigung nicht erforderlich ist. Dies gilt auch, wenn sich z. B. durch die Änderung der Anordnung von nicht ortsfesten Sitz- und Stehplätzen der Verlauf und die Breite von Rettungswegen ändert, ohne dass in die Bausubstanz eingegriffen wird.*** *Wenn aber der Verlauf und die Breite von Rettungswegen durch einen Eingriff in die Bausubstanz des Gebäudes geändert wird, liegt eine Änderung des Gebäudes vor mit der Folge, dass für die hierfür erstellten Bauvorlagen eine Bauvorlageberechtigung erforderlich ist.“*

9 Dieser Rechtsauffassung ist uneingeschränkt zu folgen. Für die Erstellung von bloßen Bestuhlungsplänen ist keine Bauvorlageberechtigung erforderlich. Erforderlich ist jedoch nach § 54 MBO die für die Erstellung einer Bauvorlage notwendige Sachkunde und Erfahrung. Bestuhlungspläne dürfen auch durch Verantwortliche für Veranstaltungstechnik mit der Qualifikation nach § 39 erstellt und zur behördlichen Genehmigung eingereicht werden. Zur Ausbildung der Verantwortlichen für Veranstaltungstechnik und zu den Prüfungsinhalten zählt gerade auch die Umsetzung der Anforderungen der § 10 und § 7 in Aufplanungen und Bestuhlungsplänen nach § 44 Absatz 5.

2. Brandschutzkonzept

Die Vorschrift des **Absatz 1 Satz 1** fordert die Vorlage eines Brandschutzkonzepts, in dem insbesondere die maximal zulässige Zahl der Besucher, die Anordnung und Bemessung der Rettungswege und die zur Erfüllung der brandschutztechnischen Anforderungen erforderlichen baulichen, technischen und betrieblichen Maßnahmen dargestellt sind. **10**

Zunächst richtet sich die in einer Versammlungsstätte zulässige Anzahl von Besucherplätzen nach der Berechnungsformel des § 1 Absatz 2: **11**

1. für Sitzplätze an Tischen:	ein Besucher je m^2 Grundfläche des Versammlungsraumes,
2. für Sitzplätze in Reihen:	zwei Besucher je m^2 Grundfläche des Versammlungsraumes,
3. für Stehplätze auf Stufenreihen:	zwei Besucher je laufendem Meter Stufenreihe,
4. bei Ausstellungsräumen:	ein Besucher je m^2 Grundfläche des Versammlungsraumes.
5. für sonstige Stehplätze:	zwei Besucher je m^2 Grundfläche des Versammlungsraumes.

Werden also in einem Versammlungsraum mit einer Fläche von 500 m^2 Veranstaltungen für bis zu 1 000 Besucher durchgeführt, entspricht dies den Standardwerten des § 1 Absatz 2. Die erforderliche Mindestbreite der Rettungswege nach § 7 Absatz 4 aus dem Versammlungsraum **bis ins Freie** muss also mindestens 6 m (1,20 m je 200 Personen) betragen. **12**

Absatz 1 Satz 2 ermöglicht von diesem Standard Abweichungen. Ist eine höhere Anzahl von Besuchern je m^2 Grundfläche des Versammlungsraumes als nach § 1 Absatz 2 Satz 1 vorgesehen, sind die schnelle und sichere Erreichbarkeit der Ausgänge ins Freie und die Möglichkeit zur Durchführung wirksamer Lösch- und Rettungsarbeiten gesondert in den Bauvorlagen darzustellen. **13**

Beispiel:

In einem Versammlungsraum mit einer Fläche von 500 m^2 soll ein Besucherbereich als Stehplatzbereich mit einer Tanzfläche für bis zu 1500 Besucher angeordnet werden. Das sind 500 Besucher mehr als nach der Berechnungsformel des § 1 Absatz 2. Ein solcher Versammlungsraum muss nach der Bemessungsformel von § 7 Absatz 4 Satz 2 mindestens zwei Rettungswege ins Freie mit einer Mindestbreite von insgesamt 9 m besitzen (1500 Pers. × 1,2 m/200 Pers. = 9 m). Das sind z.B. fünf Türen mit je 1,80 m Breite.

14 Für Versammlungsräume mit entsprechend erhöhten Besucherzahlen sind die schnelle und sichere Erreichbarkeit der Ausgänge ins Freie sowie die Durchführung wirksamer Lösch- und Rettungsmaßnahmen gesondert darzustellen. In der Regel müssen hierzu das Brandschutzkonzept ergänzt und die betrieblich organisatorischen Maßnahmen im Räumungskonzept nach § 42 festgelegt werden.[2]

15 Welche weiteren Nachweise im Einzelnen im Rahmen eines Brandschutzkonzeptes zu führen sind, regeln ergänzend zu Absatz 1 die jeweiligen Bauvorlagenverordnungen der Länder. Die Darstellung der technischen und betrieblichen Maßnahmen erfolgt unter Bezugnahme auf die Muster-Prüfverordnung (MPrüfV). Der Inhalt des Brandschutzkonzeptes sollte entsprechend der vfdb-Richtlinie 01/01-S1:2012-11 aufgebaut werden.

3. Nachweise über technische Einrichtungen

16 Nach **Absatz 2** sind für die nach dieser Verordnung erforderlichen (vorgeschriebenen) technischen Einrichtungen besondere Pläne, Beschreibungen und Nachweise vorzulegen. Die Vorschrift ergänzt die Bestimmungen der Muster-Bauvorlagenverordnung.

17 Für die technischen Einrichtungen sind gemäß § 1 Satz 1 Nummer 2 i.V.m. § 2 Muster-Prüfverordnung (MPrüfV) auch für Versammlungsstätten wiederkehrende Prüfungen für Lüftungsanlagen, CO-Warnanlagen, Rauchabzugsanlagen, selbsttätige Feuerlöschanlagen, nichtselbsttätige Feuerlöschanlagen, Brandmelde- und Alarmierungsanlagen sowie für Sicherheitsstromversorgungsanlagen vorgeschrieben.

18 Die Prüfbescheinigungen über die Erstprüfung der sicherheitstechnischen Gebäudeausrüstung müssen der Bauaufsichtsbehörde mit der

2 Die Fachkommission Bauaufsicht führt in der Begründung zu § 1 Absatz 2 aus: „Die vorzusehenden Maßnahmen sind von der Größe des Versammlungsraums, der Personendichte und der Art der Veranstaltungen, für die der Raum bestimmt ist, abhängig; sie können organisatorischer, sicherheitstechnischer und baulicher Art sein, wie Anordnung von Gängen, Abschrankungen und zusätzlichen Ausgängen, getrennte Zu- und Ausgänge, eigene Angriffswege für die Feuerwehr.“

Fertigstellungsanzeige nach § 82 Absatz 2 MBO vor Aufnahme der Nutzung vorgelegt werden. Welche Nachweise im Einzelnen im Brandschutzkonzept zu führen sind, regeln ergänzend die jeweiligen Bauvorlagenverordnungen der Länder.

4. Nachweise über dynamische Belastungen

Nach **Absatz 3** sind mit den bautechnischen Nachweisen auch Standsi- 19
cherheitsnachweise für dynamische Belastungen einzureichen. Die Regelung bezieht sich auf § 3 Absatz 7, wonach veränderbare Einbauten so auszubilden sind, dass sie in ihrer Standsicherheit nicht durch dynamische Schwingungen gefährdet werden können, sowie auf die Abschrankungen und Wellenbrecher nach den §§ 27 bis 29.

5. Außenanlagenplan

In einem besonderen Außenanlagenplan sind gemäß **Absatz 4** der Ver- 20
lauf der Rettungswege im Freien, die Zufahrten und die Aufstell- und Bewegungsflächen für die Einsatz- und Rettungsfahrzeuge darzustellen. Der Außenanlagenplan ist in der Regel als Anlage in das nach § 43 Absatz 2 geforderte Sicherheitskonzept aufzunehmen. Die besondere Bedeutung des Außenanlagenplans für das nach § 42 zu erstellende Räumungskonzept besteht darin, dass durch Räumungshelfer sicherzustellen ist, dass die Besucherströme im Freien so gelenkt werden, dass eine Kollision mit anfahrenden Feuerwehr- und Rettungsfahrzeugen nach Möglichkeit vermieden wird.

6. Plandarstellung

Absatz 5 regelt, dass die Anordnung der Sitz- und Stehplätze, ein- 21
schließlich der Plätze für Rollstuhlbenutzer, der Bühnen-, Szenen- oder Spielflächen, sowie der Verlauf der Rettungswege in einem Bestuhlungs- und Rettungswegeplan im **Maßstab von mindestens 1 : 200** darzustellen sind. Sind verschiedene Anordnungen vorgesehen, so ist für jede ein besonderer Plan vorzulegen. Insoweit ist grundsätzlich zu empfehlen, die Pläne nicht auf die Aufplanung einer speziellen Veranstaltung abzustellen, da im Zweifelsfall aus einer solchen Genehmigung kein Anspruch auf weitere Aufplanungen dieser Art entsteht. Der Plan sollte losgelöst von der speziellen Veranstaltung als eine neue Bestuh-

lungsplanvariante zur Genehmigung eingereicht werden. Die Vorschrift des § 44 Absatz 5 bestimmt hierbei nicht, dass jeder einzelne Stuhl oder Tisch exakt zu vermaßen ist.

22 Um die Anforderungen von § 44 Absatz 5 zu erfüllen, sind in einem aufzuplanenden Veranstaltungsraum die freizuhaltenden Gänge und Gangbreiten für die verschiedenen Bestuhlungsarten (z.B. parlamentarische Bestuhlung, Reihenbestuhlung, Bankettbestuhlung, Galabestuhlung etc.) die Szenenflächen und die jeweils maximale Besucherzahl im Planwerk festzulegen. Die Aufstellflächen für Rollstuhlbenutzer, für Stühle und Tische oder für ein FOH-Pult sowie Gänge und Gangbreiten können als Flächen bemaßt, schraffiert und gekennzeichnet werden. Die konkreten Stuhlmaße müssen hingegen nicht hinterlegt und einzelne Stühle und Stuhlreihen nicht zwingend eingezeichnet werden.

23 In den markierten Flächen ist dann durch den Betreiber sicherzustellen, dass die Bestuhlungsvariante die Anforderungen von § 10 erfüllt. § 10 Absatz 4 und 5 schreibt für Reihenbestuhlung eine Blockbildung vor. Für den Bestuhlungsplan reicht es aus, die Flächen dieser Blöcke mit den dazwischen liegenden Gängen einzutragen. Die einzelnen Sitzplätze müssen nicht eingetragen werden. Allerdings sind innerhalb der im Bestuhlungsplan für die Bestuhlung vorgesehenen Flächen die nach § 10 Absatz 4 Satz 1 und 5 maximal zulässigen Sitzplätze einzuhalten.[3]

---

3 Siehe hierzu mit weitergehenden Ausführungen die Kommentierung zu § 32.

§ 45 Gastspielprüfbuch

(1) Für den eigenen, gleichbleibenden Szenenaufbau von wiederkehrenden Gastspielveranstaltungen kann auf schriftlichen Antrag ein Gastspielprüfbuch erteilt werden.

(2) [1]Das Gastspielprüfbuch muss dem Muster der Anlage 2 entsprechen. [2]Der Veranstalter ist durch das Gastspielprüfbuch von der Verpflichtung entbunden, an jedem Gastspielort die Sicherheit des Szenenaufbaues und der dazu gehörenden technischen Einrichtungen erneut nachzuweisen.

(3) [1]Das Gastspielprüfbuch wird von der obersten Bauaufsichtsbehörde oder der von ihr bestimmten Stelle* erteilt. [2]Die Geltungsdauer ist auf die Dauer der Tournee zu befristen und kann auf schriftlichen Antrag verlängert werden. [3]Vor der Erteilung ist eine technische Probe durchzuführen. [4]Die in einem anderen Land der Bundesrepublik Deutschland ausgestellten Gastspielprüfbücher werden anerkannt.

(4) [1]Das Gastspielprüfbuch ist der für den Gastspielort zuständigen Bauaufsichtsbehörde rechtzeitig vor der ersten Veranstaltung am Gastspielort vorzulegen. [2]Werden für die Gastspielveranstaltung Fliegende Bauten genutzt, ist das Gastspielprüfbuch mit der Anzeige der Aufstellung der Fliegenden Bauten vorzulegen. [3]Die Befugnisse nach § 58 MBO* bleiben unberührt.

Übersicht

1. Überblick

1 Die Vorschrift des § 45 zählt zu den „zusätzlichen Bauvorlagen" und ist damit eine Verfahrensvorschrift, die auch auf bereits bestehende ältere Versammlungsstätten anzuwenden ist. Sie erfährt regelmäßig praktische

* Nach Landesrecht.

Umsetzung bei Theatertourneeproduktionen, die als Gastspiele an unterschiedlichen Standorten aufgeführt werden.

2 Der Theaterszenenaufbau auf der Gastspielbühne wird in der Regel so spät fertig, dass eine Abnahme unmittelbar vor der Vorstellung oft nicht möglich ist. In einem Gastspielprüfbuch sind daher alle wichtigen, gefährlichen, sicherheitsrelevanten Punkte des Szenenaufbaues vorab einzutragen. Die Eintragungen werden durch Grundriss- und Schnittpläne mit Lastenangaben ergänzt. Wesentlicher Bestandteil des Gastspielprüfbuchs ist eine ausführliche Gefährdungsanalyse gemäß Anlage 2 zur MVStättVO.

3 Die folgende Betreiberpflicht kann im Rahmen eines Miet- oder Veranstaltungsvertrags auf den Veranstalter (Mieter) übertragen werden:

übertragbar	**Betreiberpflicht**
•	Soweit für die Veranstaltung ein Gastspielprüfbuch ausgestellt ist, ist dieses der zuständigen Bauaufsichtsbehörde rechtzeitig vor der ersten Veranstaltung am Gastspielort vorzulegen.

2. Erteilung des Gastspielprüfbuchs

4 Die Vorschrift des **§ 45 Absatz 1** regelt, dass für Gastspielveranstaltungen, die an verschiedenen Orten wiederkehrend durchgeführt werden sollen, auf schriftlichen Antrag ein Gastspielprüfbuch zu erteilen ist. Dies setzt voraus, dass die Gastspielveranstaltung über einen eigenen gleichbleibenden Szenenaufbau verfügt. **Sind unterschiedliche Szenenaufbauten z.B. wegen unterschiedlicher Bühnengrößen notwendig, sind die Variationen in das Gastspielprüfbuch aufzunehmen.**

3. Form und Zweck des Gastspielprüfbuchs

5 **Absatz 2 Satz 1** bestimmt, dass das Gastspielprüfbuch dem Muster der Anlage 2 zur MVStättVO entsprechen muss. Die einheitliche Gestaltung des Gastspielprüfbuchs ist erforderlich, weil es in allen Ländern anerkannt wird.[1]

6 Die Regelung des **Absatzes 2** knüpft an die Bestimmung des § 40 Absatz 6 Satz 1 an, wonach bei Gastspielveranstaltungen mit eigenem Sze-

---

1 Das Land Hessen hat § 45 nicht in die Hessische Versammlungsstättenrichtlinie übernommen.

nenaufbau in Versammlungsräumen vor der ersten Veranstaltung eine nichtöffentliche technische Probe mit vollem Szenenaufbau und voller Beleuchtung stattfinden muss. Ein für die Gastspielveranstaltung ausgestelltes Gastspielprüfbuch entbindet den Gastspielveranstalter von der Verpflichtung nach § 40 Absatz 6.

Die jeweiligen Veranstalter/Betreiber der Gastspielorte sind durch das Gastspielprüfbuch von der Verpflichtung entbunden, in der jeweiligen Versammlungsstätte die Sicherheit des Szenenaufbaues und der dazu gehörenden technischen Einrichtungen erneut nachzuweisen, wodurch sich erhebliche Erleichterungen für alle Beteiligten ergeben. 7

4. Ausstellung des Gastspielprüfbuchs

Absatz 3 regelt, welche Behörde das Gastspielprüfbuch ausstellt und wie lange das Gastspielprüfbuch gilt. Ausstellende Stelle für das Gastspielprüfbuch ist die oberste Bauaufsichtsbehörde oder die von ihr bestimmte Stelle am Geschäftssitz des Tournee-Veranstalters bzw. am Ort der erstmaligen Aufführung, wenn beide nicht identisch sind. 8

Der Szenenaufbau wird geprüft und abgenommen. Die Richtigkeit, Übereinstimmung und Abnahme wird im Gastspielprüfbuch bescheinigt. Die Geltungsdauer des Gastspielbuchs ist auf die Dauer der Tournee befristet und kann nur auf schriftlichen Antrag verlängert werden. Die ausstellende Behörde ist aufgerufen, vor der Erteilung des Gastspielbuchs eine technische Probe durchzuführen. Aus EU-rechtlicher Sicht wird klargestellt, dass die in einem anderen Land der Bundesrepublik Deutschland ausgestellten Gastspielprüfbücher anerkannt werden. 9

Veranstalter im Sinne der Anlage 2 zur MVStättVO ist in diesem Fall der Tourneebetrieb, der die Gastspielveranstaltung organisiert und dem jeweiligen Spielort anbietet. Verfügt dieser Veranstalter nicht selbst über den erforderlichen Verantwortlichen für Veranstaltungstechnik, so kann im Gastspielprüfbuch (vgl. S. 2 des Gastspielprüfbuches) allgemein auf den Verantwortlichen des jeweiligen Gastspielortes Bezug genommen werden. In diesem Fall haben der Betreiber und der Veranstalter am Gastspielort dafür zu sorgen, dass die Verpflichtungen des § 40 erfüllt werden. 10

5. Vorlage des Gastspielprüfbuchs

Der Veranstalter hat im Übrigen nach **Absatz 4** sicherzustellen, dass das Gastspielprüfbuch der für den Gastspielort zuständigen Bauauf- 11 sichtsbehörde rechtzeitig vor der ersten Veranstaltung am Gastspielort vorgelegt wird. Werden für die Gastspielveranstaltung Fliegende Bauten genutzt, ist das Gastspielprüfbuch mit der Anzeige der Aufstellung der Fliegenden Bauten vorzulegen.

Land	Ausstellende Behörde für das Gastspielprüfbuch
Baden-Württemberg	Für die Erstaufführung zuständige untere Baurechtsbehörde
Bayern	TÜV SÜD Industrie Service GmbH, München, LGA (Landesgewerbeanstalt Bayern), Nürnberg
Berlin	Für das Bauwesen zuständige Senatsverwaltung
Brandenburg	Für die Erstaufführung zuständige untere Bauaufsichtsbehörde
Bremen	nicht geregelt
Hamburg	Für die Erstaufführung zuständige untere Bauaufsichtsbehörde
Hessen	nicht geregelt
Mecklenburg-Vorpommern	Oberste Bauaufsichtsbehörde
Niedersachsen	Für die Erstaufführung zuständige untere Bauaufsichtsbehörde
Nordrhein-Westfalen	Für die Erstaufführung zuständige untere Bauaufsichtsbehörde
Rheinland-Pfalz	Für die Erstaufführung zuständige untere Bauaufsichtsbehörde
Saarland	Für die Erstaufführung zuständige untere Bauaufsichtsbehörde
Sachsen	Für die Erstaufführung zuständige untere Bauaufsichtsbehörde
Sachsen-Anhalt	Oberste Bauaufsichtsbehörde
Schleswig-Holstein	Oberste Bauaufsichtsbehörde
Thüringen	nicht geregelt

Legt ein Veranstalter bei Gastspielen in anderen Orten ein solches Gastspielprüfbuch vor, dann kann auf eine erneute Abnahme verzichtet werden, wenn der Szenenaufbau der genehmigten Version entspricht. Die rechtzeitige Vorlage des Gastspielprüfbuches bei der Bauaufsicht dürfte keine Probleme bereiten, da der Tourneeplan Wochen vorher festliegt. Der Aufbau und die Systematik des Gastspielbuches orientieren sich an dem Prüfbuch für Fliegende Bauten. 12

Soweit der Verordnungsgeber im Übrigen darauf hinweist, dass die Befugnisse nach § 58 MBO unberührt bleiben, macht er deutlich, dass die Bauaufsichtsbehörden bei der Errichtung, Änderung, dem Abbruch, der Nutzung und der Instandhaltung baulicher Anlagen darüber zu wachen haben, dass die öffentlich-rechtlichen Vorschriften und die auf Grund dieser Vorschriften erlassenen Anordnungen eingehalten werden. Sie haben in Wahrnehmung dieser Aufgaben nach pflichtgemäßem Ermessen die erforderlichen Maßnahmen zu treffen. Mit anderen Worten: Sie können im begründeten Einzelfall (z. B. bei Besonderheiten am Gastspielort) weiterhin eine Einzelabnahme anordnen oder sonstige Auflagen zur Sicherheit festlegen. 13

Teil 6
Bestehende Versammlungsstätten

§ 46 Anwendung der Vorschriften auf bestehende Versammlungsstätten

(1) – aufgehoben –

(2) Auf die zum Zeitpunkt des In-Kraft-Tretens der Verordnung bestehenden Versammlungsstätten ist der betrieblich/organisatorische Brandschutz innerhalb von zwei Jahren § 42 Abs. 1 und 2 entsprechend anzupassen.

(3) [1]Die Bauaufsichtsbehörde hat Versammlungsstätten in Zeitabständen von höchstens drei Jahren zu prüfen. [2]Dabei ist auch die Einhaltung der Betriebsvorschriften zu überwachen und festzustellen, ob die vorgeschriebenen wiederkehrenden Prüfungen fristgerecht durchgeführt und etwaige Mängel beseitigt worden sind. [3]Den Ordnungsbehörden, der Gewerbeaufsicht und der Brandschutzdienststelle ist Gelegenheit zur Teilnahme an den Prüfungen zu geben.

Übersicht

1. Überblick

1 Die Vorschrift des § 85 Absatz 1 Nummer 4 MBO 2012 ermächtigt den Verordnungsgeber dazu, nicht nur an neue, sondern **auch an bereits bestehende** Versammlungsstätten besondere Anforderungen hinsichtlich der Errichtung, Änderung, Unterhaltung, des Betriebs und ihrer Nutzung zu stellen. Mit der Vorschrift des § 46 macht der Verordnungsgeber von dieser Ermächtigung Gebrauch, in dem er bestimmt, welche Vorschriften für bereits bestehende Anlagen gelten sollen.

MVStättVO	MVStättV 2005
§ 46 **Anwendung der Vorschriften auf bestehende Versammlungsstätten** (1) – **aufgehoben** –	**§ 46** **Anwendung der Vorschriften auf bestehende Versammlungsstätten** (1) Die zum Zeitpunkt des In-Kraft-Tretens der Verordnung bestehenden Versammlungsstätten mit mehr als 5 000 Besucherplätzen sind innerhalb von zwei Jahren folgenden Vorschriften anzupassen: 1. Kennzeichnung der Ausgänge und Rettungswege (§ 6 Abs. 6), 2. Sitzplätze (§ 10 Abs. 2 und § 33 Abs. 2), 3. Lautsprecheranlage (§ 20 Abs. 2 und § 26 Abs. 1), 4. Einsatzzentrale für die Polizei (§ 26 Abs. 2), 5. Abschrankung von Besucherbereichen (§ 27 Abs. 1 und 3), 6. Wellenbrecher (§ 28), 7. Abschrankung von Stehplätzen vor Szenenflächen (§ 29).
(2) Auf die zum Zeitpunkt des In-Kraft-Tretens der Verordnung bestehenden Versammlungsstätten ist der betrieblich/ organisatorische Brandschutz innerhalb von zwei Jahren § 42 Abs. 1 und 2 entsprechend anzupassen.	(2) Auf die zum Zeitpunkt des In-Kraft-Tretens der Verordnung bestehenden Versammlungsstätten sind die Betriebsvorschriften des Teils 4 sowie § 10 Abs. 1, § 14 Abs. 3 und § 19 Abs. 8 entsprechend anzuwenden.
(3) … unverändert	(3) … unverändert

Die in 2014 vollzogene Änderung des § 46 Absatz 1 und 2 führt zu einer Reihe rechtlicher Besonderheiten, die im Hinblick auf die Rückwirkung von Vorschriften für bestehende Versammlungsstätten zu beachten sind. 2

Absatz 1 ist seit 2014 formell aufgehoben. Absatz 2 führt seit 2014 zur Beachtung einer betriebsbezogenen Übergangsfrist von zwei Jahren für die Erstellung und Umsetzung eines Räumungskonzeptes nach § 42. Der Absatz 3 verpflichtet die Bauaufsichtsbehörden unverändert zur Durchführung von Prüfungen in Versammlungsstätten im Turnus von 3 Jahren. 3

Die bis 2005 geltende Fassung der Vorschrift des § 46 stellte eine den Bestandsschutz exakt regelnde Verfahrensvorschrift dar. Die Regelung bezeichnete ausdrücklich, welche baulichen und technischen **Nachrüstungspflichten** durch die Betreiber bereits bestehende Versammlungsstätten zu erfüllen sind und welche Vorschriften als **Betriebsvorschriften** unmittelbar gelten. Die 2014 erfolgte Streichung von Absatz 1 stellt eine formelle, nicht jedoch eine materiell-rechtliche Aufhebung der bis 2014 bestehenden Anpassungspflicht dar.[1] 4

2. Bestandsschutz für bestehende Versammlungsstätten

Der Bestandsschutz stellt eine verfassungsrechtlich gesicherte Rechtsposition dar. Die Grundregel des Bestandsschutzes besagt, dass Bestand und Nutzung eines Bauwerks, das dem bei der Errichtung geltenden Baurecht entsprach, als Eigentum im Sinne von Art. 14 Grundgesetz (GG), geschützt ist. Der Bestandsschutz verleiht einem rechtmäßig begründeten Bestand und seiner Nutzung grundsätzlich Durchsetzungskraft gegenüber neuen, ggf. entgegenstehenden Gesetzen und Anforderungen. Zu beachten ist, dass der Bestandsschutz sich nicht alleine auf das errichtete Bauwerk bezieht, sondern auch auf dessen Nutzung. Insofern wird auch der eingerichtete und ausgeübte Gewerbebetrieb geschützt. Das wiederum bedeutet, dass nicht jede beliebige Nutzung des Bauwerks dem Bestandsschutz unterfällt, sondern lediglich die rechtmäßig aufgenommene und genehmigte Nutzung. 5

2.1 Bauvorschriften und Bestandsschutz

Bestandsschutz liegt unter folgenden Voraussetzungen vor: 6

1 Siehe im Einzelnen hierzu die Kommentierung zu Nummer 2.1.

- Eine bestehende bauliche Anlage, die mit dem aktuell geltenden Recht nicht übereinstimmt, wurde auf Grund einer (früher) erteilten Baugenehmigung errichtet (**formelle Legalität**), wobei es unerheblich ist, ob die Baugenehmigung rechtmäßig oder rechtswidrig erteilt wurde, oder
- eine bestehende bauliche Anlage, die mit dem aktuell geltenden Recht nicht übereinstimmt, wurde ohne Genehmigung errichtet, hat aber zum Zeitpunkt der Errichtung oder für einen nicht nur unerheblichen Zeitraum während ihres Bestehens dem materiellen Recht entsprochen (**materielle Legalität**).

7 Die Baugenehmigung vermittelt nur Bestandsschutz (formelle Legalität) für die bauliche Anlage, wenn die Anlage entsprechend der Baugenehmigung errichtet worden ist. Wurde das Gebäude erheblich oder gar völlig abweichend von der Baugenehmigung errichtet, dann ist es insgesamt nicht genehmigt und damit formell rechtswidrig. Selbst die Übereinstimmung einzelner Teile der baulichen Anlage mit der Baugenehmigung führt nicht zum formellen Bestandsschutz. Die Beweislast für das Vorliegen einer entsprechenden Genehmigung und für deren Umsetzung in baulicher Hinsicht liegt grundsätzlich beim Eigentümer der baulichen Anlage.[2]

8 Das Wesen des Bestandsschutzes besteht im Kern also darin, dass eine (rechtmäßig) errichtete bauliche **Anlage und ihre Nutzung** auch dann rechtmäßig bleiben, wenn Rechtsvorschriften geändert werden und die bauliche Anlage oder ihre Nutzung in dieser Form nicht mehr oder nur noch eingeschränkt genehmigt würde. Der Bestandsschutz sichert dem Eigentümer das durch Eigentumsausübung Geschaffene und verleiht dem Bestand Durchsetzungskraft gegenüber entgegenstehenden gesetzlichen Anforderungen.

9 **Eine Pflicht zur Anpassung der** bestehenden Versammlungsstätten an neue oder geänderte Bauvorschriften **besteht nur dann, wenn** und soweit **dies fachgesetzlich besonders bestimmt wird** und die Grundsätze des Bundesverfassungsgerichts zur Rückwirkung von Gesetzen eingehalten werden. Unter diesem gesetzlichen Vorbehalt stellt sowohl das behördlich ausdrücklich genehmigte als auch das ungenehmigte, aber materiell-rechtlich legale Ausmaß einer baulichen Anlage – einschließ-

2 Vgl. BVerwG, Urt. vom 23.2.1979, BRS 35 Nr. 206; Hess.VGH, Urt. vom 27.8.1981, ESVGH 32, 72; Hess.VGH, Beschl. vom 27.9.1984, HessVGRspr. 1985, S. 33; OVG NRW, Urteil vom 17. Mai 1993 – 11 A 3625/91; Beschluss vom 18. Januar 2001 – 10 B 1898/00 –, BRS 64 Nr. 161.

lich ihrer Nutzung – eine bestandsgeschützte Rechtsposition dar,[3] solange die bauliche Anlage nicht vom Eigentümer oder dinglich Verfügungsberechtigten selbst geändert oder in ihrer Nutzung geändert wird.

In welchem Umfang nachträgliche, bauordnungsrechtliche Anforderungen gegenüber bereits bestehenden Anlagen möglich sind, ist entsprechend der Rechtsprechung des Bundesverwaltungsgerichts nach den jeweils einschlägigen landesrechtlichen Bestimmungen zu beurteilen. Danach legen **die baurechtlichen Vorschriften** selbst den Inhalt des Eigentums im Sinne des Art. 14 Absatz 1 S. 2 Grundgesetz (GG) fest und damit auch die Reichweite des Schutzes bestehender baulicher Anlagen und deren Nutzung vor staatlichem Anpassungsverlangen an neue baurechtliche Anforderungen.[4] **10**

Die Vorschrift des § 46 MVStättV „Anwendung der Vorschriften (der MVStättV) auf bestehende Versammlungsstätten" ist eine solche Sonderbauvorschrift, durch die der Bestandsschutz auf Grundlage von § 85 Absatz 1 Nummer 4 MBO in den durch das Bundesverfassungsgerichts gesteckten Grenzen eingeschränkt werden kann. **11**

Mit dem Katalog der in § 46 Absatz 1 MVStättV 2005 genannten Vorschriften hatte der Verordnungsgeber eine grundsätzliche Wertung bezüglich der potenziellen Gefahrenquellen und der damit verbundenen Anpassungspflichten für bereits bestehende Versammlungsstätten mit mehr als 5000 Besucherplätzen getroffen. Hinsichtlich aller in § 46 Absatz 1 MVStättV 2005 nicht genannten Vorschriften sollte der bauliche Bestandsschutz bestehender Versammlungsstätten **nicht** durchbrochen werden. Die Streichung von Absatz 1 stellt eine formelle, nicht jedoch eine materiell-rechtliche Aufhebung der bis 2014 bestehenden Anpassungspflicht dar. **12**

Die Streichung trägt dem Umstand Rechnung, dass die vorgeschriebene technische und bauliche Anpassung für Versammlungsstätten mit mehr als 5000 Besucherplätzen im Zeitraum zwischen 2002 und 2014 vollständig umgesetzt sein sollte. Die Bauministerkonferenz begründet ihre Änderung wie folgt: „*Da die Anpassungsfrist abgelaufen ist, kann Absatz 1 gestrichen werden.*"[5] **13**

---

3 BVerwG, BauR 1998, 760 f.

4 BVerwGE 88, 191.

5 Begründung der Änderungen der MVStättVO, Stand: Juli 2014, Fundstelle: www.bauministerkonferenz.de.

14 Die 2014er Fassung unterstellt damit, dass die Anpassungspflicht vollumfänglich erfüllt und durch die Bauaufsichtsbehörden im Rahmen der Kontrollen nach § 46 Absatz 3 überprüft wurde. Materiell-rechtlich wirkt die Anpassungspflicht trotz der **Aufhebung von Absatz 1** fort. Versammlungsstätten, die ihrer Anpassungspflicht in baulicher und technischer Hinsicht nicht innerhalb der gesetzten Zweijahresfrist nachgekommen sind, bleiben weiterhin in der Verpflichtung und müssen zusätzlich neben Bußgeldern die vorübergehende Stilllegung ihrer Versammlungsstätte befürchten.

15 Genehmigungsbehörden haben ebenfalls die ursprüngliche Regelung des § 46 Absatz 1 MVStättV 2005 im Rahmen nachträglicher Anordnungen zu beachten. Die Abwägung zwischen verfassungsrechtlich garantiertem Bestandsschutz auf der einen Seite und nachträglichen Anforderungen zur Gefahrenabwehr auf der anderen Seite wurde durch den Verordnungsgeber zu Gunsten des Bestandsschutzes mit der MVStättV 2005 für den Regelfall entschieden. **Nur eine konkrete Gefahr für Leben und Gesundheit rechtfertigt ein darüber hinausgehendes Anpassungsverlangen auf Grundlage von § 3 MBO.**

16 Eine durch Fortschreibung von gesetzlichen Vorschriften entstandene „scheinbare Gefahrenlage“, die geeignet sein kann, Schäden für Leben und Gesundheit herbeizuführen (**abstrakte Gefahr**), reicht allein nicht aus. Will eine Behörde ein Anpassungsverlangen auf das Vorliegen einer Gefahr stützen, muss es sich um eine „konkrete Gefahr“ handeln. Die Behörde ist im Rahmen der Begründung einer solchen Ermessensentscheidung stets darlegungspflichtig. Die Ermessensentscheidung der Behörde muss nachvollziehbar darauf gründen.

17 In der Rechtsprechung wird der Begriff „konkrete Gefahr“ so verstanden, dass auch zu erwarten ist, dass im konkreten Einzelfall **in überschaubarer Zukunft mit einem Schadenseintritt hinreichend wahrscheinlich** gerechnet werden muss.[6] Das Fehlen des **zweiten Rettungswegs** stellt regelmäßig eine konkrete Gefahr dar, sie (die konkrete Gefahr) kann nicht wegen eines bislang schadensfreien Zeitablaufs ausgeschlossen werden.

18 Nachträgliche Anforderungen, die zu einer Einschränkung des Bestandsschutzes führen, sind im Ergebnis deshalb nur zulässig, wenn sie zur Abwehr einer konkreten Gefahr für Leben oder Gesundheit oder eines schweren Nachteils für die Allgemeinheit notwendig sind. Erfor-

6 BVerwGE, NJW 1970, 1980.

derlich ist das Vorliegen einer konkreten Schädigungsgefahr für die genannten Rechtsgüter. Dabei sind wegen der besonderen Schutzwürdigkeit von Leben und Gesundheit an die Wahrscheinlichkeit des Schadenseintritts grundsätzlich keine überhöhten Anforderungen zu stellen. Allerdings sind bei der Beurteilung der Frage, ob die Gefahrengrenze überschritten ist, stets auch die Wertungen des Verordnungsgebers zu berücksichtigen, der in der 2005er Fassung des § 46 eine Abwägung zwischen den öffentlichen Sicherheitsbelangen und den Bestandsschutzinteressen der Betreiber von Versammlungsstätten für den Regelfall vollzogen hat. **Zur Bestimmung „konkreter Gefahrenquellen“ ist weiterhin die in § 46 MVStättV 2005 durch den Verordnungsgeber erfolgte Gefahrenbewertung durch die Bauaufsichtsbehörde als Grundlage für ihre Ermessensentscheidung zu beachten. Sie wirkt für alle bestehenden Versammlungsstätten fort.**

Sind in Genehmigungsbescheiden für den Bau und Betrieb von Versammlungsstätten belastende Auflagen auf Grundlage der MVStättV 2002/2005 enthalten, kommt ein Antrag an die Genehmigungsbehörde, gerichtet auf **einen Teilwiderruf gemäß § 49 Absatz 1 VwVfG**, in Betracht, soweit die Rechtsgrundlage für die Auflage nachträglich weggefallen ist.[7] Das dabei grundsätzlich bestehende Ermessen der Genehmigungsbehörde dürfte hier wegen der Garantie des Art. 14 GG in aller Regel auf Null reduziert sein, sodass die Behörde eine belastende Auflage im Ergebnis widerrufen muss. 19

2.2 Betriebsvorschriften und Bestandsschutz

Von den Bauvorschriften zu unterscheiden sind die Betriebsvorschriften. Bauvorschriften regeln die technische Beschaffenheit der baulichen Anlage, ihrer Anlagen und Einrichtungen im Sinn des § 1 Absatz 1 MBO. Betriebsvorschriften regeln die Maßnahmen, die der Eigentümer 20

7 Die Streichung von § 19 Absatz 4 und der eingefügte § 20 Absatz 3, der für Foyers oder Hallen, durch die Rettungswege aus anderen Versammlungsräumen führen, anstelle von Sprinklerschutz nunmehr Brandmeldeanlagen und Alarmierungs-/Lautsprecheranlagen nach Absatz 2 vorschreibt, können z. B. den Widerruf belastender Auflagen begründen. Hallen, bei denen auf Grundlage von Abweichungsanträgen auf Sprinkleranlagen innerhalb der Foyerflächen verzichtet wurde, durften in aller Regel keine Brandlasten (Ausstellungs- und Dienstleistungsstände etc.) in ihre Foyers einbringen. Nunmehr können sie die Rücknahme solcher den Betrieb einschränkenden Auflagen beantragen und sich dabei auf die geänderte Rechtslage berufen, wenn sie Lautsprecher- und Brandmeldeanlagen besitzen, mit denen im Gefahrenfall Besucher, Mitwirkende und Betriebsangehörige alarmiert und Anweisungen erteilt werden können.

oder Betreiber einer baulichen Anlage bei deren Nutzung – also dem Betrieb – durchzuführen hat. Es handelt sich bei den Betriebsvorschriften um Vorschriften, die sich in der Regel auf das Verhalten von Personen beziehen.

21 Der bauliche, auf Art. 14 GG beruhende **Bestandsschutz erstreckt sich niemals auch auf den Betrieb der Versammlungsstätte**. Für Betriebsvorschriften gibt es wie auch für die Vorschriften des Arbeitsschutzes oder die Unfallverhütungsvorschriften keinen Bestandsschutz.

22 Werden bauaufsichtliche Betriebsvorschriften, Vorschriften des Arbeitsschutzes oder Unfallverhütungsvorschriften geändert, sind sie auch in bestehenden Versammlungsstätten anzuwenden, ohne dass es dazu einer besonderen Regelung bedarf.

Beispiel 1:

§ 10 Absatz 7 bestimmt, dass in Versammlungsräumen mit Reihenbestuhlung mindestens 1% der Besucherplätze (bis 5000 vorhandene Besucherplätze) für Rollstuhlbenutzer freigehalten werden muss. Für Hallen mit mobiler Bestuhlung handelt es hierbei sich um eine (versteckte) Betriebsvorschrift, sofern ohne bauliche Eingriffe in die Versammlungsstätte eine Anzahl von bis zu fünfzig Plätzen für Rollstuhlbenutzer zur Verfügung gestellt werden kann. Bestehen entsprechend hohe Nachfragewerte für Rollstuhlbenutzerplätze, hat der Betreiber seinen Bestuhlungsplan entsprechend anzupassen und die Plätze zur Verfügung zu stellen.[8]

Beispiel 2:

Der Betreiber eines Theaters mit 1.500 Besucherplätzen und 10 baurechtlich genehmigten Plätzen für Rollstuhlbenutzer, ist nicht verpflichtet, seine fest eingebaute Bestuhlung umzubauen und weitere 5 Rollstuhlplätze zu schaffen. Der Bestandsschutz aus Art. 14 GG für die fest eingebaute Theaterbestuhlung wird durch die Forderung des § 10 Absatz 7 nicht durchbrochen.

3. Grenzen des Bestandsschutzes bei Nutzungsänderungen

23 Nutzungsänderungen in Versammlungsstätten sind unabhängig davon, ob mit ihnen bauliche Maßnahmen verbunden sind, nach **§ 59 MBO**[9]

8 Das Land **Nordrhein-Westfalen** hat in § 45 Absatz 2 SBauO ausdrücklich geregelt, dass die Vorschriften des § 10 Absatz 1 und 7 als Betriebsvorschrift auch bei bestehenden Versammlungsstätten anzuwenden sind.

9 § 59 MBO:
„*(1) Die Errichtung, Änderung und Nutzungsänderung von Anlagen bedürfen der Baugenehmigung, soweit in den §§ 60 bis 62, 76 und 77 nichts anderes bestimmt ist.*“

stets genehmigungsbedürftig. Nach der Handlungsempfehlung verschiedener oberster Bauaufsichtsbehörden zum Vollzug der Landesbauordnung liegt eine „Nutzungsänderung“ vor, wenn die neue Nutzung sich von der bisherigen genehmigten bzw. materiell rechtmäßigen Nutzung dadurch unterscheidet, dass sie anderen oder weitergehenden Forderungen baurechtlicher Art unterworfen ist oder unterworfen sein kann.

Die in der Vergangenheit bauordnungsrechtlich mittels Baugenehmigung oder nachträglicher Einzelnutzungsgenehmigung **genehmigte und tatsächlich erfolgte Nutzung** der Versammlungsstätte genießt grundsätzlich Bestandsschutz. Dabei spielt die Frage, ob der Betreiber eines Kongresszentrums, einer Stadthalle u.a. über eine oder mehrere rechtlich genehmigte Aufplanungs-, Bestuhlungs- und Nutzungsvarianten verfügt, insoweit eine entscheidende Rolle, als sein nutzungsrechtlicher Bestandsschutz sich nur auf eine genehmigte Rechtsposition beziehen kann. Sie begrenzt inhaltlich den Bestandsschutz seiner nach bislang geltendem Versammlungsstättenrecht konkret genehmigten und ausgeübten Nutzung. 24

Für die Planung und Realisierung neuer genehmigungspflichtiger Nutzungsvarianten besteht hingegen keine bestandsschützende Rechtsposition; auf sie ist grundsätzlich das Recht der jeweils geltenden MVStättVO anwendbar. Im Ergebnis führt dies dazu, dass die Genehmigung neuer Nutzungsarten von der Übereinstimmung der Halle bzw. Versammlungsstätte mit den allgemeinen und besonderen Bauvorschriften der MVStättV abhängen wird, sofern die Behörde nach pflichtgemäßem Ermessen keine Ausnahmen/Befreiungen im Einzelfall zulässt. 25

3.1 Funktionsänderung und Bestandsschutz

Der typische Fall einer genehmigungsbedürftigen Nutzungsänderung betrifft die Fälle, in denen beispielsweise eine Ausstellungshalle nicht (mehr) zur Durchführung von Messen und Ausstellungen, sondern beispielsweise zur Durchführung eines Konzertes oder für eine Sportveranstaltung genutzt werden soll. In diesen Fällen liegt regelmäßig eine **qualitativ wesentliche Funktionsänderung** vor, an die weitergehende Anforderungen baurechtlicher Art gestellt werden können. 26

Die der baulichen Anlage mit der Errichtung beigegebene Zweckbestimmung wird durch die Änderung der Veranstaltungsart zumindest zeitweilig verlassen. Für die angestrebte Nutzungsänderung genießt der Betreiber deshalb regelmäßig keine schutzwürdige Position aus Art. 14 27

GG. Der Bestandsschutz unterliegt insoweit einer qualitativen Grenze. Denn selbst bei im Wesentlichen unveränderter Grundfunktion einer Versammlungsstätte (bauliche Anlage zur Durchführung von Veranstaltungen) deckt der Bestandsschutz keine Ausweitung der Nutzung auf neue Veranstaltungsarten (Konzert oder Sportveranstaltung statt Messen und Ausstellungen). Auf diese Weise soll unter anderem verhindert werden, dass neue oder veränderte Nutzungsarten durchgeführt werden, ohne dass die bauliche Anlage einer ggf. zwischenzeitlich veränderten rechtlichen Situation (Änderung des Baurechts) anzupassen ist.

28 Die Genehmigungsfähigkeit von beabsichtigten Nutzungsänderungen (neue Veranstaltungsarten) hängt in diesen Fällen maßgeblich davon ab, ob die bauliche Anlage, also die Versammlungsstätte, zum Zeitpunkt der beantragten Nutzungsänderung den geltenden Bau- und Sonderbaurechtsanforderungen entspricht.

3.2 Änderung der Aufplanung einer Versammlungsstätte

29 Grundsätzlich anders verhält sich die rechtliche Situation, wenn der ursprüngliche Nutzungszweck einer baulichen Anlage beibehalten wird und lediglich eine veränderte Aufplanung oder veränderte variable Bestuhlung der Halle beabsichtigt ist. In diesen Fällen liegt gerade **keine qualitative Änderung der genehmigten Funktion** der Halle vor, die den baulichen Bestandsschutz in Frage stellen könnte.

30 Der Bestandsschutz ist stets auch Schutz der Bestandsnutzung. Der Eigentümer oder Betreiber einer Versammlungsstätte darf gestützt auf Art. 14 GG gerade darauf vertrauen, dass die ihm erteilte Genehmigung zum Bau und Betrieb seiner Halle auch dann Bestand hat, wenn infolge veränderter Veranstaltungskonzeptionen seiner Kunden (Veranstalter) eine neue oder veränderte Hallenaufplanung erforderlich wird.

31 Die bauordnungsrechtlich bestehende Vorlage- und Genehmigungspflicht für Änderungen der Hallenaufplanungen (Rettungswege- und Bestuhlungspläne) ändert daran nichts. Die Genehmigungsbedürftigkeit eines Vorhabens bietet keinen ausreichenden Anhaltspunkt dafür, ob durch eine Änderung der baulichen Anlage oder die Änderung ihrer Nutzung der Bestandsschutz durchbrochen wird. **Eine Anpassungspflicht für das Gebäude an neue oder geänderte Bauvorschriften kommt regelmäßig nicht in Betracht**, wenn lediglich ein neuer Bestuhlungs- und Rettungswegeplan für eine veranstaltungsbezogene Aufplanung eingereicht wird.

Im Hinblick auf § 44 Absatz 5 Satz 2 sind für unterschiedliche Aufplanungen (Anordnungen in der Versammlungsstätte) jeweils gesonderte Pläne einzureichen, damit die zuständige Bauaufsicht **auf Grundlage der** Baugenehmigung und auf Grundlage der Vorschriften zur Bestuhlung nach § 10 sowie zur Rettungswegeführung nach § 7 prüfen kann, ob die darin enthaltenen Anforderungen umgesetzt worden sind. Dabei handelt es sich regelmäßig um Anforderungen zu den Rettungsweglängen, den Breiten von Rettungswegen, zur Anzahl der Besucher sowie zur Aufstellung von Stühlen und Tischen im Versammlungsraum. 32

Grundlage für die Beurteilung der Zulässigkeit **einer neuen Hallenaufplanung nach § 44** ist für alle bestehenden Versammlungsstätten zunächst der vorhandene Genehmigungsbescheid und die darin enthaltenen Festlegungen zu Rettungswegelängen und -breiten und zur Bestuhlung. Die Änderung der Aufplanung einer Versammlungsstätte unter Beibehaltung des bereits genehmigten Nutzungszwecks (z.B. als Ausstellungshalle) führt nicht automatisch zur Anwendung zwischenzeitlich geänderter Rechtsvorschriften. Die Zulässigkeit beurteilt sich in erster Linie auf Grundlage der bestehenden Baugenehmigung und erst nachrangig auf Grundlage des geltenden und gegebenenfalls geänderten Rechts. Zu berücksichtigen sind insbesondere die baulichen Gegebenheiten in der jeweiligen Halle, die einer Anwendung geänderter Vorschriften zur Aufplanung der Halle entgegenstehen können. 33

Beispiel 1:

In einer Messehalle sind für die Aufplanung mit Ausstellungsständen Wegelängen von bis zu 80 Meter Länge und Gangbreiten von 2,40 Meter, die auf Hallentüren in gleicher Breite zulaufen, genehmigt. Bei Änderung der Aufplanung unter Beibehaltung der Nutzungsart sind auch nach § 44 Absatz 5 Satz 2 MVStättV gesonderte Pläne einzureichen, damit die zuständige Bauaufsicht auf Grundlage der für die Messenutzung bereits bestehenden Genehmigung prüfen kann, ob die darin enthaltenen Auflagen zur Hallenaufplanung vollständig umgesetzt worden sind. Grundlage für die Beurteilung der Zulässigkeit des Vorhabens (Änderung der Aufplanung) ist nicht die neue Rechtslage nach der MVStättVO, sondern der vorhandene Genehmigungsbescheid. Eine Nutzungsänderung, die zur Anwendung der neuen Rettungswegelängen und -breiten nach der MVStättVO führen würde, läge erst dann vor, wenn die Veranstaltung nicht nach §§ 64, 65 der Gewerbeordnung als Messe oder Ausstellung festgesetzt ist, also eine neue Veranstaltungsart vorläge.

Beispiel 2:

In einem bestehenden Theater ist abweichend von § 14 Absatz 3 VStättVO 1978 ein Bestuhlungsplan mit 60 Sitzen je Reihe und 40 Reihen in einem Block als Ausnahme genehmigt worden. Nach § 10 Absatz 5 Satz 3 wären in einem Theater auch heute höchstens 50 Sitzplätze nebeneinander und nach § 10 Absatz 4 höchstens 30 Reihen zulässig. In diesem Fall setzt sich der bestehende genehmigte Bestuhlungsplan mit seiner bestandsschützenden Bindungswirkung gegenüber der durch § 10 geschaffenen neuen Rechtslage durch. Auch im Fall der Neumöblierung der vorhandenen Sitze kann die Bauaufsichtsbehörde keinen neuen Bestuhlungsplan verlangen.

3.3 Vorübergehende Nutzung als Versammlungsstätte

34 Nach § 59 Absatz 1 MBO sind Nutzungsänderungen[10] bauaufsichtlich genehmigungspflichtig. Nach § 61 Absatz 2 Nummer 1 MBO sind Nutzungsänderungen dann verfahrensfrei,[11] bedürfen also keiner Baugenehmigung, wenn für die neue Nutzung keine anderen öffentlich-rechtlichen Anforderungen in Betracht kommen. Unter „neuer Nutzung" ist eine von der bauaufsichtlich genehmigten Nutzung abweichende Nutzung zu verstehen.

35 Aus bauordnungsrechtlicher Sicht stellt sich die Frage, ob die Genehmigungspflicht auch für eine nur vorübergehende Nutzung einer Lagerhalle als Versammlungsstätte gilt. Die Frage ist eindeutig mit Ja zu beantworten. Da eine Nutzung als Versammlungsstätte eine Sonderbaunutzung ist, für die die Vorschriften der MVStättVO gelten, greift die Verfahrensfreiheit nach § 61 Absatz 2 Nummer 1 MBO nicht.

36 Für eine vorübergehende Nutzung einer baulichen Anlage als Versammlungsstätte sind die Vorschriften des § 2 Absatz 4 Nummer 7 i.V.m. § 51 MBO über einen Sonderbau sowie die speziellen Regelungen der MVStättVO zu beachten. Damit kommen andere öffentlich-rechtliche Anforderungen im Sinne des § 64 Absatz 1 MBO in Betracht, eine Ver-

---

10 § 59 Absatz 1 MBO:
„(1) Die Errichtung, Änderung und Nutzungsänderung von Anlagen bedürfen der Baugenehmigung, soweit in den §§ 60 bis 62, 76 und 77 nichts anderes bestimmt ist."

11 § 61 Absatz 2 MBO:
„(2) Verfahrensfrei ist die Änderung der Nutzung von Anlagen, wenn
1. für die neue Nutzung keine anderen öffentlich-rechtlichen Anforderungen als für die bisherige Nutzung in Betracht kommen …".

fahrensfreiheit besteht nicht.[12] Mögliche Verstöße gegen die Genehmigungspflicht stellen eine Ordnungswidrigkeit nach § 84 Absatz 1 Nummer 3 MBO[13] dar und verwirklicht gegebenenfalls auch gegen einen oder mehrere Tatbestände des § 47.

4. Geltung der Betriebsvorschriften

4.1 Anpassen des betrieblich-organisatorischen Brandschutzes

Die Vorschrift des **Absatz 2** verlangt, dass die Betreiber von bestehenden Versammlungsstätten den betrieblich-organisatorischen Brandschutz nach § 42 Abs. 1 und 2 entsprechend anzupassen haben. Unter Beachtung einer Übergangsfrist von zwei Jahren wird damit die nachweisbare Umsetzung betrieblich-organisatorischer Maßnahmen zur Räumung der Versammlungsstätte verlangt. Zu dokumentieren sind die getroffenen Maßnahmen innerhalb der Brandschutzordnung und bei größeren Versammlungsstätten innerhalb eines gesonderten Räumungskonzepts, soweit entsprechende Festlegungen nicht bereits Gegenstand des Sicherheitskonzepts nach § 43 sind. **37**

Die in § 42 Absatz 1 Satz 1 enthaltene Einschränkung, wonach „gegebenfalls" ein Räumungskonzept aufzustellen ist, bezieht sich nicht auf eine mögliche Wahlfreiheit des Betreibers im Hinblick auf die Aufstellung des Konzepts, sondern allein auf die Frage, ob das Räumungskonzept als eigenständige Unterlage erstellt werden muss. Kleinere Versammlungsstätten mit bis zu 1000 Besucherplätzen benötigen kein eigenständiges Räumungskonzept, sondern können die Darstellung der betrieblichen und organisatorischen Maßnahmen innerhalb ihrer Brandschutzordnung vornehmen. **38**

Wird die Einhaltung der Übergangsfrist von zwei Jahren versäumt, droht dem Betreiber die vorübergehende Einstellung des Veranstaltungsbetriebs nach § 38 Absatz 4. Bei Eintritt von Schadensfällen im Zuge einer Räumung drohen zudem strafrechtliche Sanktionen für die Leitung der Versammlungsstätte. **39**

---

12 *In Ergänzung zur MVStättVO haben Bayern und Niedersachsen zusätzliche Regelungen aufgenommen die den Fall der nur vorübergehenden Nutzung von Räumen für Veranstaltungen regeln.*

13 § 84 Absatz 1 Nummer 3 MBO:
„3. ohne die erforderliche Baugenehmigung (§ 59 Abs. 1), Teilbaugenehmigung (§ 74) oder Abweichung (§ 67) oder abweichend davon bauliche Anlagen errichtet, ändert, benutzt oder entgegen § 61 Abs. 3 Sätze 2 bis 5 beseitigt."

4.2 Geltung weiterer Betriebsvorschriften

40 Die MVStättVO verzichtet gegenüber früheren Fassungen (MVStättV 2002/2005) auf eine ausdrückliche Benennung der anzuwendenden Betriebsvorschriften. Da die Betreiber von Versammlungsstätten zur Einstellung des Betriebs nach § 38 Absatz 4, 2. Alternative verpflichtet sind, wenn Betriebsvorschriften nicht eingehalten werden können, kommt der Ermittlung der als Betriebsvorschrift wirkenden Regelungen besondere Bedeutung zu.

41 Die stets anzuwendenden **Betriebsvorschriften des 4. Teils** umfassen die folgenden Vorschriften:

§ 31 Rettungswege, Flächen für die Feuerwehr,
§ 32 Besucherplätze nach dem Bestuhlungs- und Rettungswegeplan,
§ 33 Vorhänge, Sitze, Ausstattungen, Requisiten und Ausschmückungen,
§ 34 Aufbewahrung von Ausstattungen, Requisiten, Ausschmückungen und brennbarem Material,
§ 35 Rauchen, Verwendung von offenem Feuer und pyrotechnischen Gegenständen,
§ 36 Bedienung und Wartung der technischen Einrichtungen,
§ 37 Laseranlagen,
§ 38 Pflichten der Betreiber, Veranstalter und Beauftragten,
§ 39 Verantwortliche für Veranstaltungstechnik,
§ 40 Aufgaben und Pflichten der Verantwortlichen für Veranstaltungstechnik, technische Probe,
§ 41 Brandsicherheitswache, Sanitäts- und Rettungsdienst,
§ 42 Brandschutzordnung, Feuerwehrpläne,
§ 43 Sicherheitskonzept, Ordnungsdienst.

42 Welche weiteren in den Bauvorschriften enthaltenen „versteckten" Betriebsvorschriften auf bereits bestehende Versammlungsstätten anzuwenden sind, ist infolge der Änderung des Absatzes 2 nicht mehr eindeutig feststellbar.

43 Die Bauministerkonferenz hatte 2003, bereits ein Jahr nach Inkrafttreten der MVStättV 2002, in der 250. FK-Sitzung die folgenden in den Bauvorschriften enthaltenen Vorschriften zugleich als Betriebsvorschriften kenntlich gemacht und sie in den Regelungsbereich des § 46 Absatz 2 MVStättV aufgenommen:

- **§ 10 Absatz 1:** In Reihen angeordnete Sitzplätze müssen unverrückbar befestigt sein; werden nur vorübergehend Stühle aufgestellt, so sind sie in den einzelnen Reihen fest miteinander zu verbinden. Satz 1 gilt nicht für Gaststätten und Kantinen sowie für abgegrenzte Bereiche von Versammlungsräumen mit nicht mehr als 20 Sitzplätzen und ohne Stufen, wie Logen.

- **§ 14 Absatz 3:** Elektrische Schaltanlagen dürfen für Besucher nicht zugänglich sein.
- **§ 19 Absatz 8:** Die Wirkung automatischer Feuerlöschanlagen darf durch überdeckte oder mehrgeschossige Ausstellungs- oder Dienstleistungsstände nicht beeinträchtigt werden.

Mit dem Katalog der in § 46 MVStättV 2005 genannten Vorschriften 44
hatte der Verordnungsgeber eine grundsätzliche Wertung für alle bestehenden Versammlungsstätten vollzogen. **Vorschriften, die in § 46 nicht genannt wurden, sollten auf bestehende Versammlungsstätten nicht zwingend angewendet werden.**

Durch die Streichung des Absatzes 2 in der MVStättVO dient der Be- 45
griff „Betriebsvorschrift" nicht mehr als alleiniges Abgrenzungskriterium. Für ältere Versammlungsstätten, die vor der Umsetzung der MVStättV 2002 in Landesrecht errichtet wurden oder erst seit diesem Zeitpunkt in den Anwendungsbereich fallen (z.B. Messe- und Ausstellungshallen), muss anhand der jeweiligen Vorschrift der MVStättVO geprüft werden, ob eine Anwendung als Betriebsvorschrift verpflichtend ist oder eine unzulässige Rückwirkung einer Anwendung als Betriebsvorschrift entgegensteht.

Eine zulässige Rückwirkung liegt in der Regel vor, wenn eine Norm 46
auf gegenwärtige, noch nicht abgeschlossene Sachverhalte und Rechtsbeziehungen für die Zukunft einwirkt und damit zugleich die betroffene, bereits bestehende Rechtsposition entwertet.[14] Allerdings können sich aus dem Grundsatz des Vertrauensschutzes und dem Verhältnismäßigkeitsprinzip Grenzen der Zulässigkeit ergeben. Diese Grenzen sind dann überschritten, wenn die vom Gesetzgeber angeordnete Rückwirkung zur Erreichung des Gesetzeszwecks nicht geeignet oder erforderlich ist oder wenn die Bestandsinteressen der Betroffenen die Veränderungsgründe des Gesetzgebers überwiegen.[15] Unter Berücksichtigung dieser Grundsätze ist eine Rückwirkung unzulässig, wenn der Betroffene mit der Neuregelung nicht rechnen musste und er sie auch nicht einkalkulieren konnte, insbesondere, wenn sich auf Grund der Gesetzesän-

---

14 Vgl. BVerfGE 101, 239, 263; 123, 186, 257.

15 Vgl. BVerfGE 95, 64, 86; 101, 239, 263; 122, 374, 394 f.; stRspr.

derung Auswirkungen auf gefestigte Vermögenspositionen ergeben und keine angemessenen Übergangsfristen gewährt werden.

47 Ein Beispiel hierzu ist die Regelung des § 10 Absatz 3, wonach Stühle mindestens 0,50 m breit sein müssen. Wurden in einer Versammlungsstätte abweichend von den Bestimmungen der VStättVO 1978 für eine bestehende fest eingebaute Bestuhlung Stuhlbreiten von 0,45 m genehmigt, kann der Betreiber insoweit Bestandsschutz reklamieren. Ob er allerdings auch eine bereits vorhandene mobile Bestuhlung mit genehmigten Stuhlbreiten von 0,45 m weiterverwenden darf, hängt davon ab, inwieweit § 10 Absatz 3 unmittelbar für die Zukunft Anwendung findet. Die Anwendung der Vorschrift auf eine bestehende Versammlungsstätte wäre dann unzulässig, wenn der finanzielle Aufwand für den Austausch von mehreren hundert oder gar mehreren tausend Stühlen die Bestandsinteressen der Betroffenen erkennbar berührt, keine angemessenen Übergangsfristen gewährt werden und die Anwendung zur Erreichung des Gesetzeszwecks „Besuchersicherheit" nicht erforderlich ist.

48 Im vorliegenden Beispiel wird der Betreiber mit Verweis auf eine unzulässige Rückwirkung den Austausch der mobilen Bestuhlung so lange verhindern können, wie er innerhalb eines bereits bestehenden genehmigten Bestuhlungsplans nach § 44 aufplant. Der Vertrauensschutz und die Bestandsinteressen, gestützt auf einen genehmigten Bestuhlungsplan, genießen in diesem Fall Vorrang. Sobald allerdings für eine neue Nutzungsart, z.B. für einen Boxkampf in einer Mehrzweckhalle, ein neuer Bestuhlungsplan erforderlich wird, kann die genehmigende Bauaufsichtsbehörde die Anpassung der Stuhlbreiten, also den Austausch der mobilen Bestuhlung verlangen. Ein Vertrauensschutz für die Genehmigung neuer oder geänderter Nutzungsarten wird insoweit nicht mehr gewährt.

49 Im Einzelnen ist davon auszugehen, dass die folgenden Vorschriften bei der Aufplanung, Möblierung und beim Veranstaltungsbetrieb unmittelbar als Betriebsvorschrift Anwendung finden:

Vorschrift	Anwendung beim Betrieb der Versammlungsstätte	Nur in Verbindung mit einem neuen Bestuhlungsplan nach § 44 Absatz 5
§ 3 Absatz 6: Die Unterkonstruktion der Fußböden von Tribünen und Podien, die veränderbare Einbauten in Versammlungsräumen sind, muss aus nichtbrennbaren Baustoffen bestehen;	X	
§ 3 Absatz 7: Veränderbare Einbauten sind so auszubilden, dass sie in ihrer Standsicherheit nicht durch dynamische Schwingungen gefährdet werden können.	X	
§ 6 Absatz 5: [1]Versammlungsräume und sonstige Aufenthaltsräume, die für mehr als 100 Besucher bestimmt sind oder mehr als 100 m^2 Grundfläche haben, müssen jeweils mindestens zwei möglichst weit auseinander und entgegengesetzt liegende Ausgänge ins Freie oder zu Rettungswegen haben.		X
§ 7 Absatz 1: [1]Die Entfernung von jedem Besucherplatz bis zum nächsten Ausgang aus dem Versammlungsraum darf nicht länger als 30 m sein. [2]Bei mehr als 5 m lichter Höhe ist je 2,5 m zusätzlicher lichter Höhe über der für Besucher zugänglichen Ebene für diesen Bereich eine Verlängerung der Entfernung um 5 m zulässig. [3]Die Entfernung von 60 m bis zum nächsten Ausgang darf nicht überschritten werden.		X
§ 7 Absatz 5: [1]Ausstellungshallen müssen durch Gänge so unterteilt sein, dass die Tiefe der zur Aufstellung von Ausstellungsständen bestimmten Grundflächen (Ausstellungsflächen) nicht mehr als 30 m beträgt. [2]Die Entfernung von jeder Stelle auf einer Ausstellungsfläche bis zu einem Gang darf nicht mehr als 20 m betragen; sie wird auf die nach Absatz 1 bemessene Entfernung nicht angerechnet. [3]Die Gänge müssen auf möglichst geradem Weg zu entgegengesetzt liegenden Ausgängen führen. [4]Die lichte Breite der Gänge und der zugehörigen Ausgänge muss mindestens 3 m betragen.		X
§ 9 Absatz 3 Satz 2: Während des Aufenthaltes von Personen in der Versammlungsstätte müssen die Türen der jeweiligen Rettungswege jederzeit von innen leicht und in voller Breite geöffnet werden können.	X	

Vorschrift	**Anwendung beim Betrieb der Versammlungsstätte**	**Nur in Verbindung mit einem neuen Bestuhlungsplan nach § 44 Absatz 5**
§ 10 Absatz 1 Satz 1 Halbsatz 2: werden nur vorübergehend Stühle aufgestellt, so sind sie in den einzelnen Reihen fest miteinander zu verbinden.	X	
§ 10 Absatz 3: [1]Sitzplätze müssen mindestens 0,50 m breit sein. [2]Zwischen den Sitzplatzreihen muss eine lichte Durchgangsbreite von mindestens 0,40 m vorhanden sein.		X
§ 10 Absatz 4: [1]Sitzplätze müssen in Blöcken von höchstens 30 Sitzplatzreihen angeordnet sein. [2]Hinter und zwischen den Blöcken müssen Gänge mit einer Mindestbreite von 1,20 m vorhanden sein. [3]Die Gänge müssen auf möglichst kurzem Weg zum Ausgang führen.		X
§ 10 Absatz 5: [1]Seitlich eines Ganges dürfen höchstens zehn Sitzplätze… angeordnet sein. [2]Zwischen zwei Seitengängen dürfen 20 Sitzplätze … angeordnet sein.		X
§ 10 Absatz 6: [1]Von jedem Tischplatz darf der Weg zu einem Gang nicht länger als 10 m sein. [2]Der Abstand von Tisch zu Tisch soll 1,50 m nicht unterschreiten.		X
§ 10 Absatz 7: [1]In Versammlungsräumen mit Reihenbestuhlung müssen 1. von bis zu 5 000 vorhandenen Besucherplätzen mindestens 1 v. H. und 2. von darüber hinaus vorhandenen Besucherplätzen mindestens 0,5 v. H., mindestens jedoch zwei Plätze als Flächen für Rollstuhlbenutzer freigehalten werden. [2]Die Plätze und die Wege zu ihnen sind durch Hinweisschilder gut sichtbar zu kennzeichnen. [3]Für Versammlungsstätten im Freien, Freisportanlagen und Sportstadien gelten Satz 1 und 2 entsprechend.	X	
§ 11 Absatz 1: [1]Flächen, die im Allgemeinen zum Begehen bestimmt sind und unmittelbar an tiefer liegende Flächen angrenzen, sind mit Abschrankungen zu umwehren, soweit sie nicht durch Stufengänge oder Rampen mit der tiefer liegenden Fläche verbunden sind.	X	

Vorschrift	**Anwendung beim Betrieb der Versammlungsstätte**	**Nur in Verbindung mit einem neuen Bestuhlungsplan nach § 44 Absatz 5**
§ 11 Absatz 2: [1]Abschrankungen, wie Umwehrungen, Geländer, Wellenbrecher, Zäune, Absperrgitter oder Glaswände, müssen mindestens 1,10 m hoch sein. [2]Umwehrungen und Geländer von Flächen, auf denen mit der Anwesenheit von Kleinkindern zu rechnen ist, sind so zu gestalten, dass ein Überklettern erschwert wird; der Abstand von Umwehrungs- und Geländerteilen darf in einer Richtung nicht mehr als 0,12 m betragen.	X	
§ 11 Absatz 5: Die Fußböden und Stufen von Tribünen, Podien, Bühnen oder Szenenflächen dürfen keine Öffnungen haben, durch die Personen abstürzen können.	X	
§ 11 Absatz 6: [1]Spielfelder, Manegen, Fahrbahnen für den Rennsport und Reitbahnen müssen durch Abschrankungen, Netze oder andere Vorrichtungen so gesichert sein, dass Besucher durch die Darbietung oder den Betrieb des Spielfeldes, der Manege oder der Bahn nicht gefährdet werden. [2]Für Darbietungen und für den Betrieb technischer Einrichtungen im Luftraum über den Besucherplätzen gilt Satz 1 entsprechend.	X	
§ 11 Absatz 7: Werden Besucherplätze im Innenbereich von Fahrbahnen angeordnet, so muss der Innenbereich ohne Betreten der Fahrbahnen erreicht werden können.	X	
§ 14 Absatz 3: Elektrische Schaltanlagen dürfen für Besucher nicht zugänglich sein.	X	
§ 19 Absatz 7: Die Wirkung automatischer Feuerlöschanlagen darf durch überdeckte oder mehrgeschossige Ausstellungs- oder Dienstleistungsstände nicht beeinträchtigt werden.	X	
§ 29 Absatz 1: Werden (in Versammlungsstätten mit mehr als 5 000 Besucherplätzen) vor Szenenflächen Stehplätze für Besucher angeordnet, so sind die Besucherplätze von der Szenenfläche durch eine Abschrankung so abzutrennen, dass zwischen der Szenenfläche und der Abschrankung ein Gang von mindestens 2 m Breite für den Ordnungsdienst und Rettungskräfte vorhanden ist.	X	

Vorschrift	Anwendung beim Betrieb der Versammlungsstätte	Nur in Verbindung mit einem neuen Bestuhlungsplan nach § 44 Absatz 5
§ 29 Absatz 2: [1]Werden vor Szenenflächen mehr als 5 000 Stehplätze für Besucher angeordnet, so sind durch mindestens zwei weitere Abschrankungen vor der Szenenfläche nur von den Seiten zugängliche Stehplatzbereiche zu bilden. [2]Die Abschrankungen müssen voneinander an den Seiten einen Abstand von jeweils mindestens 5 m und über die Breite der Szenenfläche einen Abstand von mindestens 10 m haben.	X	

50 Bei der Anwendung der in den allgemeinen und in den besonderen Bauvorschriften enthaltenen betriebsbezogenen Vorschriften auf bestehende Versammlungsstätten ist stets zu beachten, dass die Vorschriften mit den tatsächlich vorhandenen baulichen Gegebenheiten in der Halle kollidieren können. In diesen Fällen ist unter Berücksichtigung des Verhältnismäßigkeitsprinzips dem baulichen Bestandsschutz in der Regel Vorrang einzuräumen.

5. Prüfung der Einhaltung der Betriebsvorschriften

51 **Absatz 3** enthält eine wiederkehrende Prüfvorgabe für die zuständigen Bauaufsichtsbehörden. Sie sind verpflichtet, Versammlungsstätten in Zeitabständen von höchstens 3 Jahren zu prüfen, wobei insbesondere die Einhaltung der Betriebsvorschriften zu überwachen ist.

52 Die wiederkehrenden Prüfungen für die technischen Einrichtungen (Lüftungsanlagen, CO-Warnanlagen, Rauchabzugsanlagen, selbsttätige Feuerlöschanlagen, nichtselbsttätige Feuerlöschanlagen, Brandmelde- und Alarmierungsanlagen, Sicherheitsstromversorgungsanlagen) sind in § 1 Satz 1 Nummer 2 i.V.m. § 2 Muster-Prüfverordnung[16] (MPrüfV) vorgeschrieben.

53 Bauaufsichtlich ist festzustellen, ob die vorgeschriebenen wiederkehrenden Prüfungen fristgerecht durchgeführt und etwaige Mängel beseitigt worden sind. Die Bauaufsichtsbehörden haben den Ordnungsbehör-

16 Muster-Verordnung über Prüfungen von technischen Anlagen und Einrichtungen nach Bauordnungsrecht (Muster-Prüfverordnung), Stand März 2011.

den, der Gewerbeaufsicht und der Brandschutzdienststelle Gelegenheit zur Teilnahme an den Prüfungen zu geben.

Die Nachschau bezieht sich auf etwaige Veränderungen an der baulichen Anlage, die Einhaltung der Betriebsvorschriften und insbesondere der wiederkehrenden Prüfung. In den Jahren, in denen die Brandschutzdienststellen nach § 46 Absatz 3 Satz 3 an der bauaufsichtlichen Nachschau teilgenommen haben, dürfte die gesonderte Brandverhütungsschau durch die Brandschutzdienststelle, wie sie in den Brand- und Katastrophenschutzgesetzen der Länder vorgeschrieben ist, entbehrlich sein, weil mit der bauaufsichtlichen Prüfung nach Absatz 3 erledigt. **54**

Teil 7
Schlussvorschriften

§ 47 Ordnungswidrigkeiten

Ordnungswidrig nach § 84 Abs. 1 Nr. 1 MBO* handelt, wer vorsätzlich oder fahrlässig

1. **entgegen § 31 Abs. 1 die Rettungswege auf dem Grundstück, die Zufahrten, Aufstell- und Bewegungsflächen nicht frei hält,**
2. **entgegen § 31 Abs. 2 die Rettungswege in der Versammlungsstätte nicht frei hält,**
3. **entgegen § 31 Abs. 3 Türen in Rettungswegen verschließt oder fest stellt,**
4. **entgegen § 32 Abs. 1 die Zahl der genehmigten Besucherplätze überschreitet oder die genehmigte Anordnung der Besucherplätze ändert,**
5. **entgegen § 32 Abs. 3 erforderliche Abschrankungen nicht einrichtet,**
6. **entgegen § 33 Abs. 1 bis 5 andere als die dort genannten Materialien verwendet oder entgegen § 33 Abs. 6 bis 8 anbringt,**
7. **entgegen § 34 Abs. 1 bis 3 Ausstattungen auf der Bühne aufbewahrt oder nicht von der Bühne entfernt,**
8. **entgegen § 34 Abs. 4 pyrotechnische Gegenstände, brennbare Flüssigkeiten oder anderes brennbares Material außerhalb der dafür vorgesehenen Magazine aufbewahrt,**
9. **entgegen § 35 Abs. 1 und 2 raucht oder offenes Feuer, brennbare Flüssigkeiten oder Gase, explosionsgefährliche Stoffe oder pyrotechnische Gegenstände verwendet,**
10. **entgegen § 36 Abs. 4 die Sicherheitsbeleuchtung nicht in Betrieb nimmt,**
11. **entgegen § 37 Laseranlagen in Betrieb nimmt,**
12. **als Betreiber, Veranstalter oder beauftragter Veranstaltungsleiter entgegen § 38 Abs. 2 während des Betriebes nicht anwesend ist,**

---

* Nach Landesrecht.

13. als Betreiber, Veranstalter oder beauftragter Veranstaltungsleiter entgegen § 38 Abs. 4 den Betrieb der Versammlungsstätte nicht einstellt,
14. entgegen § 40 Abs. 2 bis 5 in Verbindung mit § 38 Abs. 1 als Betreiber, Veranstalter oder beauftragter Veranstaltungsleiter den Betrieb von Bühnen oder Szenenflächen zulässt, ohne dass die erforderlichen Verantwortlichen oder Fachkräfte für Veranstaltungstechnik, die erfahrenen Bühnenhandwerker oder Beleuchter oder die aufsichtführenden Personen anwesend sind,
15. entgegen § 40 Abs. 2 bis 5 als Verantwortlicher oder Fachkraft für Veranstaltungstechnik, als erfahrener Bühnenhandwerker oder Beleuchter oder als aufsichtführende Person die Versammlungsstätte während des Betriebes verlässt,
16. als Betreiber entgegen § 41 Abs. 1 und 2 nicht für die Durchführung der Brandsicherheitswache sorgt oder entgegen § 41 Abs. 3 die Veranstaltung nicht anzeigt,
17. als Betreiber oder Veranstalter die nach § 42 Abs. 2 vorgeschriebenen Unterweisungen unterlässt,
18. als Betreiber oder Veranstalter entgegen § 43 Abs. 1 bis 3 keinen Ordnungsdienst oder keinen Ordnungsdienstleiter bestellt,
19. als Ordnungsdienstleiter oder Ordnungsdienstkraft entgegen § 43 Abs. 3 oder 4 seinen Aufgaben nicht nachkommt,
20. als Betreiber einer der Anpassungspflichten nach § 46 Abs. 1 nicht oder nicht fristgerecht nachkommt.

Übersicht

1. Überblick

1 Die Vorschrift des § 47 ist als Ordnungswidrigkeitsvorschrift eine Verfahrensvorschrift, die auch für bestehende Versammlungsstätten unmittelbar Anwendung findet. Dies gilt mit Inkrafttreten der Verordnung auf Landesebene.

2 Alle Ordnungswidrigkeitstatbestände, mit Ausnahme der zweijährigen Anpassungspflicht für bestehende Versammlungsstätten (mit mehr als 5000 Besucherplätzen) gemäß § 46 Absatz 1, betreffen Verstöße gegen die Betriebsvorschriften des vierten Teils der MVStättV. Die Kommen-

tierungen zu den einzelnen Betriebsvorschriften des vierten Teils enthalten, soweit ein Ordnungswidrigkeitstatbestand des § 47 auf sie verweist, entsprechende Einzelhinweise. Zu beachten ist, dass vorsätzliche oder fahrlässige Verstöße gegen die in § 47 aufgeführten Vorschriften unter Androhung einer Geldbuße in Höhe von bis zu 500 000 Euro gemäß § 83 MBO stehen.

2. Adressaten möglicher Ordnungswidrigkeiten

Die Ordnungswidrigkeitstatbestände der **Nummern 1–11** richten sich grundsätzlich an **jede natürliche und juristische Person**, die entgegen den Bestimmungen der §§ 31 bis 37 handelt. Hierzu zählen folgende Verstöße: 3

- Rettungswege auf dem Grundstück sowie den Zufahrten, Aufstell- und Bewegungsflächen werden nicht frei gehalten,
- Rettungswege in der Versammlungsstätte werden nicht frei gehalten,
- Türen in Rettungswegen werden verschlossen oder festgestellt,
- die Zahl der genehmigten Besucherplätze wird überschritten oder die genehmigte Anordnung,
- Besucherplätze werden geändert,
- erforderliche Abschrankungen (Wellenbrecher) werden nicht eingerichtet,
- unzulässige Materialien werden verwendet oder in der Versammlungsstätte angebracht,
- Ausstattungen werden unzulässigerweise auf der Bühne aufbewahrt oder nicht von der Bühne entfernt,
- pyrotechnische Gegenstände, brennbare Flüssigkeiten oder anderes brennbares Material wird außerhalb der dafür vorgesehenen Magazine aufbewahrt,
- ohne Genehmigung wird geraucht oder offenes Feuer, brennbare Flüssigkeiten oder Gase, explosionsgefährliche Stoffe oder pyrotechnische Gegenstände werden verwendet,
- die Sicherheitsbeleuchtung wird nicht in Betrieb genommen,
- Laseranlagen werden ohne Beachtung der arbeitsschutzrechtlichen Anforderungen in Betrieb genommen.

Die Ordnungswidrigkeitstatbestände der **Nummern 12–14** richten sich grundsätzlich an den **Betreiber, Veranstalter und Veranstaltungsleiter**. Mit der Festlegung dieses Adressatenkreises bringt der Verordnungsgeber zum Ausdruck, dass im Rahmen der möglichen schriftli- 4 chen Übertragung von Betreiberpflichten nach § 38 Absatz 5 Satz 1, also durch eine Übertragung von Betreiberpflichten im Rahmen des Veranstaltungs- oder Mietvertrags die Verhängung von Bußgeldern gegenüber dem tatsächlich Verpflichteten zu erfolgen hat. Bei der Verletzung von Aufsichtspflichten durch den Betreiber kommt allerdings auch bei ansonsten wirksamer Übertragung von Pflichten per Vertrag auf den Veranstalter ein Bußgeld gegenüber dem Betreiber in Betracht. Insoweit bleibt die Verantwortung des Betreibers nach § 38 Absatz 5 Satz 2 unberührt.

5 Zu den unter Bußgeldandrohung stehenden Verstößen, der auf Veranstalter und Veranstaltungsleiter übertragbaren Betreiberpflichten zählen:

- die Verletzung der Anwesenheitspflicht während des Veranstaltungsbetriebes,
- die Verletzung der Pflicht zur Einstellung des Veranstaltungsbetriebs, wenn Betriebsvorschriften nicht eingehalten werden können und sicherheitstechnische Einrichtungen nicht funktionieren,
- der Betrieb von Bühnen oder Szenenflächen, ohne dass die erforderlichen Verantwortlichen oder Fachkräfte für Veranstaltungstechnik, die erfahrenen Bühnenhandwerker oder Beleuchter oder die aufsichtführenden Personen anwesend sind.

6 Der Ordnungswidrigkeitstatbestand der **Nummer 15** richtet sich an den **Veranstaltungsleiter, Bühnenhandwerker oder Beleuchter und an aufsichtführende Personen**. Unter Bußgeldandrohung steht es, wenn der für den Auf- und Abbau, für Generalproben, Veranstaltungen sowie für Aufzeichnungen von Veranstaltungen bestellte Funktionsträger die Versammlungsstätte während des Betriebes verlässt.

7 Der Ordnungswidrigkeitstatbestand der **Nummer 16 zeigt, dass der Verordnungsgeber in diesem Punkt von einer ordnungswidrigkeitsrechtlich nicht delegierbaren Betreiberverantwortung ausgeht**. Der Betreiber hat für die Durchführung der Brandsicherheitswache zu sorgen und seine Anzeigepflichten zu erfüllen, da nur letztlich er in der Lage ist, eine erhöhte Brandgefahr in seiner Versammlungsstätte zu bewerten. Dies ist mit der Halterhaftung im ruhenden Straßenverkehr vergleichbar, bei der die zivilrechtliche Übertragung von Pflichten verwaltungsrechtlich unbeachtlich bleibt.

8 Die Ordnungswidrigkeitstatbestände der **Nummern 17 bis 18 richten sich an den Betreiber und den Veranstalter**. Mit der Festlegung dieses

Adressatenkreises bringt der Verordnungsgeber auch hier zum Ausdruck, dass im Rahmen der möglichen schriftlichen Übertragung von Betreiberpflichten nach § 38 Absatz 5 Satz 1, also durch eine Übertragung von Betreiberpflichten im Rahmen des Veranstaltungs- oder Mietvertrags, die Verhängung von Bußgeldern gegenüber dem verwaltungsrechtlich Verpflichteten zu erfolgen hat.

Zu den unter Bußgeldandrohung stehenden Verstößen zählen: 9

- das Unterlassen der vorgeschriebenen Unterweisungen,
- Versäumnisse zur Bestellung des Ordnungsdienstes und des Ordnungsdienstleiters.

Der Ordnungswidrigkeitstatbestand der **Nummer 19** sanktioniert das mögliche Fehlverhalten bei der Aufgabenwahrnehmung gegenüber dem Ordnungsdienst und dem Ordnungsdienstleiter. 10

Der Ordnungswidrigkeitstatbestand der **Nummer 20 stellt unter Bußgeldandrohung**, wenn der Betreiber einer seiner baulichen Nachrüstpflichten innerhalb von zwei Jahren im Rahmen des § 46 Absatz 1 nicht nachkommt. 11

Die Aufhebung des § 46 Absatz 1 hat Auswirkungen auf die Verwirklichung einer Ordnungswidrigkeit gemäß § 47 Nummer 20. Da § 4 OWiG bestimmt, dass sich die Geldbuße nach dem Gesetz bestimmt, das zur Zeit der Handlung gilt, werden davon alle Verstöße gegen die Anpassungspflicht erfasst, die vor der Aufhebung des § 46 Absatz 1 liegen. 12

Das Unterlassen der gesetzlich geforderten Anpassung kann jedoch so lange verfolgt werden, als die Verfolgungsverjährung nach § 31 OWiG noch nicht eingetreten ist. Da § 84 Absatz 3 MBO das Höchstmaß des Bußgeldes mit 500000 Euro festsetzt, tritt die Verfolgungsverjährung einer nicht durchgeführten Anpassungsverpflichtung nach § 31 Absatz 2 Nummer 1 OWiG drei Jahre nach Aufhebung der Anpassungspflicht ein. 13

Die Bauaufsichtsbehörde kann ein Unterlassen der Anpassung dann zwar nicht mehr als Ordnungswidrigkeit verfolgen, kann jedoch im Einzelfall die Nachholung der gesetzlich geforderten Anpassung verlangen. Kommt der Betreiber der Versammlungsstätte dann einer schriftlichen Anordnung mit Bußgeldandrohung nicht nach, dann verwirklicht dies möglicherweise den Tatbestand des § 84 Absatz 1 Nummer 2 MBO. 14

15 Bei den landesspezifischen, zum Teil von der MVStättV abweichenden Ordnungswidrigkeitstatbeständen ist zu beachten, an wen sich der jeweilige Tatbestand richtet.

16 Ordnungswidrig handelt, wer vorsätzlich oder fahrlässig

- als Betreiber
- als Betreiber oder Veranstalter
- entgegen
- den in §... bezeichneten Aufgaben nicht nachkommt.

17 Mit der Festlegung dieses unterschiedlichen Adressatenkreises kommt zum Ausdruck, dass unter Beachtung der schriftlichen Übertragung von Betreiberpflichten nach § 38 Absatz 5, also nach Maßgabe des Veranstaltungs- oder Mietvertrags, die Verhängung von Bußgeldern stets gegenüber dem nach der jeweiligen Vorschrift tatsächlich Verpflichteten zu erfolgen hat. Bei der Verletzung von Aufsichtspflichten durch den Betreiber kommt allerdings zusätzlich eine Ahndung nach § 130 OWiG[1] in Betracht.

---

1 **§ 130 Gesetz über Ordnungswidrigkeiten (OWiG):**
„(1) Wer als Inhaber eines Betriebes oder Unternehmens vorsätzlich oder fahrlässig die Aufsichtsmaßnahmen unterläßt, die erforderlich sind, um in dem Betrieb oder Unternehmen Zuwiderhandlungen gegen Pflichten zu verhindern, die den Inhaber treffen und deren Verletzung mit Strafe oder Geldbuße bedroht ist, handelt ordnungswidrig, wenn eine solche Zuwiderhandlung begangen wird, die durch gehörige Aufsicht verhindert oder wesentlich erschwert worden wäre. Zu den erforderlichen Aufsichtsmaßnahmen gehören auch die Bestellung, sorgfältige Auswahl und Überwachung von Aufsichtspersonen.
(2) Betrieb oder Unternehmen im Sinne des Absatzes 1 ist auch das öffentliche Unternehmen.
(3) Die Ordnungswidrigkeit kann, wenn die Pflichtverletzung mit Strafe bedroht ist, mit einer Geldbuße bis zu einer Million Euro geahndet werden. § 30 Absatz 2 Satz 3 ist anzuwenden. Ist die Pflichtverletzung mit Geldbuße bedroht, so bestimmt sich das Höchstmaß der Geldbuße wegen der Aufsichtspflichtverletzung nach dem für die Pflichtverletzung angedrohten Höchstmaß der Geldbuße. Satz 3 gilt auch im Falle einer Pflichtverletzung, die gleichzeitig mit Strafe und Geldbuße bedroht ist, wenn das für die Pflichtverletzung angedrohte Höchstmaß der Geldbuße das Höchstmaß nach Satz 1 übersteigt.“

§ 48 In-Kraft-Treten, Außer-Kraft-Treten

Diese Verordnung tritt am … in Kraft. Gleichzeitig treten außer Kraft:

1. die Versammlungsstättenverordnung vom …*,
2. die Technische Fachkräfteverordnung vom …*.

Regelungen des Inkrafttretens/Stand Juli 2019	
Baden-Württemberg	Die VStättVO (BW) ist am 1. Juli 2004 in Kraft getreten. Letzte Änderung 23. Februar 2017.
Bayern	Die VStättVO (BY) ist am 1. Januar 2008 in Kraft getreten. Letzte Änderung 7. August 2018.
Berlin	Die Betriebsverordnung ist am 28. Oktober 2007 in Kraft getreten. Letzte Änderung/Neufassung in Kraft getreten 17. März 2017.
Brandenburg	Die BbgVStättV ist am 16. Dezember 2005 in Kraft getreten. Letzte Änderung/Neufassung 4. Januar 2018.
Hamburg	Die VStättVO (HH) ist am 1. Oktober 2003 in Kraft getreten.
Hessen	Die Hessische Richtlinie über den Bau und Betrieb von Versammlungsstätten (Hessische Versammlungsstättenrichtlinie – H-VStättR) ist am 1. Januar 2016 in Kraft getreten.
Mecklenburg-Vorpommern	Die VStättVO M-V ist am 1. September 2003 in Kraft getreten. Letzte Änderung/Neufassung 2. Januar 2018.
Niedersachsen	Die NVStättVO ist am 1. Februar 2005 in Kraft getreten. Letzte Änderung 13. November 2012.
Nordrhein-Westfalen	Die Sonderbauverordnung ist am 2. Dezember 2016 in Kraft getreten und wird voraussichtlich Ende 2019 durch eine Neufassung ersetzt.
Rheinland-Pfalz	Die VStättVO ist am 1.9.2018 in Kraft getreten.
Saarland	Die VStättVO (SL) ist am 1. Oktober 2008 in Kraft getreten und tritt mit Ablauf des 31. Dezember 2020 außer Kraft. Letzte Änderung 16. November 2012.

* nach Landesrecht

Regelungen des Inkrafttretens/Stand Juli 2019	
Sachsen	Die SächsVStättVO ist am 1. Oktober 2004 in Kraft getreten. Letzte Änderung 8. Oktober 2014.
Sachsen-Anhalt	Die VStättVO (ST) ist am 28. Mai 2008 in Kraft getreten. Letzte Änderung 26. Mai 2015.
Schleswig-Holstein	Die VStättVO (SH) ist am 1.10.2014 in Kraft getreten und tritt am 29. September 2019 außer Kraft. Voraussichtlich wird rechtzeitig eine neue VStättVO in Kraft treten.

Sachregister

Fette Zahlen verweisen auf die Paragrafen, magere auf die Randnummern